中共中央文献研究室 编
主 审 金冲及
主 编 吴殿尧
副主编 庹 平

朱德年谱
一八八六——一九七六 上卷
新编本

中央文献出版社

# 出 版 说 明

《朱德年谱（新编本）》(1886—1976) 是在一九八六年出版的《朱德年谱》基础上编写的。全书分上卷（1886年12月—1937年7月）、中卷（1937年7月—1949年9月）、下卷（1949年10月—1976年7月），共三册。

新编本的编撰方针是：注重思想性、资料性、学术性、传记性相统一；以翔实可靠的历史文献资料为依据，尽量使用档案材料；注意汲取近年来的中共党史和军史的最新研究成果；写作上采用客观陈述的方法，一般不作评论；把握主线，突出重点，并尽可能为研究者提供有用的资料。本此方针，新编本对原《朱德年谱》作了必要的订正、大量的补充和改写，增加了一百多万字。

新编本的编撰体例有以下说明：

一、朱德是本年谱谱主，记述谱主活动，一般省略主语。如叙事中出现谱主，则写出名字。

二、按年月日顺序纪事，少数条目由于叙事需要采用纪事本末写法。日考订不清的写旬，旬考订不清的写月，月考订不清的写季，季考订不清的写年，一般纪于该旬、月、季、年的末尾。同一时间有多条内容的，在第一条开头写明时间，其他用△表示。

三、谱主与他人联名发出的函电、签署的文件、参与的某些重大政治活动,有些为保持历史原貌的需要,则以当时的人名排列顺序记述。

四、对谱主的文电、文章、讲话、发言等,一般采用概述原文要点的方法介绍,有必要时则摘引原文表述。

五、对谱文中涉及的人物、地名和事件等,有选择地作必要和简略的注释。人物一般只注明当时所任职务。特别著名的人物或正文中多次出现并交待过职务的人物不作注。

六、某些重大历史事件,或与谱主活动有关的要事,列专条按时间顺序写入谱内,作为背景资料。

七、年谱后附记了谱主逝世后对其纪念与评价的内容。

八、谱文中的数字用汉字,注释中的数字用阿拉伯字。

谨以此书纪念朱德诞辰一百二十周年。

中共中央文献研究室
二○○六年十月

# 目　　录

1886 年 …………………………………………… (1)
1888 年 …………………………………………… (2)
1891 年 …………………………………………… (3)
1892 年 …………………………………………… (4)
1893 年 …………………………………………… (5)
1894 年 …………………………………………… (6)
1895 年 …………………………………………… (7)
1896 年 …………………………………………… (8)
1898 年 …………………………………………… (9)
1900 年 …………………………………………… (10)
1901 年 …………………………………………… (11)
1904 年 …………………………………………… (12)
1905 年 …………………………………………… (13)
1906 年 …………………………………………… (15)
1907 年 …………………………………………… (16)
1908 年 …………………………………………… (17)
1909 年 …………………………………………… (18)
1910 年 …………………………………………… (20)
1911 年 …………………………………………… (21)
1912 年 …………………………………………… (24)
1913 年 …………………………………………… (26)

| | |
|---|---|
| **1914 年** | (27) |
| **1915 年** | (28) |
| **1916 年** | (29) |
| **1917 年** | (36) |
| **1918 年** | (41) |
| **1919 年** | (46) |
| **1920 年** | (49) |
| **1921 年** | (54) |
| **1922 年** | (56) |
| **1923 年** | (61) |
| **1924 年** | (63) |
| **1925 年** | (64) |
| **1926 年** | (69) |
| **1927 年** | (79) |
| **1928 年** | (100) |
| **1929 年** | (132) |
| **1930 年** | (168) |
| **1931 年** | (208) |
| **1932 年** | (254) |
| **1933 年** | (308) |
| **1934 年** | (364) |
| **1935 年** | (445) |
| **1936 年** | (554) |
| **1937 年** | (624) |

## 1886年 诞 生

**12月1日（清光绪十二年农历丙戌年十一月初六）** 生于四川省仪陇县马鞍场乡李家塆（今马鞍镇琳琅村）一个贫苦佃农家里。

祖籍广东省韶州府（今韶关市），明末清初迁入四川广安、营山一带。清乾隆末年迁居仪陇，世代为地主耕种。

出生时，全家已有十一口人：祖父母朱邦俊和潘氏，伯父母朱世连和刘氏，父母亲朱世林和钟氏，三叔朱世知，四叔朱世禄，还有大哥朱代历、二哥朱代凤和姐姐朱秋香。祖父、父亲和伯父、叔叔都是朴实的农民。祖母掌握全家经济，是家庭的组织者，管理分派一切生产事务。父亲朱世林没有文化，一生在家起早贪黑地劳动，从未出过远门，赋性和厚，为人忠耿。母亲钟氏生了十三个儿女，因家境贫穷，只养活六男二女。她勤劳俭朴、宽厚仁慈，尽管自己不富裕，也要周济和照顾比自己更穷的亲戚。有规律、有组织的家庭生活和母亲的良好品德，都对朱德的成长产生了影响。

朱德诞生在一间矮小阴暗、四面无窗的房子里。出生后就和父母、姐姐、两个哥哥共六口人住在这里。

## 1888年 两岁

过继给伯父朱世连,称过继的父母为父亲、母亲。因成为长门之后,受到全家人格外的关爱。

## 1891年　五　岁

　　开始跟哥哥一起上山拾柴、割草，帮助家里干一些杂活。时而听到一些外地流动来的手艺人讲述太平天国的故事，农民革命的壮举在他幼小心灵中留下深刻印象。

## 1892年　六　岁

　　家庭经济情况稍有好转。过继父朱世连和生父朱世林想培养一个读书人来"支撑门户",省吃俭用,送朱德到本姓家族办的药铺垭私塾就读。白天去读书,晚上回来,中午还要回家吃饭。塾师朱世秦按朱氏宗谱的排行给朱德取学名朱代珍,不再叫小名"狗儿"。朱德在学生中的年龄最小,但聪明好学,记得的字最多。在私塾里从《三字经》学起,接着读《大学》、《中庸》和《论语》,还读了《孟子》的一部分。放学后经常参加一些劳动。

## 1893年 七 岁

在药铺垭私塾读了一年后,原来"蒙学还可以的"先生就"教得不太行"了[1],改读于地主丁邱川的家族私塾。继续读四书,还读《诗经》、《书经》,并开始习作对联。

─────────

[1] 朱德自传,手抄稿本。

## 1894年　八　岁

**7月**　中日甲午战争爆发。

**11月**　孙中山在美国夏威夷檀香山建立中国最早的资产阶级革命团体兴中会,提出"振兴中华"的口号和"驱除鞑虏,恢复中华,创立合众政府"的纲领。

**是年**　在丁家私塾读书"得了一些益处","认得字也可以马马虎虎地对一些对子。"[1]

---

[1] 朱德自传,手抄稿本。

## 1895年　九　岁

**1月25日（农历腊月三十日）**　朱家因无力满足地主的加租要求，被迫在除夕退佃、搬家。全家分居两处：生父朱世林一家迁居陈家塆；朱德随养父母和祖父母、三叔、四叔迁居大塆，借钱赎回原已典当出去的老屋和祖业田地。

**4月17日**　清朝廷因甲午战争失败被迫与日本订立丧权辱国的《马关条约》。

**是年**　在大塆就近跟一个私塾先生念书，因不满这个先生只要求学生死背书的方法，念了大半年就读不下去了。

## 1896年　十　岁

　　在距离大塆约四公里的席家砭私塾就读。塾师席聘三[1]知识渊博、思想开明、有正义感。席先生为他取学名"玉阶"。他每天清晨起床后,干点家里的活计,吃完早饭再去上学。不论是酷暑,还是严冬,每天都要来回走四次。长年累月,使他养成快步走路的习惯。

　　迁居大塆后,养父在镇外佃来三亩地。一到农忙季节,朱德就不去上学,在家里劳动。一年大约有三四个月在家做农活,有六七个月去读书。这样,断断续续地读到一九〇四年。

---

[1]　名席国珍,聘三是他的字。

## 1898年　十二岁

**6月—9月**　以康有为为首的维新派通过光绪皇帝不断颁发法令，进行政治改革，史称戊戌变法。由于以慈禧太后为首的顽固派的反扑，历时一百零三天后失败，维新派或被捕杀，或逃亡国外。

经席聘三讲述，知道了维新运动和变法失败的情况。向席聘三借来康有为的"公车上书"[1]，一边誊抄，一边领会，受到革新思想的启蒙，尤其对加强军事力量的主张感兴趣。开始注重体育锻炼。

---

[1] 1895年5月2日，康有为联合各省在北京会试的举人一千三百余人签名上书，提出拒签和约、迁都抗战、变法图强三项主张，史称"公车上书"。

## 1900年　十四岁

**6月**　"已经懂得问国家事"，对也在四川兴起的义和团运动持同情态度，经常和同学们聚集在席聘三家里谈论时政，议论义和团能否打赢西方列强，并讨论"一旦义和团扩展到当地，该如何办"。

**8月**　英、美、德、法、俄、日、意、奥八国联军攻陷北京，一路杀掠，践踏中国主权。消息传到大塆，朱德极为悲愤，加深了对国家民族命运的忧虑。

**夏**　天旱。与小伙伴们在琳琅山下老屋东边不远处一山坡下找到一股水源，挖了一口小土井，后经乡亲们扩建，取名为"琳琅井"。

**是年前后**　四川连年旱灾，民不聊生。亲眼看到成百饥民因"吃大户"惨遭官兵追捕、毒打、杀戮，深为同情。

## 1901年　十五岁

**9月7日**　清朝廷被迫与英、美、俄、德、日、奥、法、意、西、荷、比十一个国家签订丧权辱国的《辛丑条约》。

《辛丑条约》强加给中国的巨额赔款,更加重了广大农民的负担。朱德和同学们常在大塆和其他村镇赶场的日子,到老百姓中宣传四川的危机和因缴纳新税带来的沉重负担。

## 1904年　十八岁

养父和生父因地租增加和借款利息上升，无力再供朱德念书。席聘三不忍朱德失学，决定免收学费。朱德背了一袋米，借住席聘三家，自己炊饭，继续学习。

跟席聘三读书的这几年里，已读完四书、五经，还读了《史记》、《三国志》、《东周列国志》等史籍。这时的想法很多，爱好也很多。听先生讲过张之洞的《劝学篇》，受到其"勤学洋务"主张的影响；常到同学吴绍伯家中借看戊戌变法后出版的新编数学教科书和其他新书，拼命自学数学，学会求比例和开方等数学知识，还是珠算能手；见到了标有"五大洲"的地球仪，"晓得有世界，知道有地球，而且地球还是圆的"，产生"努力用功，将来到国外去学西洋科学"的想法；常与先生和同学去看镇上请演的历史折子戏，一起谈古论今。曾在作文时写过"岳鹏举[1]精忠报国论"，表达一片爱国报国之心；对清朝皇帝、官员不满，认为"皇帝十分要不得"，"要变法，觉得外国好一点"；"在当时充溢着的思想，就是'富国强兵'"，"晓得'富国强兵'的事没知识不行。"[2]

---

[1] 南宋抗金名将岳飞，字鹏举。
[2] 朱德自传，手抄稿本。

## 1905年　十九岁

**2月**　带了一吊钱，步行三十多公里，到仪陇县城参加科举考试，改名朱建德。在县试一千余名考生中考入前二十名。考试期间，拜望刚从日本回来的新派人物刘寿川。刘寿川向朱德介绍自己在日本的所见所闻，还将一些书籍介绍给他读，并告诉他顺庆府（今南充市）要办一所新学校，自己已接到前往执教的聘书，劝朱德到那里去学习。

**4月**　前往顺庆参加府试。路上第一次看见大河嘉陵江，发现"河并不像人家所说的在山上，而是在河道里"。这时，兴办学校教育之风已在各地盛行。朱德见了世面，思想更开阔，再也不愿意呆在闭塞的农村了。

**春**　到邻近的南部县参观盐井，想看新式机器。可是那里并没有新机器，看到的却是工人的悲惨生活。

**7月**　清朝廷宣布自丙午年（即一九〇六年）始，废止科举制度。朱德还未经过成都的院试，便失去了考上秀才的机会[1]。

**8月**　孙中山在日本组织革命政党中国同盟会，确定其政纲为"驱除鞑虏，恢复中华，创立民国，平均地权"，成为全国性的革命组织。

---

[1]　清代科举考试制度规定，考秀才须经过县试、府试和院试。

**9月** 遵父母之命在仪陇家乡（大塆）和刘姓农家姑娘[1]结婚。

**下半年** 在家帮助做家务事。经常去拜望席聘三先生，或去好友家谈论学问，议论时政。决定到顺庆府去考新学。

**年末** 向家长要求到顺庆府新学堂读书。经席聘三说情，家长终于应允，东挪西借了一笔钱供朱德外出上学。

---

[1] 刘氏，朱德大舅的女儿。一直在家乡务农，从未离开过仪陇。1958年2月病逝。

## 1906年　二十岁

**春**　就读于南充县官立高等小学堂，学习地理、历史、英文和国文等课程。

**秋**　就读于顺庆府官立中学堂，学习国文、数学、物理、化学、历史、地理、外语、法制、美术、体育等课程，还学习日文。学堂监督张澜和一些教师是从日本留学回国的，他们在讲课和谈话中，经常隐约地抨击清朝廷。张澜还说：要亡国灭种了，要牺牲身家性命，去救国家。

在顺庆府官立中学堂时，从张澜处借阅《革命军》、《天演论》等书籍，从刘寿川处听到孙中山组织同盟会的纲领，深受影响。喜欢研究军事，细读《孙子兵法》，熟记世界历史课中的著名战例，几乎能把"滑铁卢战役图"背下来。继续加强身体锻炼，在学校各种体育项目比赛中经常夺得第一名。

**冬**　在顺庆府中学堂毕业。毕业时写诗赠同窗戴与龄：

骊歌一曲思无穷，今古存亡忆记中。
污吏岂知清似水，书生便应气如虹。
恨他狼虎贪心黑，叹我河山泣泪红。
祖国安危人有责，冲天壮志付飞鹏。

## 1907年　二十一岁

**年初**　抱着操练武艺、挽救国家危亡的想法，赴成都考上武备学堂训练军士的弁目队。因家里反对，未入学。

**春**　考入四川通省师范学堂附设体育学堂。入学时仍用名朱建德，编入甲班。学习修身、国文、教育、心理、生理、算术、图画、音乐、兵学、教练、枪操、普通操、器械等。在校期间，秘密传阅中国同盟会的机关报《民报》，更加认识清朝廷的专制腐败，决心参加同盟会，多方秘密求保入盟，未果。

**年末**　以总平均分数八十二点三分的优良成绩从体育学堂毕业。经刘寿川推荐，决定到仪陇县立高等小学堂任教。

**是年**　家长为供朱德上学又借了一笔钱。连同以前的，总共借了二百多元。这笔债务直到后来朱德当滇军旅长时才还清。

## 1908年　二十二岁

**春**　应聘在仪陇县高等小学堂任体育教习兼庶务。这所学校原名金粟书院，由一批秀才、举人主持，后因推行办新学改现名，但教学内容、授课方式还是沿袭老一套。朱德与新应聘来的教师积极提倡新学新办，向学生灌输新文化、新思想，遭守旧文人以及地主豪绅极力反对。他们向县衙门诬告学堂的新教师是些"假洋鬼子"，教的是野蛮思想，有损国粹。还说朱德教的体育课要求学生穿短褂和裤衩，有伤风化。县衙门即查封学堂。在学生家长的支持下，朱德和教师们联合社会上一些进步人士，据理力争。朱德说明自己的体育教学方法都是成都新式学校教育所规定的，体育课是保持学生健康和增强学生体质的办法，所有新学校都采用。县衙门被迫收回成命，学堂重新开学，学生由原来的十二人增加至七十多人。封建势力不甘失败，雇用流氓打手肆意捣乱。朱德教学生武术，进行自卫。

**11月**　光绪皇帝和慈禧太后先后死去。醇亲王载沣之子溥仪继位，载沣为摄政王监国，改翌年为宣统元年。

**年末**　在和封建势力作斗争中，感到办教育不是一条出路，辞去仪陇县高等小学堂职务，回家筹措再度外出费用。离开仪陇前，写诗赠诸友：

志士恨无穷，孤身走西东。

投笔从戎去，刷新旧国风。

# 1909年　二十三岁

**初春**　决定到正在举办新军的云南去报考云南陆军讲武堂。从家乡步行到成都，与一些同学从成都出发，途经嘉定（今乐山）、叙府（今宜宾）和云南省昭通、东川等地，历时七十多天，于四月抵达昆明。

**夏**　由一名四川籍青年军官作担保，报考云南陆军讲武堂，考试合格，但因以四川原籍报名，是外省人，又没有当地老住户或大户的介绍，未被录取。

△　因身上的钱已用完，入川军步兵标（相当于团）当兵。基本训练完成后，升任队（相当于连）部司书（文书）。

**11月**　因在步兵标各方面表现优异，被推荐报考云南陆军讲武堂。报考时用名朱德，字玉阶，并改籍贯为云南省临安府蒙自县。被录取，一切享受公费，入丙班步兵科。讲武堂是当时中国比较先进的新式军事学堂，招收学生很严格，朱德被录取，感到非常高兴。同班同学有董鸿勋、范石生、朱培德、金汉鼎、杨池生、王均等。讲武堂监督李根源和教官方声涛、赵康时、李烈钧、罗佩金、唐继尧、刘祖武、顾品珍等多是曾在日本士官学校学习并秘密加入同盟会的或同情和支持同盟会的，对学生进行严格训练，并利用各种机会向学生灌输革命思想。

△　进讲武堂后，头半年主要是补习普通学科地理、数学、历史等，以后就专门学习步、骑、炮、工四个兵科的基本

军事学科和应用军事学科的兵器、筑垒、地形、交通、军制、卫生等科目。朱德刻苦好学，各科成绩优秀，其中术科尤为出众。

**冬** 在孙中山民主革命思想的影响下，秘密加入同盟会。和范石生等在一个小组。小组秘密传阅同盟会宣传革命的书刊《民报》、《天讨》、《警世钟》、《猛回头》、《革命军》等，经常谈论怎样发动革命起义。在这前后，与同学唐淮源、杨如轩、杨池生等七八个人组织了由朱德取名的"五华社"，主张奋发自励，富国强兵，拯救中华民族的危亡。

## 1910年　二十四岁

**2月**　同盟会发动广州新军起义，次日失败。

**7月**　滇军军官缺乏，亟待补充，从讲武堂丙班中挑选学习较优的学生一百名组成特别班。朱德与范石生、杨蓁、董鸿勋等被选送到特别班学习。

## 1911年 二十五岁

**春** 结识自桂入滇准备任滇军军职的蔡锷。课余时间，常向蔡锷求教，并借阅了孟德斯鸠的《法意》（今译名《论法的精神》）和介绍有关华盛顿、彼得大帝、日本明治维新的书籍，以及国内资产阶级共和派抨击保皇派，主张武力推翻清朝廷的秘密报刊。

**4月** 同盟会黄兴等在广州起义，牺牲八十六人，七十二烈士遗骸葬于红花岗（后名黄花岗）。

**7月** 蔡锷任云南新军第十九镇第三十七协协统（相当于旅长）。

**8月** 新任云贵总督李经羲惧怕革命势力在讲武堂学生中发展，下令特别班学员提前毕业，朱德被分配到蔡锷所部第七十四标（相当于团）第二营左队，以见习生资格当副目（相当于副班长），没几天又当司务长，同时按同盟会组织指示秘密做自己所在第二营和云贵总督衙门卫队的士兵运动。为了便于工作，加入哥老会，通过四川人的关系以及哥老会组织，深入到士兵中，进行革命宣传，并以"反对军阀，反对打人"的口号，增加士兵的反抗情绪，使他们相信"反正要革命，要打仗了"。

**9月** 署理四川总督赵尔丰镇压四川人民为反对清朝廷出卖粤汉、川汉铁路主权而发动的保路运动，屠杀成都人民。四川保路同志会改称同志军起义，开展反清的武装斗争。清朝廷命令粤汉、川汉铁路督办端方率军入川镇压。

**10月10日** 湖北省武昌新军发动反对清朝廷的武装起义，辛亥革命爆发。

**10月中旬** 蔡锷同云南新军中的同盟会骨干秘密开会，筹划昆明起义，响应武昌。朱德与同盟会云南支部积极参加起义的准备，加紧对新军和衙门卫队的宣传工作，还想尽办法积累枪支弹药。朱德利用带兵野外演习的机会领取弹药，在演习过程中号召大家节省弹药，还规定了具体数目。至起义爆发时，每人都准备了四五发子弹。

**10月30日（农历九月初九）** 晚，云南革命党人响应武昌新军起义，在昆明举行起义（又名"重九起义"）。起义军总指挥蔡锷率新军第七十四标在城外南校场巫家坝发动，李根源率新军第七十三标在城外北校场发动。朱德在第七十四标，被蔡锷临时指定为队官（连长），率部连夜从城南门攻进城内。

**10月31日** 黎明时率部参加攻打总督衙门的战斗。由于卫队营和起义军有秘密联系，朱德也在卫队营中进行过工作，卫队营很快缴械投降。起义军攻进总督衙门后，发现云贵总督李经羲已逃匿，朱德立即率部追击搜索。当晚，将躲藏在四集堆一个巡捕家中的李经羲搜获。李为活命，通知云南各地清兵四十多个巡防营共一万多人，全部就地投降，服从云南军政府领导。几天后，蔡锷将李遣送出境。

**11月1日** 云南军都督府成立，蔡锷任云南军都督。云南是武昌起义后第五个起义响应的省份，也是西南各省中第一个宣布独立的省份。朱德因资历太浅，仍当排长，担任在昆明城内街道巡逻任务。

**11月15日** 云南起义后，为援助四川同志军起义，云南军政府组织援川军共两个梯团八个营入川作战。部队由昆明分左、右两路北上。朱德随左路在第二梯团当排长。经东川、昭通入川。在行军途中，由于连长和司务长都是新任职的，朱德实际起着连长和司务长的作用。严令部队执行蔡锷颁发的五条训令：守纪律、爱百姓、戒贪幸、勤操演、敦友爱。一路军纪严明。

**12月** 援川军第二梯团从永善、雷波间渡过金沙江进入川南，沿途击败清朝的巡防营和土匪，于中旬占领四川省叙府（今宜宾市），下旬占领自流井（今属自贡市）。朱德升任连长。

# 1912年　二十六岁

**1月1日**　孙中山在南京就任临时大总统，宣布中华民国成立。

**2月12日**　清朝宣统帝退位，中国两千多年来的君主专制制度结束。

这期间，朱德希望中国成为一个独立的国家，不再受帝国主义欺侮；一个统一的国家，团结得像一个人一样；一个民主的国家，人民不再受封建专制的摧残；一个进步的国家，有廉洁的政府；一个幸福的国家，逐渐走向富裕。

**3月11日**　成都、重庆两军政府合并，宣告四川统一，云南援川军任务结束。朱德随云南援川军第二梯团返滇，途中把自己节省下来的钱买了一匹马，但他自己一直走路，把马让给生病的士兵骑。

**4月1日**　孙中山正式辞去临时大总统职。此前，三月十日，袁世凯在北京就任临时大总统。

**5月**　返回昆明。在援川军庆功大会上，蔡锷赞扬朱德在云南辛亥革命和援川战斗中"指挥有方，战功卓著"，并授朱德"援川"和"复兴"两枚勋章，宣布晋升他为少校。

△　蔡锷对云南军政府和军队进行改革，任用一批新人，出现一种新的面貌。朱德对革命持乐观态度，相信"即使是帝制派也不敢出卖共和，云南最终会像它的领导人所规划的那样，成为一个模范省"。蔡锷有时特意找朱德谈话，关心他的

家庭，两人的友谊加深。

△　与仪陇家庭取得联系，将大部分薪俸寄给家人。

**8月25日**　由同盟会联合其他四个政团组成的国民党在北京举行成立大会，孙中山任总理。朱德随之从同盟会会员转为国民党党员。

**夏**　奉派在滇军新兵营中训练新兵两个多月。

**秋—翌年6月**　蔡锷下令恢复因云南起义而停办的讲武堂，改称讲武学校。朱德调任云南讲武学校学生队区队长兼军事教官，讲授战术学、野战学、射击术和步枪实习等军事课程，还指挥野外的实地演习。为了教好学生，将军事学等都重温了一遍，学术上大有进步。关心辛亥革命后的国家形势，经常从一些来自外省的学员和流亡到云南的教官那里了解袁世凯逮捕和虐杀共和派人士的情况，为政局的逆转而忧虑；向几位曾经留法的同事询问法国大革命和法国议会制度的情况，思考中国如何走向共和。

△　在昆明和萧菊芳[1]结婚。根据讲武学校军纪，有家属的军官每周只有星期六回家，星期三可以请假。

---

[1] 萧菊芳，云南省昆明市人，昆明师范学堂学生。1919年6月在昆明病逝。

## 1913年　二十七岁

**7月**　国民党领导的反袁世凯的"二次革命"爆发，两个月后失败。

**夏**　从云南讲武学校调出，被任命为云南陆军第一师第三旅步兵第二团第一营营长，率部在昆明练兵几个月。

**秋**　率部驻防云南边境蒙自、开远。蒙自是朱德入云南讲武堂时冒籍之县，部队进驻蒙自时，受到地方士绅及各界人士数十人代表全县人民欢迎，在欢迎会上答谢说："余川北寒微，得藉名邑福荫，考取武校，实受赐多矣。今后当以蒙自为余第二故乡，今日亦即还乡之日，幸各位父老兄弟有以教之。"此后的两年里，朱德率部与云南陆军第一师另一个营在临安（今建水）、蒙自、开远、个旧一带环境恶劣的深山密林中，与法帝国主义支持的武装土匪进行游击战，积累了丰富的游击战争经验，屡建战功，先后升任副团长、团长。在此期间，时常到蒙自去取信件和报纸，关心国家政局变化，还曾在蒙自拜访一个法国商人，向他了解有关法国的生活和典章制度等问题，并借阅法国启蒙思想家伏尔泰的著作。

**10月4日**　蔡锷奉调入京，就任陆军部编译处副总裁。后被袁世凯任命为参政院参政等职，实际上被暗加监视。

**10月6日**　袁世凯强迫召开国会，当选为正式总统。不久，下令解散国民党，并取消国民党籍国会议员，加强北洋军阀的统治。

# 1914年　二十八岁

**4月中旬**　临安（今建水）地方反动势力勾结原驻军步兵第九团（一说是第三团）官兵哗变，抢劫富滇银行临安分行和商店。该团其他不明真相的军官，仓皇地将队伍拉至开远，被驻防部队第二团缴械，所有被缴械官兵千余人，由朱德押送，乘火车返昆明。在火车上，朱德与讲武堂同学杨如轩不期而遇。

**7月**　孙中山在日本召集国民党员组成中华革命党，宣布"以扫除专制政治、建设完全民国为目的"，"以实行民权、民生两主义为宗旨"。

**8月**　协助云南省高检厅处理一桩债务纠纷案，令与本案有关已在所部当录事（文书）的新兵接受传讯。

**夏**　率部移防临安。命令所部在象冲河埂上栽树；教育士兵不要进村串户，不准偷鸡摸狗。

**9月**　率部在冷水沟村黄喜店铺剿除蒙自惯匪方位。事后报告旅长刘云峰，请求政府对遭受土匪杀害的居民亲属给予赈恤；对因土匪负隅顽拒而不得已烧毁的民房按市价赔偿。

**是年**　第一次世界大战爆发。朱德一直关心战局的进展、各种新式武器在战争中的应用。

# 1915年　二十九岁

**1月18日**　日本政府向中国提出企图独占中国的二十一条。

**5月**　袁世凯对日本提出的二十一条除第五号条款声明"容日后协商"外，均予承认。后因中国人民坚持反对，日本的侵略要求未能实现。

**9月中下旬**　率两个连在临安渣腊寨会同临安县警备队，成功地清剿了大批土匪。

**12月12日**　袁世凯宣布恢复帝制，改国号为"中华帝国"，以翌年为"洪宪"元年。

**12月19日**　蔡锷摆脱袁世凯的严密监视，从北京秘密返回昆明。几日后，派人给分驻各地的滇军将领送去亲笔信，部署讨袁起义事宜。朱德在蒙自也接到蔡锷的亲笔信。

**12月25日**　督理云南军务唐继尧、云南巡按使任可澄和蔡锷等通电各省，宣告云南独立，反对帝制，武力讨袁，随即组成护国军。护国战争由此开始。

△　按照蔡锷亲笔信的要求，在蒙自发动讨袁起义。凌晨，率部驱逐帝制派军官后，举行讨袁誓师大会，在会上作关于国内形势的报告，宣誓效忠共和。随即率部乘火车开往昆明待命。

**12月30日**　任滇军补充队第四队队长，负责组训新兵，准备出征讨袁。

## 1916 年　三十岁

**1月1日**　护国军在昆明举行誓师大会，发布讨袁檄文。护国军由三个军组成。第一军总司令蔡锷，下辖三个梯团六个支队，任务是出兵四川，然后进攻武汉；第二军总司令李烈钧，下辖两个梯团，出兵两广；第三军总司令由云南都督唐继尧兼，留守后方。

**1月5日**　袁世凯任命曹锟为川、湘两路征滇军总司令，张敬尧为副司令，督率部队从湘西、川南向护国军进攻。

**1月6日**　任滇军步兵第十团团长。不久，所部改编为护国军第一军第三梯团（梯团长顾品珍）第六支队（相当于团），任支队长。

**1月22日**　朱德所在护国军第三梯团因部队原驻地分散且相距较远、交通不便，以致动员集中迟滞，故晚于是日出发。朱德率部离开昆明北上。进军途中要求部队严守纪律；向地方各界宣传护国讨袁的道理，说：辛亥革命推翻了清朝，打倒了皇帝。现在，袁世凯又要当皇帝，我们要推翻他。部队得到沿途人民的欢迎和支持。

**1月26日**　第三梯团抵沾益。

**1月29日**　抵宣威。接第一军总司令蔡锷命令："以我孤军深入，朱（德）团曹（之骅）营除去休息，火速兼程前进。"为了及早赶到前线，率领第六支队顶风冒雪，以每日四五十公里的速度奔赴川南泸州前线。

**2月2日** 川军第二师师长刘存厚率部到泸州以南的纳溪，宣布反袁独立，自任四川护国军总司令。接着，护国军第二梯团董鸿勋第三支队与刘存厚所部在纳溪会师，准备攻打泸州。不久，护国军第一军总司令蔡锷抵达叙永，在此设立指挥部，指挥护国军进攻泸州。这时，在纳溪受蔡锷指挥的部队不足五千人。泸州守敌约一万五千人。

**2月5日** 刘存厚部与董鸿勋部奉蔡锷总司令部命令合力进攻泸州。

**2月12日** 因刘存厚部大意失防，北洋军渡江进占蓝田，护国军败退纳溪。北洋军大举向纳溪推进。护国军攻泸之役变为保卫纳溪之战。

**2月15日** 率部抵永宁（今叙永）。闻纳溪前线失利，三面受敌。获蔡锷急令，率部赶赴前线。

**2月17日** 率部抵纳溪。因第三支队长董鸿勋指挥失当被撤职查办，奉命接替第三支队长职务。该部原是朱德在蒙自指挥的"步二团"。时值战争激烈，朱德激励官兵坚守棉花坡制高点朱坪山，多次打退优势敌人的进攻，稳住阵地。

**2月19日—21日** 根据第一军司令部作战部署，指挥所部两个营及川军一个营，附炮一连、机一排，由棉花坡埂经本道向菱角塘方面之敌进攻，经三昼夜激战，将敌军击退约二三里。敌军凭借朝阳观构筑的坚固防御工事固守。朱德接到"暂取防御，须整顿队伍，待转攻势"之命，将部队布防在棉花坡正面高地，与据守红庙高地的北洋军对峙。

**2月23日** 蔡锷将指挥部移至纳溪，亲临前线指挥战斗。

**2月27日** 蔡锷下达部队于明日八时以后向当面之敌发动总攻击命令及其作战部署。二十八日，朱德率部与友军担任主攻任务，向敌军侧面发动猛烈攻击。连日激战，未能攻下敌军阵地。

**3月1日** 指挥所部在棉花坡制高点上炮击七块田山头的敌军,以掩护其他主攻部队。

**3月5日** 护国军因叙府失陷,左翼失利,决定暂时停止进攻,休整部队。

**3月6日** 蔡锷率总司令行营从纳溪移至大洲驿。朱德奉蔡锷之令率部经双合场、渠坝驿,向上马场转移。

**3月12日** 蔡锷在叙蓬嘉乐店召开作战会议,随后几日在总司令部主持研究制定反攻计划。

**3月15日** 蔡锷令朱德率部于十六日开赴白节滩,直接听从第二梯团长赵又新指挥,并在大洲驿对朱德面授下一步作战意旨,转告赵又新;又令炮兵营派出一名连长率炮一门于明日开赴白节滩,直接受朱德指挥。

**3月16日** 率部开赴白节滩,受第二梯团长赵又新指挥。

**3月17日** 护国军全面反攻开始,下午,朱德奉令率部由白节滩进抵雪坳,旋即会同友军川军义勇队第一支队向龙潭子进军,准备攻击牛背山、五里山、鱼登坪一带之敌。

**3月18日** 拂晓前,率炮兵到白花坎侦察地形,将炮兵部署于此;按指定地点部署部队。七时,指挥所部向敌军侧背发动猛烈攻击,相继占领五里山、十二湾。敌军不支,于十九日向朝阳关、蓝田坝方向退却。朱德率部追击敌军,抵达三块石、白石塔附近,指挥部队将敌援军一部打退。当晚,宿营鱼登坪。

**3月20日** 指挥所部在三块石多次打退敌援军进攻。鉴于敌军死伤甚众,无力反攻,令一部由蓝田坝大道分途攻击白石塔、观音塝、南寿山之敌。

**3月21日—22日** 指挥所部猛烈攻击南寿山、观音塝、负子岩之敌。命令炮兵转移阵地，配置在苦竹林，猛烈轰击三块石败退之敌。宿营苦竹林。

**3月22日** 袁世凯被迫宣布取消帝制，仍称大总统，任命徐世昌为国务卿；二十五日，以黎元洪、徐世昌、段祺瑞三人名义致电宣布独立的各省，要求先停战，再处理善后，并令督理四川军务陈宧与蔡锷商讨停战事宜。护国军坚决要求袁世凯退出政治舞台。

**3月23日** 晨五时，奉梯队长"暂就原地防御，候命动作"之令，指挥所部就地稍加修筑简单工事，与敌对峙。午后，奉命指挥所部将阵地转移至鱼登坪。

**3月24日** 指挥所部在阵地修筑散兵射击工事。当面之敌在原地不敢前进。

**3月25日** 奉蔡锷之令指挥所部转移至泸州郊区红花地、大小帽山一带。当晚，驻宿鹤山赵家民房。

**3月26日** 督理四川军务陈宧奉袁世凯之令与蔡锷电商停战议和。陈宧派其参议刘一清、川军第二师旅长雷飙与蔡锷商讨停战事宜。三十一日，蔡锷接受陈的停战要求，命令护国军停止攻击。

**3月27日—28日** 指挥所部在大小山坪、杉山一带防御。

**4月15日** 致函唐继尧，汇报率部作战情况："二月中旬，德抵永宁，即闻前军偾事，因寡众之故，以致炮阵失守。即奉蔡公檄委，饬其星夜前进，赶接步二团事务。团长猬以凡庸，屡蒙阃寄，只得勉竭驽钝，重整甲兵。于十七日至纳溪，值战事方烈，于是宣布德意，鼓励士兵，刻即加入火线……唯是两营士兵，虽负伤营长四员，而勇敢锐利，势不稍衰，实所罕见。现值停战期间，奉蔡公命令，至红花地分地防守，取攻势防御主义。"

**5月22日**　陈宦宣布四川独立。至此，护国军在四川的战事基本结束。

**春**　在古宋[1]城北香水山芙蓉寺壁上题诗一首：

> 已饥已溺是吾忧，急计心怀几度秋。
> 铁柱幸胜家国任，铜驼慢着棘荆游。
> 千年朽索常虞坠，一息承肩总未休。
> 物色风尘谁作主？请看砥柱正中流。

**6月6日**　袁世凯忧惧而死。次日副总统黎元洪代理总统。

**6月**　所部作战有功，得到首先开进泸州的荣誉。将部队稍稍整顿后，进驻泸州，并戒备附近诸县及自流井地区。

△　在泸州参加由泸州、纳溪等地人士组成的怡园诗社，以诗会友。

△　蔡锷被北京政府委任为督理四川军务，因喉疾恶化，住泸县中学堂内朱德司令部，卧床研究重建四川计划。

△　护国军改编。朱德所部改编为云南陆军第七师第十三旅步兵第二十五团，任团长，先后驻防泸州、南溪。

**7月**　蔡锷被任命为四川督军兼民政长，从泸州到成都视事。不久，请假治病，途经泸州稍事停留与朱德见面，后沿长江东下，赴日本就医。

**9月**　与靖国军第二军军长赵又新及泸州的一些知名文人成立东华诗社。诗社名是将原东华学社与怡园诗社旧名合改而

―――――――――
[1]　古宋，旧县名。在四川省南部，1960年撤销，并入叙永县。

成。为"东华诗社"撰写小引：

"岷江沱水，兴波逐浪韶华；小市蓝田，兵火烽烟劫里。横槊赋诗，大块假吾侪以文章；倚马唱酬，时局开我辈之襟抱。戎事余欢，逢场作戏，苦中寻乐，忙里偷闲。惧一百六日，战守疏虞，负廿四翻风唱酬寄兴。泄腹内牢骚，忧国忧民；舒心中锦绣，讽人讽事。但消吟债，不效摘句寻章；得满诗囊，何必寻花弄月。虽孟浪而苏豪亦称尔雅；纵元轻而白岂乏风流。爰借他山，共成吟社，极功错切磋之功，收气求应吹之功。大力宣传，振兴东亚中华。高声呼吁：'打倒西方帝国'！方称联翰墨之因缘，永吟哦之乐事。惟求良友，无负河山。"

**11月8日** 蔡锷在日本病逝。

**11月21日** 为纪念黄兴、蔡锷的革命功绩，会同纳溪县知事周维桢在纳溪县城南门外玉林寺组织成立黄、蔡二公追悼大会筹备处，决定在王爷庙设立追悼大会会场，十二月二日至六日分别为军、政、绅、商、学各界追悼日。

**11月** 与纳溪县知事周维桢联名呈文永宁道尹公署转报中央，呈文说："窃维民国再造，帝制铲除，推其元勋，当以邵阳蔡公为最。纳溪为两军交战之地，即蔡公驻临之地。今春一役，我军士效命疆场，死亡极众，率能挽回浩劫，恢复共和。事后追思，非建蔡公铜像及阵亡军士之昭忠祠，何足以励将来而资钦仰。"建议："将纳溪县之东门拆修，另建砖砌高台，就于台上铸造蔡公生时铜像一座，两旁立碑纪功，并择城中要地，营建昭忠祠一间，将阵亡将士牌位，迁入祠内，岁时祭献，以慰忠魂。"请"准拨十万元下县，以凭克日兴工。"次年四月四日，永宁道尹公署转国务院通知："所需款项，应由地方自行筹措。"因地方无力筹此巨款，此事未果。

△　赋诗《五峰岭题诗》：

　　泸阳境内数名峰，绝顶登临四望空。
　　立马五峰天地小，群山俯首拜英雄。

**12月2日**　率所部官兵到黄兴、蔡锷追悼会会场黄、蔡二人遗像前肃立默哀致敬。

**下半年**　曾为滇军军界舞台题写台联：

　　大英雄惟有上台难，对两朝丝管，五族旌旄，如此江山，更有何人偷生自打收场鼓；
　　好歌舞莫教称颂错，看北帝披猖，南呼革命，这般局面，仍余我辈入蜀重麾破阵旗。

## 1917年　三十一岁

**春**　与孙炳文[1]结识，成为挚友。

△　驻川滇军首领罗佩金在蔡锷之后署理四川督军，为巩固在四川的地位而提出一个削弱川军的裁军计划，遭到刘存厚等川军抵制后，决心以武力胁迫川军改编，大量调集滇军于成都附近，朱德奉命率部由泸州开到成都，途中曾与川军第三军钟体道部激战。

**4月18日—下旬**　因编遣军队等利益冲突，滇军罗佩金部与川军刘存厚部在成都发生激战。川军以大炮轰击滇军驻地成都旧皇城，滇军伤亡惨重，四处逃散。朱德率部拼死突围至成都北郊时，前有阻截，后有追兵，在万分危急关头，他进入佛教寺庙昭觉寺躲避，在该寺方丈了尘和尚的保护下化险为夷。两年后，朱德委托其好友周官和请人制作一个匾额，上书"应世人间"四字，悬于昭觉寺，以表谢意。

**6月**　在四川省南溪县与陈玉珍[2]结婚。在南溪家中布置了一间精致的书房，在以后的几年间，购置大批清代木刻（少数影印本）典籍文献收藏于此。一有闲暇，便开卷阅读。这些典籍文献除专门托人从上海商务印书馆买回的一套"涵芬

---

[1] 孙炳文，四川省南溪县人，同盟会会员，曾任北京《民国日报》总编辑。1914年因逃避袁世凯逮捕，回四川教书。

[2] 陈玉珍，四川省南溪县人，南溪简易师范学校毕业。1967年11月在南溪病逝。

楼二十四史"外，主要还有《战国策》、《论衡》、《重修政和证类本草》、《谈史碎金》、《齐民要术》、《说苑》、《尚书》、《诗经传说汇纂》、《仪礼义疏》、《周官义疏》、《大学衍义》、《大学衍义补》、《礼记义疏》、《法苑珠林》、《孔丛子》、《盐铁论》、《新序》、《越绝书》、《甫金文集》、《皮子文集》、《王子安集》、《张龙之文集》、《元遗山文集》、《元氏长庆集》、《群书治要》、《真文忠公集》、《南雷文集》、《玫瑰集》、《栾城集》、《栾城应召集》、《温文正司马公文集》、《诚斋集》、《宋学士文集》、《小畜集》、《张右史文集》、《陈嘉陵文集》、《水心文集》、《豫章文集》、《嘉集》、《渭南文集》、《苏平仲集》、《萨天锡诗集》、《禅月集》、《于湖文集》、《剡源文集》、《釜山文集》、《松斋文集》、《牧斋文集》、《李直讲文集》、《元丰类稿》、《凫澡集》、《曝书亭集》、《三百名家集》、《史存》、《诗文据中》、《升庵集》、《象山集》、《三鱼塘集》、《斯文集萃》、《文苑》、《带径堂集》、《胡文忠公政书》、《胡文忠公集》、《彭刚直公奏稿》、《简斋诗集》、《唐文萃》等。[1] 在读书时联系历史、社会现实和个人际遇，逐渐在阅读的史籍上，写下许多批语。

在治国安邦方面，批语写道："知过能悔，可以为明"。"勤而不怨，必能兴邦"；"法礼并行"；"不听谏，危矣哉"；"乱世贼匪多，能治匪者得民心，终成功"，"乱世有大志无力者，均远避，养力以等，后多成功"；"亲相离何能成事"。"尚才不尚德，功成而民无生气矣"；"历代创业之君艰苦备尝，事理政举，寿亦永。继之者养尊处优溺于嗜好，不知世事之艰难，均以文理治之。"

在用兵打仗方面，批语写道："师屈为老"。"敢战者成功，不敢战者不成功"。"联军不战，必将内图，内衅一开，立见消

---

[1] 至今泸州市图书馆还保存着当年朱德的藏书一千五百余册。

亡"。"师出无名，焉得不大败！""成大事者起兵以义"。"骄兵必败"。"无能之将兵，恃器械为雄，终不可恃。""谋士贪财，主将无谋，败必矣"。"政教兵并行，成事"。"小人弄得兵权，焉得不乱！""弃兵而逃者，愚也"。"以才为敌，不以兵为敌，恃势力大者可耻"。"坐失机会，不协力，自亡也"。"不协战，兵多无用，故败"。"军人不能与人有私仇"。

在为人处世方面，批语写道："乱世毁人家室者人必毁之，当存厚道"。"不屑居人下，又无特长，何能成事？""人思自利未有不解体者"。

在点评历史人物方面，批语写道："范蠡千古奇人也，能弃功名富贵，而功名富贵常随也。世之急急（汲汲）名利者反以杀身，而不知效范蠡之为人也。"曹操"尚才不尚德，乱平而人心丧尽，刻薄成家，理无人享，罔自费力，逞一时之雄而贻万世之讥。""汉高真无赖子，国家已平，无事做，将功臣尽诛之。又骗人谋反，实心坏已极。"袁绍虽"人才如此之多而卒至于灭亡者，有才而不用也。""尽用亲戚子侄是此家常事，以之享福则可，以之兵权焉有自杀者？爱之甚，杀甚也。"孙权、刘备"当时人杰也，两相斗意气，知其不可斗而斗之，逞一时之小忿也。小不忍则乱大谋，曹之灭蜀吴，是吴蜀之自亡也。"齐懿公"上台报私仇，器之小矣。""不容将何能克敌？（诸葛）亮、（刘）备之不成事也在此。"

△ 原驻徐州的军阀张勋率兵入北京，逼迫黎元洪解散国会，废弃《临时约法》。七月一日，公然拥清废帝溥仪复辟。激起全国反对。段祺瑞乘机兴师讨伐张勋。十二日，张勋兵败，复辟收场。再次出任国务院总理的段祺瑞拒绝恢复《临时约法》。

**7月中旬** 孙中山在广州宣布"护法"，主张维护《临时约法》，并提出在广东恢复国会，再造共和。史称护法运动，又称护法战争。

△ 企图充当"西南王"的云南督军唐继尧，借滇、川、黔军争夺四川督军职位混战之机，以"护法"为名，"编集靖国各军"，自任靖国军滇黔联军总司令，并于二十日发出"思惟北征，宜先靖蜀"的通电，表示要"亲督三军"，对川大举用兵。驻军四川南溪的朱德所部改编为靖国军第二军第十三旅，朱德任旅长。

**秋** 在泸县云锦山与当地文人名流熊仿文、艾承庥等组织"振华诗社"，为诗社撰写小引提出："会胜地耆老，在此联成诗社；来滇池客，将于斯拥建骚坛。定有豪情，宣传革命，如为佳士，有助龙争。诗牌斗叶，永成贝叶之篇；酒仿传觞，杯泛莲花之露。虚空世界，冷热脑于无形，干净丛林，孟身心之不浅。笑前生亦是浮屠，为救世脱离释教，长啸山林，放歌殿阁……"

**8月31日** 广州非常国会通过《中华民国军政府组织大纲》，设置海陆军大元帅一人，元帅三人。九月一日，非常国会选举孙中山为海陆军大元帅，唐继尧、陆荣廷为元帅。

**8月** 奉命率部进驻泸州，卷入川、滇、黔各军之间以及川军内部的混战。滇军在四川作战的主要对手是企图独揽川局的川军刘存厚部。致电唐继尧请求立即北上讨伐北洋军阀，但唐不予理睬。

**9月** 川军刘存厚等部用重兵猛攻川南。滇军因师出无名，得不到当地人民的拥护和支持。不久，从富顺、隆昌、永川退至叙府、泸州一线。

**11月7日** 俄国十月社会主义革命爆发。

**11月** 奉令率部和其他三个旅及一个团一起抵抗从隆昌、永川向泸州进攻的川军。滇军不支，被迫撤退到横江、叙永一线。二十二日，泸州失守。朱德率部掩护部队向纳溪撤退。这时，部队补给无源，士兵情绪低落，无心恋战，加以北伐无望,朱德陷入忧虑之中。

**12月1日** 靖国军第二军军长赵又新等鉴于目前部队"团多兵少,员冗饷绌,且易滋纷扰",拟定整编现有部队并密电唐继尧;建议朱德到"兵多不可靠"、"应行淘汰"的第二十六、第二十八团的所在旅当旅长,将部队"训练数日,恢复军纪,将来子弹补充,当可驱策。"

**12月4日** 滇军顾品珍部由泸州南下,与黔军王文华部配合,袭占重庆。与此同时,川军颜德基等部相继成立靖国军。依靠北洋政府的刘存厚等部被迫从川南各地撤退。唐继尧电催在川南的滇军发起反攻。

**12月10日** 致电唐继尧,报告"泸城失守,言之痛心。本旅廿五团现编制就绪"。"各级官长均愿奋不顾身,复仇雪耻。"建议密令一部"速行转攻叙府,本旅及金旅杨团克期分道进攻泸城,为叙声援,一下合江,与渝联络。中央各路得手,则此后要求条件必期圆满。"还表示:"德率所部,愿效前驱。"在此前后,建议靖国军第二军军长赵又新实行精兵政策,大事整顿队伍,旅长降为团长,团长当营长,营长当连长。全军整编为四个团。朱德被任命为第一团团长。

**12月13日** 率部从泸城下游泰安场渡江,向泸州城外的制高点五峰顶进攻。实行步炮联合作战,并亲临泸州对河月亮岩炮兵阵地,指挥炮兵射击,掩护步兵爬城。

△ 驻防重庆等地的川军第五师师长熊克武致电孙中山、陆荣廷、唐继尧等,宣布与西南一致行动。

**12月14日** 率部会同第二军各路攻占泸州。后乘胜追击至自流井一线。

**12月下旬** 唐继尧任滇、川、黔靖国联军总司令。川军第五师师长熊克武任四川靖国军总司令。

# 1918年　三十二岁

**1月2日—9日**　靖国军在纳溪、泸州等地与附从北洋军阀的川军血战七昼夜。朱德率部在玉禅关作战。

**1月9日**　熊克武在重庆就任四川靖国军各军总司令，"宣誓护法，谨率所部加入联军"。旋即以四川靖国各军总司令名义召集川、滇、黔靖国军各将领在重庆开会，决定讨伐由北方段祺瑞政府委任的川督刘存厚。

**1月27日**　唐继尧电令已由富顺县退却的朱德、金汉鼎两个团互相联络，猛力防御，伺机进攻，早图克复富顺。

**1月29日**　朱德所部由嘉明镇折向怀德镇继续进攻。不久，与云南靖国军其他部队分路攻下自流井、叙府、内江、资中。与此同时，川军熊克武部第五师和黔军也攻下安岳、遂宁、乐至。川军刘存厚请和。

**1月**　聘请孙炳文到旅部任咨谋。

**2月9日**　与驻川滇军将领金汉鼎等致电唐继尧，痛陈滇军自参战以来损失甚巨，"为滇军从来所未有"；建议趁川军求和之机，"苟能宣布向南，恳息事宁人，允其所请，川事或可由此解决"；认为熊克武得督军之位是"人心所归"，根据"种种论断，似无再战之必要，至在川滇军则休养生息，可以保全实力，又趁此补充缺额。若再迟缓则事局稍定，恐贻人与侵略之口实。""如不速调回滇，将来误事，不知伊于胡底。"唐继尧接电后，严令他们仍然驻留四川。

**2月11日** 靖国军第二军军长赵又新致函唐继尧，报告"现在护运盐船，此间暂委朱旅长德专办"。

**2月26日** 为与熊克武部结成"军事同盟"，联合讨伐北京段祺瑞政府任命的四川督军刘存厚，靖国军第二军军长赵又新派朱德赴成都，以滇军代表身份与四川靖国军各军总司令熊克武谈判。

**2月27日** 就奉命赴成都谈判事给唐继尧写信，称"昨奉军长命代表赴成都，月中将治行。"还就黔军旅长李雁宾因指挥作战有误"自请褫职究办"事发表己见，称李"对本军极为输忱联络"，"前日苦战"，"过不掩功"。不久，赴成都与熊克武所派代表刘伯承就结成"军事同盟"，共同对付北洋政府军事势力进行谈判，对作战部署达成协定。

**2月** 在自流井与云南靖国军第二军第十四旅旅长金汉鼎召开第二军军官骨干会议。在会上发言说：天天打仗不是个办法，老百姓太苦了，作为军人也不能这样盲目地打下去。不要看我们打胜仗的时候多，时间长了，总会打败仗的。与其失败的时候再退兵，不如趁现在把部队撤回云南去。还提出"撤回部队，还政于民，川滇和解"的主张。会后，和与会的将领金汉鼎、杨如轩、唐佛川、赵遂生、杨希闵、蓝馥等八位将领合影，朱德题写一首诗洗印在照片上：

　　　　百战余生者，群才可撑天。
　　　　从征凭两两〔1〕，大将剩三三〔2〕。

――――――――

〔1〕 指入川的滇军第一、第二军两个军。
〔2〕 指合影的九位将领。

**3月8日** 孙中山致电熊克武，称军政府已任命其为四川督军，委任状另行寄发。十日，再电熊克武，促其速就四川督军。

△ 以第十三旅旅长名义致电唐继尧，报告"德收合余烬，士兵已得休息"；鉴于"现荆襄危殆，日甚一日"，提出"攻外必先绥内，急兄弟之难，锄祸国之谋，此千载之机也"，若允许"率所部出武汉，歼灭敌胁"，"川鄂不致大局不难定也。三省嗣此为精神上之联合。"唐继尧置之不理。

**3月** 川军刘存厚部败退陕南。四川局势趋于稳定，之后近两年内没有大的战事。

△ 奉命移防泸州，仍任旅长，兼任泸州城防司令和四川下南清乡司令。这时，由征滇军张敬尧部残留下来的散兵游勇和当地的地痞流氓相结合组织的股匪到处滋扰。朱德十分同情备受兵灾匪患的老百姓，表示"既处此区域，忧患安乐，当与民同"，决心"以兵卫民"。之后，又制定"歼首要，赦胁从，缴械投诚者免死，仍给枪价"的剿匪政策。

**5月25日** 鉴于清乡部队开往各乡镇"一时恐难探悉匪情"而发出训令，规定凡军队到达地方清乡，该地方"团保等应即相接洽，擘画筹谋，和衷共济"。随后，派一个营的兵力到各乡执行清剿任务。

**5月** 广东非常国会通过《修正军政府组织法》，废除元帅制，孙中山为此通电辞去大元帅。护法军政府遂成为南方军阀的政权，后被桂系军阀取消。

**6月1日** 祖母潘太夫人九十寿诞。因剿匪军务繁忙，不能回故乡向祖母祝寿，邀请各界人士惠赠诗文，以资庆祝。

**6月** 指挥所部自胡市、通滩沿江剿匪，抵达江安南井。被打败的土匪武装分南北逃窜。令杨森率一个团到江以南进剿。自己率两个团到江以北进剿，部队驻通滩、况场，自己驻况场陈家花园，有时驻通滩。在此期间，亲自率部在况场捉拿两名匪首，在况场召开乡民大会，号召土匪缴械投诚，叫人们劝说被迫参匪者自新。还贴出安民告示，设置"无情箱"。

**7月中旬** 率部在石桥剿匪，驻玄滩禹王宫团局、场上致和栈和场外新房子等处。因在十三坡与土匪作战失利，指挥所部在玄滩高庙子一带重新训练士兵，演习伏击、摸索、爬山、探险等技能，提高战斗力。之后，指挥所部在五尖山将土匪武装大部歼灭，继而追歼残匪，终将石桥之匪全部消灭。

**8月下旬** 前往五通乡慰问在十三坡剿匪战斗中死难者家属，为追悼会撰书绸制挽联哀悼死难者：

万家珠米白星星，是伊谁将热血换来，有功于民，为桑梓捐躯，荣同死社稷；
数点磷光青闪闪，恨我辈早杀敌未尽，无才救世，虽恫瘝在抱，害竟贻终身。

**9月中旬** 泸县忠信乡（今纳溪县丰乐乡金狮村）民众为表彰朱德剿匪的功绩，在玉登坪石塔西北角树建一德政碑，上面镌刻着"救民水火"四字和百余字碑文：仪陇朱旅长玉阶，勇于治匪，自奉令清乡，不阅月，而匪焰息。回忆吾泸自去夏至今春，受匪患最深，而忠、崇、宜三镇尤甚。忠信介崇、宜之间，为匪集中地，故被害益烈。今者士民安靖，无异畴昔，果谁之赐欤？其于旅长又焉能已于言也。因镌刻"救民水火"四字于石，以垂不朽。为旅长颂，且志事痛焉。

**秋** 军务闲暇之时游纳溪护国岩，岩上刻有蔡锷撰并题的"护国岩"和《护国岩》铭文。睹物思念早已病逝的蔡锷，感慨万分，写《题护国岩》诗一首：

曾记项城伪法苛，佯狂脱险是松坡。

清廷奸佞全民忌，专制淫威碍共和。

京兆兴妖从贼少，滇南举帜义军多。

风流鞭策岩门口，将士还乡唱凯歌。

**12月4日** 泸县宜民乡（今况场一带）民众在当地为朱德树建一德政碑，上面镌刻着"除暴安良"四字。

**12月** 祖母在家乡仪陇大湾去世。各界人士送来吊唁祭文。是年六月，朱德邀名士朱青长将前后祝寿和吊唁的诗文等汇集成集，定名为《朱母潘太夫人荣哀录》作为纪念。

**是年** 唐继尧将云南靖国军第一、第二军所属的旅改为混成旅。朱德任云南靖国军第二军第三混成旅旅长。

△ 剿匪期间，先后写下《军次云谷寺晓行书所见》、《登长老坪》、《战薄刀岭》、《攻草帽山》、《石公石婆》等诗。其中"出没匪徒无雅趣，争离美景鼠奔忙"；"率队搜山过古林，一山更比一山深"；"古塞皇城踞险关，负隅一拒匪凶顽。围攻直捣登陴堞，遁迹潜踪窜各山"；"山名草帽日光遮，怪石嵯峨蕨莈斜。断续枪声无动静，匪徒早遁散乌鸦"等诗句，都生动地反映当时的剿匪军事行动。

△ 因辛亥革命后这些年内战频仍，民不聊生，朱德"陷入了一种怀疑和苦闷状态，在黑暗中摸索而找不到真正的出路。"[1]

---

[1] 朱德：《辛亥革命回忆》，《人民日报》1961年10月10日。

# 1919年　三十三岁

**5月4日**　五四爱国运动发生。
**8月**　写《征人怨》诗二首，倾吐自己虽长期征战却无力拯救人民的复杂心情：

家园在望我当归，无奈人民盼解围。
枉自梦魂萦弟妹，空教心事负庭闱。
玉关杨柳悲摇落，金井梧桐感散飞。
起舞闻鸡生叹息，总因血战奏功微。

频年征战苦催人，一着征袍困此身。
戎马仓皇滇蜀道，风烟迷漫永泸城。
羁縻一水销豪气，转战孤城负好春。
几度慰忠亭下望，困民水火泪沾巾！

**夏**　登泸州城西的忠山，写《苦热》诗五首，其中"伏中炎热人何苦，心冷如何苦到侬"的诗句，表达关怀人民之心；"避暑居高耸，搔首望仪陇。白云阻乡关，回看江涛涌"的诗句，吐露自己思乡之情。
**9月**　将约一半的月薪收入认购靖国公债。
**10月**　孙中山在护法运动失败后，将中华革命党改组为中国国民党。

**11月** 写《悼亡》诗七首,悼念是年六月二十四日去世的妻子萧菊芳。第一首写道:

草草姻缘结乱年,不堪回首失婵娟。
枪林弹雨生涯里,是否忧惊避九泉?

**秋** 接全家二十几口人到泸州居住(过继父母仍愿留在大湾)。

△ 写诗《感时五首用杜甫〈诸将〉诗韵》。诗中对战争表示厌恶,发出"买山筑屋开诗社,幸赋归来避市朝"的感叹;并对备受战争之苦的人民深表同情:"久受飞灾怜百姓,长经苦战叹佳兵";"汹汹天下尽为烽,八载衅开百二重。沧海桑田焦土变,名山秀野战云封。""举国人人作政客,何人注意在商农。"

**是年** 与孙炳文等在泸州学习《新青年》、《新潮》,赫胥黎《天演论》、卢梭《民约论》等书刊。经常就世界上流行的无政府主义、共产主义等新思潮进行讨论。很赞赏苏俄实行"不劳动者不得食"的办法,认为"单吃饭不做工"的人,就是封建社会的"寄生虫",中国只有实行像苏俄那样的办法才有出路;受到关于种族和民族平等,被压迫的殖民地人民有权独立以及国家发展工业和文化等思想的影响。

△ 为纪念护国军牺牲者,自一九一八年由朱德倡议,请人绘图和按图施工并"日往监工"修建的"慰忠亭",在泸州南门外大教场竣工。亭上刻有八副对联,朱德题写的一副对联是:

与黄花岗同一馨香,气象森严,乾坤只有两堆土;
续奇男庙无双祀典,风云叱咤,魂魄应归九虎关。

△ 听说在自己部队任下级军官的两个弟弟在泸县云锦山战斗中牺牲，写下《痛悼锟、炳两弟》挽联数副，其中一副是：

  虎斗龙争，拼将热血扶危局；
  兄存弟死，誓把余生靖险途。

△ 虽然自己卷在军阀混战的漩涡里，却认为这时"还只有滇军是革命的支持者"，是"为了革命在打仗"。写诗《秋兴八首用杜甫原韵》，第八首充分表达自己志在革命的雄心：

  博得勋名万古垂，轰轰烈烈不逶迤。
  雄飞志在五洲外，烈战功存四海陂。
  信有霜寒堪寄傲，肯因苦雨便离枝。
  岁寒劲节矜松柏，正直撑天永不移。

## 1920年　三十四岁

**1月9日**　在泸县县立中学讲话，支持师生受五四运动影响开展抵制日货的爱国行动，并提出以提倡国货来抵制日货的办法。他说："抵制日货固属当举，而徒恃抵制，不提倡国货，非根本之法。"提倡国货的办法有二：一是合股开办国货贩卖所，一是开办自己的工厂。

**2月**　四川督军熊克武约云南靖国军第一军军长顾品珍和黔军师长袁祖铭在成都龙泉驿石经寺聚会，提出"会同三省大举北伐[1]，四川愿尽一切力量，担负所需军费，而且愿意听唐（继尧）的指挥"。会后，顾品珍召朱德和金汉鼎征询意见，朱德、金汉鼎同意这个主张，并致电唐继尧，要唐不要打倒熊克武。但唐继尧不听。这时，朱德所部被派往隆昌、内江两县驻防。

**3月**　唐继尧以川、滇、黔联合出兵讨伐北洋政府为名，改滇、川、黔靖国军为川、滇、黔联军，自任总司令。贵州督军刘显世任副司令，积极策划倒熊的军事活动。

**4月17日**　熊克武发表辞去四川督军的通电。

**4月30日**　吕超等发表讨熊克武电。

**5月4日**　熊克武通电因辞职未准继续任四川督军。

**5月11日**　唐继尧发表以熊克武已通电辞职特任命吕超、

---

[1] 指北上讨伐北洋军阀。

刘湘为川军总司令、副司令电。

**5月21日** 熊克武发表率师申讨唐继尧祸川电。滇、黔军与熊克武部大战开始。

**5月** 刘湘以四川陆军第二师师长名义发表声讨滇、黔军祸川电。

**6月上旬** 根据赵又新部署，朱德将所部一部驻太平场，一部驻贾家场，掩护资中侧背进攻。激战三日，滇军失利。八日，赵又新深感"前线兵力反形单薄"，严令朱德、金汉鼎两旅无论如何务于九日拂晓攻击，将此面之敌击退。九日拂晓，朱德率部与金汉鼎部攻击当面之敌，一举驱逐敌军二三里，夺占敌阵地数处。十日，熊克武因所部失利和刘湘部亦被分化，被迫撤离成都，退走保宁（今阆中市）整编，准备再战。

**6月16日** 与入川滇军将领赵又新、金汉鼎等致电徐世昌、段祺瑞、孙中山、唐继尧等，陈述战争爆发之概要："事起之初，滇军退出简（阳）、资（中），并让内（江）、自（流）井各地，冀欲保持三省之亲善"，而熊克武却令刘湘袭攻重庆，并以重兵移驻隆昌、自流井，得寸进尺。"表示滇、黔各军及川中各义军已联合起来，一致声讨熊克武。

**7月7日** 赵又新致电朱德、金汉鼎，通告熊克武、刘湘作战计划。

△ 赵又新继六月九日、十八日两次致电唐继尧派发援兵后，鉴于部队在隆昌、内江战斗中损失严重，战斗力日减，"以后必难为继"，又于本日致电唐继尧迅速补充部队。

**7月15日** 以滇军靖国军第二军第三混成旅旅长名义发表通电，呼吁川、滇、黔各军将领早日出兵与熊克武部作战。称"吾侪为出兵而战，为熊氏障碍出兵而战"，"今熊氏既去，障碍即随之消失"。"出兵实以救亡救国"。"救国救亡在此，固三省永远睦谊在此，奠西南不拔之根基在此，对国民显群公人格一举在此"。"群公若以德为可教，则今日急务，舍出兵外无他途。其他重要问题，凡附带出兵问题，如饷械等等，皆可立谈而决。"

**7月19日** 吕超发表就任川军总司令电。

**7月31日** 吕超致电顾品珍等，邀请其赴成都会商大计。

**8月1日** 以滇军靖国军第二军第三混成旅旅长名义发表通电，再次呼吁川、滇、黔各军将领"速图组织成联部，实行出兵"，与熊克武、刘湘所部作战，表示"伫盼复音"。称今"武汉急……天时人事，皆出兵最好之机会。""痛定思痛，迫欲整内治，泯政争，遗大投艰，奋争千古，又除出兵外"，别无他术。"群公爱国，讵后于德？当兹事实，心迹昭然：誓师江干，秣马关陇，能出者是，不出者非也；一瞬千金，时不易得，急行者是，犹豫者非也；……各端智力，各励忠贞，歧路徜徉，与众共弃。矢心爱国否，矢志出兵否，矢力救亡否，只在实行，无假口辩。""德人微言轻，持此议，客岁请息争于成都，今春再痛陈于重庆，兹三四控于资简，意民国不亡，兹事殆将实睹也。"此电发出后，石青阳、吕超等均致电唐继尧，力请其从速发布出兵命令。唐继尧置之不理。

**8月上旬** 代表赵又新去成都与吕超等会商大计，"虚与委蛇，借观吕之内容"。七日，赵又新致电顾品珍，通报朱德与吕超会谈结果："玉阶回省后，谓吕氏对于联军，尚示诚意，现拟取消四、八师，以除内患，先取消刘禹九，龚襄编一旅，归朱统率。陈国栋之一旅，隶属联军……并吕之是否有确定把握，已令朱切实商复。此举明知为吕利用，但能切实改编，借此去刘，于我未为无益。"

**8月17日** 熊克武通电宣布唐继尧、吕超的一切主张

"概归无效"；部署部队进攻潼川。

**8月21日** 赵又新接到朱德从成都发来的信函，获悉战场最新敌我态势："梓潼于皓日（十九日）午后六时失守，王军退驻石牛铺，占领阵地，距绵阳七八十里，敌军田颂尧部约三团，虽不甚强硬，尚能团结。向育仁现调集中江军队约一旅以上拒守绵阳，能否操胜算，尚难预料。"

**8月25日** 吕超通电就任川、滇、黔联军副总司令。

**夏** 川军将领但懋辛派人送信给朱德，称"川人治川，一致对外，力量不小"，希望朱德率部回川共同策划，表示熊克武已决定要他任独立师师长。朱德回信表示：决不背叛孙中山总理，名利不能动我心，胜败乃兵家之常事，只要坚持革命意志，必能转危为安，自有光明之日，成败利钝，在所不计。

**9月3日** 参加吕超召集的成都联军会议。会议决定迅速催促联军总部成立、三省军队编制为师或混成旅等事项。

**9月6日** 熊克武部攻占成都。滇军扼据龙泉驿。熊克武指挥六个旅全力反攻。

**9月21日** 熊克武部击败滇军和川军吕超部。旋即乘胜攻占资中、内江、隆昌、富顺等地。

**10月8日** 熊克武部攻占泸县。朱德未能突围，后几经周折在当地人保护下转移出城。

**10月18日** 滇军退至石洞镇占领阵地待援，兵心惶恐。朱德率部与金汉鼎等部在怀德镇附近抵御已占领富顺之敌的进攻。

**10月27日** 生父朱世林在从泸州返乡途中，病故于重庆。

**11月11日** 唐继尧因驻川滇军被驱发表通电，宣布收束部队，实行闭关自治。

**11月27日** 与顾品珍、杨蓁、杨希闵、金汉鼎等滇军将领发表通电,宣布奉唐继尧令移防,"以后保境息民,仍当各尽天职"。

**11月** 率部移驻云南省昭通县。

△ 孙中山重返广州,领导护法运动。

**冬** 在滇边盐津县和贺稚瑶[1]结婚。

**是年** 一度染上吸鸦片。年底回到云南时,买戒烟药,开始戒烟。

△ 与孙炳文就中国的形势和他们自己的前途进行长时间的、认真的讨论,反复对比俄国十月革命的成功和中国辛亥革命后的情况。认为,中国的革命一定是在某个根本性的问题上出了毛病,今后不能继续走旧军队所走的老路,但在走上其他道路之前,应先研究外国的政治思想和制度,看看外国怎样维护它们的独立;"用老的军事斗争的办法不能达到革命的目的","有必要学习俄国的新式革命理论和革命方法,来从头进行革命"[2]。二人相约,孙炳文先去北京,朱德则待打倒唐继尧后,即离开军队去和孙炳文会合。

---

[1] 贺稚瑶(后名贺治华),四川省开江县人,开江女子中学教员。1925年下半年在莫斯科离开朱德。

[2] 朱德:《辛亥革命回忆》,《人民日报》1961年10月10日。

# 1921年　三十五岁

**2月6日**　与滇军将领及各团、营、连、排长致电唐继尧：称"我公年来行为乖戾，与众异欲，护法其名，而一切设施，无一不显为背驰"；"无如我公主张稍错，同调难求，既不能与各省互相联合，公之为人复为各省深恶痛绝。""为大局计，为西南计，为吾滇计，为公自身计，实有不能不请我公暂避贤路。"将电文"特急"发给云南省长、省议会并云南各局、各卫戍区，请他们分令所属和各学校、报馆知晓。

**2月7日**　顾品珍与杨蓁纵队密约一致后，乘唐继尧征讨叶荃、昆明空虚之际，进逼昆明。唐继尧见大势已去，被迫于二月八日离开昆明，逃往越南，同时通电宣布解除联军总司令职务。朱德率部从元谋经禄劝、武定向昆明进发。

**2月9日**　云南省议会等发布推顾品珍为滇军总司令官维持全省秩序致各地通电。

**2月12日**　与蒋光亮、邓泰中、范石生等率所辖全体官兵为顾品珍主持云南省军政电贺。

**2月18日**　顾品珍通电就任滇军总司令职。四月二十三日通电兼任省长职。

**2月**　率部与其他滇军一起返回昆明，参加驱唐行动。之后，把自己的部队交出，准备在云南休息几个月后，再出国留学。

△　被滇军总司令顾品珍委任为云南陆军宪兵司令部司令

官。因准备到俄国或德国学习，不愿赴任。滇军同僚力劝他在新政权稳定以前留任。"虽然感到打来打去，革命没有出路，却也没有怎样悲观失望"，便留了下来。

**3月5日** 就任云南陆军宪兵司令官。

**4月4日** 兼任催收铁路局借款处专员及复查锡务公司账项委员长。

**4月7日** 临安旧友杨新吾来函，称其兄杨美之病逝，定于四月十一日发殡，请代为求顾品珍"开赐衔条"。致函滇军总司令官顾品珍，转告杨新吾来函，并称："查杨新吾弟兄，对于地方公益，颇著热忱，司令官前驻防临安时，深资臂助"，代请"允开赐衔条一纸，以资光荣"。当日，顾品珍回函："衔已另开送，烦即转交。"

**4月22日** 广州护法军政府秘书厅发布孙中山就任大总统职通电。称四月七日国会非常会议选出孙中山为中华民国大总统，兹定于五月五日在国会就职。

**6月13日** 以催收铁路局借款处专员名义与项铣等呈文滇军总司令官顾品珍，报告"案查现任蒙自道尹何国钧，前以何干臣名义，借用路款……本息共积欠捌万捌千零柒拾柒两陆钱，为数甚巨，迭经催收，久未见其筹还本处。"呈请顾品珍"径令该道尹迅将所欠本息，刻期速即照缴"。

**7月23日** 中国共产党成立。

**9月1日** 与催收铁路局借款处其他专员一同致函李云卿，催其速缴借欠铁路款本息共计十五万余元。

**是年** 公余时间到昆明育贤女子中学向女教师许岫岚学习英语，做出国学习准备。

## 1922年 三十六岁

**1月初** 就任云南省警务处处长兼省会警察厅长。任职期间,支持青年学生爱国运动,严惩贪污舞弊人员,整顿警察纪律。

**1月13日** 以云南省警察厅名义,致函咨请云南省实业厅查勘修理盘龙江东岸六家桥左边崩塌之河岸。不久,此事有了结果,水利局计划在十年内分期请款修理此处河岸。

**2月16日** 云南省长公署发布训令,任命警务处处长朱德兼任云南省禁烟局会办。

**2月** 常偕友游昆明市郊昙华寺,与该寺住持映空和尚相识,并写一篇诗文送给他。其中写道:"余素喜泉林,厌尘嚣。清末叶,内讧未息,外患频来,生当其时,若尽袖手旁观,必蹈越南覆辙,不得已奋身军界,共济时艰。初意扫除专制,恢复民权,即行告退。讵料国事日非,仔肩难卸,戎马连绵,转瞬十稔。庚申冬,颁师回滇,改膺宪兵司令,维持补救,万端待理。虽未获解甲归田,较之枪林弹雨、血战沙场时,劳逸奚啻天渊。"又说:"映空和尚,天真烂漫,豁然其度,超然其象。……不管国家存亡,焉知人间聚散。无人无我,有相无相。时局如斯,令人想向。"

**3月** 唐继尧利用滇军奉孙中山之命准备北伐之机,集合在广西的滇军旧部和滇南的吴学显、莫卜等土匪武装,突然向滇军总司令顾品珍部发动进攻。顾品珍兵败被杀,所部败退广东。唐继尧回到昆明重新执掌云南军政大权。三月二十七日，唐继尧发出追捕朱德的通缉令。尚在为刚去世的过继父守灵的朱德，被迫带领身边仅有的一连人逃离昆明，经滇北，从三江口渡金沙江，北行至四川省会理，所部大多被当地驻军缴械。因有劫富济贫的绿林头目雷允飞迎接，才化险为夷。停留十余日后化装成商人经雅安、乐山、叙府，于五月中旬回到南溪家中。行前，把自己最心爱的自动手枪和高头大马送给雷允飞，还把南溪的家庭住址也告诉他，并邀请他在外出或是避难的时候，将那里当作自己的家。

**5月下旬** 应原川军总司令刘湘和川军第二军军长杨森之邀，抵重庆，受到刘、杨盛情款待。杨森以"师长"的职位邀朱德留下共事。朱德决心抛弃高官厚禄，寻找新的革命道路，以将要出国为理由，婉言谢绝。刘湘以出国浪费时间和金钱为由，劝朱德到峨眉山休息。朱德认为这是以往失意军阀政客的所谓"韬光养晦"之举，不屑仿效。杨森只好表示希望朱德学成后再回来，一定虚席以待。

**6月** 乘船顺长江而下抵上海。进入一所法国人开办的医院，将吸鸦片恶习彻底根治。住院期间，阅读朋友送来的书报杂志，从中了解到蓬勃兴起的中国工人运动是中国共产党领导的。出院后，住同盟会会员陆佛眼家里。对上海进行考察，发现这座城市是一个"少数人穷奢极欲、贪污腐化，而多数人昼夜工作、受苦受难的地狱"；认为资本主义近代科学并没有给中国带来好处，产生要与刚成立不久的中国共产党取得联系并加入这一组织的想法。

△ 在上海寻找共产党，没有找到，决定到北京去继续寻找。

**7月** 抵北京，和阔别一年多的孙炳文会合。希望在北京找到共产党的负责人，可是都不在，得知共产党负责人陈独秀在上海。在孙炳文陪同下游览了这座古城，从所见所闻中了解到北京政府是"一个弥漫着封建主义浓厚气味的幽灵政府"，"旧式的官僚和军阀在这里玩弄政权，大吃大喝，嫖妓女，抽鸦片，并且把中国待价而沽。"[1] 为了更多地了解祖国北方，他们到张家口、归绥（今内蒙古自治区呼和浩特市）、大同等地参观，还到宣化县鸡鸣山煤矿了解工人的生产、生活情况。

△ 返回上海，继续住在陆佛眼家。

**7月—8月** 先后分别拜访在上海的孙中山和国民党要人胡汉民、汪精卫。孙中山正筹划夺回广东，重建共和政府，并把希望寄托于滇军，要求朱德组织驻桂滇军攻打广东军阀陈炯明，答应先付军饷十万元。朱德决心出国学习，婉言谢绝。孙中山建议他到美国去。朱德回答说："我们愿意到欧洲是因为听说社会主义在欧洲最强大。""欧洲已经出现了新的社会力量，也许对我们更有好处。"孙中山最后同意了他的意见。

△ 拜访中国共产党中央执行委员会委员长陈独秀，提出加入中国共产党的要求。陈独秀没有同意。他对朱德说，要加入共产党，就必须以工人的事业为自己的事业，并且准备为它献出生命；对于当过高级旧军官的人来说，需要经过长时间的学习和真诚的申请。朱德由于已经认清学习马克思主义是自己唯一的出路，去国外研究共产主义和寻找拯救中国的道路的计划仍然不变。

△ 曾旅游到南京和杭州的西湖。

**9月初** 与孙炳文等乘法国邮船"安吉尔斯"号离沪。之

---

[1] [美]史沫特莱著：《伟大的道路》，生活·读书·新知三联书店1979年版，第172页。

后，途经香港、西贡、新加坡、槟榔屿、科伦坡，沿亚洲大陆西海岸，横穿印度洋，经过非洲的东海岸，进入红海、苏伊士运河、地中海。途中利用轮船靠岸停泊之机上岸考察，看到这些国家和地区贫富十分悬殊，特别是殖民地民众充当"亡国奴"后的悲惨遭遇，给了他强烈的刺激，痛感"世界上悲惨的事情，不单单是在中国"。

**10月中旬**　抵达法国南部港口马赛，转乘火车到巴黎。参观巴黎和"欧洲大战的战场"。发现欧洲并不是想象中的"近代科学的天堂"，经过战争后的资本主义国家百孔千疮，战胜国也一样元气大伤。法国工人虽然比中国人穿得好、吃得好，却也累得"喘不过气来"；"法国政府不过是官僚们做交易的市场"。了解到欧洲的中国留学生中已经建立了旅欧中国少年共产党支部，支部负责人周恩来在德国柏林，遂立即赶赴柏林。

**10月22日**　与孙炳文抵柏林。

**10月下旬**　在柏林拜访周恩来，恳切地陈述自己的身世和寻找中国共产党的经过，坚决要求参加中国共产党，并表示自己一定会努力学习和工作，"只要不再回到旧的生活里去"，派他做什么工作都行。周恩来同意他的申请，并答应帮助办理加入中国共产党在柏林支部的手续，说明在入党申请书寄往中国而尚未批准之前，暂作候补党员。之后，以"候补党员"身份旁听参加党组织的学习讨论会，会后由党组织安排专人帮助学习。

**11月**　由中共旅欧支部负责人张申府、周恩来介绍，加入中国共产党。因工作需要，对外界保密，公开政治身份仍然是国民党员。

　△　至第二年五月离开柏林期间，把主要精力放在学习德

文上。并不整天关在屋子里，常带着地图出去，参观博物馆、教堂、学校、画廊以及准许进去的工厂，访问议会，走访普通人的家庭，特别到柏林军事博物馆去研究过去战争中的武器和德国在战争中缴获的旗帜。参观柏林附近各城市的工厂、矿山和其他机构。后来朱德回忆说："硬是走路，学德文也学得快，认识街道也快"。"那时旅行还多带有军事眼光，一过哪里，一想就想到：'这里若是打起仗来，应该怎么办呢？'然后在脑筋中就慢慢设法布置起来了"。"几个月后，我的德文程度就可以去买东西、旅行、坐车了。这样一来，就比较舒服了"。[1]也能借助字典读德文书籍了。

---

[1] 朱德自传，手抄稿本。

# 1923 年　三十七岁

**5月4日**　抵德国中部一个只有四万人的小城哥廷根,有四十多个中国留学生在这里留学。朱德住在文德路八十八号一个曾在德国皇家军队里担任旅长的男爵家里,常请男爵讲述第一次世界大战中的战例、战法,并买来许多德文军事书籍,其中包括一套有关第一次世界大战历史的报纸汇编,有一二十本,潜心研究西方军事历史。

**6月12日—20日**　中国共产党在广州举行第三次全国代表大会,接受共产国际的建议,决定采取共产党员以个人身份加入国民党的形式实现国共合作。

**6月16日**　周恩来等到里昂与孙中山委派到法国筹组国民党支部的王京岐达成协议:旅欧中国共产主义青年团团员全部以个人名义加入国民党。

**10月1日**　迁居住以克斯·普朗克街三号。

**是年**　因是老资格的同盟会员和著名的滇军将领,在当地中国留学生中颇有影响,曾介绍一些人参加中国共产党。参加中共留德组哥廷根小组每周星期三的学习会或座谈会,学习讨论《共产党宣言》、《社会主义从空想到科学的发展》、《马克思恩格斯通信集》、《帝国主义是资本主义的最高阶段》、《唯物史观》、《共产主义 ABC》等著作;阅读德国共产党党报《红旗》、共产国际出版的杂志《英特纳雄耐尔》、《国际通讯》和由中国国内寄去的中共中央机关刊物《向导》周报以及其他介绍国内外革命情况的书刊。在学习中，写了许多本读书笔记，凡读过的书，大多写满了批注；在讨论中，经常结合中国的实际和自己的深刻体会，来帮助年轻党员加深对资本主义社会本质的认识，使他们更加坚信只有马克思主义才能够拯救中国。

## 1924年　三十八岁

**1月20日—30日**　中国国民党在广州举行第一次全国代表大会。大会通过了中国共产党人参加起草的以反帝反封建为主要内容的宣言，以革命精神重新解释三民主义，决定实行"联俄、联共、扶助农工"三大政策，同意中国共产党党员和社会主义青年团团员以个人名义参加中国国民党，实行国共合作。

**3月**　在格丁根盖奥尔格－奥古斯特大学注册入学。在哲学系专修社会学。三月至十二月，到学校去听课，读书很用功，书上写满了注释；常在周末与孙炳文等骑自行车到郊外做些短途旅行；担任过哥廷根中国留学生会负责人，并代表中国留学生在法庭当众宣布：将学生会在德国货币马克急剧贬值时花五美元买来作为办公地址的一幢楼房，毫无代价地退还原主。

**夏**　向来哥廷根讲学的中共党员、北京大学教授陈启修表示：希望能去苏联学习军事。

△　年初为参加国民党一大回国的孙炳文又返回德国格丁根，受国内中共党组织委派在德国留学生中传达国民党一大关于国共合作的精神，并按此精神改组国民党驻德支部，朱德以老资格国民党员的身份（中共党员身份未公开）积极参加这一工作。

**12月21日**　返抵柏林，专门从事革命工作。

**是年**　离开哥廷根之前，一直参加中共留德组哥廷根小组的学习和活动，曾担任过宣传干事。

# 1925 年　三十九岁

**1月2日—3日**　中国国民党驻德支部召开常年大会，朱德在大会上当选为执行委员，分工负责组织工作，"指定为办报经理员"。

**3月7日**　致函在苏联的季子（李季）、莘农（陈启修），要求帮助联系赴苏联莫斯科东方劳动者共产主义大学学习，然后再学习军事。信中说明自己到莫斯科的目的是为了学习军事，明确表示"归国后即终身为党服务，作军事运动"。为表示自己的决心和消除别人可能存在的误解，信中说："此种计划在莘农同志留德时已定，我始终竭力办此事"，去冬欲偕莘农前往莫斯科未成，"似此种困难情形，看来或是我党员资格太差；或是我行动太错，不能来莫研究；或有同志中不了解我的，说我是军阀而官僚而小资产"，"以上种种疑误，是我的环境使然。不明我的真相的人，决不晓得我是一个忠实的党员"。"如东方大学准我入，我即加入听课。如不许我入，我亦当加入莫组受点训练。"

**3月12日**　孙中山在北京病逝。朱德得知这一消息后，在中共留德组的安排下，与原黄埔军官学校教练部副主任兼学生总队长邓演达等组织留德学生、工人和其他华侨在柏林波茨坦广场举行追悼孙中山逝世大会，会后组织了大游行，散发用中文和德文编成的追述孙中山革命事业的传单、文件和小册子。

**4月20日** 在一次声援被保加利亚首相粲科夫迫害的人们[1]的秘密集会上被德国警察局逮捕。经中国留德学生会多方设法营救，二十八小时后由中国驻德公使馆保释。

**5月30日** 上海发生英帝国主义者屠杀中国群众的五卅惨案。随后，全国各大城市形成大规模的反帝运动。消息传到德国，激起中国留德学生极大愤慨。朱德在党组织内部表示：应放下一切工作，全力以赴投入这一运动。

**春** 在柏林和一些中国同志应邀参加红色前线战士同盟[2]二十多万人的阅兵式和野营军事训练、巷战演习，详细了解他们的组织形式和人员情况。当他看到人民群众捐献的大量食品时，说：这是人民武装的一次演习。一旦革命需要他们拿起武器，这就是一支强大的工人阶级军队。看来，革命要取得成功，要有人民的军队，还要有人民的支持。

**6月上半月** 与孙炳文等按照中共组织的指示，联合德国共产党方面，组织中国留德学生和侨民举行抗议英帝国主义制造五卅惨案的示威集会，还到柏林的工人、市民中间，召开声援中国工人罢工斗争的大会；组织中国留德学生包围占领中国政府（北洋政府）驻德公使馆，迫使公使魏宸组在反对英帝国主义在上海大屠杀的抗议书上签名。以中国留德学生会名义，致函柏林各大报社，驳斥英国路透社把五卅运动说成是"中国人的盲目仇外运动"的诬蔑宣传，声明"五卅运动是中国民族解放运动，它是中国人民反对帝国主义的桎梏和屠杀的正义

---

[1] 1925年4月16日，保加利亚索菲亚大教堂发生爆炸案，保加利亚首相粲科夫以此为借口，逮捕和不加审讯地杀害大批共产党员、农民联盟盟员和党外进步人士。

[2] 红色前线战士同盟，德国共产党的外围组织，是以德国工人为主并有部分农民和学生参加的按军队原则编制起来的半军事组织。

的、自卫的运动。"

**6月18日** 德国共产党在柏林市立陶乐珊中学广场上组织演讲会，声援中国、南非和保加利亚人民的革命斗争。朱德带领一些中国留学生应邀参加集会。集会就要结束时，朱德等三十五名外国与会者被柏林警察当局逮捕，随后被关进亚历山大广场旁的警察监狱。中国公使得知朱德是中共党员，不肯再出面保释。在德国各界人士的声援下，特别是在德共领导人、国会议员、德国红色救济会负责人皮克的奔走下，最后朱德等人由中共留德组织请律师辩护获释。事后，德国政府吊销了朱德的护照，要把他驱逐出境。不久，朱德前往苏联的申请得到批准。

**上半年** 在中共留德组织的领导下，以中国国民党驻德支部执行委员公开身份专门从事党务工作。说服很多中国留学生加入了中国共产党；担任中国旅德学生会委员时每个星期日在学生会值班整理内务，经常给大家做回锅肉吃；在中国留德学生中宣传马克思主义，并和其中的青年党和其他右派作斗争，主编油印刊物《明星》，亲自撰稿、刻印和邮寄；在中国留学生中做争取中间派、孤立右派的工作，将原被右派把持的中国留德学生会变成群众性的组织；经常抽出时间到德国工人的集会上去演说，还参加抗议镇压保加利亚革命的恐怖活动的国际性会议。

**7月4日** 在国际红色救济会的帮助下，参加由中共旅欧支部执行委员会组织的旅欧党团员第一批归国团，从柏林乘轮船经过波罗的海前往苏联。

**7月上旬** 抵苏联列宁格勒（今圣彼得堡）后，被邀请到一些工厂、机关、学校去演讲、参观，揭露帝国主义在中国的罪行，宣传中国的革命运动。

△ 针对同行的人中有人因苏联物质匮乏生活艰苦而感到失望,向他们说明现在苏联的经济困难是由于激烈内战造成的,暂时还没有恢复。并指出:同西方资本主义国家相比,在列宁格勒就没有游手好闲的人;苏联人民过着俭朴的生活,节省了许多钱,还做了很多事。并进一步说:"我们从这一点来看,社会主义是正在一点点搞起来。这一点看不穿,那是资本主义的眼光。"

**7月21日** 在莫斯科填写"旅莫中国共产党支部和中国共产党青年团支部党员团员调查表",在"何时到莫斯科及入东大的时期"一栏内填:"一九二五年七月九日"。

**7月—9月下旬** 根据中共旅莫支部的安排,入莫斯科东方劳动者共产主义大学学习。系统地学习了辩证唯物论、历史唯物论、政治经济学、军事学,还有中国和世界的经济地理等,理论水平得到进一步提高。在此期间,通过电疗,治好了在柏林时期脖颈上患的癣病。

**8月上旬** 第二批旅欧回国人员到达莫斯科,中共旅莫支部组织了党和团两个执行委员会对归国人员进行管理。朱德被选为中共旅莫支部执行委员会委员,还兼任党的六个小组中的第六小组组长。在此期间,国民党左派邓演达从德国来到莫斯科,中共旅莫支部决定对其开展宣传影响工作。朱德因在德国与邓演达曾有过工作关系,被安排同邓演达谈旅莫团体精神及来莫斯科后的感想。

**10月** 入在莫斯科郊外莫洛霍夫卡村举办的秘密军事训练班学习,任学员队长。学习了六七个月。在此期间,参观过革命博物馆、历史博物馆和学校、工厂等,做过"毒气爆炸"等军事实验。在课堂上,朱德因有以往在国内指挥作战的经历和经验,在苏联教官讲解时,他负责军事教程解释等工作。他还经常给中国学员讲解如何利用地形、地物,如何使用机关枪、迫击炮、手榴弹,如何保存自己、消灭敌人,如何侦察,如何袭击敌人,如何攻占警察局等内容,被中国学员视为"实际教官"。他注意研究苏联内战时期的游击战术,曾写过一篇武装暴动的文章,认为搞武装暴动不能依靠国民党,因为国民党靠不住。当教官提出的回国后怎样打仗这一问题时,他回答说:"部队大有大的打法,小有小的打法。""打得赢就打,打不赢就走","必要时拖队伍上山"。

**下半年** 中共旅莫支部在西欧第一批同志归国团大会"个别批评结论"中,给朱德写下这样的评语:对党组织"兴趣很高",对党"很忠实","自动地守纪律",对党的问题"尚能了解",过去对党的工作"很努力,有成绩",对同志的关系"很密切,很普遍"。

# 1926年　四十岁

**2月21日—24日**　中共中央在北京举行特别会议，提出"最近将来党在全国政治上第一的责任，是从各方面准备广东政府的北伐"；决定建立中央军委，以加强党的军事工作。为支持北伐战争，中共中央决定从苏联抽调一批军事、政治工作人员回国。

**5月18日**　与房师亮、欧阳钦、章伯钧、秦青川等离开莫斯科，经西伯利亚到海参崴。在海参崴住了一个多月后，于七月乘船经日本门司回国。三年半的国外生活，使朱德对过去的中国革命之所以失败和现在的革命应该如何进行等问题有了新的认识。

**7月12日**　抵上海。向中共中央军委负责组织工作的王一飞报到，并了解北伐战争发展的形势。

**7月中旬**　会见中共中央总书记陈独秀，接受工作任务。陈说有两项工作：或是去四川做杨森的工作，说服他割断与北洋军阀吴佩孚的关系，易帜倒向北伐军；或是到广东去准备北伐。朱德提出，自己和杨森曾在护国军中共事，出国前杨曾许愿"虚位以待"，因而愿以国民党员和滇军同僚身份到四川杨森那里去工作。陈独秀同意了他的意见，并要他在离开上海前去一趟南京，利用在旧军队中的关系，调查北洋军阀孙传芳部在上海、南京一带的兵力部署情况，以配合国民革命军北伐。

**7月中下旬**　利用过去与滇军的关系，走访在上海、南京的滇军旧友,并通过他们和孙传芳的上层军官接触,弄清孙传芳部的实力和军事部署,完成了这项调查任务。

**7月26日** 按照中共中央的指示,和秦青川以广东国民政府代表的名义,乘船离开上海,前往杨森司令部驻地川东万县。

**7月30日** 由于国民革命军已越过湘北的汨罗河,吴佩孚下令在汉口实行戒严,故在汉口下船。之后,致函杨森,告知自己从德国回来了,正受广东国民政府委派要去其所部工作。一边等待杨森回音,准备入川;一边利用自己过去与滇军的关系,帮助中共湖北区执行委员会调查北洋军阀吴佩孚军队在武昌、汉阳、汉口的军事部署情况。

**8月上旬** 接到杨森表示欢迎的来电后,乘江轮前往四川省万县。船行到宜昌,遇到水灾,耽搁了四天。

**8月11日** 抵万县,受到杨森款待,被安排住在高级招待所——王家花园。向杨森讲述革命形势,宣传孙中山的三民主义和联俄、联共、扶助农工的三大政策,规劝他参加国民党。对杨森提出国民革命政府可以向他提供多少钱这一问题,回答说:国民革命政府正在进行北伐战争,不可能提供钱饷,也没有带钱来,"我能向你提供的只不过是一个确定不移的事实,即我们这方面必然得胜,你如果不参加过来,坚持要打我们,你就毫无前途。"杨森仍无转变,并不愿交给朱德兵权,只委了一个行营参谋兼第九师(杨的直辖师)代理师长的空头衔。

**8月14日** 杨森不听朱德要他参加国民革命军的劝告,通电宣布就任吴佩孚所委任的四川省省长职。

**8月26日** 与中共北方区委执行委员会总负责人李大钊派遣到四川做兵运工作的中共党员陈毅会面。两人彼此说明身份后,决定共同做杨森的工作。

**8月下旬** 介绍陈毅到重庆去找中共重庆地方委员会(四

川省委前身）接转党的组织关系。此前，朱德曾到重庆与中共重庆地委书记杨闇公商谈工作。

**8月29日** 英国太古公司"万流"号商船无视中国主权和有关规定，在四川省云阳县长江中任意加速疾驶，浪沉杨森所部载运盐款及粮税各款的木船三只，官兵五十六人被淹死，损失枪支五十六支、子弹五千五百余发，盐款八万五千银元。该船到万县时，杨森派检查长率兵数人前往查询，停泊在万县的英国军舰"柯克捷夫"号突然派兵多名至该轮，强行收缴杨部官兵枪械，并开枪打伤士兵二人，掩护"万流"号逃离万县。这一事件引起万县军民的强烈愤慨。

△ 当晚，与陈毅、杜钢百[1]就云阳事件商谈，分析说：北洋军阀的背后，都有帝国主义的靠山，所以反帝反封建军阀是一致的。人民痛恨帝国主义，我们就要动员群众力量，迫使杨森转向广东政府，割断他和北洋军阀的关系。最重要的是我们要广泛发动群众，领导群众，掀起一个像"五卅"那样的反帝政治运动。三人商定：由朱德出面做杨森的工作，陈毅负责动员民众，杜钢百携朱德亲笔信赴重庆向中共重庆地委书记杨闇公汇报情况。

△ 杨森到王家花园找朱德商议云阳事件对策。朱德知道杨森因损失惨重正在气头上，而又不知如何是好，便对杨森出主意说，只有将肇事英国轮船扣留，提出赔偿要求，才有可能挽回损失。

**8月30日** 杨森在朱德、陈毅的鼓励下，派兵将当天抵万县的同属英太古公司的另外两艘商轮"万县"号和"万通"号两轮扣留，以作交涉。

---

[1] 杨森的同乡，清华大学研究院毕业，和陈毅一同赴川。

**9月1日—2日** 杨森在万县邮政局会议室与英国驻重庆领事卢思德谈判。他根据朱德、陈毅的建议,提出"惩祸首、赔损失"的方案,英领事百般狡赖,毫无结果。

**9月2日** 与陈毅等一起拟好通电,以"万县日报社"名义向全国发出,号召全国人民一致奋起:一、组织全国抗英大同盟;二、不购英货,不为英人服役,不给英人食料,完全对英经济绝交;三、收回英人在华内河航权;四、取消中英间一切不平等条约;五、责令赔偿此次生命财产之损失。不达目的,誓不休止。

△ 与陈毅在万县图书馆主持召开有工、农、商、学、兵、妇各界代表五十余人参加的反帝群众大会预备会议,并以会议主席身份在会上讲话:帝国主义列强无视中国人民的生命财产,在我内河肆意横行,草菅人命,浪沉我船只,这不是一件小事,而是关系到国家独立、人民生存的大事。只有打倒封建军阀,把帝国主义赶出中国,国家才会有真正的独立,人民才会有真正的自由。号召大家把各界群众动员起来,坚决声讨英帝国主义的罪行。会议决定九月四日召开群众大会,声讨英帝国主义罪行,要求杨森对这次斗争采取坚决行动。会后,与陈毅派杜钢百去重庆,向中共重庆地委汇报,并要他在重庆、成都等地,呼吁声援万县人民的反帝斗争。

**9月3日** 杨森接到驻夔府(今奉节县)部队的报告,得知由湖北宜昌上驶的英国军舰"嘉禾"号有到万县劫夺被扣留的英国轮船的企图,连夜找朱德、陈毅商议。朱德和陈毅主张,为维护民族尊严,保护人民利益,应做有力还击的准备,还帮助拟定了还击作战计划。

**9月4日** 与陈毅在万县西校场组织各界数万群众参加的反对英帝国主义暴行大会。会上发表《万县雪耻会宣言》,正式成立"万县英轮惨毙同胞雪耻会"。会后，举行了抗英示威游行。

**9月5日** 下午，英国"嘉禾"号、"威警"号、"柯克捷夫"号军舰企图劫夺被杨森扣留的英轮，炮轰万县市区长达两小时以上。中国军民死伤近千人，商店、房屋被毁上千间。这就是震惊中外的"万县惨案"。惨案发生时，朱德正在寓所，突闻炮声，迅即赶往杨森军部，敦促杨森下令截击英舰。杨森即命炮兵和江岸部队向英舰还击。朱德先同杨森一起，协助指挥，后到黄桷树炮兵阵地督战。

△ 建议杨森速将惨案发生的前后经过通电全国各革命组织，并呼请北洋政府向英方提出严重抗议交涉，要求赔偿、惩凶、道歉，内伸民愤，外张公理，以重国权，而雪耻辱。当晚，与陈毅为杨森拟好通电，向全国陈述"九五惨案"真相。

**9月6日** 与陈毅决定派前不久由北京法政大学回川的孙壶东组织成立"万县九五惨案后援会"，一面做好死难同胞的善后工作，一面通电全国，呼吁各界给予支援，严厉制裁英帝国主义，以雪国耻，为死难同胞复仇。

△ 国民革命军北伐军攻下汉阳。

**9月7日** 国民革命军北伐军攻下汉口。

**9月8日** 与陈毅商量决定由陈毅去重庆，向中共重庆地委及莲花池国民党（左派）省党部当面汇报万县惨案的详细经过，并请求援助。

**9月9日** 在杨森军部接见请愿群众代表，并发表演讲，指出：英帝国主义并不可怕，只要大家齐心，团结一致，就有力量。

**9月中旬** 去汉口向中共湖北区委汇报工作。行前，杨森对朱德表示愿意接受国民革命军的称号，请他将此意转告国民革命军总政治部主任邓演达。

　　△　在武汉会见邓演达,报告杨森愿意接受国民革命军称号,邓演达表示同意,并决定派一批政治工作人员,交给朱德带回去改造杨森的部队。

　　**9月23日**　在汉口旅鄂川人万县惨案后援会成立大会上讲话:"此次开炮,兄弟亲与此役,英人之强横,可笑亦复可怜。他以为他的枪才可以杀人。我们川军这回也不客气,为正当防卫,还他几枪,彼此都有伤亡。不过人民无辜,为他杀得太多了。""但是,我四万万民众为他打醒了!尽都知道帝国主义者非打倒不可,总望军民一致团结起来。"

　　**9月24日**　国民革命军总司令部委任杨森为国民革命军第二十军军长兼川鄂边防督办,朱德为第二十军党代表。邓演达二次致函杨森,告以第二十军政治部主任陈启修未到任以前,该职由第二十军党代表朱德兼任;国民革命军第二十军宣传队队员二十人前往工作,归朱德指挥。杨森并未立即宣布就职。

　　**9月中下旬**　杨森对困守武昌的吴佩孚仍抱有希望,趁朱德不在四川之机,派三个师东进鄂西,支援吴佩孚。

　　**9月25日**　邓演达召集将随朱德入川的政治工作人员会议。朱德出席会议并告诉大家:与大家共同入川工作,感到很高兴。但是,现在入川尚有困难,宜昌还驻有吴佩孚的军队。所以,大家走时必须化装,路上还需多加小心。

　　**9月28日—10月上旬**　率二十余名政治工作人员乘英国太古公司的一艘江轮离开汉口,至宜昌改乘杨森派来的"蜀渝"号兵船抵万县。之后,告诫随行的政治工作人员:要谨慎行事,尽量少外出;派文强、滕代顺(滕代远之胞弟)、江亚中、熊荫寰、谌杰到杨森办的讲武堂担任区队长。

　　**10月上旬**　在万县获悉杨森派兵东下援助吴佩孚。对杨森出尔反尔的态度十分气愤,当面向他质问,并晓以大义。杨森对就职一事仍敷衍搪塞。

△ 派杨逸棠前往重庆向中共重庆地委书记杨闇公汇报杨森的情况。

**10月10日** 国民革命军攻克武昌,基本上消灭了吴佩孚的主力。

**10月中旬** 根据杨逸棠带来的中共重庆地委关于尽快在第二十军中以国民党名义建立组织、抓紧政治宣传工作、扩大国民革命影响的指示,决定首先建立国民党第二十军党部,等待条件成熟时,即向各师、团及基层发展,建立分党部、支部。还与政治工作宣传队队长唐午园等商定,办一份小报,在万县进行北伐宣传。不久,名为《壁报》的报纸在万县出版发行,该报主要以国民政府北伐宣传大纲的精神编写文章。

**10月底** 致信中共湖北区委,报告杨森迟迟不肯就职,态度仍旧暧昧。

**11月上旬** 国民革命军第七、第八两军向鄂西杨森所部实行反攻,第十军和新编第十二军由湖南省常德市向湖北省沙市、宜昌杨森所部进行截击,杨部败退。杨森派代表赴汉,表示悔不采纳朱德多次劝他的意见,请求国民政府宽恕。

△ 在万县晤刘伯承[1],并听取刘伯承传达中共中央对四川工作的指示:积极开展军事活动,造成有利于我的局面;争取一些四川军阀投靠革命,分化军阀的势力;极力扩大民众运动,使军事运动有群众基础;在旧军队中加强政治宣传工作,注意培养新的力量。

**11月18日** 和杨森从万县抵宜昌。

---

[1] 刘伯承,中共党员,时任国民党中央党部特派员,负责四川军事运动。

**11月20日** 杨森接受朱德的建议在万县杜家花园建立的第二十军军事政治学校正式开学。朱德派一批共产党员到该校任教育长、大队长和教员。后来，朱德到该校上革命课，勉励学员一定要有崇高品德的修养，要有坚强的革命方向，要为国家为人民做一些光辉事业。该校成立后，先后发展了十多人为共产党员，组建了党的支部。

**11月中旬** 抵重庆。

△ 与杨闇公、刘伯承等在重庆浮图关下六店子刘伯承家召开紧急会议，成立由杨闇公、朱德、刘伯承三人组成的中共重庆地方委员会军事委员会，中共重庆地方委员会书记杨闇公兼任军委书记。军事委员会决定：争取地方军阀反对北洋政府，支持国民政府。在具体策略上，则利用军阀内部矛盾，策动一部分军队起义，以推动和争取更多的军阀武装起义，配合国民革命军北伐进军。还确定在泸州、顺庆（今南充）起义的方案，以策应北伐，推动四川革命形势的发展。会后，返回万县继续做杨森的工作。

**11月21日** 杨森一方面通电就任国民革命军第二十军军长兼川鄂边防督办职，并宣布朱德任第二十军党代表；另一方面又致电在河南郑州的吴佩孚，说拟邀吴部的长江上游总司令卢金山等面商机宜，一俟讨论及联系就绪，当仍回前方"督战"。

**11月25日—12月4日** 出席在重庆召开的国民党四川省第一次代表大会，被大会选举为国民党四川省党部执行委员。

**11月下旬** 杨森接受朱德的建议设立国民革命军第二十军国民党党部，朱德任主任委员。

**11月** 在酝酿筹划泸顺起义期间，曾去泸州活动，住在

泸州立石镇艾承庥[1]家。适逢艾承庥六十寿辰,乃赠匾和圭碗并赋诗《艾承庥局长六十寿赠诗》四首:

　　颂寿难忘脱难朝,携将圭碗赠箪瓢。
　　公今六十身犹健,我甫知非鬓已凋。
　　血战疮痍嗟满地,操戈逐鹿睥群枭。
　　人皆可以为尧舜,誓救民生路一条。

　　一戎衣竟溃纷争,回首韬机尚自评。
　　鲁肃赠囷长者意,元璋留柬故人情。
　　中山主义非无补,卡尔思潮集大成。
　　从此天涯寻正道,他年另换旧旗旌。

　　我本江南一鲰生,十年从事亚夫营。
　　身经沧海羞逃世,力挽狂澜岂为名!
　　别有良图酬壮志,难忘盛意向前程。
　　劳人乌马空归去,大好河山创太平。

　　神州沉陆世沧桑,锦绣山河坏虎狼。
　　观变安居徒负负,乘时窃利正忙忙。
　　人生乱世心难测,我欲回天力自强。
　　火热水深民望救,安危度外不思量。

又赋词《金缕曲·泸江感怀》:

---

[1] 艾承庥,护法战争时期任泸县十大乡民政总局局长,对朱德驻军多有帮助,并一起组织"振华诗社"。

一片泸江雾。冷浸浸慰忠亭畔，睹茔怀古。艳李华桃闻鬼哭，南北两军俱殁。长伴了冰天雪窟。滇海英魂归不得，就燕云烈魂都消没。猛想及，发毛竖。

天涯游梦萦故土，十余年逶迤草莽，抛离残骨。算是龙蛇真陆起，一晌东流西出。仔细数纷争军阀。大半劫灰烽影里，有谁执笔论存评覆。今昔感，悲中述。

**12月1日** 在中共重庆地方委员会军委会直接领导下，泸州起义爆发。

**12月3日** 顺庆起义爆发。

**12月5日** 黄慕颜率部在合川起义，刘伯承赴合川指挥黄慕颜部开赴顺庆。十六日，在敌军优势兵力进攻下，刘伯承决定顺庆起义部队暂退开江县整顿。二十二日，刘伯承率起义军二千余人抵达开江县。朱德闻此消息，劝说杨森兑现援助顺庆起义的诺言，派人筹集一批款子，又派人携款前往开江，接应刘伯承等来万县。

**12月24日** 伪装倾向革命的杨森专电邀请刘伯承"到万县会商一切"，还派人去重庆请杨闇公等到万县主持国民党党务。

**12月下旬** 与先后抵达万县的杨闇公、刘伯承一起分析时局的变化，商讨顺庆善后和泸州方面的军务。这时，中共重庆地委军委陆续调集力量来万县，以迎接新的斗争和应付泸州战局。中共中央从汉口派往泸州起义军中做政治工作的人员也相继到达万县。

△ 杨森组织第二十军军事政治考察团赴武汉考察，要朱德率团前往。朱德率领由杨森部八十余名中下级军官组成的军事政治考察团乘"永丰"号江轮离开万县赴武汉。

## 1927年　四十一岁

**1月初**　从武汉回到四川万县，在万县西校场以国民革命军第二十军党代表兼代政治部主任身份，同杨森进行该军军事政治学校和讲武堂学员的阅兵。

**1月中旬**　出席在四川万县召开的中共重庆地委军事委员会会议，与杨闇公、刘伯承商讨控制泸州和扩大泸州起义成果的方案，决定由刘伯承即刻到泸州，全权指挥泸州起义军。会后，刘伯承带着朱德写给故旧朋友的信赶到泸州。泸州起义坚持五个多月后失败。

△　向杨闇公报告共产党在万县的发展情况，两人研究决定在川东建立地方党组织。随后，在下川东建立了由李嘉仲负责的第一个中共地方党组织，朱德将原来第二十军中共产党组织在地方上发展的党员组织关系全部转到李嘉仲手里。

**1月中旬或下旬**　脱离第二十军，返回武汉。按照中共中央军委的指示，利用自己同国民革命军第五方面军总指挥朱培德及其所属第三军军长王均、第九军军长金汉鼎等滇军关系，到江西南昌工作。被朱培德任命为国民革命军第五方面军总参议、第三军军官教育团（即南昌军官教育团）团长，并着手筹办实际上受中共中央军事部领导的军官教育团。招收学员完毕，还没有举行开学典礼就正式开课。对军官教育团学员进行十分严格的军事教育和训练，并十分重视加强对学员的政治教育，经常亲自给学员讲解革命形势，以自己受人压迫、被人剥削的经历和体验来教育学员领悟革命道理，用一些幽默和通俗的比喻来揭露反革命的阴谋，解释一些重大事件。还经常请国民革命军总政治部副主任郭沫若和共产党人方志敏、邵式平、曾天宇等给学员讲课，讲述中国革命问题、农民问题、社会问题等。还有计划地在学员中发展中共党员。最初每连只有中共党员一二人至四五人，经过几个月的学习，到学期结束时，每连已发展到十多人，有的连甚至达到学员的三分之一。在开学后的两三个月内，他多次派学员分别到万安、泰和、吉安、萍乡、抚州、九江、德安等县市，对群众做宣传工作和组织工作，帮助地方建立工会和农会，开展工农运动。他还经常到农民运动训练班、工会、农会、妇女会、学生联合会等群众组织讲课、讲演，并指导工作。还应邀连续三个月每周一次到宪兵营上军官讲堂，给驻扎于此整训的第三军第九师第二十五团官兵进行"精神讲话"。向他们着重讲中国遭受帝国主义的侵略、受到压迫的惨痛历史和进行国民革命的道理，以激励士气。还说：北伐战争这场火不算大，它不过是打倒军阀；将来还要打倒帝国主义，那场火才大啦。革命成功了，大家都有工做有田种。

**2月** 故乡四川省仪陇县马鞍场青年陈光第、戴乾亨、吴子轩、邓国仲等因收到朱德招收有志青年到南昌从军的来信，相约一同前往江西南昌投奔朱德，得到朱德接见后被介绍到军官教育团学习或工作。

**3月5日** 南昌军官教育团补行开学典礼，时驻南昌的蒋介石也前来参加并讲话。朱德讲话时，强调北伐军中功劳最大的是叶挺独立团，这个团共产党员最多，战斗力最强，所到之处无坚不摧；指出孙中山的三大政策之一是"联共"，不是"溶共"，澄清学员对三大政策的误解；号召要打倒旧军阀，同时也应该打倒新军阀，必须警惕任何形式的新军阀在我们革命阵营中产生。提出要反掉任何跋扈、专横的独裁与篡国窃权的阴谋，才能完成我们的革命任务，才能彻底实现革命。

**3月6日** 在蒋介石指使下，驻江西的国民革命军新编第一师伙同反共的AB团分子杀害了中共赣州特别支部书记、江西省总工会副委员长兼赣州总工会委员长陈赞贤。

**3月16日** 蒋介石强行解散原来由国民党左派掌握的国民党南昌市党部和江西省学联等民众团体。

**3月18日** 率领军官教育团参加南昌群众追悼陈赞贤的示威游行。对军官教育团学员们说：反动派已经开始动手杀害革命同志了，我们要准备还击。AB团的捣乱决不是孤立的事件，阶级敌人已经杀进南昌来了，我们必须认真对待。

**3月30日** 军官教育团配合南昌的工人纠察队和革命群众，收缴蒋介石派驻南昌牛行车站的宪兵团的枪支，扣押宪兵团代团长关麟征和宪兵团留守处全部人员。

△ 在花园角二号寓所接待国民革命军总政治部副主任郭沫若。次日，郭沫若在这里撰写了《请看今日之蒋介石》一文。文中说："蒋介石已经不是我们国民革命军的总司令，蒋介石是流氓地痞、土豪劣绅、贪官污吏、卖国军阀、所有一切反动派——反革命势力的中心力量了。"

**4月2日** 军官教育团配合南昌的工人、农民、革命群众，在江西省农民协会秘书长、共产党员方志敏领导下，冲入国民党江西省党部，捉拿AB团头目、江西省政府教育委员会主席程天放等反共分子，解除国民党省党部纠察队的武装。

**4月3日** 军官教育团参加南昌三万余人举行的大会，斗争程天放和其他AB团首要分子。

**4月9日** 被江西省政府主席朱培德任命兼南昌市公安局局长。在全局干警大会上告诫大家，要切实负起责任，保护民众，尽快恢复南昌的秩序。随即从公安局拨出一百多支枪武装江西省农民协会组织的农民自卫军大队。之后，经常抽时间与公安局的工作人员谈话，指出：某某国家已经革命胜利了，穷人当了家，大家都有工作，有饭吃。我们要像那个国家一样取得革命胜利。所说的这个国家，一听就知道是指当时的苏联。

**4月12日** 蒋介石在上海发动反革命政变，大肆逮捕、杀害共产党人和革命群众，史称"四一二政变"。

**4月18日** 蒋介石在南京另组"国民政府"，宣布武汉国民政府、国民党中央一切决议为非法，公开通缉共产党人和国民党左派。这时，革命势力同反动势力在江西已形成尖锐对立，朱培德因与蒋介石有矛盾，取中立态度。朱德利用这种矛盾，大胆地开展活动。他在南昌军官教育团举行的声讨蒋介石大会上指出：大地主、大资产阶级的总代表已经公开叛变了革命，学员们必须负起无产阶级革命的重任，打击这一卑鄙的叛变行为。之后，在他的领导下，军官教育团选出了由八十人组成的临时宣传队，分四人为一组，于节假日分头向群众进行宣传。

**5月10日** 奉朱培德、王均命，率军官教育团及一部分警察离开南昌，到赣东临川、崇仁、宜黄等地剿匪。出发前，一再向全团人员阐明：要做到真正的成为一个革命的人，就要有个清醒的头脑，有个明净的眼光，有个坚定的信念。要能明辨是非，要能澄清曲直，要能分清敌我，还要站稳立场。如果是一贯欺压人民和剥削群众的反革命分子，哪怕口头甜如蜜，其心则是毒若剑，我们必须毫不留情予以打击。若遇有权有势而有钱的人在咒骂他人时，则当多考虑之，多给予调查研究之。如系是阶级敌人诬陷穷人，则必予以惩罚而支援工农，支援穷人。

△ 得知好友孙炳文[1]被杀害的消息后,给孙炳文夫人任锐写信,称:"闻浚明噩耗传来,吾脑皆裂,顿失知觉。死者已矣,我辈责任更加。德本日出发抚州,誓与此贼辈战,取得蒋逆头以报浚明。"希望她将孙炳文"于上海经过情形如何及前后材料录集成书,以示同志而发其未竟之志。"询问"近来经济情形是否可以暂维持,均祈示知"。要她"努力节哀,留此身体除此贼辈。"

**5月中旬** 率部抵达临川,驻扎在临川城外"美以美会"天主教堂内。接见各公法团体负责人,召开公法团体会议,了解匪情。在"美以美会"天主教堂广场上召开近万人剿匪动员大会,并发表讲话:只有肃清土匪,人民才能翻身,才能安居乐业;只有消灭反动武装,革命才能不断前进,最后解放全中国。号召各界人士积极行动起来,捐款献物,支持剿匪斗争。之后,深入群众中进行宣传教育,指出:现在革命虽然受到反革命派的打击,要进行革命斗争,就不要怕困难,也不可能没损失,干革命要坚决,坚持就是胜利。与陈奇涵主持举办一期"临川党员教育讲习班",训练全县部分进步中小学教师和青年学生,亲自讲课,宣传革命理论。

△ 指挥军官教育团及一部分警察在赣东临川、崇仁、宜黄、乐安、金溪、东乡、进贤等地剿匪一个多月,采取"剿抚兼施,各个击破"的策略,实施"先投降者免罪,顽固逃窜者严惩"的政策,平息了匪患,又发展了农民运动。

**5月21日** 国民革命军第三十五军第三十三团团长许克祥在长沙发动马日事变,收缴工人枪械,捣毁湖南省总工会、

---

[1] 孙炳文,时任国民革命军广东留守政治部主任,由香港乘船去武汉,途经上海,1927年4月20日在上海被蒋介石派人杀害。

农民协会和其他革命团体，大肆捕杀共产党员和革命群众。

**6月初** 奉命率领军官教育团及一部分警察返回南昌。离开赣东前，留下一些学员在农村开展工作。

**6月5日** 朱培德在江西宣布"礼送共产党员出境"，全省停止工农运动。接着，各革命团体被查封，大批共产党人被押送出境。

**6月中旬** 闻朱培德将解散军官教育团，为保存革命力量，向朱培德提出辞去公安局长职务。并将军官教育团第一、第二营学员七百余人提前毕业，大部分回到扩编的国民革命军第三、第九军，其余派往赣江流域和鄱阳湖周围各县及南浔铁路线上做工会、农民协会工作，或担任工人纠察队和农民自卫军的干部。第三营四百余名学员留下一部分继续学习，另一部分由陈奇涵带领重返赣东临川、崇仁等地开展革命活动。

**6月下旬** 被朱培德"礼送"出境，离南昌去武汉。途经九江时，访晤国民革命军第九军军长兼赣北警备区司令金汉鼎。金派人送朱德上庐山游憩。

△ 抵武汉。探望孙炳文的妻子任锐。有同志问今后怎么办？回答说："上山打游击去！"

**7月12日** 根据共产国际执行委员会的指示，中共中央改组，由张国焘、李维汉、周恩来、李立三、张太雷组成临时中央常务委员会，陈独秀停职。

**7月13日** 鉴于汪精卫和武汉政府积极准备公开反共，中共中央发表《中国共产党中央委员会对政局宣言》，谴责汪精卫等把持的武汉国民政府和国民党中央背叛孙中山的联俄、联共、扶助农工三大政策，宣布撤回参加武汉国民政府的共产党员。同时声明中国共产党将坚持反帝反封建的革命斗争，愿同坚持孙中山的革命三民主义和三大政策的国民党革命分子继续合作。

△ 在汉口贯中里出席中共中央政治局常委兼军事部长周恩来召集的秘密会议。出席会议的还有刘伯承、吴玉章[1]、黄慕颜[2]等四川革命人士,讨论泸、顺起义失败后部队的善后事宜和发展革命军事力量、应付紧急情况等问题。周恩来征询到会者对发展革命军事力量的意见。黄慕颜主张回四川再干。朱德和刘伯承认为,现在四川形势险恶,再谋发展很困难,武汉也日趋紧张,搞不好连站脚的地方也没有。朱德根据他在江西工作半年了解的情况,提出可以在江西发展革命军事力量,并号召大家到江西去。

**7月15日** 汪精卫操纵武汉国民党中央通过《统一本党政策案》,正式宣布同共产党决裂。随后大规模捕杀共产党员和革命群众。不久,宁、汉合流,国共两党合作发动的大革命失败。

**7月中旬** 在一次宴会上见到叶剑英。叶在席间说:我们革命的枪要对准反革命。我们打蒋介石不是因为有什么个人恩怨,而是因为他反革命。朱德对他的话十分赞赏。

△ 中共临时中央常委会议在武昌举行。会议初步决定在"东征讨蒋"口号下,以九江、南昌一带的贺龙率领的国民革命军第二十军、叶挺率领的第十一军第二十四师和朱德原领导的第三军军官教育团等为基础,在南昌举行武装起义。

△ 因在江西有便利的工作条件,对情况也熟悉,受中共中央指派,前往南昌做起义先期准备工作。

**7月20日** 乘轮船抵达九江。到赣北警备区司令部见国民革命军第五方面军第九军军长兼赣北警备区司令金汉鼎。金

---

[1] 吴玉章,中共党员,时任中国国民党中央执行委员会委员。
[2] 黄慕颜,中共党员,泸顺起义时任国民革命军川军各路副指挥兼第一路司令。

汉鼎说他正准备上庐山去开会，朱培德来电话通知说汪精卫、张发奎已经上了庐山，有要事相商。朱德向他分析了目前的形势和今后革命发展的趋势，提出："在江西的这班人都是灰色的，不愿革命了。我们一同到广东去建立新的革命根据地。"金没有同意。

**7月21日** 抵南昌，立刻投入起义前的准备工作，对驻军兵力部署作了详细的了解，还精心绘制了南昌市区地图。

**7月27日** 负责领导武装起义的周恩来到达南昌，当晚住在花园角二号朱德寓所。朱德向他汇报了南昌城内国民党军队驻扎情况，并画了一张详细的驻军布防图，标明碉堡、火力点以及进攻线路；还提供了朱培德等敌军将领集中在庐山参加反共会议，南昌城里守敌减少等情况。周恩来当即称朱德为准备起义立了大功。接着，朱德继续尽自己的一切力量为起义做准备。第三军军官教育团根据朱德的指示，连续两次打野外，熟悉了南昌市的主要街道，察看了南昌市周围的地形、地物及其通道，还进行了几次夜间紧急集合、传口令、识别记号等动作，为参加起义做好准备。

△ 中共前敌委员会在朱德出面租下的南昌江西大旅社成立，由周恩来、李立三、恽代英和彭湃等组成，周恩来为书记。决定于七月三十日晚在南昌举行起义。

△ 国民革命军第十一军第二十四师师长叶挺和第二十军军长贺龙先后率部抵南昌。

**7月30日** 张国焘以中共中央代表身份赶到南昌，强调起义宜慎重，并应得到张发奎的同意，否则不可动。起义不得不推迟。

**7月31日** 中共前敌委员会举行紧急会议。经过数小时辩论后，决定八月一日凌晨四时举行武装起义。

△ 根据前敌委员会的指示，为消灭驻南昌的第三军第二十三团、第二十四团创造条件，朱德利用和滇军的关系，在佳宾楼宴请这两个团的团长和副团长。晚九时许，由于第二十军一个云南籍营副告密，这几个团长、副团长急忙赶回部队。朱德立即赶到第二十军指挥部，把起义消息已泄漏的情况告诉贺龙，贺龙即报告前敌委员会。前敌委员会决定起义提前两小时举行。

**8月1日** 凌晨二时，与周恩来、贺龙、叶挺、刘伯承等率领国民革命军二万余人，在南昌举行起义，打响了武装反抗国民党反动派的第一枪。经几小时激战，全歼驻南昌敌军三千余人，于拂晓占领南昌。朱德原来领导的军官教育团学员有三个连参加了起义。

△ 上午，在南昌宣布成立有中国共产党人和国民党左派人士参加的中国国民党革命委员会，委员有宋庆龄、邓演达、周恩来、恽代英等二十五人。不久，起义军南下时增补朱德为委员，将张发奎除名。

**8月2日** 前敌委员会以中国国民党革命委员会名义公布任命下属机构和起义军负责人名单。起义军仍沿用国民革命军第二方面军名义，下辖三个军：第二十军、第十一军和第九军。朱德被任命为第九军副军长，军长韦杵是由朱德推荐任命的，起义时不在南昌，未到职。

**8月3日** 改任第九军军长，还被任命为南下先遣司令。率领第九军教育团作为先遣队离开南昌向广东进发。随先遣队一起行动的有彭湃、恽代英、郭沫若等。出发前，朱德派人送信给驻防抚州（今临川）的国民党第三十一军第二十七师师长兼赣东警备司令杨如轩。告诉他：我们最近在南昌开了一个会，推举孙中山夫人宋庆龄为领导，揭起反对独夫民贼蒋介石的大旗。现决定去广州开辟新的革命策源地。请你拉起部队跟我一起参加革命。希望他到抚州柴埠口来面商一切。杨如轩在护国战争期间，是朱德支队的副营长，各方面曾得到朱德的教益。他看了信后，因丢不下已取得的地位，拒绝了朱德的建议，但回话说：愿意把驻抚州的部队移驻南城，让南昌起义的部队通过抚州后再回防。朱德率部沿途做政治宣传工作，并为后续部队筹备粮草，安排宿营，千方百计克服困难，被誉为"老将黄忠"。

**8月6日** 率部进抵抚州。得悉第十一军第十师师长蔡廷锴率该师主力从进贤离开了起义军。基于这一教训，在抚州对部队进行了近一周的整顿，加强了部队的政治思想工作。在此期间，抚州中学有三百多名师生报名参加了第九军宣传队，还有工人纠察队和农民自卫军数百人也参加了起义军。不久，他们都编入第九军。

**8月7日** 中共中央在湖北省汉口召开紧急会议（即"八七会议"）。会议总结了大革命失败的经验教训，批判陈独秀右倾机会主义错误，确定了实行土地革命和武装反抗国民党反动派的总方针，并把发动农民举行秋收起义，建立工农革命政权，解决农民土地问题作为当前党的最主要的任务。

**8月12日** 率部离开抚州，向瑞金、会昌进发。因国民党军已从赣州调动约九千人的兵力到瑞金、会昌，准备拦击起义军，起义军指挥部决定将第二十军第三师拨归负责先遣任务的朱德指挥。

**8月25日** 率第二十军第三师的一个营为前卫营南下，在瑞金壬田以北地区与国民党军第八路军右路总指挥钱大钧部的前哨两个团遭遇。在敌我力量悬殊的情况下，率部激战，一直坚持战斗到贺龙率第二十军主力赶到，将该敌击溃。

**8月26日** 凌晨，起义军乘胜攻占瑞金。钱大钧部向会昌方向退却。朱德率部追击到瑞金西南二十五公里的谢坊。之后，起义军从缴获的国民党军文件中，获悉钱大钧、黄绍竑两部正在会昌一带集结大量兵力，准备进攻起义军。前委决定乘黄绍竑部尚未赶到之时，先兵分两路击破会昌之敌，再行南下。为此，将起义军划分为左、右两纵队。朱德指挥第二十军第三师为左纵队。接受任务后，首先命令第三师教导团团长侯镜如组织一支几十人的敢死队，并亲自动员说：你们要一反往常猛打猛冲的常规，只同敌人打心理战。要分作数股分散活动，跟在敌人后面或插到敌人两翼，向敌人打冷枪。要搅得敌人吃不下，睡不着，这就是你们的任务。小分队遵照朱德的指示，一路上利用有利地形，隐蔽自己，不断向敌军打冷枪，使它精疲力竭。

**8月30日** 起义军开始向驻守会昌的钱大钧部发动进攻。朱德与第三师师长周逸群、党代表徐特立率左纵队向会昌城东北大柏山首先发起攻击。守军反扑。朱德率部坚守阵地，并鼓动部队说：我们这边吃力些，把敌人背到身上，右纵队那边就好办了！激战一天，起义军攻占会昌，俘敌九百余人。战斗结束后，第三师归还第二十军建制。

**8月31日** 前委召开会议，决定取消原定由寻乌入东江的行军计划，改为绕道汀州、上杭，沿汀江南下东江地区。

**9月上旬** 起义军从会昌折回瑞金，转向福建省，攻占汀州（今长汀）。所部仍为先头部队。在汀州期间，前敌委员会决定以主力取潮汕，留一部分兵力于三河坝监视梅县方面的国民党军，再经揭阳出兴宁、五华取惠州，以便尽早得到休息和取得共产国际的接济。

**9月9日** 在中共湖南省委和省委前敌委员会书记毛泽东领导下，湘赣边界秋收起义爆发。

**9月19日** 起义军占领广东省大埔县三河坝。按照前敌委员会汀州会议的决定,兵分两路:周恩来、贺龙、叶挺、刘伯承等率第二十军和第十一军的第二十四师,从粤闽边境的大埔乘船,经韩江而下,直奔潮汕;朱德率领第十一军第二十五师和第九军教育团共约四千人留守三河坝,准备抗击从梅县向起义军进攻之敌。

**9月23日** 起义军主力占领潮州。

**9月24日** 起义军主力占领汕头。

**9月28日** 起义军主力在揭阳县山湖与敌激战三天后失败。三十日,向揭阳撤退。

**9月30日** 留守潮、汕的起义军亦战败,撤出潮、汕。

**10月1日** 得知钱大钧部正向三河坝开进,带领第十一军第二十五师师长周士第等仔细察看三河坝地形,认为三河坝位于三江会合处,发生战斗必将背水作战,是兵家历来的大忌,遂决定将部队转移到三河坝对岸的东文部、笔枝尾山、龙虎坑、下村一带布防,连夜构筑工事。与周士第、李硕勋(第二十五师党代表)等在龙虎坑东边高地的指挥所,准备随时迎击敌人。

**10月2日** 在河滩竹林旁召集全师官兵讲话,鼓励大家要坚守三河坝,牵制敌人兵力,为向海陆丰进军的起义军创造有利条件;强调起义军绝大部分都是农民出身,革命的军队必须与农民结合,才能取得革命胜利;号召大家要发扬会昌歼敌的精神,保持铁军的荣誉,战胜来犯之敌。还讲解如何构筑工事,如何防守阵地,如何打击渡江之敌。半夜,钱大钧部开始偷渡。起义军遵照朱德"半渡而击"的指示,将该敌击退。

**10月3日—6日** 指挥部队与强渡韩江之钱大钧部三个师激战三昼夜,歼敌一千余人,完成了掩护主力的任务。因战斗中伤亡很大,为了保存实力,指挥第二十五师余部约二千人于六日撤出三河坝，南下追赶起义军主力。

**10月6日** 率部抵达潮州东部饶平县城以北的茂芝时，与从潮、汕地区撤退下来的一部分起义部队约二百人相遇，方知潮、汕已失守，并悉主力部队在山湖失败。获悉主力失败消息，许多人心情沉重，思想混乱。

**10月7日** 在饶平县茂芝全德学校主持召开干部会议，介绍了起义军在潮汕失利的情况后说：我是共产党员，我有责任把"八一"南昌起义的革命种子保留下来，有决心担起革命重担，有信心把这支革命队伍带出敌人包围圈，和同志们团结一起，一直把革命干到底。经过热烈讨论，把大家的意见归纳为四条：第一，我们和上级的联系已断，要尽快找到上级党，以便取得上级指示；第二，要保存这支军队，作为革命种子，就要找到一块既隐蔽又有群众基础的立足点。湘粤赣边界地区是敌人兵力薄弱的地方，是个三不管的地带，这一带农民运动搞得早，支援北伐最得力，我们应当以此为立足点。第三，据最新情报看，敌人已从南、西、北方面向我靠拢，我们要从东北方向穿插出去。现在敌强我弱，我军又是孤立无援，所存弹药不多。行动上要隐蔽，沿边界避敌穿插行进。第四，要继续对全军做艰苦的政治思想工作，要发挥党团员、干部的先锋模范作用，坚决扭转对革命失却信心的混乱思想，安定军心，更要防止一些失败主义者自由离队拖枪逃跑，甚至叛变投敌的严重事故发生。会议最后决定：部队隐蔽北上，穿山西进，直奔湘南。

**10月上旬** 派起义军三百余人，支援农民自卫军攻占饶平县城。

**10月16日** 率领从三河坝撤出的部队和从潮、汕地区撤退下来的零散部队计二千五百余人，经福建的永定、峰市抵达福建省武平县。

**10月17日** 率部在武平击退尾追之敌钱大钧部一个师,迫其停止追击。起义军尚存约一千五百人,枪不足一千。

**10月中旬** 率部从武平向西北方向转移,准备进入湖南。抵达闽赣边界的石径岭附近的隘口时,遭到反动民团的阻击。朱德亲率警卫人员攀登悬崖,出其不意地在敌人侧后发起进攻,抢占了隘口。随即指挥部队通过隘口,进入赣南山区,摆脱了国民党军队的追击。

**10月下旬** 率部抵赣南安远县天心圩。因一无供给,二无援兵,干部、战士思想混乱,离队的越来越多,包括师长、团长。部队抵达安远时只剩七八百人。师、团政治工作干部中只剩第七十三团指导员陈毅一人。

△ 在天心圩召开部队全体人员大会,首先宣布今后这支队伍就由他和陈毅来领导。接着强调说:虽然大革命是失败了,我们的起义军也失败了,但是,我们还要革命的。要革命的跟我走;不愿继续奋斗的可以回家!不勉强!只要有十支八支枪,我还是要革命的!同时还指出革命前途说:大家要把革命的前途看清楚。一九二七年的中国革命,好比一九〇五年的俄国革命。俄国在一九〇五年革命失败后,是黑暗的,但黑暗是暂时的。到了一九一七年,革命终于成功了。中国也会有个"一九一七年"的。只要保存实力,革命就有办法。你们要相信这一点。陈毅在会上也讲了话,宣布革命纪律。经过这次大会,起义部队的士气开始高涨。

**10月底** 率部经赣南信丰县抵赣、粤边境的大余地区。途经信丰时,和中共信(丰)、定(南)、安(远)中心县委书记郭一清等取得联系,开了一个联席会议。在会上介绍了全国的政治斗争形势,指示他们要努力发展农协,武装工农,建立赤卫军。地方党组织赣南特委派人前来信丰接头,从他们口中

1927年10月

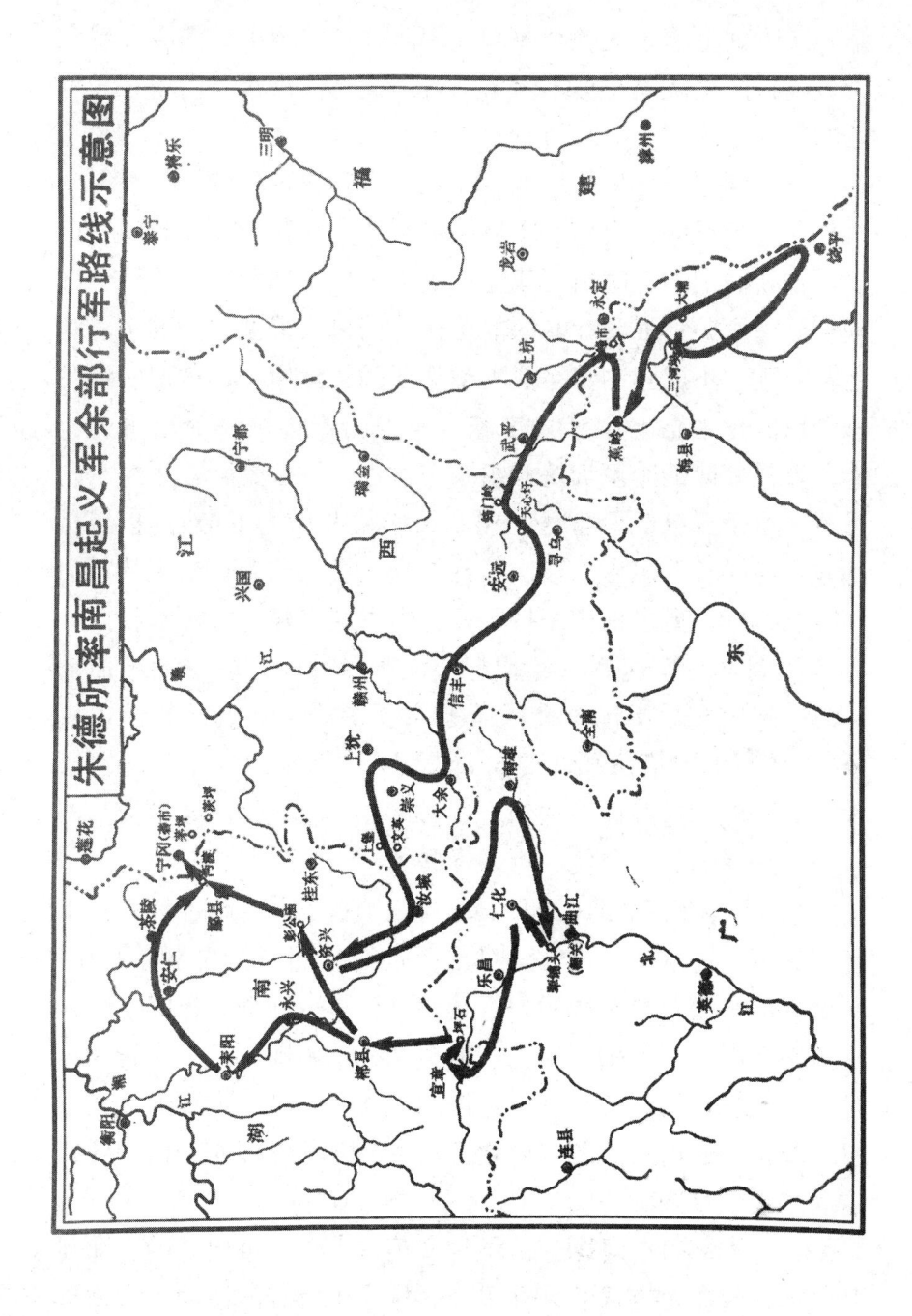

第一次听到毛泽东率领秋收起义部队开上井冈山的消息，感到十分高兴。部队离开信丰时留下八条枪，作为建立信丰县赤卫军的基础。

△ 利用粤桂军阀混战、无暇追击起义军的时机，在大余对部队进行整编。由陈毅主持整顿共产党、共产主义青年团组织，重新登记党、团员，成立党支部，把一部分党、团员分配到连队中去，加强党在基层的工作。同时，根据原来的军、师七零八落、不成建制甚至成为空架子的实际情况，把部队编为一个纵队，下辖七个步兵连和一个迫击炮连、一个重机关枪连。加强部队的军事训练和组织纪律性。为了隐蔽，采用"国民革命军第五纵队"番号，司令员朱德（化名王楷），指导员陈毅，参谋长王尔琢。多次召开群众大会，向老百姓宣传革命纲领和目标，要求他们坚持革命，组织起来建立人民政权。

**10月** 行军途中，经常与人谈革命前途，谈继续革命的方法。指出今后中国革命战争的主要形式是"农民的游击战争"；强调中国革命必然要向前发展，"因为中国军阀的军阀性、买办性、封建性，他们之间不能协调，他们自己打起来，就不会追我们了，我们就可以发展了。"

**11月上旬** 率部抵湘、粤、赣三省交界的赣南崇义县上堡、文英、古亭一带山区，对部队进行整训。首先整顿纪律，规定募款和缴获要全部归公。其次进行军事训练，每隔一两天上一次大课，小课则天天上。提出新战术，即从打大仗转变为打小仗，从打硬仗转变为有把握的仗就打，没有把握的仗就不打，开始向游击战争的方向转变。在战斗队形方面，由一线式改为"人"字式。

△ 率部打走盘踞在上堡、文英、古亭一带山区的土匪何其朗部，收缴地方武装，并以连、排为单位分散活动，帮助群

众劳动，对群众宣传革命道理。

△ 国民革命军第十六军军长范石生驻防广东省韶关市、湖南省汝城县一带，派韦伯萃（共产党员）来和朱德联系，希望合作。鉴于起义军物资和装备供应十分困难，朱德和陈毅、王尔琢商量，并经党组织讨论通过，决定同范石生合作，以便使部队得到补充和休整。

△ 在赣南上犹县营前与湘赣边界秋收起义部队工农革命军第一军第一师第一团第三营（营长张子清、副营长伍中豪）取得联系，并帮助这个营整训。

△ 闻毛泽东率领秋收起义部队已经上井冈山，派毛泽覃[1]前往联系。毛泽覃从湖南省资兴经茶陵到江西省宁冈，会见毛泽东，详细地介绍朱德部队的情况。

**11月20日** 赴汝城和范石生谈判。途经汝城县濠头圩时，在一个祠堂里，半夜被土匪何其朗部包围。匪兵冲进祠堂，问朱德："你是什么人？"朱德说："我是伙夫头。"匪兵问："你们的司令在哪里？"朱德指着后面的房子说："住在那边。"匪兵出门后，朱德即从后窗跳出，脱离了险境。

**11月21日** 在汝城同范石生部第四十七师师长曾曰唯谈判，提出三个条件：我们是共产党的队伍，党什么时候调我们走，我们就什么时候走；给我们的物资补充，完全由我们支配；我们内部组织和训练工作等，完全照我们的决定办，不得干涉。经过两天谈判，双方达成协议：（一）同意朱德提出的部队编制、组织不变，要走随时可走的原则；（二）起义军改用第十六军四十七师一四〇团的番号，朱德化名王楷，任四十七师副师长兼一四〇团团长（不久，范石生委任朱德为第十六

---

[1] 毛泽覃，毛泽东的胞弟，原在国民革命军第二十五师政治部工作。

军总参议）；（三）按照一个团的编制，先发一个月的薪饷，并立即发放弹药和被服。谈判结束后，范石生赴汝城和朱德会面，并迅速供应朱德所部一批现款和弹药、冬衣、被服等物资。随后，湘赣边界秋收起义部队第三营改称国民革命军第十六军第四十七师第一四一团，由张子清任团长。

**11月26日—28日** 在汝城召开湘南和粤北党组织的负责人联席会议，会议决定在十二月中旬在湘南举行年关暴动，要求各地分头进行准备。会议结束时，给郴县县委书记夏明震两支驳壳枪；还以国民革命军第十六军第一〇四团名义出了布告，号召穷人团结起来，打倒新老军阀，打倒地主豪绅。

**11月下旬** 在党的活动分子会议上讲话，谈与范石生合作的意义：范石生之所以与我们达成协议，实现联合，是想扩充队伍，壮大实力，同蒋介石以及其他军阀对抗。我们这样做，是为了与范部建立统一战线，以他为掩护，隐蔽目标，积蓄与发展力量，绝不是放弃原则，顺从他人，也绝不能束缚住自己的手脚，我们应该独立自主地进行活动。

△ 出席范石生召开的尉以上军官会议，经范石生介绍与大家会见后在会上讲话，讲革命理论，号召大家共同努力打倒反革命的蒋介石，还提出要准备找一个适当地区来建立根据地。

△ 工农革命军第二师第一团[1]二百余人，由范石生部的中共地下党员韦昌义介绍，与朱德取得联系，改称为第十六军特务营。原第一团团长何举成任特务营营长，驻广东省乐昌县境。朱德派人到这个营当副连长、排长。

△ 为统一第十六军第一四〇团、第一四一团和特务营三

---

〔1〕 中国工农革命军第二师第一团于1927年秋由湘南汝城、宜章的农民组成。

支武装力量的行动,和陈毅秘密建立中共第十六军军委,陈毅任书记。

**12月上旬** 奉特委转告的中央指示,率部兼程南下参加广州起义。从资兴南下抵达粤北仁化县境,和中共广东北江特委取得联系。被任命为北江特委委员。

**12月11日** 中共广东省委书记张太雷和叶挺、叶剑英等领导国民革命军第四军教导团全部、警卫团一部和广州工人赤卫队七个联队及市郊部分农民武装,在广州举行起义。十三日起义失败。

**12月19日** 率部抵韶关,与广州起义失败后撤出的二百余人相遇,始知起义失败。把这二百余人编入部队后,转移到韶关西北三十里的犁铺头,进行休整和练兵。所部仍用国民革命军第十六军第四十七师第一四〇团的番号。为练好兵,先根据自己掌握的军事理论和实践经验,亲自编写出步兵操练和阵中勤务两类教材。教材规定将旧式疏开队形改为递次配备的疏开队形,以构成阵前纵深的和交叉火网而在战斗上造成以少胜多的条件,并减少密集队伍在接敌运动中受到敌人火力杀伤。还提出了"强敌进攻莫硬打"、"抓敌弱点我猛攻"、"孤敌疲敌我围歼"、"常遣精兵骚扰敌"等作战原则。教材编好后,以教导队为试点进行训练。在训练中,把全队分为两个连,进行对抗演习,经常到现场亲自指挥、亲自讲解、亲自示范,反复强调要士兵熟练手中的武器,要做到不靠近敌人不开枪,打不中不开枪。同时,还要求指挥员在战斗中要知己知彼,重视对于敌情的搜索和侦察工作,不摸清敌人的情况不动手;"我们人少枪少,不能和敌人硬拼,我们要瞅敌人的弱点。我们要注意避实击虚的游击战术。"晚上,部队以连、排为单位,分散到农村中去,发动群众打土豪。从这时起,开始实行由正规战向游击战的转变，部队不再打硬仗，而是开始打游击，打一仗就退几十里，有比较好的机会就休息几天。

**12月中旬** 驻桂东县城的第十六军第一四一团在张子清、伍中豪率领下经茶陵返回井冈山。该团通过朱德的关系，将从范石生那里获得的一批子弹带上井冈山。

**12月下旬** 中共中央连续给朱德及其全军官兵发出两封指示信。在十二月二十一日的信中，要求朱德率领部队从范石生的军队中分化出来，立即与湘赣边界的毛泽东联络，共同计划，发动群众，以这些武力造成割据的暴动局面，建立工农兵代表会议——苏维埃政权；强调其队伍的一切给养，均应从豪绅、官吏、财主、地主身上着想，千万不要空想党会来帮助，因为这不但事实不可能，而且原则所不许；通知广东革命委员会已任命朱德所部为工农革命军第一师，如果暴动占据了一个地方，即可由当地革命委员会或苏维埃政府任命为某某地方工农革命军第几师；规定军中党的组织是一切组织的根源，必须依照从前的组织系统——团成立支部，下分小组，师成立委员会——管理支部生活，执行党的政策，监督军队行动，一切党的政策均须拿到支部会议或小组会议中讨论；指示师委会的组织以五人为合适，除指定朱德为书记外，余四人可由全体选举，但必须有个士兵被选；提出部队的一切训练，除了军事的正式操练外，必须有严格的政治训练。在十二月二十七日的信中，变更了前一封信的计划，提出朱德率领部队脱离范石生部后，应"联络北江的农军及广州暴动后退往北江的队伍，参加北江区域的农民暴动，扩大和深入北江的土地革命，做成北江农暴的主要副力，造成海陆丰农暴割据东江的同样的局面，这是你们队伍存在和发展的唯一途径。"要求朱德"立即与广东省委接洽，直接受广东省委的北江特委（大约在韶关）的指导，完成你们对北江农暴应尽的责任，其余一切可参照前信斟酌实行。"这两封信由李鸣柯带到江西，转入湖南。但是，李鸣柯几经转折，均未能找到朱德及其部队，只好返回上海。

△　与陈毅在犁铺头会见何长工[1]。朱德详细地询问有关湘赣边界秋收起义和井冈山地区的情况，并说："我们跑来跑去就是要找一个落脚的地方。我们已经派毛泽覃同志去找毛润之了，如果不发生意外，估计已经到了。"次日，何长工临别前，朱德对他说：我们这两支部队要经常联系，将来部队力量要集中。

---

[1] 何长工，时任中国工农革命军第一军第一师第一团卫生队党代表。1927年10月奉毛泽东之命去探听南昌起义部队的下落。经过长途跋涉，于12月下旬抵犁铺头。

## 1928年　四十二岁

**1月上旬**　国民党广东省政府领导人发觉朱德部队隐蔽在范石生部，要范解除其武装，并逮捕朱德。范不忘旧谊，通知朱德撤离。朱德也接到中共广东省委通知，要他率部脱离范石生部，到广东省东江地区海丰、陆丰县境和广州起义军余部会合。朱德走前致函范石生，表示应该好好建立统一战线，并希望他革命到底。范石生给朱德去信说：为了避免部队遭受损失，你们还是要走大路，不要走小路；最后胜利是你们的。现在我是爱莫能助。还说："孰能一之，不嗜杀人者能一之。"并赠送几万银元。朱德即以"野外演习"为名，率部撤出犁铺头北上，准备折向东江地区。范石生部官兵三四百人脱离范部随朱德出发。但抵达仁化时，发现国民党军方鼎英第十三军正沿着浈水开往南雄，截住去路，便折回北进，计划去湖南找一块地方建立根据地。

△　派人秘密送信给何举成，要他迅速率部脱离第十六军。但何举成行动迟缓，后此营被敌缴械，何在战斗中牺牲。

△　率部从广东仁化西移，攻乐昌未克。把部队带到乳源县杨家寨（今属乐昌县），决定首先在湘南组织宜章暴动。后到宜章莽山洞与中共湖南特委、宜章县委取得联系。在听取宜章县委书记胡世俭的汇报后，拟定了智取宜章县城的计划。决定由胡少海以范石生第十六军第四十七师第一四○团副团长的名义，写信给国民党宜章县长，说要率部开进宜章县城驻防，

保护地方安全。

**1月11日** 派胡少海率两个连开进宜章县城。县里头面人物欢迎胡"荣归故里"。胡在城里做了布置后,向朱德发出密信,告以一切顺利,可按原计划进行。

**1月12日** 率主力打着国民党军第十六军第一四〇团的旗号,以"团长"的身份,由栗源堡向宜章县城进发。行至离县城三十里的一个山坳里,对部队进行战斗动员说:现在我们得到了休整和补充,又和湘南地方党组织取得了联系。这里敌人的正规部队撤走了,统治比较薄弱,这里有我们的地方党,有经过大革命锻炼的革命群众,我们可以趁这个机会打起红旗,大干一场了!智取宜章是个完整的战斗方案,我们一定要沉着、机智,与地方党密切配合,夺取这次战斗的彻底胜利,这是我们进入湘南的第一次战斗,这一仗打胜了,对湘南人民的革命斗争将产生巨大影响。如果受了挫折,湘南暴动就会遇到困难。接着,率主力进入宜章县城。在国民党宜章县长和地方豪绅举行欢迎宴会时,按预定计划应邀出席,在席间逮捕了他们。之后,又收缴团防局的枪械,砸开监狱,释放被捕的共产党员和革命群众,并打开地方豪绅的粮仓和库房,把粮食、财物分给穷苦群众。

**1月13日** 出席中共宜章县委在县北门城内广场召开的群众大会,庆祝智取宜章胜利。在会上讲话指出:我们是工农革命军,是共产党领导的帮助穷人打天下的军队,我们已经推翻了国民党县政府,逮捕了一批贪官污吏土豪劣绅,我们支持大家行动起来闹革命,工农只有自己掌握了武装,彻底打倒蒋介石等新老军阀,实行耕者有其田,才能真正当家做主人。会上郑重宣布起义军改名为工农革命军第一师。使用真名朱德,任师长,陈毅任党代表,王尔琢任参谋长,蔡协民任政治部主任。废掉原在南昌起义时用的青天白日旗，改为满天红斧头镰刀军旗。由此揭开湘南暴动序幕，把工农革命军和湘南农民运动结合起来，武装夺取政权。

△ 在宜章县立女子职业学校设立工农革命军司令部和宜章年关暴动指挥部，接见地方党组织骨干，部署碕石、栗源、赤石、白石渡、笆篱堡、白沙等地暴动。

△ 当晚，来到栗源堡，召集全村人开大会并讲话，称赞该村村民在大革命时期是最勇敢的农民，鼓励村民要把农民协会恢复起来，组织起来，发动农民打土豪分田地。接着，又为村里新组织起来的暴动队发了六七支新枪。

**1月中旬** 宜章县工会、农会、妇女会、学生会等群众组织先后成立。接着，成立县苏维埃政府以及各区、乡苏维埃政府，全县开展打土豪斗争。

**1月18日** 对宜章碕石暴动作出部署。第二天，碕石暴动胜利，立即派萧克帮助碕石党组织把三百名农民赤卫队编为工农革命军独立营，彭晒任营长，萧克任副营长。

**1月22日** 接到中共良田区委派人送来请求工农革命军进入郴州支援起义的信，得知郴州存在着一支红色游击队，非常高兴，与陈毅等商定：给郴县红色游击队赠送一批枪支弹药，并将这支游击队改编为工农革命军独立连。

△ 率工农革命军主力来到碕石，在村民欢迎会上讲话，指出：我们要干，手里没有枪，可以用梭镖。五支梭镖可以抵一支枪，五支梭镖可以换一支枪。我们革命，一定要明确革命目的，一切为着穷人翻身而战，一切为着世界大同而战。当晚，来到碕石平民夜校，勉励学员们说：过去穷人没有书读，要好好读书啊。将来的世界要你们这些青年人来创造。

**1月23日** 与陈毅率部开赴黄沙堡城，用"引蛇出洞"

和"赶蛇出洞"的计谋,将当地农军围了三天两晚没有攻破的黄沙堡城攻克,消灭盘踞该城的反动团防。战斗结束后,出席在黄沙堡城学校操场召开的祝捷大会并讲话,勉励战士和群众继续英勇战斗,打倒土豪劣绅,与反动派血战到底。

**1月26日** 与陈毅率部离开黄沙堡。指示将缴获的枪支弹药全部交给当地农民群众,还派了三个军事干部,在黄沙堡参加组织农军工作。

△ 率部经过长村时,在这里听取宜章县委派人汇报国民党军许克祥独立第三师由韶关进犯宜章,已兵至岩泉圩、屯粮坪石镇的敌情后,就如何打退敌人的进攻提出意见:敌人有不少优势,我们不能低估。敌人兵力数倍于我,武器装备精良,后方实力雄厚。在这种敌强我弱的情况下,决不可采取南昌起义后那种死打硬拼的方法,同敌人拼消耗。应该有勇有谋,灵活机动,扬长避短,用游击战和正规战相结合的打法,去战胜敌人。陈毅等赞成这个分析,决定避实就虚,诱敌深入,寻找有利战机。

△ 率部经过观音寺、笆篱时,先后指挥部队消灭许克祥部一个营和地方反动团防。当晚,部队住宿山门、塘下岭一带,与陈毅住宿山门瓦屋里。

△ 由于曾派人到耒阳以西常宁县水口山铅锌矿向地下党组织传达组织工人暴动的指示,加以湘南特委亦派人到这里发动,宋乔生领导这里的工人举行暴动,夺了矿警队的枪。之后,八百余名暴动工人开到衡阳和耒阳交界处桐子山,与当地农民结合,组成共一千一百余人的桐子山工农游击队。不久,根据朱德的指示,这支游击队改编为工农革命军第一师独立第三团,党代表谢汉文,团长宋乔生。

**1月27日** 率部进驻地处湘粤边崇山峻岭之中的圣公坛。

之后，依靠地方党组织，经过耐心的思想政治教育工作，收编王光佑率领的一支地方农民武装，成立后防营。

**1月29日、30日** 派共产党员谭新化装成商人，深入栗源、岩泉一带侦察敌情。得知许克祥亲率两个主力团进到岩泉圩一带，另外两个团在坪石、长岭、武阳司、栗源堡，成一线摆开。决定兵分两路，各个击破。一路由朱德、陈毅率领主力，直捣岩泉圩，消灭许克祥的两个主力团；另一路由熟悉地形的胡少海、谭新带领，迂回敌后阻击增援之敌，截断岩泉圩敌军退路。

**1月31日** 拂晓，率部队主力抵达宜章县城南五十里的岩泉圩，向岩泉圩发起突然袭击，另一路部队从侧后进攻，许克祥腹背受敌，无法招架，率部逃往自己的大本营坪石。命令两路兵力合成一路，乘胜以最快的速度追击，不给许克祥部有喘息的机会。工农革命军追到坪石，就猛打猛冲，把仓皇应战的许克祥部队打得大败。许克祥率少部兵力再逃，被追击到昌河边，仅剩七八个人换上便装乘一只小船才得以逃命。这次战斗歼敌一千余人，缴获许多山炮和迫击炮，大批步枪、机关枪，二百多担子弹，并占领了许克祥的司令部和后方仓库所在地粤北乐昌县坪石。

**2月1日** 当晚，出席在坪石附近的舨塘召开的特别会议，在会上提出立即挥师北上郴州、耒阳，发动湘南总暴动的建议。会议根据这一建议进行讨论，最后在军事方面作出决定：一、趁湘、桂军阀内争无暇南顾的机会，对北面取攻势，扫荡郴县、耒阳、永兴等县的敌军和民团，向衡阳游击，以开展苏维埃运动；对南面取守势，以巩固宜章政权。二、把宜章独立团即工农革命军第一师第三团改编为工农革命军第三师，胡少海任师长。该师留守宜章，保卫胜利成果，并监视坪石、韶关之敌动态。朱德、陈毅指挥工农革命军第一师向北发展。特别会议后，又出席党政军联席会议，并在会上作题为《今后斗争的工作路线》的报告，指出：现在蒋介石与武汉政府的矛盾，以及各省军阀之间的矛盾更加尖锐了。整个局势动荡不安，这是我们力图发展的大好时机。特别是坪石一仗，在政治上狠狠打击了反动派的气焰，大大鼓舞了革命人民的斗志，在军事上打了个大胜仗，我们可以利用缴获敌人的物资装备壮大自己。会后，胡少海率宜章农军回宜章。

**2月2日** 出席在䢺塘召开的祝捷大会并讲话，指出：坪石大捷，充分证明反动派貌似强大，神气十足，但内部却很虚弱，它是可以打败的，而人民的力量则是无敌的，尤其是组织起来武装起来的人民是不可战胜的。

△ 中共临时中央政治局常委会举行会议。在讨论广东问题时，赞同朱德发动湘南暴动，认为朱德部队已抵湘南，不必开广东。

**2月3日** 与陈毅率工农革命军第一师从䢺塘经白石渡，向郴州方向进军。指挥部队在宜章、郴州边境折岭击败堵截之敌后，向郴州前进。

**2月4日** 上午，率部抵宜章、郴州之间的良田镇。得知国民党第三十五军扼守郴州南面门户大铺桥的六个连大多数是学生兵的情况，提出"打虎牵羊"的作战方案。说：对顽固的反动分子要当老虎去打；对这些学生可以把他们争取过来，顺手"牵羊"。下午，在中共郴州县委和郴州农军的配合下，率部与驻守大铺桥的敌军交战，击毙督战的敌团长，俘虏了六个连的官兵，并说服他们的大多数自愿参加工农革命军。郴州城内守敌五个连闻讯弃城而逃。当晚率部进驻郴州。随即帮助恢复县工会、农会、妇女会和学生会等组织，并建立县苏维埃政府以及各区、乡苏维埃政府和农会组织，领导农民开展"插标分田地"的斗争。

**2月5日** 与陈毅参加郴县县委扩大会议，帮助调整充实县委领导班子，共同研究部署全县暴动、建立红色政权、建立农民武装等项工作。决定以郴州农民自卫军和工人纠察队合编为工农革命军第七师，邓允庭任师长。

**2月6日** 湘南第一个红色政权宜章县苏维埃政府成立。

**2月7日** 出席在郴县县城召开的庆祝郴县苏维埃政府成立的万人群众大会并讲话。

△ 听取中共永兴县委派来的代表刘木汇报永兴暴动情况，根据永兴县委的请求，当即派张山川带领一个加强排去永兴协助农民暴动，并送给永兴农民暴动武装五十七支步枪。

△ 新改编的以胡少海任师长的工农革命军第三师在宜章县城内召开成立大会，全师总计七八百人。

**2月10日** 留一部分部队驻守郴州，谋划帮助永兴、资兴农民举行起义。随后率工农革命军第一师主力从郴州出发，直取耒阳。后途经永兴的油榨圩，又留下一个主力排，协助永兴县农民暴动武装去攻打永兴县城。

**2月15日** 率部进入耒阳公平圩。当晚在圩场上召开群众大会并讲话，号召贫苦农民起来革命，起来暴动，打倒军阀，打倒土豪劣绅。当场有四五十名青年农民报名参加革命队伍。

**2月16日** 凌晨，率部占领灶头街。在听取耒阳县委汇报，了解县城敌军的布防情况后，作出以工农革命军第一师主力负责正面解决桌子坳之敌，另抽一个连配合农民武装攻城的部署。对参加会议的干部说："这是一个完整的战斗计划，部队要与农军密切配合，发挥各自的特长，迅速拿下耒阳，以减少不必要的伤亡。"还特别叮咛说：耒阳是座古城，是蔡伦的家乡，要认真保护。接着，正规部队和农民武装按计划攻占耒阳县城，消灭敌守城团防武装二三百人。

**2月17日** 出席耒阳县委在城隍庙召开的欢迎工农革命军的群众大会并讲话，指出：目前，李宗仁、白崇禧与唐生智等这些军阀正在混战。趁着这班强盗吵嘴打架、互相揪住辫子难解难分的时候，我们发起了湘南起义，武装了工农群众，壮大了自己的力量。现在，宜章、郴州、资兴、永兴的暴动已经取得胜利，耒阳的暴动也胜利了。宜章年关暴动的胜利，仅仅是湘南起义一个好的开端。郴县、耒阳的胜利，说明湘南起义已经推上了高潮，暴动就要在湘南全面开花，反动派在湘南快要完蛋了。还指出：耒阳与衡阳交界，衡阳是湘桂反动军阀的巢穴，他们决不会甘心失败，一定会派兵来攻打我们。我们大家要团结起来，提高警惕，随时准备消灭来犯的敌人。

**2月19日** 耒阳县工农兵苏维埃政府成立。不久，将耒阳分散的游击小组集中起来，合编为工农革命军第四师，邝鄘任师长。还建立了各区的独立团、县赤卫团、乡赤卫队、少先队等。

△ 派工农革命军一个主力排，协助永兴县农民武装攻克永兴县城，成立了县苏维埃政府，并组建永兴红色警卫团，由尹子韶任团长、黄克诚为党代表。

**2月26日** 获悉国民党桂系第十九军李宜煊师的先头部队将经过冠市街、新市街、大陂市向耒阳县城进犯，命令驻在高炉水口的林彪率二连战士在鳌山配合地方武装伏击该敌，取得歼敌一百余人、缴枪一百余支和军马一匹的胜利。李宜煊遭此失败，立即率部倾巢出动，直扑耒阳。为了避敌锋芒，保存力量，朱德率部主动撤离耒阳，佯装向郴州方向退却。途经芭蕉圩时,给该区赤卫队队员讲话,说:不要看我们人少,但我们一定会胜利,这是因为革命的同情者是多数。地主、富农等剥削者是少数。接着,又讲述怎么打仗的道理:我们不能光硬打,硬打要加巧打,要灵活,打了就要走,不要贪多。下午,西路扑来之敌占领耒阳县城。

△ 当晚,率部撤退至小水铺附近野雉尾山时,走在主力部队前面的后勤人员(大部分是挑夫及随军农民)遭到当地反动武装的突然袭击,受到一些损失。得到报告后,马上召集紧急会议,决定将部队分三路前进。东西两路是随军农民,中路是正规部队。亲自率领中路军绕道西冲、麒麓、上盘,迅速包围野雉尾山之敌。该敌闻风逃散,躲得无影无踪。为迷惑该敌,连夜率部撤退,佯装向郴州败退。继而悄然折转向东,来到夏塘。为了打击小水铺土豪劣绅而又不伤害受蒙蔽的群众,派一个连化装成敌第十九军一部,抵达小水铺三公庙,以召开"庆功"大会为名,将前来参加会议并在会上表"功"的各村土豪劣绅捉拿并当即予以处决。群众拍手称快。

**3月1日** 指挥工农革命军与耒阳农军配合,再次攻占耒阳县城。

**3月初** 在耒阳水东江兵工厂附近的土屋里与伍若兰[1]结婚。

**3月上旬** 湘桂军阀混战结束。在蒋介石的调停下,湘、粤、桂军阀开始联合起来,以九个师(其中一个师不完整)和一个军官教导团,准备从湖南衡阳和广东乐昌,对湘南革命力

---

[1] 伍若兰,湖南省耒阳县人,1924年参加社会主义青年团,1925年加入中国共产党,1926年在衡阳湖南省立第三女子师范学校毕业,在耒阳积极从事农民运动和妇女运动,时任耒阳县妇女部指导员。

量进行南北夹击。

△ 中共湖南省委实行"左"倾盲动主义，派人到朱德部队传达省委决定，要把沿湘、粤大道两侧各五里的村庄房屋全部烧毁，以免国民党军从广东沿大道进占湘南。朱德抵制了省委决定，在军队里没有执行这种盲动主义。但不少地方执行了，严重地损坏了群众利益，引起广大群众的不满和反抗。

**3月12日** 中共郴州县委在郴州城隍庙召开群众大会，贯彻湖南省委的"左"倾盲动主义，提出要烧毁从耒阳到宜章的"湘粤大道"两侧三十里以内的房屋的所谓"焦土战略"，以应付湘粤两省敌军的"会剿"。反动势力利用群众的不满情绪，当场杀害工农革命军第七师党代表夏明震等领导干部和一些共产党员。以后几天里，全县大部分地区都发生了地主豪绅的暴乱。朱德闻讯后，即派陈毅率一个营赶到郴州，平息此乱，并纠正了一些"左"的错误做法。之后，他每到一地，便告诫干部群众说："房屋楼阁都是劳动人民造的，革命成功了都要归还人民，烧了多可惜！""反革命分子要杀，但要分清首恶和胁从，一概皆杀，树敌过多，于革命不利。""不分青红皂白地烧杀，势必把革命搞乱。"

**3月16日—20日** 出席中共湘南特委在永兴县城召开的湘南工农兵代表大会。会上成立湘南苏维埃政府，选举陈佑魁、朱德、陈毅、李才佳、尹子韶、宋乔生等二十一人为执行委员，陈佑魁为主席。会后，各县苏维埃政府制定《土地分配法》，开展插标分田的土地革命。

**3月下旬** 奉湘南特委指示，为支援湘南暴动，由毛泽东率领的工农革命军第一师第一、第二团，已到达酃县中村。毛泽东派毛泽覃带一个特务连前往耒阳与朱德、陈毅领导的部队取得联系，同时，将所部第一、第二团分成左、右两翼，掩护湘南起义军转移。

**3月25日** 国民党军已经在塘村、坪石等地集中完毕，准备于三十日向工农革命军和农军发起总攻击。面对这一严重局面，湘南特委仍然强调"守土有责"，指示湘南所有武装力量全部投入战斗，与敌硬拼。朱德根据敌人兵力数倍于己的情况，借鉴南昌起义部队南下失败的教训，为保存革命力量，坚决主张避敌锋芒，主动转移。但湘南特委领导人仍然一意孤行，固执己见，朱德不顾湘南特委的反对和阻挠，毅然决定工农革命军和湘南起义农军撤离湘南，向井冈山转移。

**3月26日** 在鳌山庙听取安仁县地方党组织代表唐天际、唐德寅汇报安仁敌情后，立即决定派陈道明率一个营的兵力随他们先行，并说：你们明天回去，把你们县里的农民自卫军组织起来和我们部队配合，先打安仁。

△ 向在耒阳鳌山庙指挥部门前整装待发的工农革命军第一师作简要动员报告，指示部队要百倍警惕，要选择更有利的地点、时间消灭更多的敌人。接着，率领部队出发。途经芭蕉圩时，应该区赤卫队长王紫峰之请，给赤卫队员们讲话，强调：我们不能光硬打，硬打要加巧打，要灵活，打了就要走，不要贪多。

**3月27日** 率工农革命军主力进抵安仁华王庙。安仁县农军开始攻打县城，将守城敌军一个连诱至黄泥坳，被陈道明率领的一个营歼灭。

△ 出席在安仁华王庙广场召开的群众大会并讲话，说：我们都是穷人，都受土豪劣绅的压迫。大革命失败后，敌人杀死了很多农民，你们吃了苦。我们是共产党领导的队伍，是为贫苦人民大众谋利益的，现在我们出头的日子已经来到了。

**3月29日** 农军近万人兵临安仁县城，开始总攻。敌守军弃城而逃。

**3月30日** 率部离开华王庙,进抵安仁县城。此后的一个星期,部队在这里打土豪、筹款子和发动群众,帮助安仁建立政权工作。

**4月2日** 在安仁县城南门洲出席庆祝安仁县苏维埃政府成立大会,提名唐天际任县苏维埃政府主席,获得大会通过。

**4月3日** 主持成立中共安仁县委员会。

**4月上旬** 与王尔琢率领的工农革命军第一师主力和耒阳新成立的第四师、宋乔生领导的水口山工人武装,经安仁、茶陵到达酃县的沔渡。随后,唐天际带领安仁农军赶来会合。

△ 在郴州的工农革命军第一师部分主力和湘南特委机关及各县县委机关、郴州工农革命军第七师以及抵达郴州的宜章工农革命军第三师等,在陈毅的率领下,离开郴州,于四月八日抵达资兴县城,与毛泽东派出的右翼掩护部队即由何长工、袁文才、王佐率领的工农革命军第二团会合。不久,黄克诚带着永兴的八百农军赶到资兴的彭公庙。

△ 毛泽东得知湘南起义军正向湘赣边界转移的消息后,四月六日离开桂东沙田,向汝城进发,掩护湘南起义军转移,随即占领汝城。

**4月中旬** 在酃县沔渡与陈毅率领的部队及何长工等率领的部队会合。

△ 毛泽东率工农革命军第一团由汝城一带退到资兴县龙溪洞,同萧克领导的宜章农军独立营五百多人会合。接着,率领这些部队抵达酃县水口,与胡少海领导的湘南农军第三师会合。途中,毛泽东率第一团赶至酃县县城,阻击湘军一部对朱德部队的追击。四月二十日,毛泽东与团长张子清指挥第一团,在县城城西阻击尾追湘南起义主力部队的湘军第八军的一

个团，并将追敌击退。

**4月20日** 率领湘南起义主力部队进驻酃县沔渡。

**4月20日前后** 在酃县与毛泽东初次晤面。

**4月21日** 与赶来酃县沔渡的陈毅率领的工农革命军第一师主力一部和湘南农军第三师、第七师，以及何长工、袁文才、王佐带领的第二团会合。接着，与陈毅带领直属部队从沔渡经睦村抵达井冈山下的宁冈砻市。

**4月24日前后** 毛泽东率领部队从湘南的桂东、汝城返回砻市，与先期到达这里住在龙江书院的朱德相见。朱德率领南昌起义余部及湘南农军万余人的到来，使井冈山革命根据地的兵力增加五倍以上。会师后，两军领导人在龙江书院召开两支部队连以上干部会议，会议通过了工农革命军第四军成立的各项决定与人事安排。根据中共湘南特委决定，朱毛两部合编为工农革命军第四军，朱德任军长，毛泽东任党代表，下辖两个师一个教导队：朱德兼第十师师长，宛希先任党代表；毛泽东兼代第十一师师长（本任张子清，因负伤未到任），何挺颖任党代表；陈毅任教导大队大队长。"以朱师二十八团、毛师三十一团较有战斗力。"接着，召开工农革命军第四军党的第一次代表大会，会议选举产生以毛泽东任书记，朱德、陈毅等为委员的第四军军委。

**4月下旬** 与陈毅觉察到两支部队会师后一些南昌起义的同志和秋收起义的同志存在互相有点看不起的问题，向毛泽东建议，鉴于两支部队来源不同，改编时两支部队的干部相互交流一下，特别是南昌起义的部队要强化政治思想工作。毛泽东采纳了这一建议。

△ 盘踞在江西永新县城的赣敌第二十七师杨如轩，指挥所属第七十九团经龙源口直逼井冈山北麓的宁冈，第八十一团

绕道拿山向井冈山南麓遂川县黄坳方向迂回，分进合击，进犯井冈山。

**4月底** 与毛泽东决定采取集中兵力，歼其一路的战术，打破赣军从遂川方向对井冈山的"进剿"[1]。战斗部署是：朱德、陈毅、王尔琢率领第二十八、二十九团作为主力，在遂川方向迎战敌军左路第八十一团，相机夺取永新县城；毛泽东、何挺颖、朱云卿率领第三十一团到宁冈、永新交界的七溪岭，阻击向宁冈进攻的敌军右路第七十九团。

**4月底** 率领第四军军部和第二十八、二十九团经茨坪、下庄、行州，迅速向南挺进。以少数枪支、多数大刀和梭镖为武器的第二十九团，在黄坳首战告捷，击溃敌左路一个先头营。第二十八团赶至黄坳后向遂川进军，途中与敌军第八十一团主力两个营刚一接触，该敌就逃跑。朱德率领部队快速追击三十五公里，并不断督促部队"快追！快追！"一直追到五斗江，将该敌打垮，歼敌大部，缴枪数百支。接着，又追歼残敌，乘胜占领永新县城。这次战斗的胜利，粉碎了国民党军对井冈山革命根据地的第二次"进剿"。

**5月2日** 毛泽东在永新县城以中共工农革命军第四军军委名义给中共中央写报告。报告朱德、毛泽东两部会师井冈山后建立工农革命军第四军的编制和打破赣军第二次"进剿"等事宜；说明当前的策略不是直下吉安，而是以永新为中心深入开展建立军队党的组织、筹款以及帮助地方发展工农暴动、建立工农政权、分配土地等工作；提出应建立湘赣边界特委，创建以宁冈为中心的罗霄山脉中段政权。

---

[1] "进剿"指本省国民党军对革命根据地的进犯。国民党军队对井冈山革命根据地的第一次"进剿"在1928年2月。

**5月4日** 出席在砻市西面河滩上召开的庆祝两支革命军队胜利会师大会,并在会上讲话,指出:我们党领导的两支革命武装的会合,意味着中国革命的新起点。这次胜利会师,我们的力量大了,又有井冈山作为根据地,我们就可以不断地打击敌人,不断地发展革命。并向群众保证:红军一定保卫红色根据地,保卫群众的利益。大会宣布工农革命军第四军成立,朱德任军长,毛泽东任党代表,王尔琢任参谋长,全军万余人,枪两千余支。后编为六个团即第二十八团至第三十三团,取消师的编制,由军部直接指挥。

**5月上旬** 与毛泽东部署第四军就地休整,在永新县境分兵城乡发动群众,开展革命斗争。

**5月中旬** 赣军第二十七师师长杨如轩又带领所部及其他部队共约五个团,从江西省吉安县向永新县进犯,对井冈山革命根据地发动第三次"进剿"。

△ 与毛泽东采取"敌进我退,声东击西"的战术,指挥工农革命军第四军主动撤出永新,退到宁冈,积极备战,待机出击。

**5月16日** 派第三十一团第一营于十六日占领湖南省茶陵县高陇。旋高陇失守,第一营营长员一民牺牲。针对因员营长牺牲、士气比较低落的情况,做部队的思想工作说:我们不能过分悲痛,要化悲痛为力量,因为反动派是不怕眼泪的,他们怕我们这个队伍人人是铁是钢,怕我们人人是指挥员,他们怕什么我们就准备什么,我们人人要炼成铁,炼成钢,炼成一个合格的指挥员,这是我们对员营长牺牲的最好的纪念。从而稳定了大家的情绪。

**5月18日** 率第二十八团及第三十一团第三营再占高陇。这时,杨如轩误以为工农革命军主力已西去湖南,根据地内兵力空虚,率部进驻永新县城,并派两个团向永新县龙源口进犯,企图直取宁冈。毛泽东当即写信给朱德,要他率领部队往回奔袭永新。朱德接信后,立即召开营以上干部会议,在会上动员部队长途奔袭永新,打掉杨如轩的指挥部。随后,率部从高陇出发,冒雨一天急行军六十五公里,当晚赶至与永新相距十五公里的澧田。

**5月19日** 率领部队从澧田出发,在永新县城西北的草市坳伏击敌军第七十九团,击毙敌团长。接着,乘胜再占永新,歼灭敌军第二十七师师部和第二十七团一个营,击伤敌师长杨如轩。这次战斗缴获迫击炮七门、山炮二门,银元二十余担,粉碎了敌人向井冈山革命根据地的第三次"进剿"。次日晨,工农革命军主动撤出永新县城。

**5月20日—22日** 出席在宁冈县茅坪召开的中共湘赣边界第一次代表大会。会议总结井冈山革命根据地创建以来的经验,批判右倾悲观论调,初步回答"红旗到底打得多久"的问题,制定发展党的组织、深入土地革命、巩固和扩大红军和革命根据地的政策,成立中共湘赣边界特别委员会。毛泽东被选为特委书记,朱德为候补常委。随后,改选工农革命军第四军军委书记,由陈毅担任。

**5月25日** 中共中央颁布《军事工作大纲》,规定"在割据区域所建立之军队,可正式定名为红军,取消以前工农革命〈军〉的名义"。据此,工农革命军第四军于六月改称红军第四军(简称红四军)。

**5月29日** 中共湖南省委巡视员杜修经抵达宁冈茅坪。

**5月30日** 出席在宁冈砻市召开的中共红四军军委扩大会议。会议听取杜修经报告政治情形和宣读中共湖南省委来信。来信指示红四军应即由莲花向萍乡推进,打通与湘赣的联系；强调"应采用游击战争的形式"，分散部队到莲花、永新、宁冈、遂川、万安、攸县、茶陵、安仁一带"进行游击战争"，"分散敌人力量，个别击破"；提出应即成立军事委员会，指挥所属一切部队，指定毛泽东为委员会主席。规定"军委在党的方面，是最高的军事组织，暂时受湖南省委指挥，同时，对军队及苏维埃为最高的司令部。"来信还批评在湘南"焚烧整个城市的政策完全错误"。会议经过讨论，表示完全接受来信指示。

**5月底** 红四军军委决定撤销师的番号，军部直属四个团：第二十八团、二十九团、三十一团、三十二团。为了恢复湘南工作，也因为井冈山吃饭困难，原来以湘南农军编成的第三十团和三十三团，在各县领导干部带领下，返回湘南。不久，先后遭到失败。

**5月** 与毛泽东总结实际战斗经验，提出红军要以弱胜强应该采取的十六字诀游击战术原则："敌进我退，敌驻我扰，敌疲我打，敌退我追。"这些游击战术原则，在后来的战争中有进一步发展。

**6月初** 与毛泽东、陈毅陪杜修经到红四军各团驻地向干部传达中共湖南省委指示，还带他上井冈山看红军医院和各个哨口。

**6月16日** 毛泽东在宁冈以中共湘赣边界特委名义写信给湘、赣两省委转中央。信中汇报取得粉碎敌军对井冈山革命根据地第三次"进剿"的军事胜利情况，申述坚持以宁冈为大本营的湘、赣边界武装割据的理由，报告贯彻执行湖南省委来信指示和成立湘、赣边界特委的情况。

**6月18日—7月11日** 在共产国际的帮助下，中国共产党第六次全国代表大会在莫斯科举行。大会指出中国社会性质仍然是半殖民地半封建社会，当时的政治形势是处在两个革命高潮之间。党的总任务不是进攻，而是争取群众，促进革命高潮，准备武装起义。这次大会决议案于一九二九年一月才传达到井冈山。

**6月19日** 中共湖南省委就关于发展红军开展地盘及红军的编制策略、土地分配问题致信湘赣特委及红四军军委，认为目前只有宁冈一县完全在赤色政权之下，四方八面在敌军包围之中，异常危险。"事实上使所谓罗霄山〈脉〉中段的政权无从建立。"你们"必须打破原有的保守观念"，很有计划地善于利用四军的军力，努力向外发展，于最短期间，肃清湘赣边界各县的反动势力，由普遍的大规模割据，进而争夺县城；提出"四军的编制适用黄埔三三制。在每连中，由梭镖队二排，步枪一排组织之"；强调"四军中党的工作，应特别加紧以党来领导红军，以与一切旧军队的恶习奋斗。"当日，中共湖南省委还作出给湘赣边特委及红四军军委的工作决议案，表示："以罗霄山脉为根据地的计划，省委完全同意。"你们应"积极地发展罗霄山脉中段周围各县的暴动，造成以工农主力的割据局面"，同时亦积极向湘南发展，并向萍乡推进，以与湘东联系。这两个互相矛盾的指示信和决议案，都由省委巡视员杜修经带去。

**6月中旬** 赣军调集第九师、第二十七师共五个团，以第九师师长杨池生为总指挥，以第二十七师师长杨如轩为前线总指挥，从吉安进攻永新，发动了对井冈山革命根据地的第四次"进剿"。湘军吴尚第八军则以一个师向攸县、茶陵逼进，威胁井冈山革命根据地西侧。朱德与毛泽东、陈毅研究分析湘、赣两省敌军的特点和对应策略，决定避强就弱，对战斗力较强的湘敌取守势，对战斗力较弱的赣敌取攻势，以小部兵力钳制湘敌，集中力量打击由永新地区来犯之赣敌。

**6月20日** 与毛泽东、陈毅在宁冈古城召开的连以上干部会议上制定具体迎敌方案。决定以第二十八团、第二十九团和第三十一团第一营为主力，统由朱德、陈毅、王尔琢率领，利用宁冈北面屏障新、老七溪岭有利地形，打击来犯之赣敌，另以袁文才、王佐率领第三十二团在宁冈、酃县边境活动，钳制湘敌，并广泛动员群众支前参战。

**6月21日** 与陈毅、王尔琢率红军主力第二十八团、第二十九团移驻宁冈新城，密切注视敌军动向。二十二日，毛泽东率领第三十一团第三营前往永新西乡的龙田、潞江一带发动群众骚扰赣敌和牵制湘敌。

**6月22日** 接到毛泽东给红四军军委通报赣敌由永新向宁冈猛进的企图、并提出破敌策略的来信后，立即与陈毅在宁冈新城召集有营以上干部参加的军委扩大会议，讨论和确定具体作战方案。会议期间，袁文才部报告进驻攸县、茶陵一带的湘敌第八军无行动迹象。说明湘赣两省敌军的"会剿"，只是赣敌单方面的"进剿"。会议作出了以第二十九团和第三十一团第一营守新七溪岭，以第二十八团守老七溪岭的具体战斗方案。

**6月22日—23日** 杨如轩和杨池生以为红四军主力远出湖南，即下令进犯宁冈。杨如轩率三个团从永新县白口向永新、宁冈边境的老七溪岭进犯；杨池生两个团从龙源口向新七溪岭进犯。朱德指挥第三十一团第一营和第二十九团抢占新七溪岭的制点笠月亭。在战斗最激烈时，手提冲锋枪亲自组织力量战斗，把敌人火力压下去。战斗中，朱德的帽子被子弹打穿。第二十八团在团长王尔琢率领下，攻下老七溪岭的制高点。这时，根据朱德、毛泽东命令埋伏在白口附近的第三十二团即以密集火力攻击白口敌前线指挥部。第二十八团乘胜直指龙源口，抄向进攻新七溪岭的敌人后路，第二十九团和第三十一团第一营也向敌人出击。敌腹背受击，全线崩溃，纷纷缴枪投降。此次七溪岭战斗和龙源口大捷，共歼敌一个团，击溃两个团。红四军乘胜追击，第三次占领永新，粉碎了敌人对井冈山革命根据地的第四次"进剿"。群众赞扬说："不费红军三分力，打败江西两只羊（杨）。"之后，井冈山革命根据地扩大到宁冈、永新、莲花三县全部，吉安、安福各一小部，遂川北部，酃县东南部，面积七千余平方公里，人口六十五万。井冈山革命根据地达到全盛时期。

**6月26日** 中共湖南省委给红四军发出指示信，要求红四军占领永新县后，立即向湘南发展，帮助湘南党组织努力于最短期间发动耒阳、永兴、资兴、郴州的群众力量，以造成四县的乡村割据。袁文才部队可留一营守山并保卫罗霄山脉的根据地。"四军军委应取消，另成立四军前敌委员会指挥四军与湘南党务及群众工作。"规定前敌委员会由毛泽东、朱德、陈毅等七人组成，毛泽东任书记。前委常务委员会由毛泽东、朱德和龚楚三人组成。要求毛泽东"须随军出发"，派杨开明担任湘赣边特委书记，派杜修经"为省委巡视员，帮助前委工作。"

**6月30日** 出席在永新召开的中共湘赣边界特委、红四军军委和永新县委联席会议，讨论中共湖南省委六月十九日决议案和指示信。当日到达永新的省委巡视员杜修经、袁德生也参加了会议。会议认为省委这两个文件"前后颇不同，前者要我们继续建设罗霄山脉中段各县政权以为军事根据地，不变更一个月前中央及省委的指示。后者要我们于攻永新后，冲往湘南以避敌人'会剿'及解决经济上之困难。"毛泽东说明巩固和发展井冈山革命根据地的必要,指出红四军主力离开井冈山,远距离分兵去湘南是危险的。会议决定红四军继续在湘赣边界做深入群众工作,建设巩固的根据地。

**7月初** 国民党军纠集湘、赣两省部队十一个团向井冈山革命根据地进行第一次"会剿"。四日,湘军第八军乘红四军分兵在莲花、安福边界发动群众之机,以第一、第二两个师提前出动,从茶陵、酃县进犯宁冈,集结于砻市。九日,该敌移至新城。

**7月4日** 赞成毛泽东综合永新联席会议意见和决定以中共湘赣特委和红四军军委名义写给湖南省委的报告。该报告阐述红四军继续在湘赣边界各县建设巩固根据地,"此种主张绝非保守观念"的六条理由,并要求省委重新讨论,作出新的决定。

**7月9日** 在永新与毛泽东、陈毅接到宁冈告急书,当即召开特委、军委联席会议,决定在赣军尚未发动进攻时,集中红军第二十八团、第二十九团、第三十一团于龙源口东南绥远山一带,侧击由宁冈进犯永新之湘军。

**7月11日** 与毛泽东、陈毅率领红四军主力侧击预定地区。由于湘军已先期通过该地区,红四军主力间道侧击未果。

△ 为阻止湘军同赣军会合,解除其对根据地的威胁,与毛泽东、陈毅改变军事部署,决定除第三十二团留守井冈山外,分兵两路:一路由朱德、陈毅、王尔琢率领第二十八团、第二十九团跨入湖南境内,攻击湘军后方营地酃县、茶陵,迫使出击之湘军回退;一路由毛泽东、宛希先、朱云卿率领第三十一团经拿山打回宁冈,与朱德所部形成东西夹击湘军之势。

**7月12日** 指挥第二十八团、第二十九团和军部特务营攻克地处湘、赣边境的酃县。在宁冈、永新一带的湘军被迫返回茶陵。随后开进永新的赣军，因无法实现预定与湘军会合进攻的计划，又不断遭到红军第三十一团的袭扰，处于进退维谷之中。

△ 由宜章农民编成的第二十九团士兵欲回湖南家乡，当晚，在酃县县城秘密召开士兵委员会会议，径自决定去湘南。这时，红军中的士兵委员会的权力很大，军事主官的决定得不到士兵委员会的同意，就很难执行。

**7月13日** 因攻克酃县已达到调动湘军回返之目的，而赣军侵入永新对边界割据造成严重威胁，朱德、陈毅、王尔琢决定改变攻取茶陵的计划，率部重回与酃县接壤的江西宁冈，增援永新。

△ 与陈毅得知第二十九团士兵要回湘南的情况后，写信告诉留在永新的毛泽东。召开红四军军委扩大会议，对第二十九团要返回湘南的行动加以阻止。随红军大队一起行动的湖南省委巡视员杜修经，非但不出面制止红二十九团的错误行动，反而乘力持异议的毛泽东等远在永新的机会，不顾永新联席会议的决议，重提执行湖南省委要红军主力去湘南的错误命令，甚至鼓动第二十九团围攻朱德，要求回湘南家乡去。朱德召集第二十九团全体士兵开会，向他们说明军委反对冒进湘南的理由，阐明暂时先去解除井冈山之危再回湘南亦不迟的道理，仍无效。即使朱德强调革命要听命令，二十九团士兵却说："你带我们回湘南，我们就听你的命令。"在这种情况下，朱德只好宣布撤销第二十九团士兵委员会，下令部队从酃县开往沔渡，仍准备回师井冈山北麓的永新。

**7月14日** 与陈毅率领部队离开酃县县城，向东开进。当晚，抵达沔渡宿营时，第二十九团士兵又闹着要回湘南。

**7月15日** 在沔渡出席为整顿红军纪律和确定部队行动

方向而召开的红四军军委扩大会议。在会上发言表示不同意红军回湘南。龚楚却竭力主张把部队拉到湘南去，随同大队行动并负有监督责任的湖南省委巡视员杜修经，也支持去湘南的意见。当红四军军委不顾这些反对意见，坚持作出东进遂川以解永新之围的决定时，第二十八团又有人提出不回永新，要去赣南。在这种情况下，军委改变原定返回永新的计划，决定准许第二十九团回湘南。为了防止第二十九团单独回湘南而孤军作战，命令第二十八团同去湘南。

**7月16日** 根据红四军军委决定，与陈毅率领部队由沔渡开到酃县水口。

**7月17日** 与陈毅率领部队由沔渡水口出发，向湘南开进。当日，受毛泽东委托，携带毛泽东写给杜修经和朱德、陈毅的亲笔信的茶陵县委书记黄琳（江华）追赶到部队。毛泽东在信中劝部队不要打湘南，而要打茶陵。杜修经看到毛泽东的信后问陈毅怎么办。陈毅主张召开军委会决定。当晚部队宿营时，由杜修经主持召开红四军军委会议。会上，又展开一场激烈争论。朱德提出要按毛泽东的意见办，部队不要去湘南，劝大家赶回去解永新之围。王尔琢也反对部队去湘南。龚楚仍然主张部队回湘南。杜修经以省委代表资格压人，作出部队去湘南的决定。接着，部队开往湘南郴州。途中，原有的红四军军委取消，组织了湖南省委任命的以陈毅为书记的前委。

**7月22日** 彭德怀、滕代远领导国民党湖南独立第五师第一团在湖南省平江县城宣布起义（史称平江起义）。二十四日，宣告成立红军第五军，下辖第十三师，共三个团，两千余人。彭德怀任第五军军长兼第十三师师长，滕代远任第五军党代表。

**7月24日** 指挥第二十八团、第二十九团及军部特务营进攻郴州（现郴县）。原以为城内是许克祥的部队，与敌接触后，才知是范石生第十六军所部。一九二八年初，朱德与范石生在韶关分手时，曾有默契：今后我们相遇时，你不打我，我也不打你。现在遇到的情况使朱德感到十分为难。他反复思索后提出停止进攻。杜修经坚持要打。红军发起攻击，杀向城内。仓促应战的守军得知这支攻城的红军部队就是朱德的部队后，大多数自动停止抵抗，其中有两个连及一部官还集合部队请朱德来缴械。傍晚，第十六军驻在城外的主力部队两个师约五六个团向城内发起攻击。在敌强我弱的情况下，朱德命令部队迅速撤退，并指挥第二十八团机枪连守住大石桥，掩护军部、第二十八团和特务营过桥，顺利撤出。奉命先行撤出的第二十九团在城郊集合后便自由行动，跑向宜章家乡，结果一部在乐昌被土匪胡凤璋部消灭，一部散落在郴州、宜章各地。

**7月25日** 部队撤出后在资兴的布田村集结。第二十八团无大损失，第二十九团只剩下团长胡少海、党代表龚楚、团部零星工作人员和萧克一个连，总共不过百人。

**7月下旬** 与陈毅率部队退到桂东、资兴、汝城之间的龙溪十二洞，进行整顿。在整训中，将只有不过百人的第二十九团并入第二十八团。之后，部队就地开展地方工作，并派第二营营长袁崇全率所部及团部机关枪连、迫击炮连作"前卫"，向罗霄山脉前进。

**8月1日** 与陈毅在布田圩召开"八一"纪念会，并在会上讲话，介绍八一南昌起义的经过及其伟大意义。

**8月上旬** 由于红四军主力远征湘南，赣敌乘虚攻占井冈山根据地边界的县城和平原地区。红四军第二十九团在湘南溃散和井冈山根据地遭受严重损失，史称"八月失败"。

**8月13日** 与陈毅、王尔琢率第二十八团进抵桂东县沙田，在这里收容队伍。

**8月16日前后** 前委书记陈毅鉴于自己在湘南军事行动中领导不力，与前委成员商量决定在沙田召开一次党员代表大会。朱德出席会议。陈毅在会上就自己对红二十九团逃避斗争欲回家乡的错误倾向制止不力作了检讨，听取了与会代表的尖锐批评。会议决定给予朱德、陈毅"留党察看三个月"的处分，并请求省委对导致红二十九团错误的杜修经以处罚。接着，部队在沙田召开士兵代表大会。朱德与陈毅都在讲话中回顾了四至七月间井冈山革命根据地开展革命斗争的大好形势，分析了红二十八团指战员的思想状况和部队目前的困难处境，沉痛地指出了不顾永新联席会议决议把部队拉向湘南的错误。朱德宣布：只有重上井冈山才能保存和发展这支部队，才能扭转目前存在的被动局面。

**8月16日—23日** 红二十八团实行分兵，在桂东地区深入农村开展土地革命。朱德与陈毅在寨前、沙田、东水等地，主持召开有红军指战员参加的一系列群众大会。朱德在会上指出：过去土豪劣绅剥削我们，种田的没饭吃、织布的没衣穿。他们把我们穷人压榨得喘不过气来。我们要团结起来，推翻土豪劣绅的统治，实行耕者有其田。在桂东东水的群众大会上，朱德宣布当选苏维埃执行委员要具备的四个条件：一、家庭贫穷，受剥削大；二、没替反动派干过事，不是地主的走狗；三、勇敢坚决，不畏一切；四、年轻力壮，有点文化。针对因大地主、大土豪已经逃跑，目前的打土豪运动不好开展之实际情况，朱德指示正分散在各区、乡活动的红军指战员打开地主、土豪的仓库，分谷济民、分财济民。为了防止土豪劣绅卷土重来时肆意报复，朱德还特意规定每次打土豪都应由红军指战员出面，带领群众在各区、乡交叉进行。

**8月18日** 与陈毅指挥红二十八团一部打下桂东县城。

**8月22日** 毛泽东、宛希先率第三十一团一部来湘南寻找朱德部，到达桂东县城。

**8月23日** 与陈毅从沙田赶到桂东，与毛泽东所率的部队会合。当晚，出席在桂东唐家大屋召开的前委扩大会议。会议总结了"八月失败"的经验教训，决定部队经赣南崇义、上犹重回井冈山；撤销了前委，另外组织了以毛泽东为书记的行动委员会。

**8月25日** 与毛泽东率部撤出桂东，回师井冈山。部队行军途中，第二十八团第二营营长袁崇全企图率该营四个步兵连和团部机枪连、迫击炮连在崇义县思顺圩叛变。三个步兵连和机枪连的干部发觉行动方向不对，不受袁的控制率部返回大队。袁只胁迫、拉走一个步兵连和迫击炮连。军参谋长兼第二十八团团长王尔琢率部追回了这两个连。但王尔琢遭到叛徒枪击，不幸牺牲。红军回到宁冈后，与毛泽东在砻市为王尔琢举行了隆重的追悼大会。

**8月30日** 湘军吴尚部三个团在赣军王均部一个团的策应下，乘红四军主力在湘南未归之际，向井冈山黄洋界哨口发动进攻，企图占领井冈山。守卫黄洋界的第三十一团第一营两个连在地方武装和人民群众的积极配合下，凭险扼守，使用了湘南起义军缴获许克祥的大炮，击退敌人多次进犯，取得了黄洋界保卫战的胜利。

**9月8日** 与毛泽东率部抵井冈山南麓遂川县的黄坳。

**9月10日前后** 江西刘士毅[1]部五个营追至遂川。朱德与毛泽东召开红四军干部会议，部署出敌不意攻打遂川县城的

---

[1] 刘士毅，时任国民党赣军第五师副师长兼步兵第十五旅旅长。

作战计划，决定朱德率第二十八团和遂川赤卫队第一中队为前卫，毛泽东率第三十一团第三营和遂川赤卫队第二中队为后卫，先后出发，开往遂川。

**9月12日** 与毛泽东率领红军由黄坳出发，抵达遂川县的堆子前一带宿营。经过侦察，获悉赣军在遂川城外已布下包围圈，企图派一支小分队将红军诱入包围圈加以消灭。决定将计就计，分两路夹击敌人：由朱德率第二十八团和遂川县赤卫队一中队作为前卫，突破敌人包围圈后，再杀回马枪；毛泽东率第三十一团第三营和遂川县赤卫队二中队作为后卫，待前卫打响后，突然发起进攻，开成前后夹击和反包围态势。

**9月13日** 与毛泽东指挥第二十八团、第三十一团第三营和遂川赤卫大队一中队攻克遂川。敌军大部逃回赣州。这次战斗中，红军以四个营打败敌军五个营，俘敌二百余人，缴枪数百支，还击毙了叛徒袁崇全。

**9月24日** 鉴于赣军增援部队赶来，企图合击红军，与毛泽东率领红军退出遂川。

**9月26日** 与毛泽东率部返回井冈山茨坪。

**9月下旬** 获悉驻宁冈县新城的江西国民党军第五师旅长周浑元派出一个营和靖卫团百人要偷袭宁冈县茅坪，决定在茅坪利用位于两座高山之间的一条狭长山沟中的坳头垅设伏歼敌，并作好如下战斗部署：第二十八团第二营、第三营和第三十一团埋伏在狭沟两侧的高山上；第三十一团袁文才部以少数兵力在沟口引诱敌军；第二十八团第一营从正面出击。十月一日，敌全部进入伏击圈，红四军发起猛攻，歼敌一个营，俘百余人。红军乘胜追击，收复宁冈全县。

**9月—10月间** 中共中央发出《给润之、湘赣边特委及四军军长的指示》，信中指出：党的第六次全国代表大会确实得到了伟大的成功，决议案已由江西设法送给你们，你们应当毫不犹疑地接受大会的决议，依照新的政治路线转变你们的工作路线。"过去我们的战略错误"在于"不发动群众，不深入斗争，保守与流寇观念"。信中批评红四军目前存在有"保守与流寇的观点"，"误解了罗霄山脉为中心的意义"。强调"目前不是革命高潮的时期，红军的集中在一处是会失败的"。指出红四军"单独地保守罗霄山脉"，"绝对不能找到出路"，"绝对没有办法能解决目前的一切困难"。"目前的出路，只有积极地向外发展"。"向外发展并不是说要放弃罗霄山脉的政权；而是要保障罗霄山脉的政权"。"目前向外发展最适当的区域，中央认为是湘南边界各县——茶陵、攸县、酃县、桂东、汝城、资兴、永兴一带，在这几县有广大的群众基础，并且过去经过长期的游击战争，豪绅地主的统治始终没有稳定，红军向着几县发展，容易得到群众的接助。"红军的战术应以游击战术为主要形式，很好地学习过去游击战争的经验。对于大批的敌人军队的进攻，不应当作决死战的拼命，而应当不断地多方面地向敌人袭击与混战，使敌人的势力困难侵入到苏维埃区域。总之，凡没有胜利的把握，即不应与敌军作正面的殊死战。

**10月4日—6日** 出席在宁冈茅坪步云山召开的中共湘赣边界第二次代表大会。大会进一步总结了井冈山斗争和各地建立红色政权的经验，回答了中国的红色政权能够存在和发展的问题，决定了边界党的任务。与毛泽东、陈毅、谭震林等十九人被大会选举为第二届湘赣边界特别委员会委员。杨开明为书记（十一月因杨开明生病，谭震林为书记）。

**10月13日** 抓住遂川之敌第二十一旅一个团绕道泰和增援永新之战机，与毛泽东、陈毅指挥第二十八团和第三十一团（欠第一营）再攻遂川县城，守敌弃城逃跑。红军占领遂川后，任遂川行动委员会书记,与中共遂川县委研究工作。与毛泽东决定分兵五路游击,打土豪,分田地,建立苏维埃政权,发展党组织,筹款筹粮,扩大红军力量。

**10月26日** 湘军第八军第三师某部连长毕占云率所部一百二十六人在桂东起义,投奔红军。与毛泽东派陈毅至遂川汤湖迎接该部上井冈山,将他们编为以毕占云为营长的红四军特务营。

**11月2日** 收到中共中央于六月四日发出《致朱德、毛泽东并前委信》,信中指出:中国革命现在仍然是资产阶级民权革命的性质,它的发展趋势是向社会主义方向走的,此时只有无产阶级来领导农民直接完成此一革命的使命;中央认定湘鄂粤赣四省有暴动夺取省政权的可能,我们应根据广州暴动的教训来完成四省的总暴动。在四省总暴动的布置上,广东自然可以单独成一中心,湖南成为湘鄂赣三省暴动布置的中心,你们在三省的暴动前途上所负的责任是很重大的。你们的任务就是在湘赣或赣粤边界,以你们的军事实力发动广大的工农群众,实行土地革命,造成割据的局面,向四周发展而推进湘鄂赣粤四省暴动局面的发展,特别注意与群众斗争已经起来的地方联系起来,如果不注意当地的深入则革命的基础是永远不会建立起来的,如果不注意向四周扩张你们也必归于孤立的失败。这是你们工作的总方针。关于前敌指导机关的组织,中央认为有前敌委员会组织之必要。前敌委员会的名单指定如下:毛泽东,朱德,一工人同志,一农民同志,及前委所在地党部的书记等五人组成,而以毛泽东为书记。前委之下组成军事委员会(同时即是最高苏维埃的军事委员会),以朱德为书记。前委所辖的范围当然要由环境决定,暂时可包括:永新、宁冈、遂川、万安、茶陵、攸县,所有这一区域内的工作完全受前委指挥，如前委在江西境内时受江西省委指导，在湖南境内时受湖南省委指导，同时与两个省委发生密切关系。

△ 由于赣军周浑元旅乘红军主力在遂川之机派兵再次侵入永新城，企图占据茅坪，进攻井冈山，加以赣军李文彬部的两个团在独立第七师的配合下进攻遂川，与毛泽东决定"避免硬战"，率部撤出遂川，回师井冈山，以迅雷之势，进攻敌军兵力较弱的宁冈、永新，打破其包围之一面。

**11月6日** 出席在井冈山召开的中共湘赣边界特委扩大会议，讨论于本月二日收到的中共中央六月四日给前委的指示信。会议认为中央来信全部原则及政策都切合边界的实际。会上，重新组织根据地党的最高领导机关——前敌委员会[1]。依照中央指定，前敌委员会由毛泽东、朱德、谭震林、宋乔生、毛科文五人组成，统一领导湘赣边界特委和红四军军委，毛泽东为书记。

**11月9日** 与毛泽东率第二十八团和三十一团一部自茅坪出发，攻击宁冈县新城之敌，歼敌第二十七团一个营，乘胜追击敌余部至龙源口，又歼敌一个营。次日率部第四次占领永新。旋敌增援，向红四军侧后迂回。为避免在不利的条件下作战，主动撤回宁冈。至此，敌人的第二次"会剿"计划未能得逞，井冈山革命根据地基本上得到恢复，改变了八月以来的不利局面。

**11月14日—15日** 出席在宁冈新城召开的中共红四军第六次代表大会。会议对中国革命性质，国际形势，国内形势，边界的政治、党务、军事、经济、纪律等问题都分别作了

---

[1] 1928年3月，中共湘南特委取消以毛泽东为书记的前敌委员会，改组为师委会。中共中央六月来信，决定组建前敌委员会。

分析或决定。选举二十三名委员组成军委,依照中央指定,朱德任军委书记。"军委对内是军中党的最高机关,隶属于前委;对外即是边界苏维埃军事委员会,指挥红军及地方武装。"

**11月中旬** 红四军以团和军部直属营为单位,在宁冈新城和砻市一带进行冬季整训。在这期间,由于湘、赣两省国民党军对井冈山革命根据地实行经济封锁,山上粮食不敷军用。红四军司令部发起下山挑粮运动,朱德带头参加,每次来回一百多里,途中休息时还给大家讲述革命道理。战士们劝阻年过四十的朱德不要下山挑粮,被朱德拒绝,就把他挑粮用的扁担藏起来。朱德找不到自己的扁担,就让人向老乡买了一根毛竹,再做一根扁担,并在上面写下"朱德记",以防再被别人拿走。朱军长带头下山挑粮,使战士们深受鼓舞,还编了一首赞颂朱德挑谷的歌谣:

　　　　朱德挑谷上坳,粮食绝对可靠。
　　　　大家齐心合力,粉碎敌人"会剿"。

**11月底** 获悉彭德怀、滕代远率领平江起义后建立的红五军主力即将来井冈山,与毛泽东决定派何长工率军部特务营和独立营前往莲花县迎接。

**12月10日** 彭德怀、滕代远率领的红五军主力八百余人、五百余支枪,从湖南平江县转战到达井冈山,同红四军会合。先在砻市会见了朱德,第二天到茨坪会见了毛泽东。

　△ 出席中共红四军前委在宁冈召开的红四军军委、红五军军委、湘赣边界特委和青年团负责人联席会议,讨论如何粉碎敌人即将进行的对井冈山革命根据地的第三次"会剿"问题。决定:红四军外出游击,在外线作战;红五军防守井冈山。

**12月11日** 与毛泽东在宁冈县新城西门外召开庆祝红四军、红五军会师大会。因两军领导人较多，会议还没有开始就把临时搭起的简陋台子压垮了。重新搭好台子要开会时，有人议论说：两军刚会师，台子就垮了，这不吉利。朱德听到后，跑上台子对大家说："同志们，不要紧，刚才台子垮了，但是，我们立刻又把它搭好了，无产阶级的台是永远垮不了的。"接着，毛泽东、朱德、彭德怀、滕代远先后在会上发表讲话。会后，红五军即上井冈山进行休整和训练。

**12月底** 张学良通电全国，宣布东北易帜，北伐战争结束，于是，蒋介石电令湘、赣两省组织六个旅三万兵力，对井冈山根据地进行第三次"会剿"，以何键为"会剿"总指挥兼湖南省"剿匪"总司令，金汉鼎为副总指挥兼江西省"剿匪"总司令，于一九二九年初分五路进攻井冈山。

# 1929年　四十三岁

**1月4日—7日**　出席中共红四军前委在宁冈县柏露村召开的红四军军委、红五军军委、湘赣边界特委常委及边界各县党组织负责人以及红四、红五军代表参加的联席会议。会议传达和讨论刚刚收到的中共六大决议案。决定取消红五军番号，将已到达井冈山的红五军第一、第三纵队暂编为红四军第三十团（对外仍称"红五军"）。决定以"攻势的防御"方针，将打破敌人经济封锁和粉碎湘赣两省国民党军即将发动的第三次"会剿"结合起来，以朱德、毛泽东率领红四军主力冲破敌军包围，出击赣南，解决经济困难，并在敌军"会剿"开始后，准备袭击赣州或吉安，迫使湘赣两省敌军分兵回援，以解井冈山之围；以彭德怀、滕代远指挥第三十团和第三十二团留守井冈山，巩固边界政权，万一井冈山被敌突破，则突围出去与红四军主力取得联络。

**1月10日前后**　先后出席在茨坪、下庄召开的军事会议，研究红五军留守井冈山问题，决定将红四军的张子清、何长工、陈毅安、陈伯钧留下。十日，由红四军主力组成的出击部队开始在茨坪、小行洲集结。与毛泽东对部队进行政治动员和组织军事训练。

**1月14日**　与毛泽东率红四军军部、第二十八团、第三十一团、特务营、独立营共三千六百余人从井冈山茨坪、小行洲出发，取道遂川县的大汾、左安向赣南大余出击。途中，以红四军军长名义与党代表毛泽东发布《红军第四军司令部布告》，宣传红军的革命宗旨、军纪和中国共产党的有关政治、经济和民族政策，号召工农群众起来"打倒列强"、"打倒军阀"、"统一中华"、"夺取政权"。

**1月中旬** 与毛泽东指挥红四军主力采取"盘旋式"的游击战术，避开国民党军第五师刘士毅第五旅、第七师李文彬第二十一旅等部的尾追，每天行程五六十里，沿途边做群众工作，边对阻截的地主武装予以坚决打击，进入赣南地区，经上犹县营前抵崇义。

**1月22日** 与毛泽东率领红四军主力进占大余县城，在县城附近开展群众工作。

**1月24日—26日** 在敌情不明敌众我寡情况下，与毛泽东指挥红四军主力在大余东北部地区与敌李文彬部和刘士毅部仓促应战，战后撤出大余，向梅岭关东北转移，沿途在花树下、平顶坳等地又与敌堵击部队作战。为掩护部队安全撤退，与特务营营长毕占云殿后，且战且退。部队分两路到广东省南雄县乌径集合。获悉敌军拟趁红四军困乏酣睡之时进行袭击，即令部队秘密撤出，经粤边南雄和赣边信丰向"三南"（龙南、全南、定南）前进，使红四军免遭损失。继而与毛泽东率部队转入赣南。

**1月26日** 敌军以十个团的兵力向井冈山发动全面围攻。红四军第三十、第三十二团奋起反击，与敌军激战四昼夜后，鉴于部队疲困已极和子弹殆尽，为避免全军覆没，彭德怀、滕代远根据中共湘赣特委联席会议决定，于三十日率第三十团五百余人冲出重围，向赣南寻找主力。第三十二团转入深山，以保存力量。

**1月下旬** 与毛泽东率部抵安远县鹤子圩、孔田圩。在孔田圩听取中共安远县委的代表汇报。在获悉敌人企图从龙南、定南、全南方面向孔田圩合击红军的计划后，即率部转移到寻乌县境，使敌人扑空。

△ 一天拂晓，由于敌刘士毅旅一部偷袭项山圳下村，在此宿营的红四军主力一部被打散，亲率警卫班战士作后卫，并手提机关枪与敌战斗，且战且退十几里后，与最后剩下的三名战士插上一条侧路，与大队会合。在这次战斗中妻子伍若兰被俘，受尽残酷折磨后于二月十二日在赣州英勇就义。

**2月初** 与毛泽东率红四军主力到达闽粤赣三省交界的罗福嶂山区，在此停留一日。出席由毛泽东主持召开的中共红四军前委会议。会议决定红四军开往江西独立第二、第四团的根据地东固地区（宁都、兴国、吉安之交界，地属吉安）；部队分兵行动，朱德随第二十八团和特务营活动，毛泽东随第三十一团活动。鉴于行军打仗和军情紧急，为了减少领导层次，会议还决定"军委暂时停止办公，把权力集中到前委"，由前委直接领导军内各级党委。原由中共中央指定的军委书记朱德的职权随即暂时停止。会议刚开完，获悉敌"追剿"军第十五旅正在包围罗福嶂，与毛泽东率部撤离险境，沿闽、赣边境经福建省武平折向江西省会昌、瑞金境内行动。

△ 在进军会昌途中，写信给曾是自己的学生现任敌军第二十一旅旅长李文彬，劝告他率部或单独一人投奔起义军。信的大意是：质卿吾弟，南昌一别，匆匆年余。几年来，各为一阶级而奋斗。吾弟对军事进步很大，对政治没有注意。遂川一役，能出奇制胜，不负吾之所教，大余一役，追随吾后多日，不辞辛劳。现蒋冯阎桂同床异梦，将来必然发生问题。识时务者为俊杰，若能率队归来，自当竭诚欢迎。如为环境所限，个人来归也很赞同。目前暂处困难，将来工农革命一定成功。何

去何从，吾弟早图之。李文彬没有听从朱德的劝告，后来还将此信交给第三军军长王均。

**2月2日** 中共中央政治局召开会议。会议在听取中央军事部部长杨殷关于朱毛红军为粉碎湘赣两省国民党军"会剿"而撤出井冈山遭到强敌尾追的报告后，讨论了红四军的行动方针，多数与会者主张红四军应该分开，朱德、毛泽东应当出来，以减少敌人的目标，决定起草一封信给红四军。二月十六日，中央致信广东省委，指出：目前朱德、毛泽东领导的红四军很难形成一个大的割据局面，要派人找到朱毛红军，设法使朱、毛立即离开部队和"危险地"。

**2月6日** 中共中央政治局召开常委会议，继续讨论朱毛红军问题，同意中央军事部派人去找红四军。

**2月9日** 与毛泽东率红四军主力到达瑞金城郊乌石龙，因不知城内敌人情况，仅派少量红军进城去侦察兼搜集报纸。当城外的红二十八团被优势敌人严密围住，局势十分紧急时，动员部队说："前面有敌人拦住我们，后面有敌人追击我们，我们还往哪里去呢？要是贪生怕死，那就等敌人来时交枪投降，屈膝求饶；要是愿意为人民去死，那就干一仗，把敌人消灭掉。"说完，迅速判断敌情并果断下达命令说："全团一个方向。""一营跟着我从中间突破，二、三营左右配合，全团上刺刀。"接着，带领部队冲出重围，与第三十一团会合后，率部向瑞金城北十公里的大柏地、隘前转移。当晚，与毛泽东率部抵达瑞金北部大柏地山区，召开排以上干部会议，部署大柏地战斗计划。在会上引导大家分析敌我形势，还根据自己在来到大柏地途中留心察看过的周围地形情况，指出大柏地以南的山谷地带有条件设置伏击圈。会议决定集中兵力埋伏在瑞金通往宁都的道路两侧山林中，打一次伏击战。

**2月10日** 与毛泽东在大柏地南北走向的十余里长的狭谷布置一个长形口袋阵,主力埋伏在瑞金通往宁都的道路两侧的山林中,以一个营在隘前警戒,并诱敌进入伏击圈。下午三时,敌第十五旅两个团进入伏击圈后,朱德一声令下,红军对敌发动猛烈攻击。激战至次日正午,红军官兵在几近弹尽援绝之时,全歼被围之敌,俘八百余人,缴枪八百余支。这次战斗,扭转了红四军下井冈山以来的被动局面。

**2月12日** 与毛泽东率部到达于都县北葛坳,不久因敌人追来,再向东北转移。

**2月13日** 与毛泽东率部进占宁都县城,国民党守军一个团不战而逃。会见中共宁都县委负责人,要他们做好协助红军筹款、侦察敌情等工作。

△ 以红军第四军军长名义与党代表毛泽东致信宁都商界,要求他们为红军代筹军饷和军需品,并指出:"红军是为工农谋利益的军队,对于商人极力保护,纪律森严,毫无侵犯。"

**2月14日** 与毛泽东率红四军主力离开宁都县城,向吉安、兴国、永丰三县交界处东固转移。

**2月17日** 与毛泽东率红四军主力抵达吉安县东固地区,同李文林等率领的江西红军独立第二、第四团会合。之后,红四军主力在独立第二、第四团的掩护下在此进行了一周以上的休整。

**2月22日** 在红四军与江西红军独立第二、第四团会师大会上讲话,说:国民党反动派天天说打朱毛,可是,朱毛红军却越打越多,你们都成了朱毛。会后,红四军向独立二团、红四团赠送了一批枪支,并决定留下毛泽覃、谢唯俊帮助他们工作。

**2月25日** 因获悉井冈山已失守,加以敌军李文彬部以包围之势迫近东固，经与毛泽东、陈毅研究后，决定放弃原定固定区域的公开割据政策，而采取变动不居的游击政策（打圈子政策），以对付敌人之跟踪穷追。与毛泽东率红四军主力撤离东固，经吉水、永丰、乐安、宁都，向广昌前进。

**3月3日**　与毛泽东率领红四军主力进入广昌古竹。

**3月4日**　与毛泽东率领红四军主力攻入广昌县城。

**3月7日**　与毛泽东率领红四军主力到达石城桐江。

**3月8日**　与毛泽东率领红四军主力来到石城大由的罗田。

**3月9日**　与毛泽东率领红四军主力折回瑞金县壬田。

**3月10日**　与毛泽东率领红四军主力转向闽西，以摆脱敌"追剿"军的穷追。自与毛泽东率领红四军主力离开井冈山向赣南、闽西进军以来，每到一处就向当地群众讲演，一讲就是个把小时，反复讲述人民的痛苦和如何解除痛苦的道理，并用群众自己的话说："穷人要起来革命啊！打土豪，分田地。"偶尔遇到部队有违犯群众利益的现象时，就十分严厉地批评说："老百姓的队伍，连老百姓都忘了吗！"

**3月上旬**　蒋介石同控制两湖地区的桂系军阀之间的矛盾日益尖锐，蒋桂战争即将爆发。"追剿"红四军的国民党赣军第二十一旅、第三十五旅奉命放弃尾追红军，准备参加对桂系作战。盘踞在长汀的国民党福建省防军第二混成旅旅长郭凤鸣，以一个团在长汀城南长岭寨设防，以另一个团向长汀四都进犯，企图阻拦红四军进军闽西。

**3月12日**　与毛泽东率领红四军主力进抵福建省长汀县四都镇。当晚，驻守长汀的郭凤鸣派一个补充团赶至四都，向红军进行偷袭。遭到红军的有力反击。

**3月13日**　命令特务营营长毕占云率部猛烈追击偷袭红军的福建之敌，不让其中途集结。毕占云奉命率领全营穷追猛打，一口气追到胜华山脚下的陂溪方才奉命停下。溃敌后退到长岭寨凭险据守。随后，红四军军部与红四军主力抵达陂溪。朱德与毛泽东在这里听取中共长汀县委负责人段奋夫汇报郭凤鸣部队的情况和长汀县的革命形势后，决定进军长汀县城南屏障长岭寨，追歼逃敌，然后夺取长汀。

**3月14日** 与毛泽东指挥红四军主力分三路向长岭寨发起总攻，令第二十八团和三十一团担任主攻，特务营迂回敌后，抢占长岭寨以北的乌石岭，切断敌之退路。战斗打响后，第二十八团和三十一团迅速登上主峰，抢先控制有利地形。敌军一上山，就遭到红军的有力打击。在中共地方党组织的配合下，经过半天激战，歼敌两千余人，击毙郭凤鸣，乘胜攻占长汀，缴获各种枪支五百余支，迫击炮三门，炮弹百余发，并夺取了一个拥有新式缝纫机的军服厂和两个兵工厂。这时，与毛泽东等"始知蒋桂决裂，国民党大混战快到来"。

**3月15日** 在长汀县城汀江畔的南寨河坝主持召开群众大会并在会上讲话，号召穷苦群众组织起来，向地主豪绅和封建统治者作无情的斗争。会后，红军把从郭凤鸣等反动军官家中抄出来的粮食和财物，当场分给到会的劳苦群众。

**3月20日** 在长汀辛耕别墅出席中共红四军前委扩大会议，讨论并确定红四军的行动方针。会后毛泽东以前委名义致信福建省委并转中央，报告"前敌委员会决定四军、五军及江西红军第二、第四两团之行动，在国民党混战的初期，以赣南、闽西二十余县为范围，用游击战术，从发动群众以至于公开苏维埃政权割据，由此割据区域以与湘赣边界之割据区域相连接。"

**3月中旬** 为便于开展游击战争，与毛泽东在长汀对红四军进行改编，成立了军政治部，将原来军、团、营、连、排、班的编制改为军、纵队、支队、大队、中队、分队的编制。全军编为三个纵队：原第二十八团大部为第一纵队，纵队长[1]林彪，党代表陈毅；原第二十八团一部分与特务营合编为第二纵队，纵队长胡少海，党代表谭震林；原第三十一团编为第三纵队，纵队长伍中豪，党代表蔡协民。每个纵队下辖两个相当于营的支队，每个支队下辖三个相当于连的大队。每个纵队约一千二百人、五百余支枪。朱德仍任军长，毛泽东仍任党代表兼任政治部主任，谭震林兼任政治部副主任。每纵队设纵队政治部，由党代表兼主任，支队、大队两级不设政治部，只设党代表。

△ 命令在长汀获取的拥有新式缝纫机的军服厂赶制了数千套军服，装备红四军全体指战员。还利用长汀县城的印刷条件，用石版翻印了数千份《中国共产党第六次全国代表大会决议案》等文件，以便沿途分发给各地党组织。

△ 会见当地的福音医院院长傅连暲。采纳傅的建议，在红军中普遍接种牛痘，预防天花蔓延。后来，傅连暲率领医院中许多医务人员参加红军，组成红军中的医疗队。

△ 亲自审查俘虏，遣散其中大部分鸦片鬼和兵油子；动员并吸收一千余名年轻的农民参加红军；帮助组织农民赤卫团。

**3月27日** 以红四军军长名义和党代表毛泽东向国民党军张贞暂编第一师发布《敬告士兵群众书》，指出：红军是中国共产党领导的"誓为工农利益奋斗"，以求其得到彻底解放军队，这次来到福建，就是为了帮助贫苦的工农群众实行土地革命，"你们与工农同是被压迫的贫苦群众，国民党、军阀、豪绅地主，是你们共同的敌人"。为解放工农，为解放你们自己，

---

[1] 不久，纵队长改称纵队司令。

我们特地号召你们起来实行兵变，参加土地革命，分取土地。

**3月下旬**　与毛泽东帮助长汀党组织秘密发展党员，组成二十个秘密农协、五个秘密工会和总工会。在此基础上召集各界代表会议，选举产生长汀县革命委员会，建立了闽西第一个红色政权。

△　蒋桂战争爆发。江西国民党军奉蒋介石之命大多集结在南昌、九江一线和吉安、赣州地区，处于战备状态以应付桂军，赣南广大地区基本上没有国民党正规军。

△　彭德怀率领从井冈山突围出来的红五军于本月中旬攻占安远后，从缴获敌人的文件中得知红四军已攻克汀州，遂向东北方向挺进，一举攻占瑞金。这时，红四军在壬田发现了红五军张贴的标语，始知彭德怀也由井冈山下来了。

**3月**　在长汀和康克清[1]结婚。

**4月1日**　与毛泽东率领红四军离开长汀，经古城转移到瑞金，与彭德怀、滕代远率领的红五军会合。

△　出席中共红四军前委会议。会议决定红五军和红四军第三十二团改编为红四军第五纵队，王佐任纵队长；湘赣边界赤卫队改编为红四军第六纵队，贺国中任纵队长。这两个纵队战斗力颇强，由彭德怀以红四军副军长名义指挥。

**4月3日**　收到二月七日中共中央发出的《中央给润之、玉阶两同志并转湘赣边特委信》，该信指出：中央依着六大的指示，早就告诉你们应有计划地有关联地将红军的武装力量分成小部队组织，散入湘赣边境各乡村中，进行和深入土地革命。不过这一政策的指示或者是未达到你们的组织，或者是未

---

[1] 康克清，江西省万安县人，1927年参加万安暴动，1928年参加红军，同年上井冈山。

为你们所接受所采取，故这次战争中你们所取的战术仍然是集团的行动。自然在敌人的四面包围中，你们目前不得不采取这样的战术。只是中央的意见仍以为你们必须认清目前的政治形势与党的任务，坚决地执行有组织地分编计划，分编武装力量散入各乡村去，且须尽可能地散在农民中间发动农民的日常斗争，走入广大的土地革命。现在你们的部队不管是仍留在赣南或又退入湘东，必须采取这一决定。目前的中心问题是要计算这一武装力量如何能避免敌人的消灭。假使你们退避的路线是往闽粤边境，则分编计划便须从长计议。如果你们领导的部队开往闽南，必须十分注意助长闽南农民斗争的发展和扩大。信中还指出：朱毛两同志在目前有离开部队的必要：一方面朱毛两同志离开部队不仅不会有更大的损失，且更便于部队分编计划的进行，因为朱毛两同志留在部队中目标既大，徒惹敌人更多的注意，分编更多不便；一方面朱毛两同志于来到中央后，更可将一年来万余武装群众斗争的宝贵经验，贡献到全国以至整个的革命。信中要求朱德与毛泽东"得到中央的决定后，不应囿于一时群众的依依而忽略了更重大的更艰苦的责任，应毅然地脱离部队速来中央。"

**4月5日** 出席中共红四军前委会议，讨论中央二月七日来信。会后，毛泽东根据会议讨论精神，以前委名义给中央写复信，对中央来信表示了不同意见，提出：中央要求我们将队伍分得很小，散向农村中，朱毛离开大的队伍，隐匿大的目标，目的在保存红军和发动群众，这是一种理想。但是，这种以"连"或"营"为单位单独行动，分散在农村中，用游击的战术发动群众，避免目标的做法，我们从前年冬天就计划起，由于红军不是本地人，分开后领导机关不健全，容易被敌人各个击破等原因，多次实行都失败了。复信总结红四军三年来的游击战术是:"分兵以发动群众,集中以应付敌人";"敌进我退,敌驻我扰,敌疲我打,敌退我追";"固定区域的割据,用波浪式的推进政策";"强敌跟追,用盘旋式的打圈子政策"等。复信还要求:"中央若因别项需要朱毛二人改换工作,望即派遣得力人来。"

**4月7日** 中共中央发出给毛泽东、朱德转中共红四军前委全体同志的指示信,提出蒋桂战争是促进革命高潮的条件之一,要求红四军扩大战争范围,深入开展土地革命;指示红四军有赣南、闽西、东江等三条发展出路,由朱德、毛泽东抉择,但强调红四军"孤守井冈山不利","也不宜固守某一个地方",应在闽、粤、赣交界处发展更好。信中还提出原则上朱德、毛泽东要离开队伍,但若一时不能到中央,希望前委派一得力同志到中央报告工作与参加讨论。

**4月8日** 与毛泽东、彭德怀率部抵于都县城。在县城召开群众大会,号召群众起来打土豪,分田地,踊跃参加红军,并组织成立于都县革命委员会和县赤卫大队。

**4月10日** 以红四军军长的名义与政治部主任毛泽东任命王廷瑛任长汀赤卫队队长,原队长林俊改任副党代表。

**4月11日** 出席在于都举行的中共红四军前委扩大会议,讨论红四军的行动计划。会议同意彭德怀提出率部打回井冈山,恢复湘赣边区政权的意见,决定朱德与毛泽东率红四军主力在赣江以东发动群众,建立赣南革命根据地。

**4月13日** 中共红四军前委致函湘赣边界特委,叙述十一日前委扩大会议的决定和红四军改编情况,着重指出:红四军今后的工作仍以江西为重点,使江西各个孤立的革命根据地逐渐互相联系起来。强调各县赤卫队有组织红军采用游击战术的必要,"守势的根据地的观念,以后应该抛弃,大小五井、九陇等地，再不必固守了，强敌来了就用盘旋式的打圈子下策对付他"。

**4月14日** 与毛泽东为根据前委扩大会议决定率部离开于都向井冈山返回的彭德怀送行。

**4月25日** 与毛泽东指挥红四军攻占永定。

**4月26日** 与毛泽东指挥红四军向广东省大埔方向转移。

**4月30日** 与毛泽东指挥红四军主力攻克宁都县城，歼守敌五百余人，活捉敌团长一人。

**5月3日** 致信兴宁县委转东江特委。信中介绍红四军的情况："现在四军和赣南特委合力发动于都、宁都、吉安、永丰、兴国、陆安六县工作。"红四军行动方针是以一年为期，"准备夺取江西"。还指出：现在蒋桂战争要起来，固然是我们武装暴动的机会，亦只是一个时期，而绝不是唯一暴动时机。而这时期在较大区域内，只能尽量用游击战争发动群众的斗争，打击反动派势力。红军、赤卫队对外不要公开挂招牌，忙着戴红带子，只要在城市及重要乡村组织几个坚强的秘密工会及农会和党的秘密支部，这样才不会易于失败。这样才是在切实基础上面造成的公开割据，才可以保得住，展得开，不致昙花一现。信中要求：东江特委目前宜用游击战争去发动群众斗争，打击反动派，准备和扩大秘密组织，不要轻易去攻打城市（单纯的农民扑灭城市是危险的），忙着公开干起来。信中还强调：红军在赣南工作紧急，不能分兵，在红军此刻的力量上及过去战术经验上，都不能分兵远征。因为分了兵，力量就不强了，容易被敌人各个击破。希望你们不要把我们的力量估量得太大。我们在赣南工作一时期，将来是向东江移动。但要看政治环境的变迁如何，赣鄂蒋桂军事结束，他们又来对付我们，就可以向南往粤闽边界移动；如军阀混战结束，在长江中部我们有在此之必要，南行更要慢了。因为事实及应付政治变化，我们此刻就不能分兵去东江，望你们耐苦地奋斗着。

**5月15日** 与毛泽东率领红四军回到瑞金。

**5月16日前后** 中共中央派来红四军工作的刘安恭抵达瑞金。不久，红四军前委因为既管军队工作，又管地方工作"兼顾不过来"，决定恢复红四军军委，并以刘安恭任书记兼政治部主任。刘安恭刚从苏联留学归来，不了解中国红军发展历史和斗争情况，照搬苏联红军的做法，他主持召开一次军委会议，作出"前委只讨论行动问题，不要管军事"的错误决定，以限制前委的领导权，从而加剧了部队党内的矛盾。

**5月18日** 红四军各部奉命来到瑞金集结。当晚，出席在瑞金召开的中共红四军前委扩大会议，讨论时局和红四军行动问题。会议根据中共闽西特委提供的关于福建省防军第一混成旅陈国辉部主力和暂编第一师张贞一部在广东参加讨桂（系）战争，闽西、闽南空虚，以及江西敌人正联合向红军进攻等情况，决定红四军避开敌人的锋芒，第二次向闽西进军，直下龙岩、上杭，攻下龙岩城后，再攻打守敌薄弱的永定、漳平。

**5月19日** 与毛泽东率领红四军从瑞金县武阳出发，又一次翻越武夷山，疾速向闽西挺进。次日，全军抵达长汀县境内汀江边上的渡口——水口，在这里依靠群众汇集的九只木船，渡过了水流湍急的汀江，抵达汀江东岸宿营。渡江之前，与毛泽东联名分别致信中共闽西特委书记邓子恢和正在上杭蛟洋指导训练闽西地方革命武装的曾省吾、罗瑞卿、傅柏翠，指示做好策应红四军军事行动的各项准备工作。

**5月21日** 与毛泽东指挥红四军离开汀江东岸的刘坊村和河东村，经涂坊、南岑、下罗地、新泉，进驻连城县的庙前。当晚，与毛泽东在庙前孔清祠接见应约前来与红四军联系的闽西地方武装负责人曾省吾、傅柏翠等，在听取他们汇报关于杭、永、岩等闽西几个县的革命斗争形势和有关敌人的情况后，决定红四军暂时不去攻打长汀，而要乘敌不备，袭取龙岩，再见机行动；还指示曾省吾、傅柏翠要做好后方敌情的侦察和协同作战工作，蛟洋的地方武装须在苎洋、烂石峡阻击尾追红四军之赣军李文彬部，拖住敌人，待攻克龙岩后，再将李部引到永定歼灭之。

**5月22日** 与毛泽东指挥红四军离开庙前，经苎园、古田向龙岩疾进，当天下午，进抵离龙岩三十里地的小池圩。行军途中，为保证地方邮电通信工作正常进行，给古田邮电所的邮递员亲笔写了"所有书报信件已经检查，望沿途友军准予通过为荷"的指令。当晚，与毛泽东在小池圩召开军事会议，根据陈国辉部主力尚在广东大埔参与对桂系军阀徐景唐的战争，龙岩城防务空虚之敌情，制定了攻打龙岩城的作战计划，决定集中优势，歼灭敌人，以第一、三纵队沿着通往龙岩的公路从正面进袭龙岩城，第二纵队绕道从左翼占领龙岩城北门外的北山，对龙岩城实行包围夹击。还决定给闽西特委组织兵力拦阻尾追红军主力之敌；派人打入白区侦察敌军行迹，及时报告红四军军部；立刻集合地方武装成立红五十九团，跟随红四军主力行动等四项任务。

**5月23日** 红四军按作战计划攻占龙岩，俘陈国辉部三百余人，缴枪五百余支。为了诱敌归巢，消灭闽西的反动势力，傍晚，与毛泽东率部主动撤出龙岩城，前往永定同张鼎丞等领导的地方武装会合。

△ 致信中共中央，报告红四军自本月十四日退出瑞金以来的战绩，陈述红四军军事行动的目的，在于"消灭闽西反动势力，发动闽西群众工作，及参加粤、闽、赣三省农村土地革

命"，并提出："我们现在很注意训练工作，加强红军同志对于政治的认识，以与敌人作坚决的持久的斗争"；民众对于我们，真是和兄弟一样。我们为他们解决了反动的豪绅地主的武装，他们的热情也给了我们很好的影响，军事进行上，有许多地方也亏当地的民众帮忙。还报告已决定于当晚星夜出发，袭击国民党军张贞新编第一师总兵站永定县城。

**5月25日** 与毛泽东指挥红四军在张鼎丞领导的地方武装配合下，一举攻占永定县城。守敌原郭凤鸣部一个团不战而退出上杭城。下午，出席由毛泽东在赖家祠后楼大厅主持召开的红四军前委和永定县委联席会议，会议决定二十七日召开群众祝捷大会，成立永定县革命委员会，发动群众拆毁永定县城墙。

**5月26日** 中共福建省委致信红四军前委，对红四军的行动提出建议：红军游击的范围必须扩大到东江去，目前应在闽西及东江各县作游击的战争，发动广大群众起来斗争，造成广大的苏维埃区域。要尽量地解决反动的武装，在闽西要消灭卢新铭的部队这是很可能的。你们要观察东江战事的形势，很迅速地来漳州作游击战争，只要占领二三日都好，因为这样可以使党的政治影响的扩大，有非常大的效果。

**5月27日** 出席在永定城关南门坝召开的群众祝捷大会并在会上讲话。会上宣布成立闽西第二个红色政权——永定县革命委员会，由张鼎丞任主席。

**5月29日** 与毛泽东率部北上，进驻坎市、龙门。

**5月底** 出席在永定湖雷召开的中共红四军前委会议。会上，对个人领导和党的领导、前委和军委分权等问题发生了争论。

**6月1日** 毛泽东在永定县湖雷给中共中央写报告，说："现在红军中第一急需的是工作人员，因长期的斗争，损失太多，各级军官各级政治人员都十分缺乏，唯一的希望是中央派人来"；"朱、毛同志可以随时离开队伍，只要请中央派人来代替"；"红军第四军派遣留俄学生二十二人，候中央派来代替人员到时即动身。"

**6月3日** 与毛泽东指挥红四军第三纵队会合闽西地方红军再次攻克龙岩，以诱使陈国辉部主力回援，聚而歼之。这时，正在广东的陈国辉，闻知自己的老巢龙岩被红军占领，火速率部由粤回闽。

**6月5日** 为攻占通往上杭的咽喉要冲白砂，与毛泽东在龙岩、上杭交界的大池召开红军干部会议，具体研究白砂战斗的作战方案。

△ 与毛泽东帮助成立龙岩县革命委员会，在龙岩中山公园召开群众大会，宣布成立闽西第三个红色政权，由邓子恢任龙岩县革命委员会主席。

**6月6日** 为让开一条路，诱使陈国辉主力回龙岩后再寻机歼之，与毛泽东命令第三纵队与傅柏翠领导的闽西红军第五十九团主动撤出龙岩，抵龙岩县大池与红四军军部、第二纵队会合；第一纵队撤离坎市，向上杭大洋坝集结；龙岩县革命委员会机关与赤卫队撤到白土隐蔽。随即与毛泽东率第三纵队撤出龙岩，按部署行动。

**6月7日** 与毛泽东指挥红四军和闽西地方武装分三路进攻上杭县白砂。在左翼部队第一纵队从大洋坝直攻白砂，右翼部队第五十九团经苏家坡迂回南进的同时，与毛泽东率领第二、第三纵队居中，由东而西向白砂正面突击。经一个多小时的战斗，将守敌国民党福建省防军第二混成旅卢新铭部钟铭清团（实际兵力约一个营）击溃。攻克白砂，歼敌百余人。战斗结束后，亲自到前线找到红五十九团团长傅柏翠，交给他两项任务：一是把白砂战斗中缴获的部分枪弹分配给地方武装；二是把近百个红军伤病员护送到老苏区蛟洋,创办一个红军医院,并派一名红军司务长当红军医院院长。

**6月8日** 出席在白砂召开的前委扩大会议,就是否设立军委以及由此涉及的党的工作范围、支部工作等问题继续展开讨论。毛泽东在会议上提出书面意见,认为前委、军委分权,"前委不好放手工作,但责任又要担负,陷于不生不死的状态";指出"对于决议案没有服从的诚意,讨论时不切实争论,决议后又要反对且归咎于个人,因此,前委在组织上的指导原则根本发生问题";表示"我不能担负这种不生不死的责任,请示马上调换书记,让我离开前委"。朱德在党以什么方式领导红四军的问题上发表意见,认为党应该经过无产阶级组织的各种机关(苏维埃)起核心作用去管理一切;表示极端拥护一切工作归支部的原则,并认为红四军在原则上坚持得不够,成为一切工作集中于前委,前委对外代替群众机关,对内代替各级党部;还认为党员在党内要严格执行纪律,自由要受到纪律的限制,只有赞成执行铁的纪律,方能培养全数党员对党的训练和信仰奋斗有所依归。这次会议以三十六票对五票的压倒多数通过了撤销军委的决定,刘安恭兼任的政治部主任也改由陈毅接任。第一纵队司令员林彪在开会前写信给毛泽东,含沙射影地攻击朱德。他在信上说:"现在四军里实有少数同志的领袖欲望非常高涨,虚荣心极端发展。这些同志又比较在群众中是有地位的。因此,他们利用各种封建形成一无形结合(派),专门吹牛皮地攻击别的同志。这种现象是破坏党的团结一致的,是不利于革命的,但是许多党员还不能看出这种错误现象起而纠正,并且被这些少数有领袖欲望的同志所蒙蔽的阴谋,(附)和这些少数有领袖欲望的同志的意见,这是一个可叹息的现象。"平时,林彪也常散布对朱德的流言蜚语。朱德同志兵的关系历来很亲密，林彪却指责说朱德"拉拢下层"。这些挑拨性的言语，加深了红四军内部的意见分歧。

**6月9日** 出席在上杭旧县召开的中共红四军前委会议。会议决定将闽西长汀、永定、上杭、龙岩四县的地方武装改编为红四军第四纵队。

**6月10日** 为迷惑敌人，造成红四军向江西退却的假象，与毛泽东率部进抵通往赣南要隘的连城县新泉附近。之后，红军进行短期休整，待机歼敌。其间，在新泉大草坪召开的整编大会上宣读前委的命令，任命傅柏翠为红四军第四纵队纵队长（未到职，不久由胡少海继任），张鼎丞为党代表；参加第四纵队的民主生活会，帮助纵队长傅柏翠正确对待民主生活上给他提出的意见，鼓励他不要怕困难，要把工作干好。会后，又与他个别谈心。

**6月12日** 中共中央政治局召开会议，讨论并同意红四军前委四月五日来信的意见。周恩来提出：常委已决定召集一次军事会议，朱德、毛泽东处应来一得力人员参加，并建议征调一部分军事人才派往红四军。

**6月14日** 毛泽东就红四军党内争论的问题，给林彪复信。毛泽东在信中说："到近日两种不同的意见最显明的莫过于军委问题的争论"，"争论的焦点是在现在时代军部要不要的问题"。主张建立军委的同志认为："既名四军，就要有军委（即四军党部）"，"完成组织系统应有军委"。反对建立军委的却认为"现在只有四千多人的一个小部队并没有多数的'军'，如中央之下有多数的省一样，行军时多的游击时代与驻军时多的边界割据时代又绝然不同，军队指导需要集中而敏捷。"因此，认为由前委直接领导就可以的。坚持要设军委的还提出，过去前委"太管事了"，"权力集中"了，前委不但"包办了下级党的工作",还"代替了群众组织",并说前委领导有"家长制"倾向。而主张不设军委的说,设立军委是不从实际出发的"形式主义"。这种形式主义看问题的结果,"必定是分权主义","分权主义"是"与无产阶级的斗争组织不相容的。军委前委分权的形式所以不能存在就是这个理由。"毛泽东在信中最后表示,他请求离开前委:"在没有得到中央允许以前,由前委派我到地方做些事,使我能因改环境而得到相当的进步。"

**6月15日** 中共中央致信湘鄂西前敌委员会书记贺龙并转前委诸同志,介绍朱德、毛泽东几年来在井冈山斗争中取得的经验,指出:"据朱毛几年战争所得战术的经验是'分兵以发动群众,集中以应付敌人,敌追我退,敌驻我扰,敌疲我打,敌退我追,固定一区域以作一时根据,用波浪式的推进政策,强敌跟踪用盘旋式的打圈子政策,很短的时期很好的方法发展群众',据他们说,这种战术正如打网要随时打开又要随时收拢,打开以争取群众,收拢以应付敌人,这些经验很可以作你们的参考。"

△ 朱德致信林彪,就红四军党的组织领导问题阐述自己的看法。表示不同意"党管理一切"为最高原则,如果真要实行此口号,必然使党脱离群众,使党孤立。认为此口号——党管理一切——是违背党的无产阶级专政的主张。党的组织最高原则,请看第六次大会的组织决议案(已印发),我们不能有丝毫的修改。至于我个人如稍有不合原则的,即可以铁的组织纪律拒绝。在党对于军事机关的核心作用的密切关系问题上,军事行政的路线是受党的政策指导的,他的行政路线是有自理责任的,党员在此机关内起核心作用时,亦是党给予的行政责任,绝非机械式地去执行。过去有党代替群众机关直接管理一切的问题。如宁都、永新、遂川游击时,已成通例口号。我们

反对此口号，是因为拥护共产党的组织最高原则，恐被人曲解。一切工作归支部，此原则我是极端拥护的。党的新生命，就在此原则的实行。巩固党的基础，要打破家长制及包办制。一切实际工作集中于前委，前委开联会开了数日，各级党部坐等命令到来，以便遵照办理，这样何尝有工作归支部呢？望你站在革命观点上，赞成执行铁的纪律，方能增强全数党员对党的信仰，奋斗有所依归。此次的辩论，不但对党没有损失，并且使党有大的进步，必定会培养多数党员的精神出来。及支部基础建立起来，各级党部的职权实行起来，党的群众机关，行政路线正确起来，收效必大。斗争之结果，必然是好的，请你不要消极，不要绝望，各个同志积极的斗争，使党内一切不正确的一切错误，都要全部洗除，努力建设新生命的党。要克服困难，只有各同志大家担负起来，迅速建造党的新的基础。为党的问题，请大家站在党的立场去讨论。

**6月16日** 蒋介石令赣、闽、粤三省国民党军务于半个月内分途集结于闽西边境，准备"会剿"红四军。二十九日，蒋电令国民党军赣军第十二师师长金汉鼎为三省"会剿"军总指挥。

**6月18日前** 因大敌当前，为尽快解决党内的争论，前委召开扩大会议，决定由陈毅代理前委书记，于近期内主持召开红四军党的第七次代表大会。

**6月18日** 得悉陈国辉部已抵龙岩，与毛泽东率部秘密返抵龙岩县小池，召开军事会议，确定对陈国辉部的战斗部署。

**6月19日** 亲临前线指挥红四军第三次攻打龙岩县城。红四军各纵队按计划奇袭守敌，攻入县城。敌占据楼房负隅顽抗，双方展开激烈巷战。朱德命令红军战士采取"掏墙挖洞打老鼠"的战术，对敌军分割包围，各个击破，夺取敌据守的房屋，同时开展政治攻势，迫使部分敌人投降。这次战斗，歼敌三千余人，陈国辉只身逃走。

**6月20日** 出席龙岩县革命委员会在中山公园召开的军民祝捷大会，代表红四军在大会上讲话。

**6月22日** 出席在龙岩城公民小学召开的由陈毅主持的中共红四军第七次代表大会。在会上就个别人提出的有关问题作了解释。在大会未召开前的一次党内民主生活会上，朱德还笑着对大家解释说：有人说我个人英雄主义，打仗硬拼。我是不够英雄。打仗该硬拼时就得硬拼，不该硬顶时就得退，目的是一个，都是为了更好地消灭敌人。毛泽东也就群众提出的意见进行解答和说明。会议通过了由陈毅起草的《红军第七次代表大会决议案》，否定了前委下再设军委的意见，对刘安恭、林彪都作了批评。认为刘安恭"把四军党分成派，说朱同志是拥护中央指示的，毛同志是自创体系到不服从中央指示。这完全不是事实，是凭空臆断的"。认为林彪在白砂前委扩大会议前几个小时给毛泽东写的那样内容的信，"这是不对的"，"不要离开党而谈党的严重问题，因为这样不但不能解决党内纠纷而更之加重"。指出林彪信内的词句"未免过分估量，失之推测，这是错误的。"决议案也批评了毛泽东和朱德。会议选举产生了以毛泽东、朱德、陈毅、林彪、刘安恭、伍中豪、傅柏翠及红四军直属队、第一、二、三、四纵队的士兵代表共十三人为委员的新的前委，陈毅任书记。在选举前委书记时，原由中共中央指定的前委书记毛泽东没有当选，陈毅被选为前委书记。会后，毛泽东离开红四军主要领导岗位，到闽西休养并指导地方工作。

**6月25日—30日** 周恩来在上海召开的中共六届二中全会上指出："一定要像朱、毛下井冈山后，有了集中的组织，有了大规模的行动，这才有全国的政治意义，这样方能算是红军。"

**6月** 以红四军军长名义与党代表毛泽东、政治部主任陈毅发布《红军第四军司令部政治部布告》，强调红军受中国共产党的指导，其宗旨是执行民权革命的三大任务，打倒帝国主义、打倒地主阶级、打倒国民党政府，以帮助工人农民及一切被压迫阶级得到解放。并宣布要实行没收大地主家中的谷子分给贫民；田地归耕种的农民所有，不再交租给田东；工人农民如误欠田东债务，一律废止；废除一切苛捐杂税厘金钱粮；组织工会、农民协会和工农的赤卫队等中国共产党的土地革命政策。

**7月8日** 为对付国民党军"会剿"，红四军前委决定全军各纵队分赴闽西龙岩、永定、连城、上杭、汀州、武平六县游击，在敌情缓和时分兵发动群众，在敌情紧张时"打破一面找出路"。这就是红四军闽西分兵计划。根据这一计划，红四军各纵队分兵到永定、龙岩以及上杭、长汀、连城三县交界区域活动，以巩固和扩大闽西革命根据地。

△ 红四军前委发出致中共福建省委的信，报告近期召开前委扩大会议作出的军事计划是：（一）此时东江、赣南皆不能去，只有留在闽西，敌来当相抗对付。现在分头在永定、龙岩、上杭、长汀、连城之一部发动群众的斗争，造成赤色区域之势力割据，敌来当打破一面打出路。（二）对于作战的目标，要找张贞；作战的地点，要以省城附近。（三）红军第一期的工作，是以大小池、古田为中心；打算第二期地方为闽西根据地。（四）闽西建立红军一军团。根据这一军事计划，与陈毅率前委、司令部及直属队到到达连城的新泉活动；红四军各纵队按计划分兵展开游击和发动群众。

△ 毛泽东与蔡协民、谭震林、江华、曾志等人，受红四军前委委派，由龙岩动身前往上杭蛟洋，代表前委出席并指导中共闽西第一次代表大会。

**7月9日前后** 与陈毅率前委、司令部及直属队到新泉。

**7月中旬** 参与三省"会剿"的国民党军相继向闽西推进。赣军金汉鼎部师的四个团占领了长汀；闽军张贞师分别向华安、龙岩进犯，企图占领龙岩；粤军蒋光鼐、蔡廷锴的第三师以永定、上杭为目标，向粤闽边开进。

**7月29日** 鉴于以金汉鼎为总指挥的闽粤赣三省敌军已经逼近闽西根据地边境，与陈毅从新泉赶至上杭蛟洋，同正在这里的毛泽东等一起举行红四军前委紧急会议。会议重新确定"目前闽西游击计划"是"积极准备反动派三省会剿"，具体提出了三个反"会剿"方案："如三省合兵进攻闽西，红军可取道闽北入赣东、赣南，发动沿途的群众；或入闽省腹到福州、延平之间活动；或分兵两路一路往闽北，一路留闽西。"最终采取哪一个方案，要"视敌逼近之情况大明时才作决定"。会议根据中央四月来信提出希望前委能派一得力同志暂时到中央报告与讨论一切问题的要求，决定陈毅赴上海向中央汇报工作，前委书记由朱德代理。会后，陈毅到厦门向福建省委汇报工作，继而转赴上海代表红四军前委向中央汇报工作并参加中央召开的军事会议；毛泽东因疟疾病重，先后到上杭县苏家坡、大洋坝和永定县牛牯扑、合溪等地农村养病，同时指导闽西军民的反"会剿"斗争和开展土地革命。

**7月30日** 在蛟洋附近的枣坑主持召开第二次前委会议。会议根据赣军已增兵两团至长汀，李文彬部进占长汀县河田，闽军张贞部占据龙岩县适中之敌情，认为"在闽西是没有多大办法的，遂决定打出去"，具体部署是：第二、第三纵队同军部、前委星夜到龙岩白砂集中，准备出击闽中，从外线打击有把握取胜的敌张贞部，将敌军进攻目标引向闽中，进而打破其"会剿"；第一纵队因远在回龙一带赶不上集中，留在闽西与第四纵队"共守闽西，相机打出去"。

**8月2日** 安排从苏联回国被中共中央派到闽西苏区的郭化若到第二纵队担任参谋工作。对郭化若说:"你来得正好,正是用人时节。""你是黄埔高才生,第二纵队组建不久,干部很缺,是不是先去那里工作一段时间?当参谋,怎么样?"留他吃晚饭,叮嘱其要好好地学习做群众工作。

**8月3日** 率领红四军第二、第三纵队从白砂出发,向敌军兵力薄弱的宁洋县城挺进,按部署出击闽中。第一纵队开至龙岩、上杭、永定交界的大洋坝一带,以防粤敌陈维远部,第四纵队从上杭北区向连城南部的新泉和汀州南部的冷坊发展,以防赣敌金汉鼎部。

**8月4日** 率第二、第三纵队攻占宁洋县城(今漳平县双洋镇)。在县城召开的群众大会上演说,号召工农起来打土豪、分田地,组织工农革命武装。

**8月7日** 率第二、第三纵队离开宁洋县城,沿双溪南下。

**8月8日** 率部队过暖洲营,直奔罗溪渡口。亲自到前沿阵地观察,选择有利地点,指挥部队强渡,一举击溃守敌,乘胜追击,攻占漳平,消灭当地民团和张贞的一个营。之后,在城内召开的群众大会上演说,号召工农大众跟着共产党闹革命,打土豪分田地;分别主持召集手工业工人和农民代表座谈会,进行调查研究;帮助建立中共漳平办事处、漳平县城防第一赤卫队、县工会和县农民协会等革命组织。红四军第二、第三纵队占领宁洋、漳平的军事行动,打乱了敌人的"会剿"部署,迫使闽敌第二路林知渊部由泉州开抵安溪之后,不敢再向漳平行进;原来进兵龙岩的闽敌第一路张贞部之张汝旅不得不改变计划,调往漳平一线应付红军。

**8月13日** 中共中央政治局召开会议,讨论中共红四军七大文件及朱德与毛泽东之间的意见分歧等问题。中共中央政治局常委兼组织部部长周恩来在会上说：中共红四军七大对每一问题都有一简单的回答，有些是正确的，有些是不正确的。刘安恭写信来将朱德与毛泽东分成两派，许多不会是事实，在故意造成派别。刘安恭无论如何要调回。由于有些问题还不清楚，等陈毅到后再作整个的回答。可以给红四军写一信，要朱德、毛泽东努力与敌人斗争，已经解决的问题不应再争论；军委可暂时不设立，军事指挥由军长、党代表管理。会议决定由周恩来起草一信，调刘安恭回中央。

**8月15日** 主持召开前委会议，作出向闽中大田、德化进军的部署。

**8月17日—19日** 率第二、第三纵队分批离开漳平，经溪南、象湖、杨美等地，抵达闽中大田、德化两县边缘地域地区。因暂时不想与驻闽中的地方军阀卢兴邦部交战，便派信使到卢的司令部递书，称"借道过境"，但卢怕红军"暗度陈仓"，便借口"本乡地僻土瘠"而拒绝。

**8月18日** 前委函告中共闽西特委：部队要向大田、德化前进，如后方无动，则在闽中工作并拟渡乌龙江，向赣浙皖边界展开游击。

**8月19日** 率前委机关到达溪南，当晚住宿在街上的一个店房里。

**8月20日** 率第二、第三纵队离开溪南，经象湖、杨美、灶头、彭炉、白泉坑、合溪、厚德等地，进入大田县境。次日，指挥部队攻打大田县城未克，率部撤至石牌驻扎，后经屏山转入永春县的一都、福鼎一带。率部入闽中征战以来，鉴于有些地方的老百姓因敌人的反动宣传而躲避，指示因很难弄到食物而吃了老百姓家中东西的部队各单位，都要留下钱和宣传信。部队严守纪律、爱护百姓，给当地群众留下极好的影响。

**8月21日** 中共中央给红四军前委发出指示信,答复几个问题说:地方武装与红军武装应同样扩大,你们这一意见非常正确;红军不仅是战斗的组织,而且更具有宣传和政治的作用;"党管一切"的口号,在文字的涵义上,在群众的了解上,都不正确;在目前游击状况下,前委与军委实无须采取两重组织制,但这并不是说前委之下便不可组织军委了,而是说几县割据的政权并没成立,前委仅仅执行它游击的任务,故前委与军委应合在一起;在红军中党的组织原则,尤其是目前环境中之红军党的组织原则,必须采取比较集权制,但这并不是说如此便没有党内民主化了,如此便不执行"一切工作归支部"的口号了,如此便可恢复家长制;在目前的环境与工作的需要上,朱德、毛泽东应遵守代表大会的决定,一致地努力工作;刘安恭应依照中央前信的通知调来中央。

**8月22日** 率前委机关驻福鼎村。因患痢疾,以中草药医治。

**8月27日** 中共中央政治局召开会议,政治局常委李立三在会上扼要介绍近日到上海的陈毅向他报告红四军的有关情况说:红四军都了解,"毛(泽东)在政治上强,军事上朱(德)强。"会议决定召开临时政治局会议,由陈毅出席作详细报告。

**8月28日** 鉴于闽中山高路险、地形复杂和没有群众基地,加以天气酷热,沿途病员很多,部队给养困难,决定由闽中回师闽西;率部队离开一都、福鼎,返回杨美村驻宿。离开福鼎村时,给村负责人留下四支步枪用于保护村委。这时,福建省国民党军调兵遣将,前堵后追出击闽中的红军,并以张汝旅的两个团分别占领了漳平县城及溪南圩。

**8月29日** 拂晓,指挥第二、第三纵队分两路包抄溪南圩。部队由当地群众带路,从打鼓岭突袭溪南圩。守敌背面遭到打击，全线溃败。红军占领溪南圩，乘胜追击三十余里，全歼敌张汝旅一个团，缴获大批枪支弹药和迫击炮、电台等战利品。继而指挥部队日夜兼程，经上坂、小潭、菁坑，向漳平挺进。

△ 中共中央政治局召开会议，陈毅在会上作关于红四军全面情况及朱德、毛泽东之间争论的汇报。会议决定以李立三、周恩来、陈毅三人组成一委员会，深入讨论并提出决议，由政治局讨论通过。三人委员会由周恩来召集。

**8月30日** 指挥第二、第三纵队向漳平县城外围东山塔、佛仔隔等地敌军进攻。击退守敌，乘胜第二次占领漳平县城，消灭守敌一个营。

**8月31日** 指挥第二、第三纵队兵分两路，尾追残敌：一路经三重岭至同春；一路经项郊、高明，越关东岭至盖德洋。两路在文星会师后向永福镇进军，占领永福镇，歼灭敌张汝旅残部及永福民团一部。之后，部队在永福镇停留数日，打土豪和做群众的宣传工作。

△ 是日适逢市集期。在群众齐集的市集上演说，宣讲共产党和红军的性质、宗旨；号召工农群众起来暴动闹革命，打土豪，分田地；发动青壮年参加红军。

**9月5日** 率第二、第三纵队离开永福，经吕坊、后孟、东坑等村至龙车。当晚接见了于九月二日在龙车领导暴动的同志，决定留下两位有经验的红军战士，帮助开展革命斗争。

**9月6日** 率第二、第三纵队重占龙岩。之后，率部到上杭白砂，与第一、第四纵队会师，决定集中力量攻打上杭。

**9月上旬** 因红四军第二、第三纵队出击闽中，在外线打乱了国民党军的"会剿"部署，加以留守闽西的第一、第四纵队在内线灵活防守，致使闽、粤、赣三省敌军而无法形成一致"会剿"的局面，不敢贸然深入闽西根据地的赣、粤两省敌军被迫各自撤回本省，三省"会剿"遂告失败。

**9月12日** 红四军前委在龙岩发布指示，分析目前政治军事形势等问题。指出：由于红军"军事策略正确"和"得到闽西群众的拥护"，打破了敌军对闽西的"三省会剿"；根据目前闽、赣、粤三省的敌军内部将因反蒋战争的爆发而出现的"火拼"，判断远途入闽参加"会剿"的粤敌陈维远部因"兵困于永定无利而多害，亦必撤回广东"。

**9月18日** 率领红四军秘密到达上杭城外。之后，主持召开前委会议，制定攻城作战计划，并且与城内党组织取得了联系，策动有关人员响应。次日，与其他指挥员登上山头，仔细察看战斗地形后，召开各纵队支队长以上干部会议，部署攻打上杭县城的战斗计划。在会上指出：卢新铭武装装备好，地势对他们有利，工事坚固，但其内部腐败透顶，只要我们组织严密，乘黑攻击，猛冲狠打，当可攻下。在宣布具体战斗方案后还进一步强调：卢新铭是闽西最后一个"土皇帝"，为了巩固闽西根据地，我们要坚决拿下上杭城。当晚，战斗开始。经过激战，红军于二十一日拂晓攻取上杭，歼敌二千余人。战斗结束后，在县衙门前的广场上主持召开军民祝捷大会，在会上发表讲话，宣传党的十大政纲[1]，动员群众拆掉城墙，保卫土

---

[1] 十大政纲，指1928年7月中共六大通过的《政治议决案》中规定的"中国革命现在阶段的政纲"，即：（一）推翻帝国主义的统治；（二）没收外国资本的企业和银行；（三）统一中国，承认民族自决权；（四）推翻军阀国民党的政府；（五）建立工农兵代表会议（苏维埃）政府；（六）实行八小时工作制，增加工资，失业救济与社会保险等；（七）没收一切地主阶级的土地，耕地归农；（八）改善兵士生活，发给兵士土地和工作；（九）取消一切政府军阀地方的税捐，实行统一的累进税；（十）联合世界无产阶级和苏联。

地革命胜利果实。广大农民立即行动起来，星夜参加拆墙活动。

**9月21日** 与中共上杭县委成员共餐。在餐桌上鼓励大家要团结一心，消灭更多的国民党军队，壮大红军队伍，夺取更多胜利。当有人问到日夜兼程行军打仗腿疼不疼时，回答说：自己从小就跑惯了山路，小时上学每天来回走四次，每次要走七八里，所以越走腿越有劲。

**9月下旬** 领导红四军进行扩充和整顿。各纵队从两个支队扩充为三个支队，每纵队一千八九百人，全军共七千余人。部队开展地方工作，以巩固闽西革命根据地，并准备以此为后方，入赣南打金汉鼎部。

△ 召开中共红四军第八次代表大会前，亲自写信请毛泽东回来参加"八大"。毛泽东接到开会通知后，回信说：我不能随便回来。

△ 在上杭县城太忠庙（现城东小学）主持召开中共红四军第八次代表大会，想解决"七大"所没有解决的一些争论问题，由于前委领导不健全，会前又没有做好必要的准备，会议开了三天，没有结果。会上作出请毛泽东回来主持工作的决议。会后，在请毛泽东回红四军主持工作的信上签名，并将此信发出。

△ 正患疟疾的毛泽东接到信后，坐担架回到上杭。这时"八大"已开完。毛泽东因病不能随军工作，住在临江楼继续养病。朱德常去临江楼看望毛泽东。

△ 粤系军阀（张发奎）、桂系军阀（李宗仁、白崇禧）联合反蒋（介石）战争爆发。

**9月28日** 中共中央发出致红四军前委的指示信（即"九月来信"）。此信是陈毅按照周恩来多次谈话和中共中央会议精神代中央起草并经周恩来审定的。指示信认为在目前"反蒋的军阀混战又由酝酿至于爆发"的形势下，"红军此时主要地采取粤湘赣闽四省边界游击的策略是对的,但要注意使这四个区域的赤色势力联系起来"。提出红四军"此时的主要任务是如何去实行游击以求本身的扩大,如何集中力量去实现党的政治口号以发动群众斗争"。规定"红军发展的方向,应该向着群众有发展斗争可能的地方,去扶助其发展,使当地的革命斗争深入"。肯定红四军两年来实施的"分兵游击集中指导是不可移易的原则"。强调"党的一切权力集中于前委指导机关,这是正确的,绝不能动摇",同时,"党管一切这个口号,在原则上事实上都是不通,党只能经过党团作用做政治的领导。目前前委指挥军部、政治部这是一个临时的办法"。一方面批评红四军前委在处理朱德与毛泽东意见分歧问题上,"没有引导群众注意对外斗争,自己不先提办法,而交下级自由讨论,客观上有放任内部斗争关门闹纠纷的精神","没有从政治上指出正确路线,使同志们得到一个政治领导来判别谁是谁非,只是在组织来回答一些个人问题","削弱了前委的权力,客观上助长极端民主化的发展","对朱毛问题没有顾及他们在政治上的责任之重要,公开提到群众中没有指导的任意批评,使朱毛两同志在群众中的信仰发生影响",另一方面指出朱德、毛泽东"两同志常采取对立的形式去相互争论","常离开政治立场互相怀疑猜测,这是最不好的现象。两同志的工作方法亦常常犯有主观的或不公开的毛病,望两同志及前委要注意纠正这些影响到工作上的严重错误"。要求前委要维护朱德、毛泽东的领导,毛泽东"应仍为前委书记",团结全体同志努力同敌人作斗争。来信还就红军与群众的关系、红军的组织与训练、红军的给养与经济问题等方面提出了具体的指导意见。

**10月13日** 收到中共福建省委十月六日发出给闽西特委和红四军前委的信。来信根据中央最近的指示精神,认为现在全国军阀混战的爆发,使得所谓"三省会剿"朱毛红军的计划现在事实上已不可实现。我们党在闽西目前的任务之一,是尽力发展红军和加强武装农民工人,采取积极进攻的策略,促进革命高潮的到来。因此,省委同意中央对前委的指示,朱毛红军全部立即开到东江去,扩大我们的工作到东江,使闽西、东江联成一片。红四军开往东江的路线是向梅县、大埔、丰顺、兴宁、五华前进,与海陆丰联络起来。

△ 主持召开中共红四军前委会议,决定接受党中央和中共福建省委的指示,准备一星期集中部队,二十日后从东江出发。具体计划是先由武平向蕉岭前进,包围梅县松口,然后进攻松口,与丰顺各地联系。接着,率领红四军第一、第二、第三纵队实即三个团的兵力向东江出击,以巧妙的战法与敌蒋光鼐和蔡廷锴两个装备精良的师作战。

**10月15日** 红四军第二纵队攻入峰市。

**10月18日** 在上杭以前委名义写信给福建省委转中央。报告红四军主力部队已出击东江,向潮梅布置游击,另留第四纵队在闽西坚持斗争。我们在此时期的任务,是执行中央和福建省委指示,取进攻策略,先占蕉平梅等区域,发动群众,夺取地主武装,武装农民,消灭一部分敌人,待机夺取大的城市,以影响粤桂战争。粤桂战争紧急时,再游击潮梅,深入东江,发展东江群众游击战争,转变到东江的大部赤色割据。信中还说:党内争论问题,自七次大会后,即告结束,虽有少数同志仍留有成见,但正确的指示,大家很诚恳地接受,消除一切成见去对付敌人,惟因人员太少,队伍扩大,游击区域推广,实不敷分配,同志政治水平虽有长进,但还是低落得很。由于各级干部不健全,陈毅仍未回来,久病的毛泽东现虽起床,尚不能行走,此次去东江,尚不能出发,负责同志更觉困难,祈你们要粤省委、东委重要同志来指示我们的工作,参加前委。

**10月19日** 红四军第一纵队由象洞进攻广东省蕉岭县梅县松源,与敌陈维远部激战,击败敌军一个营;第三纵队由武城进攻岩前反动民团武装钟绍葵部。

**10月20日** 率领红四军和前委由上杭进抵象洞。在象洞发出给闽西特委的信,信中提出"决定略变计划,先集中松源,相机集中松口,抵松口后,如敌力不大则向丰顺前进,与当地斗争联系,否则先到大埔,折回永定、南靖来包围刘和鼎,这是不能进东江的办法"。

**10月20日** 攻入峰市的第二纵队因过于轻敌主动向粤边大埔县虎头沙(即石下坝)进攻,与守敌激战,击败敌军两个营。红军伤亡较大,第二纵队纵队长刘安恭在战斗中牺牲,但部队士气很高,要求进攻梅县。决定从战略上制胜敌人。利用敌军调动兵力防守三河坝之机,以一个纵队向三河坝进军,途中打垮敌军一个营,以另外两个纵队奔袭梅县。

**10月22日** 在蕉岭县松源和从上海返回红四军的陈毅会面。当晚召开前委会议,听取陈毅传达中央的指示,并研究东江的情况,会议根据中央的指示,致信毛泽东请他回红四军重新担任前委书记;同时,考虑到毛泽东因病一时不能返回部队,决定暂由陈毅代理前委书记。

**10月23日** 鉴于国民党军粤军第三师陈维远第七旅已在松口集中三个团的兵力,为避免与敌硬战,决定放弃"夺取松口直下梅县,向兴宁、五华之计划",变为"由蕉岭、平远入兴(宁),到东江赤色区域,再行设法解决陈维远"。当晚率部离开松源,向蕉岭进发。

**10月24日** 率部占领蕉岭县城,在这里一边休息,一边筹款。

**10月25日** 率部奔袭占领没有国民党正规军防守的梅县县城，打开监狱，释放政治犯二百余人。在梅县附近滂溪与专程来此与红四军联系的东江红军总指挥古大存相见。

**10月26日** 帮助建立东江革命委员会，与古大存等任主席团成员。之后，与毛泽东、古大存等联合署名发布《东江革命委员会关于颁布执行土地政纲的布告》，号召推翻豪绅地主官僚的政权，解除反革命武装去武装农民，建立农村中的农民代表会议政权；主张无代价地立即没收豪绅地主阶级的财产，没收的土地归农民代表会议（苏维埃）处理，分配给无地及少地的农民使用。

△ 下午，鉴于国民党军第十九路军总指挥蒋光鼐率部向梅县反扑，决定撤出梅县县城。撤退前，在群众大会上说："乡亲们，不要怕，我们红军会很快打回来的，革命一定要成功！"大会结束后，率部与部分追至县城内的敌军进行巷战。接着，果断指挥部队抢渡南门河，在渡口用仅有的一条木船摆渡的同时，派人到上游勘察水情，旋即指挥部队在一浅水处涉水渡河，安全退入丰顺县的马图与东江红军会师。接着，部队在丰顺县马图和梅县南坑休整数日。其间，在马图与古大存商讨了红军建设和巩固粤东根据地以及向赣南发展，争取与江西苏区连成一片等问题；与陈毅决定反攻只有敌一个团兵力防守的梅县县城，计划打开梅县后，部队开到兴宁、五华活动，看时局再定下一步行动；还决定在丰顺留下一个大队及百余名伤病员，拨出一百七十余支枪一并交东江特委负责整理，这些武装即与东江地方红军混编。这时，在大埔、蕉岭、梅县处处扑空的敌追兵，以为红军要进攻潮阳、汕头，立即由梅南畲坑入汤坑，以救潮、汕。

**10月31日** 与陈毅率部进攻梅县县城。拂晓战斗打响后，因城内实有国民党军两团兵力防守，且占据制高点，两次突击均未奏效。战斗中，针对有人根据历史上"火烧连营"的战例提出用火攻的主张，指出：历史上火攻的是"营"，这里是"城"，城里有老百姓，放火会使群众遭受损失。我们是人民的子弟兵，不能这么干。决定重点进攻城北门。激战至傍晚，由于街中无阵地立足和部队缺乏巷战经验，伤亡较大，为避免更大的牺牲，指挥部队主动撤退。随后，与陈毅等根据东江特委告知"两广混战暂告结束，蔡廷锴有回师东江"之敌情，决定部队退出东江，"直往（赣南）寻乌边界休息整顿"。

**11月2日** 与陈毅率部离开东江地区，经广东平远县的石正进入赣南寻乌县大田。在这里整顿部队，安置伤病员二百余人。这次出击东江，红四军的兵力损失较大。后来，朱德称这是当时"接受主观主义瞎指挥的第二次的失败教训"。

**11月5日** 与陈毅率部抵达安远，以"取政治消息及解决经济问题"。判断在闽西的金汉鼎部韦杵旅就要返回赣南，与陈毅决定待该敌返回赣南时，红四军则由赣南开往闽西，以解决经济问题和棉衣问题。不久，韦杵旅从闽西撤回赣南，进驻安远附近的鸭子铺。立即与陈毅率部由赣南经广东平远返回闽西。进抵上杭附近击溃金汉鼎部周志群旅两个营后，决定部队折回官庄休息，准备攻打长汀。

**11月18日** 率部进驻上杭县官庄。与陈毅召开中共红四军前委会议，"决定扩大闽西赤色区域，建立闽西政权的政策"。并决定立即攻打长汀。还与陈毅致信在上杭苏家坡休养的毛泽东，请他立即回红四军主持前委工作。

**11月23日** 为解决经济问题和棉衣问题，与陈毅率部攻占长汀。指示后勤部门于五日内赶制棉衣六千套，以解决全军被服问题。

△ 在长汀出席中共红四军前委会议。会议决定分兵发动群众,还决定促请毛泽东立即回红四军前委主持工作,并派部队前去迎接。

**11月26日** 与从上杭蛟洋来到长汀的毛泽东会合。此后,毛泽东重新担任红四军前委书记。

**11月28日** 在长汀出席红四军前委扩大会议。会议同意官庄会议确定的政策,决定对红军进行整顿和训练,还决定十二月份的工作主要是召开中共红四军第九次代表大会。

**11月底** 与毛泽东、陈毅在长汀城召开工人座谈会,征求工人对红军的意见。

**11月** 蒋介石调集赣、闽、粤三省部队,布置对闽西革命根据地的第二次"会剿"。

**12月3日** 鉴于参加第二次"会剿"之赣军金汉鼎部由赣入闽向长汀袭来,为避免与该敌作战,与毛泽东、陈毅率第一、第二、第三纵队离开长汀,开赴连城县新泉与第四纵队会合,并在此对部队进行为期约十天的政治和军事整训。其间,举办基层军事干部训练班,在全军开展军事技术和战术训练;主持制订红军的各种条例、条令等法规,从加强官兵军事素质着手,来克服各种错误倾向和提高部队战斗力。

**12月8日** 中共中央发出中央通告第六十号,提出目前红军的策略之一为:"红军发展须实行大规模的游击,过去避免夺取主要城市之策略,也须改变,只要有胜利的可能有群众可发动的,便须向主要的城市进攻,以至占领这些城市,就是占据极短的时期,也是有极伟大的政治影响。"强调"红军执行这样的策略,以与全国工农兵的斗争汇合起来,便可促进革命的巨潮。"

**12月中旬** 国民党军金汉鼎部再占长汀,向连城、新泉一带逼近。红四军前委决定以一部兵力在新泉一带警戒来犯之敌，其余部队向苏区中心后退一步。朱德与毛泽东、陈毅率红四军主力开赴上杭县古田村，继续为召开中共红四军第九次代表大会做准备。召开主要由支队、大队的基层干部和士兵代表参加的座谈会，以讨论的形式对红军中存在的各种错误思想及其表现进行深入检查，并针对大家提出的问题展开研究。通过这些调查，为中共红四军第九次代表大会召开做初步准备。

**12月28日—29日**　出席在上杭古田镇曙光小学（原为廖氏宗祠）召开的中共红四军第九次代表大会。陈毅在会上传达中共中央九月来信。毛泽东根据中央来信的精神和红四军的具体情况，在会上作政治报告。朱德作军事报告，"从红军建军一直谈到目前"。会议通过《中国共产党红军第四军第九次代表大会决议案》（即"古田会议决议"），决议案指出：中国的红军是一个执行革命的政治任务的武装集团，它必须服从党的领导，树立无产阶级思想，纠正单纯军事观点、极端民主化、绝对平均主义、主观主义、个人主义、流寇思想等错误观点；要担负起宣传群众、组织群众、武装群众并帮助群众建设革命政权等项任务；并且必须在军内外建立正确关系，对敌军采取正确政策等。这个决议案解决了以农民为主要成份的革命军队如何建成一支无产阶级性质的新型人民军队的问题，是党和红军广大指战员集体智慧的结晶，是红军建设的纲领性文件。会上，毛泽东、朱德、陈毅、罗荣桓、林彪、伍中豪、谭震林、李任予、宋裕和等十一人被选为中共红四军前委委员，毛泽东重新当选为中共红四军前委书记。

# 1930年　四十四岁

**1月初**　根据蒋介石调集闽、粤、赣三省军队共十四个团，分三路向闽西革命根据地进行第二次"会剿"的情况，与毛泽东确定利用三省军队之间矛盾，各个击破敌人的作战计划。后又鉴于红四军"全军给养，业已告罄"，决定先由朱德率红四军主力北进连城地区筹款；毛泽东率红四军前委和第二纵队暂留古田，并同龙岩赤卫队在小池附近诱敌，以掩护主力行动。

**1月5日**　率红四军主力第一、第三、第四纵队由古田向连城进至离古田五十里的庙田，获悉各路敌军分别进抵涂坊、旧县等地，攻击目标指向新泉、坎市和古田，仍按原定计划率红四军主力赶到连城。后因一部敌军向连城追来，切断了红四军主力与古田的联系，决定率主力进入宁化。

△　毛泽东给红四军第一纵队司令员林彪复信，并以党内通信形式印发给部队干部，以进行形势与任务教育。信中针对林彪提出的"在距离革命高潮尚远的时期做建立政权的艰苦工作为徒劳"等观点，指出："朱毛[1]式、贺龙[2]式、李文

---

[1] 朱毛，指朱德、毛泽东。
[2] 贺龙，时任中共湘鄂西前敌委员会书记兼战斗在湘鄂边的红四军军长，领导开辟湘鄂西革命根据地。

林[1]式、方志敏[2]式之有根据地的,有计划地建设政权的,红军游击队与广大农民群众紧密地配合着组织着从斗争中训练着的,深入土地革命的,扩大武装组织从乡暴动队、区赤卫大队、县赤卫总队、地方红军以至于超地方红军的,政权发展是波浪式向前扩大的政策,是无疑义地正确的。""必须这样,才能促进革命的高潮。"

**1月6日** 中共红四军前委给中央寄出报告。该报告中分析了一九二九年十月红四军根据中共中央和福建省委指示"全部出击东江游击,向潮梅发展",经过梅县时失败及长途行军遭受三分之一损失的原因;汇报了古田会议前后红四军前委的工作以及古田会议的成果。

**1月9日** 率红四军主力由连城进入宁化。在此缴获敌金汉鼎通令,得知敌军这次"会剿"方略为以十二团兵力分作七路围攻新泉后,决定撤离闽西,向江西急进,以"打通闽赣粤三角联系,扩大闽西南赤色区域"。随后,率部西越武夷山进入江西省石城县境。经过石城的高田、丰山、木兰时,沿途宣传闽西的大好革命形势,号召广大群众组织起来,联合起来,进行武装斗争,掀起新的革命高潮。

**1月16日** 率部攻占江西石城以北的广昌县城。尔后,决定率部开赴广昌县东韶地区,再进占乐安、永丰,直下吉水、吉安,尽快和中共赣西特委取得联系,并与红五军及江西红二、红四团会合。

---

[1] 李文林,时任红六军第一旅政治委员,参与领导创建赣西南革命根据地。

[2] 方志敏,时任中共信江特别委员会书记兼信江特区军委会主席,领导开辟赣东北革命根据地。

**1月24日** 率红四军第一、第三、第四纵队折入广昌的东韶地区。此时，毛泽东率领的第二纵队亦辗转至此，全军会合。

**1月下旬** 出席在东韶召开的中共红四军前委会议；与毛泽东决定立刻在赣南分兵发动群众，深入土地革命，开展游击战争，扩大革命根据地。这时，参加三省"会剿"的闽军发生内讧，纷纷撤离闽西，赣军也因红四军威胁其后方，被迫将主力撤离闽西，跟进赣南，粤军见闽军和赣军都撤离闽西，亦随着撤退。国民党军对闽西革命根据地的"会剿"即告失败。

**2月6日—9日** 中共红四军前委、赣西特委、红五、红六军两军军委在吉安陂头村举行的联席会议。会议"特别提出夺取江西全省的口号"，决定准备四、五、六军大集中，夺取江西全省政权，第一步先打吉安，打吉安之第一步是占领与吉安为犄角之吉水、安福、太和等县，由红四军担任攻击吉水；还决定将以前中央指导的四军前委扩大为领导红四、红五、红六军及赣西南、闽西、东江、湘赣边等地区斗争的中共共同前委委员会。共同前委由十七人组成，以毛泽东、朱德、曾山、刘士奇、潘心源为常委，彭德怀、黄公略为候补常委，毛泽东任书记。朱德因留守藤田主持军事工作未能出席会议，被指定为前委常委和兼任这次会议决定成立的红军第六分校校长。

**2月17日** 中共中央政治局召开会议，讨论蒋、冯、阎军阀大战即将爆发前的国内政治形势，提出要以主观力量造成直接革命的形势。会议批评朱德、毛泽东把红军"只束缚在土地革命上，必然限制在农村中"；强调"我们现在应集中红军攻坚"，"应更集中地向中心城市发展"。

**2月下旬** 为实现前委集中兵力夺取吉安的计划，与毛泽东率红四军由藤田地区向吉安推进，同黄公略率领的红六军会合，准备先占吉水，后取吉安。

**2月24日** 鉴于参加对赣西南革命根据地进行"会剿"的国民党军独立第十五旅已进至吉水县城和乌江镇一线，向红四军逼近，与毛泽东商定放弃原定夺取吉水的计划，指挥红四军和红六军第二纵队，在赣西南地方武装配合下，实行诱敌深入的作战方针，于吉安、吉水两县交界的水南、值夏一带向国民党军发起猛烈攻击。是役，歼灭该敌大部，击伤其旅长唐云山，俘虏一千六百余人，缴获大量武器，取得了古田会议后的第一次重大军事胜利。

**2月26日** 中共中央向全党发出第七十号通告，认为"目前革命形势的发展，很明显地可以看出一省或几省首先胜利的前途，特别是武汉及其邻近的省区，表现着更多的可能"；规定红军"在战略战术上必须向着交通要道中心城市发展"；指责"朱毛与鄂西的红军中还保存有过去躲避和分散的观念"。

**2月27日** 在值夏磨头州举行的万人祝捷大会上讲话，号召工农团结起来，深入开展土地革命、建立苏维埃政权，扩大工农武装，勇敢地从敌人手中夺取武器装备自己，用枪杆子消灭反动势力。

**2月28日** 在红四军军部召集游击分队长以上干部会，讲游击队如何运用游击战术，宣布给每支游击队发十五支洋枪，二百五十发子弹，并说：地方武装是主力红军的耳目和左右手，二者缺一不可，主力红军拨出枪支弹药来支援是完全应该的，目的是为了壮大工农武装，保卫红色政权。

**3月上旬** 出席在水南召开的共同前委和赣西南特委联席会议。这次会议决定红军放弃攻打吉安的计划，由江西广昌东入福建建宁，取得给养补充后，再根据敌情变化确定下一步军事行动。

△ 蒋介石电令张辉瓒任江西"剿匪"总指挥，"所有驻

赣部队概归节制"。

**3月10日** 与毛泽东率红四军和红六军第二纵队由水南抵达吉安东固，准备向广昌开进。后因获悉兴国无敌军驻扎，与毛泽东决定改变原来计划，不去广昌，而移师敌军空虚的兴国。

△ 中共中央政治局召开会议，决定要朱德、毛泽东领导的红军向江西发展，与江西红军会合，夺取江西政权，以便配合武汉的暴动；并把朱德、毛泽东领导的游击战争指责为"兜圈子主义"，要予以批评。

**3月11日—14日** 获悉赣军第十二师全部入闽与暂编第二师作战，赣州空虚，与毛泽东决定留红六军第二纵队在兴国发动群众；红四军准备"以强攻之决心，施行奇袭之手段"，乘虚袭击赣州。

**3月16日** 率红四军抵达赣州城郊，指挥部队从东门、西门、南门三面猛力攻城。赣州周围绕水，国民党军第十二师第七十团由万安返回赣州，加强防守。红军因缺乏攻城重武器，久攻数日不克，最后主动撤围。

**3月18日** 出席在赣州城郊楼梯岭由毛泽东主持召开的共同前委扩大会议。这次会议决定了红四、红五、红六军在赣南、闽西地区实行大规模分兵发动群众的工作路线。

△ 共同前委在赣州城郊楼梯岭发布第三号通告，指出金汉鼎师开往福建，企图和刘和鼎师夹击卢兴邦部，进占福州，决定利用"赣南、闽西空虚"之机，实行"分兵游击"的方针；要求红四、红五和红六军以三个月为期，分别在赣南、赣西、闽西等地游击，并深入开展群众工作，扩大红军和地方武装，把闽、赣、粤三省的苏维埃区域联系起来；并对分兵游击行动作了具体部署。

**3月19日** 以红四军军长名义与政治委员毛泽东发布

《关于第一次攻赣州的经验教训的训令》，具体总结了未能攻克赣州的七点教训：(一)敌情之判断不确；(二)地形未预先观察；(三)事先无充分准备；(四)上下决心不一致；(五)战场报告不确实；(六)不按时施行总攻；(七)部分指挥官指挥不适当。训令还要求各部队都要召开军官会议，认真总结经验教训，并报告司令部。

**3月20日** 根据第三号《前委通告》的分兵计划，与毛泽东率红四军第一、第二、第四纵队由赣州城向赣南南康县唐江镇开进。

**3月21日** 以红四军军长名义与政治委员毛泽东在赣南南康县唐江镇发布《关于整顿军风纪律的训令》，指出：本军在此工作，原为争取群众，训练本身。故于军纪风纪一层，自应严为遵守，岂容稍有松懈，致生不良影响于群众中。全体官兵必须遵守三条纪律六大注意[1]，"使红军精神及主旨深入于一般群众，则实革命之利。亦务官兵之所乐为。故凡违反军风纪者，无论大小，必于查究"。

**3月23日** 与毛泽东指挥红四军攻克南康县城。

**3月25日** 与毛泽东率部攻克大余县城。

**3月27日** 先后出席在大余县城召开的信丰、南康、广东省南雄等县共产党组织负责人会议和大余、信丰、南康、崇义、上犹、南雄等县共产党活动分子会议，并在会上就开展武

---

[1] 据《红军第四军状况（1929年7月至1930年4月）》记载，三条纪律六项注意是红军军纪。三条纪律是：(一)不拿工人、农民、小商人一点东西（着重在一点上，如一根草也是一点）；(二)打土豪要归公；(三)一切行动听指挥。六项注意是：(一)上门板；(二)捆禾草；(三)讲话和气；(四)买卖公平；(五)借东西要还；(六)损坏东西要赔。

装斗争、进行土地革命和建立革命根据地等问题发表讲话。

**3月29日** 以红四军军长名义与政治委员毛泽东发布关于《征募和教育新兵问题的训令》,指出:"红军为工农革命之斗争工具,在此反动政局日益崩溃,革命潮流日形高涨之际,自应多征忠实勇敢之工农分子扩大红军,以资扑灭反动势力,获取最后胜利。"训令规定征募新兵资格为:年龄须在十六岁以上三十岁以下,身高四点二尺以上,体格强健,无恶疾及非五官不全者;规定征募职权及手续为:各大队皆可随时征募新兵,但必须经军医处或卫生队检查合格后始得补充名。如分兵(指一支队分出)游击时,得由支队长、政治委员或支队副亲自检验,确与第一项资格相符合者始得补名;规定教育新兵要以集中为原则,新兵多则在纵队设新兵大队,少则在支队设新兵排。教育训练至相当时期及有相当程度时,始得补充入连。

△ 以红四军军长名义与政治委员毛泽东发布《关于官兵考绩的训令》,指出:"红军官长的本身训练和训练士兵是很重要的工作","军官、军佐之任免升调的适当与否,直接影响于战事的胜败和工作的利钝,所以要有考绩调查,使上级指挥机关明了各级官佐工作状况,而施以指导、纠正和教育";目前"我们军中官佐提升调动都只在经过战争牺牲之后,迫不及待地将将就就把一个人补上一个缺,或者在下层去提升,这样都是无计划的用人行政";至于教育方面,由于行军作战或分兵工作的环境和任务,致使军部对士兵的教育缺乏计划和系统性。训令还详细规定了军官任免升调和士兵教育的有关制度和具体的方法。

△ 以红四军军长名义与政治委员毛泽东发布关于爱惜公物的命令,批评近来各部队官兵对公家所发之被服、装具等多不加爱惜与保管的现象,要求广大官兵须知筹款之困难,要为

公家节省一笔开支，规定此后各部队主官务须督责全体官兵注意公物之爱惜保管，不得任意撕毁抛弃，并须指令副官特务长等随时留意调查，按月登记，尤禁擅将公物私送人情或调差不交代而私自带走等弊端。

**4月1日** 与毛泽东率红四军主力从大余县出发，越大余岭向广东南雄进军。途中，在赣粤边境梅岭关指挥部队与不期而遇的粤军一个团作战，歼敌两个营，俘虏数百人，继而率部乘胜追击，当天攻克粤北重镇南雄。

**4月3日** 中共中央致信粤、赣、闽省委转红四军前委，认为朱德、毛泽东领导红军"造成粤闽赣三省边境的红色割据"或者是"争取江西一省的政权"的战略行动，"在目前这是极端错误的了"；提出红军当前最主要的任务是"猛烈地扩大红军与坚决地向中心城市发展"；并要求红四军与红三军联系，"坚决执行向赣江下游发展，配合整个革命形势与武汉首先胜利的前途，取得九江以保障武汉的胜利"。

△ 中共中央就全国红军指挥问题发出通知，指出：现在全国红军的发展指挥统一问题，已非常严重而必要，过去因为没有严格的规定，对各地红军，除中央指挥外，各省省委以至特委都可以指挥，于是指挥系统紊乱，而决定又不免有抵触。决定以后各地已组织的正式红军，一切指挥权完全统一于中央军委。对距离太远指挥不灵便的地方，中央军委将设立办事处，代表中央军委工作，对距办事处不远的地方，中央军委当委托各省军委指挥。

**4月上旬** 与毛泽东率红四军主力在南雄发动群众，筹措给养，实行保护中小商人的新的筹款政策；制定下一步军事行动计划：决定利用金汉鼎部发生兵变之机，红四军逐渐移师信丰，准备再入于都与第三纵队会合，并集合红六军第二纵队一同入东江。如不能入于都,则仍照计划到安远、寻乌工作一时期,把寻乌红色区域扩大到安远,使与于都相连接。随即与毛泽东率红四军和地方武装由南雄回师江西,向信丰进军。

**4月10日** 与毛泽东指挥红四军主力和地方武装,攻占信丰县城,歼敌一千七百余人。

**4月11日** 与毛泽东在信丰县城召开红四军第一、第二、第四纵队司令和纵队党代表会议,部署各部队立即开展群众工作,没收土豪劣绅的粮食、财产,分给贫苦群众,组织和武装群众,开展土地革命,建立红色政权;并决定向安远、寻乌推进。

**4月15日** 中央革命军事委员会颁发《中央军委军事工作计划大纲》,规定全国红军都应集中指挥于中央军委之下,同时,为适应斗争环境和各军协同动作起见,必须成立军团以上的统一指挥机关;强调"目前我们对红军的策略是坚决地进攻","积极地向中心城市交通区域发展,猛烈地普遍地扩大";要求朱德与毛泽东领导的红四军"转变路线,猛烈地扩大,急进地向外发展,扩大全国的政治影响,使成为全国红军的模范,现在应领导第三军,协同动作向着赣江下游夺取吉安、南昌、九江。"大纲还提出了到今年年底要扩大红军到五十万以上的计划。

**4月17日** 与毛泽东率红四军进驻会昌县城。之后,在这里一面指挥部队作战,一面进行调查研究,做群众工作。

**4月20日** 出席在会昌县城召开的斗争当地土豪的群众大会。随后,会见于都盘古山钨矿和于都乱石区的工人、农民三百余人,指示其成立以盘古山工人为主力的红军第二十二纵队,还派出红军干部到该纵队工作,并拨给他们一批枪支弹药。

**4月24日** 中共中央致信红四军前委并转红三、红四、红五军总前委,指出:在"突飞猛进"的革命形势下,红三、红四、红五军的总前委,"只是一个党的集中指导,是不够的,必然要有一军事集中的指导机关","中央指示你们立即成立总指挥部,以朱德同志为总指挥,以统一军事行动计划";第六军应按中央统一规定改为第三军〔1〕。此后,朱德除指挥红四军外,还指挥红五、红三军作战。

**4月下旬** 与毛泽东率红四军到达会昌筠门岭,在这里召开手工业工人代表座谈会,指示他们成立赤卫队,并发给他们一批枪支弹药。

△ 为打通赣南苏区和闽西苏区的联系,与毛泽东率红四军一部到达寻乌地区,部署红四军第一纵队和寻乌地方革命武装红十团,一举歼灭寻乌县澄江地区地主武装一千余人,缴获大批武器弹药。

**4月** 以红四军军长名义与政治委员毛泽东发布关于加强体力与提高射击技术的训令,指出:我们红军作战没有优势武器制敌,全凭誓死斗争的决心,来与敌人肉弹相搏,用血去染成赤色区域。这就要靠有强健的体力。同时,因为我们还没有制弹厂和固定的后方,这就应该特别爱惜子弹,需要精确射击,以杀伤更多的敌人。因此,"锻炼身体增进体力,熟习瞄准增进射击效能,是现在红军军事训练中的第一要着",也是"增进红军战斗力的唯一要件"。训令确定军部拟在每一个月至两个月之间召集一次各纵队及军直属队的体力比赛和射击比赛,要求军直属队和各纵队现在就要开始准备。

**5月2日** 与毛泽东率红四军主力攻克寻乌县城,扫清了通往闽西道路的障碍。之后。率部以寻乌为中心,分兵在江西

---

〔1〕 接中央指示信后,7月,红六军改称红三军。

安远和广东平远等地发动群众、筹措给养和扩大工农武装,为开展游击战争打基础。

**5月中旬** 中共中央在上海召开全国红军代表会议,对红军的任务、策略与战术、编制与组织系统、政治委员制度、政治部及政治工作、士兵委员会以及红军中党的工作等,均做出了决议案;强调"红军革命的战争只有进攻,无所谓退守";提出"过去在游击战争中获得的所谓'敌进我退','敌退我追'的经验一般不适用";要求"纠正上山主义,边境割据的残余"等;规定红军的主要任务是进攻交通要道、中心城市和消灭敌人主力。会议还颁布了《中国工农红军编制草案》,确定全国红军建立正规兵团,军团以下按三三制建立军、师、团、营、连等单位。随后,红军主力先后进行整编。

**5月20日—23日** 在中共中央和中华全国总工会中央执行委员会于上海召开的中华苏维埃区域第一次代表大会上,与毛泽东等被缺席选为大会名誉主席。此次会议讨论了红军的组织和苏区的建设问题,通过了《政治决议案》、《土地暂行法》等文件;再次强调苏维埃区域要扩大红军、向外发展和争取全国革命的胜利;重申红军的发展方向是交通要道和主要城市,红军的战略战术是集中进攻歼灭敌人较大的部队。

**5月** 与毛泽东在寻乌县城马蹄岗召开红四军第一、第二、第四纵队大队长以上干部会议,总结贯彻古田会议决议的经验,并提出了革命军队管理教育的七条原则:(一)干部要处处以身作则,做战士的表率;(二)干部要深入群众和群众化,走群众路线;(三)干部要时刻关心战士和体贴战士;(四)干部要学会发动战士自己教育自己、管理自己;(五)说服教育重于惩罚;(六)宣传鼓动重于指派命令;(七)赏罚要分明。

△ 蒋（介石）、冯（玉祥）、阎（锡山）之间的中原大战爆发，在东起山东，西至湖北襄樊，南迄湖南长沙绵延数千里的战线上，双方投入百万兵力，战至十月。

**6月上旬** 依照原定三月分兵最后会师闽西的计划，乘中原大战爆发之机，与毛泽东率红四军从寻乌出发，北进武夷山南端，第三次入闽。途中，首先攻占武平县城并发动群众打土豪、分田地后，指挥红四军直抵上杭，与盘踞上杭的国民党军金汉鼎部周志群新编第十四旅作战，捣毁敌军江防天险，一路追击，占领上杭、长汀。至此，赣南、闽西革命根据地连成一片。

**6月15日** 中共中央就执行新的中央路线问题致信红四军前委，强调中央现在所提出向中心城市与交通区进攻的战略，与红四军前委过去有的同志主张打大城市的理论是完全不同的；指责红四军前委认为先完成三省边境割据、再打南昌的意见是错误的，尤其不打南昌的理由，更包括着严重的错误；规定"现在红军的任务，不是隐避在农村中作游击战争，它应积极进攻，争取全国革命的胜利，并且应当准备大规模的国内战争以及与帝国主义的战争"；要求红四军前委应当深刻地了解自己的错误，按照中央指示转变今后的路线。如果前委有谁不同意的，应即来中央解决。

**6月中旬—下旬** 出席先在福建省长汀县南阳（今属上杭县）后移至汀州城召开的中共红四军前委和闽西特委联席会议。中共中央特派员涂振农专程赶到汀州参加会议，作了传达了全国红军代表会议和全国苏维埃代表会议精神的报告，提出总的路线是夺取武汉，先打赣州、吉安，后夺取南昌、九江，截断长江；批评红四军不打硬仗，"放松了大的敌人，放弃了大城市"，犯了"新右倾主义"和"逃跑主义"的错误，并指令红四军向长江流域发展。朱德与毛泽东根据红军力量弱小、装备差等实际，对进攻大城市的新战略表示怀疑和反对，但因与会多数人表示接受中央指示，亦"别无选择，只有接受"。会议决定改变原定"向赣东游击，以进攻抚州为目标，主要任务即为解决经济问题"的计划，"采取集中进攻的策略"，决定部队于七月十日集中兴国，然后进攻吉安；还决定将红四、红六、红十二军整编为红军第一路军（不久改称红军第一军团），朱德任总指挥，毛泽东任政治委员。全军团共二万余人。同时，以毛泽东、朱德等组成中共红军第一军团前敌委员会，毛泽东任前委书记；还成立了以毛泽东为主席，朱德、曾山等为委员的中国革命军事委员会，以统一指挥红军的军事行动和政权建设工作。

**6月22日** 以工农红军第一路军总司令名义与政治委员毛泽东在汀州发布命令，强调"本路军有配合江西工农群众夺取九江、南昌以建设江西政权之任务"，规定于七月五日以前全路军开赴广昌集中。之后，与毛泽东率红一军团总部及直属部队等离开福建长汀，向江西南昌远征。部队出发前，当地群众在长汀县城南郊举行欢送红军北上大会，到会工农群众达三四万人之多。朱德与毛泽东等人在会上发表演说，阐述中国革命的任务为打倒帝国主义、推翻国民党政府、消灭地主阶级及一切反革命派。

**6月25日** 以中国革命军事委员会委员名义与中国革命军事委员会主席毛泽东及其他委员联名发表《中国革命军事委员会为进攻南昌会师武汉通电》，指出：本委员会为接受第一次全国苏维埃区域代表大会决议完成革命任务，统率红军第一军团向南昌进发与红军第二、第三军团会师武汉，夺取湘鄂赣数省首先胜利，以推动全国革命高潮。号召工农兵贫民群众一致起来，工人实行政治罢工，农民实行地方暴动，白军士兵实行兵士暴动，变军阀战争为革命的阶级战争。

△ 与毛泽东率部进抵江西省石城县境。驻石城县城国民党军弃城而逃，红军解放石城县城。

**7月9日** 与毛泽东率部抵达兴国。

**7月11日** 鉴于樟树（今清江县城）只有国民党军新编第十三师小部驻守，兵力比较薄弱，与毛泽东发布《红军第一军团总指挥部命令》，令红一军团由现地移师北上，"进略樟树，窥袭南昌"，引诱吉安守敌邓英部退回与红军作战，使赣西群众武装得以乘机占领吉安。还就部队分期推进的计划作了具体规定。

△ 出席在兴国县城召开的红军和地方武装北上万人誓师大会。其间，经毛泽东介绍，与刚从地方上调到红四军担任军委青年委员的萧华认识，鼓励他大胆工作。

**7月12日** 与毛泽东率红一军团离开兴国，执行向樟树推进的第一期计划。

**7月13日** 以中国工农红军第四军军长名义与政治委员毛泽东及士兵委员会主席王得胜发布《为反对军阀混战告士兵兄弟书》，告诫受军阀压迫的士兵：我们朱毛红军的官兵是平等待遇，经济公开；我们正要与全国的工人、农民、士兵创造全国的政权。号召他们马上联合起来暴动，把压迫他们的国民党军官们杀个干净，并联合工农，树立工农兵苏维埃政府。

**7月14日** 与毛泽东率红一军团抵吉安陂头。

△ 出席由中共中央特派员涂振农召集的红一军团前委与赣西南特委联席会议，讨论红一军团的行动方针问题。会议决定红军主力暂不进攻敌军凭坚固工事死守的吉安，而向兵力较为空虚的吉水、永丰、新干以至樟树进攻。

**7月15日** 与毛泽东率红一军团向吉水进发。

**7月20日** 与毛泽东率红一军团到达永丰县城。

△ 以红一军团总司令名义与政治委员毛泽东在永丰城发布命令，令红一军团照原来任务北上，实施第二期推进计划；要求红军分两路于明日由永丰城出发，分两天行军，准于二十二日到达麦斜集中。

**7月22日** 与毛泽东率红一军团到达麦斜。

△ 以红一军团总司令名义与政治委员毛泽东在麦斜发布命令，令红一军团依照原定北上第三期计划分左、右两翼攻取樟树。这时，原国民党江西省政府主席朱培德及其所部滇军已调离江西，新任省政府主席、湘军将领鲁涤平派第十八师五十三旅一〇五团赶到樟树。

**7月24日** 与毛泽东率红一军团攻占樟树镇，歼敌第十八师两个多营，缴枪近二百支，俘虏一百余人。进驻樟树后，召开群众大会，散发传单，宣传革命形势。尔后，与毛泽东在樟树召开红一军团干部会议，根据南昌的敌情和地形，主张改变原来中央要求攻占南昌的计划，并决定全军团西渡赣江，向南昌对岸前进，攻击牛行车站，举行"八一"示威。

**7月25日** 根据红一军团干部会议决定，以红一军团总指挥名义与政治委员毛泽东在樟树发布红一军团渡河的训令，令全军团于翌日凌晨四时前全部西渡赣江，并对渡河次序、渡河警戒、码头路线、渡河保险等作了具体部署。全军团奉令按时渡过赣江，向北前进，攻占高安、上高等十余县。

**7月29日** 以红一军团总司令名义与政治委员毛泽东在高安发布相机进占南昌对岸牛行车站的命令，决定北上第二步之第二期推进计划，拟于三十日全军团进至万寿宫、石子一带，相机进占牛行车站；要求各部队到达目的地后，应即发动群众，并努力筹款。

**7月30日** 与毛泽东率红一军团进抵南昌附近的万寿宫、生米街、石子地区。

**7月底** 由于部分干部主张执行中央指示打南昌，与毛泽东决定派红十二军代军长罗炳辉率部队去侦察南昌敌情。

**8月1日** 红十二军代军长罗炳辉率两纵队到达南昌对岸，攻击赣江西面的牛行车站，并隔江向南昌城开枪示威，以纪念"八一"南昌起义三周年。

△ 继派出部队到牛行车站示威后，以红一军团总司令名义与政治委员毛泽东在万寿宫发布命令，撤离南昌附近，指出："本军团为求迅速完成北上任务起见，决诱敌离开其巢穴而歼之"，拟于明日进至安义县、奉新县之线休息、整顿、工作和筹款。之后，与毛泽东率红一军团转向奉新、安义地区休整待机，并进行筹款和开展群众工作。

**8月3日** 鉴于南昌之敌仍在防御工事中不敢向红军前进，以红一军团总司令名义与政治委员毛泽东在奉新发布命令，令红一军团"以绝对急进攻击敌人之精神"，"先取浏阳，进略长沙，以威胁武汉"。

**8月6日** 以中国工农红军第一军团总指挥名义与政治委员与毛泽东在奉新城发布命令，令全军团照原定计划向宜丰前进，并于本月十日进驻宜丰城。

**8月7日** 得悉彭德怀率红三军团已于七月二十七日攻占长沙并于八月六日撤出，遂与毛泽东决定红一军团继续西进，向从长沙撤出的红三军团靠拢。

**8月10日** 鉴于国民党军急抽调李抱冰部之两个团到南昌（旋即调往津浦线）等情况变化，以红一军团总司令名义与政治委员毛泽东在宜丰发布命令，令红一军团于本月十五日以前改在万载县城集中完毕。

△ 中共中央致信鄂省委转长江局，指示红三、红四军如下南昌占九江，则应与八军取联络，逼武汉，以使在红军的进攻下取得与工人力量的汇合，在敌人忙于应战时，在武汉举行暴动，夺取武汉。

**8月12日** 率红一军团总指挥部进驻江西省万载县城。随后，与毛泽东在县苏维埃驻地会见县委负责人，了解地方工作情况，并指出县委必须在城内发展各种革命组织，特别是发展党的组织，从而把广大劳苦群众组织起来，团结在党的周围；同时还说明红军不单纯是为了打仗，还要宣传群众，组织群众，武装群众，并帮助群众建立革命政权。

**8月18日** 与毛泽东率总部直属队由万载到达湘赣边界的黄茅市。

△ 获悉彭德怀率领红三军团在平江县长寿街一带转入防御后，国民党湖南省政府主席何键率领十团以上兵力向红三军团追击，其中第三纵队司令兼第四十七旅旅长戴斗垣率领四个团进至浏阳县文家市和孙家塅一线，与毛泽东立即召开高级军事干部会议，决定乘文家市之敌立足未稳之机，迅速奔袭文家市，歼灭该敌；并以红一军团总司令名义与政治委员毛泽东在万载县黄茅发布命令，规定总攻文家市时间定于二十日拂晓，要求各部到达准备位置时，须即与当地赤卫队配合行动；各部须节省兵力，于必要时须与邻接部队互相策应；攻击部队在消灭该地之敌后，应即猛烈追击残敌，务使悉数消灭。

**8月19日** 率部由万载县黄茅地区出发，向浏阳县文家市和孙家塅方向开进，兵分四路进入阵地。

**8月20日** 与毛泽东指挥红一军团主力向文家市国民党军第三纵队发起突然进攻，一举歼灭其三个团又一个营，毙敌纵队司令兼旅长戴斗垣，毙、伤、俘敌共计二千余人，缴获各种枪一千五百余支（挺）。这是红一军团自长汀回师以来取得的第一次大胜利。

△ 以红一军团总司令名义与政治委员毛泽东在文家市发布命令，指出：军团以消灭何键部之目的，决继续攻击张家坊之敌（陈光中部独立第七旅），拟于明（二十一日）晨向小河（七十里）前进。

**8月23日** 与毛泽东率红一军团到达浏阳县永和市，同由平江县长甘街南下的红三军团会师。尔后，出席两军团前委举行的联席会议。会议根据中共中央关于统一军事指挥的指示，决定成立红军第一方面军（简称红一方面军），下辖第一、第三军团，共三万余人，朱德任总司令，毛泽东任总政治委员；成立中共红军第一方面军总前敌委员会，毛泽东任总前委书记，朱德、彭德怀等为委员。成立中国工农革命委员会，统一指挥红军和地方政权，毛泽东任主席，朱德、彭德怀等三十五人为委员。接着，出席由毛泽东主持召开的红一方面军总前委会议，在会上发言，认为红军的装备和训练都不宜于打阵地战，红军如果攻打长沙、武汉这样坚强防御的城市，其结果是全部被消灭。会议否决了这一得到毛泽东等支持的意见，决定再次进攻长沙。

**8月24日** 获悉何键和罗霖等部有可能将防线缩短至永安市鲞斯港、龙头铺、株洲一线，以红一方面军总司令名义与政治委员毛泽东在永和市发布命令：本方面军以消灭何键部队进占长沙之目的，决定三路向长沙推进。红一军团为左路，红三军团（欠第十六军）为中路，红三军团第十六军为右路。拟于明日（二十五日）由现在地出动。并规定：凡各部所经过地方须特别严守纪律，尤以不得擅取工农东西；没收东西及焚烧房屋，须得有命令方得执行；各部队于沿途所遇之交通工具（如铁道、桥梁、火车、汽车、电线、无线电台等）非有高级命令不得擅自破坏，违者严究。

**8月25日** 与毛泽东率红一方面军分途向长沙开进。

**8月27日—29日** 国民党政府陆海空军总司令武汉行营主任何应钦，在武汉召集湘、鄂、赣三省党政军最高机关代表参加的"绥靖"会议，策划对红军和苏区的合力"围剿"，并确定了以军事为主，党务、政务密切配合，分别"围剿"各个苏区红军的总方针。

**8月28日** 以红一方面军总司令名义与政治委员毛泽东在镇头发布命令，决定红一方面军仍以攻取长沙、消灭何键部队之目的，于明日占领枫树河、新桥、落霞坪、菱仲铺、龙头铺之线，向长沙攻击前进；并要求各部于明日到达指定地点后，应即没收土豪之水牛或出钱收买农民之水牛，以备攻击敌阵地上障碍物。接着，又以红一方面军第一军团总指挥名义与政治委员毛泽东发布命令，令红一军团于明日占领枫树铺、新桥、落霞坪之线。

△ 鉴于国民党军似有以主力沿铁道出易家湾侧击红军之企图，以红一方面军总司令名义与政治委员毛泽东在新桥发布命令：方面军决于明日先歼灭易家湾之敌，乘胜强袭长沙。令第三军团于明日以全力攻击易家湾之敌，得手后应即以一部兵力沿汽车道向长沙攻击前进；令第一军团第十二军于明晨七时以前取便道到达大托埠附近，堵截易家湾之溃敌；令第四军应于明晨七时以前由鑫斯港取捷道进至周家堤、钟家湾之线停止，向长沙警戒；令第三军为总预备队，配置大白田铺附近待命。命令还指出：如在易家湾所歼灭之敌非其主力时，则方面军主力分别进至石牌岭、洞井铺、许家冲等地停止待命。

△　何键率三个旅由浏阳返回长沙,与原留守长沙城内的一个旅会合,又增调其他援军进入长沙防守。

**8月29日**　与毛泽东率红一方面军主力进抵长沙东南郊外的枫林河、新桥、落雷坪、菱中铺、龙头铺一带。总部在新桥,指挥红军对长沙取包围态势。

△　中共中央致信长江局并转湘省委、湘鄂赣前委等,强调红军再度占领长沙必在目前,提出集中第三、第四、第五、第八军的主力进攻长沙的战略,要求坚决执行。还决定:在湘鄂赣这一广大苏维埃区域中成立中央局,管辖所有苏维埃区域(在有些区域还没有打通以前,暂仍归省委或长江、南方两局管);军委可公开指挥各地红军;在现时红一、红二、红三军团上应成立总司令部组织,以朱德为总司令,以统一指挥。后来,该信由长江局派军事部长周以栗于九月下旬专程前往红一方面军传达。

**8月30日**　以红一方面军总司令名义与政治委员毛泽东在白田铺发布命令,决定先诱歼企图侧击红军之敌,然后乘胜进攻长沙。令第三军团配置在黄虎冲、西塘冲等地隐蔽,待敌独立第七旅半渡湘江时出击,歼灭该敌后迅速沿铁道和公路向长沙攻击前进;令第一军团分别向烂泥冲、猴子石、黄土岭、石牌岭、石马铺等地出击,策应第三军团,得手后亦向长沙方向攻击前进。要求各部须在明晨四时前用餐,并准备完毕。还亲自下达手令:敌有奇袭,我有奇攻。

**8月31日**　午后,鉴于长沙之敌仍然依据工事顽抗和板石港之敌正准备在大托铺、易家湾之间偷渡,以红一方面军总司令名义与政治委员毛泽东在白田铺发布命令,决定"仍拟诱歼敌军于其工事之外,然后乘胜攻入长沙"。接着,与毛泽东指挥红一方面军在易家湾、鲞斯港至长沙城南一带地区围攻长沙城。

△ 二十时，以总司令名义与政治委员毛泽东在白田铺发布命令，令第十六军仍任右路，位置于槐西渡、东屯渡、杉木渡之线，应即发动该线一带群众，以与浏阳赤区相接，并牵制长沙城东北地区之敌，相机渡河进击一面。尔后，把指挥部设长沙城外的一个山头上，指挥全线作战，密切注视着敌人动向，待机歼敌。

**9月1日** 鉴于长沙守敌仍依据工事顽抗，以红一方面军总司令名义与政治委员毛泽东在白田铺发布命令，决定方面军于明晚全线向该敌总攻，令第三军团明日任圭塘、石坝、乌梅岭之线以右地带攻击（线在内）；令第一军团（缺第四军）任此线以左地带之攻击（线不在内）；第三军团第十六军着即归还建制，于明日由东屯渡、湖迹渡之线沿新河向北关攻击；令第四军为总预备队，位置于龙家湾、周家坝之线。规定第三军团之炮兵须在石坝附近选择阵地，以能射击雨花亭、乌梅岭等处敌阵地为限。同时，以红一方面军第一军团总司令名义与政治委员毛泽东在白田铺发布命令，令全军团根据方面军的命令于明日十九时发动攻击，并作出了具体战斗部署。

**9月2日** 红一方面军各部冒雨对长沙发动总攻，被敌电网所阻，虽采取了"火牛阵"的方法，仍未奏效。

**9月3日** 与毛泽东指挥红一方面军击溃由猴子石、大托铺等地出击之敌，并将由猴子石出击之湘军陶广师第一、第二旅及补充各团等追至湘江边，歼敌近八百人，俘敌一千余人。敌公秉藩、王东原等部因遭到红军迎击，退守阵地，不敢前进。

**9月4日** 以红一方面军总司令名义与政治委员毛泽东在白田铺发布命令，令方面军诱敌出离阵地，围歼之于工事之外，并作出了具体战斗部署。同时指出：如明日敌人不出击，则方面军就地休息一天。又以红一军团总司令名义与政治委员毛泽东在白田铺发布命令，令红一军团根据方面军之命令，于明日就原地集结兵力，待机出击。

**9月5日** 根据国民党军一部准备偷渡湘江袭击红军侧背，另一部亦向城外出击等情况，以红一方面军总司令名义与政治委员毛泽东在白田铺发布命令，决定于明日先诱歼此两路出击之敌，然后乘胜攻入长沙，并作出了具体作战部署。又以红一军团总司令名义与政治委员毛泽东在白田铺发布命令，令全军团于明日晨三时由现在地出发，向田心桥开进，到达田心桥后，相机歼灭大托铺、易家湾一线之敌。国民党军畏惧被歼，坚守工事没有出动。

**9月10日** 以红一军团总指挥名义与政治委员毛泽东在田心桥发布命令，令红一军团根据方面军定于本晚八时向二里牌、乌梅岭、黄土岭一带之敌阵地施行总攻击之命令，"向乌梅岭敌阵地强攻"，规定第四军为攻城部队，第十二军为攻城预备队，攻城部队及攻城预备队统归攻城司令林彪、政治委员罗荣桓指挥；第三军为本军团预备队，随总部进至许家冲后天际岭附近。二十时，总攻开始。激战至十一日拂晓，仍未突破敌军阵地，红军遭受较大损失。

**9月12日** 鉴于红军强攻未获成功和驰援长沙的桂军一部已至湘潭、敌方已调集三十一个团抵长沙，以红一方面军总司令名义与政治委员毛泽东在新桥发布命令，令方面军"拟占领萍乡、攸县、醴陵、株洲等处待机"，并限令第三军团即日经醴陵进占萍乡，第一军团于明日占领株洲。第二次围攻长沙之战遂告结束。九月十七日，毛泽东在醴陵以红一军团前委书记名义给中央写报告，介绍红军二打长沙情况："围困长沙十六天，大战数昼夜，战线延长三十余里。九月三日将敌之出击部队完全击溃，从此缩入战沟，不敢出来一步。到九月十日我军第二次总攻不得手，九月十二日始决议向萍醴撤退。"报告认为：这次战斗"把敌军三十团以上的威风完全打落，使之不敢正眼看我红军，同时给全国以颇大影响，则是这一次战争的胜利。"还说："这次战役是自有红军以来第一次大战，因此我军死伤也不小。"报告分析攻打长沙不克的原因是：敌军主力未能消灭在筑工事之前，敌退入城壕有余力守城；群众条件不具备，城内无工人、士兵暴动以为响应；红军的技术条件不具备，没有重炮、无线电等。报告强调指出："没有群众条件是很难占领中心城市的，也是很难消灭敌人的。"

△ 与毛泽东发布红一方面军总司令部《收缴敌人枪械办法的训令》，总结红军某部在攻打长沙战斗中因缴枪方法不当，导致敌人反攻失败的经验，规定打大仗缴大批枪的办法：对举枪表示投降的敌人，不要伤害他，而命令其将枪械一律架起或一律放在地下后身退若干步，然后令其集合并派必要兵力押解到后方；另派少数兵力将缴到的枪械送到后面最近处，交给徒手人员转送后方（于必要时卸下机柄），决不要自己把枪背起来，反而减少战斗力；对不举枪投降之敌，为减少敌人的战斗力和促成我们的战斗任务起见，应毫无留情地杀伤他。

**9月13日** 出席在株洲市召开的红一方面军总前委会议。会议根据在株洲偶然得到的中共中央南方局及中央军委于8月初发给红一方面军的指示信，讨论红军的行动方针，认为中央的指示完全正确，夺取武汉是全国性质的阶级大战，若没有全国尤其是湘鄂赣豫等省的革命条件，则夺取武汉很难持续与扩大。会议决定红一方面军回师江西，攻打吉安。

△ 以红一军团总指挥名义与政治委员毛泽东在株洲发布

命令，表示接受中共中央指示，夺取南昌的第一期方案为：以第一军团攻取吉安，第三军团略取峡江、新淦。令红一军团于明日由株洲出动，沿途分散工作，任务是发动群众、筹款和缝制被服。还规定行军和工作的日期为十七天，限全军团于本月三十日到达吉安之延福乡集中。之后，红一方面军在湘赣边界的株洲、醴陵、萍乡、攸县地区休整，同时开展筹款、筹粮，做群众工作。

**9月23日** 以红一军团总指挥名义与政治委员毛泽东在萍乡发布命令，令红一军团遵方面军命令"攻取吉安城"，限令总部各直属队及第四军于明日移至安源工作三天，二十七日全军团（缺第十二军）由安源、萍乡两处向宜春前进，经宜春到吉安城北九十里之阜田附近集中；第十二军由攸县照原计划到吉安城北集中待命。

**9月24日** 与毛泽东率红一方面军总部及其直属队和红四军由萍乡到安源后，出席由安源工人举行的欢迎红军大会，并在会上讲话，号召安源工人跟共产党走，踊跃参加红军，坚决同国民党反动派作斗争。会后三天内，有千余名工人参加红军。还深入到工人和战士中间，与之亲切交谈，说明主动撤围长沙和准备攻取吉安的重要意义。

**9月24日—28日** 中共中央在上海召开六届三中全会。会议在瞿秋白、周恩来主持下，批评了李立三对形势的错误估计，决定停止组织全国总暴动和集中全国红军进攻中心城市的行动，恢复党、团、工会组织并正常工作，从而在中央纠正了作为以李立三代表的"左"倾冒险主义为主要特征的那些错误。但是，这次会议没有能在思想上、理论上彻底清理以李立三为代表的"左"倾错误，对于中国革命的长期性缺乏认识，继续把"组织现在的革命战争和积极准备城市暴动"作为"党的总方针"。朱德未出席会议，被补选为候补中央委员。

**9月28日** 与毛泽东率红一军团由安源、萍乡开抵袁州，出席在这里召开的中共红一方面军总前委会议。会议继续讨论数日来争论未决的红军行动方向问题。朱德支持毛泽东的意见，并与毛泽东一起做说服工作，统一认识，最后确定仍按原计划不打南昌，而以红一军团攻打吉安，红三军团进攻樟树并担任警戒任务。

**9月29日** 以红一方面军总指挥名义与政治委员毛泽东在宜春发布红一方面军第一军团命令，令红一军团（缺第十二、第二十军）照原计划拟于三十日由宜春城出动，经分宜向吉安前进，于十月二日到达阜田集中；"先头部队到达阜田后应相机袭取吉安"。

△ 晚，中共长江局代表周以栗[1]到达袁州，带来了八月二十九日《中共中央给长江局并转湘省委、鄂赣前委及行委的信关于占领长沙的战略与政策的指示》，动员毛泽东执行中央指示。毛泽东对周以栗进行说服，使他放弃要求红一方面军攻打长沙的意见。

**9月30日** 出席在袁州召开的红一方面军总前委会议。会议经中共长江局代表周以栗同意，正式决定红一方面军不再攻打长沙，也不攻打南昌，仍执行先攻取吉安的计划。

△ 周恩来主持召开中共中央军委扩大会议，在会上所作《目前红军的中心任务及其几个根本问题》报告中，介绍了全国各主要红军的发展及现状，并认为朱德与毛泽东领导的红四军主力从井冈山向赣南进军，开辟新根据地的事实，是"开始

---

〔1〕周以栗，时任中共中央长江局军事部部长，奉命前来传达长江局再打长沙的指示信。

历史的新篇幅","可以说从朱、毛下井冈山到现在,完全是国内农民战争在无产阶级领导之下走向消灭军阀战争的发展的一个进程。"

**10月2日** 以红一方面军第一军团总指挥名义与政治委员毛泽东在吉水县阜田发布命令,指出:本军团决于四号拂晓总攻吉安城,拟于三日进至百子塘、三角塘、华家之线准备完毕,"待命向吉安城攻击"。随后,与毛泽东指挥部队由阜田出发,向吉安推进。红十二军军长伍中豪奉命率部经安福向吉安前进时,不幸中弹牺牲。

**10月3日** 与毛泽东率红一方面军抵达吉安城附近后,以红一方面军第一军团总指挥名义与政治委员毛泽东发布命令,决定于四号拂晓总攻吉安城,"限于五号拂晓前夺取吉安城"。并规定军团不留总预备队,各军须自留;还要求"进城后各官长士兵,须恪守纪律,不得乱拿东西";"对于城中留下之无线电机、电话、电灯、汽车等交通器具,概不准毁坏。"

**10月4日** 与毛泽东指挥红一军团在赣西十余万群众和地方武装的配合下向吉安发动总攻击。守军邓英[1]部等四团兵力抵抗一天后,逃向南昌。次日凌晨一点,红军进占吉安城。至此,范围涉及三十多个县并包括十四个县城的赣南革命根据地连成一片。之后,红一军团在该城停留十天,捕捉土豪,筹措军费。其间,与毛泽东制定保护工商业的政策,命令部队严格执行;同时,非常注意搜集并仔细阅读国民党方面的档案和能见到的各种报刊,分析时局变化的动向,在此基础上判断:军阀混战结束后,蒋介石必定要调集军队大举进攻革命根据地,一场大战已迫在眉睫,并认为这种进攻一旦发生,红

---

[1] 邓英,时任国民党军新编第十三师师长。

军应该迅速撤出吉安,以便机动作战,否则将会十分不利。

**10月7日前后** 江西省行动委员会在吉安成立,将赣西南党、团、工会合并,以李文林为书记,下设赣西、赣南、赣东、赣东北四个行委。

**10月7日** 出席红一方面军总前委和赣西南特委在吉安城中山场召开的庆祝红军攻占吉安的军民祝捷大会,并在会上讲话,号召扩大苏区,扩大红军,准备迎接敌人新的进攻;还提出:我们工人农民,我们工农红军,要打他几十个州县,打天下嘛!这次会议宣布成立江西省苏维埃政府,以曾山为主席;曾山、方志敏、毛泽东、朱德等五十三人为委员。会后数天内,出城会见万余名工农群众,给他们讲述参加红军打天下的意义。红一军团在吉安"增补新兵八千",壮大了实力。

△ 红军第一军团总指挥部下达《关于部队编制问题》的通令,规定各军所辖的"纵队改为师,支队改为团,大队改为连,中队改为排,分队改为班";每连三个排,每排三个班,每班十三名战士;"每军设特务营、交通队,军团设警卫团、交通队、工兵队";团机炮队改为机炮连。之后,红一军团各部(第二十、第二十二军未参加)根据通令进行整编。

△ 以江西省工农兵苏维埃政府委员名义与该委员会主席曾山及其他委员发布《江西省工农兵苏维埃政府布告》,宣布本政府成立及其十三条政纲,就这一新成立的苏维埃政府的对外政策、土地政策、劳动政策、城市和商业政策等方面,作了纲领性的说明。

△ 与毛泽东出席在吉安后河草坪召开红一方面军总部工兵连成立大会,并在会上讲话和正式任命了队长和党代表。

**10月上旬** 蒋介石在中原大战中取得基本胜利,开始调集兵力来进攻红军和革命根据地。

**10月11日** 总前委在吉安城北黄泥塘村召开会议,讨论近日收到的中央政治局六月决议、中央六月十五日给红四军前委信,并讨论周以栗在会上作的政治报告,认为"中央一切指示宣传正确,全部接受,已做出决议按照执行。"决定总部率三军、四军和十二军即行北上。

**10月12日** 以红一方面军第一军团总指挥名义与政治委员毛泽东在吉安城发布密令,决定第二天凌晨二时半至三时半在吉安城进行挨户检查,以肃清藏匿的反动武装及土豪劣绅等,并规定检查中"不准拿东西"。

**10月13日** 以红一方面军第一军团总指挥名义与政治委员毛泽东在吉安发布命令,提出:本军团有进攻南昌、九江,消灭敌鲁涤平部,夺取江西全省政权,向左保障武汉暴动胜利,向右进攻南京,以促成全国直接革命之任务,决于明日开始移师北向,以四天行程分左、右两路到达清江附近集中。

**10月14日** 红一军团各部由吉安及其周围地区出发,于十九日先后进至分宜、新余、罗坊及永丰以北地区,以战备姿态开展群众工作和筹措给养。

△ 毛泽东在吉安以红一方面军总前委书记名义致信南方局转中央,报告攻克吉安的胜利和赣西南党组织状况等问题。信中指出:此次吉安暴动的胜利,是江西全省首先胜利的开始,是猛烈扩大红军的好时机。还报告:红一军团于十月十八日可抵清江与红五、红八军会合,"即行占领南浔路进攻南昌,在那一带将有大规模的决战"。

**10月15日** 与毛泽东率红一方面军总部离开吉安北上。

**10月17日** 与毛泽东率红一方面军总部到达峡江。出席在峡江召开的红一方面军总前委扩大会议。这次会议讨论了时局、红军行动方向、土地、资本等问题。因党中央批判李立三

"左"倾冒险主义错误的文件尚未送到江西,会议在讨论红军是否继续在赣江以西攻打大城市和交通要道这一行动方向问题时,争论十分激烈。朱德与毛泽东意见一致,认为当前的大前提还是敌强我弱,具体情况是:湘敌强,赣敌弱;从地形和群众条件讲,赣江西岸夹在湘、赣江之间,机动范围小;而赣江以东因地跨闽、浙、赣边界,有大山,回旋余地大,在根据地内实行群众的战争,才能以弱胜强,想怎么打就怎么打。因而反对继续攻打大城市和交通要道,主张红军东渡赣江,"诱敌深入"到革命根据地内部去关门打狗。

△ 中共中央政治局会议决定:由项英、毛泽东、周恩来、任弼时、朱德等九人组成中共苏区中央局;由项英、毛泽东、任弼时、朱德、彭德怀、贺龙、黄公略、叶剑英、邓中夏、邓小平、刘伯承、周恩来、恽代英、李富春等二十五人组成苏区军委。

**10月19日** 根据峡江会议精神,以红一方面军总司令名义与政治委员毛泽东在峡江城外竹山下发布命令,决定方面军以直占南浔路待机略取九江、南昌之任务,第一步拟先歼灭高安当前之敌而占领之。令第三军团于明日出发,分五天行程,务于二十四日占领高安城,达到后须即向南昌、奉新方向警戒;令第一军团第四军于明日出发,分五日行程,经仁和、田冈等地到达公庙、大阳圩、张家渡之线,协助第三军团歼灭高安之敌,如高安无敌踪则须位置于五里牌七里桥之线待命;令第三军于二十一日出发,分五日行程到达黄陂桥待命。命令还要求各部沿途须注意筹款及严肃纪律。

**10月22日** 率红一方面军总部到达清江县太平圩。红一方面军各部亦分别到达太平圩、黄土岗和新余的罗坊地区。

**10月23日** 阎锡山、冯玉祥等在中原大战中失败。冯玉祥宣告下野。阎锡山躲到大连。历时五个月的蒋冯阎等军阀混战结束。蒋介石开始部署对红一方面军和中央苏区大规模军事"围剿"。

△ 出席在清江县太平圩召开的中共红一方面军总前委扩大会议。会议根据蒋介石正在调集兵力，向红军和革命根据地包围过来之敌情，决定推迟进占高安，将部队部署在袁水与瑞河之间，进一步发动群众，筹措给养，扩大红军，做好与敌人决战的准备。

**10月24日** 根据太平圩会议精神，以红一方面军总司令名义与政治委员毛泽东在黄土街北端廖家发布命令：方面军有继续吉安胜利争取进一步的胜利，发动群众消灭敌军、扩大红军，有计划、有配合、有步骤地夺取南昌、九江，争取江西全省胜利之任务，决先暂以七天为限，在袁水与瑞州河之间布置工作，以主力沿袁水配置，发动这一带的群众，筹足一个月之给养，竭力准备与敌决战的条件。

**10月25日** 与毛泽东率红一方面军总部抵达新余县罗坊。

△ 中共中央发出致红一、红三军团前委的指示信，指出：敌人正在加紧部署对红军的"围剿"，其最主要目标是红一、红三军团。因此，"目前党之最中心的策略是如何组织革命战争击破敌人的'围剿'与进攻"，而攻长沙或是攻南昌，并不是第一步工作。

**10月25日—26日** 出席在罗坊陈家闹村召开的红一方面军总前委和江西省行动委员会联席会议（通称罗坊会议）。会议继续讨论继峡江会议上争论而未解决的战略方针问题。朱德在讲话中支持毛泽东提出的红军不应打南昌，而应先向苏区内退却的意见，指出：在强大的敌军已经在南昌、九江周围集结的情况下，红军决不能冒险去打南昌、九江，只能实行"诱敌深入"的作战方针，东渡赣江，在革命根据地消灭敌人。经过毛泽东、朱德的耐心说服，对打不打南昌、九江的问题统一了认识，并发出了《红一方面军前委会、江西省行动委员会关于目前政治形势与一方面军及江西党的任务的指示》，强调："目前的战略是在占领南浔路、占领九江的总目标之下，继续吉安的胜利，争取进一步的胜利，即在吉安、南昌之间一带发动广大群众，筹措给养，同时加紧后方的群众调动与给养筹措，准备与敌人作大规模的决战，消灭敌人主力，实现全省胜利。"

**10月28日** 何应钦奉蒋介石令，在汉口召开湘鄂赣"剿匪"会议，正式宣布对各革命根据地进行"围剿"，决定以赣南为"围剿"重点，企图在六个月内解决战斗。同日，蒋介石任命江西省政府主席鲁涤平兼任第九路军总指挥。十一月二日，鲁涤平将已到江西境内的七个师二十一个旅编成三路纵队，限于五日前集中于袁水两岸的指定区域，企图将红一方面军消灭于清江（今临江）至分宜段的袁水两岸地区。

**10月29日** 中共中央发出关于对付敌人"围剿"的策略问题给一、三两军团前委的指示，提出目前党之最中心的策略是如何组织革命战争来击破敌人的"围剿"与进攻；判断敌军此次"围剿"的主要目标是红一、红三军团；要求总前委实行"进攻的策略"，"将红军调到与敌人作战的前线"给敌人以打击，而不能回到过去"分散以游击"，"兜圈子以避敌人围剿"的道路上去；强调第一、第三军团军事指挥必须统一，依照中央上次通知，仍以朱德为第一、第三军团总司令。

△ 以红一方面军总司令名义与政治委员毛泽东在新余县罗坊园前发布命令，决定红一方面军仍在原地区延长工作三

天。各部在工作期间，应筹足自我给养一个月以上；努力收缴地主反动武装，尽量武装可靠农民或集中组织赤卫队；彻底分配各工作地区内之一切田地；设法收买子弹（因此处农村中藏有甚多子弹）；注意内部之政治军事训练。同时，还要求第一军团各部一律改用新战术之新队形操练，并须有构筑工事之作业。

**10月30日** 获悉国民党军已开始对红一方面军和根据地进行"围剿"，与毛泽东等在罗坊召开红一方面军总前委和江西省行动委员会紧急联席会议，决定采取"诱敌深入"的战略方针；确定红一方面军东渡赣江，在群众基础好，且利于尔后发展的赣江以东地区作战。

**11月1日** 以红一方面军总司令名义与政治委员毛泽东在罗坊园前发布命令，指出：方面军拟诱敌深入赤色区域，待其疲惫而歼灭之，决以主力移到赣江东岸，取樟树、抚州，发展新淦、吉水、永丰、乐安、宜黄、崇仁、南丰城各县工作，时间以一月为限，"工作时间以筹款为第一位，同时应发动广大群众，加紧本身训练。"令第三军团为中路军（由彭总指挥、滕政治委员指挥），迅速渡过袁水南岸集中队伍，于本月五日在新淦对河附近渡江向樟树前进，相机略取樟树，并在樟树通丰城、新淦两大道附近筹款二十万，发动群众，以后之集中地在永丰之藤田附近；令第四、第十二军为右路军，于六日渡江（归林彪、杨岳彬指挥），经崇仁向抚州前进，相机略取抚州，在南丰、南城、崇仁、宜黄各处工作，筹款四十万，发动群众，以后集中地在乐安之招携市附近，如中路军受优势之敌威逼时，则应提早集中时间向中路移靠，以便应敌；令第三军（由黄公略、蔡会文指挥）为左路军，担任赣江西山岸一带地区（包括安福）扰敌工作，与第二十军及中路军取联系，牵制敌人进攻吉安；令第二十军在吉水、永丰、新淦一带工作，须经常与总部确取连络。

**11月5日** 率红一方面军总部从峡江城东渡赣江。之后，指挥部队向新淦、崇仁、宜黄、南丰、南城地区推进，乘敌军尚未东渡赣江之机，在这里发动群众，筹措给养，整训部队。两日后，各路敌军向袁水两岸原红军驻地进攻，扑了个空。

△ 毛泽东由峡江前往吉安，参加江西省行委和赣西行委的扩大会议，对赣江以西地区如何坚持斗争和撤离吉安作了部署。之后，于十一月十九日离开吉安，前往永丰的藤田同朱德会合，一起指挥作战。

**11月7日** 彭德怀根据红一方面军命令，指挥红三军团渡过赣江开入永丰，向中央革命根据地中心宁都之黄陂、小布西行动。

**11月16日** 以红一方面军总司令名义与政治委员毛泽东在永丰城发布给左路军的训令，纠正其战斗部署之错误。指出：左路军退至油田，让敌军到吉安并分散后，始予攻击，实为错误之处置。倘敌军一入吉安，则我群众之勇气必大丧，而我左路军更陷于被动之地位。现由各方报告判断，敌军分路前进之兵力仍甚薄弱，其推进途中最多仍只能集结两团左右，实予我军以各个击破之好机。虽全方面军出击之时机尚未成熟，而各路军一有机会，则应尽各种方法各个击破敌之前进部队，以促成全方面军出击之时机。中路军、右路军已分付此种任务。否则，亦应尽诸种手段牵制或阻止其前进，以延时日。左路军应即以主力进驻洛口，右翼之前进部队应进至白沙、鹊桥一带，阻敌军入扰阜田，左翼先头应进至大行山北坑一带，将来以从此出击，以集结兵力攻破分宜前进之敌为宜。

**11月中旬** 鉴于国民党军发现红军主力已经东渡赣江，

并做好了准备在赣江东岸寻找红军主力作战的部署,与毛泽东指挥主力部队,向苏区边沿永丰县的藤田和乐安县的招携一带,实行战略退却;另以少数兵力配合地方武装,迟滞和迷惑敌人。在撤退途中,视察各地坚壁清野和各项反"围剿"准备情况,向干部和群众说明战略退却的目的和意义。红军刚一离开,各路敌军相继进至,再次扑空。在这段时间里,出席总前委会议,研究战略退却终点问题,与毛泽东认为红军面对强敌,务须更为慎重,以求得有充分把握取胜,决定红军向条件更为有利的中心区撤退,使部队得到休息,以避免过度疲惫。

**11月25日** 鉴于吉安之国民党军公秉藩师一部已经逼近直下、陂头一带等敌情,以红一方面军总司令名义与政治委员毛泽东在沙溪发布命令,决定全军开赴东固、南垄、龙冈一带集中,准备出击敌人。令右路军(第四、第十二军)于明日由上溪、下溪一带开到龙冈集中待命;令中路军(第三军团)第二十二、第二十军在东固之一部(统归第三军团总指挥彭德怀、政治委员滕代远指挥)于令到时自择路线分途开向东固集中待命;令第三军第八师由上固开到南垄待命,第十二军第三十六师由现驻地开赴龙冈归还建制。

**11月26日** 与毛泽东率方面军总部抵达吉安南垄。

**11月28日** 晨二时,根据公秉藩部两团已于二十五日退回吉安等情况,与毛泽东在南垄发布命令,决定集结主力由右翼出击,次第歼灭敌军。令方面军主力部队于十二月一日以前在黄陂、小布、洛口之线集中;令第二十军一部分散于河西岸,其主力分散于白沙、水南、中鹄、富田、潭头、沙溪、东固、龙冈等处,伪装方面军主力进行活动,牵制敌军,策应右翼作战。

△ 与毛泽东率红一方面军总部和总前委机关抵达宁都县

黄陂。

**11月29日** 与毛泽东会见中共宁都县委、县苏维埃政府和黄陂区委、区苏维埃政府负责人，赞扬他们的反"围剿"准备工作做得好，还鼓励他们继续支援红军，粉碎国民党军的"围剿"。

**12月10日** 中共中央发出给红军的训令，指出：苏区中央和红军领导者朱德、毛泽东在所有各级党部帮助下，切实实行红军各部队的集中动作，并与农民群众斗争相结合，使广大群众对红军有最高限度的援助。而过去中央在李立三左倾盲动路线领导下（这路线已被共产国际和中央最近决议痛加批评了），在根据地问题上却犯了只注意集中所有注意力进攻大长沙、南昌、武汉等大城市，而简直未注意巩固后方的很大的错误。应当纠正过去立三路线领导下关于取消发展游击战争的错误。训令规定红一、红三军团目前的作战战略为：应以赣南和赣东南为作战地区；而以闽粤赣为后方根据地，在这些地方首先肃清反革命势力和根源，同时务须击退敌人对该区的进攻部队。该两军团在防御时或由防御转为攻势时的兵力部署，须集中主力于主要决战方面，极力避免分散兵力（放弃吉安的战况）。否则会有被敌人各个击破的危险。在能转为攻势而我后方与侧翼有戒备时，应突破敌军并消灭其部队。该两军团如获胜利而又为战况许可时，应当打通赣西与湘鄂赣各部队会合发展；如失利而遭敌军重大压迫时，则可以闽粤赣为后方地区如再不可能时，则可选择赣南或湖南为发展根据地，这须视情况来决定。训令还强调：红一、红三军团及第十二军"均在红军前敌总司令朱德同志及总政治部主任毛泽东同志直接指挥之下行动，第七军和第十军在与一、三军团取得联系后，亦须立即受其指挥。"

**12月上旬** 蒋介石到南昌，召集党、政、军高级官员会议，制定"围剿"中央革命根据地方案。会后在南昌设立"陆海空军总司令行营"，以国民党江西省政府主席、第九路军总指挥鲁涤平兼行营主任，指挥在赣国民党军各部。总兵力增加到十万余人。

△ 出席在黄陂召开的红一方面军总前委扩大会议。会议根据敌情变化，再次讨论反"围剿"方案，认为敌军虽有十万，但都不是蒋介石嫡系，且又兵分多路，每路分成几个梯队，各路、各梯队之间的间隔距离较大，这就有利于红军集中优势兵力各个击破。鲁涤平的嫡系部队张辉瓒第十八师和谭道源第五十师，是"围剿"的主力军，消灭这两个师，敌之"围剿"就可基本打破。红军有四万余人，张、谭两师各约一万四千人，红军一次打敌一个师，占绝对优势。红军实行中间突破，将敌军"围剿"阵线打开一个缺口，东西诸敌便成为相隔距离较远的两个集团，有利于红军各个歼灭。会议确定此次反"围剿"方案为：以红一军团正面迎击敌人，红三军团迂回敌后，地方则准备好担架、粮食等。

**12月上旬—中旬** 中共红一方面军总前委根据赣西南肃反中提供的材料，派红一方面军总政治部秘书长李韶九到富田指导江西省行委、省苏维埃和红二十军的肃反工作。七日，李韶九到富田后错误地抓了省行委和红二十军的八个主要领导人。九日，他又到东固帮助红二十军肃反，和一个团政委刘敌谈话时透露要在该军肃AB团。刘敌不满，于是鼓动独立营包围军部逮捕李韶九以及该军军长等，释放以AB团嫌疑被捕的红二十军政治部主任谢汉昌。十二日，刘敌、谢汉昌率该军直属队四百余人，乘夜冲向富田，包围江西省行委和省苏维埃政府，放出被怀疑为AB团而关押审查的二十余人。这就是由肃反扩大化导致的有严重错误的"富田事变"。事变发生后,谢汉昌等把红二十军主力带到赣江以西地区,提出了分裂革命队伍的口号,并制造假信以反对毛泽东。朱德与彭德怀、黄公略就此事分别于十七、十八日发表了宣言和公开信,明确表示革命队伍里同志之间决"没有私人拥护与否之别",批评谢汉昌等的错误,号召第二十军广大官兵一致团结起来,与这种错误作斗争。

**12月14日** 以红一方面军总司令名义与政治委员毛泽东在黄陂发布命令,决定方面军移到平田、安福、斫柴冈一带,以便利采办给养。同时,令各军前十天训练计划内未施行完毕者,即继续实施,并须计划后十天训练计划(此计划须注意夜间演习及师以上之紧急演习与阵地准备暨渡河演习)。

**12月16日** 国民党"围剿"军各路由北向南,采取"分进合击"战术,向中央革命根据地中心地区进攻。十九日,第十九路军新编第五师(后改称第二十八师)进占东固。二十日,第九路军第十八师进到万安赣江西岸地区,第六十一师进到泰和及其以西地区。二十一日,第六路军第二十四师进占草台冈,第八师进占新丰、三坑。由于根据地人民群众实行坚壁清野和红军小股部队和地方赤卫军、少先队的不断阻击、袭扰,国民党军进占上述地区后,无法继续前进,停留在驻地进行"清剿"和等待补给。

**12月20日** 抓住国民党"围剿"军被迫停留现驻地等待补给的战机,与毛泽东下达红一方面军命令,令红三军团、红四军和红十二军分别于二十一日和二十二日移到麻田、另封、洋衣附近集中待命,准备出击敌人。

**12月22日** 与毛泽东指挥红三军团、红四军、红十二军(欠第三十五师,含第六十四师)北移到黄陂、麻田、另封、洋衣地区隐蔽待机。同时，派红十二军第三十五师到兴国东北约溪地区独立活动，将敌之注意力吸引向西，要求该师在诱敌过程中，只许打败，不许打胜。在方面军主力隐蔽待机期间，红一方面军总前委、总部下发了《八个大胜利的条件》和《三十条作战注意》两个教材，以促进部队临战准备工作。前一个教材着重解释了"诱敌深入赤色区域"、"采用持久战略"和"坚壁清野"的反"围剿"战略战术；后一个教材规定了关于歼灭战的作战指导思想和关于行军、进攻、防御、追击和山地战斗的原则等。

**12月24日** 鉴于各路国民党军相继进至上溪、元头、上潮、芦峰岭等地，"显有于明（二十五日）晨侵入小布之势"，以红一方面军总司令名义与政治委员毛泽东在黄陂发布命令，决定方面军于明日分左、中、右三路"先歼灭来犯小布之敌"。

△ 国民党"围剿"军经过几天休整后，继续向苏区中部地区推进。

**12月25日** 出席红一方面军总前委在宁都县小布召开的军民誓师大会。与毛泽东在会上先后讲话，号召苏区全体军民努力杀敌，勇敢冲锋，粉碎敌人"围剿"，保卫土地革命，保卫根据地，保卫家乡，保卫工农的天下。

**12月25日—27日** 与毛泽东指挥红一方面军主力两次在小布地区设伏，准备出其不意地将国民党军第五十师歼灭于运动之中。因该敌未敢出动或刚一出动又缩了回去，红军撤回原集结地待机。

**12月26日** 晚，根据东韶之敌已向洛口前进和元头之敌已进至树陂（距小布七里）等敌情，以红一方面军总司令名义与政治委员毛泽东在黄陂发布命令，决定方面军"于明日进至小布附近，待机由树陂来犯小布之敌围攻而歼灭之"。令各军

（预备队在外）应酌派小部队于明晨拂晓前占领各该军作战地区内之要点，大部队应于明晨六时开始运动到各该军作战地区内之开进地潜伏，待由树陂前进之敌全部进入小布后，大举围攻之，务期全歼。

**12月27日** 出席红三军战前动员大会，在会上宣布作战任务。并指出："总前委认为，敌人已被调动，运动中歼灭敌人的时机已经到来。""总前委决定：你们红三军担任正面攻击，希望同志们努力打！要初战必胜！"

**12月28日** 获悉谭道源部仍在源头等地迟滞不进，洛口毛炳文部之两团有向宁都前进模样，潭头张辉瓒部正向上固、龙冈推进等敌情，以红一方面军总司令名义与政治委员毛泽东在江西宁都黄陂发布命令，决定方面军改换目标，拟分兵左、右两路横扫在左翼当前之敌（张辉瓒部以至许克祥、公秉藩、罗霖各师），次第歼灭之。令第三军团第四军为右路，沿寒下攻击上固、下固，得手后即继续向潭头攻击前进，务须消灭各该当地之敌，然后向东固略进；令第三、第十二军为左路军，沿君埠攻击龙冈，次及南龙，歼灭各该地之敌后，则向东固略进；令驻约溪第三十五师于三十日午前，由便道插至南龙、龙冈间，配合左路军攻击龙冈，并向南龙警戒。尔后，与毛泽东指挥方面军主力，秘密转移到黄陂西面永丰县君埠及其以北地区，隐蔽待机。

**12月29日** 晚，根据张辉瓒师由南龙向红军前进，其先头部队已到达龙冈圩等敌情，以红一方面军总司令名义与政治委员毛泽东在君埠街发布命令，令方面军左路于明日攻击龙冈之敌，右路军则应派部协助歼灭该敌；规定总攻击时间为三十日十时。

**12月30日** 凌晨，与毛泽东进入龙冈、君埠之间黄竹岭小别山指挥红一方面军与张辉瓒师作战。上午九时许,当该师在龙冈以东、小别以西登山时,遭到红三军迎头打击。下午三时许,红十二军沿龙冈南侧从敌背后发起猛烈攻击,红四军和红三军团从龙冈北面高山上猛冲下来。张师被四面包围,负隅顽抗。当战况一时吃紧,前方告急,总部又无兵可派时,朱德决定"无兵就派将",派方面军代理参谋长郭化若去前线鼓励士气。经激战,红军歼灭国民党军第十八师师部和两个旅近一万人,活捉敌前线总指挥兼第十八师师长张辉瓒,缴获各种武器九千余件、子弹一百多万发和电台一部,取得了第一次反"围剿"的首战大捷。

**12月31日** 与毛泽东指挥红一方面军主力移驻宁都小布,准备乘胜追歼已开始撤退的国民党"围剿"军。

△ 国民党"围剿"军总司令鲁涤平害怕红军乘势转兵攻击谭道源师,令谭师速退洛口,与许克祥师靠拢。谭师各部奉令向东韶夺路撤退。

**12月** 以中国革命委员会常委名义与常委会主席毛泽东以及彭德怀等常委发布《中国革命委员会布告》,告诫广大官兵在富田事变面前,"不要恐慌奇怪,只有团结更坚"。

## 1931年　四十五岁

**1月1日**　鉴于谭道源师（全师六团）主力在源头、上下潮一带，与毛泽东在宁都县南林发布红一方面军《进攻谭道源部的命令》。决定"以全力扑灭谭师"，令一部于明日十二时向源头、上潮攻击前进；第三军须于明日十时开始攻击树陂以西地区，"诱敌注意树陂正面"；第十二军于明日十二时攻击大元里以西地区。强调"此次战争关系全局，各官兵须不惜任何牺牲，达到最后胜利之目的"；特别要求"胜利后须注意收缴敌之军旗及无线电机，无线电机不准破坏，并须收集整部机器及无线电机务员、报务员。"

△　与毛泽东在宁都小布发布红一方面军总司令部通令。指出：查过去由后方回队之已愈伤病员，各部对其在后方表现好与不好，"未加考查，随便收容"，"似此甚有妨碍铁的红军之创造"。为严密组织起见，嗣后如有由后方回队之官、兵、夫，"必须由后方医院详具调查表送部，并经过总司令部之检查、考查后，发给介绍信送回原部队，各原部队始得收留。"

**1月2日**　获悉敌军谭道源师因闻张辉瓒师已于本晨五时逃退，一部经源头、中村向南北坑撤退，主力经南团向东韶去，判断"敌军似有全线退走之模样"，与毛泽东在小布下达《追击谭道源部的命令》，决定于明晨追击东韶之敌，然后次第扑灭国民党军朱绍良第六路军之许克祥师、毛炳文师，"以收政治上之声威"。令第十二军任正面攻击，应于明日晨十时前经南团、琳池到达东韶街附近,向东韶攻击前进;第三军团任左翼,应于明晨十时前到达陂头,向东韶攻击前进;第三军任右翼,应于明晨十时进至田营,以主力牵制洛口之敌许克祥师之增援,另一部迂回到东韶街东端、山下坪北端之高地,向东韶攻击;第四军为总预备队,位置于东韶以西之龙坛。

**1月3日** 与毛泽东指挥红军在东韶追上谭道源师。红军分别从西、南、北三面突破敌军阵地。由于担任迂回任务的红军部队未能及时到达指定位置,谭道源师乘隙向东和东北方向溃逃。红军奋起追击,歼其一部。东韶战斗消灭谭师半个师,俘敌三千余人,缴枪二百余支。战斗结束后,各路国民党军纷纷撤退。红一方面军在五天之内打了两个胜仗,共歼敌一万五千人,缴枪一万余支,粉碎了敌人对中央革命根据地的第一次大规模"围剿"。

△ 与毛泽东在小布接见了第一次反"围剿"中被解放的国民党军无线电台人员,欢迎他们参加红军。朱德鼓励他们"要好好地干","你们在外面有较高的待遇,我们也一样给。"希望他们先把工作搞起来,不要看红军现在没有电台,将来敌人会给我们"送来"。没有人,我们可以训练,也还会有人陆续从白军中来。革命事业就是从无到有,从小到大发展起来的。不久,初步组建了红军的第一支无线电队。自从红军总部有了电台到第二次反"围剿"期间,常到无线电队关心被解放的国民党无线电台工作人员的生活,并给他们讲解:从有文字以来,一切社会的历史都是阶级斗争的历史;什么是阶级,什么是剥削;军阀土豪为什么能作威作福,劳动人民为什么会挨饿受冻;工人农民拿起枪杆闹革命的必要性;从民主革命的任务到社会主义和共产主义的光辉前景。还对他们说:"无线电技术是要大发展的。你们要好好工作,好好学习。将来革命胜

利了,掌管全国无线电事业的担子就落在现在的红军无线电干部肩上。"

**1月5日** 与毛泽东召开总司令部各部门负责人会议,总结反"围剿"胜利的经验,前委从战略上总结,师从指挥方面总结,团(当时只有小团,团以下没有营)以下从战术上总结。会议决定将红一、红三军团分散到宜黄、乐安、南丰、广昌、宁都、于都、石城、瑞金一带,一面休整,一面协助地方党政机关发动群众,打土豪,分田地,筹集资财,加强赤卫队,巩固和扩大革命根据地,并做好战斗准备,迎击敌人的再次进犯。

**1月7日** 中共中央在上海召开六届四中全会。会议选举向忠发[1]为中共中央党务委员会主席,但实际领导权却落在得到共产国际代表、东方部主任米夫支持的王明手里,以王明为代表的"左"倾教条主义领导者开始在中共中央占据统治地位。

**1月10日** 在总司令部召开的庆祝反"围剿"胜利大会上讲话:这次龙冈战斗打得很漂亮,是红军史上破天荒的胜利;东韶战斗只消灭敌军两个团,是因为阻击战没有打好。但总的来说,胜利还是伟大。敌人决不会甘心这次失败,今后还会有更多的仗打。全军指战员要万倍注意,不能骄傲松劲,更不能恃勇轻敌。现在的胜利,不过是一个开始,一定要取得革命战争的全部胜利。会后不久,又进一步强调要从实际出发,加紧开展军事训练和体育活动,提高军事技术,增强部队素质,做好战争准备;并亲自到实地检查练兵情况和指导军事体育比赛。

△ 中共六届三中全会后中央派到中央革命根据地的项

---

[1] 1931年6月,向忠发在上海被国民党政府逮捕后叛变,旋被枪杀。

英，与红一方面军总部领导人会合，向毛泽东、朱德等传达共产国际和中共中央关于加强中央苏区和红军领导的指示。

**1月11日** 红一方面军第一期无线电台训练班在小布开学。朱德主持开学典礼，并给学员讲话，勉励他们克服困难，努力学习，在红军通信事业上，发挥尖兵的作用；非常强调"在红军的字典里是没有'困难'二字的"。

**1月15日** 中共苏区中央局根据中共六届三中全会后的中央决定，项英在小布宣布成立中共苏区中央局，并发布第一号通告，宣告"中共苏维埃区域中央局"（简称"苏区中央局"）成立，委员有周恩来、项英、毛泽东、朱德、任弼时、余飞、曾山等，周恩来任书记（未到），项英[1]任代理书记。在政治上、组织上受中央政治局指导的苏区中央局"管理全国苏维埃区域内各级党部，指导全国苏维埃区域内党的工作，将来苏维埃扩大的区域，仍归苏区中央局管理"。由于当时已在中央革命根据地的苏区中央局委员只有毛泽东、朱德、项英三人，曾山在赣西南，朱德负责总司令部工作，不能参加会议，毛泽东因任红军总政治部政治委员不能同时担负中央局的工作，事实上在中央局做工作的只有项英。在宣布成立苏区中央局的同时，还正式宣布成立"中华苏维埃中央革命军事委员会"，项英为主席，朱德、毛泽东为副主席；宣布原中共红一方面军总前委撤销，但仍保留红一方面军建制，朱德、毛泽东仍分别兼任红一方面军总司令和总政治委员。项英缺乏军事工作经验，这时中央苏区的军事工作，实际上仍由毛泽东、朱德主持。

**1月16日** 鉴于当面国民党军第六路、第十九路各部移动，有以南丰、乐安、永丰、吉水、吉安、泰和、兴国一带成

---

[1] 项英，中共中央政治局委员，1930年底到达中央苏区。

弧形线防御红军之势，与毛泽东在小布发布红军第一方面军《粉碎第一次"围剿"后分散筹款的命令》。决定方面军"于本月内继续积极筹款，备足给养，以便照原计划歼灭敌人"；在筹款期内各部应互取联络，"以筹款为第一目的，但仍须注意本身训练"；"各地赤卫队应尽量向白色区域进攻，造成整个前进之情势"。

**1月18日** 得知国民党军准备放弃南丰、乐安，待熊式辉师、郝梦龄师到后才前进等情况，与毛泽东发布命令，决定红一方面军移师建宁、南丰、广昌一带继续筹款。

**1月28日** 与毛泽东发布《调学生学无线电的命令》。指出：无线电队成立半月以来，使我们对于敌人的位置和行动的侦察得到不少帮助。为使中央苏区与其他各特区、各部队的通讯灵便以及使各军之间的通讯更加密切，为更能封锁敌军电台、侦察其行动和更容易获得国外消息，现正在积极地准备扩充无线电队。要求各部认清无线电的工作，比任何局部的技术工作都重要，在现工作干部或技术人员当中，选调可造就的青年到总部无线电队来学习，以应急需。

**1月** 在中央苏区总结红军战略战术，特别强调预备队和医务救护工作在战斗中的保证作用。

**2月4日** 国民政府军政部长何应钦奉蒋介石之令抵南昌，兼任"陆海空军总司令南昌行营"主任，代行总司令职权，组织对红一方面军和中央苏区的第二次大规模"围剿"，确定"以厚集兵力、严密包围及取缓进为要旨"，命令驻山东的第二十六军、驻江苏的第五十二师及刚由河南到达湖南的第五路军第五师主力四个团，到江西会同参加第一次"围剿"失败后留在中央苏区周围的部队等十八个师另三个旅共二十万兵力，首先对中央苏区实行经济封锁，然后"以主力分别由东、北、西三方面进剿，一部由南面协剿，并依稳扎稳打，步步为营之原则"，将红军"严密封锁，逐渐紧缩包围圈"，计划于三月中旬集中兵力开始总攻。

**2月13日** 中共中央政治局会议讨论苏区中央局的组织调整，决定在周恩来到职前，由项英、任弼时、毛泽东、王稼祥（以上四人组织常委）、朱德、顾作霖以及苏区一人组成苏区中央局。

**2月16日（农历除夕）** 参加红一方面军总部机关举行的聚餐。随后，与毛泽东等到附近各连队看望指战员。

**2月17日（农历正月初一）** 在小布召开军民庆祝反"围剿"胜利暨迎春大会，会场的庆祝台两侧挂着竖联，上联是："敌进我退，敌驻我扰"；下联是："敌疲我打，敌退我追"。朱德在会上讲话做战前动员。

△ 中央革命军事委员会主席项英，副主席朱德、毛泽东发布《总政治部的任务及红军中政治部与政治委员的关系的通令》，决定在中央革命军事委员会内设总政治部，以毛泽东为主任。规定总政治部指挥红军中的政治部并指导政治委员的政治工作；红军之中的政治部要绝对服从总政治部的命令；政治委员在组织上各有单独的组织系统，但在工作上则下级政治部服从上级政治部指挥，同时要服从同级政治委员的指导，下级政治委员服从上级政治委员的指导，同时在政治上受上级政治部的指导。

**2月中旬** 在总司令部士兵大会上讲话，表扬战士们主动参加劳动和有立足于打仗、不忘备战的思想，并用"世上无难事，只怕有心人"鼓励战士们努力学习文化，攀登文化高山。

**2月21日** 根据何应钦到江西后国民党军因各方面原因阻滞仍未移动之敌情，与毛泽东在小布发布红一方面军命令，令方面军主力自二十二日起向东移动,"一面诱敌轻进,努力加紧筹足两个月的给养,一面乘此期中以便迅速歼灭进犯之敌转移形势"。

**2月下旬** 与毛泽东率红一方面军总部到达黄陂,进行第二次反"围剿"的准备工作。在这里,开办了红军随营学校,并亲自讲课。

**2月** 中共中央发出关于第二次反"围剿"的指示。指出:目前红军的主要任务就是:不让敌人有整顿自己队伍的可能,要击破敌人的弱点,要扰乱敌人计划的实现。要用占优势的力量,去击破敌人。当着进攻敌人时,要计算用强大的力量;当着敌人退却时,应进行坚决的追击,一直到完全解除敌人的武装为止。但如无胜利的把握时,即不应采取决死的战斗,并且随时要注意到在必要时有退却的可能。如形势上必须退却,则就应退却,必须保存红军的基本实力;同时仍应用很大的力量,保存群众组织,组织游击队,实行游击战争。

**3月2日** 中共中央发出关于第二次反"围剿"的补充指示,指出:国民党军进攻各苏区的整个计划,"最主要的是进攻江西苏区与打击红军一、三集团军,故残酷斗争的重心当在江西";强调"在战略上,当着敌人力量尚未集中的时候,我们必须利用敌人的弱点,击溃敌人的一方。如能诱敌深入,聚而歼灭他,这也是可采用的战略";"若遇环境不利,不能作殊死战斗的时候,为着阻止敌人的猛攻,应一面继续战斗,以掩护基本部队的撤退(基本军,师,团),以便建立新的苏维埃运动根据地。在这种情形之下,江西的红军可退至湖南、粤桂北,及贵州东南。""扩张已有的而组织新的区域,直至在一省或几省建立巩固的苏维埃政权,夺取基本的根据地以扩大全国革命。"

**3月4日** 为准备对付国民党军大举进攻,与毛泽东在黄陂发布红一方面军《关于延长时间筹足款项的命令》，指出："方面军在此敌人仍在准备期"正组织兵站尚未进攻的情况下，"决延长并扩张工作十天（至三月十六日止）"，各部要抓紧筹足款项和努力做深入巩固工作，相邻之间须加强联络。

△ 中共中央政治局常委会议决定，由任弼时、王稼祥、顾作霖组成中央代表团，立即动身前往中央苏区，并决定，凡去苏区的人，统由周恩来、康生[1]负责安排。

**3月7日** 红一方面军总部发出关于地方武装开展游击战、配合主力歼敌的《通令》，要求地方武装运用游击战术积极地执行扰敌、堵敌、截敌、袭敌、诱敌、疲敌、捉敌、侦敌、饿敌和盲敌等十项任务和十种办法。

**3月8日** 在黄陂红一方面军总司令部召开的纪念三八国际劳动妇女节大会上讲话，号召广大劳动妇女积极参加生产劳动和革命工作，支援革命战争，粉碎敌人第二次"围剿"。

**3月17日** 与毛泽东发布《为争取第二期作战胜利军事上应准备的工作》的训令，《训令》指出了第二次反"围剿"已经具备的有利条件：因第一次反"围剿"胜利缴获许多枪、弹，在广昌、宁都、永丰、乐安、南丰等地新争取到数十万群众，新增加了一支生力军第七军[2]，"这种种条件都保证我

---

[1] 康生，时任中共中央组织部部长。
[2] 指中国工农红军第七军。1929年12月11日，邓小平、张云逸、雷经天、韦拔群等在广西省右江地区领导百色起义，成立红军第七军。1930年2月1日，邓小平、李明瑞、俞作豫等在广西省左江地区领导龙州起义，成立红军第八军。同年11月，红七军和红八军合编为红七军，奉命北上，转战中于1931年3月上旬进入湘赣苏区，参加第二次反"围剿"作战，7月22日在江西于都县银坑地区与红军第一方面军会合。

们这回必然要得到更大的胜利"。检查了第一次反"围剿"前后各部不同程度存在的缺点,要求吸取经验教训。要求各部"分别举行誓师"、"运用各种会议,去做战前的准备工作和讨论战时应注意的事项,以及战后的处置"、"依照新法加紧训练"、"一律须准备米十天,钱一个月",做好第二次反"围剿"军事方面应准备的工作。

**3月18日—21日** 在黄陂出席由项英主持召开的中共苏区中央局第一次扩大会议,到会的有红军及地方党部的代表,主要讨论中共六届三中全会反立三路线和所谓调和路线等问题。在讨论反"围剿"战略时,有人提出"跑"的主张,毛泽东反对离开根据地,主张就地打仗,意见不统一,只"讨论一个大概的未坚决的决定"。

**3月23日** 与毛泽东在黄陂发布《移动队伍整顿训练并筹款的命令》,命令根据各路敌军正集结苏区边沿即将开始新的进攻之敌情,为脱离与敌接触,做更充分的反"围剿"准备,决定红军各部"移动队伍整顿训练并筹款"。这时,整个中央苏区已划分为十个游击区,并统一组成了五路赤卫大军。各路赤卫军、县区的独立团、警卫营连等地方武装以及各地少先队一齐动员起来,向云集苏区边境的敌人展开了大规模的游击战。根据这一命令,红一方面军在地方武装的掩护下,只留红三军团第一师在苏区北部边缘地区协同地方武装监视敌军,主力部队分别由永丰、乐安、宜黄、南丰以南地区,转移到广昌、石城、宁都、瑞金等地。

**3月25日** 随中央革命军事委员会、红一方面军总部移驻宁都县青塘。

**3月** 中共中央致函各苏区及红军领导人,要求他们每月定期向中央汇报各苏区情况的同时,也报送中国工农革命委员会主席毛泽东和红军总司令朱德。

**4月1日** 国民党军从江西省吉安市到福建省建宁县东西八百里战线上，分四路由兴国地区向龙冈、宁都，由泰和、吉安、永丰等地向东固、潭头、沙溪，由乐安、宜黄地区向大金竹、洛口，由南丰、康都地区向广昌大举进犯中央苏区。

**4月4日** 中共中央代表团任弼时、王稼祥、顾作霖偕欧阳钦抵中央苏区瑞金。之后，他们在红一方面军派部队护送下，经大柏地来到宁都青塘。

**4月17日** 出席在宁都青塘继续举行的中共苏区中央局第一次扩大会议。会议听取中央代表团传达中共六届四中全会的精神、中央对目前形势的估计和关于第二次反"围剿"的军事方针等。会议根据中央新的决定，讨论通过了五个决议。"接受国际及四中会会的路线"；确定当前的主要任务是："动员一切力量，把工农群众与地方武装正确地去与红军主力配合，应用一切于我们有利的战略战术，去击破敌人的包围与进攻"；"立刻规定锻炼真正的铁的工农红军的具体计划"，改造军事及政治干部，尽量提拔工人来担任领导工作；"改进士兵的军事训练、建立铁的纪律"等。会后，中央代表团成员即成为中央局的领导成员，即参加苏区中央局的领导工作。苏区中央局的组织部、宣传部等部门亦相继开展工作，秘书长由欧阳钦担任。苏区中央局领导机关随红一方面军总部行动。

△ 项英、朱德、毛泽东发布《中央革命军事委员会通令》（第九号），指出：决定在军委参谋部设立以叶剑英、朱云卿等十三人为委员的红军战史编辑委员会，其主要工作是：搜集并整理数年来中国红军在战争中英勇斗争的历史材料，以便将来编辑中国工农红军战史；搜集中国红军战士在战争中的经验与创见及介绍国际尤其是苏联军事作家的著述，以提高红军

军事指挥员的技能；发行不定期出版的杂志，使红军全部生活能在文字上发挥其忠实的见解和提高马克思列宁主义的军事理论以及各种介绍等，以为创造铁的红军有力的帮助；详细调查红军连年转战各地区的地理、经济、政治、居民状况及与军事有关的各种材料。通令强调"这些工作应当是中国红军各级机关经常的而且要有计划的工作"，要求"红军全部一致地参加"，"尽量的供给材料"。

△ 项英、朱德、毛泽东发布《中央革命军事委员会通令》（第十号），指出："第二次战争的到来，已逼近目前了"，要"特别注意白军的第二次进攻，在其行动上策略上已与第一次有很大的不同。所谓稳扎稳打，步步为营，安抚群众，即武装的政治的总战略。"在即将进行的第二次反"围剿"中，地方武装要"活泼的适应情况，应用敌进我退、敌驻我扰、敌退我追、敌疲我战的秘诀"，采用"化众为零、化零为众"的办法，特别积极地执行扰敌、堵敌等十项任务，如当敌军进到某一县区，该县区之地方武装，要尽可能地很灵活地不离开地方，反而深入到敌人后方，或扰乱其侧背，特别是应努力断绝其交通，袭击其后方兵站、粮食和弹药，破坏其无线电等，并打击其守望队，争回群众。通令强调游击队在执行作战任务中"除了执行一般的战斗纪律外，应加强每个队员的政治认识与信心，这是非常重要的。"

**4月18日—19日** 中共苏区中央局在青塘开会讨论第二次反"围剿"的战略问题。讨论中，多数人认为敌我力量相差悬殊，主张"分兵退敌"即把兵力分散使敌人的包围落空及转移其目标，并先选择国民党军第十九路军蒋光鼐、蔡廷锴所部先打一仗，将其打垮之后再分兵。毛泽东认为蒋、蔡所部是强敌，"打蒋蔡没有绝对胜利的把握，我们应打王金钰这路。"朱德根据第一次反"围剿"的经验，认为虽然国民党军队的兵力比红军多好几倍，但是，只要实行"诱敌深入"的战略方针，领导人民群众，利用对方的弱点，集中优势兵力，各个击破，打破敌人第二次"围剿"是完全可能的。经过两天的争论，在朱德等人的支持下，会议同意毛泽东的意见，决定先打击已进入富田地区的敌王金钰第五路军。会后马上动员，号召群众起来参加反"围剿"战争；"整个红军第二天即开始行动，把主力军集中在东固南龙一带，仍是等敌人进入赤区腹地再出击。"

**4月19日** 苏区中央局讨论反"围剿"战略的会议一结束，立即于下午五时与毛泽东在青塘发布红一方面军《战前部队集中命令》，指出：目前敌军的行动似以宁都为目标，步步为营地向我军前进。红军应以最高限度地坚决集中力量，配合群众武装打破敌军围攻，争取第二次进攻的胜利，建立巩固的苏维埃政权，向外发展。"本方面军奉中央革命军事委员会命令，决心以极迅速行动首先消灭王金钰敌军，转向敌军围攻线后方与敌军作战，务期各个消灭敌军，完成本军任务。"并令红军主力于二十日就地出发，向龙冈地区转移。红一方面军主力奉命于二十二日和二十三日秘密开到龙冈圩、上固、石头坑（龙冈北端）及上固之回龙等地集中。

**4月23日** 率红一方面军总部到达龙冈，随后，为了便于抓住战机，又与毛泽东命令部队从龙冈向西推进二十公里，隐蔽在东固地区迫敌而居，待机歼敌，并率领红一方面军总部移至距东固二公里半的敖上。

**4月30日** 在东固山区出席中共苏区中央局召开的军事会议。会议一致肯定毛泽东、朱德提出的"诱敌深入"的作战方针，通过由他们制定的整个战役各个歼敌的连续作战方案，否定了过去的"分兵退敌"的主张，最后确定作战策略为"坚决的进攻,艰苦的奋斗,长期的作战,以消灭敌人。"

**5月3日** 与毛泽东发布《战前各种固定事宜的训令》,指出:为便利作战起见,各部队笨重大行李、目前不需要的物件及非战斗部队及兵员,概于明日暂送后方安置;各军军医处速急成立野战医院,位置于前线绷带所与后方医院之间,收容伤兵转送后方;战斗中凡没收敌方官长之银钱在十元以内可归战斗员收作零用,十元以上须概行缴公,但敌方士兵腰包仍遵前令不许搜索;战斗中缴得敌方经理处之军饷军用品,一概归公,不得隐匿不缴;遣送俘虏兵暂规定发二元。

**5月5日** 与毛泽东发布《动员部队帮助群众插秧耕田的训令》,指出:敌人长期进攻苏区及红军,大举抢粮食拔去秧苗,使农友马上缺食不能耕种,及将来无秋收希望。我们应立即动员打破敌人这一政策,使苏区所有田土按时耕种完毕,求得第二次反"围剿"胜利的很必要条件。命令要求全体红军在不妨害作战及警戒的情况下,及时派大批栽秧耕田的同志,在各住地帮助农友栽秧耕田,务于最短时期中将苏区所有田地栽完种完,以便作战及秋收食粮有着。我们要在敌人大举夺粮、拔去秧苗的情况下,把苏区所有田地能够按时耕种完毕,这是取得第二次反"围剿"胜利的必要条件。各级指战员应把这一工作视为作战中的一项重要任务,全体动员努力进行这项工作,但决不能妨碍作战。

**5月8日** 项英、朱德、毛泽东发布中央革命军事委员会《为节省经费持久斗争的训令》,指出实行持久战略就要节省经费储备粮食的重要性;规定节省经费的项目和具体办法;要求各部队必须按照最低限度的需要开支,从现有经费内节省出半个月的经费。根据这一训令,各师的士兵委员会领导节约粮食运动,每一指战员都主动把自己的口粮减少,每天只吃两顿,吃得很差，只有伤病员才能吃饱。没有菜吃，就上山找没有长成竹笋的野竹尖，下田摸螺蛳。

**5月9日** 中共中央通过《关于目前政治形势及中国党的紧急任务决议案》，其中强调要继续派遣得力的中央代表到各革命根据地改造苏区各级领导机关；要将"反右倾"斗争与实际工作密切联系起来；要求白区党组织必须发动群众于"五卅"运动纪念日在上海南京等大城市举行飞行集会；指出要认识国民党各派军阀之间的冲突，丝毫不会改变国民党"围剿"江西红军的计划，并且敌人在屡次挫折之后，进攻红军的战略也有了不少的改进，如对红军不用极呆板的"围剿"，而改用"长追"，"堵击"，"会剿"等等部署，并倚赖着民团的游击队，国民党的宣传队等，来企图根本消灭苏区与红军。

**5月上旬** 找到曾给国民党军修过工事的农民了解情况，弄清敌军工事位置、每个堡垒有多少枪眼等情况；深入部队，对因在东固山区长时间待机产生急躁情绪的部分指战员作耐心的说服工作，说明敌人是会东进的，战机很快就会到来，希望大家耐心等待；为进一步构筑好工事，组织并亲自率领第一军团团以上干部一百余人到工事做得好的第三军第二十七团实地参观；同毛泽东排除认为红军穿过敌蔡廷锴与郭华宗两军结合部仅二十五里空隙、去进攻富田出动之敌是"钻牛角尖"的异议，继续坚持红军"钻到敌人中间去，寻找敌人的弱点，打击敌人"的主张，得到中央代表团特别是王稼祥的支持。

△ 为准备足够三个月的粮食给养，中共苏区中央局号召军民节省粮食，并组织"战时经济委员会"，统一处理经济问题。各军许多政治工作人员以及党的干部，都派到各下级政府及党组织中去，进行发动广大群众筹买粮食、盐等（按当时市价收买）和分区帮助改造政权，准备反"围剿"。

**5月12日** 与毛泽东发布《关于红军前后方部队医院粮食的供给问题》通令,通令转发中央战时经济委员会通知:"在近日筹买粮食中,出现了一个最不好的现象,就是各军与战委筹买粮食不合拍,如筹米工作本归战委负责,但各军前后方部队及医院都自由到各处采买的最不好的现象,以致发生坏的影响。"战委特详细规定以下买卖办法:红军前后方及医院要吃的米食,都要政治部或后方主任或院长政委打条子到龙冈战委粮食处来买,不得自由筹买;各地政府群众团体和地方武装要买的米,都由自己去找,不在战委筹买数内,被难群众的米请省政府召集被难群众代表会议解决之;要计划节省粮食,切勿糟蹋一粒,并要切实防止舞弊中饱等。通令最后要求各部队"务须依照上列条例切实执行。"

**5月13日** 当红一方面军在东固山区隐蔽待敌二十多天后,获悉各路敌军继续向苏区中部地区推进,其中王金钰部的右翼部队第二十八师和四十七师一个旅脱离富田阵地分路向东固进犯。与毛泽东发布《消灭进攻东固之敌的命令》,指出:本日复得敌王金钰部直辖第四十七师分三路向东固前进;郭华宗部之又一旅进至上坊附近,有进攻东固模样,其另一旅早由白沙到达距东固二十五公里之南坪;蒋光鼐、蔡廷锴主力在龙冈至兴国之线,一部进至方太。本方面军为各个击破敌人,巩固苏区向外发展起见,决心先行消灭进攻东固之敌,乘胜掩击王金钰属全部,努力歼灭之,以转变敌我攻守形势,完成本军目前的任务。如果敌军以王金钰第四十七师为基干,配合郭华宗一部及公秉藩部于明日拂晓分五路同时向我军进攻,红军则部署正面占领阵地、出击包围敌侧后和左翼抄击等军事行动,先消灭右翼之敌,然后用合力解决由神坛前三彩、桥头江来犯之敌;如果敌军单向我们左翼阵地前进,富田方向水南、白沙方向不进，红军则除派一部任正面攻击外，全力从左翼抄击洞口方向前进之敌和从右翼抄击九寸岭、观音岩两路前进之敌。"以上两种作战计划，究采何一种应依照敌情变化决定，另有命令。"

**5月14日** 根据敌王金钰、公秉藩两师将于翌日晨开始移动以及王金钰之第四十七师沿观音崖、九寸岭向东固攻击前进等情况，与毛泽东在敖上发布《消灭王金钰、公秉藩两师的命令》。决定方面军"先消灭王（金钰）、公（秉藩）两师之敌，拟于后日（十六日）从左向富田方面出击"；红军于明日分三路行动：第三军团为左路军（第三十五军在内），于十六日午后一时前攻击富田；第四军（并第六十四师）、第三军（缺第三十五军）为中路，前者占领三彩神湾前一线阵地，并派二路于十六日午后二时分别猛攻观音岩及九层岭向富田之敌；后者于十六日午前八时开始向桥头江一线攻击前进，得手后以一部追击败走之敌，以一部协助正面之第四军侧击观音崖之敌；第十二军（缺第六十四师）为右路军，于十六日待左路与中路得手后敌全线败退时，则相机向水南追击。如右路之敌不来，则为方面军之总预备队。另外，第一〇四团亦归第四军指挥，于十六日午前八时相机向大元坑之敌攻击，策应中路军待敌败走时，配合正面军夹河向富田追击，攻取富田北端阵地，截击由富田溃走过河之敌。

△ 与毛泽东在敖上发布《防止敌人奸细破坏部队的密令》，指出：国民党军阀向我们的第一次进攻被打破后，现在又开始发动新的进攻，不特在军事上调动大批反动军队布置步步为营向我们围攻和封锁，并且竭力地用一切造谣离间和用大批金钱的收买等等卑污手段，尤其是设尽方法想打进红军里面来破坏红军。《密令》将国民党军反动宣传队的演说要旨通报各部，望各部切实注意防范。

**5月15日** 红军各部奉令开始行动。当日晚，由毛泽东调查路线后改令第三军在东固通中洞大路南侧的一条小路包围敌军右翼。

**5月16日** 拂晓前，同毛泽东率总部在敖上沿通向中洞的大路，向预定的指挥地点白云山西进时，与敌第二十八师遭遇。为掩护毛泽东带电台率先抢占白云山，为让派遣出去的部队按照预定时间达到指定地点，朱德指挥总部直属队和警卫连等部队在林木丛生的山坡上分散开，边打边退。敌军摸不清红军有多大兵力，动作极为小心，打了三个小时。毛泽东在做好司令部、医院和老百姓撤退准备后，见直属队撤至山腰而不见朱德，极为担心，令身边的唯一的预备队一个通讯排和刚撤回的十名警卫战士将敌人打下去，无论如何要把总司令找到。不久，敌人被打退了，殿后掩护大家撤退的朱德也回到白云山，与毛泽东共同指挥全线战斗。午时，由小路秘密前进的红三军主力进入中洞南侧，占领有利地形，居高临下地从敌第二十八师尾部猛攻，将敌分割包围，激战至下午五时，歼敌大部，歼敌逃向水南。同时，右路红军抢占观音崖、九寸岭两隘口后，追击歼灭敌第四十七师第一旅大部，残敌向水南溃逃。红三军团、红三十五军迂回攻占固陂，歼灭敌第二十八师兵站，当晚进占富田。红军第二次反"围剿"首战胜利，歼敌第二十八师大部和第四十七师第一旅大部，俘敌四千一百余人，缴获各种枪五千余支、迫击炮和山炮二十余门，并俘获第二十八师无线电队全部人员和缴获其新式无线电台和发电机各一部。

**5月17日** 红一方面军主力在富田会合。

**5月18日** 与毛泽东指挥红军由富田出发，乘胜追击，将逃至吉水县水南的第四十七师残部及原驻水南的第四十三师一部击溃。

**5月19日** 与毛泽东指挥红军向东横扫,在吉水县白沙截堵并全歼第四十七师第一旅残部和第四十三师一部,俘敌一千七百余人,缴长短枪四千余支、机关枪三十余挺、山炮二门。这是第二次反"围剿"的第二个胜仗。

**5月21日** 根据第三军团报告,中村有高树勋部之一旅,其先头部队于本日午后与红六师之前哨接触,判断该敌似系掩护后面主力之运动,与毛泽东在永丰县尧坊发布《攻击南团消灭高树勋部队的命令》,决定方面军"于明(二十二)日攻击该敌,乘势下南团,消灭高师之主力。"令第三军团任左翼,攻击中村北端;第四军任右翼,攻击中村南端;第三军、第十二军为总预备队于二十二日晨发动攻击。

△ 中共苏区中央局革命军事委员会参谋部代理部长兼红一方面军参谋长朱云卿因病在江西吉安东固后方医院住院时,不幸遇害。

**5月22日** 与毛泽东指挥红军攻击永丰县中村之敌,经激战,歼敌第二十七师第八十一旅大部。当晚,率红军追残敌至南团。在这次战斗中,红军俘敌二千三百余人、缴枪三千余支。这是第二次反"围剿"中的第三个胜仗。

**5月23日** 在宁都县南团奉中共苏区中央局之命,为便于指挥红一方面军作战和领导战区地方工作,重新成立中共红一方面军临时总前敌委员会,毛泽东为书记,朱德、林彪、彭德怀、黄公略、谭震林、周以栗为委员。这时,中共苏区中央局离开方面军总部,回到中心区永丰龙冈,不再随军行动。

**5月24日** 鉴于敌孙连仲残部已退出东韶向宜黄逃跑、朱绍良部三师亦经广昌向南丰逃走,与毛泽东在南团发布《先敌占领南丰的命令》,决定方面军"取捷道先敌占领南丰城,如敌(毛、许、胡)尚在我右后方时则截击之。"令第三军团为左路军,分三天行程向南丰前进,限于二十七日攻城,相机占领之;第一军团为右路军,分三天半行程,赶到南丰城附近瑶湖一带待命;第三军派兵一师为先遣队分三天行程,限于二十七日到达南丰附近,掩护主力之开进;第三十五军于二十六日达到东韶待命。各路先遣队务须先敌赶到南丰城而占领该城,布置警戒,互取联络,待主力之到达,不得放弃该城;如敌已先占领该城,先遣队亦应向之攻击。

**5月25日** 出席在洛口严坊召开的中共红一方面军临时总前委会议。会议根据无线电台侦知的敌情,估计国民党军今日可在广昌、头陂一线集中,头陂之敌明天或许可集中广昌城;头陂敌人有退却形势。虽然红军可以用第一军团去击退该敌,但因三军团还在吴村,如果第一军团打下头陂,追到广昌,而三军团相隔百里,赶不上增援,不易消灭敌人。判断红一方面军有集中两个军团全力去打击国民党军第六路军总指挥朱绍良部毛炳文第八师、许克祥第二十四师、胡祖玉第五师的必要,决定二十六日方面军全部开到广昌县古竹集中,准备打击该敌。

**5月26日** 出席在古竹召开的中共红一方面军临时总前委会议。会议根据获悉的敌情,判断敌朱绍良部今天确可全部集中广昌城,并有经千善向南丰退却之势;认为在敌人还在广昌城的形势之下,如我还照原计划到南丰城,则敌在我侧背,使我行动不便;决定红一方面军先夺取广昌城,击退敌毛、许、胡,而后猛追该敌,逼其放弃南丰城,使我们以后筹款更易;部署明日红军分两路攻广昌,第四军为左翼,第十二军为右翼,第三军团为攻城预备队,另以第三军经甘竹向南丰急进,追击北撤之敌第八、第二十四师。

**5月27日** 与毛泽东指挥红一方面军主力冒雨猛攻广昌,

与守军激战竟日，至晚攻克该城，歼第五师一部，师长胡祖玉受重伤后毙命，残敌逃向南丰。广昌城被红军攻克。原奉命自福建建宁调到江西安远策应广昌的刘和鼎第五十六师，自安远以南撤回建宁。这是第二次反"围剿"中的第四个胜仗。

△ 因蒋介石扣押胡汉民使国民党内部各派之间的矛盾加剧发展，两广联合反蒋，在广州发布中国国民党中央执监委员非常会议成立宣言，并召开第一次委员会，推定唐绍仪、汪精卫、孙科、古应芬、许崇智等人为国民政府委员，并颁布《国民政府组织法》。

**5月28日** 出席在广昌沙子岭召开的中共红一方面军临时总前委会议。会议根据朱绍良部三个师向南丰退却、通往南丰城的桥梁已被破坏、红军已追赶不上的情况，并从战略上考虑，决定集中兵力追击刘和鼎第五十六师，夺取福建的建宁城，以便红军胜利后筹款。部署红四军第十师北上，配合红三军继续追击敌第二十四、第八师和第五师残部，红四军主力留广昌休整；方面军总部率红三军团和红十二军主力东进，准备攻打建宁。会后，与毛泽东率红三军团、红十二军主力一万余人秘密向东开进。

△ 两广在广州正式宣布成立国民政府，并组成第一、第二、第三、第四集团军，准备北伐"讨蒋"。

**5月30日** 晚八时出席在建宁县里心召开的中共红一方面军临时总前委会议。会议进一步研究攻打建宁城的军事行动问题。认为刘和鼎在建宁的部队约四个团未料到红军会神速运动到此，只有夺取建宁城，红军才能扩展到建宁、黎川、太宁三县筹款。作出"若敌不退，我以三军团攻城，准备攻七天，当以炸药轰炸"等具体攻城方案。还决定因"参谋长朱云卿在后方医院身故，由郭化若代理，左权代理参谋处长"。

**5月31日** 与毛泽东率红军于拂晓进抵建宁城郊,继而以一部从建宁城背后突然发起猛烈攻击,以另一部迅速渡过建宁河,从建宁城前面包抄。激战竟日,夺取建宁城,歼灭守军第五十六师三个多团,俘敌三千余人,缴枪二千五百余支,缴获大批药品和其他军用物资。至此,红一方面军作战十六天,横扫三百五十公里,五战五捷,共歼敌三万余人,其中俘敌一万一千余人,缴获各种武器二万余件,粉碎了国民党军对中央革命根据地的第二次"围剿"。

△ 晚九时出席在建宁城西门外第三军团总部召开的中共红一方面军临时总前委会议。会议根据红军取得建宁战斗的胜利及国民党内部两广军阀联合"讨蒋"的形势,决定红一方面军以大部兵力进占黎川向南城游击,威逼敌军放弃南丰以至宜黄、南城。计划红军就地休整两天后,第三军团分兵进驻泰宁、黎川,第十二军仍在建宁进行筹款等工作。对红军本身的工作任务,会议确定为筹款,加紧政治、军事和党的训练,扩大红军。为扩大红军的迫切需要,规定俘虏兵一个也不放走,以补充红军,及时编到各师去训练,在训练中再去挑出坏的送走。会议还决定第一、第三军团在原有山炮基础上利用新缴获的二门山炮,各组建一个山炮连;红一方面军总司令部正式成立无线电队,下分四个分队。

**6月2日** 出席在建宁城外方面军总部召开的中共红一方面军临时总前委会议。这时,临时总前委从报纸和无线电获悉"两广问题的发生及北方问题的紧张",已经估计到南京政府在这一次"围剿"惨败之后,会因两广的反蒋和日本在东北加紧侵略,"必然很快地对我们的三次进攻"。会议进一步分析目前形势是:"两广军队正想急进湖南,蒋有先对付两广的必要,对我们有改守势之可能。"据此决定红一方面军利用国民党内部矛盾的新发展和江西敌军暂处守势的有利时机,转入战略进攻,计划整个攻势作战分三期推进:第一期向北,即向建宁、黎川、泰宁地区筹款,发动群众,扩大苏区,争取南丰、南城、宜黄等县城;第二期向南,即向江西南部,为下一次反"围剿"建立巩固的后方;第三期向西,打通赣江两岸至湘赣边根据地的联系。整个三期工作的中心任务是准备第三次反"围剿",而以赣南为工作中心地域。

**6月10日** 出席在南丰县康都圩召开的中共红一方面军临时总前委会议。会议根据两广军阀成立军政府并部署其军队到桂林,显然是要打湖南的政治形势,认为南北军阀混战不会因红军的胜利而停止,必定很快在湖南长沙、衡阳一带爆发;红军在这些条件之下,必定普遍地很快地大发展;提出红一方面军现在仍应向北发展,两个月后,红军的主力才调到赣南。会议还提出闽西红军发展的主要方向不是向漳州、东江,而是汀州、宁化、归化、清流等县,这样才能与赣东南联系起来,并增强红十二军。

△ 中共中央发布《中央给红军党部及各级地方党部的训令》,其中认为"国民党统治正式分裂成南京与广东两个政府。这样,将使革命运动更进一步的高涨,反动统治更进一步地崩溃";提出"在江西省区以革命战争消灭反革命的军阀战争,建立中国〔华〕苏维埃共和国临时中央政府,力争革命首先在一省或几省的胜利,实现湘鄂赣三省打成一片的苏区,已成当前的紧急任务";指出"蒋介石一定要用所有的力量来和工农红军拼命","现在敌人正开始着对红军的第三次'围剿'";要求全党根据过去一切胜利和失败的教训,依据这一训令的原则,立刻规定具体的工作计划,准备在短时间内冲破敌人的第三次"围剿"。训令还强调江西中央苏区至迟在八一前必须开

工农兵苏维埃第一次全国代表大会,正式成立中华苏维埃共和国临时政府。

**6月上旬**　与毛泽东实施临时总前委第六次会议决定的战略反攻第一期计划,指挥红一方面军主力向北推进到宜黄以南和南丰、南城、黎川之间以及建宁、泰宁的闽赣边境,积极进行发动群众、扩大红军、建立苏维埃政权和筹款等工作。临时总前委还给闽西去信,令红十二军向连城、长汀、清流、宁化发展,求得与江西根据地打通联系。

**6月16日**　中共中央发布《中央给苏区各级党部及红军的训令》,其中判断国民党发动第三次"围剿"进攻的重点及其战略,并提出了红军反"围剿"的战略方针。指出:反革命目前对于进攻红军的布置,主力是向着江西中央苏区。"敌人的战略是企图将红军驱逐出根据地外,而实行'长追'和'堵截',是要将他们自己的士兵与群众隔离起来,是在利用反革命的阶级力量与民团武装对红军施行骚扰"。强调"目前红军主力军的行动方针,应是巩固地向前发展",要使根据地日益向外发展,日益扩大其领域而威胁着中心城市;"一三集团军及第四军取得胜利的主要根据是在能配合群众行动"。"在这时,诱敌深入与击破敌人一方的策略是应互相为用的,中心要放在动用广大群众的游击战术击破敌人以至完全消灭他们上头。目前在江西,更应利用红军空前胜利的优势,不等敌人新的增援力量集中完毕,便要给他以迎头痛击,或侧面骚扰,使敌人在阵线上不能'稳住脚跟'。"

**6月20日**　与毛泽东、项英发布《中华苏维埃中央革命军事委员会通令》,指出:本会前曾决定八月一日召集全国苏维埃代表大会,成立中央政府,现因各地选举代表需要长时间才能竣事,加以交通困难,各地代表一时不能到齐,因此特决定将大会改在十月革命纪念日（十一月七日）举行，各地代表应在十月十五日以前选举完毕。

**6月20日—22日** 出席在南丰县康都圩召开的中共红一方面军临时总前委扩大会议。王稼祥作为中央局代表也参加了会议。会议着重讨论了粉碎敌人第三次"围剿"作战地区的选定问题，对敌人可能分几路来犯作了大略的估计，并初步拟定战场放在兴国、于都、宁都、瑞金一带。随后，与毛泽东率红一方面军主力南移建宁、光泽、顺昌之间和归化、永安、连城、长汀、石城之间分兵发动群众，为第三次反"围剿"做准备。

**6月21日** 蒋介石到南昌部署对中央革命根据地的第三次"围剿"。蒋介石从战略上总结前两次"围剿"失败的教训，认为红军"避实扰虚，为其惯技"，国民党军"稍一薄弱，反予以各个击破，所以屡次合围，不克奏效"。决定此次"厚集兵力，分路围剿"。蒋介石自任"围剿"军总司令，坐镇南昌；任何应钦为"前敌总司令"兼"左翼集团军总司令"，指挥第五、第六、第八、第九、第十一、第十四、第二十四各师及闽西北各部，从左翼南丰方面进攻红军主力；陈铭枢任"右翼集团军总司令"，指挥第二十五、第二十七、第四十七、第五十五、第五十四、第六十、第六十一师，从右翼吉安方面深入根据地"进剿"；第十、第七十九师及攻城旅，为总预备军；第二十八、第七十七师及第十二师第三十四旅，为吉安、泰和、万安、赣州四县守备军。

**6月27日** 与毛泽东、项英发布中华苏维埃中央革命军事委员会《关于成立军医处的决定》，指出："本会自成立后，总经理部、总参谋部都已先后成立，惟军医处因人才缺乏及物质的限度，迄未成立。"现在红军日益扩大，革命斗争愈渐残酷，红军中军医系统急切需要统一健全起来。决定成立以贺诚为处长的军医处,来直接指导全国红军各集团军各方面军及红军总医院的工作,筹划医务人才之培植与分配及药品和一切器具的配置,规划红军卫生等问题,以期红军中医务工作日趋系统化和有计划地进行,增强红军官兵的健康,减少伤病员的痛苦。希各红军军医机关及红军总医院此后均应与本会军医处发生密切的关系,以求医务工作之改善。

**6月下旬** 与毛泽东在建宁召开军事干部会议,部署各部队抓紧筹款,准备回师赣南迎击国民党军"围剿"。会后,各部队张贴文告,深入动员群众,扩大地方武装,整编支前组织,为夺取第三次反"围剿"胜利做积极准备。

**7月1日** 蒋介石发出对中央革命根据地进行第三次"围剿"的命令。国民党军新调来的以及原在中央苏区周围的部队共二十三个师又三个旅计三十万人,按计划分兵两路:左路从南城、南丰向广昌、宁都、石城进攻,右路由吉安、吉水、永丰、乐安、宜黄一线南进。采取"长驱直入"的作战方针,企图先将红一方面军主力"击破","然后逐渐清剿,再图根本肃清"。

△ 在建宁红一方面军总部从电台获悉蒋介石发出的第三次"围剿"中央苏区的命令,对国民党军的战略意图、方针、计划、部署、指导思想等有了大概了解。与毛泽东立即命令各军既要迅速结束群众工作,又要抓紧时间在几天内尽量多地筹款筹粮。因红一方面军前一阶段尚未得到休整,部队尚未得到补充,仍是三万多人,而且主力远在闽西北苏区,情况十分紧急。临时总前委决定仍采取"诱敌深入"的战略方针,把正在闽西的红军主力迅速收拢,绕道千里回师赣南,诱敌深入到兴国、于都、宁都、瑞金预定的作战地区,待机破敌,以打破第三次"围剿"。与此同时,令在湘赣苏区的红七军、红二十军

军部及第一七五团东渡赣江，与红一方面军会合，参加反"围剿"作战。

**7月4日** 中共苏区中央局发出《特别紧急通知》，《通知》提出立即召集群众大会，做好政治动员和具体工作，整顿地方武装；实行戒严，严防走漏消息；重新整顿赤卫军、交通队、侦察队、运输队等组织；实行坚壁清野；准备与组织战后战场清扫工作等准备反"围剿"的七项紧急任务。

**7月7日** 在中共苏区中央局机关报《战斗》第二期及十四日出版的第三期上连续发表《怎样创造铁的红军》一文。文章强调："创造铁的红军是目前共产党的最迫切、最重要的任务之一"，创造铁的红军必须具备六个基本条件：（一）确定红军的阶级性。红军是工农的军队，劳苦群众的军队。它的历史任务是夺取政权，建立和巩固工农自己的苏维埃政权，使无产阶级及一切劳苦群众在政治上经济上完全得到解放。（二）无条件地在共产党领导之下。共产党是无产阶级的先锋队，工农红军只有在共产党正确领导之下，才能够完成它的历史的伟大任务。无产阶级先锋队（共产党）经过红军中的政治委员与政治机关（政治部及政治处）实行它的领导作用。（三）政治训练的重要。红军的政治训练与是启发和提高指战员的无产阶级觉悟。要造成铁的红军，必须使红军全体指战员首先完全信仰共产党的领导，充分地相信红军在共产党领导之下，一定可以战胜一切敌人。（四）军事技术的提高。由于革命战争的规模日益扩大，单凭红军的冲锋和已有的战争经验已不能满足客观的需要，必须特别加速战术方面的进步。红军在战术方面必须超过敌人，在技术方面也必须努力学习使用新式武器的知识，以便从敌人中间得到新式武器时，一到手就知道如何使用。（五）自觉地遵守铁的纪律。红军的纪律是根据整个的阶级利益、革命利益和革命斗争的必需而制定的。红军的纪律绝不依靠打骂来维持,而是建筑在无产阶级的团结上面,用自我批评的精神、教育的精神,互相督促和勉励,达到自觉遵守纪律。有了这样自觉地遵守纪律的红军,就是铁的红军。(六)要有集中的指挥和统一的训练。红军本身的编制,必须力求进步,要有统一的训练,集中的指挥,以适应于新的作战环境,在任何情况之下,有最大限度的集中性,去消灭它的阶级敌人的武装。文章最后指出:铁的红军的创造,要在斗争的过程中进行。我们现在比任何时期更加需要来搜集并整理过去红军斗争的经验,切实依照上述条件,创造并扩大铁的红军,来完成红军的伟大历史任务。这篇文章编入《朱德选集》。

**7月10日** 因敌军进攻迅猛,分散做群众工作的红军主力部队向赣南苏区中部或腹部退却集中已来不及,毛泽东、朱德和临时总前委决定"避敌主力,打其虚弱",采取"磨盘战术",红军向南迂回,避开敌军进攻锋芒,从中央苏区南部插入敌军背后。朱德与毛泽东率部从建宁地区分路出发,侧敌行军,绕道沿闽、赣交界的武夷山脉,向西南急进,回师赣南。

**7月12日** 回师赣南途中,在广昌尖锋与毛泽东联名给留守建宁的第四军第十二师师长耿凯等写信,通告建宁方向之敌昨日到了排前,在建筑工事;黎川一路已过邱家隘到将军庙,本日有向建宁进攻的可能。同意该师的布置,并要求该师调查石城、广昌、宁都三处的粮食,是否在大队集中后能供应数十日给养,迅速设立石城、古龙冈一线的交通站,以二十四小时内信能送到为准。

△ 回师赣南途中,在广昌尖锋与毛泽东联名给留守建宁的第四军第十二师第三十五团写信,指示该团要扰乱建宁敌人的行动,掩护大军集中;应当等到敌人进了建宁城,探清敌情

后，才能缓缓向塘坊撤退；要随时将敌情报告总部及师部。

**7月中旬** 率领部队由广昌的尖锋向石城、瑞金方向前进。途经北坑受到当地游击队员的热情欢迎。讲话向他们通报敌情和红军主力的歼敌计划，并鼓励他们要坚持斗争，说：敌人许克祥的部队已经从南丰出发，尾随我们，其前头部队已经到了尖峰的黎花山一带。我们部队要先甩开，再转到其后面消灭之。你们要提高警惕，坚持斗争。与毛泽东在瑞金北的壬田寨约集就近几个军的负责人开会，研究战略行动的大体方向。

**7月22日** 与毛泽东率红一方面军主力抵于都县北部银坑、琵琶垄、平安寨、桥头地区，与奉命由赣江以西沙地来此的红七军及红二十军军部、第一七五团及由于都、瑞金北上至此的红三军（欠第九师）、红三十五军会合。之后，红军隐蔽到山沟里，让出通向瑞金、于都和兴国的大路，诱敌继续南进。

**7月23日** 与毛泽东在银坑获悉何应钦命令各部"进剿"军限十天内扑灭红军的电报，对敌军"分进合击"的战役企图及其各路兵力的部署有了进一步了解。

**7月24日** 鉴于进至沙溪、大金竹之线和富田、水南、白沙之线的敌军已遭到红军第九师及独立第五师的阻击，并根据"明（二十五）日古龙冈之敌将向桥头前进，赖村之敌必将向平安寨前进"等敌情，与毛泽东在于都银坑朱角塘下达《消灭由赖村进攻之敌的命令》，指出："本方面军在敌人深入恐慌疲惫之下，决心首先以消灭由赖村进攻之敌，然后转向桥头方向消灭敌军的第二部。"对赖村之敌的攻击部署是：以红三军团及第四军为右翼军，归彭德怀指挥，于明日出动，待赖村敌军进至葛附近时，分别包抄敌军左侧；以红十二军为中央军，于明日出动，经与红四军联系后，进入葛占领阵地，攻击敌军正面；以第七、第三十五、第三军第七和第八师为左翼军，归李明瑞指挥，配置于琵琶垅、平安寨等地，分别担任牵制龙冈之敌和策应各方之任务。

**7月26日** 与毛泽东率方面军总部到达于都河的长沙渡口。鉴于赵观涛师和卫立煌师离渡口仅十公里，与毛泽东指挥红军渡河后，悄悄地从这里穿过去，避开了强敌，继续向西北方向前进。

**7月28日** 与毛泽东率领红一方面军主力抵达兴国西北高兴圩地区，绕道行军数百里，完成了由闽西北向赣南战略退却任务。

**7月30日** 与毛泽东等在江背洞决定红一方面军各部分别于八月二日前到达老营盘、虎爪坪、桥头口、南三彩、淘金坑、罗坑等地；于八月三日攻击东固；在占领东固后，准备于八月三日或四日攻击龙冈。这时，进攻中央苏区的国民党军已进到固村、宁都、古龙冈、白石一线，但未找到红军主力。蒋介石、何应钦得知红军主力集中在兴国地区后，判断红军主力有西渡赣江之可能，便集中九个师兵力向兴国方向急进，企图压迫红军主力于赣江东岸而消灭之。朱德与毛泽东获悉这一敌情，判断敌军虽然来势很猛，但因其在根据地拖了近一个月，锐气已减，且其主要兵力和精简师团集结在第一线，由富田向东的后方联络线上防守兵力比较薄弱，决定采取"避敌主力，打其虚弱"的方针，先打其侧翼，由兴国经万安突破富田一点，再由西向东，从敌之后方联络线上横扫过去，置深入赣南根据地的敌军主力于无用之地。待敌之主力回头北进，必甚疲劳，乘隙打其弱者。

**7月31日** 接到红十二军军部和中共纯化区委的报告，得知敌军主力向兴国方向急进，其右侧后富田、陂头、新安一带仅留三个团防守。傍晚，与毛泽东在兴国县高兴圩发布《夺取富田新安的命令》，决定方面军"以绕入敌背捣其后路，使敌动摇震恐，然后消灭其大部队之企图，决先夺取富田、新安"。命令各部分别于本日至八月一日移至石陂圩、小遥岭、老营盘、兴国城，茶园冈与沙村之间等地隐蔽休息；红一、红三军团于八月二日夜从原地出发，三日晨二时分别攻击富田、新安圩。当晚，红一方面军主力奉令北进，先头部队进到石陂以北地区。这时，敌第二路进击军陈诚、罗卓英两师已抢先赶到富田。鉴于夺取富田的计划难以实现，朱德与毛泽东随即改变计划，率部折回高兴圩地区，另寻歼敌机会。

**8月3日** 根据敌军进攻崇贤之蒋光鼐、蔡廷锴部约有三个团，于今日上午与红三十五军接触，该敌有向高兴圩前进以占兴国之势；敌蒋鼎文第九师、赵观涛第六师到半径、曲阳两处，有进迫于都之势等敌情变化，与毛泽东在泰和县老营盘发布《消灭由崇贤进攻高兴圩之敌的命令》，决定方面军于明日消灭由崇贤进攻高兴圩之敌。攻击部署是：敌进高兴圩之后，第三军由现驻地（新圩）从右翼打去，第十二军由现驻地枫林库村从左翼打去，第四军由现驻地长径口打敌之正面。第三军团、第七军为总预备队，于本日夜十时由现驻地分两路开动，拂晓到达枫林、库村附近，相机增加击敌。若敌不进高兴圩，则我军明日不动。

**8月4日** 与毛泽东率红一方面军主力经过老营盘北上，到达泰和县沙村。在这里与毛泽东审问由第十二军派人送来的敌军两个密探后，立即召开紧急军事会议，利用地图详细向与会者说明原定从富田突破的战略计划已经改变，决定将迂回敌侧后的战法改为中间突破，因为从俘虏嘴里得到的敌情，进一步证实了红军侦察排获得的情报：红军在向富田开进时，敌人的飞机侦察到红军迂回其侧后的意图，蒋介石便马上调动陈诚和罗卓英的两个主力师，增援富田。因此，"我不得不改变计划，回到兴国西部之高兴圩"。此时，红军三面临敌，容许集中的地区只剩高兴圩一个圩场及其附近几十平方里。根据改变了的作战计划，当晚与毛泽东指挥红军趁夜折返高兴圩，待机歼敌。

**8月5日** 与毛泽东"决计向东面兴国东部之莲塘、永丰县南部之良村、宁都北部之黄陂方向突进。"当晚，乘夜秘密地从崇贤、兴国两地之间约二十公里的空隙中转到莲塘。之后，在莲塘的生福排召开红一方面军团以上干部会议，研究莲塘战斗作战方案，决定集中方面军主力采取中间突破战法，主力由兴国高兴圩地区向东突进，求歼正向莲塘前进而战斗力较弱的敌第三路进击军。另以一部兵力将进攻之敌诱向万安、良口，掩护主力作战企图。

**8月7日** 与毛泽东指挥红一方面军主力军进攻莲塘地区敌上官云相部第五十四师及第四十七师祝旅。适值上官云相部分防六处，相距过远，调援不及。在战斗中，因有一个预定要控制的山头被敌人抢先占领，朱德亲自带一个警卫排和身边的几个参谋人员从莲塘向良村插过去，向该山头之敌展开攻击，坚持到大部队赶来，将山头夺回。红军在莲塘、良村共歼敌两个多旅，俘敌三千五百余人，缴枪三千一百余支（挺）。国民党承认"魏副师长、刘参谋长及张、谭各旅长，力战阵亡，损失惨重"。

△ 莲塘、良村两战结束后，获悉北面龙冈驻有周浑元第五师，东面黄陂驻有毛炳文第八师之一部（该师编制为六个团，开到黄陂地区的仅四个团），与毛泽东于下午二时在良村约溪发布《消灭龙冈之敌的命令》，指出：龙冈之敌有第五师四个团、第五十四师二个团，加上第四十七、第五十四师败兵约两个团，共有八个团，其主力部队虽均在向我军前进，但明

日不能达到龙冈,"我军决心以全力消灭龙冈之敌"。并作出以红三军团、红三军、红四军和红十二军分别担任左翼、右翼、正面和总预备部队的攻击部署,要求各部于明日晨四时一律总攻,务于上午十二时以前解决战斗。部队奉令行动后,获悉龙冈之敌连夜在山头加修工事,不易歼击,又决定利用敌军在莲塘、良村之战后必将调兵东向,寻找红军主力决战之心理,改变作战方案,令红三军派部队向龙冈佯动,将敌主力诱调东边,方面军总部率红四、红十二军(欠第三十五师)、红三军团、红七军迅速东进,攻击黄陂地区敌毛炳文第八师。这时,敌毛炳文师一部正分散在宁都以北中村、石马、南林、君埠一带"清剿"。红军开始行动后不久,毛炳文判断红军有攻击黄陂之势,"即飞令各部集结,准备迎击"。

**8月11日** 与毛泽东率红一方面军主力抢在敌军"集结未完"之前赶至黄陂附近,部署以红四军、红十二军(欠第三十师)担任主攻,红三军团和红七军迂回黄陂东面,断敌退路,并准备对付东面增援之敌。接着,指挥红军冒大雨向黄陂守敌发动猛烈进攻,歼守敌约两个团,乘胜追击残敌,再歼敌一部。共歼敌第八师约四个团,俘敌四千余人,其中俘敌团长二人,缴枪三千余支(挺)。这时,敌军发现了红军主力行踪,其所有向西向南之主力部队,集中视力于黄陂,采取密集的大包围态势向东猛力并进,企图将红军主力围歼于此。朱德与毛泽东根据新获悉的敌情,断定敌军主力很快就要到来,命令方面军主力连夜撤出黄陂,转移到永丰、兴国、宁都三县交界的君埠及其以东地区,利用战斗间隙进行休整。

**8月13日** 在各路敌军纷纷扑向红军主力集中地区的严峻形势下,与毛泽东在君埠一座家庙里召开军事会议,讨论如何跳出敌人的包围圈。会议决定避免同超过红军数倍的敌军决战，用一部分兵力牵制敌军，以掩护红军主力西进至兴国北部和西部隐蔽待机。会后，鉴于蒋介石、何应钦害怕红军北攻临川的心理，与毛泽东命令红十二军伪装红军主力向乐安佯动，并指示其在白天行军，大造红军主力要北攻临川之假象，吸引敌军向东北方向调动。

**8月15日** 夜，在红十二军佯动的掩护下，与毛泽东率领红军主力从敌军麇集的空隙中向西穿插。在整个夜行军中，朱德始终手拿指南针，走在队伍前头。

**8月17日** 与毛泽东率红一方面军主力进至兴国东北的白石、枫边地区隐蔽休整，并同苏区中央局和中央革命军事委员会会合。与毛泽东发布红一方面军《减少行李马匹的通令》，指出：敌人以很大机动的力量运动部队进攻红军，我们要准备长期和敌人作战，要准备经常的夜行军，这就须要加强红军的机动力量，比敌人不只强十倍百倍，以取得第三次反"围剿"的全部胜利。通令要求各部队必须裁减笨重行李和马匹。

**8月22日** 与毛泽东发布《节省经费的通令》，指出：红军第三次反"围剿"已经取得第一步胜利，但目前仍须准备一个月到两个月的艰苦奋斗，以持久战略来消灭敌人，争取全部胜利，才能完成创造苏维埃根据地、建立苏维埃中央政府的任务。通令批准方面军经理部制定的目前节省经济办法，要求各部按照具体规定执行。

**8月30日** 中共中央发出《给苏区中央局并红军总前委的指示信》，信中肯定苏区红军在最近一年多的反"围剿"战争中取得了"伟大的成功"；指出"中央苏区现时最严重的错误是：缺乏明确的阶级路线与充分的群众工作"，在这一问题上要"坚决地去执行国际路线和中央的指示"；提出"现在中央苏区的中心任务是：最大范围地发动群众，巩固并扩大红军，支持长期的艰苦的阶级斗争，以冲破敌人的'围剿',"扩大苏区和建立巩固的根据地和建立苏维埃临时中央政府。特别强调"为着进行阶级战争，必须更着力于改造和扩大红军的任务"，批评苏区红军"直到现在还没有完全抛弃游击主义的传统"，要求苏区中央局在原则上"必须尊重国际改造红军的主张，逐步地应用于大规模作战的编制，以加强红军的作战能力而完全脱离游击主义的传统"，但我们决不是主张放弃游击战术的运用，相反的，你们要大量地利用游击队的游击战争，来环绕着红军作战，来疲惫敌人的战斗力以便于战胜敌人。

**8月底—9月初** 蒋介石、何应钦发现红军主力并未东去，知道中了红军的计谋，又令其主力部队向西寻求红军主力决战。为避免与敌决战，朱德与毛泽东又率红一方面军主力自枫边、白石地区再度西移，进至赣县的田村白露、兴国的茶园均村一带，继续进行战略性隐蔽集结，待机歼敌。国民党军深入中央革命根据地的崇山峻岭中来回奔波已经两个多月，既找不到红军主力决战，又饥饿沮丧，疲惫不堪，"肥的拖瘦，瘦的拖死"，再西进已无能为力，只得下令全线撤退。

**9月6日** 与毛泽东接到兴国地区国民党军沿高兴圩大道向北撤退的情报，判断敌军可能实施总撤退，决定率休整已半个多月的红军打击疲惫撤退之敌。部署红三军和独立第五师迅速抢占老营盘，截断敌军退路；红七军钳制兴国之敌；红三军团、红四军并指挥红十二军第三十五师、红三十五军，分别自西向东和自北向南攻击高兴圩及其南北地区之敌。

**9月7日—8日** 七日拂晓，与毛泽东指挥红一方面军分别在兴国高兴圩和兴国、泰和交界的老营盘向蒋鼎文第九师先头旅发动猛攻。方面军总部的指挥所设在高兴圩西面的山顶上，在红军每次冲锋时，与毛泽东让总部的号兵也同时一齐吹冲锋号，给指战员们助威。激战至十四时许，全歼该旅，俘敌二千余人，缴枪二千余支（挺）。与此同时，在红七军进逼兴国钳制韩德勤第五十二师的情况下，红三军团、红四军并指挥红三十五师、红三十五军向高兴圩地区蒋光鼐、蔡廷锴的第六十、第六十一师发起攻击，激战至八日，毙伤敌二千余人。战斗结束后，与毛泽东了解到红军在激战中大部分子弹都打光了，便立即下令部队转移到泰和、万安、赣县、兴国交界的地方休整。在高兴圩战斗中，因战斗力较强的蒋鼎文部占据有利地形，红军兵力不够集中，并且徒涉高兴圩以西河流时遭到袭击，结果形成红军和敌军的伤亡几乎相等。

**9月11日** 得到敌韩德勤部于九号晚复退回兴国，蒋、蔡两师主力仍在高兴圩附近，蒋鼎文余部在长径口等敌情，与毛泽东在茶园冈第三军军部发布《转移阵地截击敌军的命令》，决定方面军"转换阵地截击敌军"，拟于明日移动。部署第三军在老营盘附近掩护；第三军团、第七军于明晨四时由现地出发，进至茶元、下元一带布置宿营；第四、第三十五军于明晨四时由现在出发，分别进至石灰尾及茶元布置宿营。要求各军应把政治部暂时留下，照顾伤兵，候交通恢复后即向龙冈一带归队。

**9月12日** 鉴于敌蒋鼎文、蒋光鼐、蔡廷锴、韩德勤各部因对红军情况不明而不敢行动，仍在高兴圩一带和兴国城；红军已占黄土城阵地，第八、第九师在老营盘和独立第四师在神冈坳，朱德与毛泽东在石灰窑总部发布《红一方面军向东转移的命令》，决定方面军转向东移到敌之右侧莲塘、合江口水头庄、龙冈等地集结。

**9月15日** 与毛泽东指挥红一方面军从高兴圩、老营盘尾追逃敌至东固，在东固以南约七公里之方石岭截到蒋鼎文部的后尾一部和韩德勤全部，从早晨打到中午，全歼韩德勤部，俘敌五千余人，缴获枪支四千五百余支（挺）。敌军自己承认"阵亡旅、团长三员，营长六员，损失甚巨"。在这次反"围剿"中，红一方面军从八月开始六战五捷，共打溃敌军七个师，歼敌十七个团，俘敌一万五千余人，缴枪一万三千余支（挺）、迫击炮五十余门，无线电六部，各种子弹二百五十余万发。至此，敌军的第三次"围剿"被彻底粉碎。同时，由于朱德与毛泽东总结南昌起义、秋收起义以来革命军多次作战的经验，相继提出"敌进我退，敌驻我扰，敌疲我打，敌退我追"和"集中优势兵力，各个歼灭敌人"、"避敌主力，打其虚弱"等游击战术和"诱敌深入"的战略方针，"于是全部红军作战的原则就形成了"。这时，赣南、闽西的红色区域已连成一片，由赣西南革命根据地和闽西革命根据地组成的中央革命根据地（亦称中央苏区）开始正式出现。刚形成的中央苏区包括江西境内的三十个县和闽西境内的七个县。由毛泽东、朱德直接领导创建的中央苏区，成为全国最大的一块革命根据地。其中，于一九三一年成立的瑞金县苏维埃政府，自一九三一年八月邓小平担任中共瑞金县委书记以来，各方面的工作迅速发展，成为赣南、闽西革命根据地中心区域的腹地。

**9月18日** 与毛泽东在六度坳发布红一方面军《消灭韩德勤后部队开龙冈整顿补充的命令》，指出：此次方石岭战斗后，未被消灭之敌各部，正在陆续退出苏区，"我工农红军当于第三次战争取得圆满胜利之后，从事整顿补充，执行向前发展之任务。"方面军决定第一步开往龙冈一带。之后，与毛泽东率红一方面军主力开始向瑞金方向南移。

△ 当日晚，日本关东军突然进攻沈阳城及其附近的中国军队，发动了武装侵略我国东北的九一八事变。东北军奉蒋介石"绝对不抵抗"命令，大部撤至山海关以内。几个月内日军

占领了辽宁、吉林、黑龙江三省。

**9月20日** 中共中央发表《中国共产党为日本帝国主义强暴占领东三省事件宣言》，宣言号召全中国工农劳苦民众动员武装起来，制止帝国主义的暴行，驱逐帝国主义出中国。

△ 中共临时中央发出由王明（陈绍禹）起草的《由于工农红军冲破第三次"围剿"及革命危机逐渐成熟而产生的党的紧急任务》决议案，要求苏区的党在取得第三次反"围剿"胜利之后，在军事方面要集中力量追击敌人退却部队，并"在政治军事顺利的条件之下，取得一两个中心的或次要的城市"，"扩大苏区到中心城市"，不要再重复胜利后休息；要求在十月半前各苏区必须选出和派出代表参加中央苏区的工农兵苏维埃全国第一次代表大会。决议强调"目前主要危险还是右倾机会主义"、"富农路线"。

**9月23日** 由于红军第三次反"围剿"完全胜利后国民党军已全线撤退，与毛泽东在兴国水头庄发布红一方面军《开往福建工作筹款的命令》，决定方面军于二十五日由现驻地莲塘、龙冈、长信、水头庄一线，分七天行程开到闽西长汀，并具体规定了各军的行进路线。

**9月25日** 与毛泽东、贺龙、彭德怀、黄公略联名发表《中国工农红军为日本帝国主义强占满洲告白军士兵兄弟书》，告诫国民党军士兵：现在日本侵略军已经占领了满洲最重要的一切城市，把满洲看做是他们的殖民地了，而国民党却要你们对日本的侵略"不要抵抗"，要"逆来顺受"，同时则驱使你们为军阀间争夺地盘的战争、为进攻革命的工农红军而到战场上残杀你们自己的兄弟，去破坏民众的财产，造成全中国空前的灾荒。因此，你们必须另想出路，同当地的工人农民及一切劳苦群众联合起来，用武装来创造苏维埃政府。

**9月28日** 与毛泽东等抵达瑞金城北的叶坪村，同中共苏区中央局会合后，通过向中共赣东特委书记谢唯俊、瑞金中心县委书记邓小平等人了解，选定叶坪村为苏区中央局和红军总部的驻地，并决定将在叶坪村召开中华苏维埃第一次全国代表大会，建立苏维埃临时中央政府。以后，中共苏区中央局和红一方面军总部亦移驻叶坪村；红一方面军主力到达以瑞金为中心的赣闽边界地区，与闽西新编红十二军会合；方面军在这里进行整编，对红一、红三军团的编制作了一些调整。

**9月下半月** 中共六届四中全会后不久，因中央政治局候补委员、参与领导中央特科工作的顾顺章和中共中央政治局常务委员会主席向忠发先后在武汉和上海被捕叛变，给中共中央和中央领导人的安全造成极大威胁，中共中央主要领导干部相继转移到安全地带或者撤离上海。这时，王明准备于十月去莫斯科担任中共驻共产国际代表，周恩来准备去中央革命根据地担任苏区中央局书记。因上海的中央委员和政治局委员均已不足半数，根据共产国际远东局的建议，在上海成立了以博古（秦邦宪）为负责人的中共临时中央政治局。临时中央继续推行以王明为代表的"左"倾教条主义政策。

**10月初** 红一方面军总部命令各部分别开赴石城、长汀、会昌、安远、于都、宁都等地，拔除当地"白色据点"，扫除残余的反动势力，保护根据地人民的生命财产安全和基层苏维埃政权的建立和巩固。

**10月3日** 中共苏区中央局从瑞金致电中共临时中央。报告红一方面军目前急切需休息，需训练、补充、筹款、布置新战场，创造根据地；又因十一月七日要召开中华苏维埃第一次全国代表大会，苏区中央局不能远离，遂将红军主力分布石城、长汀、于都、会昌四县工作，方面军总部及中央局在瑞金居中指挥。

**10月11日** 中共苏区中央局致电中共临时中央,其中提出原中央局代理书记项英"工作能力不够领导",报告"中央局决以毛泽东为代理书记"等事项,请求批准。不久,中共临时中央复电,其中批准"中局书记由泽东代理"。

**10月14日** 为及时收集最近红军在拔除"白色据点"过程中攻打土围炮楼的经验,与毛泽东发布红一方面军《收集攻土围炮楼经验的训令》,指出:土围子炮楼是土豪最后营垒,必定要完全消灭它;以前用步兵冲锋、用炮威吓的方法打土围子、攻炮楼,都是实在不够得很,且死伤很多,总不晓得用工兵的效力去挖地洞、打对壕、埋地雷的方法去炸它的围墙,再冲进去,或是用多量火药完全给它炸得干净;红军最近攻打土围炮楼的斗争经验中,得着很多教训,学习得很多本领,取得了成效;"红军的攻城攻坚的战术,应该在打土围攻炮楼的斗争中学习成功"。训令要求各部"务将军、师、团直接打土围子攻炮楼的指挥员的实际经验、兵力布置、工作方法如挖地洞的方法、用的工具,爆炸的药种药量、爆炸的效力、收效的成绩,详细的开会讨论后汇集起来报告总部";"再由总部参谋处加以讨论,并汇集有效的经验的方法编为筑垒攻城教范,训练红军。"

**11月1日—5日** 出席在瑞金叶坪由中共中央代表团主持的中国共产党中央苏区第一次代表大会(赣南会议)。会议通过了《政治决议案》、《关于党的建设问题决议案》和《关于红军问题决议案》等五项决议案。这些决议案虽然对红军战斗力的提高,红军的扩大与巩固,战略战术的采用都予以肯定,并认为"红军一三集团军确实获得了伟大成绩",但是,也认为中央苏区在执行"国际路线"中犯了一系列的"极严重错误",把毛泽东的正确主张说成是"狭隘的经验论"、"富农路线"和"极严重的一贯右倾机会主义",强调要"集中火力反右倾",开始排斥毛泽东在中央苏区对党和红军的领导。毛泽东、朱德在反"围剿"战争中提出并被实践证明是正确的"诱敌深入"战略方针及其一系列战术原则,开始受到不同程度的批评和否定。

**11月7日—20日** 出席在瑞金叶坪召开的中华工农兵苏维埃第一次全国代表大会。当天上午在叶坪广场举行阅兵典礼时,与毛泽东登上主席台,然后在总参谋长叶剑英陪同下,骑马检阅了部队。下午举行开幕式,被代表大会推选为主席团成员。代表大会作《红军问题报告》,报告指出:中国工农红军产生于中国的土地革命,这在世界上要算是一个特点;中国工农红军是在中国共产党领导下经过三四年的斗争,坚决实行土地革命,反对帝国主义,从游击战争中日渐生长和发展起来的;中国工农红军是工农的武装,是有阶级性的,其任务是要打倒帝国主义,推翻封建的阶级,建立全国的苏维埃政权;中国工农红军为担负这一伟大使命,就必须努力扩大数量和提高质量,并加强无产阶级的领导和政治、军事的教育,创造铁的红军。在十九日大会主席团举行的第一次会议上,被推选为大会主席团常务主席。当日,与毛泽东、项英、张国焘、周恩来等六十三人被大会选举为中央执行委员,组成中华苏维埃共和国中央执行委员会,作为全国代表大会闭幕后的最高政权机关。中华苏维埃共和国政府宣告成立。中华苏维埃共和国"是广大被剥削被压迫的工农兵士劳苦群众的国家,他的旗帜是打倒帝国主义,建立苏维埃政府于全中国,为数万万被压迫被剥削的工农兵士及其他被压迫群众的胜利而斗争。"大会闭幕前,与毛泽东、彭德怀等八人因在革命战争中的贡献和功绩而获得奖章。

**11月25日** 正式成立隶属于中华苏维埃共和国临时中央政府组织系统的中央革命军事委员会（简称"中革军委"），委员为朱德、彭德怀、王稼祥、周恩来、贺龙、毛泽东等十五人，朱德为主席，王稼祥、彭德怀为副主席。同时决定"取消原一方面军总司令、总政委的名义及组织，所有中华全国红色海陆空军完全集中在中央革命军事委员会指挥统辖之下"。中革军委下设总政治部、总参谋部、总经理部、军医处、中央军事政治学校各机关。朱德任中革军委主席后，为红军的正规化建设做了大量工作。

**11月27日** 出席中华苏维埃共和国中央执行委员会第一次会议。会议选举毛泽东为中央执行委员会主席，项英、张国焘为副主席；并于中央执行委员会之下，组织人民委员会，为中华苏维埃共和国中央执行机关，选举毛泽东为主席，朱德为军事人民委员，同时还选举了外交人民委员、劳动人民委员、财政人民委员、土地人民委员、教育人民委员、内务人民委员、司法人民委员、检查人民委员等，并在人民委员会之下设立国家政治保卫局。

**11月29日** 与王稼祥、彭德怀发布《通令》，作出改用新号谱的有关规定，指出：军队使用号音，就是一种号令，不论平时或战时，对于军队的集团行动，都是号音规定之。我红军的号音，一向与国民党军相同，战争之际，在战场指挥军队，除用传令外，差不多完全用号音。可是号音一奏，彼此都知道，这种情形，是非常不利的。此次召集全军司号会议，在十天之内，定出各种新的号音，印发各军，除另令中央军事政治学校司号大队学生，按照新谱加紧训练外，希望各军团及各军各独立师负责指挥员，务督促所部对于司号人员练习新谱，必须于三个月内完成，以便于改用新谱，免除战场上指挥的困难。

**12月1日** 与毛泽东、项英、张国焘、张鼎丞等发布《中华苏维埃共和国土地法》，指出：为使没收地主及其他大私有主的土地和分配土地有一个统一的制度，第一次全苏大会站在基本的农民群众与革命发展前任的利益之基础上，制定土地法令，作解决土地问题的最好保障；在有关红军的土地问题上规定："红军是拥护苏维埃政权推翻帝国主义的先进战士，无论其本地是否建立苏维埃或尚为反动统治，均须分得土地，由苏维埃政府设法替其耕种。"

△ 与毛泽东、项英、张国焘等发布《中华苏维埃共和国经济政策》，指出：为着反帝国主义与土地革命的发展、工农革命联盟的巩固，第一次全苏大会规定下列条件，作为目前苏维埃经济政策的根据；在有关红军经济利益问题上规定：红军与工人、乡村及城市贫苦群众一样，苏维埃政府应该"豁免"其家庭的纳税。

**12月4日** 中共中央发出《中央给各苏区中央分局，省委及红军各军政治委员的训令》，指出：敌人进攻苏区的新计划，大致是对于江西中央苏区取暂时的守势，而向鄂豫皖苏区作大举的进攻；要求中央苏区应以红军主力配合群众行动向西进攻，使吉安赣州与湘赣边苏区打成一片，对赣闽西北应发展广大的游击运动与土地革命，阻滞敌人，巩固后方与扩大苏区。

**12月9日** 与王稼祥、彭德怀发布中华苏维埃中央革命军事委员会第一号训令。指出：在目前创造铁的红军的过程中，特别感觉到过去一切教育计划与教育材料（一切课本小册子等）的不统一和不符合铁的红军的要求，虽然我们不能否认过去各自为政的教育计划与材料，是适应了当时的需要，并且有相当的益处，但我们也不能否认那其中包含了许多缺点与不合现在的要求。因此有收集这一切教育计划与教育材料加以审查的必要。训令要求红军各部迅速汇集过去一切教育计划与教育材料，并送来中革军委会，以便审查或修正后颁布，使之成为红军中统一的通用教材教育计划与教育材料。

**12月上旬**　第三次"围剿"失败后孤军留守宁都，后因九一八事变发生对蒋介石"安内攘外"政策日益不满的国民党第二十六路军，在中共秘密特别支部的有力策动下酝酿起义。因情况紧急，该军秘密中共特别支部派特支委员袁血卒（即袁汉澄）等来到瑞金叶坪，报告准备起义的计划和听取指示。朱德接见了他们，当即肯定他们组织起义好得很，表示欢迎国民党军第二十六路军暴动起来加入红军，与红军站在一个阵线，去打倒日本帝国主义，挽救民族危亡；并决定第二天专门召开军委会议听取汇报，研究具体的暴动方案；还说这是个大事情，要报告毛泽东。第二天，朱德主持召开中革军委会议，与王稼祥、叶剑英等听取袁血卒汇报准备暴动的情况后，经研究并向毛泽东报告后决定：（一）用最大的努力，争取全部暴动；（二）如不能争取全部暴动，则以第七十三旅和总指挥部的部队及其他党员能掌握的部队，以"进剿"为名，在适当地点解决反动军官，实行局部起义，开到苏区；（三）如暴动未成功，暴露的同志如赵博生等，离开部队到苏区来，未暴露的继续留在部队中开展工作；（四）暴动时间定为十二月十三日夜十二点，暴动前解决反动军官要坚决，行动要快，要注意保密；（五）暴动后部队改为红军第十六军；（六）暴动时若有可能，把宁都地主武装头子逮捕起来；（七）派红军第四军在会同地区相机予以策应。会后，为了支援国民党军第二十六路军起义，朱德与毛泽东等从瑞金来到石城县秋溪村，召集红军和地方主要领导开会，制定以红四军派一个团和地方武装继续围困石城南面敌军据点，主力在会同地区钳制广昌方面之敌第六路军等策应国民党军第二十六军在宁都起义的具体方案。

**12月14日** 季振同、赵博生、董振堂、黄中岳等率国民党军第二十六路军官兵一万七千余人在宁都起义，正式宣布全军加入中国工农红军。

**12月16日** 按照中央革命军事委员会命令，宁都起义部队改编为中国工农红军第五军团，编入红一方面军建制，辖第十三、第十四、第十五军。季振同任总指挥，董振堂任副总指挥兼第十三军军长，赵博生任参谋长兼第十四军军长，黄中岳任第十五军军长。

△ 从瑞金赶到石城秋溪、龙冈圩一带，欢迎由宁都起义开到这里的第二十六路军起义部队，并看望起义部队的伤病员，再三叮嘱他们要安心治病，还指示医生要采用一些民间草药，尽快地给这些伤病员治好痢疾病。医生根据这一指示，大量收购中草药，经过短时间的治疗，把得了痢疾病的官兵都治好了。

**12月19日** 与王稼祥、彭德怀共同签署关于病愈官兵回队需加考查的通令。指出：为防止复杂分子混入红军，伤病人员归队后，必须予以考查；规定伤病人员出院时，务须发出院证，除总医院遵照办理外，各野战医院亦需遵照执行。

**12月21日** 与王稼祥、彭德怀共同签署关于调送一批当地战士给五军团的命令，指出：新成立的红五军团多是北方人，才到江西，言语不通，不特不能做群众工作，连采买也感觉到困难；决定由各军及各独立师每个伙食单位内调出一个战斗员到红五军团去帮助他们工作，并要在里面起革命作用；要求各部抽出的战斗员是共产党员或团员，能做群众工作，能采买，并有宣传鼓动能力。

**12月22日** 出席在石城秋溪屋背岭召开的欢迎国民党军

第二十六路军参加起义改编为中国工农红军第五军团的会议，并在会上讲话，勉励红五军团广大指战员巩固整编成果，不断加强政治和军事训练，在粉碎蒋介石的反革命"围剿"、团结人民共同抗日、解放全中国的伟大斗争中建立功勋。

**12月24日** 出席中华苏维埃临时中央政府和中革军委在瑞金叶坪召开的庆祝红五军团成立并欢迎红五军团全体指战员大会，并在会上讲话。再次肯定这次暴动具有很大意义；指出中国革命将进一步高涨；希望红五军团全体指战员坚决地与其他红军一起站在革命战线上，实行土地革命，打倒国民党反动派，打倒帝国主义。

**12月30日** 以红军总司令的名义与红军总政治部主任王稼祥发布《为孙连仲部二十六路军兵士投入红军告全国兵士书》，指出：由于国民党"将东三省送给了日本"，还"不准兵士抵抗"，而且在国民党军队中当兵，只是替国民党军阀争权夺利当炮灰，拼性命；由于"苏维埃政府是帝国主义的死敌"，"他不让帝国主义夺我们一寸土地，他动员全体红军，号召全国工农群众武装起来，与帝国主义奋斗到底，驱逐一切帝国主义滚出中国去"；由于苏维埃政权是工农兵自己的，每个红军都分得了土地，红军都是平等的，红军战士是为争取自己土地革命的利益而战。宁都起义的士兵们已经投到红军中来了，全国被压迫的兵士兄弟们也应该立即作出正确的选择："继续宁都弟兄哗变到红军中去！""打倒国民党！驱逐帝国主义！""拥护苏维埃政府，取得我们自己的土地。"

**12月底** 周恩来从上海抵达中央苏区首府瑞金，任中共苏区中央局书记。

**是年** 在红一方面军司令部出版的《红色战场》第十三期上发表《怎样来研究战斗》一文，指出：战斗是为达到我们战争目的的直接采用的手段,即是用我们的枪炮和刺刀与敌人厮打厮杀。战斗的目的在于消灭或压服敌人,战斗手段主要是以火器或白刃击毙或杀伤敌人。战斗方法主要有攻击和防御。战斗种类主要有决战和持久战。军队之精粗、军纪士气、指挥协同兵力多寡、地形、天候、时刻以及其他不能预测之事变等,是决定战斗胜败之因素。"然富有攻击精神者,常能以寡胜众"。战斗在各国都是以步骑炮连为最小的部队单位,我们红军仍是以步骑连为战斗单位,能以口令或号令指挥全连,连长又能熟识本连全体战斗员的姓名、面貌、技能和政治水平等,在火线上不但能使全连战士一致的动作去杀敌,并能分配到个别的适当的特别任务均能达到。这样才算充分发扬了整连的战斗力。文章认为:战斗已经是我们红色战士的家常便饭,我们应当有趣味的研究起来。然而,由于此前出刊的《红色战场》上刊载的文章偏于原则,不能使连、排长们热烈地参加,从这一期起,将用大部分的篇幅来研究战斗,多来一些实际战斗中的材料,来充实我们的"战场";希望连、排长们积极给《红色战场》投稿,以发挥其宝贵的实战经验与教训。

# 1932年　四十六岁

**1月1日**　在瑞金与毛泽东、周恩来等同从上海调湘鄂赣苏区工作的聂荣臻见面。接着，根据组织决定，聂留在中央苏区工作，并受毛泽东委派，到红五军团协助萧劲光、刘伯坚等开展政治工作。

**1月2日**　与王稼祥、彭德怀联名签发《中革军委转发临时中央政府对整个财政系统的规定的训令》，原文转发临人民委员会财字第一号训令关于统一财政工作的作用和意义，规定整个财政系统隶属关系及各种簿记图表，并要求各级财政机关严格执行的全部内容，要求各部队严格遵照执行有关规定。

△　与王稼祥、彭德怀联名两次发布中革军委关于发伤病员休养费的通令，规定各医院伤病员入院出院时各发休养费一元，但休养不满一月者，只发入院费一元，平时零用费与部队相同，不另发休养费。

**1月4日**　与王稼祥、彭德怀共同签署中革军委任命何长工为中国工农红军第十三军政治委员的委任令。

**1月7日**　与中革军委总经理部部长范树德签署关于妥善保管棉衣的训令。指出：查以前红军每到冬尽春来时，辄将棉衣之棉花扯去，改作夹衣，致寒冬到来时要重新备制棉衣，这在经济上是有大的浪费，要坚决反对，绝对禁止。已饬令经理部赶制单衣裤，准备天暖时好替换棉衣，在单衣下发后，各军应将所备棉衣按级缴上集中，送到经理部，转往后方，用日光消毒后，妥为保管起来，备冷天来时再用。

**1月8日** 与王稼祥、彭德怀共同签署中革军委《裁减指挥机关中闲余人员的训令》，指出：近查各部队指挥机关中，每留置很多工作人员甚至有闲余人员集留在机关中，可是在政府机关和地方武装中的工作人员和干部却异常缺乏。"这一方面是人多而无事可做，将日渐趋于腐化；另一方面却因无人而事不能做，甚至地方有许多武装而无人领导来使用。"这一现象，非马上纠正过来不可。各部队要严格地把闲空人员裁减，多余者务于一月二十日以前送来军委，以便适当分配工作。

**1月9日** 与王稼祥、彭德怀共同签署中革军委通令，指出：为便于集中统一江西赤色地方武装，特决定将江西省苏维埃政府下辖之军事部取消，改设一江西军区总指挥部，以陈毅为军区总指挥兼政治委员，蔡会文为政治部主任，所有独立第二至第六等师及地方赤色武装，概归军区总指挥陈毅指挥。

**1月9日** 中共临时中央作出《关于争取革命在一省与数省首先胜利的决议》，强调在目前形势之下，国民党的破产是铁一般的事实；提出红军与游击队的发展，造成了包围南昌、吉安、武汉等重要的与次要的大城市的形势，其中"中央苏区不但恢复了第一次'围剿'前的区划并占领了赣南会昌、寻乌、安远、信丰各县，并且正在围攻赣的中心城市赣州"；要求全国红军利用目前顺利的政治与军事的条件，占取一二个重要的中心城市，以开始革命在一省数省的首先胜利。

**1月10日** 与王稼祥、彭德怀共同签署中革军委通令，指出：过去对各种表册的作用，各级都非常的忽视，以为太麻烦，对上级发来的表册当作官样文章来看，不去执行，间或有少数依照执行者都很迟钝，又不一致。所以每逢上级想做一种调查工作，都不能如期做到和得到圆满的结果。这种现象应迅速纠正过来。各部以后如遇有要求造报各项表册时，必须很迅速地执行，如期缴送。

△ 中革军委根据苏区中央局会议的决定发布攻取赣州的军事训令，规定中央苏区红军目前的任务是"坚决地取得苏区邻近较大城市赣州"，"造成以赣州为中心，联系到湘赣、闽赣的广大版图进而威胁吉安向北发展，使革命更迫近夺取一省和数省首先胜利"。并具体部署以红三军团并指挥红七军、红四军为主作战军，彭德怀为前敌总指挥，担任攻城和配合攻城等作战；以江西、闽西军区共六个独立师为支作战军，陈毅为总指挥，以游击战争配合主作战军行动。在这个训令发布前，周恩来曾在瑞金主持召开中共苏区中央局会议，就临时中央指示中央苏区红军至少要在抚州、吉安、赣州选择一个城市攻打的问题进行讨论，在朱德与毛泽东持不赞成意见的情况下，会议根据多数人的意见决定攻打三面环水且工事坚固的赣州。

**1月上旬** 在瑞金叶坪会见季振同[1]等，在回答他们提出的许多问题后，还应他们的要求讲述自己从旧军队走上革命道路的经历。后来，还与毛泽东、周恩来等多次做赵博生、董振堂、季振同等人的工作，找他们个别谈话，对他们弃暗投明，参加革命给以高度的评价，并鼓励他们积极工作，放下思想包袱。通过谈话，季振同对朱德的宽厚诚朴留下了很好的印象；红五军团起义官兵轮流到党政机关、红军学校以及其他部队驻地参观学习时，朱德与毛泽东、项英等都亲自参加接待，给他们讲革命道理，鼓励他们进步，这使起义官兵十分感动，深深体会到红军中确实是"官兵夫一律平等"。经过一段时间的工作，季振同提出要加入党组织的要求，并得到军委批准，

---

[1] 季振同，时任中国工农红军第五军团总指挥。

周恩来、朱德为介绍人。

△ 在瑞金出席中共苏区中央局、中革军委召开的会议，研究打不打赣州的问题。朱德和毛泽东不赞成打这一仗，认为赣州是敌人必守的坚城，红军技术装备差，很可能久攻不克，于我不利。但苏区中央局、中革军委多数人在临时中央的影响下，决定打赣州。

**1月11日** 与王稼祥、彭德怀共同签署中革军委通令：中央政府命令，任命袁国平为中国工农红军最高军事裁判所所长，张云逸、宋裕和为委员。

**1月15日** 出席在瑞金叶坪召开的苏区青年团第一次代表大会开幕式，并在会上致词祝贺，号召青年自动加入红军。

△ 与王稼祥、彭德怀共同签署中革军委通令，规定各部队随队休养伤病员每日伙食与其他人员相同，不另发休养费；此次受过训练之卫生员回到各连后应受管理排长管理，专负连卫生责任。

△ 与王稼祥、彭德怀共同签署中革军委训令，指出：为加强红五军团各级干部的领导工作能力，特设短期干部训练班并规定教育计划一表，希即转达按期前来授课。

**1月18日** 与王稼祥、彭德怀共同签署训令，指出过去及现在各级军医处工作，还没有建立起直接的独立系统，上下级情形都未能充分了解，在计划和指挥一切工作的时候，感到十分的困难和不便；强调以后各部处都须有科学的分工，上下级须经常发生密切的关系；规定本会军医处以后陆续下发的各种表册，各级军医处必须按时填报。

**1月21日** 出席在瑞金叶坪召开的全国苏维埃区域少先队第一次代表大会并发表讲话。

**1月24日** 与王稼祥、彭德怀共同签署中革军委命令，委任张际春为公略学校[1]政治委员。

**1月26日** 在瑞金出席中央军事政治学校第一期学生毕业典礼,并在会上讲话,勉励第一期学生毕业回到部队后,要领导战斗员配合工农群众负起目前伟大的任务,认清现在的政治形势,扩大红军,创造铁的红军,努力革命战争,坚决为拥护苏维埃政权而奋斗。

**1月27日** 中华苏维埃临时中央政府人民委员会召开第五次常会。会议决议改"中央革命军事委员会总政治部"名称为"中国工农红军总政治部",王稼祥任主任。

△ 为具体执行中华工农兵苏维埃第一次全国代表大会颁布的优待红军条例,以贺诚为主任的中央革命军事委员会抚恤委员会成立。该会专门负责调查统计及慰恤一切,凡伤或牺牲的伤残战士与其家属,可得到苏维埃政权的特别优待。

**1月28日** 晚十二时,日本海军陆战队向上海闸北发动武装进攻,国民党第十九路军总指挥、军长蒋光鼐、蔡廷锴指挥所部奋起抵抗,史称"一二八"事变。这次抗战历时一个多月,得到上海和全国人民的支持,给日本侵略军沉重打击,但因蒋介石和汪精卫的妥协、阻挠终于失败。

△ 与王稼祥、彭德怀共同签署中革军委训令,指出:目前红军中各军、师参谋处的工作,多数是没有健全地建立起来,可是有些军、师参谋处,却分了很多的力量去编报纸和政治小册子。这样在一般的宣传教育上,似乎是尽了很大的努力,可是因此反而减弱了自己本身所应做的工作和重复了政治

---

[1] 公略学校,即红军第二步兵学校,又称公略步兵学校。1931年9月15日,红三军军长黄公略在红一方面军第三次反"围剿"胜利后遭敌机空袭负重伤后牺牲,中共苏区中央局在东固地区设立公略县,并将红军第二步兵学校命名为"公略步兵学校",以资纪念。

部的工作，殊属不对。以后各军、师部队，如有消息或意见时，尽可送总政治部或各级政治部机关发表，所有以前编办的报纸和小册子即行停止出版。

△ 与王稼祥、彭德怀共同签署中革军委训令：各军自接到命令之日起，应即停止采购药品。规定中革军委会军医处统一采购和分配药品；各军驻地离本会太远又急需用药时，可先买后报；在战争中缴获敌人药品，应将全数报告本会，由本会军医处接收，平均分配，以免公款损失与分配不均之弊。

**1月31日** 中共中央为"一二八"事变发表宣言，揭露国民党的"不抵抗"和"退让"政策，使几百万上海劳苦群众受着非人的残暴与空前的灾难；号召全上海的工友们及一切劳苦群众自动起来组织义勇军纠察队，夺取武装来武装自己，反对日本帝国主义占领上海，反对国民党出卖上海。

**1月中下旬** 根据中革军委攻取赣州的军事训令，红三军团和红四军组成的主作战军分别由会昌和石城地区向赣州地区开进。

**2月1日** 中华苏维埃共和国执行委员会发布第九号训令，公布《执行优待红军条例的实施办法》，规定的具体办法有：在目前是动员群众帮助红军家属耕田和耕种红军公田；对于外籍之红军战士留公田的办法，应按照地方每人分田多少，规定留出公田的数额；凡设立学校的地方，红军子女有免费入学的权利，由乡区苏维埃负责执行；对于残废的红军战士，由军事委员会之红军抚恤委员会和残废院照优待条例办理；红军战士牺牲后，其家属不够维持生活或完全不能维持生活者，政府应照当地必需生活费给以相当津贴，使其子女能达到维持生活为止，无子女者维持其父母妻子至死为止等。

△ 与王稼祥、彭德怀共同签署《关于各军向上级的报告

应切实依照红军暂行法规类别严谨分类的训令》,指出:查近日各军来的报告,发现各军工作方式仍旧没有谨严的科学分工,无论什么问题总是放在一封信里。这样不仅不能使上级机关有系统地分送各部处理,而且报告人对于应报告事件,亦不能有详细的陈述,只是拉扯地提到一点意见。这对于问题的解决,是非常妨碍的。嗣后各军报告时,应该把军事、政治范围分清,切实依照红军暂行法规类别分别办理,不得混在一起。

△ 出席中华苏维埃共和国临时中央政府人民委员会第八次常会。会议决议"正式宣布对日作战,以民族革命战争去驱逐帝国主义出中国";"发表宣言号召全中国劳苦群众,在苏维埃领导下,自动对日帝国主义作战,推翻日帝国主义工具的国民党统治并反对任何帝国主义对于中国的侵略"。将报告中央执行委员会批准后宣布。

△ 与王稼祥、彭德怀共同签署训令,指出:现为巩固苏区、统一军事起见,特在江西、闽西分设军区两处,以指挥苏区之各独立师及地方武装,并委任陈毅为江西军区总指挥兼政治委员、蔡会文为江西军区政治部主任,罗炳辉为闽西军区总指挥、谭震林兼政治委员。

△ 与王稼祥、彭德怀发布《关于调查外籍红军战士的训令》:为实行全苏大会决议《红军优待条例》规定的"凡红军战士家在白色区域者,以及新由白军过来者,则在苏区内分得公田,由当地政府派人工耕"起见,亟应调查,以便统计分配。

△ 王稼祥以总政治部主任名义发布《总政治部通令》,转发中央人民委员会第三号命令,说明中央革命军事委员会总政治部改名为中国工农红军总政治部的原因:政治部是党在红军中领导和指导政治工作的机关,它有独立的组织系统,并不单纯地属于革命军事委员会,过去的名称中央革命军事委员会

总政治部是不适合于这一组织的意义的。因此中央人民委员会第五次常会议决将中央革命军事委员会总政治部改为中国工农红军总政治部，其他各级政治部一律改为中国工农红军某军某师政治部。希望各部立即依照此命令执行。

**2月2日** 晚，与王稼祥收到红三军团军团长彭德怀的来电，得知三军团各部队正向南康前进。

**2月3日** 按照中革军委攻取赣州的军事训令，彭德怀率红军主作战军攻占离赣州十五公里的潭口，准备包围赣州。守军金汉鼎第十二师马崑第三十四旅三千人及赣南各县地主武装五千余人撤兵进城，依城垣固守待援。

**2月5日** 红军在南康、大余之间的新城与准备增援赣州的国民党军粤系范德星独立旅的一个团激战，消灭该敌，俘虏敌军兵一千余名，缴枪一千余支。

**2月6日** 与王稼祥收到中革军委电：赣城之敌有困守待援附城背水之意。赣城三面环水，水势很大，攻城难以奏效，但西门无水，故拟由西门坑道突破，乘虚奇袭较有把握。

**2月9日** 出席红三军政治教导队开学典礼并致词，指出：红三军过去因为时常和敌人作艰苦的革命战争，缺乏对干部的训练，在目前革命形势向前飞速发展和各地苏维埃和红军不断胜利等政治环境下成立教导队，其意义和将来的责任是非常的伟大；希望学员们更加要加紧学习政治理论，努力学习军事，造成很好的军事政治干部，去领导战争，争取一省与数省首先胜利。

**2月10日** 与王稼祥、彭德怀、叶剑英在洋溪发布中革军委命令，令红十二军及独立第七师速赴武平，配合独立第二、第三师打通龙岩、上杭、永定苏区与瑞金、会昌、寻乌苏区的联系。红十二军奉令于二月中旬先后攻克武平和上杭，收复闽西苏区大部分地区。

**2月14日** 以中国工农红军总司令名义和总政治部主任王稼祥发布《中国工农红军为日军进攻上海告十九路军士兵书》，赞扬国民党第十九路军士兵在上海的英勇抗日行动；揭露国民党政府适应帝国主义侵略要求试图在上海设立所谓中立区的阴谋；号召他们与工农群众密切联合起来，"还要更加勇敢地前进去打倒日本帝国主义"。

**2月16日** 与王稼祥、彭德怀发布《关于纠正扩红工作中缺点的训令》，令各级指挥员要遵照苏区中央局转来中共江西省委关于扩大红军问题的意见，纠正红军中对淘汰和开除红军太随便了；红军残废从来没有调查统计的公布；红军中的小团体观念还很浓厚，轻视地方党部、地方政府的观念还未打破等缺点。

**2月17日** 与王稼祥、彭德怀共同签署《中革军委关于经理工作的训令》，指出：过去红军中的经理工作，是没有建立正确统一的独立工作系统的，以致经理机关与各部队关系之不清楚，经理机关组织的分歧，经理机构之不明筹款情形，缴款领款手续之不统一等现象出现。这不特不能适应革命形势的发展，即经理工作亦绝难有基础的建立。训令还颁布了关于各项经理工作问题的有关规定。规定"经理机关应建立独立统一的工作系统（非组织系统），一切经理行政、下级经理机关应受上级经理机关之指导"；"各级经理机关是各级指挥机关之一部，但在经理范围内，军团及军经理处，受总经理部之指导，师经理处受军经理处之指导，各级经理机关在经理范围内，应受各该级军政长官之监督，此外须受各该级指挥员的命令。"

**2月19日** 中共苏区中央局作出《对目前政治形势的分析与苏区党的紧急任务的决议》，指出：我们不应坐待敌人来攻，等待保守只有失败；我们更应积极地向外发展，猛力地向敌人会攻。中央苏区的党应抓紧目前时机，加紧发动和领导广大工农群众配合红军积极地发展革命战争，迅速地取得中心城市，首先是夺取赣州、吉安，向北发展，扩大和贯通赣江上游两岸的苏区，使赣东南与湘赣边两苏区完全打成一片，再进而与湘鄂赣、赣东北两苏区贯通，并发展福建、湖南、湖北的苏维埃运动，以取得江西革命的首先胜利；红军主要的是担当战争的任务，做群众工作，尤其是筹款，不能妨碍他的作战和作战的准备与训练工作，过去将这三种工作重列为红军的三大任务是错误的。

△ 为纪念二月十五日在大余新城战斗中牺牲的红四军第十一师政治委员张赤男，在《红星》[1]第九期上发表《纪念张赤男同志》一文，指出：我们来纪念张赤男同志，就应该加紧创造干部，来继续赤男同志坚决奋斗的精神去领导革命战争，消灭一切白军，推翻帝国主义国民党的统治，争取苏维埃运动的完全胜利。

**2月23日** 彭德怀指挥红军主力开始攻打赣州城，对东门实行爆破。由于地形不利，大雨使挖坑道难以进行，守军又拼死抵抗，经数日围攻和多次坑道爆破都未奏效，红军伤亡很重。

**2月28日** 与王稼祥、彭德怀致电中共苏区中央局，提出中革军委关于红三军团总部指挥方面军攻打赣州城的作战方案，并要求"子弹一到须即送来"。

△ 与王稼祥赶到赣州城附近红三军团总指挥部驻地，同彭德怀一起指挥攻城战斗。

**2月29日** 与王稼祥、彭德怀共同签署《中革军委关于

---

〔1〕《红星》，中国工农红军总政治部编辑出版的报纸。

特别费开支的训令》，指出：经理机关在工作系统上原有直接领导之规定，但一切支配平时仍须受该级指挥员的指挥，尤其是战时指挥员所下的支配给养命令更要服从执行，不得对军事行动有丝毫阻碍。查目前出现的问题，在于各级经理处尚未实行前经通令的有关规定。要求各级指挥员、经理处长迅即遵照纠正，万勿违延。

△ 陈诚奉蒋介石命令，派罗卓英指挥三个师和两个旅共约两万人，由泰和地区驰援赣州，进至赣州西北郊。接着，罗卓英派一部潜入赣州城内，会合守军向红军攻城部队出击；以另一部包抄红军侧后，对攻城红军一万四千人实施内外夹击。

**3月1日** 根据中共苏区中央局的意见，与王稼祥、彭德怀发布《关于坚决夺取赣州乘胜消灭来援敌人的训令》，指出："我军围攻赣城直到现在，经过二十四天，中间一度爆炸，以技术不精，攻城未克，而敌援已至。可是坚决夺取赣州，乘胜消灭来援敌人，开展中国苏维埃革命在一省数省首先胜利，是红军目前的中心任务，每一个红军战士，应该克服一切困难，迅速地完成这个巨大的使命。"《训令》对敌情作出分析，要求"乘敌出击时，即作炸城，使城内城外敌军，一起解决。"训令还通告各部队："中央革命军事委员会已移到前方，所有参战各军，均归本会直接指挥。"

**3月4日** 中共苏区中央局复电朱德、王稼祥、彭德怀，指出完全同意二月二十八日"来电计划"，再次强调"仍以攻赣为目的实为必要"。

△ 王稼祥以红军总政治部主任名义发布告红军战士书，号召红军要下最大的决心，进行持久战争，拿下赣州，赣州不下我们决不走，敌人援军要来，我们就立刻消灭他们，再继续攻打赣州。

△　红三军团炸毁赣州城东门城墙一个宽二十丈的口子，压死守军约二百余名。红军在浓烟中猛烈攻城。但因敌军作了充分准备，红军付出很大代价，攻城仍未得手。

3月5日　以中国工农红军总司令名义和中华苏维埃共和国临时中央政府主席毛泽东发布《中华苏维埃共和国临时政府告上海民众书》，指出：苏维埃政府为反对日本帝国主义占领上海，已动员红军举行武装示威，召集了江西福建省的工人代表大会，举行募捐来援助上海的罢工失业工人及第十九路军的兵士，发动苏区工农红军来援助你们。但是反动的国民党将他们的军队，不去打日本帝国主义，而去进攻红军苏区，不让红军去援助你们。否则，苏维埃的工农红军，早已与你们在一起共同反抗日本帝国主义了。号召上海的劳苦群众，快快自动地武装起来，进行革命的民族战争，与日本及一切帝国主义决战到底，推翻国民党反动统治。

3月7日　凌晨，赣州城内守敌和城外援军突然内外夹击红军攻城部队。红军在激战中歼敌一千余人，将从城内冲出的敌军击退。但红军亦有伤亡，而且反被敌援军分割。朱德命令红五军团第十三军驰援，掩护红三军团撤围赣州。至此，长达月余的赣州战役结束。红军攻城部队陆续集结于赣县江口地区待命。

3月9日　与王稼祥、彭德怀共同签署训令，规定"各军应尽可能在驻地采买米，供给不够再向兵站购买，以免运输"。

3月上旬　中革军委致电中华苏维埃共和国临时中央政府，请在瑞金城郊东华山养病的毛泽东暂停休养，赶赴前线参加决策。毛泽东立即回到瑞金，复电前线指挥部，提出起用预备队红五军团，以解红三军团之围，并连夜出发赶至江口前线指挥部。朱德告诉毛泽东：根据你在瑞金复电的意见，把红五军团拉上来支援，红三军团已经解围脱险。接着，毛泽东提议苏区中央局在前方开会，检查打赣州的问题。

**3月12日** 与王稼祥、彭德怀共同签署关于重编部队的训令，指出：现为指挥作战便利起见，特将各军重新编成红一、红三、红五军团。以红四、红十五军编为红一军团，林彪为总指挥、聂荣臻为政治委员。王良为红四军军长、罗瑞卿为政治委员。黄中岳为红十五军军长、左权为政治委员。以红五、红七、红十四军编为红三军团，彭德怀为总指挥、滕代远为政治委员。邓萍为红五军军长。龚楚[1]为红七军军长。赵博生为红十四军军长、黄火青为政治委员。以红三、红十三军编为红五军团，季振同为总指挥、董振堂为副总指挥、萧劲光为政治委员。徐彦刚为红三军军长、葛耀山为政治委员。董振堂兼红十三军军长、何长工为政治委员。要求各军团、各军务于三月二十日以前编制完毕，并具报中革军委。

**3月13日** 与王稼祥、彭德怀共同签署通令。指出：现在我军积极向外发展之时，亟需补充输送和炊事人员，以利军事进行。决定江西省各县苏维埃政府机关抽调一批输送员和炊事员，限文到即日送来中革军委，以便分配到各军工作。

**3月16日** 《红色中华》第十四期刊登中央革命军事委员会与中国工农红军总政治部发布的《告工农红军与工农群众书》，指出：红军围攻赣州一月余，经过数次炸城，两次的总攻，但均因技术关系不曾得手。在敌军不断增援和守城部队集聚全力出击的情况下，红军为转变战略关系，于三月八日由赣城下撤围了。"在赣州城下的战斗中，我们也得了不少的教训。

---

[1] 龚楚，1934年中央红军主力长征时，留在中央苏区坚持斗争，任中央军区参谋长。1935年5月投敌叛变。

我们应当利用这些经验和教训，更应当充分提起新的战斗精神，彻底完成我们的任务。""我们要赤化赣州和赣河两岸，这样来截断赣州与各处的联系，来死困赣州"。

**3月中旬** 出席在赣县江口圩由周恩来主持召开的中共苏区中央局会议。会议总结打赣州的经验教训，讨论红军下一步行动方针。经过争论，最后决定红一、红五军团组成中路军，红三军团组成西路军，夹赣江而下，向北发展，逐次夺取赣江流域的中心城市。

**3月18日** 根据江口会议精神，与王稼祥、彭德怀发布中革军委训令，指出："我工农红军应乘着目前有利于革命发展的时机，积极地向苏区邻近几个中心城市威胁，广泛地争取群众，推广苏区，以包围几个中心城市，以影响时局，以变动形势，造成许多夺取中心城市的优越条件，而相机夺取之，以开展和迫近革命在湘鄂赣首先胜利的前途。"训令规定：红一军团、红五军团组成中路军，以林彪为总指挥，聂荣臻为政治委员；红三军团组成西路军，以彭德怀为总指挥，滕代远为政治委员。两路红军的作战部署是："中路军（红十四军另有任务）须迅速集中宁都，以宜黄、乐安、崇仁为目标，努力争取三县苏区，以威胁吉安、樟树、临川、南丰、南城之敌，俟敌情变动，即相机夺取一个或几个中心或较大城市；西路军应赤化河西，贯通湘赣及湘鄂赣苏区，与中央苏区打成一片，并相机夺取河西几个城市，以为革命向湘赣发展的根据，其主力（三军团）应迅速集中上犹，赤化遂川，即以永新、遂川、上犹苏区建立巩固的军事根据地，布置战场，主力向北发展，在我军夹赣江而下的进展期间，西路军行动，须与中路军取得时间、空间上的配合，并与湘赣及湘鄂赣苏区取得联系；我军给养，除选择地区屯积粮食外，西路军应在河西自行组织兵站，中路军须派出兵站人员,归兵站主任杨立三指挥,以宁都为兵站基地,依中路军后方联系线沿途建立分站以利给养。

**3月19日** 率中革军委移驻于都。与王稼祥、彭德怀及总供给部部长范树德、政委叶季壮发布中革军委训令。再次强调现在天气已渐和暖,棉衣、大衣、被毯等,便将不大需要了,各级部队应规定适当时期,将这些衣物收回,集中送至兵站转送后方处理;并指出现在正是帝国主义国民党对中央苏区和红军举行大规模第四次"围剿"的时候,我们应当尽量减少一切浪费,使战争经费有充分的准备,以便与敌人作残酷持久的战争,使粉碎第四次"围剿"更加有全部伟大胜利的保障;尤其是敌人对苏区实行严厉的经济封锁,我们更应当坚决地反对这一浪费经济的举动。

△ 毛泽东以临时中央政府主席和中革军委委员身份率红一军团北上,向宁都集中。

**3月20日** 与红五军团政治委员萧劲光、副军团长董振堂致电中革军委,通报敌军动态及红三、红十三军目前军事行动,称已令红三军进驻小汾待命,红十三军及总部因道路狭小,今日到达大坪、罗家渡一带,明日可进驻小溪、金沙江一带,二十二日可到达小汾与红三军会合;提出红三军团渡河困难,经济须予接济;建议红十五军等"尽量留后方,免遭无意损失"。

**3月21日** 与王稼祥、彭德怀收到红一军团军团长林彪、政治委员聂荣臻的来电。得知其"完全同意"毛泽东在江口会议后提出的红军主力向赣东北方向发展的意见。

△ 与王稼祥、彭德怀及总经理部长范树德发布中革军委训令,指出:红军当前唯一紧要的工作,就是消灭入赣粤敌转师北上,占领赣江沿流几城市。在进行这一工作中当然不能像过去三次反"围剿"战争那样,每次战役之后有休息筹款的优

裕时间，而是迅速不断地扩大革命战争，积极向敌人进攻。因此对于与战争有重大关系的经费不能不事先有个使用经费表，不致因经费困难而影响全盘工作，进而保障革命战争得到圆满的伟大胜利。特对各项经费使用作出具体规定，并强调要坚持不滥用和少用的原则，极力反对过去"有钱不妨多用几个"的思想。

**3月27日—28日** 在瑞金出席中共苏区中央局会议，讨论红军行动方向问题。会议采纳毛泽东提出的中路军向东发展，攻打龙岩，消灭闽西张贞[1]等军阀的主张，将中路军改称东路军，确定毛泽东率领东路军攻打龙岩，向东南方向发展。根据这一会议精神，中革军委决定将中路军改称东路军入闽作战，巩固闽西，筹措经费，尔后集中东、西两路军继续夺取赣江流域的中心城市。不久，东路军在毛泽东率领下开赴闽西；西路军在彭德怀、滕代远率领下由赣州、万安间良口地区西渡赣江，进入上犹、崇义地区。

**3月28日** 与王稼祥、彭德怀共同签署中革军委《关于洗刷部队中怕艰苦分子的通令》，指出：部队中有少数落后怕艰苦斗争的分子常循环往来于部队医院中，致使耗费政府经济和混乱后方工作，并影响前方部队，出现"常成流动现象"。以后各部队除加紧政治工作外，应经常实行检查，坚决把那些怕斗争、不可教育的分子洗刷出去，而对那些不能在前方工作的残疾者，则送到后方或其本地政府，分配适当工作。

**3月** 与王稼祥、彭德怀共同签署中革军委转发临时中央政府人民委员会第四号命令的通令，通令要求各部队遵照人民委员会的命令，做到部队所到之处，应极力注意搜罗教科书，

---

〔1〕 张贞，时任国民党军第四十九师师长。

汇送中央政府教育部,以备教育之用。

**4月4日** 与王稼祥、彭德怀共同签署中革军委训令,指出:为建立有系统的后方组织和工作,以利前方作战,使我工农红军更有把握地争取大规模战争的胜利,特委任杨立三为中央革命军事委员会后方办事处主任、倪志亮为政治委员,以统一指导和监督所有红军的后方各组织工作。要求红军后方各组织每月所需经费均须造报预决算送到军委后方办事处;对后方组织的情形及机关位置等须注意保持秘密,以保证后方安全。

**4月5日** 与王稼祥、彭德怀共同签署中革军委《关于无线电、有线电战利品的保护与收集的通令》,指出目前敌人特别加紧经济封锁,红军的有线电和无线电通讯工作常因材料缺乏补充而发生困难和障碍;批评红军在战斗缴获中不注意收集乃至损坏这方面的机器和材料的个别现象;要求各级指挥机关以后在每次战斗胜利中特别注意全部收集这类战利品,并负责送交兵站运送后方或送到总部;规定一切无线电机材,非经通讯总队允许,不准擅自携取与调换,有线电之皮线机器在规定数目补足后,凡多余机材或换出旧机材,应一律缴上,不可得新弃旧,或瞒数不报。

**4月10日** 红军东路军攻占龙岩,歼灭敌军张贞部教导团大部及其独立团全部。

△ 与王稼祥率中革军委移驻福建长汀。之后,中革军委直接指挥红十四军在赣南、闽西地区肃清残匪,扫除敌占据点,以巩固苏区和支援红军主力作战。

**4月12日** 以中央革命军事委员会主席名义和中国工农红军总政治部主任王稼祥发布训令,决定抽调第一、第五军团来闽作一临时行动,其主要任务是在消灭闽西主要敌军张贞部,乘胜打击侵入苏区的粤敌;还决定从本月十三日起,对处于闽西枢纽位置的长汀实行戒严，令驻长汀城武装队伍统归中革军委特务营营长和政委指挥，执行戒严任务。

△ 与王稼祥接到彭德怀、滕代远报告：红五军在寺下坪、大路坪、唐屋之线筹措粮食入款项。红二、红三师出仁化引动赣南之敌；红一师在横石井、大陆坪，背靠营前向东发展。红七军即日出发占领汉口等地，略取崇义，逼退上犹敌人。

**4月15日** 中华苏维埃共和国临时中央政府发布《为对日宣战向全世界无产阶级和被压迫民族宣言》，正式决定对日本帝国主义宣布战争，领导全国红军与工农劳苦群众用民族革命战争来驱逐日帝国主义出中国，反对任何帝国主义一切瓜分中国进攻中国革命的尝试与企图，争得中华民族的彻底解放与完全独立。

△ 中华苏维埃共和国临时中央政府发布《关于动员对日宣战的训令》，指出："中央革命军事委员会，各苏区军事委员会，各地军区指挥部，各县赤卫队部（即军事部）应对于全体红色战士实行对日宣战的动员，要使每一个红色战士都能了解：积极发展革命战争，消灭国民党军阀进攻苏区的部队，向外夺取中心城市，摧毁国民党的统治，正是进行反日的民族革命战争的必要前提。"还要求军事动员做到每个红色战士非因伤病不能离开队伍，地方武装要执行红军中一样的纪律，不脱离生产的赤卫队要加紧军事训练。

**4月18日** 收到红一军团军团长林彪、政治委员聂荣臻的来电，得知其因两日来大雨雾，河水陡涨，敌情、地情均不熟悉，定于昨日攻击的行动极其困难。红一军团又作出了相应的战斗部署。

**4月19日** 与彭德怀、王稼祥签署中革军委训令，指出在目前革命战争剧烈发展中派遣地方部队挺进到敌人深远后方积极活动，配合红军作战的意义；批评个别地方部队在敌人后方活动时不执行上级指示和违反军纪的现象；"规定以后任何地方军队接近红军基干兵团作战时，须听该兵团上级指挥员之统一指挥，不得借口不归其指挥或自由行动。"

△ 蒋介石特任何应钦为"赣粤闽边区剿匪总司令"。五月一日，何应钦抵南昌，策划赣粤闽边区"清剿"计划。

**4月20日** 红军东路军攻占漳州，歼守敌张贞部约四个团，俘敌副旅长以下官兵一千六百人，缴获飞机两架及其他大量军用物资。随后，又相继占领石码（龙海）、长泰、漳浦、云霄、平和、南靖等地。

**4月25日** 与彭德怀、王稼祥共同签署通令，指出：最近国民党军中有许多觉悟了的士兵纷纷拖枪来当红军，但是据最近掌握的情报，蒋介石在"七分政治，三分军事"的口号之下，就想利用这一点，派遣反动分子伪装士兵在前线拖枪跑过来，或在地方当短工，在苏区内进行欺骗宣传，并刺探军情，企图鼓动红军反水，削弱红军力量。为防止这一阴谋起见，嗣后各部队及地方武装凡遇来投诚的国民党军士兵，应一律按级转送红军总政治部考查，不得擅自留在部队。

**4月29日** 红军西路军在崇义西部文英圩击溃敌胡瑝部，并俘虏敌军六百余人。五月一日，攻占汝城。之后，西路军在湘赣边境地区转战近三个月，牵制敌军四十多个团，支援了东路军作战。

**5月1日** 江西省苏维埃第一次代表大会召开，被选为名誉主席团成员。

**5月5日** 国民党政府同侵华日军签订《上海停战协定》，将坚持抗日的第十九路军从上海调往福建参加"剿共"。五月中旬，粤军陈济棠部三个师又侵入赣西南大片地区，向于都进犯，对中央苏区构成很大威胁。

**5月7日** 和彭德怀、王稼祥共同签署中革军委训令，规定在军委未颁布条令或条令草案统一动作以前，暂按照南京新译日本的步兵操典和劈刺教范所规定的动作实施军事教育和训练。

**5月15日** 与王稼祥在汀州附近红十五军第四十三师驻地，出席该师全体指战员大会。下午，召开该师干部大会。

**5月20日** 中共临时中央致电中共苏区中央局，明确指示苏区中央局"目前应该采取积极的进攻的策略，消灭敌人的武力，扩大苏区夺取一二中心城市，来发展革命的一省数省的胜利。"

**5月23日** 中革军委暨红一方面军、江西、福建、湘赣、湘鄂赣四省军区全体红色战士电贺鄂豫皖红四方面军，指出："你们以坚决勇敢的精神在皖西北消灭敌人数师的兵力，俘虏了白军一师、旅、团长，缴获了无数的枪械军用品"，这一胜利"更兴奋了各地苏维埃红军与全国工农劳苦群众的革命战斗的勇气"。"中央苏区全体红色战士正在加倍地努力与敌人搏战，决心消灭赣粤白军，拿战争的胜利来庆贺与响应你们的胜利"。

**5月24日** 国民政府特派蒋介石兼"豫鄂皖三省剿匪总司令"，李济深为副总司令。

**5月25日** 与王稼祥、彭德怀共同签署中革军委《关于部队与地方党和政府关系问题的训令》，强调：军区为统一地方武装指挥的组织，其"一切行动应在中央军事委员会指挥之下，但不违背上级策略的决定，还应受省委和省苏维埃政府的指导"。军区如遇有不同中央军委策略时，当然执行上级的命令，至军区所属部队同样要受驻在地的党部和政权机关的指导——须在整个军事行动策略上没有冲突条件之下。如果这样地密切起来，这样取得党和政府的关系，则军区所属各部队担任的重大使命，更加完满达到。各级指挥员应切实照此执行。

**5月27日** 与王稼祥、彭德怀共同签署中革军委通令。指出：在军事紧张时期，为了收集各种情报可以检查由白色区域寄到苏区的邮件，但在检查以后还必须将其封好盖章仍交邮局送达目的地；地方武装绝对无权扣留包裹、报纸等邮件，要求各地政府转令赤色武装以后切实注意。

**5月下旬** 在长汀举办的东路军军事教导队讲话、授课。

**5月31日** 福建省少先队在长汀举行为期两天的军事操、野外演习和政治察验等大检阅，朱德为总指挥。

**春** 常到红一方面军总部举办的情报侦察干部集训队上课。用反"围剿"战役中的战例和通俗易懂的比喻，深入浅出地讲解"敌进我退，敌驻我扰，敌疲我打，敌退我追"十六字诀，并说："用这个办法，就能变被动为主动，牵着敌人的鼻子走，搞得他没有办法对付。"还用自己几次在危急关头，如何化装脱险的经历，特别强调要学会化装和抓俘虏。指出：做侦察工作要机灵，装个啥像个啥，善于勇敢机智地对付各种复杂情况；到一个新地方，要很快了解那里的风土人情。不然，你化装就会露马脚。万一被敌人抓住，要想办法跑掉。若被敌人抓到，在敌人审问时，绝对不要讲红军内部的事。用通俗易懂的语言给讲解射击知识，要求学员做到使枪支的准心、标尺和瞄准目标三点一线，了解弹道是一个抛物线，要掌握好目标距离。讲课时说明自己与毛泽东的关系说：人家都说"朱毛"，其实"朱毛"应该把毛泽东的名字放在前头，我的名字放在后头。

**6月5日** 中共临时中央发布《中央致各苏区的军事训令》，通报国民党军"对于进攻苏区的计划已经有了新的布置"及其相应兵力部署，并对各苏区反"围剿"提出了战略性意见，要求中央苏区一、五军团主力应先与河西三军团相呼应解决入赣粤敌，在可能条件下占领梅关岭，再沿江北上，占领赣州、吉安、樟树，以争取南昌为目的，赣州如一时不能攻下可先取吉安，同时应一部分兵力牵制临〈川〉南丰线与樟树吉水之敌。红十二军应向闽北发展与赣东北苏区打通，并留一军力量于闽南，防粤军深入。

△ 与王稼祥在收到毛泽东、叶剑英关于各军整顿期限和召开军事会议的来电："各军须于六至八号三天内整理完毕，准备九号出动"；"八号下午二时在官庄总司令部召开军事会议，军长、军政委、军团总指挥、军团总政委、军团参谋长均到会"。

**6月8日** 与毛泽东、王稼祥在福建上杭县官庄召开军事会议，讨论对入赣粤军的作战计划，决定东路军迅速回师赣南，同西路军会合。

**6月9日** 与毛泽东、王稼祥率领东路军由闽西出发，日夜兼程回师赣南。

△ 蒋介石在庐山召开湘、鄂、豫、皖、赣五省"剿匪"会议，宣布"攘外必先安内"政策，准备在全国范围内对苏区发动"围剿"，计划首先"围剿"鄂豫皖、湘鄂西革命根据地，然后移兵"围剿"中央革命根据地。

**6月17日** 中共苏区中央局作出《关于争取和完成江西及其邻近省区革命首先胜利的决议》，指示中央苏区红军的行动，必须达到最高度的积极化，必须与其他苏区红军更加有互相配合，互相策应，互相牵制敌人的行动，以达到革命战争在战线上的一致和继续的胜利；强调红军的主力必须集中，必须最大限度地迅速行动，要努力做到解除红军主力分散筹款分散做地方工作的任务（当然不是说红军不做群众工作），使红军用合力于决战方面，到白色统治区域去开展胜利的进攻；要求中央苏区红军依据临时中央新的军事训令，应迅速地求得赣江流域的连续胜利，以夺取赣州、吉安、南昌、九江等城市为目的，来配合目前沿隔断着的几个苏区，以开展江西的首先胜利，以配合和响应鄂豫皖，湘鄂西两苏区在平汉路两边及长江流域包围武汉的胜利行动。

**6月中旬** 中共临时中央和苏区中央局决定恢复红一方面军总部，由中革军委主席朱德兼总司令，副主席王稼祥兼总政治部主任。红一方面军仍辖红一、红三、红五军团，取消东路军和西路军番号。毛泽东仍以政府主席身份随军行动。

**6月21日** 中共中央作出《中央关于帝国主义国民党四次"围剿"与我们的任务的决议》，指出：国民党现在又决定蒋介石为"鄂豫皖剿匪总司令"，向鄂豫皖与湘鄂西两苏区进攻了，总计现在云集在鄂豫皖与湘鄂西两苏区周围的军队有三十师以上。并提出："必须向敌人采取积极进攻的策略，消灭敌人在一方面的主力，以根本击破敌人的'围剿'计划。"要求"各苏区的红军必须有计划地互相呼应，互相配合坚决地执行中央最近军事计划，以造成占领南昌与包围武汉的形势。"

△ 与毛泽东在江西安远县天心圩发布命令，令红一方面军首先要迅速地坚决地消灭入赣粤敌，"应以一、五两军团配合独立三师由信丰南部直取南雄，准备首先在南信交界坪田、乌径一带与信丰、南康、大余、南雄等处的来敌约五六团以上决第一战"的"作战方略"。令红三军团采取最积极的行动，首先牵制粤敌一部，随即迅速与红一、红五军团会合，共同歼灭粤敌。之后，红一、红五军团向乌径开进，方面军总司令部随同红五军团总指挥部行进；红三军团从湘南桂东地区撤回大余东北地区。命令下达后，与毛泽东、王稼祥指挥红一、红五军团向南雄推进。

**6月22日** 在天心圩总司令部以红一方面军兼总司令名义发布命令，指示方面军及总直属队于明日上午七时由现地出发，在红五军团总指挥部后尾，以总司令部、总政治部、政治部保卫局、无线电总队、交通队、总军医处、总经理处、特务处及第一军团新兵连序列，经重石向版石前进。

**6月23日** 率红一方面军总司令部到达版石，当晚在版石附近宿营。在版石总司令部发布命令，指示红一方面军总部、总政治部及直属队于明日上午六时三十分出发，经龙头街向长沙村（有苏维埃政府）前进，红三军亦于明日上午四时三十分出发，向长沙村前进。

**6月23日—24日** 与毛泽东、王稼祥两次致电是中共苏区中央局，提议集中优势兵力，在信丰南部与粤军决战，要求红十二军调定南、龙南、全南配合行动。中央局回电表示完全同意红一方面军在信丰南部与敌军决战，同时强调"必须留一部兵力在寻乌应付粤敌"。二十五日，红一、红五军团在大余地区袭击粤军，随后准备与红三军团会合。

**6月24日** 率总司令部到达热水村。当晚，在热水村桥边之店铺内宿营，并发布命令，决定明日晨五时三十分出发，继续向龙州、老圩方向前进。

**6月25日** 率总司令部到达小江圩，当晚在此宿营。

△ 中华苏维埃共和国临时中央人民委员会发布公告，决定自七月一日起，举行募集短期的"革命战争"公债六十万元，专为充裕战争的用费。规定以半年为归还期，到期由政府根据所定利率偿还本息。

**6月26日** 中华苏维埃共和国中央人民委员会发布命令，称现因军委出发前方，为警卫并统一瑞金之军事指挥，决定设立瑞金卫戍司令部，委任刘伯承为卫戍司令、刘联林为副司令,"凡留在瑞金之红军部队、红校、瑞金县地方武装以及警戒事宜,均统属于卫戍司令部节制。"

**6月30日** 在万隆圩附近总司令部以红一方面军兼总司令名义发布命令,指示总司令部、总政治部直属队于明日晨七时由驻地出发,经万隆圩、界址圩、大坝、乌龟塘向乌径前进(前头有我第十三军部队);各部队于明晨七时在通万隆圩路旁集合,候命出发。

△ 《红色中华》第二十五期刊登中华苏维埃共和国临时中央政府致红军电。电文称:国民党军正动员大军大规模地向全苏区和红军举行第四次"围剿",中央政府坚决地领导全苏区工农群众和武装力量,实行全行的出击,以革命的进攻回答帝国主义国民党的新进攻。坚信"英勇果敢的红军,一定能粉碎帝国主义国民党的进攻,消灭敌人的武力,夺取中心城市,实现湘鄂赣首先胜利"。

**7月1日** 率总司令部在前卫部队特务第一连后尾行进;当晚在乌迳宿营。

△ 红三军团在大余县池江击溃粤军四个团。三日,红一军团占领大庆县梅关岭要隘,击溃守敌一个团。四日至七日,红三军团围攻大余,守敌凭险固守。双方形成对峙。这时粤敌三个师向南雄集中,企图夹击红三军团。

△ 以兼红一方面总司令名义在乌迳、新田一线总司令部发布命令:南雄有粤敌约五团,李振球、叶肇两部在大余、南康一线,有一部与我三军团对峙;"总部及直属队于明(三日)晨四时卅分出发向邓坊前进"。"余在总部先头先进"。

△ 与王稼祥、彭德怀共同签署中革军委训令,指出:在交通不便的情况下使用无线电通讯最为敏捷,同时,无线电通讯也是最容易被敌人侦察和破译,因此要最少限度地用它。并

根据高级指挥员在使用无线电通讯时已经出现的错误，特规定无线电通讯简则七条。主要内容有：密码电本必须交最忠实可靠的译电员（共产党员或团员）随身保存，并要注意保护；译电员对密码本要特别注意保存，要看同自己的生命一样重要；战时译电员要随高级指挥机关走，要有人随他，以便万一他受伤时及时取出密码电本；凡报文先头有某某亲译字样的，译电员必须交该高级指挥员亲译；以后发电要分 A、B、C 三等，凡属军事行动命令和极重要极紧急而且有关于全军行动的敌情报告用 A 等，凡属军事行政的命令、训令、重要的敌情报告及其他报告和关于后方勤务上的重要紧急决议（和直接影响于全军行动的军费、给养、卫生等事项的有时间性的电文用 B 等，一般的敌情和其他的报告以及关于后方勤务上的电文用 C 等。

**7月7日** 中华苏维埃共和国中央执行委员会发布训令，决定在人民委员会之下设立以周恩来为主席，项英、朱德、邓发、邓子恢为委员的劳动与战争委员会，负责计划与指挥革命战争的一切军事上、经济上、财政上、劳动上的动员事宜。规定"自后凡与战争动员有关之各项问题，该委员会得指挥人民委员会之下各部委，各级地方政府及各军区关于行政问题，仍属于原来之行政系统"。

**7月8日—10日** 与毛泽东指挥红一、红五军团，红十二军和江西军区两个师，对南雄县水口圩之敌发起总攻，经池江、梅关岭、大庙、水口圩等战斗，"共计击溃素称顽强之粤敌十七八团之众"，使中央革命根据地的南方基本上得到稳定。但由于兵力不集中，未能大量歼灭敌人。

**7月13日** 在信丰红一方面军总司令部发布《水口战役后部队分散整顿筹款》的训令。通报当前敌情：入赣粤之敌军经红军痛击后，退守大余、南雄两城，蒋介石嫡系部队第五

十、第四十三师等均先后到达赣州、南康、黄龙之线，其联合进攻红军的行动及其相互关系较前进步。指出方面军虽然在水口战役后，争取了足以控制粤敌入赣的信丰全县，但斟酌部队现状，目前必须有十天准备时间，筹措相当的给养，得到稍事整理补充，以保证今后战争的胜利；并划定各部队具体的工作和筹款地区，规定红一军团以坪田圩为指挥中心占有乌径、界址圩、极富以南地区，筹款五万元；红三军团以老界址圩为指挥中心，占有乌径、界址、极富以北地区，筹款五万元；红五军团以铁石圩为指挥中心，占有干载、安息、石背以南崇仙等地，筹款五万元；红十二军以固陂为指挥中心，在固陂附近工作，筹款三万元；独立第三、第六师担任赤化信丰河下游之任务。要求各部队在十天工作期间，应坚决执行阶级路线，广泛地发动群众起来，分配地主粮食及财产给群众，并组织群众在适当地方建立小而有力的游击队。

**7月20日** 以兼红一方面军总司令名义发布《各级指挥员应及时准确报告军情》的训令，训令针对在南雄、水口战役中出现的严重问题，特别强调今后红军的"高级指挥员对于战场的指挥因战争环境的迁移而有许多灵机应变的处置，前线各级指挥员应不断地将敌情据实报告，以帮助高级指挥员之决心和处置"；红军要切实注意加强"军与军的联络、师与师的联络、团与团的联络"，要"使战线一致行动毫无缝隙可乘"；军事公文"无论命令、通报、报告，首先要写明发出的时间及地点"；指挥员的"指挥阵地及指挥机关应审慎地选定。在战时不容许随便移动，若已移动必须通知各级指挥机关，以免失掉联络。"

**7月21日** 周恩来以中共苏区中央局代表身份赶至红一方面军总部驻地信丰，与毛泽东、朱德、王稼祥等会合，共同商讨前方作战和军事行动。

**7月25日** 鉴于在后方的中共苏区中央局成员提议由周恩来兼任红一方面军总政治委员,与毛泽东、周恩来、王稼祥致电中央局,提出:为前方作战指挥便利起见,以取消政府主席一级,改设总政治委员为妥,即以任命毛泽东总政委,作战指挥权属总司令、总政委,作战计划与决定权属中革军委,关于行动方针中央局代表有决定权,会议只限于军委会议。八月初,苏区中央局召开兴国会议,接受了这一建议。

△ 晚,周恩来、毛泽东、王稼祥就当前作战方向问题致电苏区中央局,电文在详述当面敌情后提出:"我们再三考虑,认为赣州上游敌军密接,在任何一点渡河出击赣敌,都有被敌人截断危险,如攻新城、南康,将引起宁、赣敌人分进合击,或隔江对峙,造成更不利条件。"并呈报已经决定红一方面军后天开始集中行动,经赣江下游先取万安,求得渡河,解决国民党军陈诚、罗卓英等四个师主力,以取吉安等城市。并"望密电中央"。

**8月2日** 以中革军委主席名义和中国工农红军总政治部主任王稼祥发布《红军入城纪律的通令》。通令根据过去红军不大注意收集国民党政权机关之文件、器物等情况,特规定在每次击溃敌人和占领新的区域特别是巷战终了时之入城纪律:(一)凡在战场上缴获敌人的文件箱不得乱翻,或甚至毁坏,箱内的一切文件书籍,必须整箱地迅速缴交上级;(二)入城部队必须在指定地区和戒严期间内严密防守,绝对禁止一切市民之通行;(三)迅将防守地区内各种公开机关及已经探明之反动分子住宅严密把守,并将室内一切人员禁闭室内,以待检查;(四)上项机关住宅内一切器物、文件,在检查员未到以前绝对不准移动。如有捣毁器物、焚烧文件或私取财物者,应受严厉的处分。

**8月初** 出席在兴国召开的中共苏区中央局会议。会议决定：红一方面军主力在赣江以东北上作战，先消灭乐安、宜黄之敌，进而威逼和夺取吉安、抚州，以配合鄂豫皖、湘鄂西根据地红军反"围剿"斗争。会议决定红一方面军进行整编。在整编中，将红五军团的第三军编回红一军团，仍由徐彦刚任军长，朱瑞任政治委员。会议还决定在前方组成由周恩来任主席，毛泽东、朱德、王稼祥为成员的最高军事会议，负责决定前方的行动方针和作战计划。

**8月8日** 在兴国与王稼祥、彭德怀共同签署中革军委关于发起乐安、宜黄战役的训令，指出：根据敌军将主力摆在河西，企图扼制红军渡过河西进而贯通湘赣之敌情，提出红军的策略是：应该针对北路敌军布置较弱利于红军运动的特点，集结方面军的全力，以坚决、迅速、秘密的行动，首先消灭乐安、宜黄方面之敌高树勋部，并打击其增援队伍进而威胁与夺取吉安、抚州、南丰、樟树及南昌附近的较大城市，使江西敌军完全处于被动地位，"我军得相机各个击破与消灭之"。训令对中央苏区的整个军事部署初步计划如下：以红一、红三、红五军团为主作战军，任务为首先消灭盘踞在乐安、宜黄两县之高树勋部，乘胜突入敌军攻围线后方，进逼邻近的中心城市，相机打击与消灭敌人，争取继续胜利；以红十二军（指挥原独立第四师等部队）为次作战军，任务为配合主作战军作战，"采取游击行动"消灭盘踞宁化之敌，相机占领宁化城并在便利条件下向建宁、南丰、黎川间游击，发展闽北游击战争，推广苏区；红二十二军（缺第六十四师）须配合主作战军暂归总司令部直接指挥，迅速开到乐安适当地区待命；红二十一军"须以游击战术努力拒止敌人"，牵制粤军侵入粤南；江西军区目前的任务是在红军主力努力向北发展期间，努力巩固苏区向外游击，在迅速将新组织之独立第三、第四、第五、第六师的编制完毕基础上，分别牵制杭武敌人北进，牵制由河西东渡增援河东之敌。福建军区目前的策略是发动游击战争，加紧国民党军士兵的工作，以牵制和瓦解第十九路军及杭武敌军，以巩固闽西苏区为江西苏区屏障。

△ 与王稼祥、彭德怀发布中革军委通令，宣布奉中央政府命令，特任毛泽东为红军第一方面军总政治委员，现毛泽东已到军工作；希望方面军全体指战员今后在总司令和总政治委员领导下，一致为发展革命战争和争取江西及邻近省的首先胜利而努力。

**8月14日** 在永丰铁龙以中革军委主席名义与中国工农红军总政治部主任王稼祥发布关于建立和健全转运伤兵工作的通令。指出：过去对转运伤兵工作没有很好地组织，加以各部军医处的组织与工作不健全，致使这一工作发生了许多的困难。"这是值得我们严重注意的。不然，便要影响着当前的战斗。"转运伤兵工作要有健全的组织与严密的分工，才不会使伤兵的运输工作发生困难，才能加强红军的战斗力量。军委会有鉴于此，除已派人在招携、小布一线沿途建立兵站，帮助进行这一工作外，特决定军委会、总政治部、总军医处三个机关，负责组织一个转运伤兵的委员会，军团与军一级，同样要建立这一组织。该委员会的主要任务是专为转运前方伤兵及收容落伍兵，其主要负责人依照当时的工作环境来决定，一般说来是以政治部选派一个较得力同志去负责为适宜。通令还具体划分了各军团和各军与总政治部、总军医处各转运委员会的职责范围，强调在伤兵的转运工作中，政治部所派人员，负责转运伤兵时的政治工作，军医处所派人员，负责领导对伤兵的医务工作，司令部所派人员负责伤兵的给养、设营等工作。

**8月15日** 与周恩来、毛泽东、王稼祥致电中共苏区中央局并转中共中央，报告根据当前敌情，红一方面军决以迅速坚决秘密的行动，先攻乐安、宜黄，消灭孙连仲大部，乘胜攻南丰、南城，消灭敌第六路军朱绍良部，开展赣东一面，求得巩固地向西迎击敌第二路军陈诚和吴奇伟等师增援部队，"以更有利地取得赣江下游中心城市，造成夺取南昌的形势。""现部署已毕，战斗明晨开始期以连续胜利达到目的，并配合全国红军行动。"

△ 与王稼祥、彭德怀在招携总司令部发布战时运输勤务工作的训令。强调战时的运输勤务工作，极关重要；指出以往各部队都是自行输送，没有统一的计划和指挥，这不仅减弱了前方的战斗力，而且很容易紊乱秩序；为纠正这些弊病，规定今后一切输送物品分段指定机关负责统一办理，并随着战况的进展，总经理部的运输站有变更时，当再随时通知。

△ 以中革军委主席名义与副主席王稼祥、彭德怀发布通令，指出：以前各军对负伤费的发给毫不统一，以致有重领、未领及迁延甚久之弊。为使负伤战士负伤费确有保障，规定从这次战役起，各前方部队一律停止发给负伤费，所有负伤费皆由兵站医务发给，以资统一和免致流弊。

△ 根据敌军驻守乐安城仅有第二十七师之一旅计有两团兵力等敌情，在招携总司令部以红一方面军总司令名义与总政治委员毛泽东发布《消灭乐安之敌的训令》，决定迅速消灭该敌，占领乐安城。拟于明日向守城之敌攻击。令林彪为攻城总指挥，聂荣臻为政委，所有红一军团、独立第五师、特务营及以后参加攻城军统归其指挥；红五军团为总预备队，明日位置于南村附近；红三军团于十八日到达牌路港，监视宜黄、崇仁之敌，并策应我攻城军。规定在招携开设兵站医院和各军要择

适当地点开设野战医院，总经理部及各军后方统归中革军委总经理部长范树德指挥。

**8月16日** 拂晓，与毛泽东指挥红一方面军进攻乐安，战斗至第二天下午结束。红军攻克乐安城，全歼守敌高树勋第二十七师一个旅又一个营，俘敌三千余人，击落敌机一架，缴枪三千余支（挺）。

**8月19日** 与毛泽东指挥红一方面军攻克宁化县城。

**8月20日** 拂晓，与毛泽东指挥红一方面军攻克宜黄县城。

**8月22日** 与毛泽东指挥红一方面军攻克南丰县城。

**8月24日** 与毛泽东、周恩来、王稼祥率军抵南城近郊大竹山准备攻城时，发现国民党军已集结十七个团的兵力，且城防坚固，不利强攻，当即放弃攻城计划，改令红军在南城、南丰、宜黄间做发动群众工作。

**8月29日** 在江西南城县里塔圩以红一方面军总司令名义与总政治委员毛泽东发布《打击陈诚部队的训令》，训令根据当前敌情分析，判断敌军陈诚部有可能即日进袭与占领乐安，继而"采取预期与我主力在宜黄境内决战的姿势"，配合崇仁等地其他部队实行"分进合击"；假使我军放弃乐安、宜黄而集中主力于南丰方面，无疑地该敌要继续向南丰前进，达到与我主力决战目的。为要粉碎敌人的进攻，使赣东苏区巩固地向前发展，方面军决心首先打击远道东来的敌军陈诚部，乘胜打击在崇仁会合之敌，再行相机进取。预计这次作战的开端是在宜黄城附近，决战在凤冈圩、源头一带，但有可能地以一部引诱敌之主力于宜黄方面，我军集结主力由黄陂山道袭击乐安之敌陈诚的后尾。规定方面军各部于八月三十日起开始，在三天之内（九月一日前）到达指定地点集中完毕，并作出具体战斗部署。

**8月31日** 根据敌吴奇伟部约四个团的兵力今日上午到达店前,有与敌主力配合向永兴桥作包抄模样之敌情,在永兴桥与毛泽东发布《红一方面军攻击店前的命令》。决定以方面军第一、第五军团为主攻部队,担任消灭店前之敌;第三军团负责监视棠荫方面之敌。

**8月底** 与周恩来、毛泽东、王稼祥率部再撤至宁都县东韶、洛口一带休整。

**夏** 自一九三一年起,红军总部定了一项制度,每逢星期六,总部机关人员都要分头去帮助红军家属劳动。朱德虽然工作非常忙,但在时间允许的情况下,经常带领总部机关人员帮助红军家属锄地、下种、插秧、耕田、割禾、挑水。这时,因中央苏区天旱,与毛泽东在同一台水车上帮助群众车水抗旱。

**9月2日** 晚,与周恩来、王稼祥收到率方面军先头部队南进的毛泽东自外演溪发来的电报:判断"敌主力似在黄陂五六都之线,分两路夹进,有到东陂朱坊之线可能",主张"我方面军明日应集结新丰市带源恰村一带,准备坚决打击此敌"。

**9月3日** 晚,与周恩来、王稼祥收到毛泽东发来的电报,得知已到达棠荫附近和新丰市附近等地的红五、红十五、红十二军及红三军团的行动部署;毛泽东判断"敌现到东陂、东港、神冈三点,似有南进可能",主张"我军应集结东韶、吴村、洛口之线","坚决打击此敌,但我军现在颇疲劳,应有两天以上的休息,并作大的行动。"

**9月5日** 在江西宁都县永乐村与毛泽东向各军团和第十二军发布《部队必须轻装的命令》,强调为达到"军队作战首贵迅速"之目的,必须"行装轻便";规定各战斗员携带子弹数目至多不得超过一百五十发,各人携带物品亦不得按超过以前的规定,"务期行动敏捷,节储战斗力,以便应付继续的残酷斗争"。

**9月8日** 与周恩来不同意后方中央局成员在七日来电中要方面军"首先袭取永丰"的意见,由周恩来复电中央局说明:从当前敌我力量对比和红军疲劳状况来看,"袭取永丰将成不可能"。"方面军现在小布、安福、平田一带休息七天绝对需要。"

**9月上旬** 与毛泽东、周恩来、王稼祥致电中共苏区中央局急转湘鄂西中央分局并临时中央,对如何打破敌军围攻鄂西苏区提出意见。认为在敌军以重兵围紧鄂西苏区的情况下,"红三军应集结全军力量,机动地选择敌之弱点,先打击并消灭他这一面,以地方武装及群众的游击动作牵制其他方面,然后才能各个击破敌人。如因顾虑苏区被敌侵入而分一部兵力去堵,不仅兵少堵不住,对于决战方面又减少兵力,损失更大。"指出湘鄂西中央分局计划将红三军分为两部行动[1]是不利的,"分散与持久硬打是给敌人各个击破我们和分进合击的最好机会",这是不利的。主张现在处于中心区的部队,应迅速设法利用黑夜小道避免战斗,偷出敌人重围圈外,集结一起,选择适当地点,准备相机打击敌人,并发展新苏区。"中心区内外线应广大发展游击运动战,阻扰敌人,而不应照分局计划"。

**9月13日** 以中国工农红军总司令的名义与总政治部主任王稼祥致电苏区少先队总检阅大会,希望苏区全体赤少队员本着与敌人决死斗的精神到前线来,到红军中来,粉碎敌人的围攻。

**9月16日** 以中革军委主席名义与副主席王稼祥、彭德

---

[1] 指1932年8月中旬国民党军第四次"围剿"湘鄂西苏区期间,夏曦为取得粮食和物资,以便在洪湖根据地中心区内作战,将红三军分两部行动:以警卫师和红九师在熊口地区阻敌进攻;以红七、红八师进攻沙市、草市。结果,红三军损失严重。

怀发布训令,指出:在目前红军担负着的积极向北发展夺取赣江流域中心城市、争取江西革命首先胜利的中心任务下面,在赣东方面须有一支强有力的红军担任向赣东闽北积极行动,以配合主力红军积极向北发展革命战争的任务。因此,军委决定将红十二军第三十六师及红二十二军第六十四、第六十五师合编为红二十二军,以罗炳辉为军长、旷朱权为政治委员,归江西军区管辖,担负上述任务。该军在目前作战则仍直接受红一方面军总司令、总政委指挥。闽西方面则另以原红十二军第三十四、第三十五师编为红十二军,以萧克任军长、黄甦任政治委员,归福建军区管辖,担任巩固及发展闽西苏区任务。

**9月19日** 以中革军委主席名义与中国工农红军总政治部主任王稼祥发布《关于改组抚恤委员会的通令》,指出:过去各级抚恤委员会均不健全,抚委的作用和意义,未能统一到一般红色战士中去。现决定各委员会一律改组,定名为中国工农红军抚恤委员会总会及中国工农红军某军团或某军区抚恤委员会分会,军师两级抚委取消(在目前二十军可设一分会)。指定张云逸、曾日三、贺诚、徐梦秋、钱壮飞五人组织中国工农抚恤委员会总会,并以曾日三为该会主任;要求各军团、军区应即进行改组,并提出分会委员会名单呈报总会批准。

△ 与王稼祥、彭德怀签署中革军委《关于重申废除肉刑的命令》,强调"肉刑制度是封建制度中压迫阶级用以镇压被压迫者的一种残酷手段,工农红军是阶级的武装,早已宣布废止肉刑制度";宣布对违反这一规定的总医务处某干部以记大过处分,并撤销其抚恤委员会委员职。

**9月中旬** 与毛泽东、周恩来、王稼祥获知鄂豫皖红军在第四次反"围剿"中因作战不利,被迫撤离豫东南向皖西北转移的情况后,致电中共苏区中央局急转鄂豫皖中央分局,建议红四方面军"目前应采取相当的诱敌深入到有群众工作基础的、地形便利于我们的地方,掩蔽我主力目标,严格地执行群众的坚壁清野,运用广大的游击队,实行四面八方之扰敌、截敌、袭敌与断绝交通等等动作,以疲劳与分散敌人力量,而不宜死守某一点,以便利敌之分进合击。这样在运动中选择敌人薄弱部分,猛烈打击与消灭敌人一点后,迅速转至另一方,以迅速、果敢、秘密和机动,求得各个击破敌人,以完全粉碎四次'围剿'。"

△ 与毛泽东、周恩来、王稼祥致电给中共苏区中央局转临时中央及鄂豫皖中央分局,对鄂豫皖红军反"围剿"中的战略战术问题提出意见。认为鄂豫皖红军在敌人密集的分路合击与深入苏区的情况下,在一个多月时间里与敌军激战三次[1],仅击败敌人,未能消灭敌人一路,而我受损失大。"这在战略上仍未抓紧目前国内战争的环境,红军尚须力求避免过大的牺牲,争取便利于消灭敌人一部,以各个击破敌人。"建议鄂豫皖红军"在一次激战后,须力争相当时间的休息与补充,以免过度的疲劳而影响和减弱红军战斗力。敌急追亦宜以游击战术去疲劳与扰乱他,以争取便于消灭他的有利条件。若机械地固守一地求战太急,反足以招致自己损失大、敌人不能消灭的不利条件,敌人再进向所固守的地区仍要失去。"指出:"目前移师皖西是对的,我们唤起你们注意这一战略的运用,要努力争取消灭一面敌人的胜利,以达到各个击破敌人粉碎敌人'围剿'的目的。"另外还认为:因鄂豫皖"伤病兵近万",

--------

[1] 指红军第四方面军1932年8月10日至13日在湖北黄安县冯寿二、冯秀驿进行的阻击战斗,8月15日在黄安县七里坪进行的反击战斗,9月1日至5日在河南光山县胡山寨进行的阻击战斗。

"须请中央用大力送自己的医生去"。

**9月23日** 与毛泽东、周恩来、王稼祥致电中共苏区中央局并转中共临时中央局，对红一军下一步行动提出意见。指出：目前红军的行动，最好能立即出击敌人，开展闽北，发展局势，振兴士气，并给鄂豫皖、湘鄂西以直接援助。但出击必须有把握胜利与消灭敌人一部，以便各个击破敌人，才是正确策略，否则急于求战而遭不利，将造成更严重错误。并具体分析指出：现因敌人固守白区城市据点，加以过去我们战略错误所造成的困难条件和红军因疾病离队较多补充不及，红军若再攻打乐安、宜黄两城，则两三天内东、西、北三面之敌可集中至少五个师来增援合击。同时敌吴奇伟第九十师和周浑元第五师，也决不如高树勋第二十七师之易攻。如攻敌兵力较弱的里塔圩，敌将退入工事坚固的南丰城，据守以待更大的援兵，届时援兵过多，将使我不能击敌一面。红军若进攻永丰城，则更逼近敌之大量增援部队。因此，红一方面军"在现在不利于马上作战的条件下，应以夺取南丰，赤化南丰河两岸尤其南丰至乐安一片地区，促起敌情变化，准备在运动战中打击与消灭目前主要敌人为目前行动方针"；虽然这并"不是立即出击敌人，但仍是积极进攻的策略，因为这片地区之赤化与逼近这几个城市，必能变换敌情，并给红军以有利的群众条件，消灭敌人与取得中心城市。"但是，"在这一行动中必须估计到敌情将有变化，当其有利于我们出击时，自然要机动地集中兵力去作战，同时在工作中也决不丝毫忽视敌人进攻的布置与小部队的随时袭击。"最后报告"我们决定后日出动，如中央局有新意见，望火速电告。"

**9月25日** 与毛泽东、周恩来、王稼祥收到中共苏区中央局复电："我们不同意你们分散兵力，先赤化南丰、乐安，逼近几个城市来变换敌情，求得有利条件来消灭敌军并解释这为积极进攻策略的具体布置与精神,这实际上将要延缓作战时间一个月以上。"这既不能"呼应配合"鄂豫皖、湘鄂西红军等部,而且更给敌军以时间来布置,"可以演成严重错误"。主张红军主力"先去袭击乐安之九十师,给以打击,并求得消灭此敌,如因有敌三面增援之困难十分不易得手,则可主力由南丰、黎川之间,突击或佯攻南城胜利。引出南丰之敌而消灭之。"

△ 与毛泽东、周恩来、王稼祥致电中共苏区中央局,明确表示不同意中央局二十五日复电的意见。指出:现在如能马上求得战争,的确对于鄂豫皖、湘鄂西是直接援助,并开展向北发展的局面,我们对此已考虑再三。但在目前敌情与方面军现有力量条件下,攻城打增援部队是无把握的,若因求战心切,鲁莽从事,结果反会费时无功,徒劳兵力,欲速反慢,而造成更不利局面"。"如攻乐安,以过去经验,急切不易得手,必引起西路强大增援,内外夹击,将陷于不利。由黎川佯攻南城,有大河相隔,佯攻无作用,无法打增援部队。"因此,"我们认为打开目前困难局面,特别要认识敌人正在布置更大规模的进攻中区[1],残酷的战争很快就要到来,必须勿失时机地采取赤化北面地区,逼近宜、乐、南丰,变动敌情,争取有利于决战以消灭敌人的条件。具体布置,我们更主张第一期以赤化南丰之西、宜、乐之南一片地区,并作战争的准备"。"中局如同意这一布置,请即刻电复,以便明晨开动。如必要我们待机攻宜黄,则只能在此等候不动,因开近宜黄而不能打,将更加错误。"并提议即刻在前方召开中局全体会议,"以解决目前行动问题"、"讨论接受中央指示"和"红军行动总方针与发展方向"以及"地方群众动员与白区工作,特别是扩大红军苏区

---

[1] 中区,指中央苏区。

与争取中心城市之具体进行"等问题。

**9月26日** 与毛泽东、周恩来、王稼祥收到中共苏区中央局复电,电文坚持"攻城打增援部队",要向西追击永丰与西来增援之敌,并强调:如在轻敌之下分散布置赤化工作,则不但将失去运动战中各个击破敌人、稍缓即逝的时机,而且有反被敌人各个击破的危险。还以"项英、邓发已去闽西参加会议,而且你们亦须随军前进"为由,表示不可能召开中央局全体会议。

△ 与毛泽东、周恩来、王稼祥致电中共苏区中央局,再次坚持红军主力不能北攻乐安的意见。指出:乐安敌吴奇伟师,非高树勋一旅可比,前次八月十七、十八日攻击乐安的战斗犹费时两日,如攻乐三日不下,西来援敌必至,内外夹击转增不利。红十六军现退出上高,转向萍乡方向发展,红八军电报不通,配合行动不能使之牵制赣河主力。"因此攻乐安无把握,且用最大力量,即使能消灭吴奇伟,以现时红军实力,将不能接着打强大增援敌队。此请中央局特别注意。"报告方面军现"已向边区开动,待宜黄敌情弄清后,如只孙连仲部,抚州五师大部又到贵溪,我坚攻宜黄以开展局势;如宜黄有重兵不便攻,则只有执行原定计划,布置宜、乐中间一带战场,争取群众以调动敌人。"最后提出:"中央局全体会以项邓两同志回后,仍以到前方开为妥,因为有许多问题如前电所指,必须讨论解决,日期在十月十号以前为妥。"

△ 为积极做好打破国民党军对中央苏区第四次"围剿"的准备,以总司令名义与总政治委员毛泽东发布《敌大举进攻前部队向北工作一时期的训令》,指出:国民党军第四次"围剿"的策略,其行动表现,是以优势的兵力向鄂豫皖、湘鄂西苏区与红军积极急攻,而对中央苏区的进攻,目前则采取坚守据点、封锁围困,于其据点附近游击进扰,镇压群众,同时非

常积极地准备着全国反动力量，以求很快地向中央苏区实行大举进攻。在此时期，对于赣东北与湘鄂赣进行积极的摧残，以便利其大举进攻中区时无侧后的顾虑。中央苏区红军"为要造成胜利的进攻，以粉碎反革命的大举进攻的优越条件，决定战备的在这一向北地区做一时期（十天为一期）争取群众推广苏区以及本身的教育训练工作。"这一行动的任务，是要消灭敌人零星的游击力量，肃清这一地区的反动武装，争取和赤化北面敌人这些据点附近的地区和群众，整顿扩大和建立这些地区的游击队，并且用战斗的准备，随时可以打击和消灭敌人的出击部队，"以致造成更有利于与北面敌人决战和消灭敌人主力的条件，来夺取中心城市，来实现江西革命的首先胜利。"训令还相应地就布置战场工作、军事要求以及作战区域的划分等方面，都作了详细的规定。其中强调：在战场布置的组织方面，"我军的工作部署，每个军要以师为单位分开，要派一师为掩护队，各师分在适当地区工作及训练"；还要求以军团为单位组织"参谋旅行团"，其任务是："任何军事地理的调查及作战的各种侦察，所到地方必须将工作结果制成书面及图表，准备报告直属指挥员及上级参谋部。"

**9月27日** 与毛泽东、周恩来、王稼祥收到中共苏区中央局复电，称：项英、邓发要下月一日才能回瑞金，为使讨论中央指示信及前方问题的会议迅速举行，提议周恩来即回瑞金开会，"前方有毛朱王[1]三同志主持，无甚妨碍"，"若将来到前方开会路程过远，费时太多，对工作影响甚大"。

**9月29日** 与毛泽东、周恩来、王稼祥收到中共苏区中央局来电，称：九月二十六日训令收到，"我们认为，这是完

---

[1] 毛朱王，指毛泽东、朱德、王稼祥。

全离开了原则、极危险的布置"，中央局决定暂时停止行动，立即在前方开中央局全体会议，恩来同志可不来瑞，如已起程，望派人追回前方，如军队已出动白区，则应集结兵力于适当位置。在后方的中央局同志并刘伯承将于明日下午由瑞金出发，星夜兼程赶来前方。第二天，中央局又致电周恩来，质问："方面军是否向北行动？"并强调：一切离开原则完成目前任务的分散赤化的观点，"应给以无情的打击"。

**9月30日** 与毛泽东、周恩来、王稼祥致电中共苏区中央局急转鄂豫皖中央分局并中共临时中央。电文指出：根据几日来侦察敌情判断，"敌似以十四军、一军两纵队为挺进队，以三十军、三军、二十路军为堵击队，四师、八十九师为工作队，并组织上官云相为五纵队，有逼我四方面军于长江边决战的形势。"提出红军"与敌决战，必须具备消灭与击破敌之一方的把握，以转变目前不利局势，并准备继续作战的力量"；"必须估计红军补充的速度，在现时苏区条件下尚赶不上敌人继续求战之快，若仅击败敌人，而不能消灭敌人，不能缴获枪弹、俘虏，不能继续作战，这将不易变更现有局势，他苏区援助亦难消灭敌人，不易调动进攻鄂豫皖敌军。"而中央苏区"现正处于敌坚守据点，积极布置大举进攻，攻则集三师以上兵力来援，颇难取得在运动战中消灭他的环境。""因此，鄂豫皖在现时必须选择敌之弱点，首先消灭敌之一部，如无此把握而苏区尚能活动，应勿急求战，多疲劳敌军，俟造成更有把握的决战。"

△ 与周恩来、毛泽东、王稼祥致电中共苏区中央局并急转中共临时中央，估计在目前湘鄂西红军受着挫折和鄂豫皖红军处于不利形势的情况下，敌人即将倾全力大举进攻中央苏区；报告敌军以三个师以上的兵力阻止中央苏区红军出击，正在积极布置大举进攻；主张全苏区的紧急动员与布置中央苏区

与湘鄂赣、湘赣、赣东北各苏区的"配合行动";表示已提议在前方召开中共苏区中央局全体会议,四天后可开成,军事行动计划将在这一会议上决定。

△ 中共苏区中央局转发中共临时中央的来电:"蒋由汉回庐山召集在赣将领开会,〈有〉即将倾全力向我中区及赣东北进攻之势。我方须立即紧急动员警戒,并以最积极迅速之行动,择敌人弱点击破一面,勿待其合围反失机动。望即定军事行动计划,电告中央。"

**10月1日** 与毛泽东、周恩来、王稼祥收到中共苏区中央局来电,通告任弼时、顾作霖、邓发、刘伯承等将于明日向东韶前进,到前方开中央局全体会议,并再次强调:"我们坚决不同意九月廿六日训令的军事布置",如照训令行动,则应照分兵应敌电,须待中央局全体会议后决定。如宜黄之敌已向东北移动或是极为动摇,你们以最大决心立即攻击宜黄之敌,而不是如训令分散赤化的布置。

**10月2日** 与毛泽东、周恩来、王稼祥收到红三军团来电:建议坚决不打宜黄,主观力量不可能进逼杭州和调动围攻鄂豫皖之白军退,不能巩固宜黄,徒迁时间,削弱本身力量,妨害对付四次"围剿"一切准备。如敌有三个师增援,无法与之作战,势必再撤,即是消灭了孙连仲残部,对敌之四次"围剿",没多大主力,"我们决不能见小忘大"。并提出:方面军即须东移,重新布置建宁、宁化、泰宁工作。

**10月3日—8日** 与已在前方的周恩来、毛泽东、王稼祥和来自后方的任弼时、项英、顾作霖、邓发出席在宁都小源召开的中共苏区中央局全体会议(即宁都会议)。会议由中共苏区中央局书记周恩来主持。会议贯彻执行临时中央的"左"倾教条主义的进攻路线,讨论红军应敌的行动方针问题。"开展了中央局从未有过的反倾向的斗争",会议特别"集中火力"对毛泽东进行了错误的批评和指责。由毛泽东、朱德提出并且被第一、第二、第三次反"围剿"战争证明是正确的"诱敌深入"的战略方针,被会议指责为"专去等待敌人进攻的右倾主要危险";毛泽东、朱德曾提出反对攻打赣州的正确主张,被会议说成是对中央夺取中心城市方针的"消极怠工"、"纯粹防御路线";毛泽东、朱德、王稼祥作出的不强攻中心城市而在新区展开群众工作的正确部署,被指责为"对革命胜利与红军力量估计不足",是"以准备为中心的主张"。后方苏区中央局的成员在事前并未商量好的情况下,提出将毛泽东召回后方负中央政府工作责任而由周恩来在前方"负战争领导总责"的主张。朱德不赞成毛泽东"离开军职",要求允许毛泽东继续留在部队里工作。周恩来在发言中指出后方苏区中央局成员对毛泽东的批评"过分",并认为毛泽东有多年积累的作战经验,提出毛泽东或者继续留在前方"助理"指挥作战,或者"负主持战争责任"的两种意见。王稼祥也赞成毛泽东留在前线指挥部队。但多数与会者认为毛泽东在会上对自己错误的认识"还不深刻","由他在前方负责,正确行动方针的执行是没有保证的"。毛泽东鉴于不能取得中央局的全权信任,坚决不赞成由他"负指挥战争全责"。会议同意毛泽东仍留前方"助理",同时批准毛泽东因神经衰弱病严重"暂时请病假,必要时到前方"。会后,朱德与周恩来继续赴前线指挥作战,临行前到毛泽东住地话别。

**10月10日** 在广昌以中革军委主席名义与副主席王稼祥、彭德怀及总军医处长贺诚共同签署《关于开展卫生运动的训令》,要求各级指挥员、政治工作人员与卫生人员要切实地鼓励起在前线摧毁敌人的精神和勇气,从卫生上来消灭现行的疟疾、痢疾、下腿溃烂等时症,要运用卫生标语、传单、讲演、戏剧、竞赛种种方法来进行卫生运动，并制定了相应的具体规定。

**10月12日** 根据宁都会议决定，与王稼祥、彭德怀共同签署中革军委通令：为了苏维埃工作的需要，工农红军第一方面军兼总政治委员毛泽东，暂回中央政府主持一切工作，所遗总政治委员一职，由周恩来代理。

**10月13日** 中华苏维埃共和国中央人民委员会发布命令："前瑞金卫戍司令员刘伯承已调赴前方工作，遗职委由现任红军学校校长叶剑英兼任。"

**10月14日** 在广昌以红一方面军总司令名义与总政委毛泽东、代总政委周恩来发布《建宁黎川泰宁战役计划》，判断国民党军对全国苏区的第四次"围剿"，是利用各苏区联系不易、配合差欠的弱点，逐次转移重兵来实施其各个击破的计划；决定红一方面军"出敌不意迅速而同时地消灭建宁、泰宁、黎川的敌人而占领其领域"，以策应各苏区红军互相呼应作战和击破敌人一方以及联系东北红军；并对诸兵团前进开始的位置、纵队区分及其应取的道路、诸纵队前进的实施和预定兵站线等方面作了详细部署；要求各兵团完成作战任务后，"应赤化所在地域及征集红军所需的资材，以利于此后的战役，但须集结主力，常作战斗准备和集中姿势。"周恩来在该计划上注明："如有便，请送毛主席一阅。"此后，红一方面军的作战文电在报送中共苏区中央局同时，也报送临时中央政府。

**10月18日** 与周恩来指挥红一方面军相继攻克建宁、黎川。旋因敌人集中兵力向黎川反扑，红军主动撤出黎川，转移至黎川南部之樟村、西城一带集结，待机歼敌。

**10月19日** 与周恩来指挥红一方面军攻克泰宁。

**10月21日** 在建宁以中革军委主席名义与副主席王稼祥、彭德怀发布关于处分总经理部一名干部的通令。再次强调:"打人,是军阀压迫士兵群众的一种残酷行为,红军中早已通令废止",总经理部一名干部打了一个士兵的一耳光,这"完全是军阀残余习气,是破坏了红军制度",决定给予记大过处分,以示警戒。

△ 得知红四方面军在河口战役失利,与周恩来、王稼祥致电中共苏区中央局急转鄂豫皖分局,指出:"四方面军本身目前应力求避免与敌人强大主力作战,应迅速行动,选择敌人弱点突破一方,愈快愈好地脱离敌人包围线。"同时"要严防部队中右倾的情绪发生,对不顾一切的乱拼也要反对。"

**10月22日** 与周恩来指挥占领泰宁的红一方面军将败退至邵武之敌周志群部击溃,攻克邵武。

**10月24日** 在建宁与王稼祥、彭德怀发布《中革军委关于节省经费,集中经济力量,战胜敌人进攻》的通令,指出:为了充分地动员准备一切力量,粉碎敌人正在积极布置的对中央苏区第四次"围剿","节省经费在目前实有很大的意义"。广大地征集资材,各方面地积极充裕消灭敌人的作战经费,是粉碎敌人大举进攻的充分的总的动员力量之一。要求各红军部队与各苏维埃机关及群众一样,即刻进行节省运动,还规定了尽量减少特别费及杂支、西药仍须由本会总军医处统一购买、各部队办公费绝对不得超过规定数额等具体的节省经费办法。

**10月26日** 在建宁与王稼祥、彭德怀发布《给各作战地域指挥部的密令》,指出:为着粉碎国民党对中央苏区的第四次"围剿",我们必须估计到敌人与红军作战的兵力增多了,"在战略战术上,都有相当的变更和进步"。目前敌军正在布置对中央苏区的大举进攻,加速修筑包围与侵入中央苏区的公路,建筑沿苏区周围的强固工事,加紧组织苏区边境的民团,实行对苏区最高度的经济封锁等,表现出与第三次"围剿"所采取的步骤有很大的不同。我们一定要"运用去年一、二、三次战役的宝贵经验",改正过去许多战役中的错误和缺点,来准备和进行全战线上的运动的战斗。我们不仅只看见军事力量的对比,还要从政治上动员苏区内外千百万工农劳苦群众;不应只管中央苏区红军的行动,还要注意全国苏区红军的配合。"必须以集中的力量给敌人弱点以最重大之打击,来各个击破敌人";同时在各个战线上,须根据现有根据地迅速武装全体劳动群众,来组织防御,并组织白色区域的战斗,去阻止敌人,使它不能集中过大的力量来进攻我们。"红军兵团特别是基干兵团(如方面军)应依照国内革命战争的要领,集结而灵活地逐次给敌人弱点以致命的打击,各个消灭敌人;地方武装则应武装全苏区劳动群众,分布在各个战线上,钳制敌军,分散、疲惫与瓦解它的兵力,使红军各兵团,得以行动自如,更容易完成它的任务。"密令根据敌军将从四个主要方向进攻中央苏区的宁都、兴国、于都、汀州,共同目标指向瑞金的判断,相应在中央苏区内划分了东北、赣江流域、东南三个作战地域和若干条后方联络线,规定"各作战地域之最高作战指挥,应统属于方面军总司令、总政委,但各作战地域,均应独立作战",要"部署积极运动的防御进攻战斗,发展广泛的游击战争,到敌人的侧翼后方动作起来,钳制和调动敌人许多部队","毋庸依赖红军基干兵团,因为红军基干兵团是常移转突击方向求得消灭敌军的。"

　　△　中共临时中央任命周恩来兼任红一方面军总政治委员。

　　**10月29日**　以中国工农红军兼第一方面军总司令名义和总政治委员周恩来、总政治部主任王稼祥发布《告全体红色战士书》,书中指出:第四次反"围剿"进行半年多了,现在敌人正将"围剿"的重心从湖北移到江西,正加紧地在进攻赣东北与湘鄂赣,加速布置大举进攻中央苏区。但是,我们有绝对胜利的把握,我们有几千万的群众围绕着,他们成群结队地来当红军,他们都武装起来参加全战线上的战斗。号召每一个红色战士下起最大的决心,不顾一切困难,舍得一切牺牲,团结得像一个人一样,"来消灭敌人,来争取比三次战争还伟大的胜利"。

**10月** 与周恩来、毛泽东、王稼祥致电中共苏区中央局,提出《关于湘赣、湘鄂赣红军主力活动方向的建议》,主张目前应以第十六军向东南积极行动,首先取得与湘赣的联系和对鄂东南苏区的联系与打成一片;湘赣应以红军主力向东积极活动,与河东武装相呼应,造成包围吉安之势,以配合方面军在河东消灭蒋军系主力的任务并向四周扩大游击运动及苏区,努力扩大红军,准备到方面军来;上(犹)崇(义)苏区的三个独立团即成立第九独立师,主要向西北发展,求得迅速与湘赣苏区打成一片,东南两方要广大发展游击战争与游击区域,并随时与河东苏区取得密切联系。

△ 蒋介石在结束对鄂豫皖和湘鄂西革命根据地的"围剿"以后,把"围剿"重点转移到中央革命根据地,在中央革命根据地周围陆续集中了约二十个师的兵力。

**11月3日** 与周恩来指挥红一方面军再克黎川。

**11月8日** 与周恩来指挥红一方面军攻克福建省光泽县。

**11月14日** 与周恩来、王稼祥致电湘赣军区总指挥蔡会文并转湘赣省委,批评他们轻率与国民党军作无目的的战斗遭受损失,要求"力戒浮躁轻率"。指出:湘赣苏区与红军应积极地与敌人进行运动战斗,集中力量给敌人弱点以重大打击;地方武装应依据现有的根据地,采取强有力的出击防御,不断主动地到敌人侧翼后方去行动,尽可能地牵制、阻碍、麻痹和疲劳更多的敌军，在各方面组织战斗消灭敌人，以便利我主力军选择一点，给敌人以各个击破。

**11月14日—15日** 与周恩来决定"继续击破敌人一面"和"继续开展北向胜利"，要求红一方面军迅速消灭金溪、资溪地区之敌和打击敌增援部队；并作好了金溪、资溪战役部署。

**11月15日** 与王稼祥、彭德怀发布《中革军委给军区和各作战地域关于赤卫军少先队的训令》，训令强调工农军队之所以能战胜敌军，不仅是靠军事技能（但技能也是必要的），而主要的是靠本身阶级的政治觉悟和政治影响。我们过去能以梭镖土枪杀赢了快枪，少数的武装战胜了多数的白军，就是这个道理；指出国民党对全国苏区和红军的第四次"围剿"已经进行了半年多，现在正逐渐转移其进攻重心到江西来；号召中央苏区近百万的赤卫军少年先锋队在这"决生死战"的紧急关头"起绝大的作用"，"更要加紧所负起的军事和政治责任，来配合红军作战，要将白军数十万的枪支夺取过来武装自己"。同时还批评赤卫军少先队存在"指挥系统不明"、"军事政治教育差欠"，导致其派出的游击队"有些不游不击，有些游而不击，有些击而硬拼"，"都失掉了游击的意义"。因此指示：赤卫军少先队在军事行动上，在本地则同隶属于县和区军事部指挥，出动时则同隶属于相关的红军或赤卫军指挥员指挥，以一事权；各县和区的赤卫军少先队，应分编为若干卫戍部队和游击部队，而各该部队内切应分成基干的卫戍或游击部队，以适于战术配合为原则；赤卫军少先队的装备，以一人能拿一武器为原则，应有计划地夺取敌人新式武器，来换自己的旧式武器。赤卫军少先队的组织，均应健全政治委员的制度；特别要抓紧实际问题对赤卫军少先队进行政治教育；要以当前的迫切需要对赤卫军少先队进行军事教育，要教之以善于使用武器刀矛和快枪等,使其能熟悉地形、争取群众、明敌情,能"灵动而突然地打击弱势敌人,遇优势的敌人,就立刻避开,如袭击而无胜利希望时就要脱离敌人","绝少与敌人打硬仗,更绝少对敌人取防御姿势";应到敌人主要的后方联络线上破坏交通,打破敌人的经济封锁等;应阻挠敌人修筑碉堡,并实行坚壁清野等;要领导和组织苏区内外从政治上瓦解敌人的工作,争取其中的工农劳苦群众到革命方面来。

**11月17日** 与周恩来指挥红一方面军攻克江西省资溪县城,继而乘胜追击溃逃之敌。

**11月19日** 与周恩来指挥红一方面军攻克江西省金溪县城,并对分向抚州、贵溪溃退之敌实施追击,红军即将到达抚州,南昌之敌震动。

**11月24日** 以红一方面军总司令名义与总政委周恩来、总政治部主任王稼祥发布《为粉碎敌人第四次"围剿"的紧急训令》,指出:红一方面军在赣东北一个多月的作战行动中,连占七城,扩大苏维埃地区数百里,这一胜利破坏了敌人布置的包围封锁与各个击破红军的企图;由于这一胜利的威胁,敌人很快就要大举进攻,战火就在眼前。方面军正集结主力,逐渐转移作战目的,到其他地带,准备配合全苏区各作战部队的全线出击,在适当地域消灭敌人大举进攻的基干部队,"以利于各个击破敌人,完全粉碎敌人的第四次'围剿'。"指示全方面军和各作战地域的指战员要认识到目前任务的严重,"须绝对服从上级命令","以坚决、迅速、秘密与有配合地行动,来实现每一战役的全盘意图,即使遇到敌人一营一连,也须以坚决勇猛的行动去消灭它";"要最大努力地提高对军事技术与战术的注意与学习",对于瞄准、白刃冲锋、伪装隐蔽、防空防毒、通信联络、侦察警戒、夜间动作、胜利后的追击与防敌反攻、适合情况的行军速度与宿营配备、火力与运动的配合、遭遇战的夺取先机、阵地战的精密计划、游击战的灵动敏捷、战斗的协同动作等,"都必须依照原则来加紧训练,尤其对于战术的使用与学习,必须根据任务、敌情、地形来求得灵活地运用。"要求各部队加紧作战地域的群众工作,争取新占领区域的群众和白军士兵到革命方面来;认识征集资材的重要与紧迫,即使在一个地方只有一两天的停留或一日的游击,也必须注意到筹款与解决筹款与购买的问题。

**11月26日** 与周恩来、王稼祥就中共临时中央询问执行进攻情况和中共苏区中央局领导是否团结一致来电致电中共苏区中央局,建议复电临时中央:中央苏区"执行进攻路线确有成绩,首先是红军采取积极运动的路线",已经划分全苏区为三个作战地区,组织各个战线上基干红军与基干游击队,实行运动的战斗,并布置有力的防御;"党内反倾向尤其反右倾斗争尚未发动到下层","最高领导是在为执行中央指示而斗争而团结一致,更无分歧的行动。"

**12月1日** 以总司令的名义与总政委周恩来发布关于加强无线电队的建设与管理的密令。强调无线电已成为苏区红军的主要通讯工具,在粉碎敌人大举进攻中,必须使无线电队之组织与工作更加健全起来。指示要扩充无线电队运输员;监护兵要调足一个排;对无线电技术人员要加紧政治争取和给予物质上的优待,使之在残酷的斗争中不发生动摇;译电人员必须经过政治部负责审查,切勿以其为技术人员而加以丝毫的忽略。

**12月2日** 以总司令的名义与总政委周恩来发布《关于军事政治训练的训令》,训令强调红军的军事政治教育,主要是在实际战斗中,其次则在利用战斗间断及配置后方的一瞬间内,来实施训练和讲评;指出目前红军的政治动员很不深入,

"特别是军事技能更有落后的现象",这是不能容许的。指示要以阶级的政治教育使战士们深刻了解其所负的政治责任,来提高军事的技能。要训练一般战士们善于使用武器、善于目测距离,善于利用地形地物;学习行军中保养体力的方法,学习机动火力与运动配合,"学习劣势兵力兵器的军队对优势兵力兵器之敌军作战,要能以迅速秘密的手段,在相当的地点和时间内,集中一切力量,干脆地消灭敌人,使敌人运转不灵,援助失效,被我各个击破"等。规定一切教材以红军学校教程为标准,而以其他为参考。

**12月4日** 为纪念宁都起义,以中革军委主席名义与副主席王稼祥、彭德怀发布《关于举行纪念宁都暴动活动的通令》,指出:宁都暴动是中国苏维埃革命中一个最伟大的士兵暴动,它增加了一批强大的武装力量到革命方面来,成为红五军团,这是革命历史上的光荣的一页。红军各部队应遵照中央政府决定,在纪念广州暴动的活动中,同时举行纪念宁都暴动的活动,依照总政治部规定的具体办法执行,要联系目前政治形势与我们的任务来宣传宁都暴动的伟大革命意义,"兴奋起我全体红色战士为拥护苏维埃政权而战斗,为消灭白军与瓦解白士兵而战斗的勇气,以粉碎敌人的大举进攻,以实现江西首先胜利。"

**12月12日** 与周恩来决定红一、红三军团向东出击福建邵武,并筹集资材,以解决部队给养困难。后根据国民党军扼城固守不出之敌情,与周恩来接受彭德怀提出的放弃攻邵武的建议,令红一、红三军团回师黎川,在附近地区继续筹款补充给养。

**12月14日** 为纪念宁都起义一周年,中革军委在黎川城举行了盛大的庆祝会,朱德与周恩来在会上代表军委向宁都起义的有功人员赵博生、董振堂等颁发了勋章。

**12月21日前后** 与周恩来决定利用敌人固守南城、南丰的机会，红一方面军在黎川、邵武间进行战前改编整顿，着重解决机关臃肿、闲散人员过多的问题，充实连队的战斗力。整顿和健全各级司令、参谋、经理、卫生等部门，以利于加强作战的教育管理，提高部队的健康水平和搞好给养运输工作。

**12月22日** 以中革军委主席名义与副主席王稼祥、彭德怀发布《关于坚决而迅速地执行上级命令的通令》，强调坚决而迅速地执行上级的命令，是工农红军战胜一切敌人的一个最基本最主要的条件，一切对上级命令的迟疑甚至不执行，都是红军纪律的破坏者，是绝对不容许的。针对最近有国民党军侦探混入红军内部的个别现象，给予有关责任人以处分，并规定：对于白军俘虏及投降官兵，必须经过政治机关的审查与训练，绝对不允许任意补充到战斗队伍中去；随意留用其他部队的人员，是破坏红军组织的行为，以后凡红军其他部队疾病落伍人员，经收容后必须迅速送回原部队。

**12月23日** 与王稼祥、彭德怀及总卫生部部长贺诚联名签署《关于开展卫生运动的训令》，指出：过去红军中的卫生运动，虽曾有几次训令，但仍没有提起全体指战员的充分注意，病兵的现象一直到现在还不能减轻，这不仅削弱了红军的战斗力，而且对目前巩固红军和扩大红军亦受到极大的影响，对第四次反"围剿"也将受到很大的妨碍。为了使红军中的卫生运动能够广泛深入地动员，决定除每一伙食单位皆有卫生委员会的组织而外，还要有负专责的卫生员，并由总卫生部开办卫生员训练班训练卫生员。

**12月25日** 以中革军委主席名义与副主席王稼祥、彭德怀发布《关于规定团一级编制的通令》，指出：本会九月十七日颁发的编制表，查团一级在这一次实际施行中对于教育管理及执行政治工作都觉不便。为了指挥便利起见，步兵团应作为步兵营使用,并决定团部设团长、副团长、管理员、缮写员(文书)、给养员、司号员、掌旗员、饲养员、运输员、徒步通讯班长各一人,徒步通讯员(传达员)九人,事务员(公差)二人,炊事员三人,共二十四人,设团政委的团部应加设团政委缮写员、运输员、事务员、饲养员各一人,共增加五人。

**12月27日** 与周恩来、王稼祥致电红十六军军长孔荷宠并湘鄂赣省委、省苏维埃政府,指示在目前敌人大举进攻江西各苏区的严重情况下,红十六军是主力,决不能分散使用;应以独立师组织挺进队、游击队到敌人侧后方,广大地发展和繁殖游击战争;应发动地方武装赤卫军、少先队,从各方与敌人进行小的战斗,以便红十六军集结兵力,选择敌人弱点进攻,以避免同过于强大的敌军决战。并要求"四个月计划扩大十六军一倍,与发展各个战线上的小战斗,尤急于本年内。"

**12月30日** 因建黎泰战役后,中央苏区扩大到建宁、黎川、泰宁、邵武、光泽等地,与王稼祥、彭德怀发布《中革军委关于建立建(宁)、黎(川)、泰(宁)警备区的训令》。指出:为了警备已发展的苏区,保持红军作战兵团的后方联络线,指导后方勤务整顿并指挥后方各部队,以利于粉碎敌人的大举进攻,决定划建、黎、泰为警备地域,以萧劲光为建、黎、泰警备司令员兼政治委员,驻建宁,统一指挥驻在建、黎、泰各县的各部队、各机关以及军事的政治的一切事宜。

△ 国民党赣、粤、闽"剿匪"总司令部下达对中央革命根据地进行第四次"围剿"的命令,限于一九三三年元月六日前各部队在指定地区集中完毕。这次"围剿"调集二十九个师、两个旅共计四五十万人的兵力,分左、中、右三路向中央革命根据地发动进攻。其中左路军由蔡廷锴任总指挥,向闽西苏区进攻;右路军由余汉谋任总指挥,由粤、赣边界向中央苏

区推进；中路军由陈诚任总指挥，指挥嫡系十二个师约十六万人，担任主攻任务。

**12月31日** 与周恩来致电中共苏区中央局、临时中央政府并转临时中央，报告决定乘国民党大举进攻中央苏区的部署尚未完成之际，将红一方面军主力立即从黎川地区移师北上，到外线抚河流域寻机作战。电文指出：我方面军决集全力，先迅速消灭金溪、黄狮渡之敌，占领金溪城，以得力部队游击贵溪、东乡、浒湾、南城各方，期吸引金溪西南方之敌，尤其以第十四、第九十、第十一等师与之决战，以消灭抚河之敌主力，破坏敌人大举布置。

△ 与王稼祥、彭德怀发布《中革军委关于发给外籍红军公谷费的命令》。命令规定：这次由苏维埃中央政府发给未分得土地的外籍红军战士的公谷费（每人计银大洋五元，先发三元，经一时间后再发两元），由各师供给部按一定手续发给。同时指出：关于发给公谷的问题，应在部队中进行广大的宣传鼓动，并为充足战争经费，鼓励战士去多购买第二期的战争公债。

△ 中革军委对军委总部和方面军各机关、人员称谓等作出如下规定：（一）各级机关方面：（1）军事指挥机关：全国红军称总司令部，首长称总参谋长，方面军至团称司令部，首长称参谋长。（2）政治指挥机关：全国红军称总政治部，方面军至师称政治部，团称政治处，首长均称主任。（3）供给和卫生机关：全国红军称总供给部和总卫生部，方面军至师称供给部和卫生部，团称供给处和卫生处，其领导人均称长。（二）军事人员方面：从班至军团均称长，方面军称司令员，全国红军称总司令员；政工人员，连队仍称指导员，营至方面军称政治委员，全国红军称总政治委员。

# 1933年　四十七岁

**1月1日**　与周恩来、王稼祥发布《红军向北行动的训令》，指出：方面军全体指战员必须认识到这次向北行动，集中全力，先迅速消灭金溪、黄狮渡之敌，占领金溪的军事行动。"是粉碎敌人大举进攻的主要关键"。争取这次行动的全部胜利，消灭当前的敌人特别是陈诚、罗卓英、吴奇伟、周至柔各部，冲破抚河流域的敌人围攻线，破坏敌人大举进攻的前线布置，配合红十军、闽北独立师、红八、红十六军与中央苏区各作战地域的胜利行动，切实联系闽浙赣苏区，援助响应长江北岸各苏区红军的英勇战斗与全国工农斗争等等，"这是开始一九三三年四次战役伟大胜利的中心任务"。各级指挥员要使全方面军动员，集中一切力量为实现这中心任务而战斗。要求"全方面军的行动必须在绝对的统一指挥与协同动作之下，力求坚决迅速与秘密，充分发展部队的攻击精神，同时各级指挥员、政治委员必须在绝对服从上级命令与完全了解上级意图的原则之下，发扬机断专行的能力，以不失任何先机地取得每一战斗的全部胜利。""各级指挥员要利用一切战场实地经验与两个战斗中的间隙来进行军事训练与各种动作的指正和教育。"

△　红一方面军在黎川城举行北上誓师大会。当天，在黎川与王稼祥、彭德怀发布中革军委关于卫生、医务工作问题的训令。对苏区扩大红军战士的体格检查作出如下规定：赤区扩大的红军战士，须到附近卫生机关检查体格；白区或前方部队

自行扩大的战士，除由政治机关负责检查其成分与政治认识外，则由同级卫生机关检查体格，"如有恶病体弱幼小者，皆不合格"。指示"各军团未得中革军委之批准或命令，不得办理后方医院，以便统筹计划"。强调由于红军医务人员最感缺乏，"凡医务人员不经中革军委批准不得调充他项工作"。

**1月2日** 红一方面军奉令开始分批北上，向黄狮渡、嵩市一线隐蔽急进。

**1月3日** 总政治部组织新编成的红十一军参观团百余人到达黎川，当晚，召开欢迎大会，朱德与周恩来等在会上演说，鼓励红十一军指战员增强胜利信心，英勇杀敌。

**1月5日—6日** 与周恩来指挥红军突然包围黄狮渡，歼灭守军一个旅，俘虏敌旅长周士达以下一千余人、缴枪二千余支（挺），并乘胜收复金溪、光泽，向浒湾、南雄、吴家州一带进逼。

**1月6日** 中革军委致电建（宁）黎（川）泰（宁）警备司令萧劲光转赣县独立团及兴国、胜利两县游击队全体红色军人，嘉奖他们"随主力红军北向转战千里"及留编建（宁）黎（川）泰（宁）独立师保卫赣闽边区。

**1月7日** 以中革军委主席名义出席为庆祝红军向北行动胜利在黎川举行的阅兵宣誓典礼，与其他军委委员一起阅兵并领导宣誓。参加阅兵典礼的红军和群众共计十余万人，受阅部队整齐严肃，杀敌的勇气与决心极大提高。

△ 鉴于驻临川的国民党军三个师经浒湾分两路向金溪、黄狮渡增援，另一个师从南城策应，企图南北夹击红军，同红军主力决战于浒湾地区，与周恩来决定，乘敌军尚未会合之际，抢先攻占浒湾，并下达攻击命令。

**1月8日** 与周恩来指挥红军打响浒湾战斗，经一天一夜激战，击溃由临川增援的敌军三个师，乘胜占领浒湾，进逼抚州；另一部在黄狮渡西之长源庙与周至柔师肉搏血战，将其击溃。是役俘虏敌军二千余名，缴枪二千余支和许多军用辎重。

**1月11日** 中华苏维埃临时中央政府致电朱德、周恩来转全体红色战士，嘉奖中央红军在一九三三年开始的一周中，连获两次最伟大的胜利，共计消灭和击溃了国民党军队四师，尤其是击溃了敌人大举进攻中央苏区的主力部队，缴枪俘虏各数千，生擒敌旅长周士达，克复金溪、光泽，占领东乡、浒湾，直逼南城、抚州城下。"中央政府对于全体红色战士英勇果敢坚决杀敌的牺牲精神，致以热烈的敬意和喜慰"。

△ 中华苏维埃共和国临时中央政府致电朱德、周恩来转红五军团全体指战员，对红五军团副总指挥赵博生在黄狮渡战役中不幸牺牲表示"无限悲悼和敬意"，并决定改宁都县为博生县，"以示博生同志为领导宁都兵暴及为苏维埃政权牺牲的纪念"，号召红军指战员更要继续赵博生的牺牲精神，坚决地进攻敌人，彻底粉碎国民党的第四次"围剿"。

**1月12日** 与周恩来、王稼祥决定红军主力继续北上贵溪地区，打通同赣东北红十军的联系，在抚河和信江之间开辟新苏区。由周恩来致电中共苏区中央局、中央政府并转临时中央，告以决定红一方面军准备在金溪地区"继续决战，彻底消灭抚河流域敌人主力，故各部队均部署在浒湾、金溪、黄狮渡一带调动敌人"；现已令红十军逼近贵溪行动，钳制东北敌人，并准备渡河，与方面军协同作战。

△ 与周恩来、王稼祥致电闽浙赣军区总政治委员曾宏毅、总指挥唐在刚并转闽浙赣省委、省苏维埃政府，指出：应编成一部兵力，活动于信河北岸，以主力活动于信河南岸，背靠着闽赣边；应将作战中心转到信河南岸，以威胁抚州，来吸

引并钳制抚河敌军的左侧背，以便我方面军尽全力消灭抚河之敌；然后协同攻取抚州、樟树，逼近南昌。

△ 与周恩来、王稼祥等致电闽浙赣省执委扩大会议，指出：要猛烈扩大红军基干兵团，三个月内要扩大红十军赤警师一倍，要集中一切力量来巩固他；要加强红军中政治工作和领导，坚决肃清红军保守观念；政治委员与党的支部，要保证红军中上级命令绝对执行；要根据过去电示及十二日电，布置动员计划及红军行动，最大限度地发展赤卫军及挺进游击队，到白区游击，袭击与截击敌人侧后，扩大恢复苏区；肃反不要乱抓一人，更不要放走一个反革命分子。

**1月13日** 与周恩来发布红一方面军训令，训令总结一月八日枫山铺、彭家渡战斗中的具体经验教训，特别强调红军"在冲锋决战的时候，无论敌人怎样恭顺，总要先缴除他们的战斗利器（枪弹刀等），才能停止敌对行动"。并要求红军指战员严重注意：在进攻战斗中遇到敌人以少数枪支金钱来引诱时，"应坚决迅速追，将后溃敌人战斗力完全压倒而消灭之"；在防御战斗中遇到敌人以少数人接近阵地投降时，应令来降敌人解除武装，高举两手，令其转到不为我害的地方，但一面仍应注意射击其后续敌人，待消灭敌人或敌退后，才收拾枪械，断不能立时停止射击，离开阵地去收缴枪械。

△ 与王稼祥、彭德怀发布中革军委通令，通令转发中华苏维埃共和国临时中央政府关于全苏区在一月二十一日召开赵博生追悼大会，同时将宁都县改名为博生县，"令全军遵照执行"的电令；并根据作战特殊情况单独规定前方各部队改在一月十五日举行追悼会。

**1月14日** 红四方面军致电中革军委、红军总司令部转全体战士，祝贺中央红军接连消灭敌周士达、吴奇伟、孙连仲等部,并占领东乡、光泽、浒湾一带。报告红四方面军与红二军团等在川陕、鄂豫甘一带,建立新根据地;现全体战士,"得悉我中央红军之伟大胜利,勇气百倍,决即乘胜进攻敌人,与我中央红军互相策应"。

**1月16日** 与周恩来收到中共苏区中央局复电,内称不同意前方一月十二日报告有关红军下一步行动计划的意见,认为在抚河以东金溪一带连续不断决战无完全胜利的把握,应迅速转移战场,要求红一方面军"应迅速机动转移战场,调动敌人作战",将红军转移至黎川"首先打击南城城外敌人,调动敌人求得战机",使敌现有布置落空;或转移至抚河以南"调动敌之主力决战",使东北所到之敌,在红十、红十二军钳制之下,失去其直接包围威胁的作用,"至我有充分兵力各个击破敌人主力"。

**1月17日** 周恩来致电任弼时、项英,答复他们昨日来电提出应迅速转移战场"首先打击南城城外敌人"的问题。指出:"转移地域固好,但须估计退回黎川又将成为等待,进击南城附近敌人则须背水作战(因抚河东岸,并无敌之大部,只有其前卫。如到抚河南岸,则须绕道南丰,在敌人未增加前,我军在目前地域作战,内弧幅员并不甚窄,这两天必须先将十军接过河来,是为先着。"

△ 在日军攻陷山海关后,中共驻共产国际代表团起草以中华苏维埃临时中央政府主席毛泽东,副主席项英、张国焘,中国工农红军革命军事委员会主席朱德名义发表的《中华苏维埃临时中央政府、工农红军革命军事委员会宣言》,宣布:在下列条件下,中国工农红军准备与任何武装部队订立作战协定,来反对日本帝国主义的侵略。(一)立即停止进攻苏维埃区域。(二)立即保证民众的民主权利(集会结社言论罢工出

版之自由等）。（三）立即武装民众创立武装的义勇军，以保卫中国及争取中国的独立统一与领土的完整。宣言还"要求中国民众及士兵拥护这个号召，进行联合一致的民族革命战争，争取中国的独立与领土的完整"。

**1月18日** 与王稼祥、彭德怀发布中革军委命令，指出：赣州守敌马崑部军心非常动摇，信丰、南康一带仍驻有敌独立第一旅范德星部。令红四军应于一月二十日出动，经于都向南康前进；红三军团于一月二十五日出动，俟红四军通过后接续向目的地前进；同时已令红三军及红十二师及红七军集中在大柏地等地区，整顿待命。

**1月19日** 以红一方面军总司令名义与总政治委员周恩来发布关于医院工作问题的通令，指出：在最近几次战斗中，发现各军团司令部与野战医院关系不密切，以致对负伤战士的收容处置及医院行动，发生许多困难，使负伤同志多受痛苦。因此，以后各军团司令部须与野战医院密切联系，即在每次作战前后的布置，必使同级卫生部能了解战略的大概情形，若有临时变动，亦必即时通知。为达到此任务，各军团卫生部所属野战医院，须建立单独工作的能力，以便卫生部能随司令部行动取得密切联系，即或不能，各级卫生部在战斗中须派一联络员，随带传达员四名，随司令部行动，以便接受命令，并传达到野战医院去。还规定各军团卫生部必须在前线与野战医院之间，设立伤兵转达站，以接受师卫生处送来之伤兵，并以军团卫生部的担架队转运至野战医院。

**1月20日** 与周恩来、王稼祥收到中共苏区中央局来电，内称中共湘赣省委决定三月十八日正式成立红六军团，拟以红十六军为中心部队，扩大独立三师为红十七军，并以独立一、二师合编为红十八军。

**1月21日** 与周恩来致电中共苏区中央局并转中共临时中央,提议为粉碎敌人即将开始的对中央苏区的大举进攻,迅速消灭赣江、抚河流域的主要敌人,全国各苏区红军必须协同作战,统一领导,集中指挥,建议中央派人去加强鄂豫皖、湘鄂西、川陕甘、洪湖、东江、琼崖、广西、湘赣、闽浙赣等苏区的领导;多派人到白区群众斗争发展的地方去,扩大发展游击战争,特别要派人去争取东北及热河义勇军的领导,并发展其组织;建议中共临时中央和中共苏区中央局"给全国红军以原则上、方针上的指示,以便前方能以电信直接指挥各地红军"。

△ 与周恩来、王稼祥发布命令,指出:总政治部为继续培养下级政治干部,决定将现在的政治教导队扩大为教导营,由各军团从新兵补充团中选送学生集中训练,并规定选送学生限于本月二十六日如期送到总政治部。

**1月23日** 与周恩来致电中共苏区中央局、中央政府急转中共临时中央,报告敌之主力仍在抚河,将有两个纵队挺进,每纵队三个师;在赣江则以一个纵队挺进赣南,闽方亦有配合。认为在此时机先发制人,集中一切力量消灭抚、赣敌人主力,成为第四次反"围剿"的"生死关键","更证明调红十军南渡,十二军、二十一军北上之绝对正确",有此右翼与中路之配合,也更证明中共苏区中央局派人到湘赣、湘鄂赣苏区领导红八、红十六军及两苏区实行左翼配合之绝对需要。还提出中共苏区中央局、中央政府立即派人分赴各县,尤其北面各县,加紧紧急动员,凡一切动员计划均须本月内布置完毕并检查;联合举办一苏维埃训练班,由红军大学选一批地方干部教以如何领导群众参加长期战争;扩大红军须于一月底计算送二千人、二月半送二千人到建宁;红军大学的训练要加紧,二月底毕业的要提前到二月半；军事后方的迁移存储，须急速于一月底布置完毕；督促各作战区切实计算谷、油、柴、盐的存购，准备供红军与必要时的坚壁清野等建议。

**1月24日** 与周恩来、王稼祥等前方负责人收到中共苏区中央局来电，内称："我们绝对的要你们在将来关于策略的问题，立即告诉我们，不要拖延过迟，我们要你们站在一致的路线上执行"，提出要红一方面军集中所有主力先攻取南城、黎川、广昌，"然后再进攻和取得南丰，并巩固和保持它"。并"特别着重地指示占领南城和南丰，是以上新作战计划重要的一部分"。

**1月27日** 周恩来致电中共苏区中央局、临时中央政府并转临时中央，陈述他与朱德、王稼祥不同意苏区中央局、中共临时中央屡电指示强攻南丰、南城的意见："依现时敌情，即抚河流域敌之两个较强的'进剿'军还未组织完备以前，我军能在抚河东岸会合十一军求得运动战中消灭敌人主力，确比围攻南丰暴露我军企图去打敌增援队为好"，"攻城与消灭增援队，一有暴露企图，二有易受夹击的不利"。强调红军要"万分谨慎地弄清敌情，以迟迟进逼的战略调动敌人，求得运动战的胜利，决无忽视敌之进攻与截击的观念。"三十日，周恩来再次致电中共中央苏区中央局并转临时中央，再次补充陈述意见："攻城除前电所述：一暴露企图，二易受夹击之不利外，还有三损伤大，四不能筹款，五耗费时日的不利。"主张在抚河东岸连续求得运动战解决敌人。还强调说："中央累电催我们攻破城防，与我两电所陈战略实有出入，但我终觉消灭敌人尤其主力，是取得坚城的先决条件。城虽坚，亦无从围我，我可大踏步地直入坚城背后，否则徒损主力，攻坚不下正中敌人目前要求。"

**1月29日** 以中革军委主席名义与副主席王稼祥、彭德怀发布训令，决定在闽西设立军区总指挥部，在中革军委直接领导之下指挥全闽西地方武装及独立第七师，所有以前闽西政府下之军事部即行取消。

△ 与王稼祥、彭德怀发布训令，要求各部队吸取红五军团第十四军发生数十名士兵受反动军官欺骗逃跑事件的教训，"必须特加注意防范，以免反动分子乘机捣乱"。

**1月31日** 率红一方面军总部在建宁竹原宿营。

△ 蒋介石在南昌召开军事会议，部署进攻中央苏区。二月六日，决定自兼江西省"剿匪"总司令，并在南昌设置行营，统一指挥对中央苏区的进攻。

**1月** 中共临时中央的主要领导成员博古、张闻天、陈云、刘少奇分别从上海来到江西瑞金，与中共苏区中央局合并工作，推举博古负总责，开始直接领导中央苏区的工作。最初沿用"苏区中央局"名义发文，约在六月有了"中共中央局"的称呼。

**2月1日** 以中革军委主席名义与红军总政治部主任王稼祥发布训令，强调工农红军是苏维埃政权的柱石，对于侦察、镇压和消灭反革命的一切阴谋活动，是非常重要的；决定在中央革命军事委员会及其所属各军，设立国家政治保卫局的代表机关，进行经常的系统的工作；批评红军中过去肃反"以多多杀人来表现肃反工作的成绩，以政治工作来兼任国家政治保卫机关的工作，惟没有明确阶级路线，亦没有谨严的工作系统，对反革命派的拘捕、审问、处决，以及对犯军事纪律的红军军人的处理，都归一个机关包办"等错误，要求"从今后马上纠正"；规定："此后对于侦察、拘捕、镇压及消灭反革命组织和活动概归国家保卫局代表机关完全负责办理，对于违犯军事纪律的红军军人的处罚，则由各级军事法庭处理，如犯军事纪律者而同时又为反革命犯，则处罚其犯军事纪律之权属于军事指挥员及政治委员，而处理反革命犯事宜，概归政治保卫局。这一切必须分别清楚，不得混乱。"

**2月2日** 与周恩来、王稼祥认为"先发制人在抚河以东调动敌人似已无望"，决定红一方面不北向深入，而转移至黎川附近，并准备视最近敌情变化决定进攻南丰还是苏区绕道攻乐安。当日，周恩来将这一决定电告中共苏区中央局。

**2月3日** 与周恩来、王稼祥致电中共苏区中央局，陈述对重新划分作战地域决定的意见。指出：依确实敌情，敌军来赣后将以主力向抚河进攻，这是主要方向；赣州粤敌进攻兴国，必在其信丰部队已向于都前进与宁敌已入苏区之后。我们认为应把江西分为西北、东北和东南三个作战区。连续作战的残酷战斗立刻就到，战争与军事布置更应确定统一指挥。并"提议中央局经常给我们前方以原则上与方针上的指示，具体部署似宜属之前方劳战会〔1〕，在中央局决定原则下或经前方请求与提议规定一切动员计划。至军事指挥系在前方无法经常顾及之区，如闽西、赣南则由劳战会代行指挥职权。似应如此划分清楚为妥。"

**2月4日** 与周恩来、王稼祥收到中共苏区中央局来电，要求红一方面军在目前行动中，以先攻南丰为宜。强调红军围攻南丰，可在敌人未到之前，二三天内可以攻城，并可相当减轻夹击的危险。还指示：进攻南丰城时"同时须特别注意打击南丰之增援部队并乘胜威胁南城、抚州，是我们目前的方针"；"此新计划经中央局全体通过，请立即讨论，并电告执行的具体部署。"

---

〔1〕 劳战会，指1932年7月7日在人民委员会之下设立的以周恩来为主席的劳动与战争委员会。

**2月7日** 与周恩来、王稼祥致电中共苏区中央局并转中共临时中央。表示几个月来我们本着中共苏区中央局和中共临时中央"以破坏敌人围攻线夺取抚州为战略中心"的指示,力求消灭敌人主力,可乘胜直下坚城。唯关于行动部署,尤其是许多关联到战术上问题的部署,请求中央、中央局须给前方以活动、以机断余地和应有的职权,否则命令我们攻击某城而非以训令指示方针,则我们处在情况变化或不利的条件下,使负责者非常困难处置。因在组织上、尤其在军事上须绝对服从上级命令,不容丝毫延搁,但在责任上、在环境上,我们又不得不向你们陈述意见。而关于行动部署,若"前后方以电报讨论起来将误大事"。因此,我们恳切请求你们解决这一困难,并请中央局派博古、张闻天来前方传达中央指示精神,同时也明了前方作战与红军状况,我们亦有许多电报无法说明的意见要当面陈述。

△ 在苏区中央局坚持攻南丰的指令下,周恩来致电苏区中央局并转临时中央,提出红军准备作进攻南丰的部署。

**2月9日** 与周恩来决定以红五军团第二十二军为右纵队,红三军团为中央纵队,红一军团为左纵队分三路由黎川附近集结地向南丰开进。

**2月11日** 红一方面军主力逼近南丰城后,与周恩来决定以红三、红五军团分别由西、北两个方向攻城,红三军团为主攻;以红十二军在城东南抚河右岸配合行动;以红一军团集结于城西准备打击援敌。各部队依照上述部署向各自预定地区开进,于十二日黄昏向南丰西北面外围阵地发动强攻,与敌激战一夜,终因城防工事坚固,未克,歼敌不足一营,而红军却损失四百人,师长彭鳌和两名团长阵亡。

**2月13日** 与周恩来根据敌增援部队有两个师由南城、

一个师由宜黄、两个师由乐安分三路行进之新的敌情,决定"改强袭南丰为佯攻",部署以一部兵力佯攻南丰吸引敌人,主力集结于南丰城和里塔圩一线以西地域,靠近苏区,待弄清敌军行进路线后,"求得于预期遭遇的运动战中消灭敌之一翼,以各个消灭之。"这一决定由周恩来电告中共苏区中央局并转临时中央。

**2月19日** 与周恩来发布红一方面军谍报工作的密令,指出:"要定出良好的作战计划,充分发展红军的战斗能力,来粉碎当前敌人的大举进攻,必须有健全的谍报工作,方能达到。"并规定健全谍报工作的四种具体办法:(一)总部第二局应与各军团、军、师司令部谍报工作人员发生更密切的关系,以便按着实际情形给各级谍报工作以切实的帮助。(二)为解决各级司令部所有侦探尚未健全问题,决定由第二局于最短期内开办侦探短期训练班,由每师派两人来训练。(三)谍报工作主要还是在群众中建立起来。现在除了公开的"替红军送消息"的口号以外,应该普遍地通知各部队要随时注意找到坚决革命的群众,告诉他送消息的方法。苏区无论何人都应该负担这一工作,要时刻不放松地把这一任务记着。(四)应即刻通知全体红色战士,担任替群众递送信件的工作,并在接收后飞快递送上级指挥转至本部。

**2月21日** 根据红四方面军主力撤出鄂豫皖苏区后,敌军仍继续以大力"进剿"鄂豫皖苏区和苏区群众的反抗斗争异常激烈、游击战争已大发展等实际情况,与周恩来、王稼祥致电中共苏区中央局并转中共临时中央及红四方面军。指出:红四方面军"初集中之两个军尚不善运动战与游击战,常因打硬仗多,敌分进合击,这在鄂豫皖目前环境中是不利的。请中央速派人去帮助省委扩大发展游击运动与新苏区,集中与扩大红军主力于适当地区机动与掩蔽目标，时时弄清敌情，选择敌人弱点，以迅速秘密坚决的行动干脆地各个击破敌人"；战斗前后切忌停滞一地，以免多敌开来。红四方面军及红二军团当敌人残酷"洗剿"鄂豫皖老苏区及大举进攻中央苏区之际，应多在现在地对敌人要害处出动，以资应援，而免受各个击破。

**2月22日** 与周恩来鉴于敌军兵力过于集中，不利再战，决定主力撤围南丰，秘密转移。

**2月23日** 与周恩来指挥红一方面军第十一军伪装主力东向黎川佯动，主力由南丰西北地区秘密转移至苏区前部的东韶、洛口地区，一边休整，一边待机歼敌。至此，红一方面军掌握了反"围剿"的主动权。

**2月24日** 陈诚误认为红军主力真的开往黎川方向，便令第二、第三纵队向黎川地区前进，寻找红军主力决战。第一纵队队长罗卓英依照陈诚的部署，率第十一师由宜黄南下黄陂，以配合第二、第三纵队作战，又令李明的第五十二师师和陈时骥的第五十九师奉令由乐安向东南推进，准备到黄陂同第十一师会合，尔后向广昌、宁都进攻。

**2月26日** 与周恩来率红军主力转移到东韶、洛口后，在东韶召开军事会议。会议根据陈诚所部中路军第一纵队与第二、第三纵队相距较远，态势孤立，其中李明第五十二和陈时骥第五十九师由乐安向黄陂开进，穿行于深山密林中，行动不便，联络协同亦有困难等敌情，决定采取集中兵力各个击破的方针，在东坑岭、固岗、登仙桥以东，河口、黄陂、东陂以西地区，选择有利地形，伏击李明第五十二师，尔后相机歼灭其他各路敌军。会后，朱德与周恩来发布红一方面军命令，指出："乐安敌人两个师，有于本（二十六）日向东、黄陂前进，宜黄敌人一个师自神岗、党口前进模样。""我方面军拟于二十七日，以遭遇战在河口、东陂、黄陂以西，东坑岭、固岗、登仙桥以东地带，侧击并消灭乐安来敌。"具体部署为：以第五军团、第二十二军为右翼队，董振堂、朱瑞分别任队长、政委；以第三军团、第一军团、第二十一军为左翼队，以林彪、聂荣臻分别任队长、政委；以第十二军为预备队。令右翼队应由乐陂（第二十二军右侧）进至黄陂，向西兜击敌人，并掩护我军右侧背，向东、北两方面侦察警戒；左翼队应由王都、苦竹圩之线，取平行道路，向北前进，侧击敌人，其主力应控制左翼，兜其侧背。

△　与周恩来率红一方面军秘密行军，到达预定的黄陂、蛟湖地区后，隐蔽在深山密林中。与周恩来到前线了解情况并给予指示。朱德告诉前线指挥员：我们的目的是关门打狗。要先让狗进来，再关起门来打。因此，北面的部队要特别注意隐蔽。

**2月27日**　与周恩来指挥红一方面军在乐安、宜黄之间的东陂、黄陂地区伏击国民党军第五十二、第五十九师，经过两天激战，消灭敌军两个师，俘虏敌师长李明、陈时骥及其他官兵二万余人，缴枪万余支（挺），子弹数百万发，轻重机关枪自动步枪三四百支，无线电一架，辎重无算。

**3月1日**　中共临时中央致电朱德、周恩来并转全体指战员，祝贺黄陂战斗的胜利，称："这次方面军的空前伟大胜利，是给了国民党的四次'围剿'以致命的打击。"

△　中华苏维埃临时中央政府致电朱德、周恩来转红一方面军全体指战员：红一方面军不分昼夜与敌血战，消灭敌主力第五十二师全部及第五十九师大部，活捉敌师长李明。"你们这种奋勇杀敌的牺牲精神，中央政府深致无限的敬意。""中央政府正在加紧动员全苏区群众进行普遍的捐款借谷运动，来充实你们的给养，进行大规模的扩大红军运动，来向你们增加生

力军。"

△ 中共苏区中央局致电朱德、周恩来转全体红色指战员，热烈庆贺红一方面军取得的伟大胜利，并慰劳一切受伤官兵，号召继续胜利地进攻，争取苏维埃革命在全国的胜利。

**3月2日** 瑞金工农群众及红军学校致电朱德、周恩来转全体红色指战员，庆祝红军在前线取得的伟大胜利，表示要以百倍的力量来工作与战斗和学习。

△ 当红军在黄陂地区与敌第五十二、第五十九师地，陈诚迅速将进至南城与南丰之间的第二纵队第十、第十四、第九十师和进至金溪、黎川之间的第三纵队第五、第九师西调，与由宜黄南下的第一纵队第十一师协力增援第五十二、第五十九师，寻歼红军主力。朱德与周恩来得知这一敌情后，立即命令红一方面军向宁都小布、南团、东韶、水口地区集中，隐蔽待机。四日，与周恩来决定歼敌部署后，由周恩来致电中共苏区中央局，报告下步行动部署：我军拟俟集中后，仍选敌一翼于运动战中消灭之。

**3月5日** 与周恩来收到毛泽东、项英关于长汀、瑞金防卫问题来电，内称国民党军第七十八师及张炎旅之右纵队将到连城，有进攻汀州、威胁瑞金、配合赣军以及配合其左纵队向苏区大举进攻之企图；汀州为我东南根本重地，不能轻易放弃，"现任令李韶九为汀（州）瑞（金）卫戍司令负防御之责"，敌如前进，则号召汀州瑞金广大群众及武装以困阻之，决不让该敌钳制我方面军之行动；另将宁石独立团等武装编为独十一师，从东北方面钳制该敌，迅即编成十九军，在茶地、大枝、白沙、旧县、新泉一带坚决作战，争取大的胜利。

△ 与周恩来发布关于赤卫军少先队工作的训令。在肯定赤卫军少先队取得成绩的同时，批评有些战地分区特别是距辖

区较远的地方，对于敌军到来时，如何使用地方卫戍部队及游击部队牵制敌人，如何破坏敌之来路，坚壁清野，如何建立战地工作委员会工作等，都还缺精密计划与部署，甚至有抱太平观念依赖红军，要求立刻纠正这种严重的现象。"并望各战地分区将所有的工作策定时，即实施演习一次，以期工作确实而免临事仓皇。"还具体指示各战地分区：应决心在敌人进攻甚至被敌军隔断时，坚决领导所属红军、赤卫军少先队，配合一切工农群众，遵照我们的一切命令，参酌实际情形，用尽一切方法来围困敌军、疲劳敌军、袭击敌军，并紧迫着他，截断他的后方交通，夺获他的武器和辎重，尤其是被红军击溃后的白军更要层层地包围截击，完全缴械，不得放走一人一物，来武装自己和供给红军。

**3月6日** 在中国工农红军学校政治部编印的刊物《革命与战争》第六期上发表《怎样指挥和掌握队伍》一文，文章针对红军中工农出身的中级和初级指挥员对于战斗间指挥和掌握自己的队伍感觉困难的具体情况，根据苏联战术备考资料和日本《步兵操典》有关教材，并结合自己战斗经验的理性认识，提出"现代军事技术发达，特别是火器进步，战斗除开已形成疏开的形式。我们可以说，自战斗开始的展开时起，经过冲锋前各分队略为集结，以至战斗结束的整顿部队时止，是很重要、很难指挥和掌握队伍的阶段。所以通信联络在这一阶段上占有特别重要地位。"要求指挥员亲自明确并具体地向部队交待本部队的战斗任务，如在进攻战斗中，连长在其部队还未展开前，"应先在行军警戒部队或战斗警戒部队掩护之下，尽可能地集合诸排长就实地指示敌情、地形，并说明我们如何攻击并分出主要方向（突击队）及次要方向（钳制队），定出攻击目标以及如何与各部队协同动作。这样亲自交谈，发出号令才易使排长等正确了解任务,各部队一致动作。"部队发起冲锋后,指挥员"应迅速整顿部队,实行追击或巩固所占阵地,防敌反冲锋或反突击。"而在疏开战斗中,"每一指挥员不但要使部属明白通信联络的方法,而且要在教练部队特别是教练小分队时,遂锻炼其成为习惯"。总之,红军指挥员如能像莫斯科大戏院的乐队指挥一样来指挥和掌握自己军队,"一丝不乱,如同一人玩弄一样","那真算是名将了"。

**3月中旬** 陈诚因所部在草台冈、招携市、太平圩一带始终未觅得红军主力,将分进合击的作战方针改变为中间突破,并重新调整部署:改以第二纵队为前纵队,第一纵队加强第三纵队之第五、第九师为后纵队,前后两个纵队交互掩护向广昌方向进攻,继续寻找红军主力决战。

**3月16日** 由于敌军两个纵队各三个师靠拢并梯次轮番向东南搜索前进,其前纵队分别到达新丰市、侯坊、草台冈,后纵队分别到达东陂、黄陂,前后纵队靠拢一起,行动谨慎,不便分割歼灭,红军既定歼敌一翼的计划未能实现,与周恩来决定以方面军主力待机歼灭敌之后纵队,并首先消灭其行动中后卫部队以便连续作战,各个击破敌人;同时以红十一军于十八日至广昌西北,在地方武装配合下,积极活动,吸引敌前纵队加速前进,拉开其与后纵队之间的距离。

**3月17日** 与彭德怀、王稼祥发布通令,规定各部以后凡送后方休养之病员,必须经卫生机关之检查,由卫生机关转给休养证和介绍信,各部不得随意发给入院休养的介绍信,以免滥发之弊。

**3月20日** 得知敌前、后两个纵队相距将近五十公里,力量比较薄弱的后纵队态势孤立,与周恩来决定抓住战机将敌各个击破,并下达作战命令:"拟于二十一日拂晓,采取迅雷手段，干脆消灭草台冈、徐庄附近之十一师，再突击东陂、五里排之敌。"战斗部署为：以红五军团、红十二军、宜黄独立团为右翼队，归董振堂、朱瑞指挥，应于二十一日拂晓以主力进攻草台冈、徐庄敌左侧背；以红三、红一军团和红二十一军、独立第五师为左翼队，归彭德怀、滕代远指挥，应于二十一日拂晓先迅速消灭草台冈附近之敌，再突击东陂之敌；以红二十二军为总预备队，二十日在现地不动，二十一日随红一军团左后方前进，必要时由林彪、聂荣臻直接指挥。

**3月21日** 与周恩来指挥红一方面军在宜黄县草台冈、东陂地区与国民党军后纵队作战。以一部兵力钳制东陂地区的第九师，切断其与第十一师的联系；以大部兵力向草台冈第十一师发起猛烈攻击。经一天激战，歼灭第十一师大部。随后，与周恩来指挥部队向东陂追击国民党军第九师。二十二日，在东陂歼灭第九师一部。国民党军前纵队眼看后纵队被歼，却因相隔太远无法增援，就经南丰向抚州方向退却。在黄陂、草台冈两次战斗中，共歼灭蒋介石的嫡系部队近三个师，俘虏官兵万余人，缴枪万余支。至此，红军取得了第四次反"围剿"的胜利。

**3月22日** 按照中共临时中央和中共苏区中央局向北发展、扩大苏区和夺取中心城市的战略方针，与周恩来致电林彪、聂荣臻、罗炳辉、蔡树藩、董振堂、朱瑞、彭德怀、滕代远等红一方面军将领，下达"我方面军拟乘胜于二十五日袭取乐安并迎击其增援部队"及其战斗布置的命令，并规定袭击乐安统归林彪、聂荣臻指挥。

**3月25日—29日** 与周恩来指挥红一方面军主力多次进攻乐安，由于敌军预有准备和城防坚固，未能攻克；当敌军于二十九日以五个师增援时，红军主动撤围乐安。之后，红军由乐安地区西进,佯攻永丰城,以期调动敌军西移,进而在运动中各个歼灭。敌军慑于被歼,未敢轻易出动。

**4月1日** 熊式辉向南京国民政府主席林森、军事委员会委员长蒋介石、行政院长汪精卫报告国民党军第四次"围剿"中央苏区失败情况,内称:"江西剿匪前有第五、第廿七、第九、〔第〕廿〔等〕师之损失。最近一月以来,有第五十九、第五十二、第十一各师之挫败。""计师长死伤四员,旅长六员,团长十六员。步枪损失当以万计,前次损失尚不在内。"唉叹自己对红军"坐视其大,而莫能制","务请中央速筹办法,加调得力部队,并力派大员来此督剿。"

**4月5日** 红一方面军发布命令,决定"我方面军拟以备战姿势,征集资材为目的",要求各部队于明日到达指定集结地点。规定永丰城部队统归彭德怀、滕代远统一指挥。

**4月6日** 与周恩来、王稼祥致电中共苏区中央局并转赣、闽两省委,提出:北面敌人惨败,"围剿"中粤、赣之敌将渐居重要,现除利用目前转机大踏步向北发展外,赣、闽两省应即加紧南方战线的工作,目前应"主要布置运动防御"。

**4月11日** 与周恩来致信林彪、聂荣臻、彭德怀、滕代远、董振堂、朱瑞等,指出:目前敌军的新计划,是求与我主力在新淦、永丰、乐安之间的地区决战,以图开展其进攻局面。根据这种敌情,我方面军从正面还击敌人,或由其第二纵队与乐安之空隙中,截击其第六师及第十一师残部,都嫌内幅狭小,不便周转,而正中敌人分进合击之计。故我们决心将主力秘密东移,留一部于新淦、永丰间,迷惑引诱敌人,准备在敌人到达其预定地区后,我军即突然袭击或佯攻其要塞,以调动敌人火速东转,求于运动中相机各个消灭敌人。并提出了相应的具体作战部署和秘密行军如何伪装的方法。

△　与周恩来发布红一方面军东移凤岗圩地区的命令,令红二十二军除留一部在新淦外,其主力于十二日开始移动,十四日集结洪乐桥附近,并向马岭、大坳之敌佯攻,十五日向抚州方向移动,准备于十七日与东岸我十一军配合,相机袭取抚州,威胁南昌;令红二十一军于十二日移至永丰城东北之潭城桥、龙州附近,以一部接替第三军团监视永丰之敌,其主力于十三日伪装我主力军移运载江口、鹿岗一带积极活动,十六日向凤岗圩以南地区前进;令红一、红三、红五军团于十二日一时,各由原地开始运动,到达指定地点,相机各个消灭敌人;令第十二军待我主力与东线之敌作战时,配合作战。红一方面军各部奉命行动后,因敌军坚守不出而成相持的局面。

**4月13日**　与周恩来、王稼祥致电中共苏区中央局。指出:我们已令红二十一军积极活动,调动敌人西向,兼以地形关系,终将有机可乘,故主力军仍应在现地待机歼敌。只有在敌第十九路军确实进攻汀州模样,而北面敌人又迟不前进、据点以守的情况下,主力军应即回师,先消灭该敌两旅。

**4月15日**　以中国工农红军革命军事委员会主席名义与中华苏维埃共和国临时中央政府主席毛泽东,副主席项英、张国焘联名发表《中国苏维埃共和国临时中央政府与工农红军革命军事委员会的宣言》,再一次向全国表明:中国苏维埃政府和工农红军是反对一切帝国主义侵略的唯一的民众政权与武装力量,正在为全中国的劳苦群众利益而斗争,为中国的独立、统一与领土的完整而斗争;在承认一月间提出的三个条件的原则下,中国红军准备与任何武装队伍订立协定,来反对日本帝国主义的侵略;号召一切劳苦群众拥护我们防卫中国及民众的权利,并希望一切劳动者与士兵在广大的群众中、军队中以及义勇军中加紧工作,使之接受我们的民族的革命的政策。

**4月16日—22日** 中共苏区中央局召开江西三个月来党的工作总结会议，集中批判以邓小平、毛泽覃、谢唯俊、古柏为代表的"江西罗明路线"，强迫他们交待所谓反党的"派别观念"和"派别活动"。不久，邓、毛、谢、古四人被派往农村或撤换职务。

**4月22日** 中共苏区中央局免去任弼时的苏区中央局组织部长职务，调任中共湘赣省委书记。任于五月中旬离开瑞金，六月上旬抵达湘赣省委所在地永新县城。

**4月26日** 在乐安县固岗与周恩来收到中共苏区中央局转发中央对作战总计划与任务指示电。内称：你们应在六月和七月两个月内，迅速改良我们战略上的地位与准备将来的决定胜负的战争，在目前此种决定胜负的战争仍应展延；应从独立队伍和方面军中挑选一千人组成一个特别队，将其分成两个大队和许多小队。特别队的行动，必须笼罩南丰至宜黄延伸至乐安、永安全线。

**4月27日** 根据敌约六个师集结崇仁附近，有向凤岗圩前进可能等敌情判断，在谷岗与周恩来发布红一方面军在凤岗圩地区待机的命令，并作好相应的战斗部署。

**5月8日** 中华苏维埃共和国中央人民委员会第四十一次常委会决定，在前方另行组织中国工农红军总司令部兼第一方面军总司令部，任命朱德为中国工农红军总司令兼第一方面军总司令、周恩来为中国工农红军总政治委员兼第一方面军总政治委员；决定将中央革命军事委员会由前方移至瑞金，增加项英、博古为中革军委委员，并决定中革军委主席朱德在前方指挥作战时，以项英暂行代理主席。这个安排，实际上是由博古、项英主持中革军委工作，由他们在瑞金指挥前方行动。

**5月9日** 与周恩来致电项英，提出总司令部编制方案和部分机关负责人的人选。

**5月10日** 与周恩来签署训令：红军必须坚决执行号令的意义；严厉批评在最近检查中发现的个别部队单位不能百分之百地去执行上级首长命令和训令的现象，并要求必须立刻纠正过来；要求各级指挥员和政治人员于受领上级首长的命令和训令时，须迅速向所属人员宣读解释，使深入到最下层的群众中去，并须随时检查其执行进度，加以指导，以使这一命令和训令，完满执行，毫无遗漏；规定今后若有藐视号令不予传达和督促实行者，应立刻执行纪律，予以处罚，以资警戒。

**5月11日** 根据目前敌对红军主力暂取守势之时机，与周恩来决定实行部队轮流改编，拟于十三日开始，并致电中共苏区中央局请示批准。

△ 撰写的《怎样学习行军》一文收集在总司令部编印的《红色战场行军特刊》第十期上出版发表。文章指出：我们初、中级指挥员，应当在行军前后检查部队的行动是否符合原则。即使是高级指挥员，也应当熟悉营以下的行军动作，才能纠正营以下的行军，才能做到全军团的行军指挥的统一。文章还具体指出在行军中存在的因不区分平时行军与战备行军不能随时保持体力以便在战斗中冲锋、行军路线缺乏侦察和计算不精确、高级指挥员没有提前到达出发战地去指挥、速度保持不一、没有防空伪装、夜行军不精密等缺点，并要求各级指挥员研究野战条令来纠正这些缺点和错误。

**5月17日** 与周恩来致电中共苏区中央局，根据目前敌人对我进攻的策略，提出敌人"如集中求我决战，我可避入苏区诱其前进，另以支队挺进白区，威胁其侧翼后方"的战略主张。

△ 与周恩来在万寿宫发布《工农红军第一方面军通令》，摘要转达中华苏维埃共和国临时中央政府命令：中央军事委员

会由前方移驻瑞金，已于五月二十一日开始办公；中革军委主席工农红军总司令朱德和总政治委员周恩来都因加强前方军事指挥兼任第一方面军司令员和政治委员，现在亟需在前方单独地组织第一方面军指挥机关司令部、政治部、卫生部、供给部等，中央政府已加委博古、项英两同志为中革军委委员，当中央军委主席朱德在前方时，其主席职务，由项英代理；中央苏区除东南战地各军、西南战地各军、各军区及独立军、团、师和其他苏区、军区及二、四方面军等，均直归中革军委指挥外，凡第一方面军所属各兵团及地面战地各指挥机关各部队（但行政系统仍属军区）均归第一方面军指挥。据此命令，朱德和周恩来在全军的指挥权实际上被限制和排挤了，他们只能服从中革军委命令来指挥红一方面军。

**5月21日** 蒋介石撤销赣粤闽"剿匪"总司令部，再次设置"军事委员长南昌行营"，全权处理赣、粤、闽、湘、鄂五省军政事宜，并直接组织和指挥对红军的第五次"围剿"。

**5月28日** 中华苏维埃共和国临时中央政府主席毛泽东与中央革命军事委员会主席兼全国工农红军总司令朱德联名发布《中华苏维埃共和国中央政府告闽粤白军士兵书》，指出国民党政府不但放弃了东北，而且以撤退北平、天津的一切武装队伍为条件来与日本进行谈判，致使整个华北"在日本帝国主义的铁蹄蹂躏之下"；提出必须消灭"出卖整个华北"的国民党军队主力，来肃清北上抗日的道路；向广东、福建的一切武装队伍再一次提议：在他们承认一月十七日《中华苏维埃临时中央政府、工农红军革命军事委员会宣言》中提出的三个条件下，同他们订立战斗协定，去反对日本帝国主义和卖国的蒋介石南京政府。

△ 在永丰撰写《黄陂东陂两次战役伟大胜利的经过与教

训》一文。文章肯定中央红军前三次反"围剿"中运用的正确战略战术原则，强调"活动运用战略战术的基本原则，善于利用地形，确实配合群众力量，随时随地都要求得主动地位，在运动战中与敌决战，以各个击破敌人而消灭之为最有利"；肯定这两次战役中"红军战术上的主要原则迅速、秘密、坚决"；"游击队、独立师、独立团、地方工作配合红军作战有相当成绩"；灵活地运用了"内线作战的原则"。并提出："内线作战的原则，是在敌人分进而来合击时，集中主力击破其一路，以少数兵力钳制其另几路或迷惑之，次第各个击破敌人。"我们灵活运用上项原则，而改变前三次反"围剿"的"诱敌深入，待敌人齐集，使其疲惫，择其弱点，集中主力以袭之；此次战略的不同点是在择其主力，不待其合击，亦不许其深入苏区，而亦得到伟大胜利。"我们采用上述战略原则，是"针对着敌人之进剿军的战略来决定的。"同时，文章还指出了这两次战役中存在的"机断专行的自动性仍缺乏"、"通信联络不确实"、"打扫战场办理战后之疏忽"等问题。这篇文章部分内容编入《朱德选集》。

**5月30日** 与周恩来发布委任红一方面军指挥机关各部高级负责人员二十四人的通令，其中，叶剑英兼方面军参谋长，张云逸兼方面军副参谋长，曾希圣任司令部第二局局长、宋裕和任司令部第三局局长，王诤任司令部通信主任，叶季壮任方面军供给部部长。

**5月底—6月初** 根据中革军委指示，红一方面军在乐安南部的藤田、大源坪、善和按照新编制改编，取消了军一级组织机构，由军团直辖师，师以下部队逐级缩编。朱德兼任红一方面军司令员，周恩来兼任政治委员。改编前后和实施过程中还组织了若干新的部队，中央苏区的红军曾发展到近十万人，但在过多编并和削弱地方武装的同时,红军主力的压力加重了。

**6月1日** 湘赣苏区的红八军在九渡冲和棠市两战告捷,使进攻湘赣和湘鄂苏区的敌人被迫缓进,扭转了湘赣地区的局面。第四次反"围剿"期间,为配合中央苏区作战,红八军北上牵制敌人,根据地敌我力量悬殊,湘军乘机直插苏区占领省委所在地永新的乐川镇,红八军挥师南下收复失地。朱德与周恩来为此一面命令湘鄂赣的红十六军,迅速集中主力配合红八军抓住弱点打击湘敌,一面建议中共中央局"速函告弼时注意湘赣工作的检阅"。

**6月4日** 获悉驻守宜黄国民党军第十师与驻守抚州之独立第三十二旅调换防务,与周恩来决定乘敌军换防之机袭占宜黄城,以期调动敌军增援,进而在运动中消灭之。之后,红军于七日至九日对宜黄多次发动攻击,因敌军预先有准备和依恃有利地形防守,未能攻克。

**6月7日** 中革军委发布关于改编红一方面军所属独立军团的通令,指出:为严密红军的组织,适应目前大规模作战的需要,已将红一方面军及各独立军团、独立军等,照中国工农红军新编制,一律改编。并公布了改编后各部队的新番号,规定"凡原有各军、师等番号一律取消"。

**6月上旬** 出席在宁都召开的中共中央局(中共苏区中央局与中共临时中央合并改称)会议。会议肯定了前一段中共苏区中央局的工作,决定扩大红军一百万。会后,与周恩来一同返回前方指挥红一方面军。

**6月11日** 以红一方面军司令员名义与政治委员周恩来及政治部主任袁国平、参谋长叶剑英发布《扩大红军问题的训令》,指出:敌人正准备更残酷的新的进攻。在革命形势日益发展的前面,扩大百万铁的红军,便成为目前头等的实际的战斗任务。苏区广大工农群众正以高度热忱踊跃地加入红军，整团整师的赤卫军少先队全体通过加入红军，在红五月仅仅东西苏区就扩大了一万八千余人，最近马上有二万新战士到前方来编入红军。要求各级政治委员、政治机关必须用一切的努力，争取新战士迅速来前方，并在新战士中进行艰苦的政治工作，为保障这次扩大红军的全部动员胜利而斗争。要求做以下六个方面的工作：（一）必须立即派足够的排长、指导员以上的军事、政治干部到各军团新成立的师与补充团去负责；（二）各军团必须依靠现有的或新创办一个短期的教导营，征调三百至四百名积极战士其中多数为党、团员，来接受如何在新战士中进行政治工作和管理教育的训练，训练后即分配去做新战士的工作；（三）要抓住这次扩大红军的胜利在红色战士中进行深入的宣传鼓动工作，同时要借此更加来提高目前部队中红色战士们的胜利信心与灭敌勇气；（四）切实执行联系制度，密切党、团、群团体和红军家属的联系，鼓励红军家属来信勉励前方的新战士；（五）各军团以后应特别加强新成立师的军事、政治工作的领导，按月订出军事、政治工作计划，供给军事、政治教育材料，有系统地在新战士中进行政治、军事教育；（六）必须坚决与忽视扩大红军的倾向作斗争。

**6月12日** 以兼红一方面军司令员名义与政治委员周恩来、参谋长叶剑英联名签署训令，指出：必须加强对新战士的军事、政治工作的领导和教育，使之成为政治坚定、军事熟练的好战士。"对新战士的教育训练，在政治方面已责成政治部规定外，关于军事教育训练尤须加紧进行，使之学会军事技术，养成铁的红军的基础"。规定"教育新战士要采取启发和诱导式，使他们有兴趣参加学习，坚决反对军阀残余的强迫野蛮式教育，同时也要反对忽视教育的游击习气。"同时还下发新战士一个月军事教育预定进度表，要求各级依照此表参酌实际情形，自行规定精细的教育计划去实施。

**6月13日**　与周恩来收到中共中央局来电，该电转告共产国际驻中共军事总顾问弗雷德·施特恩拟定的以中共临时中央名义发出的《中央对今后作战计划的指示》（即"沪电"），并根据其中提出编组东方军团，于八月间"以方面军与东方军团的集中力量，在抚河西岸，开始从抚州区域向南昌的进攻，以便由抚河方向与南丰（南昌）一师一师地消灭敌人"之夏季作战计划，提出以下意见：拟改令彭德怀、滕代远率红三军团全部，去做东方军的基干，并驻汀州之模范师、上杭附近之第十九军、宁化独七师、十九师、二十师及长汀以北和闽赣边省地方部队等，归其统一指挥；红一、红五军团依计划在北面地带积极活动。

**6月16日**　以兼红一方面军司令员名义与政治委员周恩来及参谋长叶剑英发布《健全红军侦察工作》的训令，指出："侦察工作是组织战斗的第一步工作，是首长下定决心的基点，是完满作战计划的主因，是战斗过程复杂环境中达到机动的先决条件。它能使战略更加巧妙，使红军的战斗力更加发扬。因此，它是司令部最主要的工作之一。但各级司令部对这一工作，仍然存留着很浓厚的忽视现象。"并分析了产生这种现象的三种原因，即过去三次反"围剿"中有广大工农群众自动替红军送消息；不了解这一工作的艰苦困难，缺乏组织教育的耐烦性；依赖白区及边区的党的秘密工作。要求各级首长应纠正过去忽视和依赖的观念，在自己职权范围内督促司令部以应有的力量独立地进行各种侦察工作，在最短时间内达到我们所必需的要求。并提出了要具体切实执行的八点办法：（一）各级侦察队应在最短时间内加以整理，加强军事、政治和侦察技术的训练，提高其质量；（二）开办间谍班，训练从俘虏中争取到的一些最好的分子，经常派他们到白军中担任局内间谍；（三）各级司令部在驻地布置坐探；（四）要尽自己的可能，利用各种关系，征调各种人才，帮助上级并独立地在白区尤其是江西中心城市布置间谍；（五）要密切侦察工作中的上下级关系和友军的关系；（六）要利用讯问俘虏、审问敌探、打扫战场等一切机会细心搜集情报材料；（七）进行反侦察工作；（八）同级的司令部要订出月的或季的工作竞赛条例。

**6月17日** 以兼红一方面军司令名义发布《派送红军学校第一期工兵科毕业生到各军团工作》的训令，规定各军团应将这批毕业生一律安置在工兵连工作，以充实连、排、班各级干部，使我军技术兵种迅速地建立起来，以适应目前战争的需要。

△ 与周恩来致电中共中央局，就目前敌人对红一方面军的进攻策略提出与"沪电"不同的看法。认为敌军各个击破我之策略不变，蒋介石现正对其主力部队七个师实行改编，限七月半完成。其新编制大概针对我红军编制，以每师三团一补充团，企图将现有兵力多编出几个师，并抽出一部守城兵力。如此，可组成至少两个纵队，向我并进。每个纵队都能与我主力决战。敌"不愿变动其'清剿'赣东北及闽北苏区的原定计划，而主力的求我决战，将亦在七月半后。此项情况与沪电估量是不同的。"同时还指出：由于蒋介石、陈诚希望压迫我主力退入建宁、宁化，好与其第十九路军去残酷决战，加以清流、将乐、邵武的地形都是易守难攻，因此，当敌人力量强过我们时，是不易求得运动战的。

△ 与周恩来又致电中共中央局，表示在以下原则的了解下接受夏季作战计划方针：迅速造成一支有力的东方军，并加强与扩大河西红军，以便有利地配合抚河以西的中央军，作进

攻南、抚的决战；有计划地、有准备地迅速集中与训练多数新的部队与后备军；推迟方面军与赣敌大规模的决战，但不取消在有利条件下去消灭赣敌较小的力量，变更策略，采取在北面积极活动、破坏敌人的堡垒政策，钳制敌人各个击破策略；暂时抽调一部分主力，去削弱和消灭敌人的羽翼，分散和各个击破敌人，以增强我们自己，但须充分利用敌人的弱点和矛盾，充分估计敌我力量对比与地形、物质等条件。

△　由于敌军判断红军将攻南城、抚州，急调部队增援，巩固抚河防线，以求与红军主力决战，红军对宜黄的佯攻与坑道作业均不易奏效，与周恩来决定"改监视断敌通信联络，调动敌人"。

**6月18日**　与周恩来致电中共中央局，就中共临时中央的作战计划及中共中央局的布置提出建议：（一）东方军应以红五军团（一个师）第三师十四师三个师组成；（二）红七军团仍以现有之十九师廿师（两团）廿一师（两团）组成和扩大；（三）少共国际师在广昌或石城集中编为第十五师，视情况或开建宁、泰宁，或开邵武、光泽；（四）"方面军主力一、三军团目前绝对不应分开"，为执行昨电所述原则且应将兴国第六师开来前方随着第三军团行动，以便不失时机地钳制敌人主力，打击敌人一个师左右的兵力好增强自己；（五）"在选择敌人方面攻清流将乐又将陷于攻坚，我力弱将不能与十九路军一个师的增援队决战"，"与其行动与十九路军在清流进行残酷战斗莫如决心在北面与赣敌一部分进行战斗；且由现驻地到清流须十五天行程，由清流到邵武十三天行程，由邵武到金溪又八天行程，酷暑远征，且多大山，须记着去年漳州回师近二千人的减员。"因此，东方军以活动于建宁、泰宁、将乐、邵武、光泽地区为合宜。在上海的中共临时中央没有接受这些意见，于二十一日回电给周恩来，表示"仍坚持原电的意见"，并解释新的作战计划，"主要的是改进从前一手打人的单一作战线，而成为更有利地配合各方的两根作战线，来开展战斗新的局面"，还强调"东方军团的指挥，仍归朱周统一指挥"。中共中央局亦坚持中共临时中央的新的作战计划，于二十二日回电给周恩来，认为他和朱德提出的意见"不适合"，并严称："现在非我们从容讨论一个又一个计划的时（候），请于接电后重新考虑接受上海整个计划及我们的提议，即以三军团代五军团并立即行动。"在这种情况下，周恩来和朱德只好放弃自己的意见，并由周恩来回电中共中央局："绝对服从命令，并立即执行。"

**6月20日** 致电项英、博古等并转中共中央局，报告在暂时分离作战方针之下红一方面军的部署。提出：红一、红三军团目前应隐蔽企图，积极活动于南丰、南城、宜黄、乐安、永丰、赣州之间。敌如以五、六个师轮番向宜黄前进，则我以第三军团主力位置于永丰、乐安之间，以一部帮助独立一团向丰城、樟树挺进，扩大苏区和筹款；如敌军因此又集团地转向崇仁西进，则我独立一团及红三军团一部，便逐渐南撤；然后改以留在宜黄以南休养训练的红一军团主力进而位置于棠荫附近，以一部协同独立二团，复向宜抚、南坑间挺进，扩大苏区和筹款，而红三军团则撤围永丰、乐安以南地区休养训练。如此往复调动敌人，使之疲劳。还提出：至七月半，等敌人已查明我之分离策略，应采用分兵应付我军时，我可否复将红一、红三军团集中，消灭敌人一团；在红一、红三军团分离行动时，对南丰、南城、宜黄、乐安、永丰等地敌人"清剿"部队，仍可不失时机地分别消灭其一团一团的兵力。

**6月中旬** 奉中革军委命令，湘赣、湘鄂赣革命根据地的红军合编为中国工农红军第六军团，下辖第十六、十七、十八三个师。红六军团领导人,暂由红十七师(原湘赣红八军)师长萧克、政治委员蔡会文兼代。

**6月26日** 为纪念一九二七年八月一日的南昌起义,中央革命军事委员会确定"八一"为中国工农红军的纪念日。七月一日,中华苏维埃共和国临时中央政府作出决定:批准中央革命军事委员会的建议,规定以每年"八一"为中国工农红军纪念日,并于今年"八一"纪念节授与战旗于红军的各团,同时授予奖章于领导南昌暴动的负责同志及红军中有特殊功勋的指战员。

**6月** 撰写的《谈几个战术的基本原则》一文,由工农红军学校编印出版的《红色战场汇刊》汇编发表。文章指出中国工农红军"确实有了不少的实践经验,可是因为环境关系,一般缺乏理论研究";强调红军"要从实践和理论中来提高军事技能";并联系实际战斗的经验,从军事理论研究的角度,提出六个战术基本原则:(一)"要以唯物的辩证法来研究和运用战术"。作战决心和战术原则必须随着任务、敌情、地形的变换而有所不同,"决不容有一成不变的老章法来指挥军队"。(二)在进攻战斗中,不能"处处顾全,平分兵力",而要选定主要突击方向而集中其最大兵力在这一方向来决战。其他次要等方向只留出可以钳制敌人的兵力,并积极动作吸引敌人,借此保障主要突击方向容易进攻。(三)在战略上要寻找敌人的主力,在战术上要寻找敌人的弱点。若专寻找敌人硬处打,则敌人软处也必成为硬处了。倘因此而不能争取战术的胜利,则战略的目的也就不容易达到。要知道,战斗的完全胜利,是由许多小胜利总合起来的。如不去争取小的胜利,就不能积累大的胜利。(四)在大兵团协同作战时,一定要每个兵团、每个部队要明了首长决心的要旨以及本身的任务在首长决心中的地位，并在行动中保持通信联络，以便共同实现其决心。（五）侦察的主要任务是弄清敌情、地形，供指挥员定下适当决心。指挥员要常到先头警戒部队中赶早侦察，不能因侦察而迟疑徘徊，放弃良机。（六）以劣势军在山地与优势军作战时，要掌握山地道路少而小、没有适当的平行路、行军长径拖长、展开迟缓、彼此策应不易，特别是变换正面困难等特点，应"采取秘密、迅速、各个击破的手段，在决战的时机集结优势兵力于决战地点，坚决而干脆地消灭敌人某一纵队再及其他纵队"；如遭到敌人几个纵队的夹击或包围而要突击其中某一纵队时，则"应求得内弧幅员较宽，周旋容易，并利用险要地形钳制另一方面的纵队；否则应突击某一纵队之暴露侧翼和后方为有利。"这篇文章编入《朱德选集》。

　　△ 撰写的《怎样学习山地战斗？》一文，由工农红军学校编印出版的《红色战场汇刊》汇编发表。文章指出："研究的方法，我们应照苏联山地战的原则为基础，以德国的为参考。我们红军富于山地战的经验，应以原则来贯串我们的经验，同时应以我们的经验来证明原则"；"这样两相联系起来"，"切不可拘泥于原则而不在经验中去活用，亦不可只凭经验去反对原则"。并提出了研究山地战斗九个方面的具体问题，希望红军指战员围绕这些问题来研究。

　　△ 撰写的《对于振堂、伯钧两同志屋头街战斗论文之意见》一文，由工农红军学校编印出版的《红色战场汇刊》汇编发表。文章提出袭击战斗的性质是"迅速秘密坚决地干脆地解决敌人"；在袭击不凑效时，"即撤下相机打击敌人增援部队，亦算是全部胜利"。

　　△ 撰写的《谈黄狮渡到抚州的一个战役》一文，由工农红军学校编印出版的《红色战场汇刊》汇编发表。文章强调

"红军战术的主要原则是：秘密、迅速、坚决、大规模协同作战，务须服从命令与机断专行"；认为由于红军"活用"了以上五个原则，已经取得了相当成绩，"红军能攻亦能守更能迅速追击，不但在苏区能战胜敌人即在白区亦同样地能大规模作战，获得伟大胜利"。

**7月1日** 项英以中革军委代主席名义发布关于东方军之组成及干部配备和指挥关系的指示，决定以红三军团（暂缺第六师）和第十九师组成东方军，任命彭德怀兼司令员、滕代远兼政治委员；第三十四师及闽赣军区部分分区的地方武装统归彭、滕就近指挥，以配合作战。规定"该东方军仍直接受一方面军朱、周指挥"。同日，彭德怀率东方军由广昌地区东进，五日进抵福建宁化以西地区，开始入闽作战。东方军入闽作战后，红一、红五军团留在抚河、赣江间的吉水、永丰、乐安、崇仁、宜黄等地进行钳制性作战，以配合东方军的行动。

**7月4日** 与周恩来收到彭德怀、滕代远来电，得知清流、泉上、嵩口之敌情无变化；红三军团已决定首先消灭泉上敌卢兴邦部，再攻击嵩口、清流之敌，以利红军集结主力，随时打击援敌。

**7月5日** 与周恩来电复彭德怀、滕代远。同意其作战部署。指示：如敌情无变化，红三军团应首袭泉上，占领后迅速取得归化，以一部断嵩口通永安联络，截击永安或连城来援之敌。之后，东方军按计划迅速行动，包围泉上并实施"围点打援"战术。

**7月9日** 东方军在延祥全歼从清流增援泉上的敌卢兴邦部一个团。红四师乘胜追击，进占清流东北的嵩溪。接着，彭德怀、滕代远指挥所部相继进占清流以北岭下、田背一线和归化城，进一步孤立泉上之敌，实施"围点打援"战术。

**7月10日** 中革军委致电朱德、周恩来,告以改变原定东方军作战部署,提出主要突击方向不应向着沙县,而应向着清流、连城。

△ 项英电令东方军,指示其只留一团围攻泉上,并由该团抽出一连为基干,领导归化东北游击队,巩固归化;另以主力部队大部分立刻转移到清流南面,准备消灭清流撤退之敌,或配合第三十四师打击连城北增援清流之敌。

**7月11日** 与周恩来两次致电中革军委代理主席项英,对其昨日给东方军的电令发表不同意见。指出:在博生县已经说好,东方军"先袭泉上后逼清流,才易打击敌人增援部队,不采取积极进攻清城办法"。现在改变原计划,"在敌未动之先,以三军团主力过清河猛进是不妥的"。同时还提醒项英:"闽省不利游击,各河流急水深,运动大兵团不便,加以天热多病,三军团沿途已留下五百多病员。请你们决定部队行动时稍稍顾及此点。"同时,彭德怀、滕代远亦来电请示,力言立刻移兵清流南岸,仅留一个团的兵力围攻泉上和巩固归化是"万万不足"的,因为泉上之敌兵力超过八个连,如主力南移,连城之敌如不动,清流之敌就可北向,以解泉上之围。这时,我军如隔岸观火,迂回过河需三天行程。而红三军团每日搜山征发,只吃两餐稀饭,尤不利这样行动。因此,"我们已复电令其依预定计划有步骤地争取胜利"。并恳请说:"除直接通知敌情与危急时的处置外,项代主席请勿直接电令"军团首长"使他们对上级整个部署无所适从,时时请命,反束缚其不能机断专行"。

**7月12日** 与周恩来等收到中共中央局转中共临时中央对红一方面军改变原作战计划的意见。该意见指出:如我们所了解的,方面军的意见是仅仅接受第三阶段,完全取消了第一阶段，并很多地修改了第二阶段。这是大大地改变了原来计划的意见。而在原来计划中，第一与第二阶段，是进入决定胜负第三阶段的初步条件。我们想最好从现在起，就停止在这一问题上交换意见，并让你们立即开始工作，同时，在你们与前方负责指挥的同志中间，应用一切可能达到在这一问题上的一致。

△　与周恩来发布关于东方军作战部署的指示，令红三军团迅速以挖坑道战术消灭泉上之敌，乘胜占领归化，集结主力逼进清流、嵩口，切断清流、永安间联络，调动敌卢兴邦，以便配合红三十四师、独立第七师相机消灭出击之敌。为配合红三军团作战，红二十四师主力第一步控制清流城西南适当地点，而独立第七师威胁与迟滞连城之敌向北增援。

△　以兼第一方面军司令员名义与政治委员周恩来发布《红军纪念"八一"活动的中心任务》的训令，提出红军在今年"八一"运动中的中心任务应该是：（一）扩大与充实红军。方面军应从现有的基础上，依据它已实行的新编制，扩大与充实它的力量，是当前主要的战斗任务。（二）学习与提高军事技术。要求原有的兵团，在军事技术进步的基础上更向前进，不仅使每个特等射手能百发百中，而且要使每个红军战士都能做到射击准确，刺杀熟练，熟练于单个教练与连、排、班的动作，熟练使用和爱护武器；每个干部要注意战术的研究和在实际战斗中的应用，不但是指挥员即便是一般的政治人员与各部门的工作人员都要学会军事技术，尤其是新编师，更要在"八一"运动中，达到他们技术熟练能迅速参加作战的任务。（三）在各个战线上，要求得不断地消灭敌人，武装我们自己。要求发扬红军的攻击精神，不放过任何机会去消灭敌人。即便是小战、游击战，也要求得俘获，必须一个敌人也不要放走，一支枪也要缴到，一粒子弹也要拾起。（四）提高政治教育和政治

工作，以加强红军战士的阶级觉悟，提高战斗热情。

**7月14日** 盘踞清流的敌卢兴邦主力三个团慑于东方军的威力，弃城向永安撤退。东方军乘胜追击，分别进占上堡、清流，并向嵩口坪、秋口推进，牵制连城守敌。这时，根据敌在宁化、清流、归化地区的部队仅剩下泉上的第三〇七团（欠一个营）的实际情况，彭德怀命令红五师集中力量围攻泉上。

△ 与周恩来收到项英、博古来电。认为彭德怀、滕代远目下的布置和行动，是分散就粮，未抓住消灭清流卢兴邦"这一稍纵即逝的时机"，"混乱了作战阶段，特别是失丢了各阶段的中心，势必累赘第三阶段的工作，无法顺利进行"。他们意见：红三军团以一部继续围攻泉上，以独七师及红三军团一小部，对清流实施监视和封锁，不必强攻，相继配合第十九师，消灭敌增援部队或清流之卢兴邦部。红二十一师应过河活动于归化、将乐之间，并配合红三军团及第十九师的行动。

**7月16日** 与周恩来电复项英、博古、刘伯承，就其令东方军迅速消灭驻守四堡的国民党军的"十万火急"电指出：这使我们命令彭、滕发生困难，如此部署是否能适应变化，不能有很好把握；但已令彭、滕努力争取，并敦促后方火速解决东方军粮食问题。

**7月19日** 彭德怀指挥东方军攻占泉上，全歼国民党守军第三〇七团。

**7月中旬** 自本月中旬起至九月中旬，蒋介石在庐山举办军官训练团，训练北路军各师的中、下级军官七千五百余人。训练的主要内容是研究"剿共"的具体战术问题。

**7月20日** 由周恩来致电项英：我们争论并非企图不同，更非执行上海计划的不忠实，你何以喋喋虑此？并强调指出：在战术问题上须估计到当地敌情、地形与我兵力、给养条件，我坚决执行已定步骤（每一步骤是有前后接应的）达到胜利。

**7月21日** 与周恩来决定东方军的战略部署并报告中革军委。具体部署为：以东方军红三军团、第十九师进至清流、连城之间适当地点，另以第三十四师派部队截断姑田，以地方武装游击清溪、朋口，调动敌人，以求在运动战中歼敌。如连城之敌不动，则以第三十四师经莒溪、朋口，向南移动，以求得调动连城之敌出城；如该敌仍不动，则在五日内将东方军北调，逼近永安、沙县，向顺昌、将乐间前进，来完成第二阶段任务；同时以红六师等部队进入黎川等地区，以便策应。

**7月22日** 与周恩来致电中革军委，提出：请你们计及前途早将下一步作战方针（已两电）电示，以便好部署第二阶段。

△ 与周恩来致电中共中央局，请"给弼时以原则指示，唤起注意"使湘鄂赣、湘赣的红军首长重视配合中央红军在中央苏区北面与敌决战的重要意义，努力"击破湘敌一面，剪敌爪牙"。

**7月24日** 中共中央作出《关于帝国主义国民党五次"围剿"与我们党的任务的决议》。决议说：第五次"围剿"将是"更加剧烈与残酷的阶级决战"；五次"围剿"的粉碎，将使我们有完全可能实现中国革命一省或数省的首先胜利；提出要"保卫与扩大苏区"，"不让敌人蹂躏一寸苏区"。

**7月26日** 与周恩来收到彭德怀、滕代远关于东方军北线作战部署报告的来电，内称东方军应迅速打击东线敌人，然后转移北线，消灭朋口及新泉、庙前之敌，以支队钳制南面敌人，集结最大主力消灭连城南援之敌。

**7月27日** 与周恩来致电项英，请示并决定赣东北红十军"应集结主力选定敌为纵队接合部之某点弱点，实施突击，乘胜向侧面攻击，各个破敌，并以地方武装采用长围战术，困敌堡垒，断敌联络，以游击队向东北、西北两方挺进"。

**7月30日** 东方军攻占朋口。之后，又收复连城、新泉，开辟了泉上、清流、归化纵横数百里的新苏区。

△ 项英、王稼祥、彭德怀发布中革军委训令。指出：国民党现在又重新组织力量，来准备和进行更大规模的第五次"围剿"。当前的紧急战斗任务，是动员一切力量去粉碎国民党的第五次"围剿"，夺取战争的全部胜利。所有红军部队和地方武装要坚决执行既定的作战方略，彻底地消灭进攻的敌人，"不让敌人进攻苏区一寸土地"。

**7月底** 为纪念"八一"建军节，撰文《纪念"八一"检阅红军的军事学术》。文章指出：英勇的红军在共产党领导下，"真正成为苏维埃巩固的柱石，起了中国革命运动的组织者的作用"。还指出：自红军建立以来，在军事学术上取得了光荣的进步。但是，只有准备使用最新式的技术来武装我们铁的红军，才能战胜"一直武装到牙齿"的国民党军队。指出：红军在必须具有的军事知识上还不能令人满意。"因此加紧地方武装的军事、政治教育，提高红军军事学术与创造百万铁的红军，是不可分割的任务，利用每次战斗的间隙，争取很短的时间来加紧进行红军教育工作，以提高红军军事学术，是红军各级指挥员的战斗任务。"提高红军军事学术不仅要很好地使用红军现有的兵器，而且要更进一步地准备使用将来可能有的新兵器。要通过对"新战士的教育"、"老战士的加深训练"和"专门技术人才"如机关枪手、高射机关枪手、炮兵、工兵、通信、化学专门人才，以及其他最新式兵器的使用者的养成等多种方法，来提高红军军事学术。文章还特别强调："要提高各级干部的指挥艺术，使他们能够把使用各种新技术的部队相互动作配合起来。同时注意到炮兵和工兵在红军夺取中心城市、破坏敌人堡垒和一切障碍物，以扩大火力来援助步兵决战中的作用。努力学习抗击敌人飞机的袭击，研究防御敌人的毒气和坦克，无疑是红军当前的紧急任务。然而这些任务的实现，只有得到强固的政治保障，才有可能。因此，加强红军中党的领导和政治工作，是红军一切生活的保障。"

**8月1日**　出席红一方面军为第一次庆祝"八一"建军节而举行的阅兵式和前方军事比赛大会。庆祝活动三天。第二天，参加连攻防战斗演习，在演习结束后作总讲评。

**8月4日**　在东沙召开营以上军政干部会议，在会上报告东方军接连取得胜利的情况。

**8月5日**　以中华苏维埃中央革命委员会主席名义，致电上海民权保障大同盟宋庆龄女士转即将在上海召开的世界反帝非战代表大会，向大会致以热烈的反帝非战的敬礼。还指出：大会将是世界的民众为消灭帝国主义、消灭帝国主义战争而奋斗的领导与组织者。中国工农红军苦战六年，得到伟大的胜利。一九三一年以来，更击破了帝国主义国民党有名的四次"围剿"，我们消灭了国民党军阀二十师，缴枪十余万，这不仅是中国民族革命战争最光荣的一页，也就是我们献给大会最有礼貌的赠品。中国工农红军，已经具有更坚实的力量，他们与苏联红军兄弟们一样，站在反帝的最前线为大会有力的后盾。

**8月12日**　与周恩来等收到项英来电。内称：中央电示在八月间调五军团的一师到建宁、泰宁，与三军团协同消灭将乐和顺昌之国民党军，并进到邵武区域，以便在五次"剿匪"开始时，破坏南京计划。"我意应努力照此电示"执行。彭德怀、滕代远立刻就此进行有关地形的侦察，并于本日电告，以便计划。

△　与周恩来致电中革军委，提出东方军进入第二阶段之

目的，在求得继续消灭闽敌一、两个师，在运动战中破坏赣敌的东方侧翼并借以分散闽军兵力，最后集结强大的优势兵力出现邵武、光泽、资溪之间，寻求第五、第六师，突然袭击之，以便逼使赣军移动与重新集中，造成中路军北向的有利条件。

△ 与周恩来收到中共中央局的来电。内称：我们一般的同意你们的布置，我们并不坚持前电中关于调动五军团一师的提议；认为赣军在永安、宁洋、漳平集中，主要的表示他惧怕，我们可以继续进攻敌庞成旅及其他部队；提出在八月份歼灭国民党军目标，应放在消灭第五十八师全部。

△ 以兼红一方面军司令员的名义与政治委员周恩来发布对北线闽赣军区及江西分区的密令，指出："我们要利用粉碎敌人四次'围剿'的经验在敌人五次'围剿'准备未完以前，首先破坏敌人五次'围剿'的一切准备和企图，这是目前一切工作的中心任务。"强调北线闽赣军区及江西分区应该切实执行武装保护秋收的任务，抵制和打击国民党军的破坏；要加强边区的工作，造成赤色的巩固防御线。指示"游击运动在目前北方前线，是最有力地破坏敌人城防政策、封锁政策的武器"；游击运动要分成两种方向来推行：一种是要推进到国民党军侧翼后方，要加强对在侧翼后方长期活动的游击队的领导，进行反"清剿"游击战斗；一种是在边区，在边区活动的游击队要起到掩护秋收、巩固苏区和推广赤化等作用。

**8月13日** 与周恩来收到项英两次来电。电文指示红一方面军应以主力出动于顺昌、将乐、邵武、光泽地带，先消灭闽中北部之敌，再剪除赣军之左翼，以一部活动于抚河西岸，钳制正面之敌，并作出了具体的部署；要求红一方面军首长"应先到泰宁，直接指挥其主力，在抚河以东地区作战"。电文还规定以红一军团及第三、第十四师以及各独立团，编为中央军，由林彪、聂荣臻指挥，"积极活动，钳制抚河以西之敌，配合抚河以东的作战"。

**8月15日** 根据八月十三日项英来电，与周恩来致电彭德怀、滕代远、林彪、聂荣臻、董振堂、朱瑞，下达部队重新区分及其行动任务的命令。规定各部队重新区分为：彭德怀、滕代远指挥第四、第五、第十九师及到将乐后之第六师（在黎川）与泰宁的第六十一团为东方军；董振堂、朱瑞指挥的第十三、第二十师为抚东支队；林彪、聂荣臻指挥第一、第二、第十四、第三师（九月初北上）及独立一、独立二、独立三、独立四团为中央军；第十五师为总预备队。各部队的战斗任务为：东方军（缺第六师及第六十一团）于八月底经洋口下游适当地点渡河，求得消灭洋口、顺昌、将乐地带之敌，并准备打延平西来增援之敌，至九月初准备向邵武、光泽前进；第六师开到万安寨，并指挥泰宁的第六十一团为东方军左支队，在将乐东北地区活动，目的在于消灭从将乐撤退之敌，并准备以一部在水口附近掩护东方军及时渡河；抚东支队在黎川地区活动，打击和钳制由金溪南下及向南东进之敌，预计九月初应以一部适时活动于邵武适当地区，准备配合东方军截击邵武之敌；中央军目前仍活动于永丰、吉安等地，钳制正面之敌，准备东方面军在邵武、光泽、资溪出现，逼使赣军东移与重新集结时，待机歼敌。

**8月23日** 率方面军司令部移驻头陂。

**8月27日** 林彪、聂荣臻指挥所辖中央军在永丰之江口将正在构筑堡垒的国民党军孙连仲部一个旅击溃。

**8月31日** 中央军在吉水之乌江附近与敌激战，歼灭敌第八十师第三团及其师直属队与当地保卫团等地方反动武装，俘虏三千余人，缴枪三千余支（挺）、迫击炮二十余门及无线电台两部等。

**9月2日** 在瑞金出席红军大学俱乐部召开的红军反帝拥苏代表大会，被选为大会名誉主席团成员。大会通过了致国际反帝非战大会电、致苏联红军和无产阶级电、致德国共产党和无产阶级电、致东北抗日义勇军电和告全国民众书等文件。

**9月3日** 在《红星》报上发表《蒋介石军队的改编情形》一文，指出：蒋介石对苏区和红军的四次"围剿"受了惨败，他的主力军十一师、十四师、五十二师、五十九师、五师、九十师，均先后被中央红军击溃，大部缴枪。蒋介石在这次惨败之后，便重新整顿和改编他的队伍，训练军官，在新的基础上进行五次"围剿"。"蒋介石已感觉到甲乙两种师（即九个团、六个团的编制）均不适宜作战，现改为五团制、六团制、三团制三种"。文章还对蒋介石整理和改编的军队一一作了介绍。

△ 鉴于驻守信江的国民党军第四、第二十一师南下进犯中央苏区，且东方军一时无法攻克顺昌、将乐等城，与周恩来决定：东方军于四日结束战斗，集结于延平城附近，准备回师，于七、八日在沙（县）、顺（昌）之间迎击国民党军一部；红五军团于明日开动，准备会合第十九师主力参战；中央军主力明日袭击江口、鹿冈之间国民党军。不久，根据东方军连日电告因地形不利不便封锁与袭取延平的情况，与周恩来决定东方军以少数兵力监视延平，并掩护红军有力支队东渡挺进，迟滞和相机打击国民党军。

**9月5日** 率方面军总部驻太宁。

**9月6日** 与周恩来并红军全体指战员电贺世界反对帝国主义战争委员会远东会议在上海召开，表示中国工农红军"是反帝的先锋，我们要与全世界反帝的战士作一致行动，以百战百胜的铁拳，开展民族革命战争，彻底粉碎帝国主义和国民党的五次'围剿'，把帝国主义赶出中国"。

△ 中华苏维埃共和国中央执行委员会主席毛泽东，副主席项英、张国焘，中华苏维埃共和国革命军事委员会主席兼工农红军总司令朱德联名发表《中华苏维埃共和国中央政府宣言》。宣言说：现在，国民党在帝国主义的大力支持下，又开始了新的更大规模的"围剿"。美国以"棉麦借款"和"航空借款"为名，先后给南京政府借款共计九千万美金，还送给一百五十架军用飞机，借十条轮船装来的大炮、坦克、机关枪、化学毒品和子弹，外加数百名飞机师和各种军事技术专家；英国驻华公使蓝普生曾亲到四川视察，并给刘湘二千万英镑和大批军火，使其进攻那里的红四方面军；德国法西斯政府派送了七十个军事专家（连前国防总长塞克特在内），直接参与蒋介石南昌总司令部的指挥。国际联盟恰在这时候派送所谓"技术委员会"到南京去，实际上就是去帮助国民党蒋介石计划和实行进攻中国苏维埃和红军。在年轻的中华苏维埃共和国正处在严重危险关头的时候，我们请求你们帮助我们反对那些要使我们再过黑暗的非人生活，并要屠杀我们的刽子手；反对帝国主义者屠杀中国人民和瓜分中国。

**9月7日** 中革军委复朱德、周恩来三日电并转彭德怀、滕代远，坚持要求东方军消灭国民党军第十九路军的基干兵团，完成第二阶段的作战任务，再回师北上。

**9月8日** 根据国民党军以三个师西移永丰，迅速构筑永丰、乐安、吉安封锁线及部分军队移防等情况，与周恩来决定并报告中革军委，计划准备以中央军主力截击国民党军第三师，以独立二团相机打击第八十师残部，以独立二团及金溪独立营向北挺进，独立一团和独立四团仍在理塔、新丰街等地活动；并建议中革军委以红三师抽调兵力破坏宜黄、乐安之间的封锁线，相机打击国民党军第九师一部；认为这样将可使国民党军整个北面封锁线失效，并可吸住抚河以西之敌，以利于东方军第二阶段的行动。

△ 共产国际派驻中共的军事顾问李德（原名奥托·布劳恩，德国人）从上海到达中央苏区瑞金，直接掌握第五次反"围剿"的军事指挥。

**9月10日** 以中革军委主席名义与副主席王稼祥、彭德怀发布密令，决定颁发重新制订的发电密码书，并提出特别应遵守的几项规定，以严防泄露军事机密。

**9月12日** 与周恩来收到项英来电。内称：目前东方军应该速将顺昌、将乐攻下和集结主力于适当地点，依据情况变化，迅速各个击破国民党军；对将乐作战方面，你们须就近指示，以期迅速攻下。同日，周恩来复电中共中央局，指出这样一来，"北上期必更延迟"，"五军团调一个师东去，在目前只打将、顺、邵敌实无必要"。

**9月14日** 与周恩来收到中革军委来电，内称：顺昌、将乐未打下，将束缚我军不能集结优势兵力于决战方向，且保障我后方交通线周旋较难，故现应力求在决战前，打开顺昌或将乐。要求东方军迟于二十日若干时间再行北上。

**9月18日** 东方军在延平之西芹附近消灭国民党军毛维寿师一个团，俘虏近千人。

**9月20日** 与周恩来给项英发出十万火急电，报告因东方军主力远在青州，失去了突击玉屏山之良机；建议项英将来给红一方面军的电示，除十分危急外，"请先电告我们，以便依一贯意图下达，否则因两层指示稍异，往返电商，反误时机，已有何战略指示，请早告"。

**9月21日** 与周恩来决定由彭德怀、滕代远派得力部队封锁延平,游击沙县,并广布红军要攻击沙县的舆论,同时"驱逐玉屏山之敌,切断交通,以促敌情变化,我东方军主力则集中王台、峡阳之线,随时准备突击敌之一方"。

**9月22日** 与周恩来收到项英来电,内称:我们预先计划消灭国民党军东行的五个师,以红一军团参加为更有把握。因此,中央军现在钳制永丰以北地带国民党军的行动中,须计划抽调红一军团东行。

**9月24日** 鉴于东方军围攻将乐、顺昌一月仍未攻克,而北线敌情已日益紧张,由周恩来致电项英并转中共中央局,提出:必须"迅速结束东方战斗,否则将失去剪除赣敌左翼良机,坐视其抢先集中抚河"。二十五日,由周恩来再电项英并转中共中央局,指出:东方军必须最大限度集结兵力,以最大机动求得胜利地结束东方战斗,赶早北上。

△ 与周恩来、叶剑英在《红星》报上发出号召:"在彻底粉碎敌人五次'围剿',实现一省数省首先胜利的决战面前,我们愿意并提议将存在中央政府的一九三二年二元公谷费全数捐给战争,热烈希望外籍红军,一致响应。"

**9月25日** 国民党军在重新集中五十万兵力,乘红一方面军分离作战之机,完成分北、南、西三路进攻中央苏区的部署后,于今日以北路军第八纵队的三个师由南城出发,经硝石进攻黎川,开始对中央苏区第五次"围剿"。二十八日,占领中央苏区东北部重镇黎川。

△ 与周恩来收到中革军委的来电,内称:现赣军似先以五个师的兵力进逼黎川,图解闽中之围,并正在继续抽宜黄、乐安、崇仁之间的军队,有转到抚河流域作大举进攻的部署。"第一方面军应即结束东方战线,集中泰宁出其西北地带,消

灭进逼黎川之赣敌"。

**9月27日** 与周恩来致电林彪、聂荣臻、彭德怀、滕代远并急转董振堂、朱瑞：军委令方面军主力即结束东方战线，集中泰宁，出其西北地带，首先消灭进迫黎川之敌，进而会合我抚河以西力量，以全力在抚河会战。并令东方军分两个纵队于明日开始前进集中；第一军团（欠一师）于十月四日到演口附近待命；第二十四师于十月二日到里塔附近，与独立一、独立四师会合，尽力在新丰、里塔间活动，阻止国民党军右纵队进入黎川，并准备在东方军迎击时，过河夹击。

△ 中国共产党江西省代表大会召开，推举朱德为大会名誉主席团成员。

**9月28日** 获知国民党军占领黎川后，由周恩来连电项英并转中共中央局：抚东战局因我为将乐、顺昌坚城所系之误，将使赣军得先筑据点以守。现我必须以极大机动处置当前战斗。正面迎敌或强攻黎川都不利。建议"东方军与中央军会合"，"目前行动仍以先剪除赣敌左翼为方针"。并提出具体部署。

**9月30日** 与周恩来收到项英来电，内称：东方军的基本任务是：粉碎敌人的左翼队，造成对敌人中心根据地南城的威胁，钳制周至柔、薛岳两纵队；中央军的基本任务是：钳制吴奇伟纵队和逐次粉碎第二突击集团。看执行这些任务的程度以后，以转为最后消灭敌人突击集团之一（这个集团最可能的是周、薛两纵队），"即是进行决战"。

**10月2日** 博古、李德急于收复黎川，由李德制定了硝石、资溪桥作战计划，由项英以中革军委名义致电朱德、周恩来，命令东方军从福建将乐、顺昌地区兼程北上，消灭硝石、资溪桥以及黎川附近之敌；命令中央军由永丰、乐安地区东移，攻击、牵制驻守南城、南丰的国民党军。强调："对于命令的执行,不容任何迟疑或更改,请注意。"

△ 蒋介石在南昌召开军事会议,制定对红军和革命根据地的第五次"围剿"计划。国民党军共出动"围剿"兵力百万人,其中,"围剿"中央革命根据地的兵力五十万人,分为三路:北路军总司令顾祝同,指挥三十多个师,是"围剿"军的主力,依托堡垒向广昌方向推进,寻找红军主力决战;西路军总司令何键,指挥九个师、三个旅,主要用于"围剿"湘赣、湘鄂赣革命根据地,阻止红一方面军向赣江以西机动;南路军总司令陈济棠,指挥十一个师、一个旅,阻止红一方面军向南发展,相机向筠门岭、会昌推进,配合北路作战。此外,福建蔡廷锴第十九路军及地方杂牌部队六个师、两个旅,在闽、赣边防堵红军向东发展。这次"围剿",国民党军拟采取持久战与堡垒战的新战术,步步为营,稳扎稳打,企图逐步压缩革命根据地,然后寻求红军主力决战。

**10月4日** 与周恩来考虑到硝石有敌军重兵扼守,并且处在敌军各有三四个师驻守的南城、南丰和黎川之间,不可贸然攻打,由周恩来致电项英并转中共中央局:"目前敌既抢先着,我东方、中央两军必须首先靠拢,并派有力支队加紧向赣敌两翼活动,迷惑与分散敌人,以便主力决战。"

**10月6日** 与周恩来致电中革军委,报告东方军和中央军主力靠拢,并派支队向赣敌两翼活动,迷惑与分散敌人的具体作战部署。

△ 中革军委拒绝接受朱德、周恩来的建议,复电强调"无论任何情况,中央军不得过抚河","以后你们决须根据军委意图"。

**10月7日** 项英致电朱德、周恩来、林彪、聂荣臻、彭德怀、滕代远,命令东方军主力攻占敌第二十四师守备的坚固据点硝石，企图迫退黎川之敌。按照中革军委要求，自九日起，红三、红五军团进攻硝石，经五天战斗，未能取胜。

**10月10日** 接彭德怀、滕代远报告攻击硝石受阻的电报后，与周恩来致电中革军委，说："硝石东南为河所阻，恐亦不易强攻，东方军应以一部继续作有力佯攻，催促敌援主力，集结机动消灭援敌。"

**10月11日** 与周恩来致电林彪、聂荣臻、彭德怀、滕代远等并报中革军委，指出，敌军正在加紧清剿与配合进攻。东方军处于敌外侧翼，有被包围和切断归路的危险。据此决定："我东方军各兵团在目前几天中须以最大的积极活动，尽力求得阻止和迟滞敌人集中（但不应强攻堡垒，不应向阵地战的敌人作正面攻击），以便东方军能用大的运动机动包围和迂回，争取在有利条件下首先侧击行进中敌之部队来扭转局势。"

**10月13日** 国民党军四个师由南城东援，即将进抵硝石，东方军为免于被敌重兵包围，被迫于当晚撤出战斗。朱德与周恩来就方面军转移防地问题致电中共中央局：敌在大举出击前，两三日内必不再给我各个击破之机，我与其再呆等有被抓住危险，不如留一师兵力诱敌主力即提早移动，同意否请速示。

**10月15日** 敌由南城东援的四个师进抵硝石。十七日，敌南昌行营训令各部队本"战略攻势，战术守势"的原则，继续构筑碉堡封锁线，逐步推进。同日，南城之敌四个师由硝石进到潭头市。次日，其一部和黎川之敌两个师进占了资溪桥。至此，敌军在硝石至资溪桥不到二十公里宽的地区集中了七个师又一个旅的兵力，企图首先完成黎川、硝石之间的碉堡封锁线，吸引红军攻击而消灭之。

**10月16日** 收到鄂豫皖根据地苏维埃大学来电。电文庆贺红一方面军在反"围剿"的作战中获得光荣，表示要动员广大工农群众上前线,要集中大量慰劳品来慰劳红军,要组织学生耕田队帮助红军家属耕田,要加紧学习以便在很短的时间内到前线工作。

**10月20日** 中革军委致电朱德、周恩来,令红五军团进攻敌第五师守备的白区坚固据点黎川县资溪桥。

△ 与周恩来就进攻资溪桥敌军行动致电项英:"我们认为只有在敌人分兵向石洪,或其他方面移动条件下,明日即应决战,否则应先向资溪桥分途佯攻引其出动和移动,以便决战并使我预备队及十九师之赶到,不知军委的进攻意图是否如此。"

**10月22日** 根据李德制定的硝石、资溪桥作战计划,红一方面军主力向国民党军重兵扼守的资溪桥发起进攻,连攻四日未能占领,反使部队暴露于敌军堡垒之间。二十六日,朱德与周恩来决定放弃在资溪桥地区与国民党军决战的计划,命令各部队撤至资溪桥地区外翼,寻机歼敌。

**10月28日** 中革军委决定:组建红军第七军团,以寻淮洲为军团长,萧劲光为政治委员,下辖第十九、第二十、第三十四师;组建红军第九军团,以罗炳辉为军团长,蔡树藩为政治委员,下辖第三、第十四师和独立第一、第二团。

**10月** 与毛泽东在瑞金会见前来谈判的国民党福建省政府及第十九路军代表徐名鸿和陪同人员第十九路军参赞陈公培(吴明),对他们表示欢迎,并表示赞同和第十九路军在抗日反蒋方面合作。

△ 为了提高军政干部指挥作战的能力,从前方回瑞金时亲自去中央党校向学员讲授军事课,内容分四讲:战略与战术、战役与战斗、防御与进攻、长途运动战与广泛游击战等。

**11月2日** 根据李德拟定的中革军委作战计划,与周恩来作出红一方面军的行动部署,命令红三军团北上会同红七军团进攻靠近敌人战略要点抚州的金溪县浒湾、八角亭等地，想以此调动南城、南丰的国民党守军，以便在其行动中歼灭之。

**11月4日** 与周恩来致电彭德怀、滕代远并报中革军委，提出红三十四师的作战部署，指出："敌以分散的村落战与我持久，一大部不能解决战斗则不利过早暴露我主力"，强调"一切行动都为引敌出击战，须以极度紧张极大机动，临之尤重本身侦察"。

**11月7日** 红三军团开始北移。十一日，向浒湾进攻的红七军团在八角亭地区遭到敌军重兵夹击。红三军团驰援，被敌军阻击于八角亭以东。经过三天激烈战斗，红军未能夺取浒湾、八角亭，也未能调动敌军，自身却遭受重大伤亡，被迫撤出战斗。

**11月11日** 中华苏维埃共和国临时中央政府主席毛泽东、中央革命军事委员会主席朱德发表《为"中日直接交涉"告全国民众书》，指出，"中日直接交涉""必然是南京政府进一步的投降卖国"；号召全国民众一致团结起来，武装起来，开展民族革命战争，为中国民族与中国民众的最后解放而血战；并再次向进攻苏区的武装部队提议，在三个条件下订立反日反蒋的战斗协定。

**11月中旬** 李德和博古一起从瑞金来到前方，在建宁红一方面军总司令部，朱德向李德介绍红军作战的传统特别是第四次反"围剿"取得胜利的经验，指出第五次反"围剿"不能打阵地战死守，不能处处设防。但李德不以为然。

**11月20日** 国民党军第十九路军将领蒋光鼐、蔡廷锴与国民党内李济深、陈铭枢等一部分反蒋势力在福建成立中华共和国人民革命政府，公开宣布抗日反蒋，即谓"福建事变"。事变发生后，蒋介石立即从"围剿"苏区的前线抽调九个师入闽，讨伐十九路军，出现了红军粉碎国民党军第五次"围剿"的有利时机。

△ 中革军委发出《关于十月中战役问题致师以上首长及司令部的一封信》，称：未能迅速撤去将乐、顺昌之围，迟缓了开赴东北去的必须期限，是"犯了一个重大的错误"。同时批评说：方面军首长对军委的"一般意旨没有了解"，"是动摇的"，对敌人计划的估计与中革军委的不同，一到执行命令的时候就越发明显起来。规定："必须服从"他们的"一切命令"，"协调一致"。

**11月21日** 致电彭德怀对红三军团行动和转移作战地区作出指示：三军团集结于永乐以南及甘露田以东洪观圩以西山地，阻截敌十五师及二十三师西进，四师回至永乐圩地区参加作战，派得力侦察队，以抗击周浑元纵队之左翼队。

**11月24日** 与周恩来致电中革军委，并以红一方面军名义致电博古、项英、李德，报告福建事变后的敌情变化，指出蒋介石目前正推延进攻中央苏区，调集兵力东进由浙入闽，镇压福建政府，要求以红三、红五军团侧击向福建运动的国民党军，望中央早作决定。

△ 与周恩来致电闽浙赣军区司令员兼红十军军长刘畴西、红七军团军团长寻淮洲等，指出福建十九路军宣布反蒋独立，蒋介石已抽兵向浙赣闽边境集中，要求赣东北和闽北抓紧这一机会：（一）广泛发展上述地域的游击战争，截击敌人的联络运输，扰乱其后方；（二）集中红七军主力准备随时可以截击或尾敌之行动部队，意在消灭敌之实力，切忌正面迎击与强攻堡垒。

**11月25日** 中革军委发出关于红一方面军行动的训令，强调"我们不应费去大的损失来与东北敌人新的一路军作战，而让十九路军替我们去打该敌"；"我们要看新的第一路军作战的结果以及敌人新的部署如何，可能在十二月中旬突然将我们的主力转移到西方对付敌人的第二路军"。这就拒绝了朱德、周恩来提出的配合福建第十九路军的正确意见。

△　与周恩来致电彭德怀、滕代远，下达保卫光泽城的指示：光泽城是我军战略上的东北战线必须巩固的纵深，蒋贼攻闽将取之以为战役据点间断。你们应令三十四师星夜增援到达光泽城附近协同地方武装消灭进攻之敌。

**11月27日**　与周恩来发布关于建立支撑点及加强群众的自卫力量的命令：为保障我军有极大的纵深，便于机动起见，支撑点应构筑于有战略意义的地点附近，如：重要市镇、大道交叉处、隘口、渡河点等，构筑支撑点之位置，只有在敌人必须占领它才能通过的地点，始有价值。责令闽赣军区及其前方行营在统辖区域号召广大群众加入赤卫队，并在重要村镇加紧构筑炮楼，改造民房、家园，设置外壕，引储山水，设备枪眼，做坚厚土墙，并多积粮食土硝土炮，以便用群众力量防止敌人袭击，同时更便于我军向敌出击、游击和围困敌人。

**11月29日**　与周恩来致电林彪、聂荣臻，下达截击国民党军吴奇伟师的命令，强调这一截击应是迅速突然短促的，但绝对不应正面强攻，要求林、聂根据实际情况作出具体布置。

**11月下旬**　中革军委派出张云逸为驻福建第十九路军代表。张云逸代表苏维埃临时中央政府和中革军委同第十九路军代表在龙岩签订反日反蒋的协定。

**11月**　中革军委决定在瑞金创建中国工农红军大学，训练红军团级以上指挥员。朱德委任何长工为红军大学校长兼政委。

**12月2日**　中革军委致电朱德、周恩来：只可袭击敌人在运动中的单独部队，"不大过一团或一旅的侧翼"。

**12月5日** 中共中央发出《为福建事变告全国同胞书》，称福建人民革命政府成立后"并没有任何真正反帝与反军阀官僚豪绅地主的实际行动"，"它不会同任何国民党的反革命政府有什么区别"；认为中间的道路是没有的，一切想在革命与反革命中间找取第三条道路的分子，必然遭到惨重的失败，而变为反革命进攻革命的辅助工具。

**12月11日** 与周恩来出席在建宁召开的闽赣省第一次工农兵代表大会，并在会上讲话。大会讨论了"目前政治形势与闽赣省苏维埃的任务"，提出为了国民党军的第五次围攻，必须加强地方武装，开展游击战争，领导群众坚壁清野，破坏交通，断绝敌人一切给养，猛烈扩大红军和深入开展查田运动。

**12月12日** 国民党军为保障其进攻福建第十九路军的侧翼安全，以第八纵队周浑元三个师在第五纵队罗卓英两个师策应下，由黎川南出，向团村、东山、德胜关进犯，其中两个师向红五军团阵地发动进攻。朱德与周恩来急令已奉命西调但尚在团村附近的红三军团和第三师、第三十四师从东西两个方向对敌反击。但因兵力不集中（由于按照博古和李德决定的作战方针，与红一军团分兵作战），仅打成击溃仗，国民党军大部得以逃脱。

**12月13日** 与周恩来致电中革军委，报告团村战斗情况，说："我东方军昨日战斗相当激烈，杀伤敌虽近千，恐缴获不多，非再集中全力给敌以更大杀伤，不易使东北暂归平静，而使我战略转移。"团村战斗，如一、三军团会合作战，战果必不致如此。提出目前"我突击兵团分割作战，在一般干部乃至战时将新战术应用尚未了解与熟练条件下，常不能达到高级要求的胜利，且要付过大代价，此点在目前特别重要"。建议立即集中主力，调红一军团及红十四师至康都西城桥准备会同红三、红五、红九军团主力，甚至红七军团主力一部，在东山、得胜关与国民党军主力决战。

△ 本日和十四日中革军委连电朱德、周恩来，不同意他们在前方的提议，并下达重新布置密令，坚持将红三军团、红一军团和红九军团主力西调永丰地区，进攻国民党军构筑的堡垒线，并在二十四小时内四次变更作战命令。博古和李德坚持将红军主力西调，让第十九路军单独去同蒋介石军队作战，使中央红军丧失了粉碎国民党军第五次"围剿"的有利时机。

**12月16日** 由周恩来致电博古、项英，对中革军委"连日电令屡更"，"使部队运转增加很大困难"提出批评，再次请求"在相当范围内给我们部署与命令全权，免致误事失机"，"否则亦请以相机处理之电令给我们。事关战局责任，使我不能不重申前请"。接此电后，李德以统一前后方指挥为名，建议并经中共中央局决定，取消中国工农红军总司令部和红一方面军的名义和组织，将原"前方总部"撤回后方，并入中革军委机关，由中革军委直接指挥中央苏区各军团和其他独立师、团作战，实际上，是由博古、李德直接指挥军队。

**12月20日** 项英致电朱德、周恩来等：中革军委决定将原属红一方面军的各部队组织为东方军、中央军和西方军，方面军司令部回瑞金。具体编成和任务是：东方军由红五、红七军团和赣东北诸独立团及独立第六十一团组成，在建宁、黎川、泰宁、邵武、光泽、金溪一带开展游击战争，钳制东线之敌；中央军由红九军团及独立第一、第四团组成，在东方军左翼活动；西方军由红一、红三军团及独立第二、第三、第十一、第十三团组成，到永丰地区打击敌人；警卫师在永丰地区配合西方军作战，并掩护其侧翼安全。

△ 与毛泽东联名发出《中华苏维埃临时中央政府致福建

人民革命政府与十九路军电》,指出:"苏维埃政府与红军的代表同你们的代表订立反日反蒋的协定草约以来,已经有一个多月。但是,我们直到现在还没有看到你们积极的反日反蒋行动,亦没有看到你们在发动群众斗争与武装民众进行反日反蒋的方面有任何具体的实际工作,而蒋介石却已经派了三个纵队向福州与延平进攻,日本帝国主义也已经准备好以占领福州、厦门来响应蒋介石的军事行动。你们与福建广大民众是在极端危险的中间。苏维埃政府与工农红军郑重地告诉你们,在这一危险前面的任何消极与迟疑不决,对于中国革命是极大的罪恶。因此,苏维埃政府与工农红军要求你们立刻依照我们反日反蒋草约上所决定的基本原则,采取断然的行动,集中你们所有的武装力量,立即开始反蒋的决战。同时必须最坚决地发动与武装广大的民众,组织真正人民革命军与义勇军,真正给人民以言论、出版、集会、结社、罢工的民主权利,来开展反日反蒋的群众斗争。我们相信只有依靠于千百万广大民众的力量,我们才能取得最后胜利。我们苏维埃政府与工农红军准备在任何时候同你们联合,同你们订立作战的军事协定以反对与打倒我们共同的敌人——日本帝国主义与蒋介石的南京国民党政府,我们盼望你们迅速告诉我们你们的决定。"

**12月22日**　与周恩来致电红三、五、七、九军团首长:依据最近几个侧面袭击战斗的教训,应切忌正面强攻与相持恋战,要力求在敌移动中从侧翼进行最短促干脆的突击,最好是用优势兵力找敌弱点,迅速扑灭其一部。

**12月23日**　与周恩来就红七军团改编问题致电项英:"七军团主力昨二十二日已抵泰宁",该军团人数只三千五六百左右,号称五个团,组织庞大,不充实,在指挥作战及工作进行都是不便,行军时伙食担子比战斗部队还长,且各机关人员又不健全。寻淮洲、乐少华建议，以十九、二十两师编足三个团，取消师一级的组织，成立军团部。我们意见亦以设军团目前无大的补充，为适合目前战斗环境，便于指挥作战，同意寻、乐这一提议。是否适当，请速示，以便即日进行改编。

**12月28日** 与周恩来致电红七军团军团长寻淮洲、政委乐少华："入闽敌军右侧正对着闽中苏区，且后方延长，给闽中部队以活动和发展的机会。要求他们积极扩大并发展闽中游击战争，不断截击邵（武）、顺（昌）间敌人后方联络部队及进行一切破坏工作。"同日再电要求闽中部队与十九路军取得联络，士兵亲善，"在反蒋反日的共同行动下在该部队中进行政治工作"。

# 1934 年　四十八岁

**1月4日**　与周恩来从前方回到瑞金。住瑞金城西北六公里处的沙洲坝乡乌石垅中革军委机关。

**1月12日**　就红三军团东进入闽配合第十九路军问题致电周恩来：在闽江之南及在得到物资帮助的条件下，可以允许一切战役上的协同动作，我们只应该通知敌情，而不应把我们的任何番号通知他们。三军团应该消灭向沙县守备队增援的部队。是日，红三军团分三路进攻沙县。

**1月13日**　与毛泽东致电李济深、陈铭枢、蒋光鼐、蔡廷锴，向福建人民革命政府提出为挽救危局的六项建议：立刻实践其宣言及协定上所许诺的人民民主权利；立刻武装福州及其附近与泉州、漳州各地的群众；赞助群众立即组织反日反蒋的斗争团体，实际地赞助闽、浙沿海各地的民众武装组织和反日反蒋活动；应有决心肃清自己队伍中准备向蒋介石投降的分子；向十九路军全体官兵宣布，为反日反蒋，只有与苏维埃和红军合作到底，并采取联合一致的军事行动。电报强调指出，"上述提议是挽救目前人民政府及十九路军濒于危险的唯一出路"。由于福建事变领导层内部不统一，指挥失策，在蒋军绝对优势兵力下，内部将领被收买而倒戈，在此电发出后之第三天，即十五日福州被蒋军攻陷，"福建事变"即告失败。

△　发布中革军委命令，为第二次全国苏维埃代表大会开幕日（一月二十一日）举行阅兵典礼，指定红军大学、彭杨步

兵学校等单位参加阅兵部队，红军大学校长兼政委何长工为临时阅兵总指挥。

**1月14日** 与周恩来电令红六军团："第十七师应速向宜春、分宜地段渡过袁水，北出配合红十六师向南浔路、永修一带行动，并与独立三师取联络"，以"钳制蒋敌，使其不能增兵侵犯中央区"。并嘱："最好以一部引诱敌人，而以主力突然短促侧击移动中的敌人。"

**1月15日—18日** 出席在瑞金召开的中共六届五中全会，会上当选为中共中央政治局委员。这次会议错误地认为：中国已存在着"直接革命形势"，第五次反"围剿"的斗争将决定中国"苏维埃道路与殖民地道路之间谁战胜谁的问题"，"是争取苏维埃中国完全胜利的斗争"；强调在党内要"反对主要危险的右倾机会主义，和反对对右倾机会主义的调和态度"。

**1月21日** 为瑞金叶坪红军广场矗立的红军烈士纪念塔题词：世界工农群众永远记着这是革命先烈血的遗迹。

**1月22日** 拂晓，出席在瑞金沙洲坝中央运动场举行的第二次全国苏维埃代表大会阅兵典礼，并向接受检阅的红色战士讲话。下午二时，出席在瑞金沙洲坝中央大礼堂举行的第二次全国苏维埃代表大会开幕式，被选为大会主席团成员。在开幕式上代表全国红军致词，指出，中国工农红军在中国共产党的领导之下，粉碎了国民党军的一、二、三、四次"围剿"，特别是在粉碎敌人第四次"围剿"中获得了伟大的胜利，夺取了敌人三万多支枪，以及无数新的武器，把红军锻炼成为大规模的红军。国民党在四次"围剿"被粉碎后，没有力量继续向我们进攻，不得不向帝国主义进一步投降，请求借款以及武器帮助，向苏维埃区域工农红军发动第五次"围剿"。我们英勇的红军正在为粉碎敌人的五次"围剿"浴血战斗，有牺牲的决心，也有胜利的信心。我们要准备一切，争取苏维埃在中国的胜利，争取全国工农劳苦群众的解放，争取中国民族的解放。

**1月28日** 在第二次全国苏维埃代表大会上作关于红军建设的报告，总结了自第一次全国苏维埃代表大会后两年来红军在各个战场上取得的战绩，提出红军建设中的各项任务。强调要扩大和巩固红军；要加强红军的政治工作和军事教育，加强后方工作；红军的战斗要和群众斗争相结合；要发展游击区域和游击战争，发展白区的群众斗争，做好白区的兵士工作；动员赤色自卫队和少年先锋队配合红军作战；要充实战争经费，搞好红军的给养，加紧优待红军家属等。在他起草的报告手稿中，特别强调了游击战争的重要性，说："谁都知道，我们各苏区壮大的红军，许多是从小的游击队繁殖生长出来的"，指出"开展游击战争是国内战争取得胜利的条件之一"。

**1月31日** 出席第二次全国苏维埃代表大会授奖典礼，向在扩大红军中做出特殊功绩的兴国县、瑞金县、红三军团各授予红旗一面。

**1月** "福建事变"发生后，蒋介石即从"围剿"中央革命根据地的北路军中，抽调一部分兵力进攻第十九路军，对中央革命根据地暂取守势。但博古、李德没有利用这一时机歼击敌人，打破"围剿"，并从军事上支援福建人民革命政府，反而只用很少兵力监视北面敌人，而把红军主力西调去进攻永丰敌人的堡垒地带，结果未能打破敌人的"围剿"，福建人民革命政府也在孤军作战中失败。下旬，蒋介石在镇压"福建事变"后，将进攻福建的部队组成东路军，以蒋鼎文为总司令，完成对中央革命根据地四面合围的部署，集中兵力重新开始进攻。

**2月1日** 出席第二次全国苏维埃代表大会闭幕式。当选为中华苏维埃共和国第二届中央执行委员会委员。

**2月2日** 出席全苏中央执行委员会在瑞金叶坪举行的红军烈士纪念塔落成典礼,并在会上讲话,回顾了红军从井冈山以来的英勇奋斗历史,特别缅怀了黄公略、赵博生、朱云卿等同志的壮烈牺牲,号召大家要学习革命烈士的高贵品质,"踏着先烈的血迹前进"。

**2月3日** 出席中华苏维埃共和国第二届中央执行委员会第一次会议。会议通过以毛泽东、项英、张国焘、朱德、张闻天、博古、周恩来、瞿秋白、刘少奇、陈云等十七人组成主席团。在会上继续当选为军事人民委员。又经选举继续当选为中央革命军事委员会主席,周恩来、王稼祥为副主席。

**2月5日** 以中央革命军事委员会主席名义发布命令:免去何长工红军大学校长兼政委职务,任粤赣军区司令员兼政委;委任周昆为红军大学代理校长,原红军大学政治部主任徐梦秋为红军大学代理政委。

**2月6日** 以中革军委主席名义与副主席周恩来、王稼祥发布命令:(一)为使战争动员工作密切联系地方部队的组织和训练,决定将总动员部,仍改为总动员武装部,以总司令部的第六局并入。(二)各军区动员部仍改为动员武装部,以地方部队科并入。(三)仍任滕代远任总动员武装部部长。

**2月8日** 出席在瑞金召开的中国工农红军全国政治工作会议。在开幕式上致词,指出:我们的红军从游击队到现在大规模的正规红军,这是从政治工作领导得来的,也是从党和无产阶级领导起来的。红军因为有政治工作,才能保证它为无产阶级利益而牺牲,才是英勇无敌的百战百胜的红军。此次会后更应加紧军队的政治工作,使红军成为更坚强的铁军;加强赤卫队、少先队、游击队的政治工作,养成为工农红军的预备军;加强后方各军事部门的政治工作更好地配合前方的战斗。

和周恩来、王稼祥在会议期间的多次讲话中，都强调指出："政治工作是红军的生命线。"

△ 以中革军委主席名义与副主席周恩来、王稼祥发布关于招收红军卫生学校军医科第六期新生的规定。

△ 以中革军委主席名义与副主席周恩来、王稼祥发布关于各补充师团营编制及其管理与隶属关系的命令。

**2月9日** 以中革军委主席名义与副主席周恩来、副主席兼红军总政治部主任王稼祥、总政治部副主任贺昌、国家政治保卫局局长邓发发布关于国家保卫局特派员在红军中的作用和权限的训令：（一）必须保持保卫局的独立性，保持保卫局一贯的垂直系统；（二）特派员在政治上受各该部红军军事政治负责者指导，组织系统及工作关系上绝对属于保卫局；（三）军政首长必须予特派员以帮助，正确采纳特派员意见；（四）特派员在红军的群众中，有权专门进行关于肃反问题的报告和鼓动。（五）各部红军军政首长应该尊重特派员权限，并尊重保卫局的组织系统等。

△ 以中革军委主席名义与副主席周恩来、王稼祥发布开办高级特派员训练班的学员条件与分配名额的命令。

△ 任弼时和蔡会文联名致电向朱德报告：秋溪被占后，敌有夹击永新县城之企图，我以地方武装固守，使主力能随时出击来犯之敌，并决定以戈勇代龙云任红十八师师长。在王震出席全苏第二次大会未回之前，由甘泗淇代理政治委员职务。三月十八日，中革军委电令：任命王震为红十八师政治委员。

**2月11日** 与毛泽东联名发表《中华苏维埃共和国中央政府为福建事变宣言》，指出：经过"福建事变"，使每一个工人，每一个农民，每一个士兵，每一个知识分子，与反日的中国人，更可清楚地看到，苏维埃政府不是口头上，而是在实际行动上，愿意同一切真能抗日反蒋的武装力量联合起来，争取中国民族的独立自由解放。

△ 任弼时和蔡会文联名致电朱德，报告江西独立三团在新淦地区活动情况。提议该团不回中央苏区，将来向遂、万、泰方向行动，以打通与中央苏区的联系，开展新苏区。

**2月14日** 致电美国三藩市（即旧金山）中西工友："你们在帝国主义压迫之下节省你们的生活费美金一百元来慰问我们中国的工农红军，我代表中国工农红军深致谢意并向你们致以革命的敬礼！中国工农红军是反对帝国主义国民党的真正革命武装，为中国被压迫民众与社会及民族的解放而斗争。""盼望你们为中国工农红军作广大的宣传到世界无产阶级，与我们以不断的援助。更欢迎你们加入红军来加强无产阶级的领导权。只有无产阶级的领导，才能使全世界被压迫阶级与民族得到最后的胜利与解放"。

△ 致电上海《中国论坛》。电报说："你们在帝国主义和中国国民党法西斯蒂血腥的统治之下，三年来饱受摧残和压迫，始终继续不断地以你们的铁笔，把中国工农群众的革命斗争，以及帝国主义国民党压迫几万万劳苦群众的实际情形，特别是工农红军与苏维埃的伟大胜利，宣布到全世界，使世界每一个角落的革命群众，都知道中国的红军与苏维埃；击破了帝国主义国民党封锁消息的铁壁，把我们与全世界无产阶级和被压迫民族亲密地联系起来，使我们在艰苦斗争之中，能够不断地得到他们的援助（经过你们所转来的捐款，我们已经全数收到了），我代表中华苏维埃共和国的工农红军，向你们致谢。"

△ 发表《致全世界革命群众电》。电文说："中国工农红军。是反对帝国主义瓜分中国，反对国民党出卖中国，陷中华民族于危亡，将中国葬送为殖民地，而与他们作殊死战斗的军

队；是民族革命的先锋；是为中国工农劳苦民众的社会及民族的解放而奋斗到底的真正革命的武装。""我们不仅是要同国民党军队决战，并且要与瓜分中国的帝国主义武力直接作战。我们不仅有苏区千百万群众的直接拥护与帮助，并且在国民党统治区域中，找到了同盟者与拥护者。更希望全世界无产阶级和被压迫民族，与我们站在同一的战线上，来共同奋斗。"

△ 以中革军委主席名义与副主席周恩来、王稼祥发布关于各种军用数量表的训令。

**2月16日** 以中革军委主席名义与副主席周恩来、王稼祥发布中革军委关于征调无线电第二期预科生条件及名额分配的通令。

**2月18日** 以中革军委主席名义与副主席周恩来、王稼祥发布中革军委，关于将中央警卫师改编为第二十三师的命令。

△ 以中革军委主席名义与副主席周恩来、王稼祥发布中革军委关于任命刘少文为中央军委秘书的命令。

△ 以中革军委主席名义与副主席周恩来、王稼祥发布中革军委关于来往人员之路条统一规定的通令，指出：为了加紧赤色戒严，以防止反革命分子混入苏区进行破坏及反动阴谋，国家保卫局已决定，所有来往人员之路条均由保卫局机关统一编号发给，并自三月一日开始实行，特此通令。我工农红军各部队及军区转县军事部、赤卫军，凡在各哨站线关口，对于行人的检查，如发现有任何其他种类之路条，应即予以扣留，并送当地保卫局（红军或地方）究办。

**2月20日** 以中革军委主席名义与副主席周恩来、王稼祥发布中革军委关于对医院休养人员所带随员和马匹处理的办法。

△ 以中革军委主席名义与副主席周恩来、王稼祥发布中

革军委关于各部队购药办法的决定，指出：以后各部队占领城市购买药品时，由该战斗中最高指挥机关的卫生机关集中购买，其他部队不得争相购买；购买后须全部送总卫生部，如需要留用时，须报总卫生部批准；代付药款并转总供给部与总卫生部清算。

**2月22日** 以中革军委主席名义与副主席周恩来、王稼祥发布中革军委关于严防春季时疫的训令。

**2月** 中央根据地的红军对重新发起进攻的国民党军实行节节抵御，先后进行了坪寮、鸡公山、三甲嶂、凤翔峰、乾昌桥、司令岩等战斗，虽予国民党军以很大杀伤，自身也遭受很大损失，被迫转移至沙洲、丹阳、康都一线。

**3月1日** 以中革军委主席名义与副主席周恩来、王稼祥、总供给部长杨至诚、政委叶季壮发布中革军委关于收存旧棉衣及多余被毯的规定的训令。

**3月2日** 以中革军委主席名义与副主席周恩来、王稼祥发布中革军委关于中国工农红军补充师团营连编制表问题的命令。

△ 以中革军委主席名义与副主席周恩来、王稼祥发布中革军委关于各补充师团干部人员名额规定的命令，指出：在各补充师团未接收大批新战士前，师团人员应较编制规定减少，绝对不容许增加，每个补充师应留六个营的干部，每个补充团应留六个连的干部，多余干部应悉送前方补充，对留下的干部，必须有计划地加紧训练。

**3月6日** 以中革军委主席名义与副主席周恩来、王稼祥发布中革军委关于各部队伤病员住院及住院手续规定的通令，指出：近查各部队送伤病员入院转院及发休养费等手续不统一，致发生很多流弊，为纠正起见，特由总卫生部拟定住院证及住院手续。

**3月8日** 以中革军委主席名义,与副主席周恩来、王稼祥发布关于战斗动作的密令,密令要求:(一)各兵团首长下达作战命令时,应预先指定兵团指挥员的代理人,以免因兵团指挥员伤亡而中断战斗指挥。(二)在与劣势敌人遭遇或发现其弱点时,不应避免战斗。(三)在有利时机应迅速解决战斗,续行追击;在不利时机,应撤退到适当地点。无论追击或撤退都应集结兵力,有计划地实行之。(四)诸兵团首长,应依照上级首长的意图,特别抓住战斗中的有利条件勇敢地定下决心而实施之,不应机械地等待上级指示,放过战斗的良机。(五)当进攻时,应将主力使用于胜利方向;在防御时重在相互策应。(六)营以下的分队应保持完满的建制,以适应战术的要求而减少干部死伤的比例。(七)要严格实行军事纪律,并要求各级干部自觉遵守。

**3月10日** 以中革军委主席名义与副主席周恩来、王稼祥发布中革军委关于第一独立团、第六十四团、第一教导师改编为第二十四师的命令。

△ 任弼时和蔡会文联名致电向朱德报告:湘赣省军区"蔡会文同志即撤职,在新司令员未到以前由王震兼代"。

**3月12日** 以中革军委主席名义与副主席周恩来、王稼祥、总供给部长杨至诚、政委叶季壮发布中革军委关于各种费用领取与报销手续的规定:(一)建筑费在十元以上的,必须首先编造预算书,报告上级批准,才得开支;(二)超过预算的费用,非有万分需要且经过上项手续时,概不准报账;(三)各级军政首长应该严格检查机关的各种开支是否保证了预算的效用,用途是否适当,同时上级供给机关应经常检查下级供给机关的账项,严格防止先超用后报销的现象。此后,若再发现未经批准的超用，各部队机关负责者及本人，均应受相当的处分。

**3月13日** 以中革军委主席名义与副主席周恩来、王稼祥、总供给部长杨至诚、政委叶季壮发布中革军委关于修械所设置与编制的规定。

△ 以中革军委主席名义与副主席周恩来、王稼祥发布中革军委关于工人赤卫队编制的训令，指出："工厂企业工人、城市工人、乡村手工业及其他烧石灰挖煤炭等非长期集结的工人、木船工人均应按照加入赤卫军人数多少，单独编成营连排班，并按照相应部门、职业、地域分连分排分班，其组织系统仍隶属于当地赤卫军指挥部暂时指挥；青工武装组织，责成少先队中央总队部负责编组。"

**3月17日** 致电任弼时、王震并转萧克，命令红十六、红十七两师开赴袁水两岸永新西北地域，配合红十八师行动。

**3月18日** 以中革军委主席名义与副主席周恩来、王稼祥发布中革军委关于赤卫军及其模范营一个月的军事训练计划的训令。

△ 以中革军委主席名义与副主席周恩来、王稼祥、总供给部长杨至诚、政委叶季壮发布中革军委关于减少后方粮食供给的命令，指出："在此国内残酷血战当中，为了充实红军的给养，配合部队的行动，彻底粉碎敌人的五次'围剿'，争取战争的全部胜利，我们后方全体人员应当节省各种生活费，贡献给革命战争。"

**3月20日** 就《红中社》记者关于蒋介石委任张学良为鄂豫皖"剿赤"副总司令等问题发表谈话，指出："蒋介石目前施政的方针，是牺牲中国一切民族利益，取得帝国主义的直接援助，来继续他对于苏区与红军的五次'围剿'。""蒋介石抽调东北军的三个军共七个师到鄂豫皖苏区来，也就是为日本帝国主义吞并黄河以北的广大区域肃清道路,同时蒋介石在调动东北军填防鄂豫皖苏区之后,即是准备抽调那里原有的蒋系四五个师到江西来增援","以继续他对于我们中央苏区的包围与进攻"。

**3月23日** 以中革军委主席名义与副主席周恩来、王稼祥发布中央革命军事委员会命令,决定充实第二十二师,新成立第二十四师。

**3月27日** 任弼时和王震致电朱德,提议湘赣红军在不利条件下,以一部佯攻永新县城,调动敌军增援,然后以主力猛烈攻击运动中的援敌。

**3月29日** 中革军委电示任弼时等:敌第二十三师两个团及七十七师一个团分别由东及东南向永新推进。令红十七、十八两师秘密移动,准备至早禾市、石灰桥间侧击敌人。

**3月30日** 电复任弼时等,同意红六军团在沙市、龙田间侧击国民党军第十六师。

**3月** 国民党军全力进攻中央苏区。其北路军向南丰以南地区筑垒推进,红一、三、九军团与红五军团一部向进攻三溪圩、三坑地区之敌进行反击,多次激战均未奏效,部队又遭受很大损失,被迫后撤。与此同时,国民党东路军也加快进攻步伐,进占将乐、泰宁。红军经新桥、太阳嶂战斗后,被迫退至建宁以北地区。

**4月2日** 与周恩来、王稼祥致电刘畴西(闽浙赣军区司令员)、聂洪钧(代政委)并转方志敏(闽浙赣省苏维埃主席),指出:目前蒋敌计划集中其百分之七十以上兵力,约四十三个师,依靠堡垒主义战术步步前进,封锁我们,紧缩苏区,并企图以持久战消耗我们,求得最后决战。蒋敌主要进攻方向,在北线是向着广昌,在东线向着建宁、清流和连城,在赣南向着筠门岭、会昌，在西面和赣东北方面敌军部署重兵积极进攻，同样是为着加紧封锁和孤立中央苏区。因此中央红军当前的任务是：集中主力以打击和消灭敌人为主要目的；以必要的兵力尽力钳制其他方面；派遣得力的地方部队，挺出敌人后方，发展游击战争，创造新苏区，以钳制和调动敌人。在这一总任务下，要求闽浙赣军区应集中和扩大红十军，在运动战中打击和消灭敌人的进攻部队；扩大地方独立部队，钳制向苏区前进之敌；同时，"派遣得力的独立部队，伸入到浙西活动"，发展游击战争，扩大红军，征集资材，创立新的苏区，并首先要不断破坏杭江水陆交通，以达到有力地调动敌人增援浙江的目的。

△ 致电任弼时等，告以：安福、永新之敌企图在七日与红十七师决战。令任弼时、王震参酌实际情况机断处置，在敌分进而未全合击前，侧击并消灭安福"进剿"之敌。

△ 以中革军委主席名义与副主席周恩来、王稼祥发布中革军委关于地方部队学校学员条件及分配各地名额的命令。

△ 以中革军委主席名义与副主席周恩来、王稼祥发布中革军委关于兵站人员对来往人员的招待护送工作的规定。

**4月4日** 以中革军委主席名义与副主席周恩来、王稼祥、总供给部长杨至诚、政委叶季壮发布中革军委关于经费开支的规定的命令：（一）每月各项费用，应依照军委批准，不准有额外支出；（二）遇在特殊情况，确实急需开支，而又不能等待批准时得变通先行支出，但应立即报告，此项变通支出，如有浪费，各该级首长应负绝对责任；（三）没收土豪谷子吃，要经过没委会转账，在预算数目内扣除，各级首长要负责严防以多报少；（四）各部队各伙食单位节省经费的数目，及拨用情况应由各部队供给机关加以统计，报告上级，以便在预算中扣除，不得任意拨用，延不报销。

**4月上旬** 北线国民党军集中十一个师的兵力，分左右两路，沿抚河两岸向南推进，企图首先占领广昌，打开中央革命根据地北面门户，然后直取瑞金。在这种情况下，博古、李德要求死守广昌，调集红一、红三、红九军团及红五军团一个师共九个师的兵力，从四月十日起，在广昌西北甘竹到广昌县城四十里宽的战线上，与敌人展开以集中对集中、以堡垒对堡垒的阵地战。

**4月中旬** 为进行广昌战役，中共中央决定在前方成立野战司令部，朱德兼任司令员，博古兼任政治委员。实际上是李德、博古决定一切。朱德随博古、李德赴前线指挥部队坚守广昌，周恩来在瑞金留守中革军委。

**4月18日** 以中革军委主席名义与副主席周恩来、王稼祥、总供给部长杨至诚、政委叶季壮发布中革军委关于收集弹壳及铜锡等重要兵工材料的命令。

△ 以中革军委主席名义与副主席周恩来、王稼祥发布中革军委关于特科学校学员的数目的命令。

**4月19日** 十八时，致电周恩来，告以：野战司令部成员今日抵江西军区，拟明二十日到头陂。

**4月21日** 中共中央委员会博古、中革军委主席朱德、代总政治部主任顾作霖联名发布《中央、军委、总政保卫广昌之政治命令》，指出：敌人已尽力采用一切方法企图占领广昌，我们的战斗任务，是以全力保卫广昌，要求"一切战斗员、指挥员、政治工作人员应有最大限度的紧张与努力"。

**4月25日** 与周恩来、王稼祥发布关于全力保卫建宁的政治动员命令，指出：建宁是我们必须用一切力量保障的战略基地，梅口的守备便是保障建宁苏区的决战所关，望立即去部队内进行工作，即使战斗中一刻一分时间也要进行战斗的宣传鼓动,煽起全体指战员最高度顽强抗战消灭敌人的决心,反对一切疲劳畏缩和自流、不执行命令及动摇现象。

**4月27日** 国民党军从抚河东西两岸同时发起总攻,红军防线一道道被攻破。广昌保卫战已历时十八天,红军伤亡达五千多人,占参战总兵力的五分之一。当日晚十九时,博古、李德、朱德以万万火急致电留守瑞金的周恩来:"广昌西北之战,未能获得胜利,现只有直接在广昌支点地区作战之可能,但这不是有利的。提议放弃广昌而将我们的力量暂时撤至广昌之南,战斗经过另报。请立即以万万火急复。"

△ 二十二时,周恩来致电博古、朱德、李德:"在我主力受较大损伤,而在广昌支点直接作战又无把握时,原则上同意放弃广昌,但仍须以一部扼守广昌,迟敌诱敌,抽一军团秘密东移,突击汤敌",并表示:"最后决心由你们下。"

**4月28日** 凌晨,向各军团首长下达放弃广昌的命令:(一)敌四月二十八日晨占领广昌,并即在该处构筑工事。(二)我军应脱离敌人,以便隐蔽配置休息整顿,而同时有经常的战斗准备。对第二天各部队行动做出具体部署:红军主力转移到头陂、白水镇地区集结待命,在贯桥、高虎垴一线进行防御。并告:"二十八日晚我们至赤水县。"

**4月29日** 与博古致电周恩来,报告广昌战况:(一)陈敌二十七日以四个纵队进攻广昌,河西三个纵队并进,河东一个纵队,前进颇速,直超我支点地区。(二)步兵进攻之先,并未有炮兵与空中轰炸。(三)我们的准备的决定突击是钳制河东之敌,而以主力消灭敌于沙子岭与我支点地区之间。(四)战斗非常激烈,我军损伤、死亡总数在一千五百以上,三军团占十分之七。(五)二十八日若再在工事地域进行战斗,是不可能的。因十四师异常脆弱,及三军团损伤过大,而弹药也将于用尽，决令二十八日晨放弃广昌，我军全部有秩序撤退。(六)二十八日，一军团于河东与敌接触，中午后我们即命令退出战斗，集结于指定地点。

△ 十六时，致电林彪、聂荣臻、彭德怀、杨尚昆、罗炳辉、蔡树藩等，通报敌人进抵之线，命令红一军团明三十日早向建宁方向移动，并告："从三十号晚上起野战司令部将在头陂。"

**4月30日** 周恩来致电博古、朱德、李德：我们主力经过长期战斗相当疲劳，有损伤，干部缺员大。尤其广昌战役后，极需有把握胜利和极大机动。

**5月1日** 致电周恩来，告以：野战司令部于三号可于头陂结束工作，我主力现在建宁，我们应回瑞金或去建宁，请立复。

**5月3日** 与博古、李德率野战司令部从广昌县头陂出发，五日返回瑞金。

**5月10日** 以中革军委主席名义与副主席周恩来、王稼祥发布中革军委关于训练培养红军各级机关的特派员应送名额及条件的决定。

**5月13日** 与博古、李德致电周恩来，表示同意十二日来电对北线之敌的估计，提出应利用头陂以北敌人兵力减弱等机会加强游击活动，并对一、三、五、九军团等部队任务做出部署。

△ 与周恩来、博古、顾作霖发布中革军委关于加强下级政治机关对破坏工作的命令，指出：为加强下级政治机关对破坏工作的进行，特决定各分区政治部独立团（营）政治处于下设立破坏干事一人。

**5月14日** 以中革军委主席名义发表《中央革命军事委员会宣言——武装起来，到红军中去！》，指出国民党军已占领了中央苏区的门户广昌和建宁、龙冈、门岭、新泉，"敌人正在企图从四面八方来向着我们基本苏区实行总的进攻"。号召赤色少年先锋队队员和工农群众武装起来，踊跃参加红军，粉碎敌人第五次"围剿"。

△ 以中革军委主席名义与副主席周恩来、王稼祥发布中革军委关于任命叶季壮接替杨至诚为总供给部部长的命令。

**5月15日** 以中革军委主席名义与副主席周恩来、王稼祥、总动员武装部部长滕代远发布中革军委关于征调劳役队担任后方运输的命令。

**5月17日** 以中革军委主席名义与副主席周恩来、王稼祥发布中革军委关于划分军区、分区及其目前任务的命令，将中央革命根据地各军区及其下属分区重新划分为五个军区，即江西军区（司令部设宁都）、赣南军区（司令部设于都）、粤赣军区（司令部设会昌）、福建军区（司令部设汀州）和闽赣军区（司令部设安远），各军区下设若干分区。要求各军区在国民党军的远近后方，发展游击战争，创造新的苏区，钳制和吸引国民党军，协助红军基干兵团机动作战，以争取决战的胜利。

**5月18日** 以中革军委主席名义与副主席周恩来、王稼祥发布中革军委关于征集资材和粮食的指示，要求各军区、分区在执行战斗任务当中，应在战区和敌人之后方侧翼加紧筹款筹粮及征集一切资材的工作。集中现金保证红军。

**5月19日** 以中革军委主席名义与副主席周恩来、王稼祥、中央财政人民委员部人民委员林伯渠发布中革军委、中央财政人民委员部关于为加紧边区筹款集中现金保证红军战时物资给养的联合命令。

**5月20日** 与周恩来、项英给闽赣军区发出通知：为解决地方武装起见，军委现存有一批土枪，因兵工厂紧张不能修理，特分发各军区自修。该区应领土造枪一百支，能用的迫（击）炮两门，于二十六日派员到达总供给部领取。

**5月21日** 以中革军委主席名义与副主席周恩来、王稼祥发布中革军委关于在后方及军区抽"七九步枪"发给前方使用办法的决定。

**5月29日** 以中革军委主席名义与副主席周恩来、王稼祥发布中革军委关于集中一切武器加强红军力量的命令，指出：在与敌人五次"围剿"的决战紧急关头，我们更要集中一切武器来加强红军力量，武装工农自己，争取革命战争胜利。军委责成各军区、作战分区及各县军事部立即调查在各管辖地区内红军过去存放在各乡村的各种军用物品，如各种步枪、机关枪、大炮、迫击炮、各种弹药弹壳和通信材料电话机、电话线、铁线以及铜铁锡等；并将调查所得的实际数目，从速报告军委，并直接送来瑞金总供给部。

**5月30日** 出席中共中央政治局委员、中国工农红军总政治部代主任顾作霖[1]追悼大会，在会上讲话，号召学习顾作霖的艰苦奋斗、不怕困难的革命精神。

**5月** 中共中央书记处在瑞金开会，鉴于广昌失守后，红军内线作战已十分困难，决定将红军主力撤离中央苏区，进行战略转移。并将这一决定报请共产国际批准。六月二十五日，共产国际复电同意。随后，为准备战略转移，中共中央书记处决定由博古、李德、周恩来组成"三人团"，负责筹划。

**6月1日** 以中革军委主席名义在《红星》报第四十六期上发表中革军委致瑞金全县工农群众信，表扬他们提前完成扩

---

[1] 顾作霖，1926年加入中国共产党，曾任少共中央书记，1934年5月28日因病逝世。

大红军的计划。

**6月2日** 致电周恩来，对北线敌我态势作出估计，对各军团行动部署提出建议，并提议野战司令部于六号由头陂回到瑞金，八号再由瑞金出发，指挥集中于广昌以南的兵团。

**6月3日** 以中革军委主席名义与副主席周恩来、王稼祥发布中革军委关于对节省无线电器材规定的命令。

△ 以中革军委主席名义与副主席周恩来、王稼祥发布中革军委关于第五局副局长龚子清到红军大学学习，遗缺由张经武接任的命令。

**6月4日** 以中革军委主席名义与副主席周恩来、王稼祥发布中革军委关于各教导团各补充师团的编制的命令："（一）每团十一个步兵连编为三个营，除第三营内包三个连外，其他两个营内各包四个连，每连编三排，每排编三班，另外一个特务队包通信排、警备排及重机枪排。（二）各教导团应编足战士一千三百名，工作人员、炊事员在外计每连编九班，每班战士十二名（班长在内），共一百零八名，外加通信员两名，合计每连应有战士一百一十名。全团共编为十一个步兵连，各营营部各设通信员五名，共计十五名，总计全团战士一千二百二十五名，另有战士七十五名编为特务队，除以十五名编为通信排之两班外余平均编为警备排、重机关枪排。（三）师部的编制仍照军委动字第三号命令颁布的编制表编制。（四）各教导团、各补充师的团应照以上规定迅速编制完毕，并将编制情形报告军委。"

**6月6日** 以中革军委主席名义与副主席周恩来、王稼祥发布中革军委关于为粉碎敌人五次"围剿"必须收集一切武器弹药的命令，指出：在粉碎敌人"围剿"决战的紧要关头，不独要扩大基干兵团的战斗力量，同时要加强游击队的组织，广泛发展游击战争，以配合主力红军的行动，首先是对于战区和敌人侧翼后方活跃行动的游击部队,必须配备一部分梭镖,以助强其白刃扑搏的战斗力。此外,把战区工农群众和工作人员武装起来,同样是必要的。因此,军委决定向地方各机关团体及群众中首先征调梭镖三万支,以资应用,特责成各军区及各级军事部负责收集。

△ 与博古致电周恩来:我们本月六日七时已抵古龙岗。

**6月7日** 与博古致电杨尚昆、袁国平:"关于粮食,须应是就地设法。方法是为每人三升米节省运动及向群众借谷……并应是没收征发地主、富农粮食。"

△ 八时,与博古致电周恩来:我们已抵中洲附近之背田。

**6月8日** 以中革军委主席名义与副主席周恩来、王稼祥发布中革军委关于任命金维映为军委总动员武装部副部长的命令。

**6月10日** 以中革军委主席名义,对红中社特派记者发表关于蒋介石委任张学良为鄂豫皖剿赤副司令,抽调东北军三个军到鄂豫皖苏区问题的谈话,指出:蒋介石目前施政方针是牺牲中国的一切民族利益,取得帝国主义的直接的援助,来继续他对苏区与红军的五次"围剿"。最近蒋介石南京政府公开地决定了内蒙古自治,即是把内蒙古完全送给日本帝国主义的一种遮眼法。黄河以北的广大区域,实际上已经卖给了日本帝国主义,所以张学良的东北军在那里的驻扎,已经成为不必要。蒋介石抽调东北军的三个军共七个师,到鄂豫皖苏区来,也就是为日本帝国主义吞并黄河以北的广大区域肃清道路。同时,蒋介石抽调东北军填防鄂豫皖苏区之后,即是准备抽调那里原有的蒋系四五个师到江西来增援,以组织他对中央苏区的包围与进攻。

**6月11日** 与博古、李德致电周恩来:为寻求新的战役,我主力一军团已转移到南坑东南蔡江地域；三军团转移到中洲、南坑、上坪之线。野战司令部在南坑西南五里之张坑。

**6月14日** 周恩来致博古、朱德、李德，对前方拟派红一师到河东攻击国民党军两师的方案提出不同意见，认为地形极不利，应重新考虑，放弃原定战斗。

**6月18日** 以中革军委主席名义与副主席周恩来、王稼祥发布中革军委关于清查收集各军区、各机关所有武器的训令。指出："在扩大红军得到伟大胜利的现在，急需大批武器来武装到前线去的新战士，以担任巨大的战斗任务，同时正当战争最紧张的时候，我们的武器应按前线的需要予以适当之配备，这成为争取战争胜利的必要条件之一。"

**6月26日** 以中革军委主席名义与副主席周恩来、王稼祥发出中革军委关于保管武器的指示，要求各级首长"对于所属的武器状况应负完全责任。对于故意破坏武器的，应交军事裁判所裁判，对于不爱护武器的，应受法律上的惩罚，在严重的情况下，并且须受法律上的制裁"。号召指战员克服武器保管上的困难，切实把武器保管好。

**6月** 同毛泽东联名发表《告白军官兵书》，向国民党军指出："救国家、救家乡、救你们自己的父母妻子，到北方去打日本，真是我中华好男儿保国卫民、立功于我国家的时候了。"号召国民党军"不要打红军"，红军早已准备着联合你们！红军可以与任何部队，在下列前三个条件之下，订立抗日反蒋的作战协定。（一）立即停止进攻苏区；（二）立即保证民众的民主权利（集会结社言论出版罢工自由）；（三）立即武装民众，创立义勇军。提议"两边互派代表，订立停战抗日同盟，联合一起去抵抗日本"。

△ 国民党军一面加紧筑垒、修路，巩固占领区，一面重

新调整部署：以北路军六个师由泰和向兴国方向推进，四个师由龙冈向古龙岗方向推进，九个师在进占头陂后向宁都、白水镇、驿前、小松市、石城方向推进；东路军六个师由朋口、连城向汀州方向推进，南路军三个师由筠门岭向会昌、于都方向推进。红军实行六路分兵抵抗。

**7月1日** 在苏维埃国家企业工人第一次代表大会上致词，号召革命根据地工人努力增加生产，保障红军物资上的需要；踊跃参加红军，加强红军力量；健全工人赤色少年先锋队，加紧军事训练，时刻准备着武装上前线。

**7月4日** 以中革军委主席名义与副主席周恩来、王稼祥发布中革军委关于任命彭雪枫为红军大学政治委员的命令。

**7月5日** 中共中央政治局书记处、中华苏维埃共和国中央政府人民委员会、中革军委联名发布《关于组织北上抗日先遣队给七军团作战任务的训令》："党中央与军委决定派遣七军团到敌人的深远后方，进行广大的游击活动，与在敌人最受威胁的地区，建立新的苏维埃根据地。七军团应在中国工农红军抗日先遣队的旗帜之下，经过福建而到浙皖赣边行动。"指出这"将给敌人后方以最大威胁，不能不促使敌人进行战略与作战部署的变更，这种变更将有利于我们捍卫中央苏区的斗争"。七日，红七军团共六千人，由中共中央代表曾洪易、军团长寻淮洲、政委乐少华率领，由瑞金出发，以北上抗日先遣队名义，经福建长汀、大田、水口、福安向闽浙赣边境进发。

**7月9日** 致电林彪、聂荣臻、罗炳辉、蔡树藩和红二十四师师长周建屏、政委杨英，指示应尽一切方法收集子弹壳，以供兵工生产之需，"多收一弹壳等于多缴敌人一颗子弹"。

**7月上旬** 国民党军调整部署，以三十一个师的兵力，从六个方向向中央根据地中心区发动全面进攻。博古、李德采取消极防御的作战方针，要求野战军实行"六路分兵"、"全线抵御"，同敌人硬打硬拼，企图在各条战线上同时阻止敌人，结果却给敌人造成各个击破的机会，任何一路都未能阻止敌人前进。

**7月15日** 中华苏维埃共和国中央政府主席毛泽东，副主席项英、张国焘，中国工农红军革命军事委员会主席朱德，副主席周恩来、王稼祥联名发表《为中国工农红军北上抗日宣言》，声明：为同日本帝国主义直接作战，中国工农红军在反击国民党军的第五次"围剿"的同时，决定派出抗日先遣队北上抗日。并提出五项抗日主张：（一）坚决反对国民党政府出卖领土主权，反对"中日直接交涉"，反对承认伪满洲国；（二）立即宣布对日绝交，宣布一切中日条约和协定无效，动员全国陆、海、空军对日作战；（三）武装全国民众，组织义勇军与游击队，直接参与抗日战争，积极支援东北义勇军和工农红军北上抗日先遣队；（四）没收日寇和汉奸卖国贼的一切财产，停止支付一切国债款本息；（五）普遍地组织民众的反日团体。

**7月22日** 任弼时和王震致电朱德，周恩来，综合报告红六军团部队情况：红十七师第四十九、五十一团，红十八师第五十二、五十三、五十四团集中于横石附近，独立团在桥头、津洞、高家桥一带守备。为了巩固部队，湘赣省委派张子意率军区政治部干部，巡视检查政治工作，督促部队加强政治教育，健全政治保卫组织，洗刷动摇分子，严守部队行动机密等。

**7月23日** 中共中央政治局书记处、中革军委发出《关于红六军团向湖南中部转移给六军团及湘赣军区的训令》，训令说，在反敌人第五次"围剿"中，湘赣苏区在钳制与吸引敌人方面"完成了自己的任务，但是湘赣苏区本身是紧缩了"，六军团继续留在湘赣"将有被敌人层层封锁和紧缩包围之危险"。因此决定六军团之十七、十八两师全部及红军学校学生撤离湘赣苏区，转移到敌人力量薄弱的湖南中部地区，"发展当地的游击战争与土地革命，直至创立新的苏区"，并确立与红二军团的联系，"以造成江西、四川两苏区联结的前提"。训令指定任弼时为中共中央代表，随军行动，并与红六军团军团长萧克、政委王震三人组织六军团的军政委员会，任弼时为主席；陈洪时留守湘赣为省委书记。训令还指定了部队转移的行动路线和活动地域，要求转移的准备工作于八月中旬完成。按此训令，红六军团共九千七百余人，于八月上旬突破敌人封锁线开始西征。

**7月31日** 以中革军委主席名义与副主席周恩来、王稼祥发布中革军委关于任命萧华为第一军第二师政治委员的命令。

**7月** 中共中央、中革军委制定《八、九、十三个月战略计划》，提出中央红军准备实行战略转移，仍命令红军继续实行分兵抵御，全线出击。

**8月1日** 发布《中央革命军事委员会关于"八一"节给中国工农红军的命令》，号召红军坚决完成争取"粉碎敌人五次'围剿'的胜利"和"开始与日本帝国主义直接作战"两大任务。特别说明，"苏维埃中央政府及革命军事委员会已组织了并派出了工农红军的抗日先遣队北上抗日，为的是与日本帝国主义直接作战"。

△ 在《红星》报第五十六期上发表《纪念中国工农红军产生的七周年》一文，指出七年来"工农红军曾经过四百次的战斗，从游击战中壮大起来，学会了现代的战术"。要求红军发扬过去的光荣，更英勇地战斗，粉碎敌人的第五次"围剿"，并"开展武装的民族革命战争，准备全体北上抗日，争取苏维埃在全中国的胜利"。此语传达了中央红军即将战略转移的信息。

△ 上午七时，与毛泽东、周恩来、博古、刘伯承等出席在瑞金大埔桥红场举行的"八一"阅兵典礼，骑马检阅了部

队,并领导全场将士举行抗日宣誓,向参加检阅的教导团授旗。下午,出席瑞金红军家属第一次代表大会开幕式,并代表中共中央和中革军委向大会致词。晚上,出席中革军委举行的授旗典礼,奖励一年来在战斗中有特殊功绩的红军战士,在会上宣布七十余名获奖者的姓名和功绩,并亲自将各级红星奖章佩在受奖者胸前。

**8月2日** 致电林彪、聂荣臻:一军团欠十五师仍应留在现地,并准备在朋口敌人进攻时,适时突击之。

**8月3日** 致电林彪、聂荣臻:一军团有突击敌李九师及八十三师于宁洋到永安东南道上,并接应九军团由尤溪以南携带资材转回苏区的任务。并作出具体部署。

**8月7日** 以中革军委主席名义同财政人民委员林伯渠签署《中革军委、中央财政部关于各县游击队筹款移归县财政部管辖问题的联合命令》。

△ 以中革军委主席名义与副主席周恩来、王稼祥发布中革军委关于任命吕赤水为总司令部警备司令员的命令。

△ 根据中革军委命令,任弼时、萧克、王震等率红六军团九千七百余人从湘赣苏区遂川县横石出发突围西征。全军连续突破敌人四道封锁线,于十一日进至湖南桂东县的寨前圩。

**8月12日** 红六军团在寨前圩正式宣布,由中央随军代表任弼时和萧克、王震三人组成的军政委员会为军团最高领导机关,任弼时为军政委员会主席,萧克为军团长,王震为政治委员,李达为参谋长,张子意为政治部主任。六军团辖第十七、十八两个师。二十日,任弼时、王震致电朱德,报告六军团情况及行动计划。

**8月16日** 致电林彪、聂荣臻,鉴于东线敌李延年纵队拟于朋口集结,准备会攻汀州,命令一军团二十日前加强游击活动,防止过早暴露我主力的部署。二十日后放弃现在地区,看当时敌情转移至朋口方向。

**8月23日** 电令红一军团西移到长汀以北的曹坊、罗溪地区待命。

**8月24日** 致电林彪、聂荣臻:一军团有全部西移抗击周纵队的任务,并分为左右两纵队,向老营盘地域前进。

△ 任弼时、萧克、王震联名致电朱德,说:零陵、祁阳间湘江水面宽,船只均为敌控制,"西渡已无可能";全军十六天来连续行军千余里,仅休息一天半。

**8月25日** 以中革军委主席名义与副主席周恩来、王稼祥发布中革军委关于成立第二十一师的命令:第二十一师定于九月一日成立,周昆为师长,黄甦为政委,罗荣桓为政治部主任,唐浚为参谋长。

△ 致电任弼时、萧克、王震,部署红六军团向新宁、巫山地域转移,指出敌人拟于零陵地区与我决战,"六军团之任务,在敌各部未联合一起、取得协同动作之前,击溃敌人单个部队,而在潇水上游找到西渡可能"。接此电令后,红六军团于第二天由阳明山东出白果市,绕过湘敌第十五师侧翼,急转南下。

**8月26日** 十五时,致电林彪、聂荣臻、彭德怀、杨尚昆、董振堂、朱瑞、罗炳辉、蔡树藩,通报敌情:敌陈诚路军正部署向驿前以北继续进攻,头陂仍为其钳制方向。李延年纵队定三十号集中朋口、碧州地域,准备向河田、汀州进攻。周浑元纵队则于昨二十五日攻占老营盘,有继续向高兴圩、兴国跃进可能。龙冈薛岳路军无变动。指出:我军目前作战任务是:(一)以一军团(缺十五师)协同二十四师,在朋口以西地域抗击李纵队,并以九军团为预备队。(二)以三军团(缺六师)及十五师,在驿前以北地域抗击陈路军的继续进攻。

（三）以三十四师的一个团暂留头陂地域，监视和钳制头陂之敌。（四）五军团（缺三十四师一个团）西移高兴圩以北地域，抗击周纵队以保卫兴国。（五）五军团到达指定地点后，六师即东移头陂地域归还三军团建制。六一、六二、六三三个团则抽出成立二十一师。（六）二十三师抗击薛路军任务不变。电令还对各部行动与接替任务的时间做了具体部署。为集中兵力打击西路敌军由连城向河田、汀州进攻李延年纵队，命令一军团秘密地迅速东返，于二十九日上午集中河田地域，会合九军团和红二十四师，在朋口西侧的童坊及河田地域隐蔽集结，同时，指示一军团以一部即十五师伪装成整个军团于二十七日从宁化向西转移到向石城方向，以迷惑李敌以为红军主力已远离闽西；又电示九军团和红二十四师伪装成地方部队"休息整理"或"修补工事"，诱使李敌大胆地向长汀跃进。

△ 与周恩来、王稼祥发布中革军委、总政治部关于成立教导师的命令："九月十五日应成立新的教导师，由三个团、一个机枪连、一个警卫连编成之，以张经武同志为师长"。

**8月28日** 为部署对向河田、长汀进攻的李延年纵队发动温坊伏击战，十时，致电林彪、聂荣臻、罗炳辉、蔡树藩、周建屏、杨英：一军团今日到达河田地域后应于今晚继续前进，限明二十九日拂晓集中到南山坝中堡村地域，以便适时赶到突击李敌；九军团今日抵童坊后即应经长坝水头限今夜赶到牛尾山之坪上地域隐蔽集结；罗蔡应与在岗头的我二十一师一营取得联络以掩护自己左侧面后；林、聂（仍须伪装）应于今夜赶往我二十四师阵地规定作战部署下达命令。

**8月30日** 八时，致电林彪、聂荣臻：同意九军团主力向一军团靠拢，统由林、聂直接指挥，"在行军及到达宿营地时应保持绝对秘密"；"九军团可留一个团到达坪上以南地域隐蔽集结"，派队扼守坪上通吴家坊间隘路，派出便衣查明敌情，如曹坊、吴家坊敌人向西进攻时应从敌侧翼打出以作辅助的突击。

△ 以中革军委主席名义与粮食人民委员陈潭秋签署《中革军委、中粮部关于切实执行领谷依正式手续的规定的联合命令》。

**8月31日** 二十四时，急电林彪、聂荣臻："敌李纵队于明一号起向温坊中屋村筑碉前进"，"一、九军团及二十四师主力应在温坊中屋村间实行突击李纵队的任务"，并指出需要注意的各项战术问题。其中说："构筑支点除二十七日十七时电告各项外并应注意：（一）支点枪眼防敌以火力封锁。（二）土山的死角须消灭。（三）鹿砦竹钉要坚固，不宜离支点过远，应在我支点火力易于射杀的界上约四十米内外，并可设几层。（四）主支点外要多设侧防工事。"还指出："如敌人分左右两纵队向我支点地域进攻，我一、九军团应严防敌人在我两军团之结合部实行突破或向我两军团的侧翼包围，我突击队不得拥挤一地，应布置在几个出发地以便能同时向着一个方向突击，既可使突击有力且易避炮火损伤。"

**9月1日** 急电闽北军分区司令员李得胜并寻淮洲、乐少华，就红七军团向浙西前进和多余枪弹处理问题提出意见。指出："七军团的任务是继续向浙西前进，不能在小梅停留。"

△ 得知陈毅在兴国老营盘隘口指挥战斗时负伤，与周恩来致电江西省军区政委彭雪枫并转省委书记李富春：同意陈毅回博生县休养，但须看途中担架是否适宜，并待稍愈时即来瑞金休养。

△ 致电项英和粤赣军区司令员何长工、江西省军区政委彭雪枫：兵工厂为完成补子弹壳四十万，急需打铜打锡技术人员，望动员来，并告动员部不要再动员此项工人当红军。

**9月2日** 李延年纵队的第三师第八旅三个团于九月一日中午闯进红军在温坊布下的伏击圈，当日晚，红军向尚未完成构筑工事的敌军突然发起猛烈进攻。零时三十分，朱德致电林彪、聂荣臻：（一）应于今夜解决战斗，如万一因黑夜与地形条件不便，则必须明二日拂晓解决战斗，但：1. 今夜须袭扰敌人堡垒与野战工事，并侦察好攻击；2. 应于今夜调好迫击炮，集中机枪火力，以便攻击敌人工事与其集团突围的部队，迫击炮弹打完，军委可补充你们；3. 包围兵力不应成一线地使处处薄弱易于被敌突破，应扼守要点，断其退路，以便策应与突击。（二）对通朋口方面，要控制重兵，防敌突围与朋口之敌来援。

△ 凌晨，接到在前线的林彪、聂荣臻发来温坊初战告捷的电报："温坊之敌于今早二时即解决，但约有一营左右逃脱"，"一军团俘虏约一千六百左右，轻重机枪约在三四十挺以上，迫（击）炮数门，步枪弹药数目现尚无法统计。苦战一年，此役颇可补充"，"因夜间战斗我军伤亡不大"。朱德立即回电指出：天明后敌机"有向我现在阵地及中屋村东西大道轰炸的可能"，"我一、九军团及二十四师现在地域过于突出，目标亦大"，规定各部队应分别转移附近山地隐蔽。料定李纵队不会甘心失败，还会再派部队向温坊反扑，于晨八时再次致电红一、九军团，指示他们准备遭遇和消灭朋口李延年三师来援部队。

**9月3日** 鉴于李延年纵队已出动其第九师和第三师三个团再向温坊推进以求报复，凌晨二时，急电林彪、聂荣臻，指示一、九军团及二十四师"应在温坊阵地前，给敌以短促突击，以消灭其先头部队"。当天上午九时至下午四时，红军在温坊打了第二仗，再次给进犯之敌以沉重打击。

温坊两战，在朱德等指挥下，红军先后打垮李延年纵队十个团，歼敌四千多人。这是红军在第五次反"围剿"中打得最好的一役。

△ 十五时，致电任弼时、萧克、王震："（一）湘、桂两军企图集结兵力于黄沙地域消灭我军。（二）在黄沙附近或在全县地域渡河是不利的，因敌人占优势，地形不利，且临大河。（三）六军团应力求于全县、灌阳及全县、兴安间渡河，前进路应在全州以南之陈家卫、咸水口、山枣司，进至西延山地取得休息"；最迟应于六日晨到达西延，"并继续侦察向横路岭、城步的路线"。

**9月4日** 以中革军委主席名义与副主席周恩来、王稼祥发布《中革军委为扩大红军的紧急动员的号令》，指出：国民党军"八十多万开来苏区周围，加紧东线和西线的封锁，从各方面伸入到苏区大门内来，求我决战，实行其占领兴国、石城、汀州、会昌与总攻瑞金的计划"。"在血战的九月，中革军委决定扩大三万个新战士，补充到前方，各个作战线上的独立团要充实起来；要成立各县的独立营"。号召中央苏区的革命青年踊跃参加红军，拿起武器，英勇杀敌，坚决打退国民党反动派的军事进攻。

△ 与周恩来、王稼祥致电寻淮洲、乐少华并转曾洪易，下达对红七军团作战计划的补充指示，任务一是继续破坏进攻我红十军及闽北苏区敌人的后方，二是"在闽浙赣皖边境创造广泛的游击运动及苏区根据地"；应与红十军及闽北军分区保持无线电联络，以求得行动上配合。

**9月5日** 与周恩来、王稼祥急电闽浙赣军区司令员刘畴西、政治委员聂洪钧，告以抗日先遣队本日可到达的位置和所担负的任务，要求他们派出部队协同抗日先遣队的行动。

△ 致电任弼时、萧克、王震：六军团为脱离追敌，取得休息，可在西延山地隐蔽集结，在该地伏击尾追之敌，并立即

派出两个得力侦察队，一向全州方向，一向凤凰嘴，查明敌情报军委。

**9月6日** 与周恩来、王稼祥、贺昌就加强部队整顿训练教育等工作致电彭德怀、杨尚昆，指出：你们应即利用敌人修筑马路堡垒的时间加紧训练整顿部队。（一）即将新战士补充各连，特别注意拆散补充团原有的排连组成，完全实行新老战士的混编，注意检查工作并应有计划地配备干部，调剂新老党员和健全支部与连队的组织。（二）总结几次战斗的经验，加紧对干部的战术教育，实行新的战术演习，特别应对新战士加紧防空、防毒、土工作业、利用地形地物的教育。（三）对几次战斗损失较大的团连实行突击整训、补充与充实干部，特别注意消灭逃跑与投敌现象。（四）动员各连队协同总部派去的同志与地方党部建立兵运小组的组织与工作，加紧在阵地上对白军的宣传与教育等。

△ 急电寻淮洲、乐少华，同意红七军团暂时集结在鱼梁地域，消灭尾追之敌。

**9月7日** 以中革军委主席名义与副主席周恩来、项英发布中央革命军事委员会命令："奉中央人民委员会命令：'中央革命军事委员会副主席王稼祥同志在病假中，以项英同志暂代理其职务。'现项英同志于九月七日代理其副主席职务，特此命达。"

△ 中央军委致电寻淮洲、乐少华："七军团应集结兵力转移到新的隐蔽地域以便于袭击鱼梁之敌"；"立即开始执行别动队及游击队的任务"。

△ 致电任弼时、萧克、王震："六军团当取得休息，在有利条件下仍应利用西延山地伏击尾追之敌，以免湘桂敌人逼近紧追，增我疲劳，如万不得已时，则可向城步前进。"

**9月8日**　三时，致电林彪、聂荣臻并告罗炳辉、蔡树藩、彭德怀、杨尚昆：李（延年）敌经挫败后，现已改为稳进，我军在东南战线已少较大的机动可能，而周（浑元）纵队则已逼近高兴圩，直接威胁兴国；一军团缺十五师，目前任务在西移抗击周纵队而留九军团及二十四师主力钳制与抗击李纵队。并对部队行动作出部署。

△　二十时，急电彭德怀、杨尚昆："陈路军企图于九月底确实占领石城，以便继续直向瑞金进攻"；"三军团（欠六师）协同十五师，直至九月底有阻止敌人于石城以北的任务"；"在执行这一任务时，应最高度地节用有生兵力及物质资材"。同时指出，"不要准备石城的防御战斗，而应准备全部的撤退"。

△　中革军委致电任弼时、萧克、王震：六军团西征突围第一步的动作已结束，鉴于敌企图当六军团在城步地域及由城步北进时消灭我军，按原计划第二步在新化、溆浦间山地建立根据地是不利的。目前"最可靠"的是在城步、绥宁、武冈山地活动，"最少要于九月二十日前保持在这一地区行动，力求消灭敌人一旅以下的单个部队，并发展苏维埃和游击运动"。第三步的任务是转移到湘西北地域，"协同二军团，于湘西及湘西北地域发展苏维埃及游击运动，并于凤凰、松桃、乾城（今吉首市）、永绥地域建立巩固的根据地，其后方则背靠贵州，以吸引更多湘敌于湘西北方向"。并对实施上述任务作出部署。

**9月9日**　急电寻淮洲、乐少华：敌已从各方面增调兵力，企图围攻我军，七军团不应再在现地域停滞休息，应即向北续进，但不须急行军，每日行二三十里，"不论突击堵截或尾追之敌，都不改变北上任务"。

△　与周恩来、王稼祥等致电寻淮洲、乐少华等："在现时每日二三十里的行军条件下，应尽量利用行军作战的极大空

隙时间，进行部队的军事政治训练与群众工作"；"对部队的政治教育，应着重解释你们在敌人深远后方的活动与胜利，对于保卫苏区的意义以及在皖浙边创建新苏区，对苏维埃运动将来发展的重要性，来提高指战员坚决斗争的精神，以完成军委给你们的光荣任务"。

**9月10日** 为部署红一军团向瑞金、兴国西移，致电林彪、聂荣臻："（一）一军团（欠十五师）应于明十一号晨开始西移，以三天行程，限十四日早晨到达瑞金东北之云集圩壬田市地域休息一天，然后再向兴国北地域前进。（二）林、聂本人可于十三号日间到达军委。（三）在福建地域移动应保持绝对秘密，并不要经过汀州城。"

△ 与周恩来致电罗炳辉："九军团目前正在东南战线领导两个师抗击李敌，责任极重，你不可能抽身来瑞金晤军委。""现军委委托林军团长代表军委明早与你约地会谈，为你解决与转达一切问题"。"以后有可能时当约你来军委面谈"。

△ 以中革军委主席名义与副主席周恩来、项英发布中革军委关于建立军团后方勤务组织的命令："在各军团内组织野战后方部，凡军团医院、兵站、运输队、教导团、补充团、修械所，均包含在内，司令部直属队则不受其管辖"，"这些后方勤务机关是为军团各部队服务移动的机关，由军团司令部实现其领导，由军团干部中任命一后方部长，统一指挥后方机关的工作"。

△ 与周恩来、王稼祥急电曾洪易、寻淮洲、乐少华，指出："你们提议七军团转入赣东北行动是不适当的"；"七军团仍应执行原定北上任务"，"应防止与坚决反对想缩回赣东北的情绪与企图"。

△ 急电寻淮洲、乐少华和李得胜，转告闽浙赣军区关于

军事行动的部署,要红七军团注意与闽浙赣军区配合行动。

**9月12日** 与周恩来、林彪、聂荣臻等在叶坪检阅红一军团六个团的干部,在检阅会上讲话,向取得温坊战斗胜利的指战员表示祝贺和慰问,希望他们"要继续寻找敌人的弱点,有力地打击敌人,坚决粉碎敌人的'围剿'"。

**9月13日** 以中革军委主席名义与副主席周恩来、项英、王稼祥发布中革军委关于改组各级军事部的命令:第一,留在被敌人占领地方的县区军事部,立刻改为县区游击队的司令部和政治部,即以县区军事部长为县区游击队的司令员,县区书记兼县区游击队政治委员,在乡则以乡苏主席兼游击队队长,乡支书记兼政治委员;第二,在中心区域及边区的军事部之名义不变;第三,如在边区和中心区域有被敌人侵犯之可能时,则即将军事部改为第一所述的组织;第四,无论在任何区域的军事指挥系统,都是依照各该军区、作战分区、县、区、乡游击队或其军事部系统进行工作,以便统一指挥;第五,在改组时,要妥为审查、分配一切干部的工作,对于每个干部不单是要政治坚定的,而且要工作能力和经验都适合所分配的工作;第六,各军区、各作战分区、各级军事部于接此命令时即着手改组;在被敌人占领的区域和边区,限于九月二十五日前改组完毕;在扩红区域等扩红完成后即行全部改组,最迟十月十日以前完毕,并将改组情形报告军委。

△ 急电寻淮洲、乐少华,指示红七军团应迅速在清湖渡河,继续执行北上任务;在有利条件下应袭占江山县城。

**9月17日** 中共中央将中央红军主力战略转移报告共产国际。九月三十日,共产国际回电同意。

△ 急电寻淮洲、乐少华,指示红七军团应在现地域隐蔽集合,并应有充分作战的准备。应派出两个别动队执行破坏杭

（州）江（山）铁路及其附近公路的任务。

△ 接寻淮洲、乐少华来电报告：十五日得朱德电令后，即派五十五团全部往炸江山县与衢县间的五都铁桥，"尽全部炸药仅炸毁其桥座之一支柱，另派五十七团之一营复往贺村，又将其桥道炸毁，并一部炸毁其火车站箱、器材等。"同时派教导队及侦察连前往常山县白石街附近破坏交通。当晚敌保安团七个连兵力向我进攻，形成对峙，"是役我伤亡约八十人"。又说："最近几次战斗，敌兵未超过一团，且其各方未有协同，而我们未能消灭该敌。部队中自渡闽江后，即存有一种疲塌的倾向未曾改变之所致，我们现在正与这些倾向作斗争。"

**9月18日** 十时，急电寻淮洲、乐少华："七军团主力应即向遂安前进，以袭击的方法占领该城，而确实保持之于我手中。"

△ 十时，急电刘畴西、聂洪钧并告寻淮洲、乐少华：你们即派一独立营及四百新战士和工作团，向遂安出动，并与七军团联络；在行进中避免与敌正规部队作战，并应利用夜行军。

△ 十三时半，急电寻淮洲、乐少华，指出红七军团出动到浙西后的任务："在浙皖边境，约在徽州、建德、兰溪、江山、屯溪地域建立新的苏维埃根据地，发展游击战争"；"在游击区及边区，照前执行破坏铁路、汽车路和电话线等任务"；"暂定以遂安为苏区的中心，七军团主力应迅速占领遂安，并保持于我手中"等。并指出："你们不应无目的地继续前进。"

△ 二十四时，任弼时、萧克、王震致电朱德、周恩来、王稼祥，报告红六军团是日与追敌何键部三个团激战情况，决定离开城步、绥宁地区，由通道向贵州兼程前进，进至靖县新厂地区。

**9月19日** 急电寻淮洲、乐少华，指示红七军团应于上方镇山地的隘口，消灭敌人右纵队部队。并作出具体部署。

△ 致电任弼时、萧克、王震，指示红六军团在十月中前到达指定地域。电报称："同意你们十八日二十四时来电的行动，但在今后的移动中，应特别注意保持兵力。因此必须：（一）缩短行程。（二）不应让敌人将我们压迫到所规定前进路线以西的地域，沿途应进行居民中的政治工作。如情况许可时，在途中可稍事停留，十月中以前到达指定的地域就够了。"

**9月20日** 一时，急电寻淮洲、乐少华，指出："七军团在大桥头停止是不利的，因这是敌人四个纵队共同进攻的目标，以此为出发地打击任何一纵队都是不利的。"又指出："进攻左纵队是不利的，因其是正规部队，其兵力总在四团以上；而进攻右纵队，这是你们兵力能做到的，因敌兵力约两三个保安团。"

△ 二十三时，急电寻淮洲、乐少华，命令红七军团："应求得消灭由衢州出动敌右翼队的一部，然后则转过来抗击敌左纵队，敌前进慢或不进时，于廿一晚可转过来抗击左纵队，然后则经遂安的西南向浙皖边境前进。"

△ 二十时，致电林彪、聂荣臻：判断周敌将从二十三或二十四日开始大的进攻；在敌进攻前，一军团应严格保守秘密，以免被敌过早发现，你们应检查五军团阵地及部署，如必要时，应下达新的命令，阵地应成纵深，完成三个地带。

△ 致电任弼时、萧克、王震，指示红六军团应设法与红二军团取得联络。电报说："据尚未证实的情报，我二军团的部队已占领思南、印江、德县并向石阡前进。"为取得协同动作，你们应"由现地域经清江、青溪、思县到达省溪、铅仁、江口地域，然后设法与二军团首长取得联络。"

**9月中旬** 为做好战略转移准备，向各军团及有关军区发出关于部队配备、补足军械器材、分配或集中物资的电文七则。与军委卫生部长贺诚签发关于卫生人员配备、伤病员处理问题的电文三则。

**9月21日** 致电二十一师师长周昆、政委黄甦、二十三师师长孙超群、政委李干辉，命令红军第二十一师、二十三师合编为第八军团，以周昆任军团长、黄甦任军团政委。"八军团的任务是：以运动防御阻止敌人向古龙岗前进并行局部的反突击来削弱敌人。在执行这一任务时，应最高度地保持有生兵力。"

**9月24日** 致电寻淮洲、乐少华、刘畴西、聂洪钧，指出"七军团在浙境放弃了一切作战行动而向皖省的逃避"，"是没有执行军委的命令"，命令红七军团转回遂安地域开展游击战争，逐步向浙皖边境发展；红十军的八十七团仍于开化及遂安间地域协同红七军团，但不得过于北出。如情况变动时，可转回赣东北苏区。

△ 致电林彪、聂荣臻，指出："二十二日对新田圩的夜袭，我们的损失要多敌几倍，这证明预先没有充分的准备及侦察，并以密集队形冲锋，这是不适当的"；"以后抗击周纵队行动中，第一等的原则是爱护兵力，因此主要的行动方式，是防御和局部的反突击"。

**9月25日** 十六时，致电林彪、聂荣臻、彭德怀、杨尚昆、董振堂、李卓然、周昆、黄甦、罗炳辉、蔡树藩："（一）二十六日晨，蒋敌向我行总的攻击，李（延年）纵队向汀州进，陈（诚）路军向石城进，其以后目的是在占领我们的中心瑞金，而薛（岳）路军和周（浑元）纵队近日亦逐步前进，其目的是在占领我们的兴国，从西面切断我的主力。（二）各兵团于明二十六日晨以前，应有充分的战斗准备。在战斗以前，应进行最高度的政治工作，并解释此次战斗的重大意义。（三）明二十六号及以后的战斗动作中，诸兵团应再高度估计情况，并检查自己的决心。一方面你们应给敌人相当的损失和抵抗，另一方面应很爱惜地使用自己的兵力，并且坚决避免重大的损失，特别是干部。（四）在飞机轰炸、炮兵集中所威胁不利的条件下，及我们工事不十分巩固时，指挥员应适时放弃先头阵地，以便于我们阵地的纵深内实行突击。（五）应特别注意在战时中不间断地对于部队指挥，在失利时，应有有组织地退出战斗的计划。"

△ 致电寻淮洲、乐少华、刘畴西、聂洪钧，指示红七军团应前出浙皖边界山脉地域开展党的及苏维埃的工作，发展游击战争。"战斗行动，主要是采取游击动作"，应避免与敌集中的优势兵力作战，并力求消灭敌单个的部队。

**9月26日** 致电林彪、聂荣臻："甲，十月中以前，兴国应保持在我们的手中；乙，在各地区组织防御时，应照军委昨二十五日给各兵团的训令行之；丙，一军团应最高度地加强五军团军事、政治的工作。"

△ 致电任弼时、萧克、王震：在湘敌第十九师未到镇远，黔敌未到施秉时，迅速渡过青溪河，照规定路线前进，但不要急进。

**9月27日** 致电彭德怀、杨尚昆："目前三军团及十五师基本的作战任务，是迟滞陈路军向石城前进，只在有利的条件下，以局部的突击消灭敌人的先头和侧翼部队，必须避免坚决的战斗，而首要是在保存我们的有生力量"；"在战术上，你们应在每一个地区上进行运动防御，以完成作战任务"。并指出："万一陈路军在这次的战役中能一下子占领我们所有的支点时，军委决定放弃石城。"

**9月28日** 致电林彪、聂荣臻："一军团抗击周（浑元）敌约至五日止。三十日，一军团应接替五军团的任务，使其于二日至五日间进行整理。约从五日起，五军团再接替一军团的任务，一军团则他调。"

△　致电寻淮洲、乐少华，指出：红七军团应在浙皖交界开化、婺源之间山地休息待机，并积极准备侧击与伏击尾追之敌左纵队的先头部队，以便转换被敌包围形势，然后仍转回至屯溪、石门以西，执行军委给你们的原任务。

**9月29日**　致电任弼时、萧克、王震：红六军团处在两大河之间绝对不利。命令于今晚渡沅阳河，摆脱敌人，在渡河前进中如遭遇截堵之敌，应击破一面，最好是击破西来之黔敌。

**9月30日**　与周恩来、王稼祥、贺昌致电林彪、聂荣臻：一军团到达高兴圩之后，受到两次挫折，这不能推之于客观的原因；我们认为，主要受挫折的原因如下：（一）对周敌的估计不足，以致在部署上未加注意。（二）未有完备的侦察警戒，故敌人能够突然地向我攻击。（三）对五军团的政治团结和军事训练的帮助不够。一军团首长应采取一切实际的步骤，来克服上述的现象，并避免不应有的损失。

△　接任弼时、萧克、王震联名来电，报告红六军团连日行军情况，并告拟向黔东黄平、施秉间前进。还说："我们所过地区，均系大山峻岭，道路很少"，又"无黔省军用和较详的地图，居民多苗、侗人，少有知二三十里外道路，行军颇困难。"

**9月**　与国民党南路军总司令陈济棠派遣人员取得联系后，为建立抗日反蒋统一战线，致函陈济棠："先生与贵部已申合作反蒋抗日之意，德等当无不欢迎。惟情势日急，日寇已跃跃欲试于华南，蒋贼则屈膝日本之前，广播法西斯组织，借款购机，增兵赣闽，若不急起图之，则非特两广苟安之局难保，抑且亡国之日可待。"函中提出双方停止作战行动、恢复贸易之自由、切实武装民众，为红军代购军火等五项建议，"如蒙同意，尚希一面着手实行，一面派负责代表来瑞（金）共同协商作战计划。"并说，日内当派员到会昌筠门岭同陈的代表就近商谈。这封信编入《朱德选集》。

△ 撰写《在堡垒主义下的遭遇》一文,总结九月初温坊战斗取得胜利的经验教训,结合战斗的实际情况,阐述了几个重要的军事原则。第一,这次战斗"具有了长期并精细准备的特点"。充分地了解敌情,掌握敌情,指挥上有"计划性","是胜利的主要的和第一的因素"。第二,这是运动战的胜利。红军高度机动灵活,"能迅速地隐蔽地转移",迷惑并引诱敌人,使其"不知我军位置"、"不知我虚实"、"敢于跃进",我军则能"正确地估计敌人的进攻方向"、"预先占领了待机位置",以逸待劳,给运动中的敌人以突然袭击。第三,在"敌我兵力比较敌占优势"的情况下,在战役和战斗上"我们取得了集中较优势兵力,迅速地干脆地各个击破了敌人"。肯定了发起进攻"坚决果断"、速战速决、打歼灭战的战例;批评有的部队强攻设有巩固阵地的敌人,"盲目地再三重复不利地进攻",有的部队"没有迅速地勇敢地截断敌人的退路",使可能被歼之敌逃脱。第四,肯定红军"夜间战术相当熟悉",指出在优势装备的敌人面前,夜战能发挥红军的长处,达到好的效果。第五,肯定红军"在火线上瓦解白军工作有成绩,政治宣传起了作用",敌军"有六个部队派代表来缴械"。文中阐述的这些军事原则,坚持并丰富了红军在前几次反"围剿"战争中的成功经验,同第五次反"围剿"以来一系列"左"倾军事指导方针截然不同。

**10月2日** 致电林彪、聂荣臻、董振堂、李卓然:"五军团从一日到五日从事整理。整理后,五军团应在组织上、政治上、军事上能独立地继续长期的战斗。"并告林、聂在刘伯承到任五军团参谋长后即向五军团首长"亲释我们一般的作战计划,并亲释给与五军团的任务"。另嘱:"在干部中,要特别加紧夜间动作、防空、各种警戒及运动防御动作的训练"。

**10月3日** 中革军委致电从黄平撤离、拟经瓮安县猴场抢渡乌江的红六军团,令红六军团速向江口前进,"无论如何不得再向西移"。

**10月4日** 致电任弼时、萧克、王震,指示红六军团乘敌人兵力分散之机,迅速依军委电令向贵州铜仁以西、乌江以东之江口前进,攻击黔军柏辉章师。

**10月5日** 致信驻防江西会昌县筠门岭地区的国民党南路军陈济棠部第三军第七师师长黄延桢,告以:我方应陈济棠总司令电约,特派潘健行(汉年)、何长工两人为代表,前来与贵方代表杨幼敏、韩宗盛协商一切,请予接洽。当日又和周恩来联名致电红军第二十二师师长周子昆、政委黄开湘:"粤方已约我代表在寻乌相会,我方派潘健行、何长工于明日动身,七日午过站塘,拟当晚即到门岭。望于明早派原侦察班长持你们致黄师长信,告以我方接粤电约在寻乌协商,现潘、何两代表于七日可抵门岭,约其派员到白铺以北相接。"后,双方代表在寻乌谈判三天,达成就地停战、解除封锁、互通情报、互相借道、各从现在战线后退二十里等五项协议。这次谈判,为中央红军战略转移初期突破国民党军第一道封锁线创造了有利条件。

△ 致电罗炳辉、蔡树藩,对红九军团等部在长汀县河田地区的行动作出部署,指出:敌李延年纵队将于六日进攻河田,"我军不应与之进行决战",但在有利条件下应进行侧击,不利时则第九军团和第二十四师应撤退至河田以北及以东。

**10月6日** 十五时,收到林彪、聂荣臻来电,报告"拟本日黄昏时起,开始将一军团全部守备任务交五军团接替"。十九时半,电复林、聂:"同意一军团防务今夜交五军团接替完毕",并指示:明七日,一军团应仍"留五军团阵地两侧为突击队,并准备于明晚向兴国及其以东地区移动,但须得军委最后电令才动"。

△ 国民党军占领石城,并准备于十四日总攻瑞金、宁都。

**10月7日** 九时半,致电彭德怀、杨尚昆,指示:"三军团到十二日止应在目前集中地进行人员、干部、弹药等的补充。在这时期应完成部队的整理","加强军政训练,主要是演习进攻战术的动作,及步兵与机枪、迫击炮及工兵的协同动作"。并指示:"三军团全部约于十二日晚出动并于十四日晨到达第二集中地域"(即集结于于都东北之水头圩等地)。"十五日晚三军团全部应准备备战前进"。

△ 十时,致电罗炳辉、蔡树藩,指示红九军团(医院、兵站及轻伤病员均在内)在第二十四师掩护下秘密转移,于九日早晨到达古城、瑞金之间地域。"移动必须在黄昏与夜间行之。如行至早晨尚未到达目的地时,必须采取办法使敌人空军侦察不能知道九军团的移动"。

△ 十一时,致电林彪、聂荣臻,指示:一军团(欠第十五师)及全部后方机关,应于今七日晚集中于兴国东南竹坝、黄门地区,于八日晚开始向集中地区移动。移动中为保守军事秘密,应采取如下的办法:(一)对于部属只告以每天的行进路和宿营地。(二)为避免敌人的空军侦察,应于夜间移动,拂晓时则应隐蔽起来,并采取各种对空防御的手段。(三)要克服落伍及逃亡。

**10月8日** 一时,致电周昆、黄甦,指示红八军团所辖部队整理和集中的时间与地域,特别指示第二十三师"八日晨以前到达油岭坳地域,当敌继续前进时则遏阻之,以保证其他部队的集中和整理"。

△ 与周恩来致电红二十四师师长周建屏、政委杨英,指

示担负掩护主力红军转移任务的第二十四师:"实行伪装,积极迷惑敌人,派出小部队向敌人游击,并伪装居民到有关地区散布谣言,说大红军到了,要进攻温坊,进攻朋口";"不断与敌保持接触,并派小部队于夜间扰乱敌人,使其更加迷惑、动摇,借此迟滞敌人前进",掩护主力红军转移。

△ 致电寻淮洲、乐少华,指示红七军团"应有决心在到达之地发展苏区与游击运动,以利红军主力活动"。

**10月9日** 八时,致电红一军团第十五师师长彭绍辉、政委萧华并林彪、聂荣臻,指示十五师应于本九日晚由现地出动,于十二号拂晓前到达翰林头、半裁、马头地域,归还主力。部队"应于夜间移动,以避免敌机的侦炸。渡河时,绝对不得于日间实施"。

△ 八时半,致电彭绍辉、萧华并转独七团:"独七、独十一团统归七团首长指挥,担任在石城以南阻敌前进的任务,但应避免与优势的敌人作战。"在陈诚敌由石城向南推进时,"则向坪山及石城河南岸沿石、瑞(金)大道节节抗退"。

△ 九时,致电周昆、黄甦,指示:"八军团于今九日晚由现地出动,并于十二日拂晓前到达兴国县杰村、澄龙、社富地域。"

△ 十时,致电周昆、黄甦并转独二、三团首长,指示:"独二、独三两团应于蕉坑、大洋峰以东山地,从九日晚起,有掩护八军团转移的任务",主要是"于古龙岗及其以南地区阻敌前进"。要求"在行动地区内,应领导当地群众进行坚壁清野及发展群众的游击战争"。

△ 中革军委编制出《野战军由十月十日至二十日行动日程表》,对军委纵队、中央纵队和红一、三、五、八、九军团的行动路线分别作出明确规定。

△ 红军总政治部发布《关于准备长途行军与战斗的政治指令》。

△ 接到陈毅报告伤情和要求做手术的信后,与周恩来令军委卫生部部长贺诚取出已装箱的医疗器械,派两名医生前去为陈毅进行手术治疗。

△ 以中革军委主席名义与中革军委副主席周恩来、项英发布命令:"兹将军委总司令部及其直属队组织第一野战纵队,与主力红军组成之野战军同行动,即以叶剑英同志任纵队司令员。"对第一纵队的组成及集中计划作出规定,并提出要求:保持军事秘密,各部队机关一律用代字;为隐蔽行动,避免飞机侦炸,应用夜行军;行进时要确实保持距离,不得任意伸缩;应带四日份米粮;所有重病员一月难治好的,概送第四后方医院(九堡之下宋)等。

**10月10日** 晚,中共中央和红军总部从瑞金出发,率领中央红军主力以及机关共八万六千余人开始战略转移。参加转移的部队有:林彪、聂荣臻领导的红一军团,下辖第一师、第二师、第十五师,共九个团;彭德怀、杨尚昆领导的红三军团,下辖第四师、第五师、第六师,共九个团;董振堂、李卓然领导的红五军团,下辖第十三师、第三十四师,共六个团;周昆、黄甦领导的红八军团,下辖第二十一师、第二十三师,共六个团;罗炳辉、蔡树藩领导的红九军团,下辖第三师、第二十二师,共六个团;以及叶剑英领导的军委第一纵队(包括陈赓、宋任穷领导的干部团)、李维汉、邓发领导的军委第二纵队(包括张经武领导的教导师)。

△ 随军委第一纵队(中共中央和红军总部机关)到达麻地。

**10月11日** 十二时半,致电红一、三、五、八、九军团及军委纵队首长：由于敌人用空中侦察、间谍侦察等各种手段来侦察我军主力的位置，"坚决命令采取严格办法以防止暴露我军主力，日间不得有任何部队移动"并"注意伪装"；移动时，须"防止逃亡和敌探的侵入"。

△ 中革军委决定，将中共中央机关、政府机关和军委后勤部、卫生部、工青妇机关组成第二纵队，李维汉任司令员兼政委，邓发任副司令员兼副政委。

△ 随军委第一纵队从麻地出发，经万田到达宽田。

**10月12日** 八时半，致电红一、三、五、八、九军团和军委纵队首长，发出关于野战军全部行动推迟一天执行的通知：因三军团十五日才能到达第二集中地，因此各军团及军委第二纵队按军委十日发出的计划推迟一天执行，但军委第一纵队仍于今十二号晚移动。

△ 随军委第一纵队从宽田出发，经段屋到达岭背。

**10月13日** 随军委第一纵队从岭背出发到达于都城北的古田。

△ 中革军委在于都城北古田村召开扩大会议，向已集中到于都的各兵团首长部署西征行动，并发布《关于军委及各军团代名的规定》，致电红一、三、五、八、九军团等部队首长：为保守军事秘密起见，特重新规定军委及各兵团代名字如下：（一）军委红星，军委直属各部之总字一概代以红星二字。（二）军委第一纵队红安，第二纵队红章。（三）一军团南昌，一师广昌，二师建昌，十五师都昌。（四）三军团福州，四师赣州，五师苏州，六师汀州。（五）五军团长安，十三师永安，三十四师吉安。（六）八军团济南，二十一师定南，二十三师龙南。（七）九军团汉口，三师洛口，二十二师巴口。以上代名自十月十五日施行，师以下代名由各军团自定。

△ 十四时,致电董振堂、李卓然,指示红五军团主力"在不利情况下,应控制在兴城以南及东南地区";"立即进行兴国城市区及其以北的坚壁清野工作,并加紧发动群众的游击战争,准备兴国撤退时的迁移工作,并须与党政人员协同处理,事先须秘密通知党的负责者。"

△ 十六时,致电中央军区项英,依最新情报,对中央军区所辖各独立团在石城方面、头陂方面、古龙岗方面、福建方面的行动作出部署,要求他们积极开展游击战争,掩护主力红军转移。并嘱:"应责成江西军区,现在就应在头陂、宁都的道上进行坚壁清野工作,并准备宁都的搬移。"

△ 十七时,致电中央红军各部队首长,将八个补充团正式拨给各军团,要求各军团负责其训练,并切实进行巩固工作。

△ 致电红六军团:"六军团兵力不应分散与分成两个梯队",也"不应渡乌江北进或由现地一直北进",仍应按中革军委原规定,向铜仁以西乌江以东的江口前进。

**10月15日** 致电寻淮洲、乐少华,指示红七军团应立即派数小组便衣侦察队,分途联络我失联络的部队,集结后立即脱离敌人,极力隐蔽起来,并迅速秘密地转移到红十军赣东北苏区,以便进行部队的整理和补充。

**10月中旬** 中革军委制定《野战军南渡贡水计划表》,计划于十七日晚开始渡河,十九日拂晓完成。十七日中央红军根据计划从十个渡河点南渡贡水,向突围前集结地开进。

**10月16日** 致电董振堂、李卓然,指示红五军团在独三团到达兴国以南及东南地域接替抗击敌周浑元纵队任务后,于明十七日晚转移到社富地域,如独三团明日不能到达时,则五军团的行动应推迟一天。

**10月17日** 二十四时,致电红一、三、五、八、九军团及赣南军区，通报蒋介石、余汉谋等派参谋人员到大余、信丰、南雄等地视察地形及碉堡守备的情况。

是日，中央红军根据中革军委制定的南渡贡水计划，开始分别从十个渡口渡过贡水，向突围集结地开进。

**10月18日** 于总司令部以"主席"名义发布十月二十一日突围战役的命令，"我野战军目前的总任务是：（一）确实占领固陂（指信丰县古陂）、新田地域；（二）前出至坪石、安息、石背圩之线，以便继续于信丰、龙南之间渡过信丰河。"明确各军团各自攻击路线和目标，要求各军团于十九日晚开抵"各进攻出发地"，完成进攻前的准备，分别于二十日夜半后发起攻击。

△ 晚，与周恩来等率军委第一、二纵队从于都城东门浮桥渡过贡水。翌日晨抵达图岭、小溪、畚岭地域。

**10月19日** 十时，致电罗迈，指示军委第二纵队十九日至二十一日的行动部署。并告红军总部二十日进至畚岭，二十一日进至合头。

△ 十三时，发出通知，对十八日发布的十月二十一日突围战役的命令作部分更正。

△ 是日，红一军团向金溪、新田、重石、石背圩等地派兵侦察；红三军团开进长渡坝、白室地域；红五军团抵达于都城北；红八军团继续渡河，后随红三军团跟进；红九军团进抵茶梓圩，分别向龙布、金沙、水口侦察。

**10月20日** 十时，致电红一、三、五、八、九军团首长，重申突围命令：鉴于三军团未能赶到二十日的指定地点，"为保证各军团行动之协调及同时动作，总攻击改在二十一日夜至二十二日晨举行"。在发起攻击前，各军团要加强侦察及战前准备。并告：军委司令部二十一日抵安远县合头。

△ 十四时，致电中央红军各军团、军委纵队首长，告以：

粤敌现已部分地知道我军南移，并派出飞机侦察；"各兵团今后只应于夜间移动部队，并且不要利用火光，而要利用月光"。

**10月21日** 九时，致电中央红军各军团、军委纵队首长，告以："总部于今二十一日七时抵合头"，要求"一、三、八、九军团今晚攻击部署和决心，立刻电告我们"。

△ 二十一时，致电中央红军各军团、军委纵队首长及项英，告以：红九军团一部今晨已占安远县的龙布，红一军团一部今午占领信丰县金鸡。对各军团及军委纵队当前的行动作出部署：红九军团部及第三师今晚前出燕滂岗、龙尾口、曾村地域；红一军团今晚向新田推进，明日拂晓消灭新田之敌，然后前出到石背圩、安息地域；红三军团今晚推进至曹家庄、原来埠、邱村、温村、鸡公寨地域，明日拂晓有消灭固陂敌人之任务；红八军团今晚从王母渡、立獭圩间渡过信河西岸。并告：总部今晚仍在合头。

△ 是日夜，中央红军按照中革军委部署开始突破敌人设置的第一道封锁线。红一、三军团分为左、右两路，向赣城、信丰、安远一线的韩坊、古陂、金鸡、新田之敌发起进攻。红九、八军团分别随红一、三军团跟进，军委第一、二纵队居中，红五军团殿后。

**10月22日** 中革军委发布《关于成立中央军区发动群众开展游击战争的指示》："中央军区应从二十二日起，即宣布成立，项（英）兼军区司令员，并指挥江西、福建、闽赣、赣南及闽浙五个军区（闽北分区在内），及各直属的地方独立部队与二十四师和十军。"在目前，赣南军区各地方独立部队应深入到敌人撤退的区域，"发动群众广泛地发展游击战争，并扰击粤敌撤退。"

△ 二时，致电红一、三、八、九军团首长："二十二日我

军之任务为：当敌一师向安息撤退及集中时，消灭之，并预先占领陈（济棠）敌各部预拟集中之要点。"并对各部队行动作出部署，要求"各兵团之行动应最高限度地迅速与坚决，部队可日间行动，但应采取一切防空手段，后方部无论如何应赶上部队"。并告："军委二十二日正午前在合头，午后移至白室。"

△ 二时半，致电红五军团、军委第二纵队首长："我主力二十二日晚可抵达信丰以南之信丰河边"；"五军团之任务，应于二十二日午后随主力前进，并掩护军委二纵队"。并作出具体部署。

△ 三时，致电任弼时、萧克、王震，指示红六军团应向贵州印江县和松桃县前进，与红二军团取得联系，并在松桃、乾城（今吉首）、凤凰地域建立苏区，发展游击战争。要求两军团"取得联络后立告军委，以便受领指示，并要二军团报告其部队情况及行动。"

△ 四时，与周恩来致电中央军区项英并转赣南军区首长蔡会文、刘伯坚等，通报中央红军主力突围战况："二十一日，我军反攻战斗从龙布直到韩坊全线出"，粤敌余汉谋部全线撤退，我野战军略有缴获。主力正乘胜向信丰东南地域追击，先头部队今晚可逼近信丰河边。野战军继续突围战役，将离中央区宜远。指示赣南军区"负责保证野战军在转移时的后方收容与运输"。

△ 八时三十分，急电红五军团董振堂、李卓然飞送军委第二纵队邓发：粤敌余汉谋已总退却，军委二纵队决向古陂、大桥头前进，应于二十二日午后从小溪、畚岭出发，二十三日晨抵小岔、牛岭地域。

**10月23日** 三时，致电彭德怀、杨尚昆："三军团二十三日的动作，应照军委二十二日二时半电令执行，即是集中于坪石、石门径、大塘铺地域，并准备于今二十三日晚渡（信丰）河。"

△ 四时，致电林彪、聂荣臻、第二师师长陈光、政委刘亚楼，指示："一军团主力，应不等九军团接替石门（背）圩任务，立即转移到安息地域，以便于本月二十三日晨，以一军团全部之三个师进攻安息之敌"；已令三军团分出一个师及迫击炮辅助进攻；一军团主力准备于二十四号过信丰河。十时，再致电林彪、聂荣臻：鉴于敌已先我占领安息、三军团已不能参加进攻安息的战斗，命令红一军团改变原定行动部署，"可不进攻安息，而迂回安息，以取得渡河点"。

△ 是日，中央红军全部渡过信丰河（桃江），成功地突破了国民党军的第一道封锁线。

△ 致电红一、三、五、八、九军团首长："野战军于渡过信丰河后，除八军团于南康、大余间西进外，其余均于大余、南雄之间西进，对安息、信丰之敌只留监视部队。"并指示：二十四日晨，八军团应前出到大龙、坳头地域；三军团应前出到大塘铺、大江圩、小河、王庄地域；一军团应前出到铁石圩、铁石口、石材圩地域；九军团应到达马丘、枫树下、石门径地域；第一纵队到达杨坊地域；第二纵队到达古陂、大桥头地域；五军团应到达小垒、双芫地域。"除五军团与第二纵队外，其余各兵团应停止后送伤病员"。

**10月24日** 一时，电令各兵团首长："各兵团在到达军委二十三日十二时半指定地域后，应火速电告执行情形，并候军委新的作战命令。"各军团电台必须"随时准备接收军委电令"。

△ 三时半，致电林彪、聂荣臻："至今二十四日晚止，一军团全部应到达军委二十三号十二时半电令指定的渡河集中地域，隐蔽集结"；"今日白天行动，应严格注意防空"。

△ 红六军团西征到达黔东印江县木黄，与贺龙、关向应率领的红三军会师。会师后。红三军恢复红二军团番号，贺龙任军团长，任弼时任政治委员，关向应任副政治委员。

**10月25日** 十时，致电林彪、聂荣臻、彭德怀、杨尚昆、罗炳辉、蔡树藩，指示所辖各军团今二十五日下午移动，二十六日晨应到达如下地域：三军团到达九渡水、江粤高地域；一军团到达乌径东南地域；九军团到达极富圩地域。并告：野战司令部于二十六日晨到达信丰县城西南的小河圩。

△ 十一时，致电红一、三、五、八、九军团及军委一、二纵队首长，对中央红军西进赣粤湘边境、突破敌人第二道封锁线作出部署："野战军从二十五日晚继续向西，约向汝城地域前进，北面以沙田、南面城口（均含）为前进时的分界线。"前进时分两阶段实施：第一阶段前出到西江、大余、南雄地域，主力则于大余、南雄之间通过；第二阶段前出到沙田、汝城、城口地域，并相机占领汝城。二十六日十三时半，致电林彪、聂荣臻、彭德怀、杨尚昆，将此命令变更为："野战军改向北转，而前出至大余、贤女埠，在大余、崇义之间西上。"并告，野战司令部于二十七日晨抵达袁屋、庙下。

△ 致电红一、三、五、八、九军团首长，指出"各兵团自转移到白区后，对于后方的工作非常不够"，要求各兵团的后方"应在部队之直后跟进，如必要时，并应派部队掩护；在行军时，军团后方部应在作战部队半日行程后跟进，宿营时则应在军团宿营地域"；"停止一切伤病员后运，而应随军团后方部前进。在万不得已时，重伤病的战士则留下于同情的群众家，就地医治，进行很好的政治工作。除重伤员外，应给予十元休养费，而干部则应带着"；"供给方面则应就地征集（没收或收买）"，"应最高度地保持现时随身携带的食米"。

**10月26日** 晨，随总部到达小河圩。

△ 中革军委致电红一、三、五、八、九军团首长："现我方正与广东谈判，让出我军西进道路，敌方已有某种允诺。故当粤军自愿地撤退时，我军应勿追击及俘其官兵"，但"决不能因此而削弱警觉性及经常的战斗准备"。

△ 中革军委致电任弼时、萧克、王震，指示："二、六军团合成一个单位及一起行动是绝对错误的。二、六军团应仍单独地依中央及军委指示的活动地域发展，各直受中央及军委直接指挥。""六军团应速依军委累次电令向规定地域行动，勿再延迟。"

**10月28日** 十三时，急电红一、三、五、八、九军团及军委一、二纵队首长，告知：敌军主力现向赣西及湘赣边境集结，企图在我军还未到湘南时从两侧进攻我们。为取得先机之利，野战军必须北移至崇义县南部的铅厂圩（即今铅厂）。并指示各军团及军委纵队的行进路线。

**10月29日** 七时，致电红一、三、五、八、九军团及军委一、二纵队首长，通报敌情："粤敌第一军部队现集结于大余、南雄、新田地域，湘敌主力现向赣西及湘赣边境集结，而二十六师的主力正向汝城开动，而周（浑元）纵队之四个师亦向遂川集结，其企图是使我们还未进到湘南时，从两侧翼进攻我们。"指出："为取得先机之利，野战军于十一月一日应进到沙田、汝城、城口及上堡、文英、长江圩地域，并通过湘敌由沙田到城口在战略上的第一道纵的封锁线。"指示各军团前进路线及任务：三军团有占领汝城的任务，并于暖水、大坪间打开自己前进道路；一军团须消灭从南面进攻之敌，于大坪、城口之间打开前进道路；八军团掩护野战军右翼，于三军团之右侧后前进；九军团掩护野战军左翼，于一军团左纵队后跟进；五军团有掩护野战军后方的任务，在军委一、二纵队后跟进。"正确执行这一命令，要求全体指战员要有高度努力。因此必须高度加强政治工作，注意行军中卫生的救护和收容拦阻队的工作。"

△ 中革军委致电贺龙、夏曦、关向应、任弼时、萧克、王震，重申红二、六两军团"绝对不应合并"，"六军团可暂在苏区休息，改编数天后应直向松桃、凤凰、乾城地区发展，创立新的根据地"，"二军团则应背靠乌江钳制白秀之敌，向黔敌积极行动"。并告中央红军已向赣南、湘南进军，湘敌将调动大部分兵力抗击。红二、六军团"应利用此时机求得向湖南大发展"。

**10月30日** 十七时半，急电董振堂、李卓然，告以：红三、红一军团于三十一日晚进达新坪、官田、沙溪、聂都地域，红八军团进到过埠、石玉地域，红九军团进到大余以北，军委第一纵队进到康罗，第二纵队进到铅厂圩、田心里地域。令担任殿后的红五军团分为左右两个纵队，三十一日晚应分别进到横段和杨梅村地域；一日晚，分别进到下关地域和田心里地域。

△ 在大余县密溪地区看到红三军团部队绵延数里，与周恩来、王稼祥致电彭德怀、杨尚昆：减少不必要的担子，不得超过编制规定的范围。

**11月1日** 十时半，致电红一、三、五、八、九军团、军委第二纵队首长，部署进攻汝城、城口，以迅速通过敌人封锁线。指出："迅速通过湖南边境之第一道战略上的封锁线，对于以后部队行动的胜利是有决定意义的。"要求各兵团到二日晚止：红八军团到达樟溪、豪头圩地域；红三军团之两纵队接近汝城，准备于三日晨进攻汝城；红一军团右纵队占领大坪，左纵队占领城口；红九军团进到朱洞、唐铺及里洞的地域，军委第一纵队进到文英地域；第二纵队到达井塘、老虎垴及聂都以北地域；红五军团右纵队进到关田地域，左纵队进到沙溪地域,掩护军委两个纵队。

**11月2日** 红三军团一部占领了汝城东南的制高点并包围汝城。红一军团一部于是日晚八时以奇袭攻占城口。

**11月3日** 八时半,中革军委致电彭德怀、杨尚昆:依据你们来电报告,应放弃进攻汝城,但应派出一个师监视汝城之敌并钳制之。指出,"你们的基本任务,是要打开两条可靠的道路,以保证野战军通过此道封锁线"。第一条道路是,经土桥圩、新铺地域,或经田庄圩、暖水圩地域、向黄草坪前进;第二条路是,经天马山、大来圩、官路下地域,向文明司前进。并告:从五号起,约为我们通过时间。

△ 十时,急电林彪、聂荣臻,指出红一军团亦有打开两条道路相机攻占城口的任务:一条是应经大坪、新桥地域向九峰圩,这是主要的道路,一定要争取之。另一条路则经城口或以南之思村向麻坑、岭子头,为左侧翼的道路。特别要详细侦察城口的情形,可能时则占领之。并告:野战司令部现在百担丘,本三号晚向热水圩移动。是日十六时,接林彪、聂荣臻电报,得知"城口已于昨晚二十时被我二师部队占领"。

△ 十六时,致电董振堂、李卓然、罗炳辉、蔡树藩、罗迈、邓发,部署红五、红九军团和军委纵队向热水、塘口等地域移动。

**11月4日** 四时,致电林彪、聂荣臻,基本同意红一军团三日二十时来电关于巩固城口,掩护红三军团向城口、大坪之线前进的部署。指出:"城口应顽强地保持于我们手中,并向南北两面扩张,以便在三军团的地段内,确实能争取两条前进的道路,并侦察有无补充道路,迅速电告。"

△ 十二时半,致电董振堂、李卓然:"五军团(欠三十四师)于五号早进到塘口、八担丘地域,有掩护第二纵队抗击

由东面来追之敌的任务；三十四师进到乐洞地域，有掩护第二纵队抗击大余、长江之敌的任务。"并告：军委第一纵队五日早进到八丘田、三江口地域。

△ 十三时半，致电彭德怀、杨尚昆："军委预拟于城口、高排之间，并从五号或六号晚通过封锁线。为避免过多部队猬集狭小地域，缩短通过时间，必须要取得第三条道路，以便三、八军团通过。"要求红三军团"如实际情况由汝城之北向黄草坪确实难打开一条路时，则无论如何应于汝城、大坪之间打开由官路下经店圩到百丈岭的道路。"并对具体行动做了部署。

△ 中革军委电示项英、方志敏、刘畴西、聂洪钧、曾洪易、寻淮洲、乐少华：红七军团已进入闽浙赣苏区，七、十两军团应即合编为十军团。原七军团编为第十九师；原十军团编为第二十师。刘畴西和乐少华分任红十军团的军团长和政委并兼第二十师师长和政委，寻淮洲、聂洪钧分任第十九师师长和政委，新的十军团受中央军区司令员项英指挥。其目前任务是：第十九师于整理后，仍出动于浙皖赣边新苏区，担任打击"追剿"的敌人与发展新苏区的任务；第二十师仍留老苏区，执行打击"围剿"敌人与保卫苏区的任务。

**11月5日** 急电一、三、五、八、九军团及军委纵队首长：五日晚，野战军开始通过汝城到恩村间的封锁线。并规定三条基本的前进道路：（一）右边的道路由大来圩经店圩、百丈岭向文明司、山田铺方向前进，另经店圩南之延寿圩向三界圩，为辅助的道路。（二）中央道路，由新桥经界头、盖子排、九峰山向九峰圩方向前进。（三）左边的道路，由城口经麻坑圩向岭子头方向前进。并规定了各部队分路前进的秩序，担任掩护部队的任务。至八日晨，中央红军突破了国民党军的第二道封锁线，进入湘南粤北地域。

**11月7日** 中革军委决定，从宜章南北通过敌人第三道封锁线。十六时，致电林彪、聂荣臻、彭德怀、杨尚昆，对"野战军于宜章北之良田及宜章东南之坪石（均含）之间通过"做出部署。"估计通过乐昌、坪石间河道的困难，应占领九峰并确实钳制乐昌之敌，以保证野战军通过封锁线。在万不得已时，则钳制九峰之敌而绕过之。"指出"一军团有消灭九峰及钳制乐昌之敌的任务"，要求三军团八日晨进至里田、界牌岭地域，如必要时应派出一个师以上的兵力，协助一军团进攻九峰之敌。还规定了其他部队的前进位置。

△ 与毛泽东联署发布《出路在哪里？》的传单，号召工人、农民、兵士及一切劳动民众团结起来，武装起来，暴动起来，打倒帝国主义，推翻国民党统治，实现共产党的主张，建立工农自己的红军、工农自己的苏维埃政府。

**11月8日** 十五时和十八时，分别急电林彪、聂荣臻和彭德怀、杨尚昆，先通报敌情：湘敌六十二师之一部企图由汝城经大坪、文明司向我追击，在九峰、乐昌有粤敌两个师。并告：军委决定三军团于良田、宜章（均含）间突破封锁线，其先头师约于十日可前出到宜章地域。一军团应监视九峰、乐昌之敌，并迅速于宜章、坪石之间突破封锁线。军委第一、第二纵队及五、八军团在三军团后跟进，九军团则于一军团后跟进。并作出具体部署。

△ 林彪不顾大局，企图率部拣平原走，一下子冲过乐昌。十九时半，鉴于红一军团十八时来电请示"我军左纵队已不能经九峰、乐昌间西进而应改自九峰以北西进"，复电一军团首长："依你们来电看，一军团主力的部署仅在九峰东南及以南地域，这使军委一、二纵队受着九峰之敌的威胁"，"一军团有防止九峰之敌向砖头坳前进之任务，因此，一师应派出一部控制

九峰通砖头坳的大路"。接此电后，红一军团政委聂荣臻坚持要执行上级命令，最终说服了林彪，才下决心并电告司令部："我们明日率一师经大王山及砖头坳以东向九峰以北转进。"并派出有力部队抢占九峰山制高点，保证了红军左翼的安全。

**11月9日** 一时，急电彭德怀、杨尚昆："一、九军团不能于九峰、乐昌之间通过，并将转移到九峰之东北，而砖头坳已到粤敌之一部。""三军团应利用湘敌正式军队未赶到前的时机，同时占领宜章及两路司。为达此目的，应使用第五师及第六师之主力。"此外，还须派出一团兵力迅速占领唐村、白鹣并相机占领向坪石街，并保持在我手中，直至一军团到达为止。

△ 二时，急电林彪、聂荣臻，"变更一、九军团之任务"为："一军团（缺十五师）以强行军前出到九峰的东北，有如下任务：（一）无论如何不得让敌人进到九峰以东及以北地域，为得如此，必须确实占领砖头坳山地。如不得占领砖头坳时，则至少以一个师掩护砖头坳、延寿圩间的道路。（二）至迟十日，一军团应前出至延寿圩、三界圩至里田之小道；并到达三界圩、中塘地域。以便能从十号经赤石、塘村前进到宜章以南之坪石地域，执行基本的任务。"九军团及第十五师"九日由麻坑圩转向石洞地域，十日则随一军团后进，经九峰东北进至三界圩、中塘地区。"

**11月10日** 二时，致电林彪、聂荣臻，告以三军团九日开始进攻良田、樟桥市地带，并占领良田南端及樟桥市。十日，五师续攻良田北端及万会桥，六师向宜章攻击前进，四师可抵两湾洞地域。指出"为争回已失去战术的时机，一、九军团十日及十一日应经三界圩、中塘、里田至赤石司，以便以后能前出于三军团左翼以前指定之宜章以南地区。"并告：军委第一纵队十日留文明司附近。

△　十时，致电林彪、聂荣臻、罗炳辉、蔡树藩，批评一、九军团行动的无计划和执行命令的迟缓，"使迅速通过敌人封锁线成问题"。

　　△　二十时，致电周昆、黄甦，告以：我第五师已占良田，三军团全部正向良田、宜章之线前进。十一日，一师进至白石，军委一纵队进至赤石司，其他各兵团进至里田、延寿圩地域。批示"八军团有开到良田地域、迟滞敌十五师由郴州向我堵击的任务"，并作出具体部署。

　　△　二十一时，致电彭德怀、杨尚昆："因一、九军团不得已情况下转经延寿圩西进，以致使通过封锁线的时间延长数日。""三军团的任务是保证野战军全部通过封锁线。"为此，"三军团主要的力量应用在宜章方向，必要则将炮兵及四师之一部使用在宜章方向。"要求三军团应在政治工作上及部队指挥上帮助八军团。并告：军委第一纵队十一日晚进到赤石司或平和地域。

　　△　二十一时，致电罗迈、邓发，令军委第二纵队明十一日在原驻地休息一日，"利用一天时间，依军委决定迅速将减少的三百担资材毁弃与分散完毕，以便完全解放教导师运输任务，并准备十二日继续西进。"

　　**11月11日**　十一时，致电董振堂、李卓然："五军团十二日仍留原地不动，其任务为掩护我军通过延寿圩至文明司大道，并击退自汝城经勾头坳及延寿圩来追之敌，在有利条件下则应歼灭之。"要求将第十三师配置在勾刀坳、东山桥地域，第三十四师则在东山、百丈岭地域，并应有完全的战斗准备。并告：军委第一纵队十二日抵樟桥市。

　　△　拂晓，红三军团第六师占领宜章城，至此，突破了国民党军的第三道封锁线。二十三时，中革军委急电各兵团首

长："军委赞扬三军团首长彭（德怀）、杨（尚昆）同志及三军团全体指战员在突破汝城及宜（章）、郴（县）两封锁线时之英勇与模范的战斗动作。"

**11月12日** 二十二时，致电林彪、聂荣臻、罗炳辉、蔡树藩、李聚奎（第一师师长）、赖传珠（第一师政委）、陈光（第二师师长）、刘亚楼（第二师政委）、彭绍辉（第十五师师长）、萧华（第十五师政委）、周昆、黄甦并告董振堂、李卓然："明十三日，我野战军开始通过万会桥、宜章之线西进。三军团主力仍留黄泥坳、良田地域，六师留宜章，以掩护野战军西进及一、九军团集中。军委一纵队西进至黄茅，二纵队至廖家湾、鸥嘴坪、鱼圆坊，五军团拟令进至轩田或仍留原地。"

**11月13日** 二十四时，急电彭德怀、杨尚昆、周昆、黄甦："我野战军于十五日内始可全部通过封锁线。""三军团（欠六师）至十五日止，有扼阻郴州及东面之敌的任务，派出得力掩护队抗击东面之敌，对郴州方向之敌则进行运动防御直到黄泥坳为止，以保证两条西进道路于我们的手中。"

**11月14日** 二十一时，急电一、三、五、八、九军团及军委纵队首长："军委决定迅速秘密地脱离尾追之敌，前出到临武、嘉禾、蓝山地域。三军团应占领嘉禾城，一军团应占领临武及蓝山城。"野战军分三个纵队前进：三、八军团为右纵队归彭德怀、杨尚昆统一指挥；军委一、二纵队及五军团为中央纵队；一、九军团为左纵队，归林彪、聂荣臻统一指挥。要求各兵团十五日晚止"无论如何应到达"规定的地域，"以便能确实脱离敌人"。

**11月中旬** 中央红军主力进至郴州、耒阳、衡阳地域后，蒋介石认为红军已经"流徙千里，四面受制，下山猛虎，不难就擒"，于十二日任命原西路军总司令何键为"追剿军"总司令，指挥原西路军和北路军薛岳及周浑元部共十六师七十七个团专事"追剿"中央红军；同时，电令广东陈济棠、广西白崇禧、贵州王家烈，各派部队分别在湘粤、湘桂、湘黔边堵截，企图消灭红军于湘江以东。十四日，何键下令以十五个师三十万兵力分五路追击堵截，第一路刘建绪四个师，由郴州直插黄沙河、全州；第二路薛岳四个师，由茶陵、衡阳直插零陵，以上两路军的目的是堵截中央红军去湘西与红二、六军团会合。第三路周浑元四个师，第四路李云杰两个师，向红军追击。第五路李韫珩一个师在红军南侧跟进，配合粤桂军围堵红军。几天后，广西桂军的五个师先期占领了全州、灌阳、兴安等地，并与何键的湘军形成南北两面夹击红军之势，而蒋介石嫡系的薛岳、周浑元的几个师也尾追上来，敌情十分严重。

**11月15日** 十九时，致电林彪、聂荣臻、罗炳辉、蔡树藩，指出各兵团十六日和十七日两日应进达的位置。其中，军委一纵队十六日晨止到达小湾州圩，十七日晨止进至粗石江、楚江圩。要求一军团十七日晨占领临武城，九军团占领蓝山城。

△ 二十一时，发布指示："各兵团在经过地域，应搜查所有土豪谷米及其他食物，除自己各带并为我后续部队保存一部外，应全数散发给群众。后卫部队则应将多余谷子全部散发给群众，以造成敌人追击部队以给养上最大困难，碍其前进。"

**11月16日** 中央红军在良田、宜章间通过国民党军第三道封锁线后，红一军团主力占领临武，红三军团迫近嘉禾，红九军团于十八日占领蓝山县城。

**11月17日** 以中革军委主席名义与副主席周恩来、王稼祥签发关于红八、红九军团进行改编的命令："八、九军团应即改编为一个师的编制，并进行分编二十一师及二十二师。""二十一师及二十二师的人员武器，应用来补充野战军各兵团。"任命九军团首长仍旧为三师的首长，八军团首长担任二十三师首长。

　　△　二十四时，致电林彪、聂荣臻、黄永胜（第一师第三团团长）、林龙发（第一师第三团政委），令第一师（欠第三团）十八日正午前开到清水、新圩地域，"（一）协助三军团经塘村圩、太平圩到新村渡河。（二）以后则转至上（土）桥圩、新村渡控制该地段的渡河点，以掩护野战军继续西进。（三）策应第三团占领蓝山。（四）侦察由新村向宁远及向白草坪的道路。"

　　△　二十四时，野战司令部急电各兵团，通告关于国民党军企图歼灭红军于湘、潇水以东地区的部署情报。

　　**11月18日**　十六时半，致电一、三、五、八、九军团及军委纵队首长，先通报敌情：周浑元纵队经桂阳、宁远向道县与我们并行前进，以图向南突击我之右翼队；湘敌一个支队于我前进路上阻我前进，其另一支队则尾追我们；粤敌有两个师正向临武前进中。指出："军委决定为取得更有利的作战及前进的条件，立即由现地转移到道县、江华、永明地域。为转移地域，分两翼队西进：甲，一、三、八军团、十三师及一纵队为右翼队，经嘉禾、蓝山间向宁远及其以南地区前进，以后则续向道县及其以南地区前进。乙，九军团、五军团（欠十三师）及二纵队为左翼队，经蓝山城向江华城前进。"并部署了各兵团十八日和十九日的行动路线。其中，军委第一纵队十九日晨进到雷家岭、永盛圩地域，然后进到竹管市地区。

　　**11月20日**　十九时，致电五军团、九军团、军委第二纵队首长，通报我军右翼队二十日的行动部署，其中，军委第一纵队在界头铺。指出，我左翼队因直去江华之道路不通，现须改经中央道路，并规定了五、九军团与军委第二纵队明二十一日的行动。次日三时，再电五军团、九军团、军委第二纵队首长，重新部署二十一日的行动：第二纵队进至宁蓝圩地域宿营；第九军团进到下灌地域；第五军团进至楠木圩地域，如敌第二十三师向楠木圩前进时，则坚决突击之。

△ 二十四时，野战司令部致电各兵团，通告"追剿军"总司令何键十九日下达追堵我军部署命令的情报。

**11月21日** 一时，致电林彪、聂荣臻、彭德怀、杨尚昆、董振堂、李卓然、周昆、黄甦、陈伯钧（第十三师师长）、罗华明（第十三师政委）：军委决定，于今二十一日晨当敌二十三师、十五师由嘉禾向宁远及甘露田（正义圩）方向前进时进行决战，"目的为在其他敌军未到达之前消灭之"。"各兵团在四时前应准备进入进攻出发点"。为完成此次任务，"政治机关应立即起来进行各兵团间之短促政治工作"。四时，又与周恩来急电林彪、彭德怀、董振堂、周昆等，部署各兵团的具体动作：三军团集结永乐圩以南、甘露圩以东及洪观圩西北的山地，当敌由嘉禾向洪观圩或永乐圩西进时，予以猛扑而消灭之；五军团在楠木圩，当敌第二十三师由洪观圩向楠木圩西进时，进行突击而消灭之；八军团之第二十三师应占领黄泥铺一带阵地，准备扼阻敌第二十三师；一军团集结天堂圩、梧溪洞及柑子园地域，准备当周浑元部左翼队向道州前进时，坚决进攻之。并告：野战司令部二十二日午前仍在界头铺。

△ 二十时，致电一、三、五、八、九军团及军委纵队首长："敌二十三师于二十日、二十一日与我军作战后，已在嘉禾之西面及南面停止作工事。周（浑元）纵队于二十二日可全部到达宁远，其主力有向道州前进可能。""军委决定于宁远、道州之间坚决突击和消灭周纵队之左翼队，对敌二十三师则以后卫部队钳制之。"部署各兵团二十二日的行动。军委一纵队

二十二日晨进到南坪圩地域，二十三日晨进到消水塘。

**11月22日** 二时半，急电陈光、刘亚楼并告林彪、聂荣臻，令红二师：你们如估计道县易取，则限今日攻取该城；否则，应放弃攻取道县，于今晚移至桐油坪地域，掩护一军团的左翼。十七时，得知红二师攻占道州城后，致电林彪、聂荣臻、彭德怀、杨尚昆、董振堂、李卓然、周昆、黄甦："在我二师已占道州条件下，周敌由宁远前进有两种可能：一种是由宁远河北岸向道州迂回，一种是从宁远之南向我尾追。"指示各军团变更集中地域：至二十三日晨止，一军团西移至柑子园、广文铺、野鸡铺地域；三军团留在杨门洞、岭牌、田家地域；五军团在南坪、下灌、江岭地域，向宁远及来路尾追之敌警戒，并部署消灭尾追之敌；八军团停止在蓝圩东北；九军团及军委一、二纵队明晨位置不变。

△ 中央红军占领道县。

**11月23日** 三时半，急电一、三、五、八军团及军委纵队首长：一、三军团今日应协同突击周浑元敌向天堂圩方向进攻的部队。五军团之第十三师，在周敌猛烈向我进攻时，应由南向北参加消灭周敌的战斗，第三十四师则应钳制和打击向我尾追之敌二十三师的部队。八军团为预备队，必要时，得使用参加突击敌二十三师的尾追部队。并告："本日结束后，我野战军全部应即准备迅速渡过潇水，与湘、桂之敌进行新的战斗。"

△ 二十时，致电一、三、五、八、九军团及军委纵队首长："我野战军为执行迅速开辟西进道路，并打击尾追之敌的任务"，决定二十五日晨前全部渡过潇水。并具体指示了各部队的行动。其中，军委第一纵队二十四晨到达嘴塘，二纵队到达杨林塘地域。

**11月24日** 十四时半，致电一、三、五、八、九军团及军委纵队首长,对各兵团二十五日的行动作出部署。其中,一军团主力二十四日晚自道州地域向高明桥、深田地域前进,二十五日以坚决之攻击占领永安关。三军团主力经九井渡、莲花塘、两渡桥,于二十五日前渡河完毕,破坏桥梁,并随四师跟进。五军团二十五日拂晓前,经薛家厂、福禄岩、两渡桥全部渡河完毕,并在河西四个渡河地区组织顽强防卫。八军团于二十四日半夜前经薛家厂渡河完毕,并向前推进,相机占领永明。军委一纵队二十五日晨进至麻园、禾塘地域,二纵队进至莫家湾地域。

△ 中央红军占领江华。翌日,在道县、江华间全部渡过沱水(潇水)。

**11月25日** 中共中央及红军总政治部在禾塘向各兵团首长发布《野战军突破敌人第四道封锁线、抢渡湘江的政治命令》。指出:"我野战军即将进行新的最复杂的战役,要在敌优势兵力及其部分地完成其阻击我西渡的部署的条件下,来突破敌人之第四道封锁线并渡过湘江。此战役须经过粮食较缺乏之两个大山脉[1],并要克服两条[河]道[2]与开阔地带及部分的敌人堡垒。野战军应粉碎前进路上敌人之抵抗与击溃向我侧翼进攻及尾追之敌,任务是复杂而艰巨的。""要求野战军全部人员最英勇坚决而不顾一切的行动。"

△ 十时半,急电董振堂、李卓然、李聚奎、赖传珠、罗炳辉、蔡树藩并告林彪、聂荣臻、彭德怀、杨尚昆:"第一师、五军团及九军团(缺一个团)有掩护我野战军西进之任务,为此至少要扼阻周(浑元)敌及二十三师于潇水东岸两天。"规

---

[1] 指位于湖南、广西两省边界的都庞岭和越城岭。
[2] 指今广西西北部的灌江与湘江。

定各部队负责地区是：第一师由青口市到分江渡止，道州为其主要方向。五军团由分江渡到故子江口止，在四个浮桥的地区为主要的方向。九军团（缺一个团）由故子江口到江华止（含），主要方向为江华之石桥及江渡。

△ 十七时，急电一、三、五、八、九军团及军委纵队首长，发布抢渡湘江，向全州、兴安西北之黄山地域进军的作战命令："根据敌人最后的部署，其企图是在湘江阻止我们，并从两翼突击我们。北面为敌之第一、第二路军，南面则为广西的主力，而敌之第三、第四及第五路军则直接尾追我们。"我野战军为达到前出至全州、兴安西北之黄山地域（湘桂边境）的目的，我进攻部队（一军团主力及三、八军团）应连续地迅速地占领营山山脉之各关口隘路，并于全州、兴安之间渡过湘河，应迅速、坚决消灭敌之第一、第二路军及与我接触之桂军部队。掩护部队（一军团一个师及五、九军团）应连续于潇水及营山诸隘口，阻止敌第三、第四、第五路军前进，当其急进时，则坚决消灭其先头部队。作战的第一步是前出到湘江地域，在这个阶段中，野战军分四个纵队前进：一军团主力为第一纵队，沿道州、蒋家岭、文市向全州以南前进；一军团一个师、军委一纵队及五军团（缺一个师）为第二纵队，经雷口关或永安关及文市以南前进；三军团、军委二纵队及五军团一个师为第三纵队，经小坪、邓家源向灌阳山道前进，相机占领该城，以后则向兴安前进；八、九军团为第四纵队，经永明、三峰山向灌阳、兴安前进。并告军委一纵队于二十六日晨进到高明桥地域。

△ 二十一时半，急电董振堂、李卓然、李聚奎、赖传珠，命令五军团和第一师扼阻敌人于潇水东岸："五军团应留一个师与自己负责之地段，董、李及一师今夜应经岑江渡至道

州地域，抵达时间应能于二十六日拂晓前部署完毕。""一师在五军团未抵达前，无论如何应在自己负责地段内扼阻敌人于对岸，并以坚决的突击将渡河之敌压往水中。""无论如何二十六日不能放弃潇水西岸。"

△ 二十三时半，致电林彪、聂荣臻："据最近所得情报，全州、灌阳、兴安暂无大部敌军"，"全州为战略重点，占领全州能保证野战军迅速通过湘江进至全州西北之山地，并使湘敌一、二路军失去侧击我军机会"，你们必须立即详细侦察占领全州的可能性，并相机占领之。

△ 鉴于红二、六军团主力近日接连占领永顺、桑植、大庸三个县城，致电红二、六军团："应该利用最近几次胜利及湘西北敌情的空虚，坚决深入到湖南的中部及西部行动，并积极协助我西方军。""你们应前出到湘敌交通经济命脉之沅水地域，主力应力求占领沅陵，向常德、桃源方向，应派出得力的游击队，积极活动"。"二军团主力及六军团全部应集结一起"，暂归贺龙、任弼时统一指挥，协同动作。

**11月26日** 二十一时，致电林彪、聂荣臻：湘敌一路军正向全州前进，桂军向灌阳及其西北前进。如二十七日晨未能占领全州，则应停止进攻全州，转在黄土江[1]上全州至上林家之间架三座浮桥，或寻找适于徒涉地点，并派队侦察湘水上从全州以西、南至渠口之间的徒涉场和架桥地点，重点应在界首[2]。并告：总司令部明晨抵周岩。

**11月27日** 中央红军主力进至广西全州、灌阳，红一军

---

[1] 黄土江，即灌江，上游在灌阳县境内，由南向北流入全州县境，在全州汇入湘江。

[2] 界首，位于广西兴安县东部偏北、湘江西（左）岸，邻近全州县境。

团先头部队红二师渡过湘江，并控制了界首到脚山铺的渡河点。十七时，致电彭德怀、杨尚昆：湘敌之一路军向全州前进，薛岳军亦向黄沙河跟进中，桂军约四个师拟经灌阳前出到苏江、新圩、石塘圩之线，阻止我军西渡湘江。三军团五师主力应进到新圩地域，其一个团则进到苏江地域，应确实进占马渡桥。如灌阳尚未到有桂军在一团以上时，并应进占灌阳。在苏江之一个团应驱逐泡江之敌，然后则占领三县交叉处之孔家，并派小部队与八军团联络和带路。四师为先头师，应派队到界首、兴安地带侦察渡河点及公路两旁的工事与敌情，并派出有力警戒部队以抗击之。还要求于二十八日午前，最后查明车头、马渡桥至界首、兴安间的道路。

△ 十七时半，急电罗炳辉、蔡树藩、周昆、黄甦："我主力已至全州、灌阳之线，先头部队已前出到湘江。五军团二十八日于蒋家岭、永安关、雷口关扼阻周敌。"命令"八军团应不顾任何牺牲夺取三峰山"[1]，"八军团占领三峰山后，九军团即随其后跟进。""必须不顾一切障碍坚决执行此命令，否则八、九军团有与主力相切断的可能。特别要注意在夺取三峰山后应迅速追击前进，不使敌人有可能在前进道上组织新的防御。"

△ 十八时，电示林彪、聂荣臻："一军团之任务为：（一）保证一军团、军委与五军团之通过及在全州与界首之间渡过湘水。（二）坚决打击由全州向南及西南前进之湘敌一路军"，并对一师、二师、十五师行动作出部署。

**11月28日** 一时，急电罗迈、邓发："我一、三军团主力已至灌阳、全州之线，先头部队已前出湘江。"要求军委二

---

〔1〕 三峰山，位于湖南省今江永（原永明）县西北部湘桂省边界线附近，系都庞岭上一鞍部通道处。

纵队今二十八日分前后两梯队西进，前梯队于二时起出动，经水车、五家渡过浮桥，开至下背田地域；后梯队于十七时依前梯队道路前进。

△ 一时半，致电董振堂、李卓然：五军团无论如何须扼守蒋家岭、永安关、雷口关地域，直至二十九日夜止，以保证和掩护八、九军团由水坪赶到蒋家岭与野战军全部西进。为此，须以十五师有力之一团或一团以上兵力前出至杨家桥以东，进行步步抗击的运动防御，逼使敌人展开兵力，以迟滞敌进。

△ 十五时，急电一、三、五、八、九军团及军委纵队首长，部署二十九日的行动。敌情是，湘敌第一路军之两个师，明二十九日晨有可能由全州沿湘江向我进攻；桂军于灌阳、兴安间约各有一个至两个师，企图从南阻止我军沿灌阳至界首大道西进；周敌将企图占领蒋家岭诸关口，并进行猛追。指出："我军应自二十八日起至三十日止全部渡过湘水，并坚决击溃敌人各方的进攻。"要求"一军团明二十九日晨主力应在朱塘铺、咸水圩、坪山地域，并准备消灭自全州沿汽车一道或湘江前出之敌"；"三军团应确实保持石玉村、水车、光华铺地域，并应消灭自兴安前进之敌"；"五军团至二十九日中午止，应扼守蒋家岭、永安关、雷口关地域，从二十九日中午后则于蒋家岭及文市、水车之间沿永安、雷口两条大道进行运动防卫，阻扼周敌于文市、水车之线以东"；"九军团二十九日晨应赶到文市，其任务为当全州之敌向文市前进时则消灭之"；"八军团二十九日中午应赶到水车地区，并与六师取得联络为其突击队，并准备经下背田、青龙山向光华铺前进"；"军委一纵队进至石塘圩以东之官山"；"军委二纵队分两队前进"，二十九日晨应至上营地域。要求"各兵团应以最大的坚决性完成放在自己面前的战斗任务，各兵团后方及军委纵队应充分准备坚决抗击侵

入与接近自己之敌人。"

**11月29日** 四时半，致电彭德怀、杨尚昆、张宗逊、黄克诚："我四师今日抵达指定地域后，应迅速过河，以便占领唐家市，执行军委昨十五时电令规定任务，以便控制向西道路的枢纽在我手中。""我五师主力应坚决保持杨柳井、红树脚在我手中，以待六师赶到接替任务。"

△ 十五时，致电一、三、五、八、九军团及军委纵队首长："为要保证我军继续和适时地渡过湘水及进攻由全州、灌阳出击之敌"，应"将我军主力部署于全州、兴安之间沿湘江及沿全、桂汽车道的地带"。三十日的部署和任务是：一军团（缺第十五师）于朱塘铺、咸水圩、界首（不含）地域消灭由全州出击之敌。第十五师仍执行掩护石塘圩、两和圩、文市通全州道路的任务；三军团（缺第六师）于唐家市、石玉村、光华铺地域消灭由兴安出击之敌，保持唐家市道路枢纽于我手中。第六师应于三十日晨占领富岁塘、建乡地域的阵地；五军团（缺一个师）三十日黄昏后进到石塘圩地域，其另一个师主力应控制于红树脚，以抗击灌阳之敌。还规定了第八、九军团和军委纵队的前进位置。军委一纵队三十日晨进到界首西北的大田地域。

△ 二十一时，致电董振堂、李卓然："五军团今二十九日应仍在原地域扼守一天。""至黄昏后主力可转移文市地域，在文市以东山地布置掩护阵地。"望转令九军团可即由茅铺关经丁家桥转文市渡河，至大坊、建石地域。八军团则随九军团后，限今晚到达水车地域，并准备在五家渡渡河。

△ 红三军团第四师渡过湘江，进至界首，但后续部队未能及时跟进。敌军由全州向脚山铺红二师发起进攻，接着，桂军四个师由龙虎关等地向兴安、灌阳以北进攻。红军在湘江东

西两岸顽强抗击敌人，掩护中央机关渡江。

**11月30日** 十五时，致电林彪、聂荣臻："（一）在界首以南的渡河点，因作战关系除三军团使用以外，其他部队不能利用。（二）在界首及凤凰嘴之渡河点应迅速空出给其他兵团渡河。（三）一军团则利用屏山渡、太平的渡河点。"

△ 十九时，致电彭德怀、杨尚昆："三军团主力应于一日沿湘水西岸抗击唐家市西山之桂军，六师于三十日夜应转移至石玉村地域，以便与主力协同行动。""三军团主力的任务仍是要驱逐唐家市西山之敌，以便夺取绕过兴安到其西面的道路"，"如驱逐敌人不成功时，则应阻止兴安之敌北进，当其向我出击时，则以反攻坚决消灭之"。

△ 十八时半，致电林彪、聂荣臻："不论今晨作战结果如何，一军团应阻止全州之敌南进，为保证野战军直到二日早过完湘水。你们应将由咸水圩、朱兰铺通西延的两条道路保持在我们手中。"并告：九军团于一日早应到达咸水圩西北的地域，在紧急情况下可使用为预备队。

△ 是日，军委第一、第二纵队渡过湘江。

**12月1日** 一时半，急电林彪、聂荣臻、彭德怀、杨尚昆："三十日的战斗，全州之敌已进到朱塘铺，兴安之敌已进到光华铺，灌阳之敌已进占新圩，并续向古岭头方向前进。周（浑元）敌之先头部队有已渡过文市河之可能。""一日，敌人将从各方面向界首行坚决的进攻，目的是在驱逐我先头部队到山中去，并切断我之后续部队。"指出："野战军应以自己的主力消灭由兴安、全州向界首进攻之敌，钳制桂军及周敌由东尾追的部队。这样可以保证我军之后续部队于二日晨在掩护之下通过湘水，以后即前出到西延地域。"当日各军团的部署及任务是：一军团在全州、兴安间河西岸沿马路地域，有消灭全州之敌由朱塘铺沿公路向西南前进部队的任务，无论如何要将由汽车路向西之前进道路保持在我们手中；九军团转移到清水、严家地域配置，为一军团之预备队；三军团应集中两个师以上的兵力在汽车道及其以西地域，有向南驱逐光华铺之敌的任务，并须占领唐家市及西山地域，万不得已时，也必须固守界首及其西南和东南的地域；五军团渡过麻子渡、大塘村间的河道以西，主力应向麻子渡前进，并有扼阻桂军，及周敌追击的部队的任务。八军团前出到马路上，经麻子渡进到凤凰嘴与咸水圩间的适当地域。军委一纵队在路塘地域。二纵队进到路江圩待命。

△ 三时半，中共中央局、中革军委、总政治部急电林彪、聂荣臻、彭德怀、杨尚昆："一日战斗，关系我野战军全部西进，胜利可开辟今后的发展前途，退则我野战军将被层层切断。我一、三军团首长及其政治部，应连夜派遣政工人员分入到各连队去进行战斗鼓动，要动员全体指战员认识今日作战的意义。我们不为胜利者，即为战败者，胜负关系全局。人人要鼓起作战的最高勇气，不顾一切牺牲，克服疲惫现象，以坚决的突击执行进攻与消灭敌人的任务，保证军委一号一时半作战命令全部实现。打退敌人占领的地方，消灭敌人进攻的部队，开辟西进的道路，保证我野战军全部突过封锁线，应是今日作战的基本口号。"

△ 五时，急电被敌切断于湘江东岸的红五军团三十四师师长陈树湘、政委程翠林："三十四师应力求在红树脚、新圩之间乘敌不备突破敌围，然后以急行军西进至大塘圩。"十四时，又急电陈树湘、程翠林：根据敌情，你们"于突破敌围后西进，最适当的道路是由板桥铺向白露源前进，或由杨柳井经大源转向白露源前进，然后由白露源向大塘圩前进，以后则由

界首之南的适当地域渡过湘水。"并告:"六师之十八团于陈家背被切断,如可能时则与之取得联络并指挥之。"

△ 六时,急电林彪、聂荣臻,告以:三十四师及六师一部被切断,八军团情况不知,五军团无联络。四师一部在光华铺被敌截击,五师及六师尚未完全抵达。已令三军团在界首西南收集自己的部队,并扼阻敌人于界首西南。要求一军团"无论如何应保持白沙铺西进之路,这是一军团撤退的主要道路"。

△ 十七时,急电一、三、五、八、九军团首长:经过三十日及一日战斗,"我八军团之一部被敌击散,我六师约一个团及三十四师被切断,其余部队则已渡过湘江"。"我野战军于二号早进到西延地域,整理部队并准备新的战斗。被切断的部队,应自动地突围向西延总的方向前进。三十四师归军委直接指挥,并于新圩以南突围西进。"各兵团明二日的部署及动作:一军团有掩护九军团集结油榨坪及五军团集结咸水圩地域的任务,应于全州至咸水圩间进行严密的侦察、警戒,当敌人侵入或接近我配置地域时,应坚决击退之;三军团向麻园、界首、华章(江)间及兴安方向进行侦察、警戒,向界首方向占领阵地,组织顽强防御;五军团(缺第三十四师)于集结咸水圩后应坚决扼阻由咸水圩向南宅、田川前进之敌;九军团转移到油榨坪地域,查明由全州及觉山西进之敌,坚决扼守油榨坪等地域;军委一、二纵队明二日早进到西延(胡岭)地域,并向大榕江口、城步及新宁方向警戒。

△ 是日,红五军团主力渡过湘江。

**12月2日** 蒋介石将五路"追剿军"改为两个兵团,以刘建绪为第一兵团总指挥,以薛岳为第二兵团总指挥,集中全力在湘西追堵围歼中央红军,并令贵州王家烈部在锦屏、黎平一线阻击红军西进。

**12月3日**　四时，电告被敌切断于湘江东岸的三十四师首长："我军今三日有一部扼守路江圩，一部已到华江"，"三十四师如于今三日夜经大塘圩从凤凰嘴渡河，由咸水、界首之间能赶到路江圩，有可能归还主力。如时间上已不可能，应依你们自己决心，改向兴安以南前进。""你们必须准备在不能与主力会合时，要有一时期发展游击战争的决心和部署。"

△　十六时，中革军委致电一、三、五、八、九军团及军委纵队首长："我野战军现决脱离敌人继续西进，其任务以我军一部尽力迟阻追敌，主力则向西开辟前进道路，并钳制企图向我侧翼截击的湘、桂之敌。我前进道路采取北经小李、西山岭、社水、皮水隘向龙胜以北，南经风木山、广唐、千家寺、中洞向龙胜，及中间由风木山经塘坊边、两渡桥西进的诸道路。"据此部署当晚到明四日晨止各军团的行动。其中，军委第一纵队经马岭移唐坊边、六洞地域。

**12月4日**　以中革军委主席名义与副主席同周恩来、王稼祥发布《军委命令》："为提高各兵团的战斗力及灵动性，后方机关应缩编。"命令要求取消师的后方机关，取消兵站，缩编军团医院和卫生队，缩小军团的直属队，充实战斗部队。并要求立即检查担子，不必要的应抛弃、毁灭之；伙食担子应减到最低限度，因是粮食就地供给，预备粮食已由战士携带。

△　十六时半，急电一、三、五、八、九军团及军委纵队首长："估计湘敌主力将出城步、通道向我截击和堵击，其一部随我右纵队后尾追。而桂敌则将由大溶江口、龙胜有袭击我军左侧之可能。""我野战军以继续西进至通道以南及播扬所、长安堡地域之目的"，部署各兵团五日的行动路线及警戒方向。其中，军委第一纵队进至唐洞、源头地地域。

**12月5日**　五时，致电仍被敌阻隔在湘江以东的红三十四师首长："你们不应东进而应留在兴安、灌阳间，依据兴安东南之山地并确实取得当地同情我们的瑶民的关系，积极在该地区发展游击战争，以钳制桂敌，借以积极地协助野战军之行动，以后依情况应企图在兴安以南或以北渡河西进，以便与野战军取得经常的协同动作。"

△ 中央红军全部通过西延山脉越城岭（老山界），继续沿西延、龙胜山区西进。

**12月6日** 十三时，致电罗迈、邓发转董振堂、李卓然，令军委第二纵队"今六日无论如何要赶到唐洞地域宿营，并准备明晨向江底前进"；指示"保卫团主力应协同十三师之三十七团及五军团直属队，均在董、李指挥之下，今明两日无论如何要扼守老山界[1]大山的各隘口，阻止敌进。"

**12月7日** 十九时，急电一、三、五、八、九军团及军委纵队首长："桂敌一部昨已逼近中洞附近，今日有向两渡桥进攻可能，另一部则进占唐坊边，向我五军团追击。"依原定作战任务部署八日行动：一军团、九军团以两个师进到鸡公界、甘蔗水、布棚地域，另两个师进到江头司、横水寨；三军团主力推进到马蹄、河口地域，相机占领龙胜；五军团、八军团进到江底地域，向来路及银矿山严密警戒。军委第一纵队进到东寨、坳头地域，第二纵队进到黄祥地域。

△ 向各军团首长发布命令，指出，连日来桂敌派出大批密探，在我各军团驻地纵火焚烧民房，企图疲劳及嫁祸我军，破坏红军在群众中的威信。各军团首长及政治部，应于到达宿营地后及离开宿营地前，严密巡查。如遇火警，务必设法扑灭，

---

[1] 老山界，指今广西东北部苗儿山以北的一带山地，海拔2100余米，位于资源县西南部与兴安县交界地区。

救济被难群众。纵火奸细一经捕获，立即经群众公审后枪决。

**12月8日**　二十一时，急电一、三、五、八、九军团及军委纵队首长，部署九日继续西进行动。其中，"一军团有钳制城步追敌，消灭沿途团队，以迅速占领通道的任务"；"三军团主力应控制在寨纳塘、三百冲、马蹄街地域，监视与钳制龙胜之敌"；军委第一纵队进至杨湾。

**12月9日**　二十时，急电一、三、五、八、九军团及军委纵队首长，部署十日西进行动：一军团应以前头师进占通道，向绥宁、靖县警戒；九军团进到临江口、木路口之间，向绥宁及来道警戒；三军团主力应进到白岩、平寨、石村地域，其先头部队应进至陇城，向长安堡及其以西通黎平道路侦察、警戒；军委第一纵队进到龙坪，第二纵队由潘村赶至广南城；五军团、八军团开到昌贝地域。

**12月10日**　二十三时，急电一、三、五、八、九军团及军委纵队首长，通报敌情：绥宁已到敌六十三师，其六十二师亦将续到，有由绥宁以南及向通道截击我军可能。桂敌一部昨已进占马蹄街、石村，并闻有一部到林溪，企图利用由南向北大道向我侧击。据此部署十一日的西进行动：一军团主力及九军团应进占通道及其东南与以南的地域，先头部队侦察入黔道路；三军团主力应进至长安堡、陇城地域，先遣部队侦察通播阳及黎平的道路；军委第一纵队拟进至流源，第二纵队进至辰口；五军团、八军团进至麻隆塘地域。

**12月11日**　红一军团第二师进占通道县城[1]。

△　十四时半，中革军委急电一、三、五、八、九军团及

---

〔1〕通道县城，当时在县溪，位于今通道县城（双江镇）西北方向约25公里处。

军委纵队首长，指出：近数日我军宿营地屡次失火，主要是由于反革命有计划的纵火。因此，特规定：各部队到达宿营地须立即组织查巡队，检查居民中可疑分子，有反动捣乱嫌疑的，应即逮捕；查获故意纵火的人，应处死刑等。

△ 十八时半，急电林彪、聂荣臻，指示："我一军团主力及九军团，明十二日应集结在通道及其附近地域，向靖县、绥宁方向派出侦察，向城步方向警戒。其十五师，应于军委一纵队明十二时全部通过下乡后，移动至瓜坪地域，在移动前应加强对木路口、临口的侦察、警戒，并扼阻该两方可能来敌的前进。一军团应另派不大于一团兵力的侦察部队并带电台，前出至崖鹰坡，向新厂、马路口侦察入黔的道路。"

**12月12日** 出席中共中央负责人在通道县县溪镇恭书院召开的紧急会议，讨论红军行动方向问题。毛泽东从敌军重兵阻拦红军主力北上去湘西这一情况出发，建议放弃原定计划，改向西进，向敌人力量薄弱的贵州进军。朱德首先表示同意这一意见，接着周恩来、王稼祥、张闻天等多数人也表示了赞成。朱德还在会上提出刘伯承从五军团调回军委恢复军委总参谋长职务，得到与会者同意。由于李德等仍坚持北上湘西与红二、六军团会合的原定计划，会议没有达成实行战略转兵的一致意见，而决定在行军路线上作出调整，即西进贵州，尔后沿黎平、锦屏北上，去会合红二、六军团。

△ 十九时半，中革军委急电一、三、五、八、九军团及军委纵队首长："湘敌与陶广一路军主力向通道进逼，其他各路仍续向洪江、靖县前进，企图阻我北进，并准备入黔。"部署各部十三日继续西进。一军团第二师及九军团应进至新厂、崖鹰坡、溶洞地域，其第一师应相机占领黎平，第十五师应进到通道；三军团以迅速脱离桂敌之目的，应以主力进至牙屯

堡、团头所、头所地域；军委第一、二纵队拟进至播扬所以北地域；五军团、八军团应赶进至土溪、元心园地域。

**12月13日** 中革军委发布命令："军委决取消二纵队的组织，将一、二两纵队合编为一个纵队"，任刘伯承为司令员，叶剑英为副司令员，陈云为政治委员，钟伟剑为参谋长，下辖三个梯队和干部团、保卫团。第一梯队司令员、政委、参谋长均由纵队司令员、政委、参谋长兼，第二梯队以何长工为司令员兼政委，第三梯队以罗迈为司令员兼政委。

△ 二十时，与周恩来、王稼祥急电董振堂、李卓然、周昆、黄甦："军委决定八军团并入五军团"，八军团全部人员除营以上干部外应编入第十三师各团，为其作战部队。第十三师师部取消，五军团司令部直辖十三师三个团。刘伯承调回军委，陈伯钧为五军团参谋长；周昆、黄甦待改编完后即回军委，罗荣桓为五军团政治部主任。改编限十八号前全部完成。

△ 二十一时半，急电一、三、五、九军团及军委纵队首长："我军以迅速脱离桂敌，西入贵州，寻求机动，以便转入北上的目的"，部署十四日的行动。一军团主力应经马路口入黔，向黎平以北地域前进；九军团应经马路口入黔，向锦屏方向前进，并有相机占领锦屏之任务；三军团主力应进至播扬所地域；军委第一、二纵队进到洪州司、老地塘地域；五、八军团应进至深渡地域。

**12月14日** 十六时半，致电贺龙、任弼时、萧克、王震，指示："我二、六军团以发展湘西北苏区并配合西方军行动之目的，主力仍应继续向沅江上流行动，以便相当调动或钳制黔阳、芷江、洪江的敌人。"接电后，红二、六军团于十七日占领桃源，包围常德城。

△ 十七时半，急电一、三、五、九军团及军委纵队首

长:"我军以夺取黎平、锦屏开辟前进道路之目的",部署十五日的行动。一军团应以第一师攻占黎平,九军团继续向锦屏前进,并相机占领锦屏;三军团主力应由播扬所前进至中温、平铺、地青地域,并准备在一军团未攻取黎平时进攻黎平;军委一、二纵队在洪州司、小寨地域休息,并进行一、二纵队合编和改编。

**12月15日** 二十四时,急电一、三、五、九军团及军委纵队首长:"我军以集结主力、打击黔敌,开辟前进道路之目的"部署明十六日行动:一军团部及第二师应在原地域休息一日,继续侦察通剑河道路及敌情,第十五师应向一军团主力靠拢,第一师不论已否攻占黎平,均应于六师到达黎平接替守备任务后向一军团主力靠拢;九军团应留锦屏,向王寨及河水西岸与靖县方向严密侦察、警戒;三军团(缺第四师)应向黎平及其附近地域前进;军委一、二纵队由地青移中朝、仁所地域,如黎平攻下,即直进至黎平。五、八军团应进至下湾、洪州司北地域,并向来路警戒。

△ 红一军团第一师打败贵州地方军阀王家烈的守军,攻占黎平县城。

**12月16日** 十九时半,急电一、三、五、九军团和军委纵队首长:"我一师昨占黎平城。黔敌在锦屏、黎平的防线已为我突破,现黔敌正准备固守清水江、沅江的第二道防线。""我野战军以继续突破黔敌第二道防线与赶过薛(岳)、周(浑元)两敌之目的,定十七日部署":一军团应以先头师前进至柳霁地域,其主力进至柳霁东南;九军团应由老锦屏沿清水河南岸约前进至时洞地域;三军团主力(缺第四师)前进至鳌鱼嘴及其东南地域,四师则进至黎平城;军委纵队前进至黎平城;五、八军团应进至中朝地域,实行合编和改编。

**12月17日** 到达黎平县城。二十二时,与周恩来急电一、三、五、九军团首长,部署十八日各兵团的行动:一军团由婆洞、八飘、鳌鱼嘴地域移至柳霁、南家堡地域,并准备占领剑河;九军团应前进至蜡洞附近;三军团应由黎平地域改向西北之五胡、罗里、抱洞地域;军委纵队在黎平不动;五军团进至黎平城。

**12月18日** 出席中共中央政治局在黎平县城二郎坡胡荣顺店铺内召开的会议,继续讨论红军行动方针问题。博古和李德仍坚持由黎平北上湘西与红二、六军团会合,去那里创造新的根据地。毛泽东主张继续向贵州西北进军,在川黔边建立根据地。经过激烈争论,决定采纳毛泽东的意见,西进渡乌江北上,向贵州西北发展。会议通过《中央政治局关于战略方针之决定》,指出:"过去在湘西创立新的苏维埃根据地的决定,在目前已经是不可能的,并且是不适宜的";"新的根据地区应该是川黔边区地区,在最初应以遵义为中心之地区。在不利的条件下,应该转移至遵义西北地区"。"责成军委依据本决定,按各阶段制定军事行动计划"。鉴于中央内部意见尚不一致,会议还决定到遵义地区后开会讨论第五次反"围剿"以来军事指挥的经验教训。

△ 中革军委决定,军委第一、第二野战纵队合并为军委纵队,刘伯承任司令员,叶剑英任副司令员,陈云任政治委员。

**12月19日** 十八时,与周恩来发出《关于军委执行中央政治局十二月十八日决议的决议》的通电,部署红军各部队最近时期的行动。"野战军大致于二十三日可前出到剑河、台拱、革东地域",其区分为:一、九军团为右纵队,有占领剑河的任务,以后则沿清水江南岸向上游前进;三军团、军委纵队及五军团为左纵队,应经岭松、革东到台拱及其以西的地域。

"野战军到达上述指定地域后,于十二月底右纵队有占领施秉地域、左纵队有占领黄平地域的任务。为此,应坚决进攻和消灭在上述地域的黔军部队。""二、六军团目前应在常德地域积极活动,以便调动湘敌。""四方面军应重新准备进攻,以便当野战军继续向西北前进时,四方面军能钳制四川全部的军队。"

**12月20日** 致电贺龙、任弼时、关向应、萧克、王震:"二、六军团目前应留在常德、桃源及其西北区域积极活动,并派出两个别动队,分向益阳、辰州两方向活动,以迟滞湘敌。"因敌情变化,又于是日电示红二、六军团:"我二、六军团应重向永顺西进,以后则向黔境行动,以便钳制在芷江、铜仁之薛(岳)敌部队,及在邵江西南之黔军。"接电后,红二、六军团于二十四日主动撤离常德、桃源地区,于二十六日攻占慈利县城。

**12月23日** 二十时,致电一、三、五、九军团及军委纵队首长,部署二十四日的行动:一军团进至或在清水河南岸之施洞口、高公地域,以待三军团赶过台拱能与一军团齐头并进;九军团有沿清水河北岸相机占领镇远并征集资材的任务;三军团应进至台拱及其以南地域;军委纵队进至剑河城;五军团应进至南哨及其附近地域。

**12月24日** 七时,致电一、三、五、九军团及军委纵队首长:"我野战军以夺取先机,首先消灭黔敌,并占领镇远、施秉、黄平地域之目的,定明二十五日行动部署":一军团有首先占领镇远、施秉两城,消灭该地黔敌,以便协同三军团会攻新、旧黄平之任务,应以主力两个师攻占镇远,另一个师向施秉前进;九军团应由岭松继续向镇远搜索前进,准备二十六日晨赶到镇远,接替一军团向思南特别是玉屏、邛水侦察、警戒的任务;三军团主力进到施洞口地域,向黄平侦察敌情、道路;军委纵队进至革东地域；五军团前进至大田角、九坑地域。

**12月26日** 二十四时，致电一、三、五、九军团及军委纵队首长：我第四十三团昨占镇远，第五团今日继占施秉。指出：我野战军近数日内，有消灭新、旧黄平地域黔敌及占领该地域的任务，同时于镇远及其施秉之间的地域钳制周浑元、吴奇伟两敌前进的部队，"以保证我军得经黄平、施秉向遵义前进"。二十七日的行动是：一军团以一个师直开向老黄平，以便二十八日晨协同三军团攻占黄平地域；九军团应全部到达镇远，尽力保持镇远城在我手中；三军团主力应进至黄飘地域，六师及军团后方部队进至翁古陇，各向重安江、炉山方向警戒，向黄平新州派出侦察部队，弄明敌情工事，以便二十八日三军团分两路：一路直向黄平，一路由东坡取黄平；军委纵队进到新城、平寨地域；五军团进至台拱。

**12月27日** 致电在慈利的贺龙、任弼时、关向应、萧克、王震：第二、第六军团"应乘敌人分进合击之先，转向永顺活动"，留游击队于慈利吸引敌人；并派出游击部队迟滞辰州方面之敌，以便主力"在永顺、大庸、沅陵地域寻求侧翼机动"；在有利条件下，"应袭取保靖，以取得该地兵工厂，并依据现苏区西向黔境发展"。红二、六军团在完成湘西北攻势后，于三十日西返大庸、永顺。

**12月28日** 二十时半，致电一、三、五、九军团及军委纵队首长：今日我第一师第一团占领余庆，第二师占老黄平，三军团攻占新黄平。估计明二十九日吴敌可能向镇雄关、施秉地域进攻，周敌有可能由邛水直向施秉前进。二十九日的行动部署是：一军团之第二师进至后洞，第一师一团留余庆，主力移往紫金头地域；十五师和第九军团继续扼阻吴敌部队的前进；三军团应以一个先头师由新州向瓮安方向侦察前进，相机占领之，主力留新州，消灭五里墩之敌，并准备从三十日向瓮安前进；五军团应进至黄平新州，三十日向黄平老州前进；军委纵队分两路前进至罗朗、金坑地域。野战司令部随第一梯队、干部团行进。

**12月30日** 二十二时，致电一、三、五、九军团及军委纵队首长：今三十日，我一军团（缺第二师）及九军团到达龙溪、余庆、白塘之线，第二师前进至猴场、陈家寨地域，军委纵队在老坟嘴、梭洞、王婆寨之线，五军团抵老黄平，三军团第四师进至朵丁关，主力则尚在老黄平。三十一日的行动部署是：一军团主力及九军团应在现驻地不动，第一师应继续侦察袁家渡渡河点，第二师应侦察江界河的渡河点；三军团第四师应攻占瓮安，其主力应分两纵队向瓮安方向前进；军委纵队分别进到猴场和老坟嘴地域。其余在原驻地不动。

**12月31日** 中央红军进至乌江南岸地区。十五时，军委司令部到达瓮安县猴场（今操塘）。二十二时，致电一、三、五、九军团及军委纵队首长，通报敌情：吴敌四个师昨到施秉，今向新黄平续进，其一部向老黄平方向追我；周敌仍经施洞向新黄平前进；黔敌第四师在遵义，其一个团在珠场，并派队扼守江界河北岸渡河点。部署明一月一日的行动：一军团第二师应进至江界河渡河点附近，并占领渡河点，第一师应进至袁家渡及其附近地域，占领河北岸阵地；三军团第四师应进至龙场坝，并侦察到清水口的渡河点，主力则进驻瓮安；五军团进至甘塘、老坟嘴、蔡家湾之线，向老黄平严密侦察、警戒；军委纵队主力仍留猴场。指示各兵团应彻底破坏乌江南岸的电话线。

# 1935年　四十九岁

**1月1日**　出席在贵州瓮安县猴场下司宋家湾召开的中共中央政治局会议。会议对博古、李德主张不过乌江而要回头和红二、六军团会合提出批评，作出《关于渡江后新的行动方针的决定》，指出：渡过乌江以后，立刻准备在川黔边广大地区内转入反攻，"来彻底粉碎五次'围剿'，建立川黔边新苏区根据地，首先以遵义为中心的黔北地区，然后向川南发展"。要求"军委必须特别注意敌情的分析研究，道路、敌情的侦察，抓住反攻的有利时机，并不失时机地求得在运动战中各个击破敌人，来有把握地取得胜利。关于作战方针，以及作战时间与地点的选择，军委必须在政治局会议上做报告。"朱德未等会议结束即赶往乌江前线。

　△　为全军庆祝新年发布命令：每人发元旦菜金两角，以资慰劳。

　△　十一时，急电林彪、聂荣臻：因"黔敌现以其第四师、教导师各一部，扼守乌江北岸渡河点，阻我渡河"，"一军团主力有协同第二师包围及迂回猪〔珠〕场敌人左侧，消灭或驱逐该敌，以保证中央纵队经江界河渡河的任务"。"一军团主力至迟应于二日渡河，在回龙场或在袁家渡渡河则由实况决定，并立即向猪〔珠〕场、江界河之敌进攻。而二师则从正面钳制猪〔珠〕场、江界河之敌。"九军团应在回龙场、袁家渡及其以北地区掩护一军团侧后，并受一军团指挥。

△　十九时，致电彭德怀、杨尚昆："明二日，我三军团第四师应前进至清水口渡河点之茶店地域，并派队侦察清水口渡河点，准备三日拂晓架桥，四师主力并应向紫江警戒。三军团部及第六师应前进至四师今日宿营地域之前川、养马，向紫江、孙家渡两方警戒。三军团留第五师在瓮安停留一天，向新黄平、平越、马场坪方向游击、警戒，以吸引薛岳兵团向着自己方面注意。"

　　△　致电林彪、聂荣臻、彭德怀、杨尚昆、陈光、刘亚楼："望分令各先头部队在规定的渡河点附近，必须找到另一渡河点设法偷渡。同时在原渡河点仍留部队伪装架桥，以迷惑敌人，以便能绕道从下侧后驱逐该敌，然后开始架桥。""偷渡部队不应小过一团，在偷渡的渡河点应派兵扼守，防敌偷袭，并防其焚毁渡船。"

　　**1月2日**　八时，接林彪、聂荣臻来电报告：回龙场附近之敌已被我强渡部队驱逐，此刻我一师已有两营兵力过了河，其余部队尚在续渡中。浮桥正在赶架，大概明午前可架起，估计一、九军团（缺二师）明日可渡河完毕。

　　△　是日至六日，中央红军分别从瓮安县江界河、余庆县回龙场、开阳县茶山关三个渡口渡过乌江。二日，朱德、毛泽东等率军委纵队渡过乌江。

　　**1月3日**　十七时，急电彭德怀、杨尚昆："今日我野战军右、中两路已击退守渡口之敌并已开始渡乌江。"一军团主力及九军团明日可渡河完毕，军委纵队及五军团五号可大部渡河。"三军团应克服左路落后现象，超过敌人并行北追的部队，迅速渡过乌江，以便控制茶山关、镇南关在我手，阻敌北进，并掩护或协助我中央纵队取得遵义。因此，四、五两日三军团应以急行军开进渡河点，并迅速架桥，以便最迟六号能全部渡乌江完毕。"

**1月4日** 二十时，急电林彪、聂荣臻、罗炳辉、蔡树藩、李聚奎、赖传珠：今四日我三军团可抵马场及其以西以南地域；二师及干部团正向珠场追击；军委纵队今日抵天文，明日进至珠场；五军团今日抵猴场，明日进至天文、江界河地域。"我一军团之第一师今日抵茅坪场后，如并未向珠场前进，则明五号可改向湄潭侦察前进，并相机占领该城。一军团部及十五师明日随一师后跟进。九军团则经余庆司直向湄潭前进。"

**1月5日** 二十二时半，与周恩来、王稼祥急电中央红军各军团及军委纵队首长并转各师、各梯队，通报敌情：薛岳兵团约七号可达贵阳、贵定、平越之线，刘建绪兵团以三个师向施秉、新旧黄平前进，桂敌、粤敌、川敌、黔敌均从各方面布置新的围攻。"我野战军为渡过乌江，执行党中央政治局十二月十八日及一月一日两次决定中所规定的基本任务，特决定六、七两日我野战军达到下列的第一步的集中地区，迅速进行休息、整理、补充，并开始准备进入反攻的战斗和争取首先在黔北的发展。"要求：野战军仍分三路前进达到各目的地：右路纵队为一军团（缺第二师）及九军团，在迅速取得湄潭后，一军团主力应向虾子场集中，九军团即留在湄潭、牛塘地域；中央纵队以第二师及干部团主力担任攻占遵义，消灭黔敌。军委纵队六七日进至团溪。五军团则于六日集中珠场、羊岩河地域；左路纵队为三军团，过乌江后，派出一个师进占镇南关，控制乌江北岸，主力则集中于尚稽场、茶山关地域。

**1月6日** 中央红军全部渡过乌江。二十二时，致电一、三、五、九军团和军委纵队首长，部署军团七号的行动。其中，"一军团之第一师应继续向遵义前进，并向遵义逼进，以便必要时协同二师攻占遵义，消灭黔敌"；"第二师应于明晨拂晓攻占遵义,消灭黔敌。当敌溃退时应实行追击,必要时得使干部团主力参加。只有在黔敌顽强固守遵义条件下,方得待一师赶到后再行攻城。军委纵队明日全部集结团溪休息。"

**1月7日** 二十一时,致电一、三、五、九军团及第二师、军委纵队首长:"我二师今二时已袭占遵义,敌由北门溃退,我正乘胜追击中。"部署各兵团八日的行动及活动地区,要求"一军团第二师的追击部队,应继续侦察敌情及其退窜方向,并准备占领桐梓。二师主力应在遵义休息一天,准备九日移至遵义通桐梓道上之高坪子、排居场地域。""军委纵队决移至遵义,明日开至龙坪。干部团即留遵义。"

△ 致电一、三、五、九军团及军委纵队首长,告以:总司令部决定八日九时移至遵义城。规定各兵团驻地及通讯联络办法,其中,红一军团驻老蒲场,红三军团应靠近贵阳通遵义的大道,红九军团驻湄潭,红五军团驻猪场。

△ 致电贺龙、任弼时、萧克、王震,指示红二、红六军团应利用中央红军的胜利,在湘鄂川黔边苏区开展工作。

**1月8日** 二十时,致电一、三、五、九军团及第二师、军委纵队首长:"我各军团除二师外,明九日仍在原集中地区执行原任务不变";"我第二师先头团应向娄山关侦察前进,驱逐和消灭该地敌人,并相机占领桐梓。""军委纵队明日进驻遵义,以纵队司令员刘伯承兼任遵义警备司令。"

**1月9日** 率红军总部和军委纵队进驻遵义,住遵义老城枇杷桥原柏辉章住处的楼上。

**1月10日** 五时四十分,致电一、三、五、九军团和军委纵队首长:薛岳兵团及黔敌主力,似仍出乌江上游,逐步向我"进剿"。遵义溃退之敌一部,现退至娄山关、铜梓地域。已令第二师今日以全力消灭和驱逐娄山关之敌,并相机占领铜梓；第一师集结遵义东北之新街，第十五师在老蒲场。令三军团之第四师移至鸭溪口地域，向紫江、仁怀三方向警戒。第五、六师在老君关、尚稽场沿河警戒，并有消灭敌之偷渡和强渡部队之任务。其余部队任务不变。并告："军委纵队昨日进驻遵义，将继续留此工作。"

**1月11日** 二时，致电一、三、五、九军团和军委纵队首长："我二师昨已占领桐梓，现令其派一个团前进至石牛栏，对松坎方向侦察"；"另令四师派出部队到小沙土、安底游击、侦察，并征集资材"。

**1月12日** 出席在遵义省立第三中学操场召开的有上万人参加的群众大会，与毛泽东、李富春在大会上先后讲话，宣传红军是工人农民自己的队伍，红军有严格的纪律，自觉执行三大纪律八项注意，并宣传红军的主张，揭露国民党反动派的罪恶，号召人民群众起来，打土豪，分田地，建立革命政权，红军愿意联合国内各界、各党派、各军队和一切力量共同抗日。大会宣布遵义县革命委员会成立。会后，还参加了红军篮球队和遵义三中篮球队进行的友谊比赛。

△ 二十时半，致电一、三、五、九军团及军委纵队首长："我野战军为求得机动，便于今后向川南发展与打击阻我发展之敌，特重新规定各兵团集中与行动地域"：第二师仍留桐梓，向赤水方向侦察、警戒；一军团（缺第二师）十三日起以两天行程移至桐梓及其附近地域，并进行缩编；九军团派出一个团进驻绥阳，而主力仍留永兴、湄潭、牛场；五军团明日移驻团溪地域进行工作；三军团仍留原地执行原任务，并进行缩编；军委纵队仍留遵义。

**1月13日** 一时，与周恩来、王稼祥急电罗炳辉、蔡树藩：九军团应在最近利用某一集中的机会，"改编为管辖两个团的军团，每团暂编两营，军团部应小于师部，类似旅部的组织。"

**1月14日** 急电左权、陈光、刘亚楼："我一军团有消灭新站侯（之担）敌部队并打击川敌增援队的任务。"明十五日，一军团（缺第二师）应开至离新站约二十里之石牛栏地域，以便十六日晨向新站前进，协同第二师消灭新站及其以南之敌，打击川敌援队并占领新站。十四日晨攻击新站战斗应使第二师迂回部队先于正面到达新站西北并应严防敌退，对新站之敌左翼亦应派队包围，当敌夺围溃退时应坚决实行追击。

**1月15日—17日** 出席中共中央政治局在遵义召开的扩大会议。会议总结第五次反"围剿"和中央红军长征以来在军事指挥上的经验教训。朱德在会上发言支持毛泽东的主张，以切身感受批评博古、李德在军事指挥上的错误，并提出改变错误领导，说："如果继续这样错误的领导，我们就不能再跟着走下去！"会议决定：增选毛泽东为政治局常委。取消三人团，取消博古、李德的最高军事指挥权，决定仍由"最高军事首长"朱德、周恩来为军事指挥者，而周恩来为"党内委托的对于军事指挥上下最后决心的负责者"。会后常委分工，毛泽东为周恩来"在军事指挥上的帮助者"。会议委托张闻天起草《中央关于反对敌人五次"围剿"的总结决议》。会议还改变黎平会议所作的在川黔边建立革命根据地的决议，决定红军渡过长江，在成都的西南或西北建立革命根据地。

**1月15日** 二十时，接左权[1]、朱瑞[2]致"朱主席、林、聂"电：我二师已占领新站，并向松坎方向追击。一师、十五师及军团直属队到达草米铺、石牛栏山坡之线宿营。

---

[1] 左权，时任红一军团参谋长。

[2] 朱瑞，时任红一军团政治部主任。

**1月16日** 十七时半，接左权、朱瑞致"朱主席、林、聂"电：一师追击部队于本晨占领松坎；现刻二师已全部到达松坎，十五师留新站，并进行缩编。昨日战斗共俘敌百人，枪约百支，子弹两万余发，迫击炮三门。

△ 二十四时，致电朱瑞、左权、邓萍[1]、罗荣桓[2]、董振堂、曾日三[3]、罗炳辉、蔡树藩、刘伯承、陈云："我野战军以向赤水地域转移进行新的布置之目的，定明十七日行动"：一军团集中至松坎地域进行缩编，并向綦江、赤水两方向侦察、警戒；九军团（缺第九团）由湄潭向绥阳、桐梓前进；五军团主力应移至深溪水及其附近地域，准备十八号经遵义向桐梓前进；三军团集结到滥板凳；军委纵队仍暂留遵义不动。

**1月18日** 二十时，致电一、三、五、九军团首长："我野战军为继续向先市、赤水、土城地域集中，决以战备姿势定明十九日行动"：一军团仍留松坎地域；九军团前进至通桐梓道上适当地域；五军团应进至板桥、娄山关地域；军委野战司令部进至四渡站地域；三军团（缺第四师）由遵义向仁怀方向侦察前进。"第四师有迟阻滥板凳之敌在遵义以南的任务，于明日应以得力一部逼向敌人，积极行动，进行运动防御，并在警戒阵地构筑工事，伪装长期防守遵义，以迷惑和迟阻敌人。"

**1月19日** 凌晨，率红军总部撤离遵义。十六时，以总司令名义于遵义城北泗渡发布命令："军委纵队改为中央纵队，以总部参谋长刘伯承兼总司令员，第一局长叶剑英兼任副司令员。"并以总司令部兼理中央纵队司令部，以总司令部政治处

---

[1] 邓萍，时任红三军团参谋长。
[2] 罗荣桓，时任红三军团政治部主任。
[3] 曾日三，时任红五军团政治部主任。

兼理中央纵队政治部。

△ 中央红军分三路从松坎、桐梓、遵义地区向赤水、土城前进，拟夺取两地后，在泸州上游之纳溪、江安等地北渡长江。

△ 电示董振堂、李卓然："五军团主力，明廿日五时应由现地进至桐梓南部宿营，但须留一个团侦察连，在板桥附近警戒，监视和侦察遵义及其以南之黔敌。如黔敌明日向桐梓前进时，则该团采取运动防御，节节抵抗，转到娄山关上掩护五、九军团及军委直属队在桐梓集中，但该团须派一连在娄山关上准备阵地，并与桐梓的联络。"

**1月20日** 中革军委发布关于北渡长江的作战计划。指出："湘敌主力及粤、桂、黔、川、滇之敌配合薛岳兵团向我野战军实行进逼包围，企图束缚我野战军在乌江西北地区"，"蒋介石的嫡系部队，将逐渐沿长江进入四川，实行其新的围攻部署"。"我野战军目前基本方针，由黔北地域经过川南渡江后转入新的地域，协同四方面军由四川西北方面实行总的反攻。而以二、六军团在川、黔、湘、鄂之交活动，来钳制四川东南'会剿'之敌，配合此反攻，以粉碎敌人新的围攻，并争取四川赤化。"野战军的初步任务是：由松坎、桐梓、遵义地域迅速转移到赤水、土城及其附近地域，渡过赤水、夺取蓝田坝、大渡、江安之线的各渡河点，以便迅速渡江。为此分左中右纵队向前推进。还要求红二、六军团和红四方面军采取行动予以配合。

△ 二十三时，致电一、三、五、九军团和军委纵队首长："我野战军应迅速向赤水及其附近地域集中，以便争取渡过赤水的先机，在必要时并便于在赤水以东地域与追击和截击的敌人的一路进行决战。"二十一日的行动部署是：一军团全部为右纵队，以向习水、赤水开进为目的，明日到达石壕口、

鱼栏坝地域，准备二十二日消灭温水之敌；九军团、军委纵队及五军团为中央纵队，以向赤水前进为目的向前移动；三军团主力为左纵队，应采取较急的行军，迅速脱离追敌。

△ 率军委纵队由泗渡经板桥，翻越娄山关到桐梓。

**1月中下旬** 蒋介石判断中央红军可能北渡长江，急令川军刘湘集中兵力在赤水、古蔺、叙永地区堵击，又令薛岳部和王家烈部渡乌江尾追。薛岳兵团八个师进到乌江南岸，黔军三个师向遵义、湄潭进袭，川军十多个旅四十多个团向川南集中，其中两个旅已到松坎以北，对中央红军形成新的包围。

**1月21日** 致电左权、朱瑞、彭德怀、杨尚昆，下达各兵团二十三日、二十四日应进达地点。特别指示红三军团：最好由麻子坝经回龙场直到土城，同时侦察由土城附近渡赤水无江门的渡河点状况及该方敌情，电告军委。

△ 率军委纵队到达九坝。

**1月22日** 二十三时，致电一、三、五、九军团和军委纵队首长，部署二十三日行动：一军团主力（缺第一师）由温水向习水前进，约至狮子口地域，第一师应由良村开至狮子口与习水之间适当地域，准备二十四日进占习水；九军团应进至后滩地域；中央纵队经新罗坝进至庙堂坝、水车溪地域；五军团主力应前进至双龙场、大坝市；三军团主力应由放牛坪地域向回龙寺或东皇殿前进至适当地域，向土城方向严密侦察，准备二十五日进占土城地域，迅速取得渡河点。

△ 中共中央政治局、中革军委致电红四方面军："为选择优良条件，争取更大发展前途计，决定我野战军转入川西，拟从泸州上游渡江，若无障碍，约二月中旬即可渡江北上，预计沿途将有许多激烈的战斗。"为这一战略方针的实现，"你们应以群众武装与独立师、团向东线积极活动，钳制刘（湘）

敌，而集中红军全力向西线进攻。"四方面军接电后，在旺苍坝召开紧急会议，决定以迎接中央红军为当务之急，适当收缩东线部队，集中主力强渡嘉陵江。

△ 率军委纵队由九坝向西行。

**1月23日** 与周恩来致电各军团首长，要求各军团接近赤水河时应查明渡河点及其下岸上岸的地形和架桥占领左岸的要点，并规定各军团执行任务的地段。

△ 一时，急电林彪、罗炳辉、蔡树藩："为不失时机猛追溃敌"，"第一师今二十三日即由良村向东皇殿追击前进，并向土城侦察、警戒，准备协同三军团进占土城、赤水"；"九军团改经温水进至良村，向来路及松坎方向警戒。"

**1月24日** 二十二时半，致电一、三、五、九军团和军委纵队首长，部署十五日行动。其中，"一军团应确实占领猿猴、土城地域，如溃敌沿赤水东岸北窜，应以主力向赤水方向猛追，并须另以一部由土城、猿猴之线渡河，控制渡河点，并驱逐向西岸溃退之敌于远距离外，最好压其向叙永退窜以便掩护我一军团主力沿赤水东岸向赤水城前进，该掩护队须待三军团到后接替。"九军团须袭占习水，如遇侯之担残部，须派队猛追；中央纵队前进至三元场，东皇殿之线；三军团前进至土城以东及东南地域，准备二十六日前进至猿猴（今元厚镇）附近，并进行渡河。

**1月25日** 二十四时半，致电一、三、五、九军团和军委纵队首长，为执行二十四日电令规定的任务部署二十六日各兵团的行动。其中，一军团之第一师应继续猛追、消灭溃敌，乘胜占领赤水城；五军团（缺一个团）应集结木南坝、三元场地域，另一个营以图书坝附近山地节节掩护阵地，以便吸引敌人于土城之东，准备会合三、五军团共同消灭该敌。军委纵队前进至土城，在其北端宿营，并以干部团（缺两营）进驻猿猴。

**1月26日** 与毛泽东、周恩来、刘伯承等率军委纵队到达土城。并一起察看地形，决定在土城以东青岗坡地区围歼尾追红军的川军郭勋祺部。

**1月27日** 五时半，为部署土城战斗，致电一、三、五、九军团首长："我野战军主力拟于二十八日晨消灭由木兰坝来追之敌约四（个）团于枫村坝、石羔嘴地带。对于习水、赤水方向之敌则钳制之。"当日的部署为："五军团以得力之一个团继续吸引当前之敌到枫村坝、石羔嘴地带，最后顽固扼守青岗坡及其以北山地，主力则在该团掩护下先行秘密转移到石羔嘴之吴箕坝隐蔽集结，进行战斗鼓动准备突击。"三军团之第四师准备迂回该敌左侧背，断敌归路，第五师准备协同五军团主力突击该敌之右侧背。一军团主力集结到猿猴地域，准备二十八日参加战斗，另以一个师在旺市场至猿猴之间迟滞由赤水来攻之敌；九军团阻滞由习水方向来敌。二十八日三、五军团的战场指挥，由彭德怀、杨尚昆负责。

△ 二十四时，致电一、三、五、九军团和军委纵队首长："今日进占枫村坝、青岗坡地域之敌约四团，或有后续四个团左右兵力于明后日赶到的可能。"依军委是日五时半电令所规定任务，部署二十八日各兵团的行动："我三、五军团及干部团应以迅速干脆的手段，消灭进占枫村坝、青岗坡之敌，其具体部署及战场指挥统由彭、杨指挥令行"；"我九军团及第二师应担任这一战斗预备队的任务"；"一军团之第一师仍继续担任钳制赤水、旺龙场之敌的任务"；军委纵队仍留土城、猿猴地域，野战司令部指挥所于蓝坳关附近。

△ 致电红二、六军团，要求他们利用中央红军在乌江北岸发展和黔敌力量薄弱的有利时机，迅速恢复与扩大原有川黔

边苏区，并与湘西永顺新苏区的游击运动连成一片，以扩大活动后方。

**1月28日** 晨五时开始，红三军团、红五军团向在土城东北青岗坡之川敌郭勋祺部发起猛攻，激战多时未取得进展，红五军团阵地反而被敌攻破，这时发现敌军不是原估计的四个团六七千人，而是六个团万余人，且后援不断涌来。红军背水作战，形势危急。中革军委立即命军委纵队干部团、红一军团一部赶往战场增援。在战斗最危急的时刻，朱德和刘伯承也赶到前沿阵地指挥作战。由于敌后续部队又不断增援，态势对红军不利，傍晚，中央政治局主要领导人决定迅速撤出土城战斗，渡赤水河西进。朱德、刘伯承仍留前线指挥阻击，掩护全军渡河。

**1月29日** 三时，于总司令部发布《关于我军西渡赤水河的命令》：由于敌人已经集中，"我野战军拟于今二十九日拂晓前脱离接触之敌，西渡赤水河向古蔺南部西进。"这个电令以及后面在四渡赤水战役中颁发的电令，有选择地以《关于四渡赤水战役的电报》为题编入《朱德选集》。

△ 拂晓，中央红军分三路由赤水县猿猴、土城地区渡过赤水河（史称一渡赤水），进入川南古蔺、叙永地域，寻机从宜宾、泸州之间北渡长江。朱德在担任掩护任务的红四团阵地指挥作战，直到全军过河后才撤离。

**1月30日** 率军委纵队经古蔺县镇龙山开向回龙场。

**1月31日** 二十二时，致电林彪、聂荣臻、罗炳辉、蔡树藩、张云逸，命令右纵队红一、九军团："向叙永、古蔺之两河镇前进，以便与我左纵队会合"，"今夜应各于原驻地提前出发，统限明一号拂晓前通过香楠坝，并须走八十里以上的路，到达古蔺西北地域再行宿营，以便脱离北面敌人的侧击和尾击。"并告：三、五军团及军委纵队本日宿营回龙场、铁厂地域，拟明日进至麻线铺、白沙地域。

**2月2日** 因红一军团先头部队攻永宁（今叙永）不克，红军主力西向川、滇、黔三省交界处前进。

△ 蒋介石判断中央红军可能西入云南，重新调整部署，将"追剿"军改为两路：第一路军以何键任总司令，下辖刘建绪、李云杰、李韫珩、李觉四个纵队，主力在湘西"围剿"红二、六军团，另以一部封锁湘、黔边境，防堵红军进入湖南；第二路军以龙云任总司令，薛岳为前敌总指挥，下辖吴奇伟、周浑元、孙渡（滇军）王家烈（黔军）四个纵队，共十六个师，集结川、滇、黔地区，"追剿"中央红军。

△ 二十四时，与周恩来致电一、三、五、九军团首长："我野战军拟通过永宁（叙永）、摩尼之线，转移到古宋、兴文、长宁地带休息一两天，再向西北前进。"依此部署三日各兵团的行动。其中，军委纵队进到石厢子。

**2月3日** 率军委纵队进抵四川叙永县石厢子。鉴于红一军团部队连日在岔河、永宁遭到川军截击，二十二时，致电一、三、五、九军团首长和张云逸：敌人有向两河口、后山铺、站底继续截击我军的可能，因此，"我野战军为迅速脱离当前之敌并集结全力行动，特改定分水岭、水潦、水田寨、扎西为总的行动目标"。依此部署各军团四日的行动。并告："军委纵队明日仍在石厢子不动，准备开水田寨、扎西之间的地域。"

**2月4日** 二十三时半，致电一、三、五、九军团首长，对五日各兵团行动作出部署：一军团各部由现地向扎西集结；三军团开往水田寨或扎西之西北地域；五军团应进到石厢子；九军团及军委二、三梯队应进到分水岭；军委纵队应进到水田寨。

**2月5日** 三时，急电一、三、九军团首长："我野战军目前方针在集中全力于长宁以南及西南地域争取休息，进行渡金沙江的侦察，在渡江不可能时，即留川滇边的机动。"因此，一军团不必到扎西，应由现域改向长宁西南适当地域集中；三军团向大坝山以南西进；九军团及军委二、三梯队仍向分水岭前进。"各军团仍应以急行军超过敌人由两河口向我追击的范围"。

△ 率军委纵队由石厢子到达云南威信县水田寨花房子（因此村处于川、滇、黔三省交界处，素称"鸡鸣三省村"）。中央政治局在这里开会，会议根据毛泽东在会前同周恩来提议变换中共中央领导问题，讨论中央常委内部分工，决定由张闻天接替博古在党内负总的责任，博古改任总政治部代理主任。因四日、五日连接项英来电，批评中央与军委"自出动以来无指示，无回电，也不对全国布置总方针"，并提出关于中央苏区"行动方针"等问题"请立复"。会议还讨论了中央苏区问题，决定成立革命军事委员会中央军区分会，由项英、陈毅、贺昌及另二人组成，项为主席，并指示他们"在中央苏区及其邻近苏区坚持游击战争"，要立即改变组织方式与斗争方式以与游击战争的环境相适合。

△ 二十一时半，致电林彪，告以：三军团今日开天堂坝，明日将续向西进；九军团及军委二、三梯队至分水岭，明日拟改向乐（洛）表、罗星渡前进；军委一梯队今到滇境之水田寨，明拟续向扎西前进；五军团今到石厢子，明日跟军委道路续进。要求一军团"明六日应续向长宁西南地域移动"。二十二时再电林彪，说明由于"川敌正分三路向我追击，而古宋、兴文、长宁又为其前进的主要目标，故改变集中地域到长宁以南"，"现为便于部队运动，特改在长宁、扎西大道以西地域集中。"

**2月6日** 一时，致电林彪、彭德怀、杨尚昆："根据目前敌情及渡金沙江、大渡河的困难，军委正在考虑渡江可能问题，如不可能，我野战军应即决心留川、滇边境进行战斗与创造新苏区"；"因此我一、三军团今六号前进地点应向扎西靠近，最适当位置应在长宁通扎西道口及扎西西北（即长宁西南），以便迅速集中，便于机动。"

△ 率军委纵队到达云南威信县石坎子。二十二时，致电林彪：野战军司令部今晚宿石坎子附近，明七日进至扎西。"一军团如今六日已到达扎西附近，明七日即应与一师靠近集中"。

**2月7日** 四时，致电一、三、九军团首长及第一师首长："川敌正向我分路穷追"，"我野战军应迅速脱离追敌，立即集中，以便作战。在不利条件下，应更向滇境前进。"据此部署七日各兵团集中地。并告"军委在大河滩[1]"。

△ 在石坎子与大河滩之间的庄子上一个三合院内，张闻天主持中共中央政治局会议，总结土城战斗，讨论今后的行动方针，决定改变原定渡江计划，迅速脱离四川追敌，向滇境镇雄集中，"以川滇黔边境为发展地区"，"并争取由黔西向东的有利发展"。

△ 十九时，中革军委致电一、三、五、九军团首长："根据目前情况，我野战军原定渡河计划已不可能实现。现党中央及军委决定，我野战军应以川、滇、黔边境为发展地区，以战斗的胜利来开展局面，并夺取由黔西向东的有利发展。"依此方针，目前的作战任务是："迅速并立即脱离四川追敌，向滇境镇雄集中"，"进行与滇敌作战的一切准备，并争取在该集中地域的休息和缩编。"同时，朱德致电一、三、五、九军团首长，部署明八日各兵团行动，其中说"军委纵队经大河滩进至院子地域"。

**2月8日** 中共中央书记处会议通过由张闻天按照遵义会

---

〔1〕 大河滩，位于云南省威信县南部。

议决议精神起草的《中央政治局扩大会议总结五次"围剿"战争中经验教训决议大纲》,《大纲》指出:在反五次"围剿"战争中实行"单纯防御路线",同我们红军取得胜利的战略战术的基本原则是完全相反的;实行"分兵主义",违背集中兵力打歼灭战"各个击破敌人"的方针;实行阵地战"强攻堡垒"或"短促突击",背离红军"在运动战中消灭敌人"的"特长";单纯同敌人拼消耗,背离战略的持久战与战役速决战的原则;"不放弃苏区寸土"的口号违背以歼灭敌人有生力量为主要目标的作战原则和"诱敌深入"的作战方针。还指出:第五次反"围剿"继续在内线作战已无胜利可能时,"我们应毫不迟疑地转变我们的战略方针,实行战略上的退却",以便"在广大无堡垒地区,寻求时机,转入反攻,粉碎'围剿'"。会议决定向各兵团传达关于第五次反"围剿"总结的精神,并决定潘汉年离开部队赴共产国际汇报遵义会议以来中共中央的情况。

△ 一时,致电林彪:"你们昨午后得到军委昨七日四时电令后开到罗海(洛亥)宿营与主力愈离愈远是不妥的";"万望遵照七日十九时电令向镇雄方向前进"。林彪接电后立即向所辖部队发出"立即从现地改向镇雄前进"的电令。

**2月9日** 率军委纵队到达威信县城扎西。出席在扎西老街江西会馆召开的中共中央政治局会议。会议讨论了中央红军的进军方向及部队缩编问题并作出决定。毛泽东在会上强调要用敌变我变的原则指导红军的行动,提出红军回师东进、再渡赤水,重占遵义。会议接受了这一主张。会议还对红二、六军团的战略方针和组织领导作出决定;作出成立中共川南特委和组建川南游击纵队的决定。

△ 三时,致电林彪、彭德怀、杨尚昆,告以:滇敌安(恩溥)旅由毕节昨八日有一团抵大湾子,其主力在后跟进。

我野战军决于今九日集结于扎西、大河滩之线及附近准备作战，已令五军团开石坎子、大河滩之线待机转移；九军团主力留大河滩，军委纵队则移至扎西附近。令一军团全部今九日应集结扎西西北二三十里处待命，三军团缺第四师应于今九日上午开抵扎西附近，第四师仍留扎西担任消灭扎西守碉团匪，以便我军战斗。此前，致电董振堂、李卓然，要求五军团渡回赤水河，经水田寨开到石坎子附近，甚至大河滩附近，在行动中加强后卫警戒，并引敌尾追，以便实行反突击，捕捉俘虏，务必弄明敌情，电告军委。

△ 二十四时，致电一、三、五、九军团首长："我野战军明十日仍集结全力准备战斗，并拟引诱大湾之敌接近扎西附近伏击而消灭之。"对各兵团行动作了相应的部署。并告军委纵队仍在扎西附近。

**2月10日** 二时，以中革军委主席名义与副主席周恩来、王稼祥发布中革军委关于缩编各军团战斗单位的命令。整编规定：红一军团保留第一、第二两个师，第一师辖第一、第二、第三团，第二师辖第四、第五、第六团；红三军团撤销第四、第五师师部，改编为军团直辖第十、第十一、第十二、第十三共四个团；红五军团仍保留三个团，即军团直辖第三十七、第三十八、第三十九团；红九军团仍保留三个团，即军团直辖第七、第八、第九团。

△ 鉴于川军十二个旅沿长江布防并入滇追击、滇军三个旅由镇雄向扎西急进，中革军委决定红军向东二渡赤水河。十九时半，朱德致电一、三、五、九军团首长："军委认为，我野战军目前在扎西地域伏击滇敌安旅一部已不可能，亦不适宜，而应迅速脱离川敌与滇敌之侧击，立即于明十一日起转移到雪山关及其以西地域，争取渡河先机，并准备与薛岳兵团及黔敌

为主要作战目标。在转移中应力求避免川、滇敌之侧击,但在其逼紧与阻我前进的条件下应击退之。"前进编队为:三军团及一军团一部为左纵队,经扎西、双河场向摩泥前进;军委纵队及一军团主力为中央纵队,经大河滩、石坎子向石厢子及其以东地域前进;五军团、九军团为右纵队,担任佯攻和迷惑滇敌,以掩护我野战军主力向东南转移,然后向水田寨、水潦前进。二十二时,再电一、三、五、九军团首长,对各兵团明十一日行动作出具体部署,其中"军委纵队应进到石坎子地域"。

△ 鉴于因山高路险,给养困难,红军中技术人员屡有离队现象,与周恩来、王稼祥、李富春发出《关于优待技术人员的指示》,指出,在目前因为经济的困难,暂时减少津贴和发零用费,要向技术人员"重新来一次解释工作,使他们在自愿的原则之下,来拥护军委这一决定。""对于技术特别好的人员,可给予用苏维埃纸票兑换现洋的便利,同时打土豪得来的食物、用具,应多多地分配给他们,使他们不感到缺乏";"已规定了的马匹、特务员、练习生与行李担子的技术人员,应不使他们感觉缺乏";"对于有病的更要很好地照顾,不使他们掉队。"

△ 国民党四川省政府改组后在重庆宣告成立,刘湘任省政府主席。原兼省政府主席的刘文辉等此前已被国民党中央政府免职。

**2月11日** 二十时,为挥师东进,致电一、三、五、九军团首长:"我野战军为准备与黔敌王家烈及周浑元部队作战,并争取向赤水河东发展,决改向古蔺及其以南地域前进,并争取渡河先机,在前进中应准备与薛敌'追剿'支队遭遇,并相机占领古蔺城。"依此部署三军团应立即侦察由分水岭直经站底向古蔺前进的道路和敌情;一军团应准备于明十二日前进至分水岭及其以东地域后,侦察营盘山、回龙场的前进道路。

五、九军团应准备经石厢子、摩尼向养马嘶前进；军委纵队拟在一军团及五、九军团之间前进。二十二时，再电一、三、五、九军团首长，对各兵团明十二日行动作出具体部署，其中"军委纵队由石坎子经大河口、赵家坝、宗大屋子、桐梓岭绕过水田寨，进到陈家寨、龙岗（陇扛）地带，其后尾须于明十时完全离开石坎子。"

△ 中共中央和中革军委就反"围剿"中的战略问题致电湘鄂川黔省委及红二、六军团负责人，指出："你们应利用湘、鄂敌人指挥上的不统一与何键部队的疲惫，于敌人离开堡垒前进时，集结红军主力，选择敌人弱点，不失时机在运动中各个击破之。总的方针是决战防御而不是单纯防御，是运动战而不是阵地战。辅助的力量是游击队与群众武装的活动。对敌人须采取疲惫、迷惑、引诱、欺骗等方法，造成有利作战的条件。"还指出："你们主要活动地区是湘西及鄂西，次是川黔一部；当必要时，主力红军可以突破敌人的围攻线，向川黔广大地区活动，甚至渡过乌江。"并告中央批准成立革命军事委员会湘鄂川黔分会，以贺龙、任弼时、关向应、夏曦、萧克、王震为委员，贺龙为主席。

△ 在石坎子对经过这里的红一军团一部指战员讲话：我们现在到了云、贵、川三省交界的地区，这里人少山多路窄，属少数民族地区，还是封建社会，山寨王修的土围子多，在墙上挖枪眼，瞄准红军必过的山路小道打冷枪，造成不少伤亡，有点像宋朝陆游诗里说的"山重水复疑无路"。因此，中央决定不在这里建立苏区。我们是党领导的红军，没有战胜不了的困难。一军团还有好几百从井冈山下来的同志，大家记得六年前毛泽东同志和我带领三千多人下山，经过三年多的艰苦战争，粉碎了蒋介石的四次"围剿"，扩大了十几万红军，建立了二百多万

人口的根据地。现在全军还有三万多人,比井冈山时多十倍,还怕什么?我这个人从来是乐观的,坚信代表剥削阶级的蒋介石军队一定会被代表劳苦大众利益的工农红军所消灭。部队又在这里整编充实了连队,还留下一部分人和枪在这山区打游击,牵制敌人。大军则东进,与蒋介石打个冷不防,他就无可奈何了。现在是过了大年又立春,是"柳暗花明又一'春'"的好时光,我把"村"字改为"春"字,表示红军有新的生机,因为遵义会议后毛泽东同志又到红军指挥战斗了,下一仗一定能打赢的!

**2月12日** 七时,致电林彪、聂荣臻:大湾子仍有敌,我五、九军团及军委纵队行进路线易暴露企图,一军团今日应向分水岭一路前进。

△ 二十四时,致电一、三、五、九军团首长,对明十三日各兵团东进行动作出部署,其中"军委纵队应由陈家寨经牛石寨、黄狮坳进到波罗所、海水坝上地域向营盘山方向警戒"。

**2月13日** 二十一时,致电一、三、五、九军团首长,对明十四日各兵团的行动作出部署,其中"军委纵队应进到摩泥以北之黑泥哨及其以东地域"。

**2月14日** 二十三时,致电一、三、五、九军团首长:"为争取迅速渡过赤水东岸的先机,决放弃袭击古蔺城周(浑元)敌'追剿'队之两个团。"各军十五日的行动部署是:五军团应先到海罗铺与白沙之间的杨家坳、凤岩地域;军委直属队应由摩泥、黑泥哨进到白沙及其西南端地域;一军团进到白沙及其东北端地域;三军团进至回龙场;九军团进到麻线堡。要求:"各兵团到达目的地后,秘密调查由各当前直赴二郎滩至土城一段的渡河点及去的平行路,并准备东进。"

**2月15日** 二时半,急电彭德怀、杨尚昆并林彪、聂荣臻:我野战军以迅速东渡、准备在赤水河东与黔敌或周(浑元)

敌十三师（拟在仁怀集中，可能向土城前进）作运动战为目的，规定渡河点：太平渡及其以北至林滩归三军团，太平渡以南至二郎滩归一军团。要求三军团于十六日派先遣队前往赤水河侦察具体渡河点及继续东进道路，须确实控制渡河点并架桥。

△ 二十时，致电一、三、五、九军团首长，发布二渡赤水河的行动计划："我野战军以东渡赤水河消灭黔敌王家烈为主要的作战目标，决先由林滩经太平渡至顺江场地段渡过赤水，然后分向桐梓地域前进，准备消灭由桐梓来土城的黔敌，或直达桐梓进攻而消灭之。"为此，"决区分三个纵队向桐梓地域前进：其一，第三军团为右纵队，由回龙场经亚铁厂到太平渡上游的顺江场地段过河，准备取道回龙场、江场（赤水河右岸的）直往桐梓。其二，军委、第五、第九军团为中央纵队，由白沙经丫叉、鱼岔到太平渡，渡河以后，东岸的取道看情况决定。其三，第一军团为左纵队，由松林经白沙、锅厂坝、镇龙山、石夹口到悦来场、林滩地段渡河，并相机占领土城以后，则取道东皇殿、温水、新站迂回桐梓。"对各兵团十六日的具体行动作出部署。并告："我们率军委直属队明日在白沙休息。"

**2月16日** 在古蔺县白沙，中共中央和中革军委发布《告全体红色指战员书》，指出："由于川、滇军阀集中全力利用长江天险在长江布防，拦阻我们，更由于党与中革军委不愿因为地区问题牺牲我们红军的有生力量，所以决计停止向川北发展，而最后决定在云、贵、川三省地区创立根据地。""为了有把握地求得胜利，我们必须寻求有利的时机与地区去消灭敌人。在不利的条件下，我们应该拒绝那种冒险的没有胜利把握的战斗。因此红军必须经常地转移作战地区。有时向东，有时向西，有时走大路，有时走小路，有时走老路，有时走新路，而唯一的目的是为了在有利条件下求得作战的胜利。"号召全体红军指战员充分发扬我军运动战的特长,机动灵活地消灭敌人有生力量。

　　△　与周恩来、王稼祥急电张国焘、徐向前、陈昌浩、项英、贺龙、任弼时、萧克、王震:"我野战军原定渡过长江直接与红四方面军配合作战,赤化四川,及我野战军进入川、黔边区继向西北前进时,川敌以十二个旅向我追击并沿江布防曾于一月二十八日在土城附近与川敌郭(勋祺)、潘(佐)两旅作战未得手,滇敌集中主力亦在川、滇边境防堵,使我野战军渡长江计划不能实现。因此,军委决定我野战军改在川滇黔边区广大地区活动,争取在这一广大地区创造新的苏区根据地,以与二、六军团及四方面军呼应作战。"

　　△　二十时半,急电彭德怀、杨尚昆转毛泽东,报告敌军侦知"我军向东转移"后各路的动作。

　　△　二十四时,与周恩来致电林彪、聂荣臻、彭德怀、杨尚昆,告以"根据乌江、赤水渡河经验,在无船、无锚情况下进行架桥"应采用的具体方法。

**2月17日**　十九时,与周恩来致电林彪、聂荣臻、彭德怀、杨尚昆:判断黔敌何知重"所指挥之六个团在赤水、土城,其警戒部队或在太平渡"。指出"我第一、三两军团以到达顺江渡至林滩地段渡过赤水河东之目的",十八日的行动部署是:第一军团应进到太平渡及其以东沿河岸地域,并在太平渡、林龙河架桥渡河;第三军团应进到顺江渡附近。其先遣团应预先到顺江渡控制渡河点,并于明日架好浮桥。三军团主力则于明晚赶到渡河。

**2月18日**　二十一时,与周恩来致电一、三、五、九军团首长:"现我军处此各方有敌的河套中,急须远离追敌,速渡赤水,争取有利阵势,以便集中全力消灭黔军一部,开展战局。我各军团首长必须认识这一战役的严重性,须在明(十九日)、后两天以最迅速坚决行动，确实取得并控制渡河点，架好浮桥，最迟在二十夜及二十一上午全部渡河完毕，以利时机。"

△ 二十四时，与周恩来致电一、三、五、九军团首长，告以："太平渡无敌。我二师今十八日十四时已由该地开始渡过一团。"部署十九日各军团东渡赤水河行动。其中，要求第一军团（缺一个团）在太平渡渡河完毕，进到林滩、坪上地域，占领掩护阵地，并侦察土城敌情；第三军团除一营外在顺江渡渡河完毕；军委纵队应分别由石夹口及高泥坝进到太平渡、九溪口，准备二十日渡河。

△ 率军委纵队到达走马坝。

**2月19日** 二十四时，致电一、三、五、九军团首长："我野战军以集结主力于赤水东岸，准备分两路向桐梓进攻，迎击黔敌并防其截击之目的"，二十日的行动部署是：第一军团应集结主力于枫村坝、土城地带；第三军团应集结回龙场、临江渡地域；第五军团应全部渡过太平渡东岸老鸦头地域；第九军团应进到太平渡；军委纵队进到鼎兴场附近。

**2月20日** 一时，与周恩来致电一、三、五、九军团首长："为准备进取桐梓、遭遇黔敌，并严防其侧击和截击我军"，规定各兵团的区分和进取路线：第三军团为右纵队向桐梓西南地区前进；第一、第五、第九军团及军委纵队为左纵队，向桐梓西北地区前进。各军团每日行程应是五六十里。

**2月21日** 十七时，与周恩来致电一、三、五、九军团首长："判断川敌将有四个旅渡赤水河跟追我军可能"，"现我野战军任务，主要是迅速脱离川敌，进攻桐梓，遭遇黔敌。对追我之敌则侦察、戒备并掩护，在有利条件下则准备回击，消灭其一部。因此为争取先机，我一、三军团应日行七十里左右，用四天行程逼近桐梓，期于二十五日会攻桐梓，并准备沿途遭遇黔敌。"据此,部署二十二日的行动,要求第三军团应赶到尤光坝及其以东地域;第一军团右纵队应赶到葡萄坝、吼滩地带,左纵队应赶到下坝、良村地带。军委直属队及第九军团随一军团右纵队后跟进。第五军团随一军团左纵队后跟进。

△ 中央红军从十八日到二十一日由四川古蔺县太平渡、二郎滩东渡赤水河回师黔北(史称二渡赤水)。国民党军驻川、黔各部慌忙调兵阻止,并企图围歼红军于娄山关或遵义以北地区。

**2月22日** 二十时,致电一、三、五、九军团首长:黔敌杜肇华旅四个团"有在花秋坝、官店遭遇我军的可能","我野战军明二十三日继续东进会攻桐梓,第一、三军团并有在官店、花秋坝地带迎击黔敌之任务"。具体行动部署是:第三军团应以遭遇黔敌姿势进到桃子坪、花秋坝地带,并向仁怀及来路警戒;第一军团应以遭遇黔敌姿势会合其两纵队进到和村、官店、双龙场地带,并向温水警戒;第九军团应进到吼滩与土豪坝之间的七碗井地域;第五军团应进到良村附近。并告:"我率军委直属队明日进到庙堂坝、吼(后)滩地带。"

**2月24日** 二十时,致电林彪、聂荣臻、彭德怀、杨尚昆:"估计黔敌正分头集结待机,其守桐梓者两旅约四个团,川敌郭(勋祺)、潘(文华)、廖(泽)一部则企图乘机尾追我军。""我野战军以一部阻滞追敌,主力则迅速袭取桐梓城,以转移战局。据此,明二十五日第五军团主力移双龙场,其后卫团在梅溪、良村之间阻滞郭、潘两敌,并尽量吸引其向温水方向,第九军团主力移新困坝,其后卫团则在七碗井到庙堂坝地带阻滞廖敌。"由林彪、聂荣臻统一指挥第一、第三军团,于明二十五日迅速袭取桐梓城。并告:"我率军委直属队明日由官店进到九坝。"

△ 二十一时,致电董振堂、李卓然、罗炳辉、蔡树藩:

"我五、九军团统归董、李指挥，阻滞川敌四天，直至二十七日为止，使敌在新店、九坝以北地区，来配合一、三军团袭取桐梓城。"

△ 二十二时，林、聂来电报告："我第一团已进占桐梓城。"

△ 中革军委电复任弼时：第十六师最好能在现地区活动，与湘赣苏区及桂东、郴州、宜章、南雄、大庸等地的游击队争取取得联系，配合行动，其发展方向应是向南，"争取在湘粤赣边区打成一片"；而当前是"以游击战争争取有利地消灭敌人和向南发展的条件"。

**2月25日** 中革军委决定集中主力进攻娄山关以南的黔军，乘胜夺取遵义。二十三时，致电林彪、聂荣臻、彭德怀、杨尚昆："我野战军决以一部阻滞四川追敌，主力坚决消灭娄山关黔敌，乘胜夺取遵义城，以开展战局。""我一、三两军团及干部团统归彭、杨指挥，应于明二十六日迂回攻击娄山关、黑神庙之敌，坚决消灭之，并乘胜直取遵义，以开赤化黔北的关键。""我五、九军团主力明二十六日均移官店，其两个后卫团分在温水与新罗坝两处阻滞川敌，并令其在二十九日以前不使该敌逼近桐梓。"并告："我拟明日十三时前到桐梓城。"

△ 中央红军经过激战，再次攻克川、黔交通要隘娄山关。

**2月26日** 为乘胜夺取遵义，二十时，于桐梓致电林彪、聂荣臻、彭德怀、杨尚昆："今二十六日被我击溃的黔军约六个团，估计遵义城较空虚。""我一、三军团仍由彭、杨指挥，应乘溃敌喘息未定跟追直下遵义"，"现三军团一部追击，一部停在四都站，而一军团又徘徊途中，将使敌人整顿抗我，是不对的。"命令第三、第一军团于当天二十六日夜及二十七日全力追击。林彪和彭德怀接电令后即分别令一军团和三军团主力部队，立即向遵义城追击前进。

**2月27日** 十五时，急电林彪、聂荣臻、彭德怀、杨尚昆：多部敌军正向遵义逼近，可能于明二十八日下午到遵义。情况迫切，而夺取遵义之战又是转换战局的战役，要求一、三军团尽其全力，期于今二十七日协同干脆消灭遵义之敌，"勿使良机稍纵"。

△ 二十四时，急电董振堂、李卓然："你们所率五、九军团主力应于明二十八日经桐梓、娄山关进到泗渡站以南通遵义马路的适当地点，以便后日开遵义为进攻援敌的预备队。"又指示："天池寺与桐梓间路之右侧有几百团匪，你们须便道消灭或驱逐之。"并告：军委明日拟进到董公寺。

**2月28日** 晨，红一、三军团占领遵义。

△ 二十四时，致电林彪、聂荣臻、彭德怀、杨尚昆：一、三军团应不顾一切疲劳，马上乘胜南下，坚决猛追该敌，并部署在新站地域与敌决战。我主力须用在西北面迂回和截击其归路而消灭之，另以一个团带电台飞速由东向刀把水、老君关地域破坏浮桥，切断电话，断其归路。"这一追击的决战关系全局胜负，无论如何要扩张战果到灭其全部，不得丝毫动摇。"半小时后，又急电林彪等："前令迂回刀把水、老君关一带截敌的别动团，关系战役很大，应由一军团选出交左（权）或周（兴）带去。"并指示了具体的战术。三月一日五时，再次电示："我一、三军团今一日应坚决执行昨二十八日二十四时电令，火速猛追该敌，注意两侧包围，压迫其走乌江边而消灭之，以竟全功。"

△ 二十四时，致电罗炳辉、蔡树藩及所辖第三十七团团长李屏仁、政委谢良：第九团、第三十七团任务仍是阻滞当前之敌，争得时间配合主力作战。明一日的行动是：三十七团转

到李子坝附近阻敌；第九团转到桐梓，并向新店方面之敌侦察、戒备。

△ 中央红军在五天内连克桐梓、娄山关、遵义城，乘胜追击直抵乌江北岸，击溃和歼灭国民党军两个师又八个团，俘敌约三千人，缴枪一千支，这一战役取得是长征以来最大的胜利。

**2月底或3月初** 中共中央决定陈云、潘汉年等去上海恢复党的地下工作，并了解上海与共产国际有无联系。潘汉年先行一步，从遵义离开长征队伍，辗转于三四月间到达香港，转赴上海。

**3月1日** 率军委总部进抵遵义城。

△ 三时，与周恩来致电林彪、聂荣臻、彭德怀、杨尚昆：今日在遵义附近作战敌军仅韩汉英、唐云山两师及柏辉章敌一部，"军委决心增加兵力，继续战斗，争取最后胜利"。"你们应坚持阵地，万勿放弃，以便增援一到，即行总攻。如已转移，应即恢复。"

△ 与周恩来致电军委纵队干部团团长陈赓、政委宋任穷："昨（二十八）日战斗，干部团英勇坚决，夺回已失阵地，足称模范，望激励战士继续奋斗，与友军协同动作，争取光荣的胜利。"已令干部团第一营及军委警备营于一日六时开抵遵义新街，统归你们指挥，整个作战由彭、杨统一指挥。

△ 十二时半，致电罗炳辉、蔡树藩，指出："我野战军主力五日内连下遵义、桐梓，击溃王家烈八个团，消灭吴奇伟部两个师，缴获枪两千以上，俘虏约三千人，开展了黔北新的局面，造成了云、贵、川新苏区的更有利的条件，使围攻我军之敌不敢轻进。""望在桐梓城及其附近多贴此项捷报，并要桐梓革委会召集群众开祝捷大会，以扩大红军影响，提高群众斗争勇气与决心，更可增加援敌恐慌。"

△ 致电董振堂、李卓然并转郭天民（九军团参谋长）、黄火青（九军团政治部主任）：川敌约四个团今由桐梓西南分三路突入桐梓城，我五、九军团应立即向娄山关赶进，在娄山关扼要协同五军团主力阻挠敌人。又电示林彪、聂荣臻、彭德怀、杨尚昆等：第一、第三军团明二日集结休息，准备机动。

**3月2日** 二十四时，致电一、三、五、九军团首长并抄陈赓、宋任穷：根据敌情，"我野战军拟一部阻滞桐梓方向之敌，主力在待机地位休息、整顿，准备折向川敌作战"。部署明三日各兵团行动：第一、第九军团仍在娄山关、板桥地带扼阻桐梓敌人南犯，并加紧向西翼游击警戒；第一军团移到遵义新城以北地域，对绥阳、湄潭方向警戒。第三军团仍停鸭溪，对白腊坎、长干山、打鼓新场侦察警戒。并告：军委明日在遵义城。

△ 蒋介石飞抵重庆"督剿"，策划对红军新的围攻，令川军、黔军、滇军、中央军各部采用堡垒推进与重点进攻相结合的战略，并在乌江设防，企图围歼中央红军于遵义、鸭溪之间地域。

**3月3日** 红军总参谋长刘伯承依据情报报告敌情：蒋介石中央军与滇、黔军组成四个纵队，以龙云为第二路军总司令，薛岳为前敌总指挥，驻贵阳发号施令，吴奇伟为第一纵队司令，辖四个师；周浑元为第二纵队司令，辖三个师；孙渡为第三纵队司令，辖滇军十三个团，王家烈第四纵队司令，辖黔军两个师及一些地方军。长江南岸川军统归潘文华节制，辖第五师陈万仞部、教导师郭勋祺部、模范师穆肃中部、田仲毅旅。

**3月4日** 十八时，与周恩来、王稼祥急电一、三、五、九军团首长："为加强和统一作战起见，兹于此次战役特设前敌司令部，委托朱德同志为前敌司令员，毛泽东同志为前敌政治委员。"

**3月5日** 三时，致电一、三、五军团首长：我野战军决以九军团在桐梓、遵义间地域吸引川敌向东而钳制之，主力则西进遵义、仁怀路上突击周浑元敌。为此，"主力之第一、三、五军团及干部团今五号应集中于鸭溪及其附近地域，其具体部署由前敌司令部直接指挥之"。

△ 晨六时半，与毛泽东率前敌司令部从遵义前往鸭溪。二十三时半，在鸭溪与毛泽东发出关于首先消灭萧致平、谢溥福两师的部署：判断周浑元纵队萧致平、谢溥福两师共七个团，明六日有由长干（岗）山向枫香坝、白腊坎前进模样。部署："一军团及干部团为右纵队，于明六日拂晓取道花苗田向长干（岗）山、枫香坝之间攻击"；"三军团为左纵队，以主力三个团经温水沟绕过温水大山西端向倒流水、青坑、养马水，由南向北攻击，以一个团扼守九龙山、白腊坎正面，吸引敌人东进"；"五军团为总预备队，进到白腊附近待命。"前敌司令部随第一军团司令部前进，明六日在白腊坎。

△ 急电张国焘、徐向前、陈昌浩，询问："我四方面军自在川陕边区宁羌、沔县及汉中等地胜利后，目前所采取的战略方针与发展方向如何？""目前川敌及甘、陕敌人对我四方面军的进攻部署如何？"红四方面军接此电后，十一日复电，报告了敌人动态，并称："我军目前在南部大捷，拟大进，彻底灭敌，配合西方军[1]行动"。

**3月6日** 与毛泽东于前敌司令部致电周恩来：敌周浑元纵队部昨未到长干岗山，判断此敌暂无前进意图。第三军团已再告出动，拟令其即驻白腊坎、椒花坝、兴龙场地域，所部向长岗山、禾平。第一军团已停止出动，即在花苗田、鸭溪休息。

---

〔1〕 西方军，即中央红军，长征初期称战略转移为"西征"。

五军团及干部团今日在鸭溪附近，明日或撤至遵义城集结。

**3月7日** 二十时，致电一、三、五、九军团和军委纵队干部团首长："我野战军以待机机动的姿势休息、补充、整理和赤化所在地之目的"，部署明八日的行动。第三军团应由现地移到鸭溪、八里水、池坪地域，设法弄明当前敌情；第九军团主力移在板桥附近阻滞敌人；第五军团主力移到遵义新城北门外新街；"我率军委直属纵队明八日五时半由现地出发，经金刀坑移小水头、平洋坝地带。"

**3月8日** 二时，致电林彪、聂荣臻、彭德怀、杨尚昆并告董振堂、李卓然、罗炳辉、蔡树藩，据情报：敌吴奇伟部正向黔西移动，周浑元部有可能向南行动。因此，"我一、三军团有继续迷惑和吸引吴敌向西、周敌向南，以便我向周敌寻求机动的任务"。八日的行动作如下改变：第一军团在原驻地不动，并向长岗山及毛石坎严密警戒；第三军团（缺一个团）亦在原地不动，另一个团应开向马蹄石、大平场、西安寨地域，积极活动；军委纵队仍留鸭溪、金刀坑不动；第五、第九军团仍照昨七日电令规定任务不变。

**3月9日** 三时，致电一、三、五军团首长并抄陈赓、宋任穷，作出红军主力迂回攻击长岗山周浑元部的部署：周浑元敌三个师今九日决向长岗山、倒流水前进。"我野战军决以九军团迷惑或钳制桐梓方面之敌，主力则于今九日进击并消灭周敌。"行动部署是：第一军团及干部团为右翼队，由西北迂回攻南击长岗山之敌；第五军团为中央队，应取道八里水、鸭溪、枫香坝向倒流水方向前进；第三军团为左翼队，应经温水沟、井坝、火烧坡迂回到二郎岩及其以东地带，由西南向长岗山敌人右侧背攻击。要求各兵团"除五军团外，统限于今九日十四时各到达指定地点开始攻击，特别注意同时协作"。并告："我们今日六时半由鸭溪出发，先赴白腊坎，继向枫香坝前进。"

**3月10日** 在苟坝召开中共中央政治局扩大会议，讨论攻打打鼓新场（今金沙县城）计划，会议在要不要攻打的问题上发生激烈争论，会上多数同志赞成攻打打鼓新场，毛泽东则力主不打，并以"去就前敌总指挥的职务力争"。有人说"少数应该服从多数，不干就不干"。会议根据多数人的意见，决定了攻打计划，并作出取消毛泽东的前敌司令部政委职务的决定。会后，毛泽东到周恩来住处，建议缓发作战命令。于是，再次举行中央负责人会议，说服与会者放弃攻打打鼓新场的计划。二十一时，朱德致电一、三、五军团首长，下令放弃进攻打鼓新场，而向平安寨、枫香坎、花苗田地域集中，寻找新的机动。"我九军团今十日下午在四都（泗渡）站附近与由桐梓南下之川、黔两敌对战，已令其于明十一日拂晓前脱离黔敌，由马路以西之迂回外圈转移于遵义通毛石坎路上拒止敌人。""我野战军以放弃遵义、集结主力准备转移、寻求新的机动之目的"，对各兵团明十一日的行动作出部署。其中，第五军团应集结于长岗山、大王寨之线，以一营佯攻坛厂之敌，以掩护我主力集中。并告：我率军委直属队在苟坝附近。

△ 毛泽东鉴于作战情况瞬息万变，指挥需要集中，提议成立三人团指挥军事。在渡乌江之前，中共中央决定由毛泽东、周恩来、王稼祥组成"三人团"（即三人指挥小组），以周恩来为团长，全权负责指挥军事。

**3月11日** 致电林彪、聂荣臻、彭德怀、杨尚昆："我主力进攻新场已失时机"，"所以军委已于昨十日二十一时发出集中平家寨、枫香坝、花苗田地域之电令，以便寻求新的机动，望准此行动。"

**3月12日** 十七时，朱德致电一、三、五、九军团首长：

我野战军决转移于仁怀东南及以南地区，消灭王家烈敌，以寻求对周浑元、吴奇伟两敌的机动，并略取和控制赤水河上游渡河点。"据此部署各兵团十二日黄昏至明十三日十时的转移地域和任务。其中，红三军团应分经白腊坎、枫香坝开到兴隆场、枫香坝宿营，准备明十三日在无情况变化时先消灭西安寨、泮水地域之黔敌犹国材部。并告："我率军委直属纵队于今晚经青坑移到白果坝地域宿营。"

**3月13日** 二十时，致电一、三、五、九军团首长："依据目前情况，党中央政治局决定：我野战军战略方针仍应以黔北为主要活动地区，并应控制赤水河上游，以作转移枢纽，以消灭薛岳兵团及王家烈部队为主要作战目标。对川、滇敌人须在有利而又急需的条件下，才应与之作战，求得消灭其一部。""军委依此方针决定我野战军应向西南转移，求得在转移中与在消灭王家烈部队的战斗中，调动周（浑元）、吴（奇伟）纵队，实行机动，并迅速略取与控制赤水河上游的渡河点，以利作战。"

△ 二十四时半，致电一、三、五、九军团首长：估计明十四日敌周浑元部向吴马口前进或回占坛厂，王家烈部固守平桥待援或撤退，吴奇伟两师有由鸭溪开长岗山的可能。"我野战军决明十四号转移到长岗山附近伏击，并消灭吴敌两个师，造成有利的战局。"并作了相应的战斗部署。并告：我率军委直属队明日拂晓由头道水转到长岗山以北山地指挥。

**3月14日** 二十二时，急电一、三、五、九军团首长：周浑元敌三个师现在鲁班场、三元洞地带，其主力在鲁班场，第十三师之一部似在观音场，吴奇伟两个师明天有可能到枫香坝。"我野战军决于明十五号以全力进攻鲁班场、三元洞地带之周敌，期于当天坚决干脆消灭该敌，而以小部在枫香坝监视吴敌。"命令：第一军团、第三军团主力（限明日十二时前赶到鲁班场作战）及干部团为右翼队,由林、聂指挥,取道坛厂,由北向南突击鲁班场之敌之左侧背及左正面,第一军团教导营应监视和相机消灭观音场之敌,并切断其通仁怀交通;第五军团及彭雪枫指挥之两个团为左翼队,由董、李指挥,主力出分水岭,由西南协同第一军团突击该敌;第九军团主力应由蔡领率为总预备队,于明九时前赶到坛厂。"我于明日到坛厂附近。"

**3月15日**　与毛泽东率前敌司令部到坛厂附近指挥作战。红军主力围攻鲁班场,未克,撤出战斗,向茅台地区机动,袭取仁怀。于二十二时急电一、三、五军团首长及第十三团团长彭雪枫、政委李干辉:"我野战军主力应立即乘夜转移到小河口、坛厂、仁怀、茅台地域,限明十六日午前到达。"又致电罗炳辉、蔡树藩:九军团（缺两个连）明十六日应在倒流水、长岗山、桑树湾地段有力地节节迟阻吴敌前进,以掩护我主力转移,并准备明晚到桑树湾待命转移。

**3月16日**　十八时,为部署三渡赤水,急电一、三、五、九军团首长:"我野战军决于今十六晚和明十七日十二时以前,由茅台附近全部渡过赤水河西岸,寻求新的机动。"并部署各军团及军委纵队渡河具体时间和渡河后行动。并告:"我率军委于今二十一时半到茅台。"

△　是日晚至十七日十二时前,中央红军在茅台及其附近地区西渡赤水河（史称三渡赤水）,向川南古蔺、叙永方向前进,摆出北渡长江的姿态,将国民党军主力引向赤水河以西地区。

**3月17日**　二十一时,致电一、三、五、九军团和军委纵队干部团首长:"我野战军决明十八号以一部停在茅台西岸扼敌,主力西进到待机位置,以便休息。"并对各兵团行动作了具体部署。"我率军委进到庙山、石板滩。"

**3月19日**　二时,发布各军团及军委纵队十九日应到达地域的命令：一军团鱼岔、镇龙山；三军团铁厂；五军团两河口；九军团鱼岔以东之滴水；军委纵队大村地域。

△ 二十三时半，发布电令：我野战军诸兵团明二十号白天各在现地休息，并准备十六时后移动。并告：军委十六时前仍在大村。

**3月20日** 为部署四渡赤水，十七时，急电一、三、五、九军团首长：估计尾追我军之郭思演敌，将配合叙永、古蔺之川敌及毕节、赤水镇之滇敌等的截击，这使我西进不利。"我野战军决秘密、迅速、坚决出敌不备折而东向，限二十一日夜由二郎滩至林滩地段渡过赤水东岸，寻求机动。"并具体部署各军团二十、二十一日的渡河及掩护行动。要求第五军团担任"迟滞并吸引"敌人、争取渡江时间的任务，其他"各军团于得令时即各派先遣部队带全部工兵、电台各赶到渡河点，各以其主力过河东岸向可能来敌方向警戒，并限于明二十一日十二时至十六时架好桥，各军团主力则限于明晚全部渡过东岸"；"为迷惑川、滇敌人起见，一军团主力在镇龙山应留一个团，并派队逼近古蔺方向之敌游击，伪装我主力西进"。"各军团渡完后各负责破毁桥梁，但太平渡桥梁须候交五军团使用和破毁。"并告："我率军委于今晚移鱼洞沟，明午抵九溪口。"

△ 致电林彪、聂荣臻，令一军团"得电后立刻派出两个先头团，每人沿途砍带可架桥竹子一根，并带全部工兵连夜兼程赶到，并急袭太平渡（今夜袭占）、林滩（明日上午）两点，抢船各架桥两座，由师长、政委分往亲自指挥。太平渡之桥限明二十一日十二时架成，林滩限十五时架成，其先头两个团主力应过河控制太平渡、林滩渡河点，向二郎滩、土城严密警戒"；其主力今二十日下午出发，明十五时到达林滩渡河。

**3月21日** 中央红军从古蔺县二郎滩、太平渡九溪口再次东渡赤水河（史称四渡赤水）。

△　二十四时，致电一、三、五、九军团首长：吴奇伟敌有将转至仁怀、茅台筑碉消息。"我野战军渡河后应迅速南移，先敌到达遵义、仁怀的中间地段，以便实行新的机动。"依此部署各兵团二十二日的行动。

**3月22日**　致电一、三、五、九军团首长："我野战军仍以迅速动作进据仁（怀）、遵（义）中间地带，寻求新机动。"二十三日各兵团的行动部署是：第九军团应进到罐子口，向茅台封锁消息并警戒，查明由罐子口经大坝和仁怀东北绕过仁怀的路，并准备二十五号佯攻仁怀；第一军团应进到大坝场、松林坡地带，查明去三元场及水淹场的两条路；第三军团应进到二郎坝、火石岗地带；第五军团应经二郎庙到马桑坪。并告：军委纵队明日进到回龙寺地域。

**3月24日**　二十三时，致电一、三、五、九军团首长：敌人企图连接遵、仁封锁线，阻我在其以北地区。"我野战军以遭遇敌人姿势赶快通过遵、仁之线，向南寻求新的机动"，依此部署二十五日的行动。并告：军委纵队明日拟进到闷头台地域。

△　蒋介石由重庆飞抵贵阳"督战"，企图集中兵力寻求红军主力决战。

**3月25日**　二十时，野战司令部致电各军团，通报蒋介石抵达贵阳及在遵义附近地区敌军部署情况。

△　二十四时，致电一、三、五、九军团首长：估计敌周浑元部企图协同遵义之敌截我东向，并会同吴奇伟、王家烈两敌完成封锁，阻我南进。"吴敌主力则分驻数处，王敌最分散"。"因此，我目前作战方针，应集结主力迅速占领坛厂、青坑之线，钳制周、吴两敌，以便突破包围，继续前进，消灭王敌，扩大机动地区，向西南行动，并求得在周、吴两敌向我追

击或截击时，能于运动战中消灭其一部或大部，以转移战局。"

**3月27日** 六时，致电一、三、五军团首长：由于敌情的变化，我野战军原定从长岗山、枫香坝之间突围行动已不可能，决改从鸭溪、白腊坎地域向西南转移。今日的行动部署是：第一军团由纸房、狗坝进抵鸭溪地域，监视和包围鸭溪之敌，切断其通遵义、白腊坎交通；第三军团由干溪进至白腊坎地域，监视和包围该地之敌，并向枫香坝进行佯攻；第五军团由干溪与第三军团平行进至白腊坎以北地域；第九军团转至干溪地域；军委纵队今日转移至箩筛坝地域。

△ 为引诱敌人北向，以掩护中央红军主力向南急进，急电九军团首长罗炳辉、何长工："我野战军主力决南移寻求机动，而以九军团暂留现在活动地域钳制周（浑元）、吴（奇伟）纵队，以配合我主力作战。"具体要求是："九军团今二十七日到干溪后，应即移狗坝西之马鬃岭，为九军团暂时活动枢纽，并于明二十八晨起分两部，一向长岗山，一向风香坝，伪装主力活动，特别要注意自己侧卫警戒与封锁消息。"

△ 致信指示第一和第三军团由彭德怀、杨尚昆统一指挥，"主力应控制于敌人封锁线以南，布置侧面阵地，其布置要旨：(1)能掩护我后续部队通过封锁线。(2)敌出击时，则便于侧击之。(3)今后便于南移。""这两军团在五军团主力及军委纵队未通过这封锁线时，不得撤收包围、监视封锁线的部队。""明二十八日，一、三军团主力集结鸭溪白腊坎以南适当地域，准备与敌作战"。并告："军委纵队明二十八日一时，由花苗田南移，准三军团路线通过封锁线，十二时可通过完毕。"

**3月28日** 致电罗炳辉、何长工："我一、三军团明二十九日继续南下，争取控制乌江，执行新的机动。五军团在明十二时前在兴龙场钳制枫香坝敌人，以掩护南下。""九军团明二十九日任务，仍照二十七日二十四时电令不变。但须在马鬃岭西北路上摆露天红标语，路侧放烟火扮炊烟，散消息，伪装我主力将在此地区诱敌向北出击而消灭之的模样，以便我主力借此秘密向南转移。"并告："军委明日到沙土"。

△ 率军委纵队从花苗田南移，从白腊坎附近通过敌人封锁线，准备南渡乌江。

△ 红四方面军为了配合中央红军在云、贵、川边的作战，向四川、甘肃边界发展，发起强渡嘉陵江战役，至四月二十一日结束，共歼敌一万余人，攻克九座县城，控制了东起嘉陵江、西到北川、南起梓潼、北到川甘边界的广大地区。

**3月29日** 二十三时，急电红一军团先遣队首长黄甦、李聚奎等："据悉，周（浑元）敌正经太平场向我尾追，我军必须迅速在乌江完成渡桥，方便机动。""你们须督率工兵及三团，以最大努力务于明三十日九时前在江口架好浮桥一座，不得迟误。"

**3月30日** 致电一、三、五军团和军委纵队、干部团首长，部署各兵团三十日的行动："我野战军在桥架成时则南渡乌江，架不成时则速向三重堰与黔西之间西进。"对桥架成南移或架不成时西移两种情况分别作出部署。

△ 致电董振堂、李卓然："周（浑元）、吴（奇伟）两敌主力今三十日向泮水、新场前进，判断周、吴主力今三十日如已进至泮水，今夜或明晨有经苦茶园向安底急进的可能。我一、三军团及军委纵队约明三十一日午前后方可渡河完毕，九军团尚在长干（岗）山、枫香坝之线以北，准备明日起向南转移。""我五军团应即在苦茶园及其附近赶筑野战工事，于明日顽强扼阻可能南进之敌"，以掩护主力渡河。

△ 致电罗炳辉、何长工："我九军团有向南转移配合五军团有力地抗击周（浑元）、吴（奇伟）主力的左侧翼，迟滞

该敌前进，以便争取野战军全部渡过乌江，并争取自己在两日内渡过乌江的任务。"具体要求是："今夜在窑上应即准备南移，并侦查好由窑上、青坑、大（太）平场通马蹄石的道路，以便今夜得军委电令后即行动。"

**3月31日** 致电一、三、五、九军团首长："我野战军主力应迅速渡过乌江，我五、九军团则尽力钳制与迟阻北岸追敌，以便我主力得集结南岸实行机动。"为此，对各兵团部署：一军团限今晨八时前全部渡河完毕；三军团限今十四时前渡完；军委纵队限今十时渡河完毕，干部团则为后卫警戒。五军团继续钳制与迟阻敌军，先在苦茶园，最后则扼守狗场、沙土地段；九军团现在苟坝，准备南移。

△ 在南渡乌江时，发生了这样一件事：由陈赓、宋任穷率领的干部团，奉命担任守护乌江浮桥的任务，等候殿后的红五军团过江。后来，他们得知红五军团已从另一个渡口过了江，就把浮桥拆了。朱德、周恩来、刘伯承听说拆了浮桥，十分焦急，对此进行了严厉的批评。朱德很恼火地说：岂有此理，为什么下这样的命令？五军团过江了，可罗炳辉率领的九军团还在后面，还没有过江呀，怎么能拆桥呢？他指示干部团马上返回江边，重新架桥，浮桥架好后，交给九军团。如果等到明天早晨七时，九军团还不来，再拆桥。宋任穷立刻带领工兵急行军四十里返回乌江边，连夜突击架起浮桥，等候九军团过江。但奉命在乌江北岸伪装主力诱敌北进的红九军团，一度失去同中央军委的联系，未能赶来渡江。宋任穷后来回忆说："我从来没有见过总司令发脾气，这次发怒是我见到的唯一的一次。在当时的情况下，一支负有特殊任务的部队离开大部队单独行动，突然中断了联系，在没有得到这支部队已经过江的确切消息时，听说我们拆了过江的浮桥，爱兵如子的总司令忧心如焚，指示

我们架桥后务必坚持到形势允许的最后时刻。此时此地，此事此举，可见胸怀全局的总司令虑事之精细，爱护官兵之心切。"

△ 是日，中央红军主力除红九军团外，经江口、大塘、梯子岩三处迅速南渡乌江，跳出了几十万敌军的合击圈，把敌军重兵甩在乌江以北。

**4月1日** 十九时，致电一、三、五军团首长：估计蒋介石正以三路纵队堵截我军向西南转移，我军已不能通过镇卫西、贵阳之线。因此，"我野战军决改经息烽、修文之线向东南过底寨渡河，以便寻求新的机动"。命令各兵团立即侦察前进路线，准备明二号拂晓前出发。

**4月2日** 二十时，急电一、三、五军团首长：各路敌军正向我逼近，"我野战军任务仍是迅速通过息烽、扎佐马路线，以脱离敌人而向东南机动"。对明三日的各兵团行动作出部署。并告："我随军委纵队行进。"

△ 是日，中央红军以一部佯攻息烽，主力进占扎佐等地，前锋逼进贵阳。蒋介石在贵阳急调滇军入黔增援。

**4月3日** 二十时，急电因担任掩护任务被滞留于乌江北岸的九军团首长罗炳辉、何长工："九军团目前基本任务，在选有利时机南渡乌江，配合我主力向贵阳以东行动。"因此，该军团应速向底水河、沙土以东隐蔽集结，加强侦察，伺机从梯子岩至老君关间南渡乌江，会合主力；如不能南渡，即在沙土地域隐蔽待机。并告：我今天在扎佐东北地区。

**4月4日** 二十四时，致电一、三、五军团首长：昨三号滇军先头安（恩溥）旅到贵阳，桂军至少约四个团到马场坪。今四号薛（岳）敌两个师跟我追。判断桂敌将北出清水东岸堵我军，或西进龙里、贵定配合滇军截我军。今日李抱冰师及薛敌两师追我计隔一天行程，湘敌两师正布置堵我东向，周（浑元）敌在乌江北岸防堵。"我野战军决突破诸敌堵截，相机出东南或南机动。如追敌逼近，则我钳制李（抱冰）师，突击吴（奇伟）敌两师，转移战局。"令各军团各在现地查明敌情，准备小的移动。并告："军委现在坝子、新场。"

**4月5日** 十三时半，致电一、三、五军团首长："我野战军今五号应以小移动集结全力于下述地域，以便明六日进行作战机动，不便作战时，则仍继续前进。"第三军团（缺第十三团）移至白果坪、漆树湾、长坡地域；第十三团应节节抵抗敌人，今晚转移至牛场坝、黄金树地域；第一军团（缺第一团）集结于平寨、谷坝、高寨地域；第五军团集结于羊场；军委纵队移至罗富、猫寨地域。

**4月7日** 鉴于滇军孙渡纵队已到贵阳以东的贵定，云南境内敌人兵力空虚，中革军委决定向云南进军。十八时，朱德致电林彪、聂荣臻："我野战军决从贵阳、龙里之间南进，望立即侦察由老巴乡、刘家庄转至洗马河、喇磅、隔水、高堡、龙里、麻若场及经观音山小路向王关、比孟场、鸡鸣堡的两条道路与其平行路和里程，准备一军团及军委纵队八号向此路前进。""三军团先头师应准备明日三时出发，并有佯攻龙里之任务"。

△ 二十一时半，急电林彪、聂荣臻、彭德怀、杨尚昆、董振堂、李卓然：明八日，"我野战军决以遭遇敌人，佯攻贵阳、龙里姿势，从贵阳、龙里中间向南急进，以便迅速占领定番。"据此对第一、三、五军团及军委纵队八号的行动做出部署。

△ 电示罗炳辉、何长工："你们总的方向应速向毕节、大定前进，所取道路或经鲁班场以南及毛坝场，或经岩孔、三重堰，由你们自择。""不必每天强行军，走两三天择一地形复杂之处盘旋一天，以便迷惑敌人，利我前进。"红九军团根据军委指示，此后一段时间单独转战于黔北和滇东北。

**4月8日** 中央红军派一部在清水江架桥，伪装主力东渡进向湖南；主力则分左右纵队，以日行六十公里的速度，于九日从贵阳、龙里间通过湘黔公路，迅速西进。

**4月10日** 一时，致电一、三、五军团及军委纵队干部团首长，通报敌情：估计贵定安恩淳旅将协同抵贵阳之滇敌出击并抑留我军，以便周（浑元）敌赶到贵阳、李抱冰及桂敌赶到贵定，截堵我军西进。"我军决速占领控制青岩、定番（今惠水），并前出清镇南之戴家庄，越过敌人平行进击，以便西进取得有利战地。"要求"各军团今十号拂晓由现地向西南地区转移"。三军团及干部团进占青岩，五军团进到青岩并在王关以南地区以运动防御掩护全军西移；一军团占领定番，主力进到赤土街、高正地域；"军委今日由徐都、中庄进到旧司、大庄地域"。

△ 蒋介石命令进入贵州的滇军孙渡：务必阻止红军西进，"而压迫其向安顺、镇宁北窜故道"。企图围歼红军于平坝、安顺、普定、镇宁一带。

**4月11日** 零时三十分，急电一、三、五军团首长和三军团第十三团团长彭雪枫、政委李干辉："我野战军以向广顺、长寨集结并寻求机动，打击追敌"，定十一日行动部署为：三、五军团及干部团为右纵队，归彭、杨指挥，一路进至戴家庄地域，一路进至翁坝地域；一军团及军委纵队为左纵队，一部进至通广顺道上之沙坑场、白水井地域，另路进至白岩牌地域。

△ 率军委前梯队经定番、十里冲到达沙坑场、白水井地区。

**4月13日** 二十时，接彭德怀、杨尚昆"致朱转军委电"：广顺以西地域约三十里起伏地，尚可作战，若更西经羊武、溪场以至北盘江两岸，则山石峻峭，居民大半是苗族，若在这里作战，易成对峙局面。建议野战军迅速渡过北盘江，求得在滇、黔边与孙渡作战，以利行动；我军向滇应改推进为急进，使我军更有回旋机会，使敌封锁困难。蒋介石"企图迫我南走桂境，利用追剿机会，解决西南。我军渡过北盘江后，其企图即失败。"

△ 二十四时，急电一、三、五军团及军委纵队干部团首长："我军决速渡北盘江，先机进占兴仁、安龙地区，以利机动。"各军团自明十四日起行动：第三、五两军团为右纵队，归彭、杨指挥，其任务在争取先机，由百层附近渡河进占兴仁；一军团及军委纵队为左纵队，其任务在罗炎附近渡河，经册亨进占安龙。并作出具体部署。

**4月14日** 与周恩来、王稼祥、李富春急电各首长、各兵团："以后打土豪，应归各该政治部地方工作部统一指挥。"

**4月16日** 二十一时，急电一、三、五军团及第一师、第二师首长："我野战军明十七日应完成盘江架桥，并开始渡河进占贞丰"，为此各纵队的行动部署是：右纵队的三军团主力和五军团应进至百层及其以北渡河，并派两个先头团，一占贞丰，一占其北的者相；左纵队的一军团主力进至罗炎以北渡河点，第二师及军委后梯队进至石屯、白石头之线；军委（欠后梯队）随第一军团部跟进。

**4月17日** 二十时，急电一、三、五军团及军委纵队干部团首长："我野战军明十八日应全部渡北盘江，进至牛场、贞丰、册亨之线。"军委前梯队明日经白层渡江并进到贞丰。

△ 急电一、三、五军团及军委纵队首长：我军渡过盘江后，估计孙渡、吴奇伟两纵队在安南会合后向我堵截或平行追击，并企图超过我军回滇防堵，而周浑元纵队则大半将经盘江北岸向西防我北进。"我军渡过盘江有首先向孙（渡）敌部队或云南来敌作战的任务"，要求"我军除二师一个团外应于二

十一日晚以前到达安龙、兴仁、父邦地段集结，三军团之先头团则应于十九日赶到安姑。"并规定各兵团的行进路线。

**4月18日** 中央红军从白层、者相、者坪、罗炎地区南渡北盘江，随后占领贞丰、安龙、兴仁、兴义等县城。

**4月19日** 二十一时半，急电一、三、五军团及军委纵队首长：估计吴（奇伟）敌两师明二十日逼近安姑。"我野战军明二十日续进至安姑、交邦之线，当吴敌继逼兴仁时，则进击之，融我续向兴仁西北前进。"并规定各兵团的行进路线。并告野战司令部今日在兴仁县龙场宿营。

**4月20日** 二十四时，急电一、三、五军团首长，通报敌情，并指示："我野战军应避免敌人合击，并转在周（浑元）敌外侧机动。"部署第三军团留一个团为全军后卫团在凉水井，并分出一营在兴仁以北，向吴奇伟部佯动，以掩护全军转移。

**4月23日** 二十二时，致电一、三、五军团首长："我军因地形不利，未曾在兴、盘路上取得消灭周敌的战役胜利，现应攻占平彝、沾益、曲靖、马龙地带，控制昆明东北要道，便于与追敌及新调动之敌作战。在向上述地点前进中，应消灭阻我滇敌，对追敌则迟滞之。"明二十四日的行动部署是：三军团为右纵队，任务在速占平彝、沾益，消灭阻我滇敌；一军团为左纵队，任务在攻占曲靖，消灭阻我滇敌；军委及五军团为中央纵队，军委纵队向羊肠营方向前进六十里。

**4月24日** 中央红军进入云南境内，随即占领平彝、罗平。中革军委决定："速脱追敌，向沾益、曲靖前进。"

**4月25日** 中革军委致电各军团首长："我一、三、五军团必须乘蒋主力正趋云南东北，而滇敌大部距我较远的眼前数日时机，首先在白水、曲靖、沾益地域消灭滇敌的先头部（其较强的四个团），以暂时顿挫滇敌的猛进，然后迅速进入另一机动地位，消灭周（浑元）、吴（奇伟）前进的一部。只有如此作战的胜利，才能解决开展局面的问题。"要求各军团首长，必须在军委这一意图之下，掌握与推动自己的部队，"发扬作战勇气，克服疲劳现象，坚决而机动地执行命令，纠正部队中的错误倾向，团结一致向着战胜敌人的目标前进。"

△ 致电一、三、五军团及军委纵队、干部团首长：我军明二十六日集结白水、沾益、曲靖及其东南地域，以便二十七日回击滇敌先头四个团于老马场附近。对各兵团部署是：三军团主力进占白水，另一团进占沾益；一军团集结庄溪村、朱街及其以东地域；军委纵队（干部团在内）进至老马场及其以西；五军团主力转移朝阳青，另一掩护营逼近追敌运动防御并诱敌追向曲靖以东。

△ 林彪、聂荣臻致电朱德："目前战略形势已起重大变化，川、滇、黔、湘各敌及中央军正分路向滇东北前进，阻我折回黔西，企图歼灭我军于昆明东北之窄狭地域内。"因此，野战军应立即变更原定战略，而迅速脱离此不利的形势，先敌占领东川（即今云南省会泽县县城），应经普渡河中央渡过金沙江入四川，向川西北前进，准备与四方面军配合。

**4月26日** 致电一、三、五军团及军委纵队首长：敌李韫珩第五十三师可能进逼沾益。"我军决明二十七日西进至沾益、马龙之线。"具体部署是：三军团主力进占沾益，并控制于其西南端；一军团主力渡过曲靖进占马龙；五军团及军委纵队进到曲靖及附近，监视曲靖之敌。

**4月27日** 十六时半，致电一、三、五军团首长，告以：野战司令部已抵曲靖西之上下小山宿营。"沿马路俘获昆明开来汽车一，内有龙云送薛敌之云南十万分之一地图二十余份，白药一千包另四百瓶及副官一。据云，马龙尚有汽油、润滑油、望林、聂速派员检查，并派出小部伪装白军，沿马路向昆明活动、截击，或尚有汽车来。"要求各军团调查通嵩明及寻甸一线的道路。

△ 中央红军进占曲靖以西的沾益、马龙等地。

**4月28日** 与毛泽东、周恩来等率中革军委总部进抵鲁口哨、水坪子一带。出席在这里召开的中共中央、中革军委负责人会议，研究北渡金沙江的行动部署。

△ 十六时，致电一、三、五军团及军委纵队、干部团首长：滇敌先头已追我至曲靖以西约二十里，五军团后方方向亦发现枪声。"各兵团应调查下列路线里程电告军委，并准备明二十九日一时起继续前进，行程各走八十里以上并准备好火把"：三军团经水坪子、七里桥、寻甸等地到海头村、新田及其以北的平行路，并应准备先头师赶道占领禄劝、武定；军委纵队及五军团经汤沽、中麦厂、清水沟、榕甘、猪哨及三家村的两条路；一军团经易鹭取捷径往马厂、大营、榕桃树等地分向禄劝、武定的两条路。

△ 二十时，致电一、三、五军团及军委纵队、干部团首长："我野战军明二十九日应进到寻甸、松林之线以西地区。"其中，"林、聂率先头师带工兵，以赶到金沙江边架桥并侦察会理情况之目的，经嵩明以北取捷径以较急行军两天半先敌赶到禄劝县。"要求除先头师及各纵队后卫营外，各部队均须日行八十里以上，力求脱离追敌。

**4月29日** 中央红军接连进占寻甸、嵩明，一部进至杨林，逼近威胁昆明。龙云急电在曲靖以东的孙渡纵队火速回防昆明，并调集各县民团增援昆明。这样，滇北各地和金沙江南岸敌人防御较为空虚。

△ 在寻甸县鲁土，中革军委向各兵团首长发布《关于野

战军速渡金沙江转入川西建立苏区的指示》："由于两月来的机动，我野战军已取得北上的有利条件，一般追敌已在我侧后，但敌已集中七十个团以上兵力向我追击，在现在地区我已不便进行较大的作战机动；另方面金沙江两岸空虚，中央过去决定野战军转入川西创立苏维埃根据地的根本方针，现在已有实现的可能了。""因此政治局决定，我野战军应利用目前有利的时机，争取迅速渡过金沙江，转入川西消灭敌人，建立起苏区根据地。"据此部署全军分三个纵队平行向金沙江边推进。要求部队"在渡江前一般应采取较急行军，远离追敌，使先头能较敌隔三天以上，后卫应较后，隔本队一天至一天半行程，本队期于五月五号达到江边。"

4月30日　与毛泽东、周恩来率中革军委总部进驻寻甸县柯渡丹桂村，具体部署抢渡金沙江。决定派刘伯承率干部团直奔禄劝县金沙江南岸的绞平渡，同时决定红一军团夺取龙街，红三军团夺取洪门渡。

5月1日　到达小仓街。五时，电示第二师陈光、刘亚楼："我一师今日应仍经禄劝，并以一个团赶往武定占领之，准备今晚打击龚（顺壁）旅之一营；一师主力应仍超过禄劝向渡河点前进。二师先头团今日应赶到禄劝，并令其即开武定附近，协同一师之一个团作战；二师主力应于二日上午赶到武定附近，并派队向昆明来路游击，以迟阻敌进，对禄劝则以小部控制之。"是日，红一军团进占禄劝、武定县城。

△　二十四时，致电林彪、聂荣臻、陈光、刘亚楼："据调查，由武定经马鞍山、上下马头山、元谋、大小那别到龙街头（约二百六十里）渡金沙江。……此渡口岸平水缓，有船九只，但江面宽，似只能漕渡。"我右、中两路决在洪门渡、绞平附近渡江。"左路一军团就即改由禄劝经武定、马鞍山、元

谋直开龙街渡江。"并告："军委纵队明日由小仓街开龙海塘。"

**5月2日** 二十时,致电林彪、聂荣臻、陈光、刘亚楼:滇敌两旅今日可抵禄劝、富民之间,以后有可能向元谋急进。"一军团明三号起,应以先头团带电台、工兵经元谋或其以北赶往龙街,限四日午前到达,并伪装敌军抢占渡河点两岸,迅速取得全部渡船(上下游在内),以便架桥,不行时即改行漕渡。""一军团主力(缺两个团),应于五日上午以前全部到达龙街。"

△ 致电彭德怀、杨尚昆、董振堂、李卓然:我一军团决经武定、元谋由龙街渡江,并引敌人向西,军委纵队以刘伯承参谋长率干部团一个营及工兵,带二十九分队赶于四号上午到绞平渡架桥,并侦察其上游各渡河点。命令:"我十三团应经老务营、江边渡普渡河(派工兵先行架桥),转入通马鹿塘道上,亦限四日上午赶到洪门口架桥,侦察其下游各渡河点,并与刘参谋长密切取联络,每日至少两次电告架桥情形。"三军团主力随十三团后前进。

**5月3日** 致电担任后卫的五军团首长董振堂、李卓然,通报各兵团运动情况:我三军团主力今抵安邦,得明向洪门口渡;军委纵队今到石板桥、坎磴,明向绞平渡前进;一军团主力明由木姑古向龙街前进,二师则集结元谋及其东南山地迟阻滇敌;九军团先遣营明日赶到盐厂、盐坝两渡河点并控制河西岸。命令:"我五军团主力明四号应进至二道河(李查村),其后卫营应控制龙海塘以南山地筑野战工事,向团村来路及通禄劝方向游击侦查、破坏道路并迟阻敌进。"

△ 晚,军委纵队干部团在刘伯承率领下占领绞平渡,并抢渡成功控制了渡口两岸,在当地群众帮助下找到六只小船。

**5月4日** 与毛泽东、周恩来、刘伯承率军委纵队在绞平渡过金沙江,在北岸组成渡江指挥部。得知红一军团在龙街渡口架设浮桥未成、红三军团在洪门渡口所得渡船甚少，遂决定除留红十三团在洪门渡过江，红一、三军团主力全部改由绞平渡过江。

**5月5日** 二十一时，致电林彪、聂荣臻、李聚奎等："军委纵队本日已渡河完毕，三军团七日上午可渡毕，五军团在绞西以南任掩护，定八日下午渡江。万（耀煌）敌八日晚有到绞西可能。""我一军团务必不顾疲劳于七日兼程赶到绞平渡，八日黄昏前渡河完毕，否则有被敌隔断危险。""从龙街经白马口、志力、鲁车沿河小路直达绞平二百四十里间不能过马、行李，如绕绞西里程或较多，则你们必须日行百三四十里以上，由你们决定。但时限不能延误。"

△ 致电彭德怀、杨尚昆等："三军团有迅速渡河、北进会理消灭刘（元塘）敌的任务。三军团（缺十三团），如本日到达绞平附近，必须六号拂晓前开始赶到河边渡河，限六号夜渡完；如离绞平较远，则须于得电后立即出发，不顾疲劳，限明上午赶到绞平，不得延误。否则刘、万（耀煌）两敌有夹击我军于江之两岸危险。""只十三团在洪门渡渡河，烧毁全部船只，并限明兼程向通安前进，协同干部团消灭刘敌。"并告："绞平有船六只，每日夜能渡一万人，但部队必须紧接过渡，不得间断。"

**5月6日** 电令董振堂、李卓然："五军团（缺一营）有继续掩护野战军主力渡江的任务。明七号五军团仍留石板河地区，以两个营守二道河附近阵地，并前出得力部队伪装主力先头南下，向万（耀煌）敌积极行动，逼敌展开，务阻敌先头部队不得趋过二道河以北，以便八号能继续阻敌于石板河、绞西之间，不得违误。""望多方侦察绞西、沙老树通绞平渡的各大小道路，电告。"

**5月7日** 电告董振堂、李卓然："渡河极顺利，每日夜能渡万余人。三军团即可渡毕。五军团现在部队只须四小时可渡毕。从绞西到江边五十里，隘路天险极利掩护，敌即至绞西亦不忧渡江困难。""但五军团必须用大力本日阻敌于石板河以南，保持石板河于我手中，"以掩护一军团后（卫）队于八日下午通过绞西，及你们自己于九日安全渡江，决不得违误。"

**5月9日** 电告在巧家抢渡金沙江的红九军团首长罗炳辉、何长工："我野战军今日已全部渡过金沙江。三军团及干部团正围攻会理"，"我一、五军团明日开会理附近，准备消灭敌援队。"令九军团明十日，"仍执行消灭刘（文辉）敌单个部队，破坏沿江船只，扼阻东岸追敌，以掩护主力行动的任务。"

△ 二十三时，致电一、三、五军团首长，部署各军团明十日行动："我三军团（缺一营）及干部团有继续攻占会理，消灭刘（文辉）敌的任务。明十日如强攻不成，应加紧进行坑道作业，期于十二日炸城。对城外一团，应坚决消灭之。具体部署统由彭、杨令行。""我一、五军团有消灭刘敌增援队于会理以北的任务"。并告："军委纵队明日拟进至朱家坝。"

**5月10日** 蒋介石由贵阳飞抵昆明，急令薛岳、周浑元部及滇军向金沙江边追击，又令川军杨森、刘文辉部扼守大渡河沿岸等地，企图南追北堵，围歼中央红军于金沙江以北、大渡河以南、雅砻江以东地区。

**5月11日** 二时，致电一、三、五军团及军委纵队首长：我三军团十日夜攻会理城未得手，"我军今十一日完成打击援会城敌人部署，并继续坑道作业"。一军团以打击援敌之目的，集结大湾营、大桥、白云岩地域，向西昌来路侦察、警戒；五军团取捷路集结会城东北之交户保、杉松坡地域，向东、北两方侦察，并受林、聂指挥，打击援敌；三军团任务不变。军委纵队今仍在朱家坝。

△ 红五军团首长董振堂、李卓然向野战司令部报告说："我们认为目前野战军应利用北渡金沙江的有利形势,各个击破与消灭刘文辉的部队,争取迅速渡过大渡河,并于十三日即开始北上。"第二天红三军团首长亦向野战司令部建议"放弃会理","速出有力支队控制大渡河要点,以便北进"。

**5月12日** 六时,致电一、三、五、九军团及军委纵队首长："我野战军以扼阻追敌、打击援敌并爆炸会城之目的和部署,决在会理及其附近停留五天(十五日止),争取在长期行军后的必要休息与补充。""我各兵团应以备战姿势进行部队中尤其新战士的战术教育、队列整理,开干部及连队会议传达战斗任务,检阅工作,加紧扩红、筹款及地方工作等。但钳制部队须加强沿江警戒,攻城部队须加强坑道作业与收买硝药,其他兵团则须以消灭援敌为一切部署中心,不得丝毫懈怠,以实现全部战斗胜利,以便继续夺取西昌而北上。"

△ 致电林彪、聂荣臻、彭德怀、杨尚昆："党中央决于今十二日召开政治局扩大会议,望彭、杨、少奇三人及林、聂赶于今午十四时到铁厂。"

△ 出席在会理城郊的铁厂举行的中共中央政治局扩大会议(史称会理会议)。会议讨论渡过金沙江后的行动方针,对林彪反对机动作战、埋怨尽走"弓背路"、要改变中央军事领导的错误意见给予严肃批评。朱德在发言中支持毛泽东的意见,赞成毛泽东的军事指挥,指出在危急情况下,由于采取兜大圈子、机动作战的方针,才摆脱了敌人的重兵包围。会议要求维护遵义会议确立的政治领导和军事领导,克服右倾情绪,并决定立即北上,同四方面军会合。

**5月14日** 二十二时,致电一、三、五军团及军委纵队、干部团首长：我野战军已开始北进，以遭遇和消灭刘文辉敌为各个部队的任务。明十五日的行动部署是：一军团由公田营、白果湾之线各前进六十里左右，并准备十六日拂晓相机消灭德昌之敌。五军团随一军团后跟进；军委纵队由现驻地经大湾营前进至白果湾、夷门之线，干部团取捷径开至夷门南之大湾子、上村地域，归还军委纵队指挥；三军团仍留会理城附近，准备十六日晚北进。

△ 电示留在巧家对岸阻敌西渡的红九军团首长罗炳辉、何长工："我九军团有尽力扼阻李（韫珩）、周（耀煌）、谢（溥福）敌于金沙江东岸的任务。""九军团阻敌日期，视情况规定，愈长愈有利于野战军主力向北行动"。

**5月15日**　中央红军为执行在川西或川西北创建根据地的战略任务，撤会理之围，继续北进。率军委纵队从铁厂到达白果湾。

△ 红四方面军占领岷江上游重镇茂县。随后，一部沿岷江南下，进占文镇关。

**5月17日**　十三时，接林彪、聂荣臻来电报告：我先头第一团于今日三时占领德昌，敌向西昌方向溃退，拟以第三团于十四时后继续向西昌方向追击前进。

△ 十五时半，急电林彪、聂荣臻、董振堂、李卓然："第一、五军团由林、聂部署，于今十七晚应向西昌路上追敌至适当地点，准备十九日相机袭取西昌，并侦察迂回西昌至礼州北上道路。"并告："军委纵队于明晨进到一把伞、小高桥之线。"

△ 电令罗炳辉、何长工："我九军团自今十七日起，应执行节节迟阻过江之敌的任务。九军团前进路线，应经披沙、普格场、阿泥向西昌，但主力不应离追敌过远，后卫营应保持与敌接触，并破坏通敌道路。"并告："军委纵队昨抵永定营。"

△ 是日或十八日,中共中央、中革军委负责人开会,讨论行军路线问题,决定放弃对西昌的围攻,为迅速摆脱敌人的追击,完成北上任务,决定取道冕宁过彝民区,到安顺场抢渡大渡河,进入川西北,取得与四方面军的会合。

**5月18日** 七时,致电一、三、五、九军团及军委纵队首长部署野战军十八日、十九日继续北进的行动任务:一、五军团应前进至锅盖梁、西昌、马道子地域,相机占领西昌,并前出先头团占领和控制礼州;军委纵队应前进到黄水塘、火烧梁之线;三军团主力应进到一把伞、小高桥之线;九军团仍执行原任务,继续向布拖、阿泥前进。

**5月19日** 到达西昌(今西昌市)县锅盖梁地区。四时半,致电一、三、五、九军团及军委纵队首长:"我野战军以迅速北进在野战中消灭刘(文辉)敌各个部队之目的,对固守西昌之敌,在不利的条件下应监视之,以掩护野战军主力通过。"并依此部署十九、二十日的行动。其中,中革军委指定刘伯承和罗瑞卿为中央红军先遣队司令和政委,率红一军团第二师一团,带工兵和电台,向泸沽方向进行战略侦察,并为渡河先遣队。"军委纵队应进至锅盖梁地域"。

△ 红一军团攻占西昌县礼州,在这里同红九军团会合。

**5月20日** 九时半,急电一、三、五、九军团及军委纵队首长:"我野战军以迅速北进取得大渡河渡河点,以便早日渡江消灭敌人,创立川西北苏区之任务",部署二十至二十一日的行动:一军团(缺两个团)今晚续进至泸沽地域,向冕宁侦察。一军团之第一团随刘、聂(罗病聂代)明日向登相营、越西前进;军委纵队及干部团,今晚进至松林地域;五军团俟三军团先头团接替监视西昌之敌任务后,进至起龙地域。除九军团外,各军团二十一日休息一天,准备二十一日夜半后行动；九军团应以急行军于明二十一日赶到西昌附近，晚间进至锅盖梁地域。并指出："必须动员全体指战员，在群众中进行反对中央军按家派米、拉夫、拉马及使用纸票、强奸妇女的宣传，并到处写贴标语，不得丝毫忽视。"

△ 中革军委致电各军团、纵队首长，指出："我野战军目前应以迅速北进，争取渡江先机，首先进到清溪、泸定桥、洪雅地区，与川敌进行作战、机动，争取赤化，为战略上基本方针。"

**5月21日** 十八时，急电一、三、五、九军团及军委纵队首长："我野战军以执行昨二十日九时半电令所规定的任务，决以主力依一、五军团、军委纵队、三军团次序，改经冕宁、大桥、拖乌、箐箕湾、岔罗向纳耳、安顺场渡口北进。而以我第五团继续经越巂北进，吸引、迷惑并钳制大道上正面之敌，遇小敌则消灭之。以九军团担任迟阻进敌，其前进路按日规定。"并具体规定了二十一日晚至二十二日晚各军团的行动任务。"军委纵队今夜进至石龙桥"。

**5月22日** 在彝族地区以红军总司令名义发布《中国工农红军布告》：

中国工农红军，解放弱小民族；
一切彝汉平民，都是兄弟骨肉。
可恨四川军阀，压迫彝人太毒；
苛捐杂税重重，又复妄加杀戮。
红军万里长征，所向势如破竹；
今已来到川西，尊重彝人风俗。
军纪十分严明，不动一丝一粟；
粮食公平购买，价钱交付十足。
凡我彝人群众，切莫怀疑畏缩；

赶快团结起来，共把军阀驱逐。
设立彝人政府，彝族管理彝族；
真正平等自由，再不受人欺辱。
希望努力宣传，将此广播西蜀。

这个布告编入《朱德选集》。

△ 刘伯承、聂荣臻率先遣队第一团占领冕宁后，进入大凉山彝族区。刘伯承与彝族沽基家族首领小叶丹歃血为盟，红军得到彝族人民的支持，较顺利通过彝族区。与此同时，左权率红一军团第五团攻占越西，前出到大渡河南岸的大树铺，钳制对岸富林（今汉源县城）之敌。

△ 急电左权、刘亚楼，指示加紧对俘虏的工作："如系刘文辉部，则加紧政治工作，释放数名，扩大我政治影响；如是彝兵，尤要特别优待和加紧政治工作，全数释放，并托携信给彝兵首领，表示我们对少数民族的政治主张，并请其派代表来与我们接洽。"

**5月23日** 致电彭德怀、杨尚昆、董振堂、李卓然、罗炳辉、何长工、左权、刘亚楼，通报刘伯承、聂荣臻率先头部队第一团昨日在冕宁北五十余里处袁居海子边通过彝民区情况，并说："咕基夷（彝）王允今二十三日护送我一团经拖乌、筲箕湾赴岔罗。岔罗到纳耳坝渡口则为汉族居地。一军团主力今晨已准一团后跟进。军委纵队及五军团拟今夜向大桥、拖乌续进。"部署各兵团二十四日向大渡河前进的任务。

△ 在冕宁县革命委员会成立大会上讲话，说彝、汉是一家，穷人要团结起来，打倒蒋介石和四川军阀，才能翻身过好日子。大会在冕宁县城文庙举行，有一千多彝汉群众参加。

△ 由左权、刘亚楼率领的红军佯动部队经晒经关到达大

渡河边的大树堡，在此造船、扎筏、筑工事，佯作渡河准备，并宣扬："攻打富林，直取雅安，攻打成都。"

**5月24日** 二十一时，致电一、三、五、九军团及军委纵队首长，部署二十五日各兵团的行动：（一）"我先遣之一、五两团均应到达河边，一团应控制渡河点，侦查和收集架桥器材，并实行架桥；五团应相机占领富林，并控制渡河点。一军团主力应在一团后跟进。"（二）军委纵队及五军团经筲箕湾向岔罗前进。（三）三军团继续向海棠前进。（四）九军团主力应进至泸沽。并告："军委纵队本晚宿拖乌。"

△ 为部署在大渡河北岸开展游击活动，与周恩来、李富春、王稼祥致电冕宁县革命委员会主席兼游击总队政治委员李井泉："你及王首道与三军团所拨来之一个连和电台，应准备随九军团（二十六日开冕宁）开至大渡河北岸发展游击战争，并吸引游击队、抗捐军中一部分本地夷（彝）、汉人随你们行动，并进行一开扩大。"

△ 晚，中央红军先遣队第一团在团长杨得志、团政委黎林率领下，攻占大渡河南岸石棉县的安顺场，夺得渡船一只，控制了安顺场渡口。

**5月25日** 红一团一营二连十七名勇士乘一条小船冒枪林弹雨强渡大渡河成功，击溃北岸守敌一个营，巩固了渡河点。至翌日上午，红一团全部渡过。因大渡河水深流急，一时难以架桥。

**5月26日** 与毛泽东、周恩来等抵达安顺场，听取刘伯承、聂荣臻等关于渡河情况的汇报。鉴于大渡河水流湍急不能架桥，渡船缺少，大部队不能速渡，决定分两路夹河而上，抢占距此一百六十公里的泸定桥。遂致电林彪、刘伯承、聂荣臻、彭德怀、杨尚昆、董振堂、李卓然（抄送邓发、蔡树藩）、左权、刘亚楼："我野战军为迂回雅安，首先取得天全、芦山乃至懋功，以树立依托，并配合红四方面军向茂县行动，决改向西北，争取并控制泸定桥渡河点，以取得战略胜利。其部署：我第一师及干部团为右纵队，归聂、刘指挥，循大渡河左岸；林率一军团军团部、二师主力及五军团为左纵队，循大渡河右岸，均向泸定桥急进，协同袭取该桥。军委纵队及三军团、第五团、九军团准一军团部及二师主力行进路线跟进。"又规定：一军团之第一师由安靖坝先后经苟坝、龙八布，以两天半行程到达泸定桥急进；一军团部及二师主力于明拂晓起亦以两天半行程由安顺场经田湾、楂维到建沙坝、泸定桥急进。

△ 致电罗炳辉、何长工、王首道、李井泉，"西昌之敌约一个团以上由河西岸向泸沽前进。""我九军团应坚决击退该敌，以便今二十六日夜转向冕宁开进，与王首道、李井泉游击队会合，并须在冕宁扼守追敌；只在泸沽通冕宁路被截断时，才可向冕山、登相营转移，并节节迟阻追敌。"

**5月27日** 中央红军右、左两纵队沿大渡河东、西两岸北上，向距安顺场一百六十公里的泸定桥急进。左纵队先头部队红四团经海尔洼北进，于田湾东北端之菩萨岗击溃川敌刘文辉部一个营的阻击，并乘胜突破猛虎岗。

**5月28日** 一时半，致电林彪、刘伯承、聂荣臻："我四团今二十八日应乘胜直追被击溃之敌一营，并迎击增援之敌约一营，以便直下泸定桥。二师部队迅速跟进，万一途程过远，今日不及赶到泸定桥，应明二十九日赶到。""刘、聂率第一团亦应迅速追击北岸之敌一营，以便配合四团夹江行动。"

△ 二十三时，致电林彪、刘伯承、聂荣臻、董振堂、李卓然："我左、右两纵队之先头部队，明二十九日均应赶至泸定桥及其西岸，并力求于正午前迅速袭占铁索桥，消灭该处守

敌，以控制该桥两岸，并准备与援敌作战。两纵队如途遇单个敌人迟阻我进，应坚决消灭之；如其坚守工事不易攻下，应留兵监视，而以主力迅速绕过向泸定桥急进，以便明日能确实占领该桥。"明二十九日，军委纵队拟进到摩西面；三军团到田湾，九军团赶至岔罗。

△ 电令陈赓、宋任穷："我干部团于二十九、三十两日有坚决扼阻李朝信、袁国瑞两旅于八排、纳耳坝之线以东，以掩护野战军全部向西北转进的任务。""在三十日黄昏以前，无论如何不得让敌人超过老铺子、八排两岸的阵地。"

**5月29日** 二十一时，接林彪电报："我四团于今晨六时赶到泸定桥附近，于十七时攻占泸定桥，敌向天全退去。"

**5月30日** 二十二时，接林彪、聂荣臻电报："本日二师（缺五团）及军团直属队统已至泸定桥东岸县城。"

△ 二十二时，致电一、三、五、九军团及军委纵队、干部团首长："我一军团先头部队昨已攻占泸定桥，敌向天全退"，"我野战军以迅速过河集中天全地域、寻求作战机动之目的，定明三十一日开始行动如下"：一军团（缺两个团）应向天全（泸定桥至天全二百四十五里）前进；五军团应经泸定桥随一军团后跟进；军委纵队前进至泸定桥、沙坝之线；三军团进至芝泥坝、楂维、科五之线；九军团进至湾东、施药坪之线；干部团（缺第三营）沿河北岸进至德拖地域。

**5月31日** 率军委总部通过泸定桥到达泸定县，在泸定县城附近，与毛泽东、周恩来、张闻天、王稼祥、陈云等中共中央负责人开会，决定：中央红军向北走雪山草地一线，避开人烟稠密地区继续北进；派中央政治局委员兼红军总政治部地方工作部部长陈云离开长征队伍，作为中央代表去上海恢复白区党组织。至六月二日，中央红军全部渡过大渡河，粉碎了蒋介石使中央红军成为"石达开第二"的企图。

△ 二十二时，致电一、三、五、九军团及军委纵队、干部团首长："我野战军以攻占化林坪，迅速前进清溪，各个击破两刘（刘湘、刘文辉）部队约三个旅，并迅速控制富林渡口，扼阻中央军北渡之任务，定明六月一日行动"：一军团（缺第五团）及五军团于攻占化林坪后即战备前进至泥头地域，并准备二号攻占清溪，以一部续向富林前进；军委纵队进到化林坪；三军团赶至甘露寺、泸定桥之线，并全部渡河完毕；九军团等部赶至魁五、摩西面之线。

月底 接到驻荥经的川军第五旅旅长杨汉忠在其上司杨森授意下派人送来的信函，提出互不侵犯的要求，并告知部队番号和联络信号，遂复信："汉忠师长吾侄勋鉴：来函悉，吾侄深知兔死狗烹，鸟尽弓藏，殊堪嘉许，已按来意饬敝部先头与贵军切取联系，专复并颂勋绥！"杨令所部为红军让路，使红军顺利通过其防地。

**6月1日** 二时，接林彪、聂荣臻电报："化林坪已占领，一、五军团即追击前进。"

△ 十九时，致电一、三、五、九军团及军委纵队首长："我野战军已迅速攻占清溪，并迂回荥经，各个消灭刘敌部队和控制富林渡口，扼阻南岸追敌，以便向天全、芦山转移之目的"，对明二日行动做出部署：一军团及五军团应续向清溪前进并攻占之；三军团有直取荥经、以便迂回清溪或向北直取天全、芦山的任务；军委纵队及干部团主力进至高桥、化林坪地域；九军团有扼守并控制泸定桥的任务。

**6月2日** 二十二时，致电一、三、五、九军团及军委纵队首长：估计川敌有集中四个旅固守清溪，相机出击，同时在荥经及荥经通化林坪的新路上并以一部扼守的可能。"我野战军以放弃攻取清溪、荥经,迅速夺取天全、芦山之战略要点的目的,定明三号起行动部署":一军团(缺第五团)及五军团为右纵队,取道胡庄街、凉风顶、牛屎坡、石坪、小河子及其以西平行路,向芦山或天全前进;三军团、军委纵队及第五团为中央纵队,取道化林坪、大桥头、水子地向天全前进;九军团为左纵队,由泸定直向天全前进。

△ 接到转战到四川茂县一带的红四方面军首长张国焘、陈昌浩、徐向前致中央红军先头部队指挥员转呈朱德、毛泽东、周恩来电:我们已派一小队向西南进占懋功(今小金)与你们取联系,"请即飞示以后行动总方针"。

**6月5日** 二时半,致电一、三、五、九军团及军委纵队首长:"我野战军须以坚决迅速的行动,抢得天全河上下游的铁索桥,以突破杨(森)敌在雅州、芦山、天全的防线,而便我与红四方面军配合,寻求作战机动。"据此对今五号行动作出部署,其中,一军团有夺取伏龙桥、罗羊坝及始阳三个铁索桥,并消灭该处守兵的任务;五军团应开新庙子、石坪之线;三军团有夺取天全之龙衣、沙坝头两铁索桥,并相机袭占天全的任务;军委纵队留水子地。

**6月6日** 二时,致电一、三、五、九军团及军委纵队首长,通报敌情后指示,今六日"我野战军继续执行昨电任务"。具体部署是:1.左权、刘亚楼率第五团及教导营有全力抑留荥经之敌的任务,今日应确实占领花滩,控制两岸铁桥,向荥经进行积极佯动。五军团应集结小河子,亦伪装向荥经续进模样。2.一军团之先头团应迅速在始阳或其上下游渡河,其主力迅速跟进。渡河后,一军团应首先分派小部,一开灵关夺取渡桥,一开铜头场夺桥,并相机占领芦山,一开谢家坝夺桥,伪作向雅州前进模样;主力则攻击天全、梅岭之敌,特别要由北绕过梅岭，切断敌退灵关或芦山道路，并掩护三军团渡河。3.三军团应迅速在天全城下游或上游渡河，先头团渡河后即应首先派得力一部北开灵关，占领并控制其铁桥，三军团主力则向天全、梅岭攻击，断其北退，并接应一军团在始阳渡河。4.九军团任务仍旧。5.军委纵队仍暂留水子地。特别强调："一、三军团在渡河时应通报，以便协作，并须将争取灵关铁桥认为最急任务。"

**6月7日** 为迅速突破川军的天全、芦山、宝兴防线，二时，致电罗炳辉："你得电后须立即集全力乘夜坚决袭占天全，并在城附近上游之铁索桥接应三军团渡河，协同向东横扫敌人。此项任务，必须不惜一切牺牲于今七日上午完成，以挽危局。"又致电林彪、聂荣臻、彭德怀、杨尚昆、彭雪枫："我三军团得电后，须不顾一切牺牲，立即开至天全、太子地之线南岸，与九军团配合行动，于今七日下午抢渡过河，得手后立即向东横扫，以接应一军团。""一军团今七日在始阳上游进行强渡，得手即依昨二时电令执行，不得手应加紧在始阳上下游佯动，以抑留夏、王两敌，而便我三、九军团在天全上游配合行动，以挽目前危局。"

△ 中央红军占领天全。

**6月8日** 中共中央、中革军委发布《关于为达到一、四方面军会合的战略任务给各军团的指示》："今后我军战略任务，是以主力乘虚迅取懋功、理番，以支队掠邛崃山脉以东迷惑敌人，然后归入主力，达到与四方面军会合，开展新局面。"其中，"取得懋功及小金川流域是关系全局的枢纽。"行动部署是："一、三军团统归林、聂指挥，经宝兴向懋功前进，军委纵队率五军团继进；九军团为右翼支队，经芦山东北迂回大邑、懋功之间，然后到达懋功。"

△　七时，致电一、三、五、九军团及军委纵队首长：我野战军应迅速渡河，经宝兴北占懋功，以便能取道理番与四方面军求得会合。我军今八日行动：一军团（缺第五团）有迅速进占宝兴，并控制芦山或双河场的任务；九军团由天全开向飞仙关，警戒雅州之敌；三军团主力集结天全、始阳之线策应九军团；五军团集结始阳，亦策应九军团；第五团赶至三角庄掩护军委纵队北渡；军委纵队今日进至练金坝、干河之线，明日渡河。

△　中央红军占领芦山。致电一、三、五、九军团及军委纵队首长："芦山今八日被我占领。""我野战军决以一部赶快进占懋功战略要点，主力继进。"部署明九日行动，其中，"陈（光）率二师主力带电台迅速取道宝兴，限十一日赶到和攻占懋功"。并告："军委纵队明日进到天全。"

**6月10日**　一时，急电一、三、五、九军团及军委纵队首长："天全至懋功约四百三十里，宝兴至懋功只产包谷，懋功至理番五百四十里，人烟少，产包谷不丰。""为实现与四方面军会合的任务，除下述部队外，各兵团今十号各在现地不动，并每人须补足七天粮食，加以途中添补，期于到懋功时能余粮四天。""第二师应继续前进，赶于十二日攻占懋功"。并告："军委纵队今日仍在天全。"

**6月11日**　致电一、三、五、九军团及军委纵队首长："我野战军继续原任务，定明十二日行动"：（一）一军团及彭雪枫、张宗逊所率第十、十三两团，由林、聂指挥续向北进。先头二师主力应相机占领懋功。（二）军委纵队经宝兴进至野毛坪。（三）三军团主力及五军团由彭、杨指挥。五军团不动，应在灵关通芦山及通双河场道上扼阻追敌，以掩护三军团主力移动至小关子、上坝、中坝之线。

**6月12日**　中央红军先头部队红一军团第二师第四团翻

越宝兴县西北的夹金山,在北进懋功的达维镇途中,与李先念所率的红四方面军第九军第二十五师会合。

△ 电示红二师师长陈光:占领懋功须注意:"责成政治机关维持城内秩序";"调查和收保粮食,如私人的出钱购买,已没收的应加兵看守";"侦察由懋功通灌县、理番或由西迁回到松潘的三条道路、里程、人家、民族及给养条件,电告军委。"

△ 接张国焘来电:"我们先头团已于八日占懋功,大部正向懋功进。"

△ 致电董振堂、李卓然抄送彭德怀、杨尚昆:"我五军团今十二日必须坚决迟滞追敌于灵关之警戒阵地以外。不论敌从何方来攻,在有利条件下,三军团主力均应策应五军团行动。"并告:"军委纵队即宿营大马村、宝兴之线。"

**6月13日** 致电一、三、五、九军团及军委纵队首长:"我二师昨与四方面军西路军先遣团在夹金山、达维之间会合,十三日同到懋功。""我野战军决以主力集中懋功,一部控制宝兴及懋(功)、灌(阳)路。"明十四日的行动:第二师集结懋功与四方面军西路军联欢;第一军团主力进到达维;军委纵队进到头道桥、大硗碛地段;第三军团主力进到盐进坪、野毛坪;第五军团进到宝兴;第九军团留大川活动。

**6月14日** 致电一、三、五、九军团及军委纵队首长:"锅巴磴附近有四道独木桥及一悬岩,部队运动困难,军委纵队在第三军团后未得过。懋功只能驻兵一师。""我军改以渐次向懋功移动,而坚决扼守宝兴。"明十五日的行动是:第二师仍留懋功;一军团主力进至大维;军委纵队移至头道桥、大硗碛;三军团主力留原地,并派工兵带绳索、门板来锅巴磴;五军团继续扼守宝兴,坚决抗阻追敌前进;九军团留大川附近,补充七天粮食。

**6月15日** 致电一、三、五、九军团及军委纵队首长："我军决渐次向懋功移动，并固守宝兴。"明十六日的行动部署是：第二师仍留懋功筹备七天的粮食，并察报通理番路线、粮食情形，准备前进；林、聂及其直属队进懋功；军委纵队进筲箕湾、新寨子地段；第三军团进大硗碛地域；第五军团固守宝兴，如宝兴已失则固守大马村；第九军团仍留大川地域筹粮。

△ 中华苏维埃共和国中央政府主席毛泽东、副主席项英、张国焘和中国工农红军革命军事委员会主席朱德、副主席周恩来、王稼祥发表《为反对日本并吞华北与蒋介石卖国宣言》，号召全国工人、农民、陆海空军以及一切爱国志士、革命民众起来，"反对日本帝国主义占领华北，反对蒋贼等卖国，坚决对日作战，恢复一切失地，驱逐日本帝国主义出中国。"

△ 接先头部队红一军团第二师来电，转报红四方面军兵力、编制及部署情况。此时红四方面军有正规部队五个军十一个师三十三个团，即：第四军辖第十、第十一师共七个团；第九军辖第二十五、第二十七师共七个团；第三十军辖第八十八、第八十九、第九十师共九个团；第三十一军辖第九十一、第九十三师共六个团，第三十三军辖第九十八、第九十九师共四个团，连同方面军直属机关、部队、地方武装及随军行动的地方机关人员、职工等，共约十万人。

△ 接张国焘、陈昌浩、徐向前及红四方面军全体指战员致毛主席、朱总司令、周政委及中央红军全体指战员的贺电："懋功会合的捷电传来，全军欢跃。你们胜利地转战千余里，横扫西南，为反帝的苏维埃运动与神圣的民族革命战争，历尽艰苦卓绝的长期奋斗，造成了今日主力红军的会合，定下了赤化西北的最有利的基础条件。我们与你们在中国共产党统一指挥之下，共同去争取西北革命的胜利，直至苏维埃新中国胜利。"

**6月16日** 朱德、毛泽东、周恩来、张闻天及中央野战军全体指战员复电张国焘、徐向前、陈昌浩并转红四方面军全体指战员："来电欣悉。中国苏维埃运动二大主力的会合，创造中国革命史上的新纪录，展开中国革命新的阶段。""我们久已耳闻你们的光荣战绩，每次得到你们的捷报就非常欣喜。此次会合，使我们更加兴奋，今后我们将与你们手携着手，打大胜仗，消灭刘湘、胡宗南、邓锡侯等军阀，赤化川西北。"

△ 二时，朱德、毛泽东、周恩来、张闻天急电张国焘、徐向前、陈昌浩：提出："今后我一、四方面军总的方针应是占领川、陕、甘三省，建立三省苏维埃政权，并于适当时期以一部组织远征军占领新疆。"目前计划两方面军宜"向着岷、嘉两江[1]之间发展。至发展受限制时，则以陕、甘各一部为战略机动地区。因此，坚决地巩固茂县、北川、威州在我手中。并击破胡宗南之南进，是这一计划的枢纽。"并指出："以懋功为中心之地区，纵横千余里，均深山穷谷，人口稀少，给养困难。大渡河西岸，直至峨眉山附近情形略同。至于西康，情形更差。敌如封锁岷江上游（敌正进行此计划），则北出机动极感困难。因此，邛崃山脉区域，只能使用小部队，主力出此似非良策。"第二天，张国焘等复电，表示不愿意向北发展，说："北川一带地形给养均不利于大部队行动；再者水深流急，敌已有准备，不易过沿岷江北打松潘，地形粮食绝无。"建议"同时向川、陕、甘发展，组织远征军占领青海、新疆，首先集主力打"。

△ 十六时半，致电一、三、五、九军团及军委纵队首长："我军以与四方面军会合并协同作战之目的，决经懋功渐次向理番移动。"部署明十七日各兵团的行动，其中，"军委纵

---

[1] 岷、嘉两江，指岷江和嘉陵江。

队进达维"。

△ 中革军委总司令部、总政治部作出关于一、四方面军会合后第一方面军各部队到达指定地点休整三天的部署。其中：一军团在抚边城屯、木果、八角地域；三军团在官寨、达维地域；五、九军团在大硗碛；军委纵队在懋功。

**6月17日** 与毛泽东、周恩来等凌晨从新寨子出发，翻越终年积雪的夹金山，下午一时半到达达维镇。当晚，两个方面军驻达维的部队共同举行了庆祝大会，周恩来主持，毛泽东、朱德在会上讲话。朱德在讲话中谈到了各地红军的历史作用和会师的意义及今后的任务。

△ 十七时，致电一、三、五、九军团及军委纵队首长："我军继续执行昨电任务。"并规定各兵团明十八日的进达地域。其中，军委纵队进至懋功。

**6月18日** 与毛泽东、周恩来等凌晨从达维出发，午后二时抵达懋功。当晚，在城隍庙举行庆祝两大主力红军胜利会师的联欢会。朱德在会上讲话，谈到各地红军的历史作用、会师的意义和今后的任务。

△ 二十一时，与张闻天、毛泽东、周恩来急电张国焘、陈昌浩、徐向前："目前形势须集大力首先突破平武，以为向北转移枢纽。其已过理番部队，速经马塘绕攻松潘，力求得手。否则，兄我如此大部队经阿坝与草原游牧区域入甘、青，将感绝大困难，甚至不可能。向雅、名、邛、大[1]南出，即一时得手，亦少继进前途。因此，力攻平武、松潘，是此时主要一着。望即下决心为要。"

△ 致电一、三、五、九军团及军委纵队首长，通报敌

---

[1] 雅、名、邛、大，指四川省雅安、名山、邛崃、大邑等县。

情，指示红一方面军各兵团十八至三十日在懋功附近的行动：五军团留一个团在盐井坪，扼守通宝兴及大川两路口隘，主力则移至大硗碛附近休息；军委二十二日赶到两河口与四方面军张国焘开会；三军团主力、军委纵队二十四日由懋功出发，二十五日进至木坡，二十六日进至两河口，续向卓克基前进，二十九日到达黄草坪；一军团二十四日进至抚边，二十五日原地休息，续跟三军团前进；九军团二十三日进至新寨子，二十四日过夹金山开至达维，二十八、二十九两日开懋功休息办粮，准备三十日北上。

△ 与毛泽东、周恩来、张闻天等在住地（一座法式建筑天主教堂）会见第四方面军第三十军政委李先念，并询问岷江、嘉陵江地区的情况。

**6月20日** 四时，与张闻天、毛泽东、周恩来致电张国焘："从整个战略形势着想，如从胡宗南或田颂尧防线突破任何一点，均较西移作战为有利。请你再过细考虑：打田敌方面是否尚有若干可能？如尚有可能，则须力争此着；如认为绝无办法，则需暂时抛弃川陕甘方针，改变为向川西南发展。""兄亦宜立即赶来懋功，以便商决一切。"

△ 十八时，与周恩来、王稼祥急电一、三、五、九军团及军委纵队首长，指出"我野战军目前所处地域给养非常困难，现特再规定筹办、节省及携带粮食的办法。"要求"每天改成两餐，一稀一干"，各部队"应筹足七天粮食准备携带。以后不论向何地行动或休息，都应有七天储粮。"还规定了各兵团的筹粮地区和数量。

△ 二十三时半，致电一、三、五、九军团及军委纵队首长："我军各部明二十一日至二十三日，均仍在原地休息不动。第五军团在盐井坪之线，仍执行原任务不变。""军委明日向两

河口开,二十二日赶到与四方面军张主席会面开会。"

△ 致电徐向前、陈昌浩:"我党中央政治局决于二十二号在两河口开会,决定战略。""现四方面军在北川、镇江关、板桥三方的一切部队,仍应加紧扼守原阵地不动,其在岷江西岸、虹桥以北部队也不要南调。"

**6月21日** 在懋功与博古等一起参加军委纵队的干部同乐会,四方面军在懋功的干部亦全部参加,在会上讲话,指出红军两大主力会合的意义,目前的有利环境和面临的战斗任务。

**6月22日** 离懋功沿抚边河北上,向两河口进发。

**6月25日** 与毛泽东、周恩来、张闻天等在两河口迎接从杂谷垴前来会见的四方面军领导人张国焘,在大雨滂沱中举行一、四两方面军会师大会,在会上致词说:"两大主力的会合,欢呼欢乐的不只是我们自己,全中国的人民,全世界的被压迫者,都在那里庆祝欢呼!这是全中国人民抗日土地革命的胜利,是党的列宁战略的胜利。"

△ 一时,与林彪、聂荣臻致电陈光、朱瑞:"先遣团今二十五日应以主力守护卓克基桥梁,一部探查经大藏寺[1],经马塘到松潘两路线情形。"

**6月26日** 中共中央政治局在懋功县两河口一座关帝庙里召开会议,讨论红一、四方面军会师后的战略方针问题。周恩来代表中共中央和中革军委在会上作报告,指出今后的战略方针应是向北发展,在岷山以北建立川陕甘根据地,并要求把部队指挥权集中于中革军委。会议一致同意周恩来的报告。朱德在发言中指出:两个方面军会合后,增加了很大的力量。两个方面军要统一指挥,一致行动去打击敌人,并要从政治上保

---

[1] 大藏寺,今属四川省马尔康县,位于该县北部地区。

障战争的胜利。要迅速北上，打出松潘，进占甘南，在川陕甘建立革命根据地。要调动敌人，在野战中消灭敌人。

△ 为了做好团结工作，朱德在两河口同张国焘彻夜长谈。他提醒张国焘，蒋介石虽然派十万人来攻打我们，可是我们也有大约十万兵力。第四方面军经过长期休整，兵强马壮，可以先机占领松潘，夺取战略要点，借以打开北进的道路。张国焘说敌人防御工事过于强大，一口拒绝。

**6月28日** 中共中央政治局根据两河口会议精神，发布《关于一、四方面军会合后的战略方针的决定》。决定指出："在一、四方面军会合后，我们的战略方针是集中主力向北进攻，在运动战中大量消灭敌人，首先取得甘肃南部，以创造川陕甘苏区根据地"，为此，"在战役上必须首先集中主力消灭与打击胡宗南军，夺取松潘与控制松潘以北地区，使主力能够胜利地向甘南前进"。

△ 根据两河口会议精神，中革军委急电徐向前、陈昌浩、林彪、聂荣臻、彭德怀、杨尚昆、王树声、何畏、周纯全，部署进攻胡宗南部的战役。决定："分左、中、右三路军，向松潘及其西北地区前进。"左路军以林彪为司令、彭德怀为副司令率十六个团，经卓克基、壤口、噶曲河、色既坝向松潘北部的两河口前进；中路军以徐向前为司令率十个团，经马塘、墨洼向松潘中北部的黄胜关前进；右路军以陈昌浩为司令率十二个团经墨水、芦花向松潘城前进。军委及总司令部随中路军前进。

△ 二时，与周恩来、张国焘致电林彪、聂荣臻、陈光、朱瑞，指示红一军团第二师今二十八日进至马塘，并告已令一师主力今日进至卓克基。

△ 十九时，与周恩来、张国焘急电第九军军长何畏："我军决以主力北打胡敌"，"你军任务系巩固现有懋功前方阵

地，大大向敌游击牵制。"

**6月29日** 中共中央政治局在两河口召开常委会议，张闻天主持，周恩来、王稼祥、毛泽东、博古、张国焘出席，讨论当前时局形势与组织问题。会议通过增补张国焘为中革军委副主席，徐向前、陈昌浩为中革军委委员。

△ 以中革军委主席名义与副主席周恩来、张国焘、王稼祥下达《松潘战役计划》，指出，敌人已调集一百八十个团以上兵力，阻止红军入甘南与岷江东岸，防止红军复渡大渡河，及利用西北广大草原封锁、困饿红军，胡宗南部将首先向南坪、松潘集中兵力截击红军。计划规定在岷江东岸大石桥地区和懋功地区各留一个支队，钳制东、南两面之敌，掩护后方工作，两个方面军主力分左中右三路向松潘及其西北地区开进，"消灭松潘地区的胡敌，并控制松潘以北各道路，以利北向作战和发展"，"中央军委及总司令部随中路军行进，约七月三日开到马塘附近。"

△ 张国焘不同意中共中央关于北上战略的决定，在返回理县红四方面军总部后，致电朱德、周恩来、毛泽东，提出另一套主张："一方面军南下打大炮山、北取阿坝，以一部向西康发展；四方面军北打松潘，东扣岷江，南掠天（全）芦（山）灌（县）邛（崃）大（邑）名（山）。"

**6月30日** 十八时，在水卡子致电林彪、陈光、朱瑞，"陈、朱到壤口后的情况及侦察结果，迅速电告我。林率二师主力，协同二六七团速攻下芦花，向松潘侦察、警戒，并筹粮、争取夷民。一军团部及一师，留康猫寺、马塘线待命。"

**7月1日** 同中共中央、中革军委在翻越梦笔雪山后到达卓克基（今属马尔康县）。

△ 就调整松潘战役各路行动路线问题，与周恩来急电徐

向前、陈昌浩并转张国焘:"因道路、粮食关系,进攻松潘右路军改走松平沟、红土坡;中路军走黑水、芦花,力求迂回松潘道路;左路军须看一、三军团先头侦察壤口、大藏寺两路结果,再定。"

△ 与周恩来、张闻天发布《红军进入少数民族地区的筹粮政策》,规定:不得侵犯被压迫群众的利益,对喇嘛寺严禁私人筹粮,除没收反动头人的粮食外,其他应照价收买,不得杀食耕牛和羊、猪等。

△ 张国焘致电朱德、周恩来、毛泽东、王稼祥、张闻天,提出:"速决统一指挥的组织问题,反对右倾。"

**7月2日** 与周恩来、张国焘、王稼祥署名发布中革军委关于保障松潘战役的胜利携带充分粮食的决定。要求每人带足十五斤粮食。

△ 九时,与周恩来致电徐向前、陈昌浩并转张国焘,通报各部队行动情况:林率二师主力协同二六七团架桥,继续向芦花进;决令一军团改入中路军并指挥二六七团为第一梯队,受徐向前指挥。八十八师及七十四团为第二梯队,今日到梭磨、腊脚坝线。并告:"中央军委明日向马塘进,后方留卓克基。"

**7月3日** 中共中央政治局常委会议讨论通过《告康藏西番民众书——进行西藏民族革命运动的斗争纲领》,号召藏民反对英帝国主义及国民党军阀,成立游击队,加入红军,实行民族自决。

△ 十三时,致电林彪、聂荣臻:"同意林二日十八时来电意见及部署(建议我已抵芦花三个团应以主力向毛儿盖、向松潘急进,占领毛儿盖,逼近松潘),但进毛儿盖应严锁消息。芦花以西或西北仍须寻求迂回松潘道路,免一路挤不通,与被敌从毛儿盖正面阻塞。"要求侦察由毛儿盖至墨洼转两河口、

由毛儿盖至竹勋坝转两河口、由毛儿盖经包子寺迂回松潘的道路，速电告。

△ 十四时，致电张国焘、徐向前、陈昌浩，告以向毛儿盖进军的部署。望令第二六九团、第二七〇团速攻石碉楼，第二七一、二七四、二七九团前靠，第七十三、七十五团速过河跟进；望速调五个团过江到松平沟，会同第二九四团与中路协作。

7月4日　二时，致电董振堂、曾日三[1]、何畏，部署后方部队行动：五军团部及三十九团今四日全部集中懋功，迅速肃清附近反动，补好桥梁，并派队恢复崇化及丹巴方向交通。转令七十九团留一营于崇化维护交通，主力则开往夹金山以南接替三十九团任务等。

7月5日　中革军委及总政治部致电各兵团首长及其政治部，指示关于筹措粮食的办法。其中要求"筹粮尽可能地要经过群众路线，没收土司头子的粮食、牲口要向番民解释。群众的要用钱买或用茶叶换，无钱时要给购粮证，说明将来还钱或茶叶。"

7月6日　翻越又一座雪山——打鼓山，到达马塘（今属马尔康县）。

△ 中革军委电告张国焘、徐向前、陈昌浩：李先念率两个团今到芦花，第三军团到康猫寺、梭磨线，中央军委开马塘，第九军团至党坝筹粮，并打通绥靖路。指示后续部队快速跟进。"石碉楼如未打开，望尽先开五个团经马塘到芦花，万勿迁延，误时机。由龙坝侧击石碉楼部队，亦望速派，俾易得手。"

△ 到红四方面军驻地进行慰问的中央慰问团成员李富春从杂谷垴致电朱德、周恩来、王稼祥、毛泽东、张闻天，反映

---

[1] 曾日三，时任红五军团代理政治委员。

张国焘"尤关心统一组织问题……建议充实总司令部……以徐（向前）为副总司令，陈（昌浩）为总政委，军委设常委，决定战略问题"等，"我以为此事重大，先望考虑"。

**7月7日** 二十三时，致电李先念并转陈光、刘亚楼飞送林彪、聂荣臻，指示第一军团："胡（宗南）既有两团在毛儿盖，我军不宜冒进。应集结二六七团、一军团主力及八十八师两团往攻，以便一举消灭其全部，并严防壤口通毛儿盖道上之敌向我前进的侧翼袭击。"并通报各部行动情况，明日"军委开马河坝"。

△ 致电罗炳辉、何长工："九军团目前任务，在维持绥靖、崇化、党坝、卓克基、马尔康、梭磨地域交通，尽力筹粮，并进行争取番民工作。期能造成红军游击区域，以便四方面军有一部后方可以留此活动。"

**7月8日** 二十时半，致电李先念（并转陈光、刘亚楼飞送林彪、聂荣臻）、彭德怀、杨尚昆："三军团主力今日如抵芦花，明九日应急向石碉楼前进，以便协助四方面军五个团迅速解决两炮楼及瓦布梁子之敌。如未抵芦花，明日应先以一个团带工兵连循八十八师所走小路，先开芦花，赶往石碉楼执行上述任务。"令林、聂率部行动"严密隐蔽北进企图"。

△ 鉴于张国焘借口所谓"统一指挥"和"组织问题"没有解决，故意延宕红四方面军的北上行动，二十二时，与周恩来致电张国焘，要求岷江以东的红四方面军部队迅速北上，电报说："请电徐、陈，河东部队应迅速抽调，并应即打通孟董沟到色耳古道路，以便能从多方面进兵。"并告：敌胡宗南部一营扼守毛儿盖街道及山地，我军正攻击中，一师及军团部今晚可进毛儿盖附近；已令第九军团派队渡河到绥靖接应第八十一团。

△　军委组织筹粮别动队，以解决粮食困难。

**7月9日**　十七时半，与周恩来致电张国焘，通报各部队行动情形，并询问"河东部队续调否，请告"。

**7月10日**　翻越又一座大雪山——毛德山到达上芦花（今黑水县）。

　　△　针对张国焘延宕所辖部队北进的行为，与毛泽东、周恩来致电张国焘："分路迅速北上原则早经确定，后忽延迟，致无后续部队跟进。均盼如来电所指，各部真能速调速进，勿再延迟，坐令敌占先机。""弟等今抵上芦花，急盼兄及徐（向前）、陈（昌浩）速来集中指挥。"

　　△　三时，致电林彪、聂荣臻、彭德怀、杨尚昆："毛儿盖之敌一营尚未解决，石碉楼反动大部被消灭，仅大行河坝两炮楼未扫清。""二六七团及一军团主力，今夜袭击毛儿盖之敌，如仍未得手，应改强攻为监视和围困，并寻求坑道作业的可能。主力则布置毛儿盖侧面有利阵地，准备打援敌，以一部伸出毛儿盖、松潘之间，侦察和迟滞援敌，以待我后续部队集中，并封锁消息，隐蔽企图。八十八师两团今十日应即开往毛儿盖。"三军团今十日起彭、杨应率一个团及工兵连，速向石碉楼开进，协助三十军所率五个团，打开大行河坝之炮楼，特别要修补沿途桥路，接迎四方面军北上。并告，军委今日进至上芦花。

　　△　张国焘来电，又提出"宜速决统一指挥的组织问题"。

**7月上中旬**　中央红军主力从懋功一带北上后，环境十分艰苦，部队粮秣得不到接济，常常要靠野菜充饥。成仿吾回忆说："朱总司令最善于找野菜，他先组织一个'野菜调查小组'，亲自带领着小组到山上或原野，找出一些认识的、可以吃的野菜，挖出带回来，分类洗干净，煮着吃。然后他又动员大家去找，把大家吃过的野菜都挖来，这样经过大家的努力，最后竟找到了几十种可吃的野菜,解决了不小的问题。"[1]

**7月11日** 五时半,致电林彪、聂荣臻:在毛儿盖之敌未解决前,四方面军主力必须十三日后始能开始到芦花。"二、四两团决不宜突入受夹击,暴企图,应速派队与该两团联络。如处境不利,应即折回"。

△ 二十四时,致电林彪、聂荣臻,告以毛儿盖等地敌情,彭德怀率第十一团拟明晨打开进路,至维古架桥,接引第四方面军北上,徐向前已到石碉楼,河东部队在调动中;"望令四团在哈龙严密警戒,速派队侦察至毛牛沟,并迂回松潘路,兼严锁消息。四团兵力单薄,应令先念率两团往加强。"

**7月12日** 二时,与周恩来致电张国焘,通报敌情,并告:彭德怀今日率十一团及工兵开维古,已令飞速架桥与徐向前部打通,"河东部队请即抽调"。

△ 二时,致电彭德怀、杨尚昆:"胡敌约四个旅,在松潘及其附近,似已知我北进企图。毛儿盖有其一营固守,我两次夜袭未奏效。""四方面军部队已将维古、步苏打开,望彭率十一团及工兵今十二日开维古联络,火速架桥,并打沿途番兵。杨应令十团开一营至亦念,维护交通,并筹粮打番兵,离芦花二十里处可留兵一连。"

△ 十一时半,致电林彪、聂荣臻:"同意以八十八师主力进占毛牛沟,扼要筑工,以掩护迂回到两河口道路。二六七团向哈龙,会同我第四团,以主力向小姓沟下游侦察活动,以钳制并扼阻原驻该处之胡敌丁(德隆)旅及其第四团。一军团主力则留毛儿盖,监视敌李营并策应前方。"

△ 为等待红四方面军后续部队,红军总司令部、总政治

---

[1] 成仿吾:《长征回忆录》,人民出版社1977年10月版,第94页。

部发布关于中央红军从十三日至十九日进行战备整训的工作计划。其中，要求各部队做好"粮食保障"，"休息时应节食，每天两餐一稀一干"，"至少须筹存平均每人十五斤麦子或杂粮"。于是，全军上下展开突击割麦。朱德"不仅同战斗员一样割麦和打麦子，并且割下以后从一二十里远的地方挑五六十斤回来。"[1]

**7月13日** 二时半，致电林彪、聂荣臻：预计中路军先头部队十九日后始能到达毛儿盖。

△ 二十三时，致电周纯全转张国焘、徐向前、陈昌浩："彭德怀率十一团今晨确实抵维古，未见对河有我四方面军部队。"询问"何以维古对岸未留部队？""望徐总指挥火速派队开维古联络，并多送大绳索去，以便速架浮桥，打通此路，免致胡敌抢着先机，处我不利。"

**7月14日** 十一时半，致电周纯全急转徐向前、陈昌浩并张国焘，告以："我第四团昨由哈龙向毛牛沟进，与胡敌第一旅接触中。左权、先念率二六八团今到哈龙，已令速赶上四团，相机击退该敌，扼守毛牛沟，以控制通两河口道路。二六五团即跟进，二六七团已由哈龙向小姓沟进，扼阻该处之敌丁旅。""望陈（昌浩）速令大桥以北两岸部队加强活动，并向镇江关佯动，以钳制胡敌李（文）、丁两旅及松（潘）城部队。"

△ 致信国民党军第四十一军军长兼西北"剿匪"第六纵队司令孙震（字德操）："贵军驻防川边，毗连陕甘，亦即红军北上抗日之友邻，吾辈联盟救国，势极便利，亦即德等之所盼望也。倘因处在蒋贼严密监视之下，一时不便动作，则建立爱

---

[1] 杨定华：《雪山草地行军记》，《中国工农红军第一方面军长征记》，人民出版社1955年版，第295页。

国友谊关系，相约互不侵犯，以保国防实力。德等率抗日红军，大举北上，实行团结全国抗日反蒋反卖国贼力量，收复东北失地，惟不愿与先生等以兵戎相见于四川。如蒙赞同，请即赐复，以便函互派代表，约地商订抗日作战协定或互不侵犯协定。"

**7月15日** 十五时，致电林彪、聂荣臻："四方面军主力今、明日尚不能北进，但河东部队已开始西移。""一军团及三十军三个团，目前任务应在四方面军主力未到前，尽力扼阻胡敌于拉子梁，毛儿盖地段以北，并监视和围困毛儿盖之敌李营，以保持毛儿盖在我手中。在胡敌向我前进时，应集结我方主力突击，应消灭其一路，以图乘胜恢复哈龙，进逼松潘。万一拉子梁阵地未能坚守，亦须迅速集我军主力前出毛儿盖以北，占领侧面有利阵地，尽毁易被敌人利用的工事房屋，以便在敌人向毛儿盖深入增援时，实施有力突击，以消灭其一部或大部，而继续保持毛儿盖在我手中，在部署上应严防敌之夹击，并加强通小姓沟道路的警戒。"

△ 十五时半，致电张国焘、彭德怀（并转徐向前）、周纯全（急转陈昌浩）：胡敌五个团昨已攻占哈龙。"现令林、聂在四方面军主力未赶到毛儿盖前，应集结三十军三个团及一军团主力在哈、毛间坚决扼阻胡敌，以保持毛儿盖在我手中。""为保持并使毛儿盖成我战役枢纽，我后续部队必须速向毛儿盖集中，以便乘势与胡敌接战。"并提出具体部署的要求。

△ 十八时，致电罗炳辉、何长工："九军团有巩固卓克基、马尔康寺、松岗地域，并开辟经大藏寺草地北进道路的任务。""九军团主力明十六日应开往卓克基，到后，何率两个营开进马尔康寺打击番兵，向北筹粮，并侦察北经大藏寺向阿坝前进道路。对松岗应派队游击、掩护筹粮。"

**7月16日** 红一、四方面军先头部队占领毛儿盖。

△　十六时，致电陈昌浩、周纯全：胡宗南敌一营乘夜退出毛儿盖。我军已分三路向毛儿盖方向行进。徐向前明早抵芦花，"张主席今日可到，盼昌浩速来芦花"。

**7月17日**　与来到芦花的徐向前见面，在交谈中说红四方面军是支难得的有战斗力的队伍，一方面军经过万里转战，损失不小，十分疲劳，亟待休养生息，恢复元气。希望一、四方面军的指战员互相学习，取长补短，团结一心，渡过眼前的困难，争取更大的胜利。

**7月18日**　出席在芦花召开的中共中央政治局常委扩大会议，讨论"组织问题"。会议为团结张国焘北上，同意周恩来辞去红军总政治委员职务，决定由张国焘任红军总政治委员并为中革军委的总负责者；周恩来调中央常委工作，在张国焘尚未熟悉情况前，由周恩来暂帮助。会议还决定，中革军委常委由四人（朱德、张国焘、周恩来、王稼祥）增为五人，补陈昌浩；秦邦宪任红军总政治部主任；徐向前、陈昌浩为前敌总指挥部总指挥和政委。会后，以中革军委主席名义与副主席周恩来、张国焘、王稼祥致电各兵团首长："奉苏维埃中央政府命令：一、四方面军会合后，一切军队均由中国工农红军总司令、总政委直接统率指挥。仍以中革军委主席朱德同志兼总司令，并任张国焘同志为总政治委员。"

　　△　与周恩来、张国焘、王稼祥、徐向前急电彭德怀转孙玉清、陈昌浩：敌缩短战线守松潘、南坪线，阻我前进。"芦花粮缺，且茨坝为小姓沟通毛儿盖路要点，若能集中二七九、二七一、七十三、七十五团扫清茨坝反动后到毛儿盖集中，即路亦不远而粮食易于补给"。嘱"昌浩速来芦花"。

**7月19日**　十时，与张国焘就后方部队的部署致电倪志亮、董振堂、何畏、曾日三、王新亭："我军决分路北进，第四纵队即以懋功部队为基干，兵力八团以上。将来由卓克基向阿坝进展。"已令罗炳辉、何长工以小部守卓克基要点，主力集结，彻底消灭进犯马尔康寺、卓克基的反动土司，造成卓克基、梭磨、松岗、党坝、大藏寺一带为巩固的临时后方。懋功部队即须准备陆续北上。

**7月21日**　与张国焘、周恩来、王稼祥致电各军首长："军委现决定：组织前敌总指挥部，即以四方面军首长徐向前兼总指挥，陈昌浩兼政委，叶剑英任参谋长。"决定将第一方面军的第一、三、五、九军团番号依次改为第一、三、五、三十二军，第四方面军的第四、九、三十、三十一、三十三军番号不变。重新任命了各军军长、政委和参谋长：一军军长林彪、政委聂荣臻、参谋长叶剑英；三军军长彭德怀、政委杨尚昆、参谋长萧劲光；五军军长董振堂、代政委曾日三、参谋长曹里怀（代理）；三十二军军长罗炳辉、政委何长工、参谋长郭天民；四军军长许世友、政委王建安、参谋长张宗逊；九军军长孙玉清、政委陈海松、参谋长陈伯钧；三十军军长程世才、政委李先念、参谋长李天佑；三十一军军长余天云、政委詹才芳、参谋长李聚奎；三十三军军长罗炳辉、政委张广才、参谋长李荣。

△　为重新确定松潘战役的军队区分及部署，与张国焘、周恩来、王稼祥致电徐向前、陈昌浩、林彪、聂荣臻、王树声、彭德怀、杨尚昆、倪志亮、周纯全、董振堂、詹才芳、许世友、王建安：（一）以四军的四个团组成右支队，许世友为司令员，限七月二十四日止，集中小姓沟地域；（二）以一军、三十军的十二个团组成第一纵队，林彪为司令员，限二十六日在毛牛沟以西至哈龙、毛儿盖地域集中完毕；（三）以三十一军等部八个团组成第二纵队，王树声为司令员，限二十八日止集中哈龙、毛儿盖地域；（四）以三军等部九个团组成第三纵

队，彭德怀为司令员，主力集中黑水两岸，为后续策应的兵团；（五）以九军、五军等部九个团组成第四纵队，为向阿坝前进的左支队，倪志亮为司令员，董振堂为副司令员，限二十七日止，主力集中马尔康寺、卓克基地域；（六）以三十三军等部六个团组成第五纵队，詹才芳为司令员，在茂州下游河西沿岸，直至理番、杂谷垴等地，为钳制掩护部队。"任徐向前为前敌总指挥，陈昌浩为政委，前方一切作战部队均归其统率指挥，并即以四方面军总指挥部兼前敌总指挥部。"随后，中革军委又制定了《松潘战役第二步计划》。

**7月21日—22日** 在芦花出席中共中央政治局扩大会议，讨论红四方面军的工作问题。会议先听取张国焘等关于红四方面军情况的报告，张闻天作总结发言，肯定四方面军"一般领导是正确的"，部队"很有战斗能力"，同时指出其缺点和错误：在第四次反"围剿"开始时领导对形势的估计上有"左"的倾向，后当敌人分兵合击时，未能抓住敌人弱点，集中打他一路；通南巴[1]打了胜仗还是放弃了，反映对根据地的重要是了解不够的；退出通南巴时把所有干部、游击队通通带走也是不好的；出通南巴后缺乏明确的战略方针，没有一定的发展方向，造成了现在一些困难。他还指出四方面军对待少数民族方面也有些问题，以及成立西北联邦政府不妥等问题。朱德在发言中认为，对四方面军"应以正确的估量"，肯定四方面军在创建革命根据地、扩大红军力量、多次打败敌人"围剿"中的成绩，也分析了在部队政治工作、地方工作及战略战术配合等方面存在的缺点与不足，希望总结教训加以改正。他

---

〔1〕 指四川省北部的通江、南江、巴中一带，红四方面军曾在这里建立了川陕根据地。

主张"目前正处在行军作战时期,一切服从战争的胜利,暂缓讨论军事以外的问题"。

**7月22日** 一时,与张国焘致电聂荣臻:我军第一纵队可于二十六日集中哈龙、毛儿盖地域完毕,驻毛儿盖部队约二十五日行动,徐向前、陈昌浩二十四日到毛儿盖。

**7月23日** 与张国焘、博古急电倪志亮、董振堂等布置懋功地方工作:"懋功地方工作应暂以抚边为中心,各机关之大部可移驻抚边,留得力之工作人员驻懋功,指挥游击战争。"

**7月27日** 十六时,与张国焘急电倪志亮、周纯全、董振堂等:卓克基现为我总后方,须设法巩固这一区域。懋功为敌占,已令坚决巩固猛古桥以北区域。你们须以一部肃清党坝、松岗、大藏寺及大金川各方反动,向绥靖游击,防敌由此进犯。大部准备向阿坝进,学习打骑兵,加紧筹粮,开展该区群众工作。

△ 十八时,与张国焘急电詹才芳:"杂谷垴为我重要后方,应坚决巩固之。请令(罗)南辉及岷江西岸部队严密警戒,敌如进犯应设法消灭之。"

**7月28日** 芦花会议后,翻越仓德山和打鼓山,到达松潘毛儿盖。

△ 与张国焘致电徐向前、陈昌浩:"到包座可先以主力扼黄胜关,再以一部北占包座。但经三道河通黄胜关路,毛牛沟敌能控制否?有无向导?沿途河流有无阻碍?即复。我处已有一向导,知经三道河到黄胜关路。"

**7月29日** 二十时,与张国焘、徐向前、陈昌浩致电林彪、李先念:"因粮困,明日部队不能出动。已令右支队部队仍在原地集结,筹粮待命。如三十六团已向左开动,仍令其回西开镇、红则筹粮。"请速转告许世友,"二六七团阵地重要,速令其坚工固守。"

**7月30日**　十四时，与张国焘致电倪志亮、周纯全："（一）现在我军策略系巩固抚边前阵地。请严告（陈）伯钧敢有再放弃木坡阵地者，即以军法从事。必须筑坚工，特别注意左、右翼警戒，敌军来则坚决突击之，决不可再误事。（二）向大藏寺推进以七十四团放在前头。八十一团跟进。应以一团兵力位置于党坝、对绥靖。（三）请详侦阿坝情况，稳慎前进。我们正拟再抽五个主力团增大四纵队，对打骑兵必须慎重准备。"

△　十五时，与张国焘致电彭雪枫："十三团应以主力明三十一日进取波罗子，为全军筹粮。以一部控制茶力革要点及守粮食，候干部团到接着后归还建制。"

**7月31日**　由于张国焘以先解决"组织问题"而拖延部队行动，贻误了战机，敌情发生变化：胡宗南部主力已集结于松潘地区，薛岳部由雅安进抵文县、平武，川军已进占懋功、绥靖、北川及岷江东岸地区，使红军处于腹背受敌的危险局面，因此，中革军委决定撤销松潘战役计划，改经草地北上。

△　二时，与张国焘致电林彪并转陈光、李先念："因粮缺及各纵队不能同时北进灭敌，现正计划改变部署。"依此，三十一日前线部队应作如下部署：第二六七团巩固现阵地并加紧两翼警戒；第一军直属队一部、第二师主力、第八十八师主力应集中哈龙；第四团即由婆东回哈龙，准备开婆罗子，与一军主力集中该地筹粮、整理部队、肃清反动。林随第一军行动后，哈龙前线由陈、李指挥。

**8月1日**　红军总部发出改为攻占阿坝、北进夏河流域的指示。十三时，致电余天云（由彭德怀抄转）、曾传六、黄超、倪志亮、周纯全、董振堂："为进行新的战役部署，以攻取阿坝、向北发展为目的，决以二十五师、九十三师、五军及二七一团共九个团,组成第一纵队,以王树声为司令员兼政委,迅经卓克基、大藏寺向阿坝急进,以争取到夏河流域的先机。"并作出具体部署。十四时,与张国焘致电倪志亮、周纯全、詹才芳、陈伯钧:"我军改以攻占阿坝、北向夏河流域消灭敌人为战役目的,对松潘之敌则钳制之,对岷江两岸李(家钰)、邓(锡侯)、杨(森)及大金川两岸刘(文辉)、李(抱冰)等敌则监视之,在有利时机得集中一部兵力实行回击。"依此目的,现将原第四、第五两纵队合为第二纵队,以倪志亮为司令员,周纯全为政委,詹才芳为副司令员。并作出具体部署。

△ 中共驻共产国际代表团根据共产国际第七次代表大会确定的建立反法西斯统一战线的方针,以中国苏维埃政府、中国共产党中央的名义,发表《为抗日救国告全体同胞书》(八一宣言),号召全国同胞团结起来,停止内战,集中人力、物力、财力,为抗日救国的神圣事业而奋斗。并提出组织国防政府和抗日联军的主张。

**8月3日** 与张国焘发布《夏洮战役计划》,提出"以攻占阿坝、迅速北进夏河流域,突击敌包围线之右侧背,向东压迫敌人,以期于洮河流域消灭遭遇之蒋敌主力,形成在甘南广大区域发展之局势"。这一新的战役目标要点是:红军即以主力一部迅速经卓克基、打通到大藏寺、查理寺、阿坝道路,消灭番兵马队。阿坝攻下,则应急以主力向北探进,以一部打通阿坝到墨洼路,以接引右路我军。我原在哈龙、毛儿盖主力,应经竹勋坝向班佑、阿西侦察,准备走此路遭遇和消灭胡敌一部;然后向北转移,以争取进占夏河流域的先机。另以得力一部沿小姓沟至羊角塘钳制松潘之敌,以掩护我左右两路军及一切后方前进。为执行这一计划,红军总部决定,将红一、红四方面军混合编组,分成左、右两路北上。以在卓克基及其以南地区的第五、九、三十一、三十二、三十三军为左路军,由红军总司令朱德、总政委张国焘率领,刘伯承任参谋长,经阿坝北进;以在毛儿盖地区的第一、三、四、三十军为右路军,由前敌总指挥徐向前、政治委员陈昌浩率领,叶剑英任参谋长,经班佑北进。中共中央随右路军行动。

**8月4日—6日**　出席在毛儿盖附近沙窝召开的中共中央政治局会议,讨论红一、红四方面军会合后的形势与任务以及组织问题。张国焘在发言中对建立川陕甘根据地表示怀疑,遭到与会者的反驳。朱德在会上发言说:一、四方面军会合后,力量增强了,创建川陕甘革命根据地是有把握的。这两个方面军经过了许多艰难曲折的斗争,已经锻炼成为铁的红军了。要提高信心,克服各种困难,去战胜敌人。对一、四方面军,不能轻率地说谁好谁坏,存在缺点是可以改进的。团结是最重要的。毛泽东在发言中谈到要加强两个方面军团结的问题时说:过去我与朱德在井冈山会合的经验,今天可以利用。两个方面军要互相了解,以诚相待。中央军委应负起使两个部队融合起来的责任。五日,通过《中央关于一、四方面军会合后的政治形势与任务的决议》,决议重申两河口会议确定的集中主力北进、创建川陕甘革命根据地的战略方针,强调加强党在红军中的领导和维护红一、红四方面军团结的重要性。决议中提到:"一方面军一万八千里的长征是中国历史上空前的伟大的事业。"会议从团结的大局出发,决定组织上作适当的调整,增补陈昌浩、周纯全为中央委员、政治局委员,徐向前为中央委员,何畏、李先念、傅钟为候补中央委员。会议还决定恢复红一方面军司令部,由周恩来任红一方面军司令员兼政治委员;陈昌浩任红军总政治部主任,周纯全任副主任。

**8月6日**　与张国焘、周恩来、王稼祥发布《关于对敌人骑兵战斗的指示》,指出:在今后的北进中及通过广大草原地域时,必然会遇到敌人的骑兵,应了解骑兵的特性和与其作战的战术。指示对骑兵的基本特性、战术和步兵对骑兵战斗概则等问题作了全面阐释。

**8月8日**　与张国焘致电詹才芳、罗南辉及倪志亮、周纯全:敌范绍曾部有直取理番、杂谷垴企图,"杂谷垴为我重要后方,必须坚决巩固。你们有集结兵力,乘敌进攻坚决消灭该敌之任务。"并作出具体部署。

**8月上旬**　在毛儿盖与张闻天、毛泽东、王稼祥、博古等出席红军大学成立典礼并讲话。红军大学是根据中央沙窝会议关于"设立红军大学与高级党校,大批地培养军事与政治的干部"的精神,将红一方面军的干部团与红四方面军的红军大学合编而成。

△　沙窝会议后,与红军总参谋长刘伯承率红军总部赴左路军集结地卓克基。行前,在红军总部驻地召开红一方面军团以上干部会议,在会上讲话,分析形势,号召一、四方面军团结起来,实现北上的战略任务,赤化川陕甘,推动全国的抗日救国高潮。

**8月11日**　与张国焘、周恩来、王稼祥、陈昌浩向各军首长发布通令:"为着加强与统一一方面军的领导与指挥,特组织一方面军司令部,并任命周恩来同志为一方面军司令员兼政治委员。"

**8月13日**　陈昌浩、徐向前致信朱德、张国焘通报关于右路军出动计划和各部队行动部署,并说:前进路上尽量避免决战,速取夏河为至要。无大碍时,先头部队十五天可到,大部队十八天到。"恩来病重,六日未食。"

**8月15日**　十时,与张国焘致电徐向前、陈昌浩转朱瑞、林彪、聂荣臻、彭德怀、杨尚昆："我一纵队现在陆续北进，十九号可进攻阿坝，续向夏河进，并以一部出班佑方面与右路连络"；"右路军及三纵队应速由徐、陈部署，马上连蝉北经班佑向洮河左岸出动。"

△ 十四时，中共中央致电朱德、张国焘："不论从敌情、地形、气候、粮食任何方面计算，均须即时以主力从班佑向夏河急进。右路军及一方面军全部，应即日开始出动。万不宜再事迁延，致误大计。"还说：毛儿盖到班佑仅五天，到夏河十二天。班佑以北粮房不缺，因此一、四两方面军主力，均宜走右路。左路阿坝只出支队，掩护后方前进。五军、三十二军即速开毛儿盖。

△ 率红军总部随左路军从卓克基出发，经查理寺向阿坝开进，其先头部队二十日到达阿坝地区。

**8月17日** 二十三时，与张国焘就左路军行动情况致电徐向前、陈昌浩、林彪、聂荣臻、彭德怀、杨尚昆、王宏坤、倪志亮、周纯全："树声率九军四团及五军今到石匠宫、龙耳头，明可达查理寺，三十一军四团跟进，十九日到查理寺。""总司令部十九日由大藏寺向查理寺进。"询问："一、三军何时走何路开动？"

**8月18日** 右路军先遣队从毛儿盖地区出发，经墨洼过草地，向班佑开进。

△ 陈昌浩、徐向前致电朱德、张国焘，提出：左路军大部不应深入阿坝，应从速靠紧右路，速齐并进，以免力分。

**8月19日** 二时，与张国焘急电徐向前、陈昌浩，告以北进部署。"一纵队主力与右路齐头靠紧前进，为战胜敌人的先决条件。"已令董振堂率五军主力由查理寺向班佑探查北进平行路，为一纵队由班佑西前进具体准备；"二纵一部使占阿坝,将来一纵全部亦有走班佑路前进可能,主力决不能从黄河两岸进";"阿坝仍须取得,一是财粮策源,必要时可助右路,二是可多辟北进路,三是后方根据。""大金川、大藏寺有三四条平行路向阿坝北进,人粮甚多,比芦花、毛儿盖好多了。"

△ 与张国焘致电徐向前、陈昌浩:"二十五师今晨攻查理寺,五军、九十三师明晨由石匠宫向查理寺进。决二十一号以二十五、九十三两师攻阿坝。"又说:"事实上右路与左路联络困难,左路若不向阿坝攻击,将无粮并多番骑扰害。"

△ 中共中央政治局常委在沙窝开会,博古、张闻天、毛泽东、王稼祥参加,讨论中央领导分工和宣传工作等问题。确定组织工作由张闻天兼管,毛泽东负责军事,博古负责宣传,王稼祥负责红军政治部,凯丰负责少数民族委员会。

**8月20日** 中共中央政治局在毛儿盖索花寺举行会议,讨论红军行动方针问题。出席会议的有张闻天、毛泽东、博古、王稼祥、陈昌浩、凯丰、邓发,列席会议的有李富春、徐向前、林彪、聂荣臻、李先念。率左路军的朱德、张国焘、刘伯承以及率右路军先头部队的叶剑英、率三军殿后的彭德怀、病中的周恩来均未参加会议。会议听取毛泽东关于夏洮战役后行动问题的报告。毛泽东在报告中说:红军北进夏河地区后,有两个行动方向,一是东向陕西,一是西向青海,我的意见,主力应当向东,向陕甘边界发展,而不应向黄河以西。理由是,如果向黄河以西,敌人则在黄河东岸筑封锁线,把我们限制在黄河以西的地区。这地区虽大,但除去草地、沙漠就很小,人口也很少,我们将会很困难。我们要打破敌人封锁,一定要占领洮河上游及中游。他强调向东还是向西是个关键问题,应采取积极向东发展的方针。会议通过《关于目前战略方针之补充决定》,指出:"在目前具体的敌我情形下,为实现六月二十八日关于目前战略方针之基本的决定，要求我们的主力迅速占取以岷州为中心之洮河流域（主要的洮河东岸）地区，并依据这个地区，向东进攻，以便取得陕甘之广大地区，为中国苏维埃运动继进发展之有力支柱与根据地。"又说："政治局认为在目前将我们的主力西渡黄河，深入青（海）宁（夏）新（疆）僻地，是不适当的，是极不利的。""这个行动，客观上正适合敌人的要求"，"采取这种方针是错误的，是一个危险的退却方针。这个方针之政治的来源是畏惧敌人夸大敌人力量，失去对自己力量及胜利的信心的右倾机会主义"。

**8月21日** 中共中央、红军前敌总指挥部从毛儿盖出发过草地，经过五六天艰苦行军，到达若尔盖的班佑、巴西地区。

△ 左路军先头部队攻占阿坝。

**8月22日** 与张国焘就左路军行动部署致电王树声，令左路军先头部队占阿坝后休息两天，速查清道路、敌情；主力由阿坝前进时应留相当兵力巩固阿坝。并告总司令部带第二六七团两营今夜驻安得山南。

**8月24日** 中共中央致电朱德、张国焘，传达毛儿盖会议《关于目前战略方针之补充决定》精神，并指出："目前应举右路军全力，迅速夺取哈达铺，控制西固、岷州间地段，并相机夺取岷州为第一要务"；"左路军迅速出墨洼、班佑，出洮河左岸，然后并力东进。"

△ 徐向前、陈昌浩致电朱德、张国焘："右路军单独行动不能彻底灭已备之敌，必须左路马上向右路靠近，或速走班佑，以便两路集中向夏、洮、岷前进。主力合而后分，兵家大忌。前途所关，盼立决立复，迟疑则误尽中国革命大事。"

**8月27日** 红军总部决定，左路军向班佑前进与右路军靠拢。三十日，红军总部从查理寺向东北方向前进。

**8月30日** 与张国焘急电左路军后方的倪志亮、周纯全："我左路军以集中班佑与右路军靠拢北进之目的"，将左路军主力分为两个梯队，以第九军为第一梯队，于九月四日、八日到查理寺、箭步塘集中后，向班佑前进；后方部队主力为第二梯队，于九月十二日到查理寺、箭步塘、松岗等地集中，陆续向班佑开进。另留一部驻阿坝开展工作，"川康省委以阿坝为中心"，"使阿坝成为苏区一部"。

**8月31日** 二时，与张国焘致电徐向前、陈昌浩，认为："西固不会是敌空隙，敌已有备。一、三军单独深入夺取，不能制敌，反为敌制。"现应"集中兵力打破封锁线，严重注意被敌截为数段"，"宜兵力集结再大举前进。三军须休息一二天，在包座须备与敌决战"。告第五军须三天后才能到班佑，左路军其余部队须十四日才能到班佑。

**9月1日** 徐向前、陈昌浩、毛泽东复电朱德、张国焘：依据敌情、地形、粮食、居民等实际情况，"目前情况极有利于向前发展"，"右路军须以主力向前推进。以不突出西固、岷州线为度，第一步以一、三两军控制罗达地区，四军、三十军控制白骨寺地区，其一部控制包座。这样控制了两条平行东向路，并随时可与胡敌五个旅有把握地决战，决不会被敌截断，更不是从间隙偷出封锁线。候左路军到达，即以一支队向南坪方向，又一支队向文县方向佯攻胁敌，集中主力从武都、西固、岷州间打出，必能争取伟大胜利。""目前蒋、胡敌注意力集中西固以东方向。毛儿盖通班佑，路短棚多。提议以三至四个团掩护能行之伤员及资材，从卓克基经毛儿盖缓缓前进，免致抛弃"。

**9月2日** 与张国焘致电徐向前、陈昌浩："噶曲河水涨大，不易消退，侦察上下三十里，均无徒涉点，架桥材料困难，各部粮食只有四天。""噶曲河水小时能徒涉，我们不能待。现正继续侦察徒涉点，并设法架桥，明日各部均在原地不动。""请你们酌派（带工兵连）一二团兵力，由二十四马鞍腰，经牙磨河草区到达渡河点，与我们会合。噶曲河右岸有树林，可架桥。"又说："请速查清班佑、阿依、跟康、上下三安曲、查理寺道路，以便将来二纵队改由该路进。"

**9月3日** 亲自到噶曲河边，派警卫员潘开文下河试测河水的深浅，结果得知部队可以涉水过河，因此提出要部队按原定计划向东推进，同已抵达班佑、巴西地区的右路军会合，共同北上。但张国焘听不进朱德意见，决心与党中央的北上方针相对抗，拒绝率部过河向右路军靠拢。他以"朱、张"名义[1]急电徐向前、陈昌浩并转呈中央："上游侦察七十里，亦不能徒涉和架桥。各部粮只能吃三天，二十五师只两天，电台已绝粮。茫茫草地，前进不能，坐待自毙，无向导，结果痛苦如此，决于明晨分三天全部赶回阿坝。""拟乘势诱敌北进，右路军即乘胜回击松潘敌，左路备粮后亦向松潘进。时机迫切，须即决即行。"他还下令已抵达墨洼的左路军先头部队三天内返回阿坝。朱德和刘伯承对此坚决反对。此后，张国焘多次不顾朱德的反对，以"朱、张"名义发电。

**9月5日** 张国焘一意孤行，又以"朱、张"名义急电倪

---

[1] 张国焘当时违背中共中央战略方针和指示的电报，大都以"朱、张"名义连署。事实是，朱德一直反对张国焘违背中央方针、指示的行为。中共中央在1936年7月14日致共产国际的电报中指出："朱德同志过去与中央完全一致，分离以来受国焘挟制，已没有单独发表意见的自由，但我们相信基本上也是不会赞助国焘的。"朱德在1960年11月9日的谈话中也指出："到阿坝时，张就变了，不要北上，要全部南下，并发电报要把北上的队伍调回南下，我不同意，反对他，没有签字。"

志亮、周纯全并转王宏坤："我左路军先头兵团决转移阿坝补粮，改道灭敌。""你们第二纵队应巩固现地，伸前游击，筹粮待命。""速令才芳以三十三军及九十一师之一团主力屯官岩，派一部伸向猛古、官口、杂谷垴游击。"并告：总司令部今在箭步塘，八号到阿坝。

**9月7日** 随总部抵中阿坝。

**9月8日** 九时，徐向前、陈昌浩致电朱德、张国焘，通报右路军情况。"胡（敌）不开岷，目前突击南（坪）、岷（县）时间甚易。总的行动究竟如何？一军是否速占罗达，三军是否跟进，敌人是否快打？飞示，再延实令人痛心。""我们意以不分散主力为原则，左路速来北进为上策，右路南去南进为下策。"

△ 十时，张国焘以"朱、张"名义急电倪志亮、周纯全："现各主力团均不到千人，草地行军冻坏和肿脚者占三分之二，现天更冷，再北进，部队必被拖垮。拟改道南打，一路由阿坝经绥靖、崇化、丹巴；一路经卓克基、懋功，以向邛（崃）、大（邑）、天（全）、芦（山）、灌（县）、绵（阳）、安（县）进为目的。"要求电告南下道路、粮食等情况。

△ 张国焘以"朱、张"名义致电三十一军詹才芳，要他"飞令"正在北上的军委纵队政委蔡树藩，将所率人员移到马尔康待命，如其不听"则将其扣留"。

△ 二十二时，周恩来、张闻天、博古、徐向前、陈昌浩、毛泽东、王稼祥致电朱德、张国焘、刘伯承："目前红军行动是处在最严重关头，须要我们慎重而又迅速地考虑与决定这个问题。""左路军如果向南，则前途将极端不利。因为：（一）地形利于敌封锁，而不利于我攻击。丹巴南千余里，懋功南七百余里，均雪山、老林、隘路；康（定）、泸（定）、天（全）、芦（山）、雅（安）、名（山）、邛（崃）、大（邑），直

至懋（功）、抚（边）一带，敌垒已成，我军绝无攻取可能。（二）经济条件，绝不能供养大军。大渡河流域千余里间，求如毛儿盖者，仅一磨西面而已，绥（靖）、崇（化）人口八千余，粮本极少，懋、抚粮已尽，大军处此有绝食之虞。（三）阿坝南至冕宁，均少数民族，我军处此区域有消耗无补充，此事目前已极严重，决难继续下去。（四）北面被敌封锁，无战略退路。""因此，务望兄等熟思审虑，立下决心，在阿坝、卓克基补充粮食后，改道北进。"

△ 二十二时，张国焘以"朱、张"名义致电徐向前、陈昌浩："一、三军暂停向罗达进，右路即准备南下。立即设法解决南下的具体问题。右路皮衣已备否？"

**9月9日** 中共中央致电张国焘："阅致徐、陈调右路军南下电令，中央认为完全不适宜的。中央现恳切地指出，目前方针只有向北才是出路，向南则敌情、地形、居民、给养都对我极端不利，将使红军陷于空前未有之困难环境。中央认为，北上方针绝对不应该改变，左路军应速即北上，在东出不利时，可以西渡黄河，占领甘、青、宁、新〔1〕地区，再行向东发展。"

△ 张国焘仍坚持南下主张，二十四时，在朱德坚决反对的情况下，以个人名义致电徐向前、陈昌浩并转周恩来、张闻天、博古、毛泽东、王稼祥，为他坚持南下，改变北上战略方针辩解，说"南打又为真正进攻"，并提出"现宜以一部向东北佯动，诱敌北进，我则乘势南下。如此对二、六军团为绝好配合。我看蒋与川敌间矛盾极多，南打又为真正进攻，决不会做瓮中之鳖。""左右两路决不可分开行动"。

**9月10日** 由于张国焘拒绝执行中共中央的北上方针，

---

〔1〕 甘、青、宁、新，指甘肃、青海、宁夏、新疆。

并背着中央电令陈昌浩率右路军南下,甚至企图危害中央,中共中央果断地决定率红一方面军主力先行北上,毛泽东等率红三军于凌晨二三点离开阿西向俄界进发,去会合红一军,是日抵达拉界。

△ 中共中央政治局于阿西向陈昌浩、徐向前发出指令:张国焘"电令你们南下,显系违背中央累次之决定及电文","为不失时机地实现自己的战略计划,中央已令一方面军主力向罗达、拉界前进。四、三十军归你们指挥,应于日内尾一、三军后前进,有策应一、三军之任务。以后右路军统归军委副主席周恩来同志指挥之。"并指出:"张总政治委员不能实行政治委员之责任,违背中央战略方针。"

△ 四时,张国焘以"朱、张"名义致电林彪、聂荣臻、彭德怀、李富春并转周恩来、张闻天、博古、毛泽东、王稼祥:"闻中央有率一、三军单独东进之意,我们真不为然";"一、四方面军已会合,××忽又分离,党内无论有何讨论,决不应如是。只要能团结一致,我们准备牺牲一切。一、三军刻已前开,如遇障碍仍请开回。不论北进南打,我们总要在一块,单独东进恐被敌击破。"

**9月11日** 中共中央率红三军到达甘肃迭部县俄界,同红一军会合。同日二十二时,中共中央致电张国焘:(一)中央为贯彻自己的战略方针,再一次指令张总政委立即率左路军向班佑、巴西开进,不得违误。(二)中央已决定右路军统归军委副主席周恩来指挥,并已令一、三军团在罗达、俄界集中。(三)立即答复左路军北上具体部署。

**9月12日** 中共中央政治局在俄界召开扩大会议。中央总书记张闻天在会上发言指出,张国焘反对中央的路线,充分表现了军阀主义倾向,但是,"我们还有总司令、五军、三十二军在那里，还有广大好的干部。经过我们的工作，还是有争取他的可能的。""只要还有一线可能，我们还要争取他。"会议作出《关于张国焘同志的错误的决定》。会议还决定，红一军、红三军、军委纵队编为中国工农红军陕甘支队，彭德怀为司令员，林彪为副司令员，毛泽东为政治委员，王稼祥为政治部主任，杨尚昆为副主任；由毛泽东、周恩来、彭德怀、林彪、王稼祥成立五人团进行军事领导。

△ 二十二时，张国焘"亲笔"致电林彪、聂荣臻、彭德怀、李富春，称"一、三军单独东出，将成无止境的逃跑，将来真会悔之无及。""望速归来受徐、陈指挥，南下首先赤化四川。该省终是我们的根据地。"

**9月13日** 中共中央率由红一军、红三军、军委纵队编成中国工农红军陕甘支队从俄界继续北上，第二天到达麻牙寺，在沿途经过的桥梁道口留下少量哨兵担任警戒，以待红四方面军跟上来。

**9月14日** 中共中央致电张国焘、徐向前、陈昌浩，指出："（一）一、四方面军目前行动不一致，而且发生分离行动的危险的原因，是由于总政委拒绝执行中央的战略方针，违抗中央的屡次训令与电令。总政委对于自己行为所产生的一切恶果，应该负绝对的责任。""（二）中央先率领一、三军北上，只是为了实现中央自己的战略方针，并企图以自己的艰苦斗争，为左路军及右路军之四军、三十军开辟道路，以便利于他们的北上。""（三）张总政委不得中央的同意，私自把部队向对于红军极端危险的方向（阿坝及大小金川）调走，是逃跑主义最实际的表现，是使红军陷于日益削弱而没有战略出路的罪恶行动。"再一次要求张国焘"立即取消南下的决心及命令，服从中央的电令，具体部署左路军与四军、三十军之继续北进。"电报最后强调"此电必须转达朱（德）、刘（伯承）。立复。"

**9月15日** 张国焘在阿坝格尔登寺召开中共川康省委和四方面军党员活动分子会议，在会上提出南下行动方针，并煽动一部分不明真相者批评党中央率红一军、红三军北上是分裂逃跑，还对拥护中央北上方针的朱德、刘伯承进行围攻。朱德、刘伯承在十分困难的情况下，同张国焘的错误作了坚决的斗争。朱德在会上一再说：党中央的北上方针是正确的。北上决议，我在政治局会议上是举过手的。我不反对北上，我是拥护北上的。我是一个共产党员，我的义务是执行党的决定。他还反复强调北上的重要性，指出日本帝国主义侵占我国的东三省，我们红军在这个民族危亡的关头，应该担当起抗日救亡的重任。张国焘不顾朱德、刘伯承等的反对，十五日通过会议作出《关于反右倾机会主义斗争的决议》，诬称中央坚持北上方针是"右倾机会主义的逃跑路线"，并以中国工农红军总政治部名义下达《大举南进政治保障计划》，提出要"集中主力大举向南进攻，消灭川敌残部，在广大地区内建立巩固的根据地，首先赤化四川"。

**9月17日** 红军陕甘支队突破川甘边界的天险腊子口，打开了北上的通路。第二天，向迭部与岷州交界的小镇哈达铺开进。在哈达铺，从报纸上得到陕甘边区还有一支红军队伍和一大块革命根据地的消息，九月二十七日，中共中央在通渭县召开常委会议，决定率陕甘支队进至陕北，会合当地红军"在陕北保卫和扩大苏区"。随后，陕甘支队分三路北上向界石铺开进。

△ 编在右路军中的四方面军部队在徐向前、陈昌浩率领下，重越草地，返回毛儿盖。

**9月18日** 张国焘以"朱、张"名义致电在后方的三十一军军长余天云、政委王维舟，称："右路已能排除第一道难关，坚决南下，现在就看你们能否速取党、绥、崇、丹、懋。南下打开绥、崇、丹进路，关系全军生死存亡。望用大力完成任务。"

**9月下旬**　随左路军部队自阿坝南下，抵马尔康党坝、松岗、马塘一带。途中，遇到编在左路军中的原一方面军五、九军团的指战员，他们不满张国焘的分裂行为，有的提出要单独北上，找党中央去，张国焘要拦我们，就跟他干！朱德耐心地教育他们：我们一定要坚持真理，坚持斗争，坚决拥护党中央北上抗日的路线，但要掌握正确的斗争策略，要顾全大局，维护红军的团结，只有加强全体红军的团结，才能克服一切困难，争取革命事业的胜利。搞分裂活动的只是张国焘少数几个人，眼前的曲折总是能克服的。

**9月29日**　率部转战在湘黔边的任弼时收到周恩来拍发的探询红二、六军团情况的明码电报，即用密码电询："你们现在何处？久失联络，请于来电内对此间省委委员姓名说明，以证明我们的关系。"因只有红军总部掌握着同红二、六军团联络的电报密码，朱德、张国焘收到此电。

**9月30日**　张国焘以"朱、张"名义电复任弼时："二十九日来电收到。你们省委弼时书记，贺龙、夏曦、关向应、萧克、王震等委员。""一、四两方面军六月中旬在懋功会合行动，中央任国焘为总政委"；"我们今后应互相密切联络"。因张国焘控制着电报密码，中共中央在此后一年时间内没能同红二、六军团建立联系。红二、六军团领导人也不知道张国焘搞分裂的情况。

**10月2日**　任弼时、贺龙、关向应致电朱德、张国焘，报告红二、六军团面临的敌情，并询问："一、四方面军是否已入陕境，及今后行动大的方向盼告我们，以便依据来决定我们行动。"

**10月5日**　张国焘在四川理番县卓木碉（今马尔康县脚木足乡）主持召开高级干部会议，在会上攻击党中央的路线是

"右倾机会主义逃跑路线",要仿效列宁和第二国际决裂办法,成立以他为首的"临时中央"。朱德表示:你这种做法我不赞成,我们不能反对中央,要接受中央领导。并说:大敌当前,要讲团结!天下红军是一家。中国工农红军在党中央统一领导下,是个整体。大家都知道,我们这个"朱毛",在一起好多年,全国和全世界都闻名。要我这个"朱"去反"毛",我可做不到呀!不论发生多大的事,都是红军内部问题,大家要冷静,要找出解决办法来,可不能叫蒋介石看我们的热闹!张国焘不顾朱德和刘伯承的反对,宣布了"中共中央"名单,还宣布"毛泽东、周恩来、张闻天、博古撤销工作,开除中央委员及党籍"。朱德对宣布他为"中央政治局委员"、"中央书记处书记",严正表示:我按党员规矩,保留意见,以个人名义做革命工作。这以后,张国焘多次强迫朱德公开反对中共中央,要朱德断绝和毛泽东的一切关系。朱德说:你可以把我劈成两半,但是你绝对割不断我和毛泽东的关系。卓木碉会议后,朱德和刘伯承处境更加艰难,不得不做万一不测的准备,朱德对刘伯承说:过去在军阀混战时,死是不值得的。现在为党的利益奋斗而死,是可以的。当然,个人是无所谓的,可是任事情这样演变下去,对整个革命不利呀!不久,刘伯承被解除红军总参谋长职务,调去红军大学工作。朱德则随前敌总指挥部行动,他深入到部队中做细致的政治思想工作,反复宣传党中央北上抗日方针的正确性和加强党的团结的重要性。他还对左路军所辖的原红一方面军的一些领导干部说:要小心忍耐,不要灰心,要好好地干,是非总有一天会弄清楚的。

**10月7日** 张国焘以"中革军委主席"的名义下达《绥丹崇懋战役计划》。

**10月8日—20日** 南下红军(红四方面军和红一方面军

的第五、第三十二军）发起绥（靖）崇（化）丹（巴）懋（功）战役，分两个纵队：王树声率右纵队八个团沿大金川南下，夺取绥靖、丹巴；徐向前率左纵队十六个团沿抚边河南下，夺取懋功、达维。先后占领了绥靖（今金川）、崇化（今安宁）、丹巴、懋功（今小金）达维等地，击溃国民党军杨森部和刘文辉部六个旅，歼敌三千余人。朱德随徐向前、陈昌浩率领的前敌总指挥部行动，他认为，"部队既然已经南下，就应打开战局，找块立脚生存的地方。那么多红军，没有地盘，没有饭吃，无异于不战而自毙。"[1]因而在军事行动方面，积极行使总司令的职权，及时了解敌情，研究作战部署，下定决心。他要求各级指挥员要讲究战术，发挥运动战的特长，以快以巧制敌，用小的代价去换取大的胜利。

**10月9日** 任弼时、贺龙、关向应致电朱德、张国焘并转中共中央：敌在根据地南、西、北三面之碉堡封锁线"大体完成"。根据此间情报，红一、红四方面军"似在甘肃地区行动，这对我们配合作用较小"，而红二、红六军团目前所处地区狭小，不利与强敌持久战斗，"应迅速突出敌包围线"，向贵州黄平方向转移。电报再次询问"一、四方面军将在何处建立新根据地及其发展方向，盼告。"

**10月15日** 张国焘以"朱、张"名义电复贺龙、任弼时、关向应："（一）一切请按实际情况由你们自行决定，必须秘密、坚决、迅速、机动，出敌不意。（二）在狭小地区内固守为失策，决战防御亦不宜，轻于尝试远征减员太大。可否在敌包围线外原有苏区附近诱敌出堡垒，用进攻路线集中兵力各

---

[1] 徐向前：《历史的回顾》（中），解放军出版社1985年10月版，第462页。

个击破之。上述意见供给参考。(三)我方主力仍在川西北活动,当尽量与你配合。"

△ 在莫斯科的共产国际执委会书记处会议听取陈云、陈潭秋、潘汉年关于中央红军长征和遵义会议情况的汇报。陈云在汇报中说:"我们党能够而且善于灵活、正确地领导国内战争,像毛泽东、朱德等军事领导人已经成熟起来。我们拥有一支富于自我牺牲精神、英勇无畏、为实现共产国际总路线而斗争的干部队伍。"

**10月19日** 中共中央率领红军陕甘支队抵达陕北吴起镇(今吴旗县城),中央红军主力至此完成长征。二十三日,毛泽东在吴起镇召开的陕甘支队领导干部大会上宣布:"从瑞金算起,到今天为止,我们共走了十二个月零两天,共三百六十七天","已经走了二万五千里"。

**10月20日** 与陈昌浩、徐向前致电第九军政委陈海松:"确息:杨(森)敌高(德周)旅向夹金山退,达维邓(锡侯)敌一团极动摇。望查明敌情,相机消灭达维、日隆关敌。得手,速先以一团乘势占巴郎山、邓生,大大向三江口、灌县佯攻,并准备一团策应,另速以一营占夹金山,余集达维待命。"并告:"我们已到太平桥,明天或可到懋功。"

**10月22日** 张国焘以"军委主席"名义发《天芦名雅邛大战役计划》。

**10月24日—11月25日** 南下红军发起天(全)、芦(山)、名(山)、雅(安)、邛(崃)、大(邑)战役。二十四日,红军越过终年积雪的夹金山,分左、中、右三个纵队,向宝兴、天全、芦山、名山、雅安、邛崃、大邑等地发起进攻,企图进入川西平原建立根据地。至十一月十二日,占领了邛崃山以西、大渡河以东、青衣江以北和懋功以南的川康边广大地区，歼敌五千余人。

**10月26日** 朱德、张国焘、徐向前、陈昌浩致电林彪、聂荣臻、彭德怀、李富春："我军于本月十三日起开始进攻，当将绥、崇、丹、抚、懋次第占领，击溃刘文辉、杨森共十七团，俘缴各约三千，我伤亡不到三百人。现中路已到宝兴、金汤附近，右翼逼近康定，左翼已占牛头山，准备与刘湘主力在天、芦、邛、大决战。"并告：徐海东、刘志丹两部在陕北极为活跃，目前其主力约七千余人。"你方情况希告"。

**10月27日** 张闻天、毛泽东、林彪、聂荣臻、李富春复电朱德、张国焘、徐向前、陈昌浩：我一、三军在中央直接领导下，"自九月十日由川甘边出发，经过四十天横扫甘肃全省，行程二千余里，于十月二十日安全到达陕北苏区"，"坚持了而且达到了党的战略任务"。"陕北苏区西起甘边，东毗黄河，北到长城，南至甘泉、耀县，已成为长江以北第一个大苏区"。"我们正在中央的领导下，动员苏区广大民众，配合二十五、六、七军行动。"

**10月28日** 与徐向前、陈昌浩致电中纵队（由三十军、三十一军、九军组成）司令员王树声："你们速设法打出，兵力集结，便在宝兴彻底灭杨森，并乘胜进芦山。"并告："我们今在达维，明越夹金山。"

△ 与徐向前、陈昌浩致电右纵队（由四军、三十二军组成）司令员倪志亮："你们现应（集）结兵力彻底灭金汤刘文辉部。""占金汤后，须注意乘郭勋祺由天全经鱼台、马鞍山大路开泸定时截击之。第二，可集结兵力找适当路道向天全进，设法以运动战灭敌，相机占天全。第三，不能单独出天全时，则速从金汤转向宝兴路。"

**10月31日** 与陈昌浩、徐向前致电张国焘，告以部队行动情况，并提出："拟正面不好进展时，主力由大川同太平场向下打。占金汤后，三十二军仍猛力向泸定进，横扫汉源、荥经。四军左向主力靠拢行动。"是日，张国焘来电称"西康为我唯一后路，不可以西康落后说自误"，"在敌能守住邛、大、名、天、芦一带碉堡线时，即宜不失时机取康定为好。"

**10月中下旬**　为指导南下部队作战，先后写了《雪山老林的战斗》、《绥崇丹懋天芦战役山地河川及隘路攻击之注意》和《康泸天芦名雅邛大战役中战术上应注意之点》等文。

《绥崇丹懋天芦战役山地河川及隘路攻击之注意》一文，指出：绥靖、崇化、丹巴、懋功、天全、芦山一带地形，都是大山河川所形成的隘路，这些隘路大多数是一面傍山一面傍水的长隘路，提出隘路战攻击时应注意：先头部队要选战斗力强火力强的；要以小部队对敌人迂回包围，不宜专用正面攻击；侧击截击截断敌人的退路，才能消灭敌人，并可使守敌动摇；突破敌人隘口时要猛烈追击，使敌人不能节节抵抗，乘胜夺取要点和城市；遇某一要点或工事不能打开时，可派队包围或监视之，大部队则可绕路袭取敌后。

《康泸天芦名雅邛大战役中战术上应注意之点》一文，从部队已打出川西山险隘口的实际情况出发，指出：这次战役在战术上应和绥崇丹懋战役有所不同，地形较平坦，而不是像以前那样多是山地、隘路，作战形式将由山地战、隘路战变为平地战、街市战，由运动战变为堡垒战，但红军一般的战术原则，在这种地形上也是适用的，即集中兵力打敌人的弱点；机动地寻求打运动战，而不被迫硬攻堡垒；即使打城市和打堡垒，也必须在野战中击溃敌人，再乘胜直追而袭取之，或是在夜间或是在拂晓时发动袭击，并须对付敌人的阵地反击。

**11月初**　在《红色战场》第二期上发表《绥崇丹懋战役中

我左支队二十七师两河口、抚边、达维、夹金山、日隆关、巴郎山一带战斗经过及其模范教训》一文，指出这次战斗的优点是：（一）能很巧妙地夜摸隘口工事；（二）乘拂晓浓雾攻击隘口；（三）采取迂回包围夺取隘口；（四）击退敌人后乘胜穷追；（五）设法迅速架桥，不为河川所阻；（六）能执行迅速、秘密、坚决的原则，各级指挥员能主动地积极地设法解决当前之敌；（七）熟悉作战地区、地形。缺点是：（一）两河口之追击，东岸未派出部队截敌退路；（二）未十分注意搜缴溃散之敌，致有小部敌人在雪山中逃走；（三）因对架桥无充分准备，使我由河西进的大部队不能及时过河，未能全部消灭抚边、懋功之敌。

**11月1日**　张国焘以"朱、张"名义致函任弼时、林彪、聂荣臻、彭德怀、李富春并转徐海东、刘志丹，要红二、六军团及第二十五、二十六军详报情况，"反对继续逃跑"。并告任弼时："你们现地区很重要，应坚决在现地区巩固和扩大苏区和红军。"

**11月2日**　与陈昌浩、徐向前致电率部攻占宝兴、直逼芦山的中纵队司令员王树声、政委李先念，指出："我们目前战略：在运动战中首先消灭杨国桢、饶国华两师，然后集中打郭勋祺或打邓锡侯。敌在芦山坚工兵厚，硬攻不易，决不要把大部限在敌人工事下面。"

　　△　与陈昌浩、徐向前关于攻占宝兴后的行动致电右纵队司令员倪志亮：中纵队昨占宝兴后，乘胜占领灵关、双河场，围芦山，今晚攻城，左纵队明早可到会同。"三十二军速相机取泸定。四军可留一营控金汤、新镇，余部速向天全进。首先注意消灭天全西北二十里之交脚河、紫石关各敌一营，迫近天全，大示佯攻，限制郭勋祺，相机消灭之。主要用诱敌夜袭，打活战的办法。但主力须集结，便于向宝兴、灵关靠紧。决不

可硬拼盲动,并注意截击向泸定开动之郭勋祺。"并告:"我明到宝兴。"

**11月3日** 中共中央政治局在陕北下寺湾开会,决定成立中国工农红军西北革命军事委员会,以毛泽东为主席,周恩来、彭德怀为副主席。同日,陕甘支队改称,恢复红一方面军番号,辖第一军团(由原第一、第三军团合编)和第十五军团,共一万余人。红一方面军以彭德怀为司令员,毛泽东为政治委员;第一军团由林彪任军团长,聂荣臻任政治委员;第十五军团由徐海东任军团长,程子华任政治委员。

**11月5日** 与陈昌浩、徐向前关于攻取天全的部署致电倪志亮、许世友、王建安:"决你我两方夹取天全,你们应飞快直向天全猛进,不得迟延,大部以走捷路为好,并便于向左方中纵周转,迫近天全后相机取之。交角河及东北之牛脑山、笋子山、太阳山、白马山应争取,便向宝兴、灵关靠近,并截击灵关到天全的大路,能逼郭勋祺全退守天全亦好。""鱼通、金汤,应坚决巩固。军直属后方笨重暂留该地,坚决做群众工作,打通丹巴、泸定、宝兴各交通线,开创后方。"并指出:"行军、作战、宿营,对飞机力求隐蔽、疏散与打飞机。"

**11月7日** 与陈昌浩、徐向前关于夺取泸定、天全部署致电倪志亮、许世友、王建安、罗炳辉、何长工:"如泸定能迅速顺手拿下,四军可以一团先向天全搜进,余部协同卅二军取泸定后再向天全进。如泸定不便速取,则以卅二军对之,四军火速取天全。"

△ 与陈昌浩、徐向前关于不同意马上进军西康复电张国焘:"目前这带粮房人烟极多,村落大于巴川,群众正纷纷回家,各地已开始成立游击队与扩大红军,物质基础很好,如能深入工作,补充人、物较易。现刘湘六七十团至多能来四十

团，邓共廿四团，分后难大集中，余者无虑。如能多集中兵力在这带打，甚有把握。如马上进西康，补难，减员更大，力分散，天气极冷。对二、六军团配合无利。"主张"目前仍在此寻机打敌，先打左翼开局势，然后配合四军夹击天全。"

**11月8日** 右纵队许世友指挥四军由金汤翻越夹金山后，夺取紫石关，并乘胜追击，于九日占领天全。

**11月9日** 与陈昌浩、徐向前致电左纵队司令员陈海松，通报敌情并做部署，指出："敌如以大部进攻，应坚决在横山岗、木梯老线灭敌，会同附近为最后阵地。""中纵队在十号向名山打，请好好配合。"

**11月10日** 与陈昌浩、徐向前关于部队在灵关、天全地区行动部署致电倪志亮："天全可以一部乘胜取袭，不然则用夜袭，主要设法相机拿下大冈山，准备打由灵关折回之袁（治）旅，如不好打则监视之，小部积极移向灵关到天全路活动，大部集结适当活动地点，迫袁旅后退夹击之，并防其反攻。千万勿硬攻碉堡与陷我大部于敌阵地之下，切切告诫。"

**11月11日** 写出《关于懋功西康作战问题的报告》，说明由懋功至芦山沿途作战情形及第二步行动计划。

**11月12日** 中共中央致电朱德、张国焘、徐向前、陈昌浩，告以："我一、三军已同二十五、六、七军在陕北会合"，"你们以总司令及四方面军名义"；"关于方针，你们目前应坚决向天全、芦山、邛崃、大邑、雅安发展，消灭刘（湘）、邓（锡侯）、杨（森）部队，求得四方面军的壮大"，"你们的战况及工作情形，应随时电告党中央。"

△ 张国焘以"朱、张"名义致电林彪、聂荣臻、彭德怀、李富春、徐海东、刘志丹并转毛泽东、周恩来、张闻天、王稼祥、博古，告以"我军于占领天全后，又于本十二日攻占

芦山"，宣称"这一胜利打开了川西门户，奠定了建立川康苏区胜利的基础，证明了向南不利的胡说，达到了配合长江一带苏区红军发展的战略任务，这是进攻路线的胜利。"

**11月13日** 与陈昌浩、徐向前致电张国焘：我军已占领宝兴、天全，"今后方针当以名山占领与否及灭郭（勋祺）、杨（国桢）程度如何而定。拟定：（一）如名山占领，主力仍彻底灭杨、郭，如已退雅州，则少部突击名山以东，大部向百丈、奄门上面横扫，打李（家钰）及野外刘（湘）部。（二）如名山未占，名山如无援兵到，主力仍速向李敌击，准备打邛方出援之敌。"

**11月14日** 与陈昌浩、徐向前致电王树声、李先念，告以敌军部署情况：刘湘之一、二、四、五、六师，潘左等共六个旅，集中邛州、平落坝一带，有增援或出击企图。并询问："你们在名山灭敌程度如何？名山有敌是否好打？速据实详告，以便决定行动，不可延误。"指出："无论名山占领与否，总以集中兵力，首先在野外寻机，彻底灭杨（国桢）、郭（勋祺）残部为着眼。如不可能，则速集结主力钳制正面，准备向李家钰方向进，及打邛州方向来之敌（援兵），派小部在名、邛大道活动。"

△ 鉴于国民党军加紧对湘黔根据地的"围剿"，红二、六军团决定突破敌人的堡垒线转移，任弼时、贺龙、关向应致电朱德、张国焘：西南方向敌严密防范，决定向东南方向行动。

**11月15日** 在《红色战场》第三期上发表《对防空应注意之点》一文。文章针对部队已打出川西高原的山险隘口进入开阔地形条件作战、敌军投入大批飞机参战的情况，强调要加强防空教育，指出：我们是工农红军，不是拜物教主义者，绝不惧怕敌人的飞机大炮，但是，又要承认飞机确有杀伤威力，要研究采取对付它的科学方法和具体措施，不应空喊不怕，那只会使红色战士遭受无代价的牺牲。文章对如何组织对空射击、对空侦察、对空隐蔽和伪装、疏散队伍及战斗中应注意之点，都提出具体要求。

**11月16日** 与徐向前致电张国焘，告以中纵队现正向百丈、黑竹关进军，三十一军将向名山、洪雅突击。"决首先彻底灭郭（勋祺）、李（家钰）、杨（国桢），迫邛方之敌后退击之，以打到岷江西岸为目的。对荥（经）、汉（源）现则钳制，到相当时机，多移兵力争取之，现时避免分散决战主力。"

△ 南下红军攻克名山县东北要镇百丈。

**11月17日** 张国焘以"朱、张"名义致电率红二、六军团准备从湘鄂川黔根据地作战略转移的贺龙、任弼时、关向应、萧克：你们应以机动姿势在运动中消灭敌之一路或一部，开展局面，行动方向先东南进，相机再转西亦可，不宜入粤桂地区。

**11月18日** 任弼时、贺龙、关向应电告朱德、张国焘：两军团共扩红约六千人。并将地方独立团分别编入军团主力部队。第二天，红二、六军团分别从桑植以北的刘家坪和桑植东北的水獭铺（今瑞塔铺）开始突围，踏上长征路。

**11月19日** 四川国民党军刘湘、杨森、刘文辉、李抱冰等部以十多个旅的兵力在飞机大炮的掩护下，开始向百丈地区猛烈进攻。红军在极端困难的情况下，浴血奋战了七昼夜，歼敌一万五千人，自身也伤亡近万人，仍不能打退强敌，不得不退出百丈，转回到天全、芦山地区。百丈决战，是南下红军被迫由进攻转入防御的转折点。

**11月26日** 与张国焘致电贺龙、任弼时、关向应：第二、第六军团在"可能范围内和适当时机，仍以折向西行动为宜，但不可受拘束"。同时应"多找架桥器材、造船工人、船夫工人、备工具……以克服河川障碍"。

**11月28日** 中共中央在陕北以中华苏维埃共和国中央政府主席毛泽东、中国工农红军革命军事委员会主席朱德名义发布《中华苏维埃共和国中央政府、中国工农红军革命军事委员会抗日救国宣言》，提出抗日救国十大纲领，即：（一）没收日本帝国主义在华的一切财产作抗日经费；（二）没收一切卖国贼及汉奸的土地财产分配给工人、农民、灾民、难民；（三）救灾治水，安定民生；（四）废除一切苛捐杂税，发展工商业；（五）加薪加饷，改善工人、士兵及教职员的生活；（六）发展教育，救济失学的学生；（七）实现民主权利，释放所有的政治犯；（八）发展生产技术，救济失业的知识分子；（九）联合朝鲜、台湾、日本国内的工农及一切反日本帝国主义的力量，结成巩固的联盟；（十）与对中国的抗日民族运动表示同情、赞助或守善意中立的民族或国家，建立亲密的友谊关系。宣言号召全国人民有力出力，有钱出钱，有枪出枪，有知识出知识，开展反日的民族革命战争，打倒日本帝国主义，消灭卖国贼蒋介石。同时重申中国共产党愿与任何抗日反蒋的派别、团体共同组织抗日联军和国防政府。

**11月下旬** 中共驻共产国际代表团派林育英（化名张浩）从莫斯科到达陕北瓦窑堡，带来共产国际第七次代表大会精神和《八一宣言》。

**11月** 与陈昌浩、徐向前电示罗炳辉、董振堂：军委令：为充实军力，交换经验，统一指挥，节约干部起见，决将五、三十三军两军合编为五军，董振堂任军长，罗炳辉任副军长，黄超为政委，杨克敏仍为政治主任，直辖四个团不设师，请即进行政治动员和准备，待黄超到后进行合编。

**12月2日** 毛泽东、彭德怀致电朱德、张国焘、刘伯承、徐向前、陈昌浩，通报红一方面军在陕北取得直罗镇大捷，并

"在中央正确领导下，粉碎了三次'围剿'，正在猛烈扩大红军，猛烈发展苏区，准备迎接战斗的胜利。"

**12月5日** 张国焘以"党团中央"名义致电彭德怀、毛泽东等，宣称："此间已用党中央、少共中央、中央政府、中革军委、总司令部等名义对外发表文件，并和你们发生关系"；"你们应以北方局、陕甘政府和北路军，不得再冒用党中央名义"；"一、四方面军名义已取消"；"你们应将北方局、北路军的政权组织状况报告前来，以便批准。"

朱德坚决反对张国焘另立中央，一再"规劝张国焘，说你这个'中央'不是中央，你要服从党中央的领导，不能另起炉灶，闹独立性。"对张国焘起了有力的制约作用。"朱总司令的地位和分量，张国焘是掂量过的。没有朱德的支持，他的'中央'也好，'军委'也好，都成不了气候。"〔1〕

**12月8日** 与陈昌浩、徐向前致电李先念、程世才：你方主力万勿分散，须集八十九师，须固主阵地，以便随时在正面无事时，抽出来扫击左翼敌，并对左翼扣要点，须特别注意。

**12月9日** 一二九运动在北平爆发。

**12月15日** 致川军各级将领公开信，号召川军与红军在下述三项条件下订立军事协定，共同抗日反蒋：（一）立即停止进攻红军和苏区；（二）立即允许人民群众有言论出版、集会结社的自由；（三）立即武装民众，作抗日救国军的后备队。

**12月17日** 中共中央在陕北瓦窑堡（今子长）召开会议，经过讨论，于二十五日通过《关于目前政治形势与党的任务决议》，确定党的抗日民族统一战线的方针和各项具体政策。

---

〔1〕 徐向前：《历史的回顾》（中），解放军出版社1985年10月版，第475页。

会后，中共中央将会议决议精神电告张国焘。

**12月18日** 张国焘以"党中央"名义致电不久前回到陕北的中共驻共产国际代表团成员林育英，指责毛泽东、周恩来在第五次反"围剿"中为"右倾机会主义"和"拼消耗的左倾空谈的防御主义"，北上行动是"右倾逃跑"，要"尽力反对毛周路线"，并要陕北苏区接受其领导。

**12月22日** 林育英致电张国焘，传达共产国际七大的精神和中央反法西斯统一战线的新策略，并说："我现时有两点意见，望兄注意：第一，党内争论目前不应弄得太尖锐，因为目前的问题是一致反对敌人，党可有争论，对外则应一致。""第二，国际对中国党的组织问题本来有如下的意见：因为中国土地之广大，交通之不便，政治经济的不统一与发展之不平衡，特别是中国革命在各地的爆发等原因，中共中央势难全部顾及，因此可以组织中共中央北方局、上海局、广州局、满洲局、西北局、西南局等，根据各种关系，有的直属中央，有的可由驻莫中共代表团代管，此或为目前使全党统一的一种方法，此项意见望兄深思。"

**12月28日** 在《红色战场》第四期上发表《天芦战役中追击之模范与不追击之失策》、《青龙场的战斗是天芦战役中的模范战例》两文。前篇文章列举在康泸天芦名雅邛大战役中指挥追击成功的战例和指挥追击不利的战例，指出：（一）追击是消灭敌人的最好时机，以红色指战员的英勇和动作，迅速施行猛烈、果敢之追击，必能获得最大胜利。（二）要攻破敌人的堡垒和城市，必先在野外求得运动战中消灭敌人，乘胜直追袭取之。（三）追击是求得运动战的好方法，便于在遭遇战中打敌人的增援队，开展新的战局。（四）追击应当取平行路或捷径路去截击更为有利。（五）追击是夺取隘路口、桥梁的好方法。（六）在夜间和疲劳时也要追击，不可姑息。（七）追击时，不要为退敌后卫所牵制，应突击夺取敌之退路，直追不放。（八）将敌人追到其据点或城市时，可乘机袭取则取之，否则应变为进攻阵地战之准备。此时不宜乱冲，注意避免陷入敌人的火网内。后篇文章结合红军在青龙场的战斗部署和战斗经过，指出：在战略上打敌之主力，而在战术上则要打敌之弱点，"集中优势兵力实行迂回包围，截击逼退他出阵地进行运动战，最容易消灭敌人的有生力量，城市或堡垒亦因之而夺得，伤亡较少，缴获必大。"

**12月28日** 贺龙、任弼时、关向应致电朱德、张国焘，报告红二、六军团"于本日全部渡过沅水"，争取在芷江、晃县（今新晃）间休息三天，准备在湘黔边地区寻求机会反击尾追之敌。

**12月30日** 致电毛泽东、彭德怀、李富春、林彪、聂荣臻并转林育英："育英同志电悉。我处与一、三军团应取密切联系，实万分需要，尤其是对敌与互相情报即时建立。"并通报所掌握的敌情。这是一、四方面军分离后朱德以个人名义给中央发出的第一封电报。

**本月—翌年1月** 朱德和红军总部、四方面军总部移驻芦山城北的任家坝，以巩固天全、芦山、宝兴、丹巴地区为中心任务，与敌对峙，战斗不止。由于当地人口稀少，供给无继，兵员扩充有限，南下红军处境日趋艰难，由八万人减少到四万余人，广大指战员愈加认识到张国焘的南下方针是错误的。

## 1936年　五十岁

**1月1日**　毛泽东复电朱德："卅号廿时电悉。本应交换情报，但对反党而接受敌人宣传之份子实不放心。今接来电，当就所知随时电告。""国际派林育英同志来，又有阎红彦同志续来。据云，中国党在国际有很高地位，被称为除苏联外之第一党。中国党已完成了布尔什维克化，全苏联全世界都称赞我们的长征。""我处不但对北方局、上海局已发生联系，对国际亦有发生联系，这是大胜利。兄处发展方针须随时报告中央，得到批准。即对党内过去争论，可待国际及'七大'解决，但组织上决不可逾越轨道，致自弃于党。"又说："政治局在国际指示之下，有新策略决定"，"其主要口号为民族统一战线，苏维埃人民共和国，国防政府，抗日联军，土地革命与民族革命相结合，国内战争与民族战争相结合"。

**1月7日**　与张国焘以中革军委名义致电贺龙、任弼时、关向应：第二、第六军团可在黔、滇、湘一带"敌力较弱之处行动，寻求各个消灭敌人之机"；可在"离敌策源处较远的地方活动，但勿入大荒野地，敌力虽多，我能进退自如，主动在我"。并告："乌江下游障碍大，上游障碍较小，黔南黔西均少大河障碍，给养亦不困难"，川南敌只有"两旅兵力"。

**1月11日**　与张国焘致电贺龙、任弼时、关向应，通报各路国民党军追堵红二、六军团的行动部署。

**1月13日**　张闻天致电张国焘："我们间的政治原则上争

论，可待将来作最后的解决，但另立中央妨碍统一，徒为敌人所快，决非革命之利。""兄之临时中央，望自动取消。否则长此下去，不但全党不以为然，即国际亦必不以为然，尚祈三思为幸。"

**1月16日** 林育英致电张国焘："共产国际派我来解决一、四方面军的问题。我已会着毛泽东同志，询问一、四方面军通电甚（少），国际甚望与一、三军团建立直接的关系。我已带有密码与国际通电，兄如有电交国际，弟可代转。"并告：共产国际七大"对中国问题有详细新的意见，准备将我所知道的向兄传达。"

**1月18日** 与张闻天致电贺龙、任弼时、关向应：同意西打驻黔蒋军，但须取进攻姿势，寻求广大的运动战，取得机动地区。"蒋在黔军队多系北军，对山地作战仍不惯，你们消灭他较有把握。"

**1月20日** 张国焘致电林育英，坚持分裂党的立场，要在陕北的中共中央"自动取消中央名义"，并称"党内争论请国际解决"。

**1月21日** 周恩来致电张国焘、朱德转任弼时，告以"黔敌新定战斗序列"，并要求："将与二、六军团密码速告知，以便直接通报。"张国焘为了隔绝中共中央与红二、六军团直接联络，仍拒绝告知通讯密码。

**1月22日** 中共中央政治局作出《关于张国焘同志成立第二"中央"的决定》，明确指出"张国焘同志这种成立第二党的倾向，无异于自绝于党，自绝于中国革命"，责令张国焘立即取消他的一切"中央"，放弃一切反党的倾向。

**1月23日** 致电张闻天：现值革命新的高涨，党内急需谋统一，为避免对外不一致，"提议，暂时此处以南方局、兄处以北方局名义行使职权，以国际代表团暂代中央职务，统一领导。"这是一、四方面军分离后，朱德单独给中共中央发的第二封电报，是代表四方面军主张在张国焘放弃自立"中央"的同时，"给张国焘一个台阶下"的意见提出的"过渡性的办法"[1]。

△ 十八时，致电贺龙、任弼时、关向应：你们过余庆线后，"应以佯攻贵阳姿势，速转黔西，大定、毕节地区，群众、地形均可作暂时根据地。"又说：追你们的敌军，李觉、樊嵩甫、郭汝栋部均不大积极，打追敌恐不易，"黔军各部战斗力均甚弱，以袭击阻我之敌，可收各个击破之利，并可占广大地区，扩大红军，速占有利阵地，再击追来之敌，仍以运动战迎击之。"

**1月24日** 林育英致电张国焘、朱德：共产国际完全同意中国党中央的政治路线，并认为"中央红军的万里长征是胜利了"；"兄处可成立西南局，直属代表团。兄等对中央的原则上争论可提交国际解决。"

△ 张闻天致电朱德，说：党内统一一致，才有利于中国革命，"接读来电至为欢迎。"指出张国焘"既愿放弃第二党组织，则他事更好商量"，表示"兄处仿东北局例，成立西南局直属国际代表团，暂时与此间发生横的关系，弟等可以同意。"

**1月25日** 贺龙、任弼时、关向应致电朱德、张国焘：我军已占瓮安城，进至牛场地区，明日拟进平越（今福泉）城，再继续西移。建议："一、四方面军此时应以较大的行动吸引川敌及蒋敌之一部，以配合我们的行动。"

**1月27日** 张国焘致电林育英、张闻天，表示"原则上完全同意"瓦窑堡会议"关于目前政治形势与党的任务决议"，

---

[1] 徐向前：《历史的回顾》（中），解放军出版社1985年10月版，第476页。

提出"党中央此时最好能在白区,但不知条件允许否?此时或由国际代表团暂代中央"。

**1月28日** 与张国焘致电率红二、六军团转战到贵州省龙里一带的贺龙、任弼时、关向应:"建议你们的行动有二:(一)在黔滇川境广大区域与敌人在运动战中消灭敌之一部,争取根据地,与我们配合作战。(二)入川,一经滇渡金沙江入上川南;一经毕节入下川南,在泸州上、下游渡大江深入川中,与敌作较大的运动战,均与我们直接会合作战,一、三军亦可出陕南配合。""目前你们战略当以第一项为宜"。

△ 与张国焘致电林育英转国际代表团,通报川西和贵州方面的敌情,提出:"目前为一致对敌,夺取战争胜利,应有统一战略方针方不致有利于敌,因我方主力红军之行动关系全局,国际有何指示否?速告,国际方面有无特别消息。"

**1月下旬** 出席在天全任家坝张国焘召集的有徐向前、陈昌浩、周纯全、傅钟等人参加的会议,讨论中共中央陕北瓦窑堡会议决议的要点,表示拥护抗日民族统一战线的新策略,并积极做四方面军干部的工作,要大家在新的策略和路线基础上团结起来,一致对敌。

**2月2日** 与张国焘致电进至乌江南岸的红二、六军团,通报川、黔国民党军部署和动向。

**2月8日** 贺龙、任弼时、关向应致电朱德、张国焘:我军一部于六日进占大定,另一部前去毕节城,"争取在川黔滇边创立新根据地"。询问:"万一要采取第二方案,则应经何路线,在何地带渡河,盼详告。"

**2月9日** 与张国焘致电贺龙、任弼时、关向应、萧克、王震:"据情报所称:敌仍分数路向你方追击,并判你们有由宜(宾)、雷(波)、屏(山)渡江与我们会合,川军现在正布防。因此，提议你们向西南行动一时为好。"

△ 张国焘、朱德致电林育英、周恩来："我们对二、六军之各种情况甚为明了，可以完全帮助他，勿念。""对二、六军大的行动方向与政治上有何指示，请直发我处转去。"

**2月12日** 与张国焘复电贺龙、任弼时、关向应："（一）目前时局将有大变动，日在华北月内将武力夺取华北五省。（二）你们即应单独行动，暂不宜渡江，即在黔、滇、川、湘、鄂广大区域作运动战，争取你们的新根据地。"

**2月14日** 林育英、张闻天致电朱德、张国焘："兄等对政治决议既原则上同意，组织上亦用西南局，则对内对外均告统一，自是党与革命的利益，弟等一致欢迎。"关于战略方针问题，"育英动身时，曾得斯大林同志同意，主力红军可向西北及北方发展，并不反对靠近苏联。四方面军及第二、六军团，如能一过岷江、一过长江，第一步向川北，第二步向陕甘，为在北方建立广大根据地，为使国内战争与民族战争打成一片，为使红军成为真正的抗日先遣队"，"这一方针自是上策。"

**2月中旬** 张国焘、朱德、陈昌浩、刘伯承等到了宝兴县灵关开会，讨论中央来电指示。由于朱德、刘伯承、陈昌浩、徐向前赞同中央北进方案，张国焘也因南下失利，又见斯大林同意主力红军靠近苏联，准备与苏联红军联合抗日，亦顺水推舟，同意北上。第四方面军陆续撤离天全、芦山、宝兴地区，经懋功向西康东北部转移，三月下旬抵达道孚、炉霍、甘孜地区。

**2月下旬** 红四方面军分三路，陆续撤离天全、芦山、宝兴地区，经达维、懋功地区向西康的道孚、炉霍、甘孜一带转移。刘伯承、李先念率第三十军八十九师先行，为全军开路。朱德率红军总部与四方面军总部从宝兴出发，随第一纵队行动。途中，朱德第三次翻越夹金山，随后翻越海拔五千多米高的大雪山脉中段的折多山。过大雪山时，风暴骤起，雪崩如雷。方面军司令员徐向前为了保证朱德的安全，"给他备好坐骑、担架，但他都让给伤病员用，自己坚持步行。夜晚宿营在半山腰，冻得无法睡觉，就给大家讲故事，话革命，鼓舞同志们战胜风暴雪山，胜利实现北上计划。"[1]

**3月3日**　贺龙、任弼时、关向应致电朱德、张国焘：我们已退出毕节城，现拟转移至滇东北地区。"陕北电台尚未叫通"。

**3月15日**　随红军总部机关进抵道孚，继后进驻炉霍。

△　张国焘在道孚召开的红四方面干部会议上作《关于中国苏维埃运动发展前途的报告》，继续攻击党中央及中央领导同志"分裂红军与向北逃跑，造成中国共产党有史以来最大的罪恶行为"，并大肆吹嘘南下的胜利。

**3月23日**　与张国焘致电率部转战在黔滇边境乌蒙山区的贺龙、任弼时、关向应：四方面军即将取甘孜、瞻化、雅江。建议："在你们渡河技术有把握条件下及旧历三月水涨前，设法渡金沙江"，经会理、盐边、盐源到雅江"与我们会合，大举北进"。并告以各渡江路线及渡口情况。"如果你们决定后，我们即布置接应你们。"

**3月29日**　贺龙、任弼时、关向应致电朱德、张国焘：我军在滇黔川地区内以运动战战胜敌人创立根据地的可能"还是有的"，在春水未涨之前渡金沙江"不致感到大的困难"。由于对"最近国际和国内事变新发展情况我们不能甚明了，在整个战略上我军是否应北进，及一、四方面军将来大举北进后，我军在长江南活动是否孤立"，"均难明确估计"。因此，"我军

---

[1] 徐向前：《民族的骄傲　人民的光荣》，《回忆朱德》，中央文献出版社1992年版，第3页。

究应此时北进与主力汇合,或应留滇黔川边活动之问题,请军委决定",并望"在一二天内电告"。

**3月30日** 与张国焘致电贺龙、任弼时、关向应:"最好你军在第三渡河点或最后路线北进,与我们会合,一同北进;亦可先以到达滇西为目的,我们当尽力策应。""在困难条件下可在滇黔川广大地区活动,但须准备较长期的运动战。"贺、任、关接此电后,决定经华坪之路线北渡金沙江,并于当晚电告朱、张,"望在适当时派队接应"。

**3月31日** 与陈昌浩、徐向前、张国焘电告林育英并转晋西同志:"二、六军团到盘县、亦资(孔),在长期作战中极疲劳,拟北进与我汇合。""我现取道金川、甘(孜)、丹(巴)、绥(靖)地区准备取康定,策应二、六军团。康定地区粮食充足、物质较好。"

**3月** 在炉霍给部队作出关于民族工作的几项规定:尊重当地的风俗习惯,爱护藏胞的一草一木,不经允许不进藏胞的房屋,看管并喂养好藏胞留在家中的牛羊等等。还召集各部队负责人开会,要求加强政治工作,严格执行党的民族政策,自觉遵守三大纪律八项注意,用实际行动争取藏族同胞。

**4月1日** 领衔发布《红四方面军关于目前战斗准备工作给各军的指示》,要求各部队积极开展整编、军事训练、筹集粮食和御寒物资,"迎接二、六军团",准备"北上创建西北广大抗日根据地"。

△ 林育英来电说:"二、六军团在云贵之间创立根据地,是完全正确的","将二、六军团引入西康的计划,坚决不能同意",又说:"四方面军既已失去北出陕甘机会,应争取先机南出","切勿失去南下机会"。这个电报使四方面军一些指战员迷惑不解,不知该怎么办好。朱德决心不变,坚持要四方面军

仍在现地休整训练，待与红二、六军团会合后，共同北上。

**4月3日** 与张国焘致电贺龙、任弼时、关向应，告以红二、六军团西进行动策略及路线："现时应专打拦阻之滇敌，脱离蒋之追敌。""取道应在昆明以北通过，不得已时才走昆明、澄江两湖间。""一定要找得造船工人，并带造船铁钉、桐油。"并电告敌军对二、六军团追击的部署。

△ 与张国焘再电红二、六军团告以国民党军在滇、黔、川南一带的部署和动向。

**4月5日** 中共中央以中华苏维埃人民共和国中央政府主席毛泽东、中国抗日红军革命军事委员会主席朱德名义发表《为反对卖国贼蒋介石阎锡山拦阻中国人民红军抗日先锋军东下抗日捣乱抗日后方宣言》，揭露山西军阀阎锡山动员全部武装力量阻拦红军抗日去路，并且蒋介石同时派十多个师协助阎锡山及命令张学良、杨虎城部进攻陕甘苏区，拟消灭苏维埃抗日力量的阴谋。宣布：为了中华民族的自由独立与领土完整，我们誓以全力消灭拦阻我先锋军抗日去路与捣乱抗日后方的汉奸卖国贼军队，以粉碎日本帝国主义灭亡中国的新计划，以争取迅速的对日直接作战。并号召"全国爱国同胞一致奋起，抗日讨逆，响应与拥护中国人民红军抗日先锋军的东征，以救中国于灭亡"。

**4月12日** 与张国焘致电陈昌浩："二、六军北上已成事实，四十日内可接通""敌已在甘南、川西布封锁线，图困我军于康藏间。主要是有较充分准备，就能冲破封锁线，顺利北上，那时配合晋西更为有效。""望努力筹集资粮，完成四五两月战斗准备工作，必能争取会合二、六军和实现北上的胜利。""我们已到炉（霍）"。

△ 贺龙、任弼时、关向应电告朱德、张国焘：我两军团

十日南移至昆明北六七十里，十一日西渡普渡河，进占富民县，本日抵禄丰及以南地区，明日向盐兴继进。"近日因敌机烦扰，均系夜间行进，颇增疲劳。"

**4月16日** 贺龙、任弼时、关向应电告朱德、张国焘：红二军团十五日进占楚雄城，本日进至镇南（今南华县）；红六军团十五日进占盐兴城，本日进至姚安、盐兴之间。

**4月17日** 贺龙、任弼时、关向应电告朱德、张国焘："我们决采鹤庆、丽江、中甸路线前进。现我们已抵镇南、姚安之线，估计快则十天，迟则两星期可赶到金沙江边。"请令罗炳辉军速开金沙江占领北岸几个渡河点，掩护我军向北渡。

**4月19日** 红四方面军为策应红二、六军团北上，派第三十二军和第四军一部，由道孚出发，南下雅江、稻城地区。

**4月20日** 与张国焘致电在道孚的徐向前、王树声："会合二、六军为目前主要任务，必须确阻止敌人的截断，相机消灭雅江李（韫珩）敌，并伸到稻城以及金沙江边去迎接二、六军。"并作了具体部署。

△ 贺龙、任弼时、关向应电告朱德、张国焘：二军团十六、十七日占镇南、普淜（今普朋），十九日占祥云，本日已抵宾川，明日向鹤庆方向继进。六军团十六日占牟定，十七日占姚安，十九日占盐丰，本日向宾川方向前进。我前卫约四天可到丽江。

**4月23日** 贺龙、任弼时、关向应率部攻占鹤庆后电告朱德、张国焘：金沙江阿喜等几个渡口船已沉没，两岸均有地方部队守堵，势难渡过。我军决向巨甸继进，约六天可到，设法在该地带渡河。望电罗炳辉部直到巨甸对河接应。

**4月26日** 与张国焘致电贺龙、任弼时、关向应，告以国民党军追击红二、六军团的行动情况。

**4月27日** 贺龙、任弼时、关向应电告朱德、张国焘：我军现已在石鼓、巨甸之线开始北渡金沙江，两军团计在两日可全部北渡。后继向中甸继进，罗炳辉部可在中甸、雅江间的地区候我们会合。

△ 与张国焘致电贺龙、关向应、任弼时："敌尚未到鹤庆，你们全部速完全渡江。""在渡江后破坏下游船只及渡河材料并毁路，以一部扼守江边阻敌，主力可在相当地点休息数日，派先遣军占中甸，准备物质，缓缓北进。"

△ 与张国焘致电徐向前："二、六军今明可全渡江，会合已无大障碍，全军雀跃。""此后重心为北进及对康定和懋丹两方"。

**4月28日** 接贺龙等关于"两军团本日已安全渡过金沙江北岸"电报后，与张国焘复电："金沙既渡，会合有期，捷报传来，全军欢跃。谨向横扫湘、滇、黔万里转战的我二、六军团致以热烈的祝贺和革命的敬礼！"

**4月30日** 红二、六军团渡过金沙江后，即沿玉龙雪山西麓金沙江东岸北进，五月初到达中甸地区。与此同时，红四方面军前来接应的部队进占雅江、理化，将康定之敌阻于雅江以东地区。

**本月** 在炉霍发动红军总部机关和附近总部帮助藏族同胞春播，并亲自参加田间劳动。

**5月1日—3日** 参加红军在炉霍举办的运动会，在开幕式上发表讲话，号召大家继续振奋革命精神，勇敢顽强地同各种困难作斗争，把长征的道路走到底。运动会有赛跑、球赛、刺杀、投弹、识图、测距、骑兵表演等项目，还有朱德提出为准备过草地而增设的烧牛粪比赛、烧饭比赛等项目。朱德在闭幕式上讲话说："这次运动会，是对我们思想、意志、军事、生活等方面的一次大考验,大演习,大检阅,同志们做得很好。这再一次证明,我们工农红军是钢铁的红军,是永远打不败,压不垮,拖不烂的。"

**5月3日** 与张国焘致电贺龙、任弼时、关向应:巴安(巴塘)粮食较多,建议两军团"沿金沙江走巴安、白玉之线",向道孚、炉霍前进。

**5月4日** 贺龙、任弼时、关向应致电朱德、张国焘:因给养关系,我们决定分两个纵队北进。二军团经甘竹、沙笼至巴塘,五日出动;六军团经定乡至义敦,七日由中甸出动。

**5月5日** 红一方面军结束东征回师陕北,中共中央以中华苏维埃人民共和国中央政府主席毛泽东、中国人民红军革命军事委员会主席朱德名义发布《停战议和一致抗日通电》。通电呼吁南京国民党政府"在亡国灭种紧要关头,理应翻然改悔,以'兄弟阋于墙,外御其侮'的精神,在全国范围,首先在陕甘晋停止内战,双方互派代表,磋商抗日救亡的具体办法。""如仍执迷不悟甘为汉奸卖国贼,则诸公之统治必将最后瓦解,必将为全国人民所唾弃所倾覆。""我们愿意在一个月内与所有一切进攻抗日红军的武装队伍实行停战议和,以达一致抗日的目的。"

**5月6日** 与张国焘、徐向前致电王建安:"二、六军已安全渡江,已到中甸,分两路北进",令第三十二军"勿再前进,速筹粮欢迎"。

**5月8日** 贺龙、任弼时、关向应致电朱德、张国焘:两军团渡金沙江后,人员武器统计,红二军团九千九百九十五人,长短枪共四千八百六十七支;红六军团五千九百九十八人,长短枪共二千九百八十五支,合计共有人员一万五千九百九十三人,枪支七千八百五十二支。另有山炮两门,迫击炮四门。

**5月10日** 贺龙、任弼时、关向应致电朱德、张国焘：红二军团前卫今日可到德荣，红六军团于九日由中甸向定乡出动，本日抵宁水、瓮水关之线。

**5月13日** 贺龙、任弼时、关向应致电朱德、张国焘：德荣城居民稀少，粮食很少，盐大感困难。部队准备再休息两天继进。至此，两军团走出云南省境，进入西康省南部地区。

**5月16日** 贺龙、任弼时、关向应致电朱德、张国焘：此次两军团从中甸出发，因给养关系，粮食困难及过雪山，沿途均有伤亡、落伍，现部队缺乏食盐，请朱、张设法找到一点。

**5月17日** 与张国焘致电贺龙、任弼时、关向应，通报敌情，并告："你们依沿路粮食情形可缓进，多休息，深入卫生运动，免减员"；"沿途须搜集羊皮、羊毛、棉布，速补充棉衣。因北来天较寒，伏天需要冬衣，同时须节约经济物质，有作长期艰苦斗争之准备。""此间存有盐待补充你们，已动员全体指战员准备物资拥护你们"。

**5月20日** 林育英、张闻天、毛泽东、周恩来、博古等十二人联名致电朱德、张国焘、刘伯承、徐向前、陈昌浩、任弼时、贺龙、萧克、关向应等，通告目前国际国内政治形势和红军与东北军的合作情况，"我们正在进行全国性与国际性的政治、军事、经济、外交各方面的布置"。并说："弟等与国焘同志之间现在已经没有政治上与战略上的分歧，过去的分歧不必谈，唯一任务是全党全军团结一致反对日帝与蒋介石。弟等对于兄等及二、四方面军全体同志之艰苦奋斗表示无限敬意，对于采取北上方针一致欢迎。中央与四方面军的关系，可如焘兄之意暂时采用协商方式，总之为求革命胜利，应改变过去一切不适合的观点与关系，抛弃任何成见，而以和协团结、努力奋斗为目标。"

**5月21日** 与张国焘、徐向前致电王建安、王宏坤，询问迎接红二、六军团的准备情况。

△ 贺龙、任弼时、关向应致电朱德、张国焘："六军团无与军委通用之密码，在未与炳辉军会合前，暂仍需经我处转。"红二军团预计二十五六日可达巴安，望派人"送党、政府、中央及军委总政治部文件来巴安，借增二军战士之兴奋"。

**5月25日** 林育英、张闻天、毛泽东、周恩来、博古、彭德怀、林彪、徐海东致电朱德、张国焘、刘伯承、徐向前、陈昌浩并转任弼时、贺龙、关向应、夏曦，通报国内及国际政治形势、党的抗日统一战线工作开展情况和党在西北的形势，指出："红军西渡后向陕、甘、宁发展，策应四方面军与二方面军，猛力发展苏区，渐次接近外蒙。外蒙与苏联订立了军事互相条约，国际盼望红军靠近外蒙、新疆。"提出："四方面军与二方面军宜趁此十分有利时机与有利气候速定大计，或出甘肃，或出青海。在兄等大计决定之后，一方面军适时向天水、兰州出动，进一步策应兄等。"

**5月** 在炉霍的党政军机关中举办"世界政治经济研究"讲座，与刘伯承、罗世文、张琴秋等为主讲，还请仍被张国焘看押的廖承志（时名何柳华）担任"东方殖民地革命运动"、"关于国民党"、"日本问题"的讲演人。

**6月1日** 中共中央以中华苏维埃人民共和国中央政府主席毛泽东、中国人民抗日红军革命军事委员会主席朱德名义发布《中华苏维埃人民共和国中央政府、中国人民抗日红军革命军事委员会布告》，提出救国救民的二十项主张，号召全国人民、各党派团体和军队团结起来，停止内战，一致抗日，为保卫中国而奋斗，取得中华民族的解放与独立。

△ 国民党广东实力派陈济棠和广西实力派李宗仁、白崇

禧以抗日名义举兵反蒋,成立抗日救国西南联军,是为"两广事变"。

**6月3日** 朱德、张国焘、陈昌浩、徐向前致电各军首长:军委、总司令部、总政治部等组织仍恢复一、四方面军会合时的旧制。仍以朱德任军委主席,张国焘、周恩来、王稼祥为副主席,朱德兼任总司令,张国焘为总政委,陈昌浩任总政主任兼四方面军政委,刘伯承为总参谋长兼红大校长。决定成立方面军,以陕北红军为第一方面军,红二、六团军为第二方面军,第四、五、九、三十、三十一、三十二军为第四方面军,并以徐向前为第四方面军总指挥,陈昌浩兼任政委,周纯全为政治部主任,李特为参谋长,李卓然为总政副主任。

△ 第三十二军电告张国焘、朱德、徐向前:六军团首长萧克、王震率军直属及十六师全部今早在雄坝(今理塘)与我们会师,现已进驻甲洼。

△ 与张国焘、徐向前、陈昌浩等致电各军首长转全体指战员:光荣长征的二、六军团之先头部队已于今日与我主力红军会合于理化(今理塘)南之甲洼。捷电飞来,全军欢呼。务速猛烈动员,完成六月突击计划,以迎接我英勇弟兄二、六军,坚决灭蒋,创造西北抗日根据地。

**6月6日** 张国焘被迫在炉霍召开的中央纵队(总部机关)活动分子大会上宣布取消他自立的"中央"。但仍不承认中共中央的领导,提出中央职权由中共驻共产国际代表团暂时行使。

**6月9日** 毛泽东、张闻天、林育英以"育英、张闻天、泽东"署名致电朱德、张国焘,通报了国内外政治形势。

**6月10日** 与张国焘等四方面军领导人致电林育英、张闻天、毛泽东、周恩来等,告以:"我们拟于六月底出动,向夏、洮西北行动,大约七月二十日前可达夏、洮。二方面军大约六月二十号前后集甘孜休息十天跟进。"

**6月12日** 中共中央以中华苏维埃人民共和国中央政府主席毛泽东和中国人民红军革命军事委员会主席朱德名义发布《为两广出师北上抗日宣言》，对两广事变表示支持，提出团结抗日的八项纲领；要求国民党南京政府接受两广的抗日要求，动员全国军队北上抗日；表示红军愿集中河北，担任抗日先锋军的任务；并主张立刻召集全国抗日代表大会。

**6月16日** 与张国焘致电贺龙、任弼时、关向应："望在白玉略休息一两天，速筹带资材开甘孜。你们则先来，便商决一切。""我们明十七日由炉（霍）赴甘相候。"

**6月17日** 由炉霍赶往甘孜，准备迎接红二、六军团。

**6月19日** 林育英、张闻天、周恩来、秦邦宪、毛泽东、彭德怀致电朱德、张国焘并转任弼时，指出：为避免引起回、汉冲突，利于争取青海的马步青、马步芳和宁夏的马鸿宾，红四方面军同红二、六军团会合后，"宜出至甘肃南部，而不宜向夏洮地域。""红军出至甘南，利于以后东出陕南策应时局"。

**6月22日** 与张国焘、刘伯承在甘孜县普玉隆红四方面军总指挥部会见红六军团军团长萧克、政治委员王震等，并参加红四方面军和红六军团的会师大会。

**6月23日** 与张国焘致电率红二军团抵达白玉县城的贺龙、任弼时、关向应，告以：萧克、王震率六军团全部已于昨日到甘孜，情绪极好，驻甘部队与地方群众进行盛大的欢迎与慰劳。并告："为充实连队便于行动起见，拟将六军编四个团，取消师部。兄等是否同意，盼复。"

**6月25日** 与张国焘、陈昌浩、刘伯承等在普玉龙检阅红六军团部队。当日张国焘、陈昌浩回甘孜，朱德与刘伯承等留下，晚上在六军团保卫局谈一、四方面军会合后出现的分歧。

△　与张国焘致电徐向前："我军拟以松潘、包座之线为出动目标，分三纵队进。"董振堂、黄超带领右纵队，徐向前领导中纵队，朱、张率领左纵队，"我们拟在二方面军先头进"。

△　毛泽东、周恩来、彭德怀致电朱德、张国焘，询问第四方面军"何日开始北上？经何路？何日可达何处？敌情如何？我陕甘应如何策应？"并指出：两广事变爆发，时局发展，"如能迅出甘南，对时局助益匪浅。"

**6月27日**　与张国焘、陈昌浩、李卓然致电林育英等和红一方面军首长："萧克、王震同志率六军全部于二十三日在甘孜与我们胜利地会合了，全军欢跃。贺、任、关及二军于二十九日到甘。""六军精神极好，战斗情绪极高。四方面军指战员对六军发扬了无上友爱精神，现正在热烈准备北进，配合一方面军行动。"

**6月30日**　红四方面军第三十军与贺龙、任弼时、关向应率领的红二军团在甘孜县的绒坝岔会师。

**7月1日**　电告徐向前：贺龙、任弼时明天到甘孜。李先念部二日可到西倾寺，再向阿坝前进。陈昌浩三日由东谷率第十师二六二团向西倾寺进，来让倘与兄会合。我们率卅二军四日继进，红二、六军团于五号至八号跟进。兄应不等我们到让倘即迅速向松潘进。

△　林育英、张闻天、毛泽东、周恩来、秦邦宪、彭德怀等六十八名在陕甘苏区的党政军负责人联名致电朱德、张国焘、徐向前、陈昌浩，任弼时、贺龙、萧克及红二、四方面军指战员："我们以无限的热忱庆祝你们的胜利的会合，欢迎你们继续英勇地进军，北出陕甘与一方面军配合以至会合"，"二、四方面军北上之后，我们就有更伟大的力量来进行西北各民族、各党派、各武装势力的大联合。"

△ 骑马行六十里赶到甘孜的甘海子迎接贺龙、任弼时等。晚间，与他们长谈，介绍张国焘搞分裂的情况，商谈如何防止干扰，实现北上。

**7月2日** 出席在甘孜举行的庆祝红二、红四方面军会师联欢会，并发表讲话。指出：这里不是目的地，我们要继续北上，要北上就必须团结一致，不搞好团结是不行的。此外，在我们前进的道路上，还有人烟稀少的草地，要有充分准备，克服一切困难，到陕北和毛泽东、周恩来率领的第一方面军会合。

△ 与张国焘致电第四军政委王宏坤并转陈昌浩："四军昨到迟，干粮未备。决令三十二军明随浩出发。四军四日随总部出发。"

**7月4日** 与张国焘、任弼时一起率红军总部随左纵队红四方面军第四军从甘孜出发北上，向包座、班佑前进。任弼时随红四方面军行动是朱德经过考虑作出的安排，目的是加强制约张国焘的力量。同时朱德安排刘伯承随红二方面军行动，也是为了从外面对张国焘起制约作用。

△ 与张国焘、任弼时等同即将调任红二方面军第六军团军团长的陈伯钧谈话。陈原任第四方面军第四军参谋长。

**7月5日** 以中革军委主席名义与副主席张国焘、周恩来、王稼祥发布中革军委关于组织二方面军及其领导人任职的命令：决以二军、六军、三十二军组织二方面军，并任令贺龙为总指挥兼二军军长，任弼时为政委兼二军政委，萧克为副总指挥，关向应为副政委，陈伯钧为六军军长，王震为六军政委。

**7月7日** 与张国焘、任弼时率部从日庆渡河到两河口宿营。

△ 与张国焘致电徐向前、陈昌浩："估计到粮食状况，我们主张九军及九十三师首先在让倘、三湾补足干粮速经查理

寺、毛儿盖出松潘附近首先控制有粮地区。"并告"我们明天向西倾寺进"。

**7月8日** 与张国焘致电徐向前、陈昌浩、李先念：将向松潘、包座进军的部队区分为左中右三个纵队，第三十军、骑兵师和第九十三师为左纵队，任李先念、王树声为司令员、政委，从阿坝经葛曲河、班佑之线以进占包座为目的；第四军、第九军及第二七七团为中纵队，徐向前、陈昌浩兼司令员、政委，经查理寺、毛儿盖之线到松潘附近，并相机占领松潘；第五军、第九十一师为右纵队，任董振堂、黄超为司令员、政委，经卓克基、侧格、杂窝之线，于二十三日左右到达小姓沟，俟后联合中纵队取松潘，以便迅转甘南。以上三个纵队统归徐向前、陈昌浩指挥。军委纵队（即原红军总部及直属队）、第二、六、三十二军仍由朱德、张国焘直接指挥。

**7月9日** 与张国焘、任弼时致电贺龙、萧克、关向应、陈伯钧、王震，详告两军团向西倾寺开进的路线、时间，并提出：两军团"应计算到西倾寺后能存七天粮"，再直走五楼至阿坝。

**7月10日** 任弼时致电林育英、张闻天、周恩来、毛泽东、博古、王稼祥、邓发、刘少奇：经商得张国焘、朱德同意，有如下提议：（一）"在一、二、四方面军靠拢时，召集一次中央扩大会议，至少是中央政治局扩大会议，除中央政治局委员外，一、二、四方面军主要干部参加，并要求国际派负责代表出席"。会议议程应包括总结第五次反"围剿"斗争的经验教训和讨论党的目前紧急任务，产生党内和党外的统一集权的最高领导机关。（二）万一会上对反"围剿"的经验教训不能"得到最后结论"，则可留待"七次大会或国际去解决"。并报告："二、四方面军会合后，二、六军情绪亦甚好。四方面军曾以很大动员迎接、慰劳二、六军。现在二、四方面军阶级友爱的关系极好，在目前政治形势和党的策略路线决议基础上是团结一致的。"

**7月11日** 与张国焘、任弼时致电林育英、张闻天、毛泽东、周恩来等："第二、四方面军前卫将于本月二十三四日左右开到松潘附近，其余各部将于下月初到达，以后拟向甘南继进。并询问：第一方面军拟到何地区配合策应？最近情形如何？望告。"

△ 张闻天致电张国焘、任弼时、朱德："特转国际书记处七月二日来电如下：'中央书记处：国焘与中央书记处之争论内容我们不明白。我们想帮助你们解决这个问题。因此请将你们与国焘的主要争论之点详告。同时请告国焘，把他与中央书记处所不同的意见告诉我们。在未接到你们报告以前，我们相信国焘一定能诚恳地与中央书记处一起，完成目前党在西北的伟大政治任务。'"

**7月12日** 与张国焘、任弼时致电贺龙、萧克、关向应、陈伯钧、王震并转罗炳辉等：第二方面军从鱼头寺到阿坝至少需六天时间，绒玉、五楼等地沿途无粮补充，只有以下办法筹粮。（一）加紧节省粮食及吃野菜，行军途中用一切方法带足十天粮。（二）部队宿营"须在野菜多的地方"，各部"均须大找野菜"。（三）每天以野菜当正粮，"杀牛羊连皮带骨和血不可半点浪费"。在停止筹粮时刻应全吃野菜。"无论如何，每人须存三斤干粮不准吃"，"此事万分严重，望各首长亲自督促执行"。

**7月13日** 毛泽东、周恩来、彭德怀致电朱德、张国焘、任弼时，指出：红二、四方面军北出草地后应迅速攻占岷州。这样，则打马步芳、毛炳文、王均十分有利，可使红军"战略上大占优势"。同时，通报了"两广事变"情况。

△ 与张国焘致电徐向前：中纵队宜速行动，迟则粮食少，

"如阿坝有粮，中纵一部当可出阿坝，但你们目前应用一切方法使中纵速吃野菜，能有十五天粮以到达巴西、阿西为目的"。

**7月中旬** 抵阿坝地区，准备过草地继续北上。行前详细了解兵站收容的伤病员情况，要求兵站部把驮枪支的牲口腾出来驮伤病员，并说：过去是人多枪少，随时都有兵员补充。现在是人少枪多，人是最宝贵的，多一个人，革命就多一份力量。有了人，不愁将来没有枪。要人不要枪，把多余的枪统统毁掉。并要求把伤病员全部带出草地。

**7月22日** 林育英、张闻天、毛泽东、周恩来、秦邦宪、彭德怀致电朱德、张国焘、任弼时："我们正动员全部红军全苏区人民粉碎敌人之进攻，迎接你们北上。""二、四方面军以迅速出至甘南为有利。待你们进至甘南适当地点时，即令一方面军与你们配合，南北夹击，消灭何柱国、毛炳文等部，取得三方面军的完全会合，开展西北伟大的局面。"

**7月26日** 与张国焘、任弼时致电陈伯钧、王震等："二军到阿坝即已完全无粮，须补足十天粮。葛曲河存牛四百、羊八百，但守备部队须在此吃八天，所余已不多。在上阿坝确实收到总部交下牛羊多少，能留若干给二军，请即电复。"并告：右纵队今集结侧格休息，中纵先头今、明可到毛儿盖，右纵二十八日到班佑。葛曲河桥今天完成，提议："二方面军以速跟进为好。"

**7月27日** 中共中央西北局成立，以张国焘为书记，任弼时为副书记，朱德、贺龙、关向应、徐向前、陈昌浩、萧克、王震等二十人为委员。

**7月28日** 毛泽东、周恩来、彭德怀致电朱德、张国焘、任弼时，询问第二、四方面军两部的行动情况："不知粮食够用否？目前确至何地？八月中旬可出甘南否？"并指出："西北统一战线有了进步，三个方面军会合之后即能引起西北局面大变化。"

**7月29日** 与任弼时、张国焘电告林育英、张闻天、毛泽东、周恩来、彭德怀："我军先头于昨日占领包座。二、四两方面军可于八月八日前全部到达包座及其东北地区，我们，卅一军到包座。"

**7月30日** 与张国焘、任弼时宿营于离包座六十里处，第二天中午到达包座。

**8月1日** 与任弼时、张国焘致电林育英、张闻天、毛泽东、周恩来、彭德怀：二、四方面军这次向包座、巴西、阿西前进较顺利。"两方面军团结巩固，士气高涨"。俟兵力稍集结后，即向临洮、岷县、西固。"约八月中旬，主力可向天水、兰州大道出击，以消灭毛炳文、于学忠部为目的来配合你军"。认为在蒋敌进攻的严重关头，"我一、二、四方面军只有积极密切关系和基本一致战略方针下坚决对敌，才不致受敌各个击破，可能造成西北新局面"。我们对"三个方面军大会合和配合行动一致兴奋，并准备好了一切，谋西北首先胜利奋斗到底"。

△ 毛泽东、周恩来、彭德怀致电朱德、张国焘、任弼时，对红二、四方面军通过草地到达班佑、包座地区表示无比欣慰。指出："四方面军在包座略作休息后，宜迅速北进；二方面军随后跟进，到哈达铺后再大休息，以免敌人封锁岷西线，北出发生困难。"

**8月3日** 林育英、张闻天、周恩来、毛泽东、博古致电朱德、张国焘、任弼时："接八月一日电，为之欣慰。团结一致，牺牲一切，实现西北抗日新局面的伟大任务，我们的心和你们的心是完全一致的。"我们已"准备一切条件欢迎你们，达到三个方面军的大会合。""军事情况，由此间军委随时电告你们。"

**8月5日**　出席中共中央西北局在若尔盖县求吉寺（救济寺）召开的会议。在会上发言说：一个好的党员应该拥护党中央路线，维护群众利益。日本帝国主义要灭亡中国，一个政党，一个军队，一个人，不论在抗日斗争前线，将不会有他的立身之地。我们要把自己的历史任务担任起来，大家都要加紧学习。在西北局里，委员要是好党员，书记要是好党员、好委员，书记一样要服从多数委员形成的决议，这才有集中的统一的领导。会议讨论通过《岷洮西固战役计划》。会后，与张国焘发布了这一计划。《计划》指出："敌企图将我主力红军二、四方面军封锁于甘、青、川、康边区，阻我与一方面军的会合，防止我在西北地区发展"，正进行各种布置。因此，"我军以迅雷手段在敌人主力尚未集中洮、岷之前，在运动战中大量地各个消灭敌人，先机取得洮、岷、西固地区。主力向天水、兰州方面进展，策应一方面军，一致灭敌为目的"，将部队分为三个纵队：第三十、九、五军为第一纵队，司令员徐向前、政委陈昌浩，主力由包座、俄界迅经哇藏寺出哈达铺、岷县并攻击占领之，该纵队应以相当兵力组成右侧支队，取道白骨寺、爪咱之线相机夺取西固，以佯动姿势威胁武都敌人为目的；以第四、第三十一军为第二纵队，司令员王树声、政委詹才芳，以夺取洮州旧城，消灭该地敌人为目的，成功后主力临洮方面活动，并以一部向夏河、临夏发展掩护我军左侧翼；红二方面军为第三纵队，司令员贺龙、萧克、政委关向应，策应第一、第二纵队。

　　△　与张国焘、任弼时致电贺龙、萧克、关向应："二军、三十二军今到何处，盼立复。"第二天，贺、萧、关复电："二军、三十二军今日全部到葛曲河集结"，决定于七日起分五天到上包座。

　　△　与张国焘电告徐向前：陈昌浩、程世才、李先念率第三

十军今到蔡里坝、俄界间宿营；孙玉清率第二十五、二十六师进至求吉寺前边宿营；指挥部、第三十一军明六日即开下包座。

**8月6日** 与张国焘、任弼时致电贺龙、萧克、关向应，通报《岷洮西固战役计划》，鉴于蒋介石以陕甘宁青约百团兵力，企图先击破红一方面军，然后阻我北进。红二、四方面军"拟先进占岷州、洮州、西固，然后以主力去天水、兰州间，求得于运动战中击敌，以与一方面军配合以至会合。现先头三十军已向岷继进"。

**8月7日** 为争取共同抗日致信川军将领刘湘："德等率领抗日红军大举北上，实行团结一切抗日反蒋力量，收复东北失地。先生西陲重石，爱国有素，倘能与红军联盟抗日，共同奠定救国之初基，则国事幸甚，否则亦须建立爱国友谊关系，互不侵犯以保国防实力，勿为蒋贼离间，自相残杀。"

**8月9日** 与张国焘致电陈昌浩、李先念等：敌朱绍良拟将王均全部集中岷州至文县。"如岷县城袭击不下且不能迅速攻克时，应以一部监视城内之敌，主力迅占哈达铺，控制向东发展道路，完全突破敌之第一道封锁线。"又指出：为广泛地建立统一战线，请以外交手腕多方与鲁大昌、毛炳文、王均等写信联络，以取得抗日反蒋的友谊关系。

△ 率红军总部从求吉寺北上，向南界前进。前锋部队夺取天险腊子口，直指岷州城。

**8月12日** 与张国焘致电徐向前、陈昌浩：毛炳文军有于今十二日集中陇西增援岷县讯，我军以由岷县东南向东北侧击毛敌而消灭之，相机取岷之目的，部署如下：第三十军主力集结岷县东山及其以东地区；第九军集结哈达铺地区，以一部伸出索乐口、燕麦口一带向漳县、武山、礼县方向活动，以小部向武都、西固方向游击；第三十一军到后，以一部接替三十军围困岷县，以一部设法在岷州、野狐桥间渡河截敌退路；第四军以一部相机攻占西固；第五军迅速开腊子口，任务再定。

△ 张闻天、林育英、周恩来、秦邦宪、王稼祥、彭德怀、凯丰、毛泽东致电朱德、张国焘、任弼时，提出关于今后战略方针的建议：三个方面军有配合东北军"打通苏联、巩固内部、出兵绥远，建立西北国防政府之任务"，以推动全国各派统一战线，达到大规模抗日的目的。认为"打通苏联为实现全国抗日战争，首先为实现西北新局面、进行部分抗日战争之重要一环，其步骤为"：（一）红二、四方面军尽可能夺取岷州附近，控制洮河两岸之一段，以有力一部出陇西击敌毛炳文，使东北军三个师"集中于兰州为战略枢纽"，另以有力一部出夏河攻河州，吸引马步芳东援青海，使甘、凉、肃三州落入东北军之手，同时"消灭青马一部促其与我讲和"，并与王均、毛炳文各部交涉，"彼等均在极危惧中，外交成功有大的可能"。（二）十月到十一月，实行三个方面军在甘北之会合，准备进攻宁夏。（三）十二月起，以一个方面军保卫陕甘宁苏区，以两个方面军乘冰期渡黄河，占宁夏，完成打通苏联任务，并为出兵绥远作准备。电文还指出，今后在政治上，"认定南京为进行统一战线之必要与主要对手"，"继续停战议和请蒋抗日的口号"，"取一面作战一面讲和政策"。

**8月13日** 毛泽东、周恩来、彭德怀致电朱德、张国焘、任弼时：如能攻占岷州城，则打马步芳、打毛炳文、打王均都十分有利，战略上大占优胜。万一攻不开，则围城打援。毛炳文现正以一部从陇西增援，是消灭他的好机会。并告："朱总司令宜速派人去见王均、曾万钟，彼等孤危，不难收效。城内鲁大昌亦宜派人，允许放他向临潭跑。如何，望酌。"

△ 红四方面军开始猛攻岷州城，全部占领城外敌人堡垒。

**8月15日** 为对付向岷州增援的毛炳文敌,与张国焘致电徐向前、陈昌浩:敌毛炳文第八师之二十四旅正向岷县兼程驰援,"我军应一面迎击敌人,一面侦敌是否由梅川镇渡河,可乘其渡河击之"。

△ 中共中央收到共产国际执委会书记处给中共中央书记处的来电,电文说:"基本上同意你们所采取的建立抗日民族统一战线的方针",但是,"我们认为,把蒋介石和日寇等量齐观是不对。这个方针在政治上是错误的,因为中国人民的主要敌人是日本帝国主义,在现阶段,一切都应服从抗日。"

**8月17日** 遵毛泽东等嘱致信驻甘肃的国民党军第三军军长王均、第三军第十二师师长曾万钟等:"兄等与弟十余年患难交好,均在同一革命战线共同奋斗,虽中途分离,实亦时势迫成,当能共谅处。兹亡国大祸临头之今日,必能化除成见,共襄义举,共以救国为重,吴越同舟尚知共济,同室操戈徒招日寇窃笑。弟素知兄等救国有心,当不以斯言为河汉也。如其不幸,彼此发生冲突,不仅徒伤国防实力,于民族国家前途亦大不利,倘能彼此密派代表共同协商则更妥当。抑或兄等迫于环境与职守关系,亦何妨坚守各城壁垒,使我军得以寻其空隙通过,达我直接抗日之目的。我军当亦退避三舍或假作周旋,以为兄等地步也。想兄等必有同情,专此再达。"

**8月23日** 张闻天、周恩来、博古、毛泽东致电朱德、张国焘、任弼时:为慎重考虑行动商量起见,请以下各点见告(一)依据现时力量假如以二方面军在甘南甘中策应,而以四方面军独立进取青海及甘西,直至联系新疆边境,兄等认为有充分之把握否? (二)假如在冰期前过黄河能找得皮筏否?(三)兰州、青海线之黄河何时开始结冰?冰期长短如何?

**8月29日** 张闻天、林育英、毛泽东、周恩来、博古致电朱德、张国焘、任弼时，告以东北军无拦阻第二、第四方面军之意图；宁夏人口百万物产颇丰，但地形不利回旋，城堡颇多；出绥远只能用一小部兵力，取游击战形式，目的在号召全国。

**8月30日** 林育英、张闻天、周恩来、秦邦宪、毛泽东致电朱德、张国焘、任弼时，提出冬季以前三个方面军行动方针的意见：我们的基本方针是："迫蒋抗日，造成各种条件使国民党及蒋军不能不与我们妥协，以达到两党两军联合反对日本的目的"；"紧密地联合东北军，并进行西北其他各部的联合谈判，造成西北新局面"；准备冬季打通与苏联的联系；发展甘南作为战略根据地之一，同时巩固与发展陕南苏区，与陕北、甘北相呼应；"迫使胡宗南部停止于甘肃以东"。电报还就各方面军具体行动部署提出意见，要点是，一方面军主力出至海原、靖远地带，四方面军出至武山、通渭地带，二方面军速向陕、甘交界出动，占领凤县、宝鸡、两当、徽县、成县、康县地区。指出："三个方面军的行动中，以二方面军向东行动为最重要。"

**8月** 红二、红四方面军走出草地后，决定共同组织岷（州）、洮（州）、西（固）战役。这次战役从八月五日开始，至九月七日结束，历时三十四天，红军先后占领漳县、监潭、渭源、通渭四座县城及岷县、陇西、临洮、武山等县的广大地区，歼敌七千余人，为立足甘南和三大主力红军会师创造了条件。

**9月2日** 与张国焘、任弼时致电林育英并转国际代表团、张闻天、毛泽东、周恩来、博古、彭德怀：提出三个方面军进入西北地区后，战略方针有二：（一）"即以陕甘北、甘南、陕甘川边为根据，争取民族革命统一战线的具体组成，首先赤化陕甘广大地区，尔后向川、豫、鄂发展。"（二）"因为客观情势的需要，经过准备时间，以主力转移到宁夏、甘、凉、肃、西宁地区，打通外蒙、新疆，奠定巩固后方，有依靠地向东南发展。""关于战略方针的决定，我们认为须国际最后之决定。"并告：二方面军现在哈达铺、礼县线即速出动，突击王均封锁线，在康成、两当、徽县、略阳一带活动。

**9月初** 任弼时离开红军总部，回到红二方面军指挥部。

**9月4日** 与张国焘致电徐向前、陈昌浩：二方面军全部即经西和、礼县附近分两路出成县、徽县，有在成、徽、两当、略阳地区建立临时根据地之任务。要求"四方面军须以两个军在二方面军通过武都、天水封锁线后，即向盐关、西和、礼县进击，消灭王均部，相机夺取礼县、西和两城，衔接二方面军。"

**9月7日** 与张国焘致电徐向前、陈昌浩，嘱派九十一师去天水、加县、盐关镇活动，钳制王均部，策应二方面军。并告二方面军约于九日由哈达铺出动萍乡，须于十五日左右向水典、盐关、关子一带活动。要陈昌浩"速来总部商尔后战略方针"。

△ 红三十一军一部攻占通渭城。

**9月8日** 张闻天、周恩来、博古、毛泽东致电朱德、张国焘、任弼时，指出：中国最大敌人是日本帝国主义，抗日反蒋并提是错误的。我们从二月起开始改变此口号。此后，不要提"打倒中央军"及任何中国军队的口号，而要提"联合抗日"口号。"你们提出的出川、陕、豫、鄂方案，是一种向南京进攻的姿势，只在不能出西北及与南京谈判决裂之时，才是可行的与必须的"。还说："向西行动须求得苏联协助，我们已有几个电报给国际，并派邓发经新疆去莫申请。"

**9月9日** 与张国焘致电徐向前、陈昌浩、周纯全："一方面军来电主张过黄河，在西宁、宁夏、甘凉地区发展，不得已时才向川陕鄂豫发展。""估计目前情况，我一、二、四方面军应以两个军渡黄为宜，两个军尽量在黄河右岸活动，现在须立即准备。"准备以三十军为先遣军，加紧作渡河各项准备。

要求于十月上旬完成给养、卫生等后勤保障工作。

△ 出席中共中央西北局会议。在会上发言，根据中共中央九月八日的来电精神，强调要做好统一战线工作，要认认真真把它放在首要位置上，做上层的统战工作是重要的，基层工作也不容忽视；要组织群众抗日武装，部队可以派干部。

**9月10日** 毛泽东、周恩来致电朱德、张国焘，贺龙、任弼时、关向应：第四方面军在通渭、庄浪，部队宜向西逼近秦安游击，迟滞敌军，掩护第二方面军提前北进。第二方面军应速通过通渭，进至界石铺、通渭之间休息，准备经界石铺转静宁、固原、隆德之间。

**9月上旬** 主张四方面军不要在甘南停留而径直跨过西兰公路去会合一方面军。但张国焘总想往西去，说"打日本不是简单的"。朱德笑他胆子太小了，说："四川军阀打仗是溜边的，碰上敌人绕弯弯，见到便宜往前抢。国焘同志你莫要溜边边呀！我们长征是要到抗日的前进阵地，红军要成为抗日先锋军、模范军。敌情在北面吆，你老想向西去，当然打它不赢，只是跑得赢了！"

**9月11日** 张国焘致电林育英转国际代表团和张闻天、毛泽东、周恩来、博古：四方面军现辖四、五、九、三十、三十一军共五个军二十五个团，主力在陇西、渭源、武山、通渭一带；二方面军现辖二、六、三十二军共三个军十二个团，现分三个纵队向成县、徽县前进，主力已到礼县附近。我们现已占领漳县、渭源、通渭、临潭四个县城。陇西、武山、岷县、临洮四县除县城外均为我占领。定西、甘谷、礼县、西和、武都有我部活动，我游击直活动到兰州西。

**9月13日** 二十时，与张国焘、陈昌浩致电毛泽东、周恩来、彭德怀、贺龙、任弼时、刘伯承，建议三个方面军协同作战:情况是,"敌以各个击破我军之目的企图以胡(宗南)、毛(炳文)、王(均)、孙(震)四个纵队首先与我四方面军决战";对策是,"我军为先机打破敌之既成计划,争取抗日友军,造成西北新局面,一、四方面军乘胡敌在西北公路上运动之时机,协同消灭其一部,二方面军尽力阻止和迟滞胡敌西进。"要求"一方面军主力由海原、固原地区,向静宁、会宁以北地区活动,南同四方面军在静会地段以袭击方式,侧击运动之胡敌,并阻其停止静宁以东";二方面军以主力出徽县、两当、凤县以北地区,牵制王均部于天水地区和吸引胡敌不敢长驱西进为目的。二、四方面军除以九十三师即向静宁、会宁段以南地区活动外,以一部机动兵力集结陇西、武山,并适时以八团以上兵力打击静宁、会宁间敌军,相机打通一方面军。

**9月14日** 十八时,林育英、张闻天、周恩来、博古、毛泽东致电朱德、张国焘、任弼时:"国际来电同意占领宁夏及甘肃西部,我军占领宁夏地域后,即可给我们以帮助。""为坚决执行国际指示,准备在两个月后占领宁夏"。要求"四方面军以主力立即占领隆德、静宁、会宁、通渭地区,控制西兰大道,与一方面军在固原西部硝河城地区之部相当靠近,阻止胡宗南西进,并相机打击之;十月或十一月初进取靖远、中卫南部及宁安堡之线,以便十二月渡河夺取宁夏南部",二方面军在西兰大道以南,包括陕甘边与甘南,担负钳制敌军之任务。

△ 与张国焘致电徐向前:马步芳骑、步兵约两千人猛攻洮州旧城,我第十师伤亡二百人,已令其坚守五六日待援,令新城独一营明日去增援。"请令九军速按指定路线前进,尽力秘密前进并先派人到下城渡船处扎筏子",赶洮城增援。

**9月15日** 毛泽东、周恩来、彭德怀致电朱德、张国焘、陈昌浩并告任弼时、贺龙、刘伯承:"战略建议电发出后,适接十三日二十时电，彼此意见大体一致，惟我们意见，四方面军宜迅以主力占领以界石铺为中心之隆、静、会、定段公路及其附近地区，不让胡敌占领该线，此是最重要着"；一方面军主力"在未给马（鸿逵）敌以相当严重打击以前，不宜离甘宁边境，对东敌作战，宜以二、四方面军主力，一方面军在必要时，可以增至一个军协助之"。

△ 毛泽东、周恩来致电朱德、张国焘、徐向前、陈昌浩："四方面军宜在五天至七天内以主力出至隆德、静宁、会宁、定西大道，控制以界石铺为中心之有利基点，迟则界石铺通渭大道有被隔断之虞。"并告"一方面军已向海原、固原出动，一军团派第一师出静宁、隆德大道，策应四方面军"。

△ 与张国焘、陈昌浩为全军行动进行各项准备致电徐向前、周纯全，要求从军事训练、物资准备、政治动员诸方面开展工作。

**9月16日** 毛泽东、周恩来、彭德怀致电朱德、张国焘、任弼时、贺龙："胡宗南部队大部已到西安，现陆续向西运"，"四方面军宜迅速占领隆、静大道，否则将被截堵断。"

**9月16日—18日** 出席中共中央西北局在岷州三十里铺召开的会议。十六日，在讨论目前政治形势及党的策略和战略方针时说：抗日民族统一战线自去年提出来以后，我们的工作有进展，陕北对这一策略的运用也有进步。现在要做好抗日的准备工作，要充实自己的力量来抗击日本的侵略，这样也必然会使全国发生重大的变化。十七日，在发言中说：中央的策略路线是正确的，它是随着形势的发展而发展的。去年十二月决议提出打倒日本帝国主义和蒋介石，今年则提出抗日反蒋不能并提，这次又进一步提出蒋介石有转向参加抗日运动的可能。这种估计和由此而制定的策略路线是正确的。我们要马上执行，并进行传达和教育，使大家对此都能有所理解。十八日，在讨论政治工作、统一战线、地方工作时说：统一战线和各个工作部门都有关系，要把一切视线都引到这方面来，要首先说服我们的干部和战士重视统一战线。

△ 西北局在岷州开会前和会议期间，几次接到陕北中共中央来电谈四方面军行动问题，朱德多次找张国焘、陈昌浩等商量，力主按中央要求，迅速北上至隆德、静宁一线，实现与一方面军会合，但张国焘畏敌如虎，主张西渡黄河进入甘肃西北部。朱德先说服了陈昌浩，他们一起做张国焘的工作，每天会后都争论到深夜，会议开到第三天，张国焘突然宣布辞职，住到岷江对岸的部队供给部去。朱德说：他不干，我干！于是，找来作战参谋，挂起地图，着手制定北进行动方案。当天晚上，张国焘又同意继续开会。与会的多数人都赞成北上会合方案，即通过《通（会）庄（浪）静（宁）会（宁）战役纲领》，张国焘被迫表示服从。

**9月17日** 毛泽东、周恩来、彭德怀致电朱德、张国焘：“四方面军主力务须在三天内进占界石铺及以西地段，否则胡军乘汽车将在二三日内控制界石铺。”“我野战军昨日在固原北消灭骑六师主力，现令其向南进展策应你们。机不可失，千祈留意。”

**9月18日** 与张国焘、陈昌浩电告徐向前关于静会战役纲领：“四方面军在胡敌未集中静宁、会宁以前相机占领静、会及通定西大道，配合一方面军在运动战中夹击该大道上之胡敌，与静宁之骑七师，相机占领静宁，争取与一方面军会合为目的。”具体部署是：第九、第三十一军为第一纵队，由孙玉清、陈海松指挥，以迎击静宁方向之敌，相机占领静宁为目的。第九十三师二十二日前集中通渭，先派两团以上兵（力）

占界石铺，以小部向静宁及以东游击。九十一师以一个团封锁武山与陇西。其余部队经通渭开界石铺；以第五军为第二纵队，二十四日集梅川，经通渭、马营向翟家所进，策应第一、第三纵队；以第四军为第三纵队，二十七日经内官营或定西、马家河间向定西、会宁大路开进，以占领该路对西面警戒为目的；以第三十军为第四纵队，待第五军通过鸳鸯铺线即以一个师由陇西东北线，于二十七日左右经马营向翟家所、报平店开进，以阻止毛炳文敌，并相机出击，增援第二纵队。

**9月19日** 十五时，毛泽东、周恩来、彭德怀致电朱德、张国焘并致任弼时、贺龙，指出："目前对胡宗南不宜进行决战，只须速进静宁以西，占领广大阵地，让他展开筑碉。我在七十天内逐步北移，至十二月，一、四两方面军各以一部拒止南敌，各以一主力北进攻宁，配合苏联帮助，夺取宁城，至明年春暖再行决定分路西进、南进、北进。""夺取宁夏打通苏联，不论在红军发展上，在全国统一战线，在西北新局面上，在作战上，都是决定的一环。在当前一瞬间，则拒止胡敌把一、四两方面军隔开，又是决定一环。时机迫促，稍纵即逝，千祈留意，至祷至盼。"

△ 十八时，与张国焘、陈昌浩致电林育英、毛泽东、张闻天、周恩来、博古、彭德怀、徐海东："决定四方面军全部向定西、会宁、静宁线开动，以会合一方面军夹击与速击胡部为目的，先头师廿四五日到界石铺，大部月底到达。""请大动员并选择最快与适宜地点同你们会面，商决一切。"

△ 与张国焘就静会战役的政治动员工作致电徐向前、周纯全并各军政首长："望即在干部及战士中进行热烈的战斗动员，提出活捉胡宗南与一方面军会师、扩大陕甘宁抗日根据地、建立西北抗日政府、实行八要七不准、努力争取回民、联

合苏联和外蒙、粉碎日本帝国主义的侵略等中心口号,大大提高士气。"

△ 二十二时,贺龙、任弼时、刘伯承致电朱德、张国焘、林育英、彭德怀、周恩来、毛泽东、博古、王稼祥:我们今天占领徽县、两当,拟即出兵凤县、宝鸡。我右纵队本日达取康县,准备向略阳进。

△ 贺龙、任弼时、关向应、刘伯承致电朱德、张国焘、林育英、张闻天、周恩来:"胡敌由陕入甘,时机紧张。如我军指挥不集中,兵力无具体适切部署,则良机可以都全失去。"建议"马上以军委主席团集中指挥三个方面军作战,岷县朱(德)、张(国焘),陕北周(恩来)、王(稼祥)应速亲临前线,会合工作"。

**9月20日** 致电毛泽东、周恩来、彭德怀:张国焘本日已北进,我明日率总部行动。现迅速取得会合在会宁道上以便消灭胡宗南敌。请大大动员拥护这一会合。"每晚请通知敌情一次并切实联络。"

**9月21日** 林育英、张闻天、周恩来、博古、王稼祥、毛泽东等复电朱德、张国焘、徐向前、陈昌浩、贺龙、任弼时、刘伯承、关向应:甲、四方面军北进部署既定,对整个战略计划甚为有利。乙、统一指挥十分必要,我们完全同意任、贺、刘、关四同志之意见,以六人组织军委主席团,指挥三个方面军,恩来因准备去南京谈判,此间军委以毛泽东、彭德怀、王稼祥赴前线与朱德、张国焘、陈昌浩一起组成军委主席团,主席团地点宜设在同心城附近为宜。

△ 张国焘于二十日离开红军总部到驻在漳县的四方面军前敌指挥部后,向没有参加岷州西北局会议的前方负责人宣传他西渡黄河的主张,又提出一套西渡黄河,抢占永登、红城子

地区作立足点的方案，并且不经朱德同意，发出部队停止北进、掉头西进的命令。他于是日二十一时致电朱德，说："坚决反对静会战役计划"，"请你负责本夜令"总部机关及直属队"停止待命"，"请你即来漳县面商"。他还致电红军总部负责通讯的周子昆等人："所有未经我签字的电报一定不准发出，请兄等绝对负责"，企图隔断朱德与中共中央的联系。

**9月22日** 接张国焘"坚决反对静会战役计划"、改部队北进为西进的电报后，一夜未眠。凌晨三时，与傅钟致电徐向前、周纯全转张国焘："国焘同志电悉，不胜诧异。为打通国际路线与全国红军大会合，似宜经静、会北进，忽闻兄等不加同意，深为可虑。"并告："静会战役各方面军均表赞同，陕北与二方面军也在用全力策应。希勿失良机，党国幸甚。"还提议在漳县再召开西北局会议，"续商大计"，并致电出席过岷州会议的西北局成员兼程赶到漳县开会，继续讨论行动计划问题。同时，不顾张国焘"不准发出"电报的禁令，致电林育英、张闻天、毛泽东、周恩来、彭德怀、贺龙、任弼时、刘伯承："西北局决议通过之静会战役计划正在执行，现又发生少数同志不同意见，拟根本推翻这一原案。""现在将西北局同志集漳县续行讨论，结果再告。"表示："我是坚决遵守这一原案，如将此原案推翻，我不能负此责任。"天亮后，即骑马奔往漳县，一天内赶了一百二十里路。

△ 在漳县的张国焘以"朱、张、徐、陈"署名致电毛泽东、周恩来、彭德怀并贺龙、任弼时，为他改变岷州会议关于静会战役的决定辩解："估计到一、二两方面军能够牵制的敌力和四方面军的实力，目前与胡宗南之一路军在静、会这一四面受敌之地区决战是不利的"，因此部署"四方面军以基干两个军，迅速由兰州西之永靖、循化一带渡过黄河，经乐都、享

堂附近一带抢占永登、红城子一带地区，扼阻兰州敌北进"。以三个军暂在黄河渡口附近和岷州、漳县一带活动。

**9月23日** 出席中共中央西北局在漳县三岔召开的会议，讨论第四方面军的行动方针。在会上几次发言，坚决维护岷州会议关于北上的方针，阐明四方面军和一方面军会合对整个形势是有利的。他责问张国焘：现在迅速北上，可以不经过同敌军决战而实现会合，"可能会合为什么不会合？"他指出，岷州会议的决定是由西北局成员集体讨论做出的，作为西北局书记，已签字同意北上计划，但未经西北局重新讨论，又马上改变计划，是不允许的，即使是党的书记也要根据决议来工作，这是关系到组织原则的严重问题，应当弄清楚。改为执行西进计划，是要受到重大损失的。由于张国焘宣传他主张西进，是因为这时黄河容易渡过，又可以避免同胡宗南在西兰大道上决战，将来仍可以达到会合的目的，会议最后采纳了张国焘西渡黄河的意见。朱德表示仍坚持岷州会议原案，要张国焘对这个改变负责，并向陕北报告。

△ 林育英、张闻天、周恩来、博古、王稼祥、毛泽东致电朱德、张国焘并告任弼时、贺龙：已照来电向部队大动员，拥护与庆祝会合胜利并通知全党全军注重目前之政治任务，对过去争论一概不谈。

**9月24日** 毛泽东致电彭德怀并告聂荣臻：接朱德来电，张国焘又动摇了北上方针，我们正设法挽救中。为使胡敌不占去先机，请加派有力部队南下，交一军团指挥，增兵界石铺并分兵至隆德、静宁大道游击。

△ 张闻天、周恩来、博古、王稼祥、毛泽东致电朱德、张国焘、陈昌浩、任弼时、贺龙、刘伯承，再次表示："与张国焘之间的争论应该一概不谈，集中全力与团结内部，执行当

前军事政治任务。"指出，红军对胡宗南部陆续入陕这一情况的对策：第一步似应集合三个方面军于静宁、会宁、定西一线及其南北，给胡敌以相当打击，使其不能达到隔断红军、各个击破的企图。第二步以两个方面军占领宁夏，以一个方面军控制胡敌，占领宁夏是整个政治军事上极重要的一环。如红军因分散而不能达此目的，尔后将发生极大困难。至于第三步骤则在占领宁夏之后，那时我们已得远方帮助，处于有利地位，分兵略取甘西、绥远，乃至重占甘南均甚容易。此为西北大计。并告：我一方面军一师已占界石铺，四方面军宜以先头师迅速进入，全部陆续北上。

△ 张国焘坚持西进，指挥红四方面军撤离通渭地区。

**9月26日** 十二时，张国焘以"朱、徐、陈、张"署名致电林育英、张闻天、毛泽东、周恩来、博古、王稼祥、贺龙、任弼时、关向应、刘伯承："我们决定四方面军即经循化先机抢占永登一带地区，将胡敌向北吸引。对一、二方面军实为有力配合，敌若以主力入甘北，即给一、二方面军在现地区大大活动机会；由四方面军以有力一部接引一、二方面军合力取宁夏，则宁夏更有把握取得。现部队已按此决定调动，不便再更改，千祈采纳。"又提出："关于统一领导，万分重要，在一致执行国际路线和艰苦斗争的今日，不应再有分歧。因此我们提议：请张闻天等同志即以中央名义指导我们。西北局应如何组织和工作，军事应如何领导，军委主席团应如何组织和工作，均请决定，我们当遵照执行。"这是张国焘首次表示他放弃同陕北党中央保持"横的协商关系"而接受中共中央的领导。

△ 十二时，林育英、张闻天、周恩来、博古、王稼祥、毛泽东致电朱德、张国焘：胡宗南部在咸阳未动，其后续尚未到齐。四方面军有充分把握控制隆德、静宁、会宁、定西间的

大道，不会有严重战斗。"一方面军即以主力南下策应，二方面军亦可向北移动钳制之。北上后粮食不成问题。若西进则将被限制于青海一角，尔后行动困难。"

△ 林育英、张闻天、毛泽东、周恩来、王稼祥、博古致电任弼时、贺龙、刘伯承："请你们向国焘力争北上计划之有利，西进将被限制于青海一角，尔后行动困难，且妨碍宁夏计划。"

△ 任弼时、贺龙、关向应、刘伯承、甘泗淇、王震、陈伯钧致电朱德、张国焘、徐向前、陈昌浩："你们提议以张闻天等同志用中央名义统一党和军事方针之领导，我们认为这是为着党的顺利团结，健强党在目前紧急关头中对革命战争领导最适当的建议。"电中认为，目前迫切要求三个方面军"能协同一致，否则，只有利于敌之各个击破"，吁请红四方面军"停止在现地区，以待陕北之决定"。

△ 二十时，与徐向前、张国焘、陈昌浩致电贺龙、任弼时、关向应、萧克、刘伯承及中共中央："现我们仍照西渡计划行进"，"如兄等仍以北进为万分必要，请求中央以明令停止，并告今后行动方针，弟等当即服从。时机急迫，万祈留意"。

△ 二十二时，与张国焘、徐向前、陈昌浩急电林育英、张闻天、毛泽东、周恩来、博古、王稼祥并告贺龙、任弼时、关向应、刘伯承："现四方面军已照西渡计划行动，请注意敌有可能从固原、中宁间将一方面军截为两段，希妥为布置。""请参看二十时电，如兄等认为西渡计划万分不妥时，希即明令停止西渡并告今后方针。时机急迫，万祈鉴察（如西渡计划仍应执行，则育英同志望于一月内在靖远附近与我们会合）。"

△ 二十二时，与张国焘、徐向前、陈昌浩急电毛泽东、周恩来、彭德怀："四方面军已照西渡计划行动，通渭已无我军。如无党中央明令停止，决照此计划实施，免西渡、北进两

失时机。""提议一方面军主力不必延伸到西兰公路,防敌从黑城镇、同心城截断我一方面军。""我们在一月内能到靖远附近会合,请善解释,决不可使全党全军对会合失望。"

△ 是日晚,徐向前从临洮返回洮州,向总部汇报:西进先头部队从老乡处了解到,现在黄河对岸已进入大雪封山季节,气候寒冷,道路难行,渡河计划难以实现。张国焘说:前面不通,可以绕道西行。朱德劝他说:是回头的时候了,不能一错再错。张国焘在进退两难的情况下,才表示尊重党中央的意见。

**9月27日** 十四时,毛泽东、周恩来、彭德怀致电朱德、张国焘,徐向前、陈昌浩并致贺龙、任弼时、刘伯承:"迭接二十六日两电,敬悉一切,并有如无党中央明令停止,决照西渡计划行动等语。中央书记处及政治局详细慎重地讨论了这个行动问题。""中央认为:我一、四两方面军合则力厚;分则力薄。合则宁夏、甘西均可占领,完成国际所示任务;分则两处均难占领,有事实上不能达到任务之危险。"因此,"中央认为四方面军宜依照朱、张、陈九月十八日之部署,迅从通渭、陇西线北上,不过半月左右即可到达靖远、海原地域,从靖远渡河;一方面军跟即渡河或合力先取宁夏,或分途并取宁夏、甘西,二方面军仍在外翼制敌,则万无一失"。

△ 中共中央以"党中央"署名致电"朱总司令、张总政委并告一、二、四方面军首长",指出:"四方面军应即北上与一方面军会合,从宁夏、兰州间渡河夺取宁夏、甘西。二方面军应暂在外翼钳制敌人,以利我主力之行动。"

△ 十八时,毛泽东、周恩来、彭德怀致电朱德、张国焘,徐向前、陈昌浩:"中央明令已下,请电令通渭部队仍回占通渭,其余跟即北上","四方面军现有充分时间进入隆、静、会、定大道,敌无阻止可能。"

△ 二十时,与张国焘、徐向前、陈昌浩致电林育英、张闻天、毛泽东、周恩来、博古、王稼祥并贺龙、任弼时、关向应、刘伯承:"为尊重你们的指示和意见,同时据考察兰州西渡须时较长,有可能失去占领永登一带先机之利","决仍照原计划东进,以出会(宁)静(宁),会合一方面军为目。部队即出动,先头(部队)六号到界石铺,决不再改变。"

△ 二十时,与张国焘、徐向前、陈昌浩致电王宏坤、陈再道:西进计划因受到地形、时间限制,决定仍向东进,执行静会战役计划,向静宁、定西大道进,与一方面军会合。"如你们尚未变更原阵地时,仍固守原线;如已撤收时,宏坤部队火速星夜开回渭源,再道仍火速开回去相机恢复原阵地。以后待命行动。"

**9月28日** 与张国焘等在洮州召开会议,讨论党中央的指示,一致决定放弃西渡计划。十六时,与张国焘、徐向前、陈昌浩致电毛泽东、周恩来、彭德怀和贺龙、任弼时、关向应、刘伯承:"已遵照党中央指示停止西渡转向北进,先头一师十月四日可到通渭、八号到界石铺。"

△ 与张国焘以中革军委主席、副主席名义发布《通庄静会战役计划》。情况判断:目前胡敌被我二方面军吸引,似将向天水方向集中,有利于一、四方面军在通渭、静宁地区之会合。决定:"四方面军以迅速进出于通渭、庄浪、会宁、静宁、界石铺地区,争取迅速与一方面军会合,相机消灭胡宗南西进先头部队,巩固扩大甘陕宁抗日根据地,争取抗日友军,接通外蒙、苏联为目的。"行动纲领是:以主力扫除陇西、武山间之毛炳文部,进出于通渭、界石铺地区,与一方面军会合,迎击西进胡敌部队,以一部东经武山、甘谷间,迷惑天水敌人,折向北挺进于庄浪及其以南、以东、以北地区,发展扩大该地

区的抗日根据地，与策应二方面军之行动，并钳制胡敌。同时，对会宁、定西、陇西方面敌人，以有力部队钳制之。计划把四方面军分为六个纵队行动，并做出行动部署。

**9月29日** 十九时，与张国焘、徐向前、陈昌浩致电林育英、张闻天、毛泽东、周恩来、贺龙、任弼时、关向应、刘伯承："四方面军以迅速进出于通渭、庄浪、会宁、静宁、界石铺地区，迅速与一方面军会合，相机消灭胡敌一部，巩固扩大甘陕宁抗日根据地，争取抗日友爱，接通外蒙、苏联为目的"，将分为五个纵队行动。并告以各纵队行动部署。

△ 二十二时，毛泽东、周恩来致电朱德、张国焘、徐向前、陈昌浩并告任弼时、贺龙、刘伯承、关向应："回师北上之电敬悉，各同志十分佩服与欢慰。"告以一方面军策应二、四方面军的部署，并嘱："兄处似宜即用原占通渭部队，日内迅占通渭以取先机。"

△ 红四方面军总部下达北进静、会地区命令。

**9月30日** 红四方面军分为五个纵队，由洮州、岷州、漳县等向通渭、庄浪、静宁、会宁等地进发。朱德率总部与四方面军指挥部随第九军组成的第三纵队后跟进，经野狐桥、中堡里、新市向通渭、界石铺前进。

△ 由于张国焘延误了时日，国民党军胡宗南部同毛炳文、王均等部猬集一团，红军以打击胡宗南为主要目标的静会战役计划未能实现。

**10月1日** 与张国焘，徐向前、陈昌浩致电林育英、张闻天、毛泽东、周恩来等：萧克、周纯全率九十三师于四日可到通渭。"育英及兄等可否到前方与我们会合，请告会面地点，并送甘陕北、宁夏地图给我们"。

△ 毛泽东、周恩来、彭德怀致电朱德、张国焘，徐向

前、陈昌浩并贺龙、任弼时、关向应、刘伯承：如国民党军派人同红军接洽，我方均一律以诚恳面貌招待他们，以期沟通双方，扩大西北统一战线范围。

△ 贺龙、任弼时、关向应、刘伯承致电中革军委和朱德、张国焘："现在敌人已进到利害变换线下，我活动内幅狭小，地区贫苦，人口甚少，不利我扩红、筹资粮与休整。"建议一星期后撤离徽县、两当、康县地区，经天水、宝鸡间北渡渭水，进至洋屯、清水、张家川、莲花镇地域，"一方面可策应一、四方面军之会合，同时我背靠一、四方面军争取休补"。

**10月2日** 毛泽东、周恩来、彭德怀致电朱德、张国焘，徐向前、陈昌浩并贺龙、任弼时、关向应、刘伯承："关于二方面军的行动，根据他们现处地域的情况和他们本身需要休息的情况，似不宜于在渭水以南单独地打大仗。"他们一星期后渡到渭水以北地域，是可行的。电报根据第二方面军渡渭水后的敌我态势，对红军的行动作了部署，提出："在十月、十一月内，似有集中三个方面军全力选择有利机会给南敌以打击之必要。但如果四方面军之渡河技术能保证迅速在靖远、中卫地段渡河，则自以早渡为妙，对南敌一般可暂取牵制手段。"

**10月3日** 十二时，毛泽东、周恩来、彭德怀致电朱德、张国焘，徐向前、陈昌浩：四方面军先头部队九十三师宜迅占庄浪，后续部队接占通渭。庄浪、通渭两处部队均向秦安迫近，掩护四方面军主力北进，并掩护二方面军从天水以西向北转移。除以一部接替一方面军控制的会宁、界石铺大道外，宜迅速将主力集结马营、通渭地区。在武山、甘谷方面部署相当兵力，掩护二方面军转移。

△ 十七时，与张国焘、徐向前、陈昌浩致电毛泽东、周恩来、彭德怀并贺龙、任弼时、关向应、刘伯承："二、四方

面军长期行军后,原气尚未恢复。同时进敌已恐确明我企图。因此,目前整个行动方针,首先争取在靖远附近于结冰前渡河,尽量避免决战,万不得已时,可作部分决战。"同意二方面军渡渭水以北活动,在陇县一带,从胡敌尾后牵制之,便于一、四方面军从容渡河。并告:四方面军于十月十日全集会宁、界石铺一带后,准备先遣一军速出靖远抢渡黄河。我们每日能造船二只,请一方面军协助"赶造船钉,如能多集铁木工,造船速度尚可增加。"

**10月4日** 毛泽东、周恩来、彭德怀致电朱德、张国焘、徐向前、陈昌浩:同意迅速从靖远、中卫渡河之意见,但甘谷、庄浪仍宜配置必要兵力迟滞胡宗南部,以掩护二方面军北进。

△ 毛泽东、周恩来、彭德怀致电朱德、张国焘、徐向前、陈昌浩:准备即派铁匠至同心城造铁钉,正令同心城部队准备二千五百斤钉子白铁料与煤。"定西之敌有恢复会宁企图,敌我各一部在定、会间对战中,你们速派两团左右控制会宁为要。"

**10月5日** 十五时,毛泽东、周恩来致电朱德、张国焘、徐向前、陈昌浩:为彻底消灭迫近会宁之敌,请令向会、静前进之部队即速截断会、静、定西间道路,以便我第一师及守城支队明六日将敌击溃后全部俘获之。又告:"二方面军从六号起四天行程经天水以西到达通渭。千万请你们派有力一部立即占领庄浪,在通渭、庄浪两地部队均向秦安迫近游击,确实掩护二方面军之到达。"

△ 与张国焘、徐向前、陈昌浩电告毛泽东、周恩来、彭德怀:"五日二十一时已令宏坤率两个团,明由马营附近取道康家堡或其他捷径增援会宁,限七日到达。"

**10月6日** 毛泽东、周恩来致电朱德、张国焘、徐向前、陈昌浩、贺龙、任弼时、关向应、刘伯承:完全同意"四方面军五号电部署及二方面军从天水以西向通渭转移"。指出：我三个方面军在渭水以北集中后，拟四方面军主力仍在通渭、马营、陇西川、会宁、界石铺地区，一个军相机攻占靖远，布置从靖远以北至中卫段渡河；拟二方面军转进至通渭、静宁、隆德、庄浪之间；一方面军一、二两师将会宁、界石铺防务交四方面军后，转至隆静大道以北、固原以南地区，使国民党军不得不展开筑碉前进，我则利用时间休息兵力，待十一月即可开始执行新任务。

**10月7日** 率红军总部抵达通渭西四十里的坡儿川宿营。

**10月8日** 与徐向前、陈昌浩致电党中央及毛泽东、周恩来、彭德怀："我们及西北局、军委纵队、四方面军指直属明到会宁，为统一领导和军事指挥，以很快能与你们会面为好。如决速出靖远，则宜在靖（远）、海（原）间会面，或我们到同心城，或兄等有人到前方来会，究应如何，请即决示。"并告：四方面军全部已渡过渭河。

△ 红四方面军先头部队同红一方面军接应部队在会宁以东的青江驿、界石铺会合。

**10月9日** 率红军总部与红四方面军领导人一起抵会宁。同在会宁的红一方面军红一军团第一师师长陈赓亲切会面谈话，还和远在九十里外界石铺的第二师政委萧华通了电话，问候："毛主席好吗？周副主席好吗？"

**10月10日** 出席在会宁召开的庆祝红军第一、第四方面军会师大会。到红一军团第一师驻地视察。

△ 中共中央、中华苏维埃中央政府、中革军委为庆祝一、二、四方面军在甘肃境内大会合发出通电，指出："正当日本帝国主义准备好了举行对于中国新的大规模的进攻，我有五千余年光荣历史的中华民族处在空前未有危急存亡地位的时

候，我民族革命战争的先锋队第一第二第四三个方面军在甘肃境内会合了"，这一会合，证明"中国民族抗日统一战线与抗日联军是有了坚强的支柱了"，"处在水深火热之中的全国同胞是有了团结御侮的核心了"，"我们即刻就要进入一个新阶段了，这就是抗日民族革命战争的阶段。"

△ 中共中央书记处致电朱德、张国焘并告彭德怀、贺龙、任弼时、徐向前、陈昌浩：军事问题，决先由彭德怀与朱、张两总及各同志会面，林育英亦日内动身。三个方面军会合后，请朱德、张国焘以总司令、总政治委员名义，依照中央与军委之决定，统一指挥前线作战。三个方面军对朱、张两总之报告，朱、张两总对三个方面军之电令，均望同时发给中革军委一份，以密切前后方联络。

△ 与张国焘、徐向前、陈昌浩致电中革军委，提出："四方面军之三十军即向靖远进，协同打拉池七十三师部署渡河。"

△ 毛泽东、周恩来致电朱德、张国焘、贺龙、任弼时、关向应、刘伯承：四方面军通渭、庄浪部队宜迫近秦安游击，迟滞胡敌、王敌，马营部队迟滞毛敌，"掩护二方面军提前北进"；二方面军速通过通渭进至界石铺、通渭之间休息，准备经界石铺转靖远、静宁、固原、隆德之间。

**10月11日** 中共中央及军委致电朱德、张国焘并告彭德怀、贺龙、任弼时、徐向前、陈昌浩，发布《十月份作战纲领》，要求在十一月十日前全军注重休整、补充、扩大，尤特别注意训练，"以便有力地执行新任务"。四方面军主力在通、马、静、会地区迟滞敌军前进，"以期可能在十月份保持西兰大道于我手中"，同时以一个军迅速选择渡河地点加速造船，准备过河进入宁夏。攻宁部队准备以一方面军的西方野战军和四方面军的三个军组成之。二方面军等部组成向南防御部队。

并谓:"本纲领不得下达,各部任务由朱、张两总转及各方面军首长以个别命令行之。"

△ 张闻天、毛泽东致电朱德、张国焘、徐向前、陈昌浩、贺龙、任弼时、关向应、刘伯承、彭德怀,征求对国共两党抗日救国协定草案的意见,"此草案是我方起草,准备恩来带往谈判,彼方所能容纳之最后限制尚不详知。"

**10月13日** 毛泽东、周恩来致电朱德、张国焘、徐向前、陈昌浩、贺龙、任弼时:彭德怀野战司令部在同心城与固原间之吊堡子。彭与朱、张会面地点以打拉池为好,朱、张何时可到打拉池,盼告。

**10月14日** 与张国焘致电中共中央及军委:完全同意中央的《十月份作战纲领》和军事、政治、外交指示。并谓:"对一方面军情况,我们不十分明了,仍请直接指挥。德怀来后再商决指挥办法电告。"

△ 毛泽东、周恩来为准备西渡黄河问题致电朱德、张国焘:"造船以能达到五十只为最好。"电文提出前后方分担搜集造船材料和组织人工的办法。

△ 毛泽东、周恩来致电朱德、张国焘:"据德怀称会面仍以在打拉池为好。他定十三日动身二十号赶到打拉池。"

**10月15日** 毛泽东、周恩来致电朱德、张国焘:据悉敌两团向界石铺进。界石铺关系重大,请派部队即速接防。

**10月16日** 与张国焘电致中共中央和军委,告以红四方面军师以上干部配备情况。

△ 与张国焘致电彭德怀、贺龙、任弼时、关向应并报毛泽东、周恩来,根据《十月份作战纲要》,提出"我军以控制西兰大道二十日前在我手中,以运动防御手段尽量迟滞敌人前进,相机消灭敌人之一部为目的",对全军作出具体行动部署。其中,

1936年10月

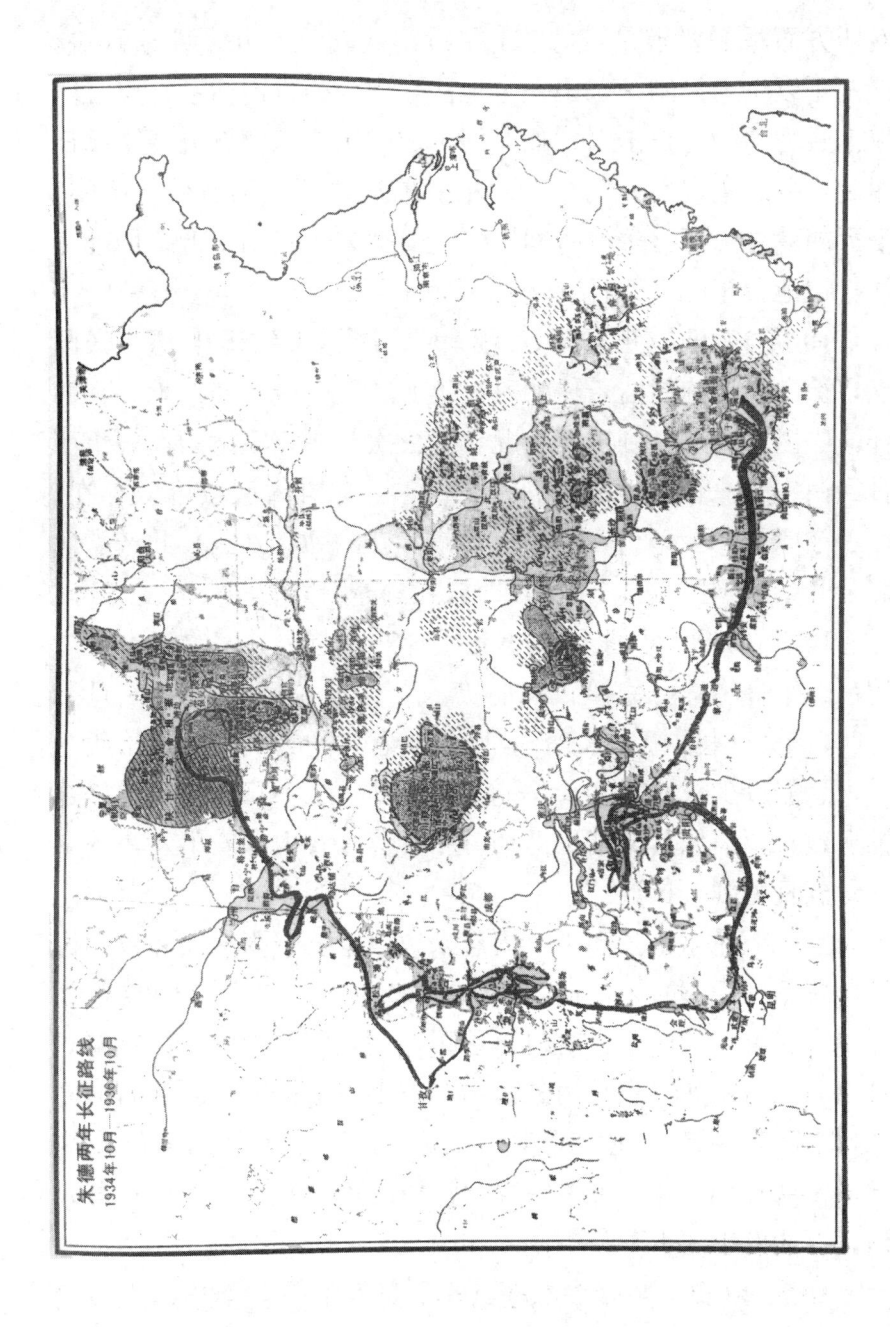

朱德两年长征路线
1934年10月—1936年10月

对四方面军的要求是:"三十军渡河成功后,九军即速跟进,该两军以主力控制一条山一带地区,向兰州方向活动,以三团以上兵力向中卫扫击","如渡河不成,则应以四、五两军担任钳制任务,集中九、三十一两军对前进之胡敌为有效之突击,消灭胡敌之一部,争取时间"。并告:"朱、张明十七日即动身往打拉池,于二十一日到达。"

**10月17日** 张闻天、毛泽东、周恩来致电朱德、张国焘,徐向前、陈昌浩,任弼时、贺龙、关向应、刘伯承并彭德怀,告以与南京谈判进展情况,第三次与南京联络的代表十四日回西安带来国民党条件如下:(一)苏维埃区域可以存在;(二)红军名义不要,改联军,待遇与国军同;(三)共产党代表公开参加国民大会;(四)即派人具体谈判。

**10月18日** 与张国焘电致毛泽东、周恩来:"三十军电谓:二十日晚即可偷渡,我们决二十日早去打拉池。"次日十三时,毛、周复电:"三十军渡河以至少备足十只船开始渡为宜,恐船过少载兵不多,不能一举成功。二十日渡河问题是否推迟数日,请依具体情况斟酌。""育英今日由保安出发,约十一月五日可到打拉池。"

△ 毛泽东、张闻天、周恩来致电朱德、张国焘并致彭德怀、贺龙、任弼时、徐向前、陈昌浩,指出:"目前时局正处在转变交点,我应不失时机,善于运用,争取国内和平转向对日作战。请照昨电意旨由朱总司令致书王均、毛炳文,向前同志致书胡宗南及其他黄埔生,贺龙同志致书何柱国各部及胡部,发展我们影响。书中一本诚恳相劝之意,不作任何自夸语,自能发生效力"

**10月20日** 与张国焘率红军总部及红军大学一部人员离会宁去打拉池。行前交待由徐向前和陈昌浩负责前线作战事宜，按《十月份作战纲领》的要求，机断处置。

△ 国民党军近二十个师"以歼灭会宁、静宁、通渭附近朱徐等股匪之主力之目的"，沿兰州、陇西、固原的弧线，向红军展开全线进攻。二十二日，蒋介石赶到西安督战，企图以南攻北堵战略歼灭红军于黄河右岸的甘、宁两省边境地区。其部署分为四路：以毛炳文部两个师为一路，王均及关麟征部共四个师为一路均经会宁向靖远、打拉池进攻；胡宗南四个师为一路，经静宁向打拉池、古西安州担任突击；王以哲指挥东北军和马鸿宾部共约九个师为一路，由隆德、固原地区北进，掩护胡军右翼。红军第四军、五军、三十一军等部，于界石铺、通渭、马营、华家岭、宁远镇、葛家岔等地进行顽强抗击，战斗极为激烈。国民党军于三天内攻占了华家岭、会宁城、通渭、静宁、界石铺等地。

**10月21日** 红二方面军首长贺龙、任弼时、关向应、刘伯承等到达平峰镇（今属宁夏回族自治区西吉县）与红一方面军第一军团代理军团长左权、政治委员聂荣臻会面。第二天，红二方面军主力与红一方面军在隆德将台堡会合。至此，红军三大主力实现了在西北的会师，胜利地完成了历时两年的长征。

△ 中革军委及总政治部致电朱德、张国焘并彭德怀、贺龙、徐向前、陈昌浩、任弼时：三个方面军已完全会合，为使全军完全团结在共产国际、党中央、军委的路线之下，"中央与军委决定，从十一月一日起至七日止，以十月革命节为中心，进行七天的教育计划"。全军同时于十一月七日举行庆祝红军三大主力会合，誓师抗日并纪念苏联十月革命节大会。

**10月22日** 毛泽东、周恩来致电彭德怀转朱德、张国焘，提出：你们"会谈时请首先注意宁夏战役的准备与部署问题，关于如何夺取定远营，如何克服城堡困难及如何接取远方货物等,均须注意,并以商定结果见告"。

△ 徐向前、陈昌浩致电各军及朱德、张国焘,告以敌我双方态势,并说"三十军在靖远附近,决明(二十三日)晚抢渡"。

**10月23日** 与张国焘率红军总部到达打拉池,同先期赶到的彭德怀、徐海东会晤。

△ 与张国焘电令第三十军立即渡河,第九军跟进,如渡河不成,南敌继续突进,则以第九军配合南线部队击敌。当晚,渡河前卫团进行偷渡,因水情不熟,偷渡未成。

**10月24日** 与张国焘在打拉池致电徐向前、陈昌浩、贺龙、任弼时,报中革军委:"我们昨十六时到打拉池,与德怀、海东晤谈,欣悉一年来统一战线成就和一方面军奋斗成绩,和陕甘宁边区发展情况,不胜雀跃。""关于根据新任务由德怀同志提出之(宁夏)战役计划要旨,我们完全同意,正根据今日情况研究具体化之方案。"

△ 与张国焘致电徐向前、陈昌浩:"三十军渡河尚未成功,对自会宁突进之敌应进行部分决战而掩阻之";"三十军渡河必须请当地船工掌舵,如未为敌发觉,今晚应再偷渡。"

△ 是夜,红三十军在靖远南十公里处的虎豹口(今河抱口)渡河成功,迅速控制了黄河左岸上百里的沿江地带。

**10月25日** 与张国焘、彭德怀致电中革军委和贺龙、任弼时、关向应、刘伯承、徐向前、陈昌浩:"控制西兰大路十月份在我手中之任务已大体完成,三十军渡河成功,开辟了执行新任务的第一步胜利。"根据中革军委历次关于战略方针的指示,我三个方面军在这一时期内,以占领宁夏地区,扩大甘北活动地区和尽量巩固陕甘宁苏区以及维持和扩大西兰大道以北广大活动地区,吸引敌人于西兰大道一带,接通苏联,争取抗日民族统一战线的形成为战略目的。（一）四方面军主力迅速过河，抢占一条山、五佛寺、永登、红城堡、古浪一带地区，重点在控制五佛寺渡河点在我手中。留出一部机动部队，于一条山、五佛寺之线，以便将来适时协助一方面军在中卫、灵武段渡河。其河左岸郭城驿前线部队，尽量迟滞和吸引会宁方向之敌。（二）二方面军主力应以海原东二十里之马营和其西之靖西、安州为重点，组成若干支队，吸引敌人，如敌不进应在海固直到西兰大路这一地区开展工作。（三）一方面军主力应速集结同心城、关桥堡地区，准备渡河技术。上述任务约于十一月十七号前完成。

△ 毛泽东、周恩来致电朱德、张国焘、彭德怀并致贺龙、任弼时、徐向前、陈昌浩，指出："根据敌向打拉池追击及三十军已渡黄河的情况，我们以为今后作战，第一步重点应集中注意力于击破南敌，停止追击之敌。我处南北两敌之间，北面作战地带阵地战性质，需要准备至两个月时间，不停止南敌，将使尔后处于不利地位。第二步重点集注意力于向北。"并对一、二、四方面军打击南面之敌的行动作了部署。

**10月26日** 毛泽东、朱德、张国焘、周恩来、彭德怀、林彪、贺龙、任弼时、徐向前、陈昌浩、王稼祥、刘伯承等四十六人联名发表《红军将领给蒋总司令及国民革命军西北各将领书》，指出："国势垂危，不容再有萁豆之争"，"中华民族已经到了最危急的时候，'覆巢之下安有完卵'，深望诸先生悬崖勒马，立即停止进攻红军并与红军携手共赴国防前线，努力杀贼，保卫国土，驱逐日寇，收复失地。"还表示：只要贵党政府决心抗战，红军愿做前驱，并誓与你们合作到底。并希望互派代表进行谈判。

△ 毛泽东、周恩来致电朱德、张国焘、彭德怀：三十

军、九军过河后，可以三十军占领永登，九军必须强占红水以北之枢纽地带，并准备袭取定远营；等二、三日后如胡敌真无北进之意，再以一个军渡河不迟。

**10月27日** 五时，与张国焘致电徐向前、陈昌浩并报毛泽东、周恩来："毛、周电令目前作战重点，系注意击破南敌，停止追击。我各部应即遵照这一指示执行。""四方面军除三十、九两军及指挥部已过河外，其余各部应停止过河。"四军、三十一军即以一部逐渐迟滞敌人，准备于郭城驿附近与敌决战，消灭敌之突进部队，而停止其前进。

△ 七时，与张国焘致电党中央及军委、毛泽东、周恩来："五军此次在会宁一带激战两日夜，敌机七架轰炸，伤亡失联络八百八十七人，炸毁与损失枪支三百八十条，干部、弹药消耗、伤亡甚大，罗南辉同志牺牲。"

△ 徐向前、陈昌浩致电朱德、张国焘、彭德怀、毛泽东、周恩来：为着迅速实现宁夏战役计划及便利迎接一、二方面军渡河起见，提议四方面军全部渡河，以一个军对待兰州之敌，四个军迅出中卫、宁夏，并放船到大庙及中卫，迎接一、二方面军；四方面军如不全部渡河，各方掩护顾此失彼，不但开路、掩护、决战都难完成，甚至根本影响战役计划，望重决速示，万勿坐失良机。

**10月28日** 十二时，中革军委致电朱德、张国焘、贺龙、任弼时、徐向前、陈昌浩并致各军首长及政治部主任：（一）完全同意朱张二十七日五时部署。（二）目前我们已处在转变关头，三个方面军紧靠作战则有利，分散作战则削弱。朱张二十七日五时电，正合紧靠作战争取胜利之目的，望各部坚决执行之。（三）除九军、三十军已过河，其余以坚决击破南敌为目的，务必消灭其进攻部队之一部或大部，根本停止其追击,"现当敌人轻我锐进之时,正是我们打胜仗的时候。"(四)必要时拟请德怀赶前线指挥这次战役,在政治上立即开展大动员,坚决消灭胡敌。

△ 十九时,与张国焘致电毛泽东、周恩来并徐向前、陈昌浩:同意前方提议"三十一军即跟三十军、九军后面渡河"。二十九日,十二时,毛、周复电同意说:"根据朱、张、徐、陈意见,为迅取宁夏起见,三十一军可以立即渡河,在九军、三十军后跟进。"

△ 毛泽东、周恩来致电彭德怀、朱德、张国焘:敌胡宗南部"十分轻我向打拉池锐进",王均、毛炳文部向靖远进。"我三个方面军主力应依兄等二十七日部署,立即集结在有利阵地,在数日内坚决突击消灭胡敌先头一个师至两个师,以小部抗阻靖远王、毛","此次消灭敌人开展局势最适当之机,请兄等速图之"。

△ 二十时,与张国焘致电徐向前、陈昌浩、萧克、周纯全:接中革军委连来两电,决照军委电令在海原以南地区消灭胡敌先头一两个师,对王、毛由五军牵制之。"九军、三十军担负占定远营和解决马鸿逵敌一部兵力足够,必须完成任务。"四军、三十一军应到打拉池线,在不妨碍群众利益条件下,尽量进行坚壁清野。

△ 二十四时,与张国焘致电彭德怀、贺龙、任弼时、徐向前、陈昌浩及各军首长、政治部主任,发布三个方面军在海原、打拉池以南地区消灭胡敌的战斗动员令和对内动员、对敌宣传口号。

△ 中共中央和中革军委决定,任命彭德怀为前敌总指挥兼政治委员,刘伯承为参谋长,统一指挥海原、打拉池战役。

**10月29日** 十五时,与张国焘致电徐向前、陈昌浩:五军主要任务要在靖远东北牵制毛炳文部、王均部,不能全部过河。

△ 十九时,与张国焘致电徐向前、陈昌浩、萧克、周纯全:"据毛、周电令,同意三十一军立即渡河,接九军后跟进。""四军即由我们直接指挥,仍开打拉池,配合一、二方面军打胡敌。"

△ 二十二时,毛泽东致彭德怀"万万火急"电:"与南敌决战关系重要,现敌轻我锐进",对胡敌先头周、孔两师"打得好可获大胜"。提议"全战役须掌握在你一人手里","以野战军全部为主力,从二方面军抽二分之一辅助之,专打周、孔二师;四方面军为右翼钳制队,或任右翼之部分突击,专对付胡之西路及毛、王两路"。

**10月30日** 接毛泽东、周恩来电:三十一军应照彭德怀部署暂不渡河,执行任务"胜利后直由中卫渡河"。十时半,即与张国焘致电徐向前、陈昌浩:"决以一、二方面军主力及三十一军集结麻城堡附近,消灭突进之敌","现已令三十一军今由打拉池经干盐池向麻城堡进",令负责监视靖远敌军、看守渡口的五军,随船下开到河西的三角城附近待命。

△ 十六时,毛泽东、周恩来致电朱德、张国焘:目前方针应先打胡敌,后攻宁夏。否则攻宁不可能。"请二兄握住此中心关键而领导之。除九军、三十军已过河外,其余一、二方面军全部,四方面军之三个军,统照德怀二十九日部署使用,一战而胜利,则全局转入佳境矣。"

△ 率红军总部在海原、打拉池大道之干盐池,会见二方面军领导人任弼时、贺龙、关向应等,准备赴关桥堡彭德怀处开会。

**11月1日** 与张国焘,彭德怀、贺龙、任弼时等在宁夏海原县关桥堡开会,讨论海原、打拉池战役计划的实施问题。

鉴于在海原、打拉池以南地区打击胡宗南部"已失去先机"，会议决定"在海、打大道以北寻求战役机动，打击胡敌"。一致主张在关桥堡、驼厂堡地区寻机歼敌二三个师，逼使胡敌停止追击。并决定一方面军、二方面军和四方面军的三十一军、四军统归前敌总指挥部调遣。

△ 与张国焘在关桥堡会见林育英。

△ 毛泽东、周恩来致电朱德、张国焘并告彭德怀：至本月底后方可缝好冬衣裤一万三千套，现正陆续前送，请总部派运输到洪德城接运。此批衣服如何分配给二、四两方面军，请朱张与彭商定。

**11月2日** 随任弼时、贺龙到上龙池，出席二方面军师以上干部会议，传达关桥堡会议精神。在会上作关于集中三个方面军消灭胡宗南部的战斗动员报告。

△ 与张国焘致电徐向前、陈昌浩等："育英同志昨午到关桥堡，他带来国际和中央的许多消息，均是鼓励，吾人勇气百倍提高。他准备来会你们。"苏联的援助物资已准备，何时到达指定地点，尚待通知。指出：河西部队出宁夏，须有三个条件：一是能单独解决马鸿逵、马步青部；二是河东海原战役的胜利；三是弄清从一条山到宁夏露营一般地形、天候、敌情条件。"现在你们应加紧筹粮、制冬衣、问明情况等准备工作"。

**11月3日** 毛泽东、周恩来、朱德、张国焘联名致电彭德怀、任弼时：胡敌进攻当不外两种方法，第一种长驱直进，以两天或三天行程袭取定盐城。敌取此种战法必以一部向山城堡佯攻；第二种逐步推进，稳扎稳打，依靠堡垒战法。"请按照两种情况及具体敌情、地形，作出两种作战方针并指导干部。"

△ 林育英、朱德、张国焘致电彭德怀、贺龙、任弼时、关向应、刘伯承并报毛泽东、周恩来："同意德怀同志战斗部

署的命令,四、三十一军的十个团已准备好了,士气极旺,随时可调前线作战,请动员全体指战员坚决作战。"

△ 毛泽东、周恩来就徐向前、陈昌浩二日电提出的"我方决先向大靖、古浪、平番、凉州行"的计划,致电朱德、张国焘、徐向前、陈昌浩:"所部主力西进占领永登、古浪之线,但一条山、五佛寺宜留一部扼守,并附电台,以利交通后方行动。"

**11月5日** 就徐向前、陈昌浩四日电告"我方情况实不允许久控制现地区等待配合右岸行动","如情况不利时,唯有放弃现地区,集兵出大靖、凉州方面",与张国焘致电徐、陈:"你们之河北(西)纵队目前最主要任务是消灭马步芳部,独立开展一个新局面,乘敌尚未十分注意你们的时候站稳脚跟,首先占领大靖、古浪、永登地区,必要时应迅速占领凉州地区,行动要迅速、秘密、坚决和机断专行。""敌人可能隔断你们与河右面主力之联络,你们尽可能派一部带电台保持黄河五佛寺附近渡口在我手中,但不可因此妨碍你们主力的行动。不得已时可不必留兵力守渡口,如有必要当由三十一、四军负责来接通你们。""宁夏战役能否实现决之于明后日之决战,你们应不受一切牵制,独立去完成你们的任务。"

**11月7日** 就徐向前、陈昌浩十一月六日电向中革军委提出的《平大古凉战役计划》(基本内容是:首先消灭平番、大靖间的马步芳部,进占大靖、平番、古浪、凉州一带作立脚点,伺机策应河东部队渡河夺取宁夏),与林育英、张国焘致电徐向前、陈昌浩:平大古凉战役计划以迅速执行为好,兵力集结应稍提前。"少打消耗战和少围土寨,首先占领有粮和地形扼要之地区,集结最大精锐,一举而灭马敌。"并告:"关桥堡之敌昨未前进,似敌已知我主力集结备战,有成相持局势可能。"

**11月8日** 毛泽东、周恩来致电朱德、张国焘、彭德怀、贺龙、任弼时，指出："目前七天内仍求得于运动中打周、孔中之一个师"；"不可能则向金积、灵武、豫旺出动，诱敌深入以利机动"。河西部队"向凉州进，作战时集中兵力打敌一旅，各个击破之"。

△ 张闻天、毛泽东致电朱德、张国焘并徐向前、陈昌浩等七同志，对徐、陈等十一月七日电关于河西部队组织前委与军委会的提议答复说："我们基本上同意，河西部队称西路军，领导机关称西路军军政委员会，管理军事、政治与党务，以昌浩为主席、向前为副"，其余名单照来电批准。

△ 张闻天、毛泽东、周恩来、博古、林育英致电朱德、张国焘、彭德怀、贺龙、任弼时，指出：因胡宗南等部北进，"我宁夏计划暂时已无执行可能。"因此，提出一个新的作战计划，以"征求五兄意见"。即：三个方面军主力十一月份继续在现地区作战，并以一部引敌北进宁夏。十二月上旬以后，分两路行动，一、二方面军组成南路军，分三步进至韩城、宜川、延长地域，活动三个月左右，其任务是扩大苏区和红军，解决给养；四方面军之两个军组成北路军，在灵武、盐池地区待机出动，拟分三步进至神府地区，与南路军同时到达黄河沿岸，在两延、清绥、神府分三区造船，准备渡河入晋。徐、陈所部组成西路军以在河西创立根据地直接打通远方为任务。准备以一年完成之。

**11月9日** 与毛泽东等发出《局势至此非抗战不足以图存——红军三十八将领致国民革命军西北将领书》，指出：苏维埃红军自去年八月发表提议建立抗日统一战线的宣言已经一年多了，可在此期间，日寇侵略有加无已，"局势至此，非抗战不足以图存"，但至今未闻贵党政府下抗战决心，反见蒋介石总司令亲临西北"督剿"红军,使人民失望、日寇称快。表示:只要国民党军队停止进攻红军,并与红军携手抗日,红军"愿做前驱,并誓与你们合作到底",并愿意接受任何谈判方式。

**11月10日** 与张国焘、彭德怀、任弼时、林育英在同心县王家团庄南前敌总指挥部举行会议。会议原则同意张闻天、毛泽东等十一月八日提出的"新的作战计划"。鉴于红二方面军"未得休息,很疲劳",会议决定该部秘密移至毛居井以东、环县之间地区休息整理。

**11月11日** 中共中央和中革军委正式下达命令,决定红四方面军河西部队改称西路军,成立西路军军政委员会,任命陈昌浩为主席,徐向前为副主席。

△ 西路军由靖远、一条山地区分三个纵队向西进发,深入"河西走廊"。这一东西狭长地区长达数百里,北面古长城外为荒凉的大沙漠,南面为海拔四五千米的终年积雪的祁连山,中间宽不及百里,村庄零落,人烟稀少,地理条件对红军机动作战十分不利;且时届隆冬,部队衣衫单薄,困难极大。

**11月12日** 毛泽东、张闻天、周恩来复电朱德、张国焘并告彭德怀、贺龙、任弼时,指出:加厚向南兵力,可使兵力不分割,因此除徐向前、陈昌浩之西路军外,其余全部向南为有利。同意彭德怀关于提早向南之意见。电报还同意红军总司令部移至甘肃洪德河连湾(今属环县)陕甘宁省委所在地。周恩来赴河连湾同朱德、张国焘接洽。

△ 朱德、张国焘致电徐向前、陈昌浩:"你们应利用目前时机在凉州、民勤、永昌、古浪、大靖地区形成巩固的新局面。"

△ 徐向前、陈昌浩致电中革军委、红军总部汇报西路军情况:我们过河后共十余次战斗,颇激烈,伤亡近千人,弹消耗甚多。现决甘、凉、肃、永、民创立根据地,不在万不得已

时不放弃凉州。并告：马步芳部三个旅共九团，马步青部三个旅共八团，二马主力约三分之二已受我打击，与我历次战斗中伤亡约在一千五百以上。战斗力平常。军官都是回人，士兵三分之二为汉人。

△ 中共中央书记处致电王明、康生、陈云转共产国际：甲、蒋介石部队已将红军主力与红军已渡河者从中隔断，渡河者现组成西路军，受徐向前、陈昌浩指挥，人数二万二千，令其依照国际新的指示向接近新疆之方向前进。首先占领凉州地区，然后向肃州前进。请你们确实无误地准备接济物品，并将准备情况迅即电告我们。乙、在河东之主力不得不改变行动方向，现拟第一步从庆阳镇原分水南下，占领平凉、泾川、长武、正宁等战略机动地区，尔后或出山西，或出豫鄂，依情况再定。

**11月14日** 与张国焘致电徐向前、陈昌浩并报毛泽东、周恩来：对你们现在之敌马步芳、青两部，又分散，又便于你们各个击破。夺取甘、凉、肃根据地和打通远方任务，是你们独立可完成的。但是，兵力仍须集结梯次行进，后卫必须强大，相机消灭尾追之敌。远方正设法接济你们，速调查甘、凉、肃以北地区可通远方有几条路。

△ 毛泽东、周恩来致电朱德、张国焘、彭德怀并告贺龙、任弼时：二方面军已到环县集结，粮房缺少，不能久留，应作为南进第二纵队；一方面军应迅速转移正面，向正宁、宁县前进，争取先机。恐敌预先布置阻我南出；四方面军之一个军暂在豫旺地区钳制胡宗南及王以哲，一个军向韦州惠安堡出动一部，欲北进并解决粮食。当一方面军南进，敌胡、王两军转向固原、镇原时，四方面军之两个军应向三岔、固原、镇原之线出动，从侧翼制敌并策应前方。

△ 毛泽东、周恩来致电朱德、张国焘、彭德怀："据彭

电胡敌继续向豫旺进攻,不消灭其一部不能南进。似此有打胡敌之机会,自以集中一、四、十五、三十一军在数日内打一仗,再南进","究应如何,统由彭依前线实况决定可也。"并告:"恩来明日动身,到河连湾,朱张及总部,亦准十七日到河连湾,会合恩来",在河连湾只留二三天。

△ 毛泽东致电彭德怀:"朱张来保安后前线部队统交你指挥,当可放手做去。"

**11月15日** 中革军委致电朱德、张国焘,彭德怀,贺龙、任弼时:胡宗南以四个师向豫旺堡推进,"目前中心是打破敌之进攻,然后才能开展局面,才有利于统一战线";"一切具体部署及作战行动,各兵团首长绝对服从前敌部指挥彭德怀同志之命令,军委及总部不直接指挥各兵团,以便适合情况,不影响时机地战胜敌人"。

△ 毛泽东两次致电朱德、张国焘,彭德怀、贺龙、任弼时,对集结一、二、四方面军准备与胡宗南部作战作了部署。指出:"蒋介石仍坚决打红军,与南京妥协一时难成,我们应坚决粉碎其进攻。""目前两三天内,四方面军即在甜水堡、保牛堡集结,二方面军在毛居井及以北集结,一方面军在环县西集结,各兵团鼓动作战准备,胡敌东进时消灭之。"

△ 与张国焘致电毛泽东、周恩来、彭德怀,贺龙、任弼时、关向应、刘伯承,通报西路军情况:"徐、陈领导西路军胜利渡河后,数次与马敌作战以少胜多,敌伤亡较我颇大。""西路军主力最近在大靖附近休整、筹资。"

**11月16日** 与张国焘致电中革军委:"四军今到萌城、韦州线,三十一军今到甜水井、豫旺城线,准备消灭胡敌先头部队和吸引敌人。"

△ 与张国焘致电毛泽东、周恩来:"西路军已无再东渡

可能"、"只有占领永昌、凉州地区与新疆办好外交背靠那方"、"打通远方取得接济"。

**11月17日** 徐向前、陈昌浩致电张闻天、毛泽东、周恩来、朱德、张国焘：现九军主力在古浪，一部红凉山；五军在大靖、土门；三十军在凉州附近，直指大河驿。我们决以打通远方与争取在甘、凉、肃地区建立根据地之任务，主力须速西进，迅取甘州。"如打通远方为主要任务，我在现地区创造根据地不能不居次要地位"，"是否我们将去打通远方，请速详示"。

△ 与张国焘致电徐向前、陈昌浩，告以：国民党第三十七军毛炳文部开始西渡黄河，十八日可渡完，"你们兵力应相当集结，速打通远方为要着"。

**11月18日** 毛泽东、朱德、张国焘、周恩来、彭德怀、贺龙、任弼时联名向三个方面军各兵团军事政治首长发出《粉碎蒋介石进攻的决战动员令》，指出："从明日起粉碎蒋介石进攻的决战，各首长务须以最坚决的决心最负责的忠实与最吃苦耐劳的意志去执行"，并动员全体指战员，"每人都照着你们的决心、忠忱与意志，服从命令，英勇作战，克服任何困难，并准备连续地战斗，因为当前的这一个战争，关系于苏维埃、关系于中国，都是非常之大的。"以"粉碎这一次进攻，开展新的局面"作为三个方面军会合于西北苏区的第一个献给苏区人民的礼物。

△ 与从保安来到河连湾的周恩来会面。周代表党中央热烈欢迎和慰问红二、四方面军。

△ 张闻天、毛泽东、周恩来致电徐向前、陈昌浩并告朱德、张国焘：远方恐准备不及。如使东面地区为毛炳文过早占去，红军回旋地狭小不利，要求西路军"在现地区留住一时期"，"以一部控制方浪险要，远距毛炳文"。

△ 毛泽东致电朱德、张国焘："四军萌城抗战[1]甚为得力，请鼓励其继续抓紧阻止该敌，以利一方面军与三十一军之突击。"现胡军已露疲惫，兵力又颇分散，一战而胜前途大佳。"只有战胜胡军才便开展局面，才是策应河西的好办法。"

**11月19日** 与林育英、张国焘致电中革军委："西路军已占永昌，拟以主力在凉州之间发展，以一部西出肃州、安西，若无困难年前可达"，并决定派人秘密入新疆转国际联络，"请中央军委电示"，并转报国际。

△ 十七时，徐向前、陈昌浩致电林育英、朱德、张国焘、毛泽东、周恩来：敌集中主力猛攻古浪，九军血战终日，阻击溃敌。"我方过河后人弹消耗极大，未得补充。九军渡河至今伤亡二千四百左右，干部伤亡极大，更难提起。"估计毛敌推到大靖后，马敌必更集兵犯永昌、甘州，我势必与之决战。请转远方迅速准备，最好能早与我们接通。

△ 十九时，与林育英、张国焘、周恩来致电徐向前、陈昌浩，告以："恩来同志昨到洪德城，对你方行动有如下意见：（一）你们任务应在永昌、甘州、凉州、民勤地区创立巩固根据地，以一部向古浪、土门方面活动，在有利条件下消灭由古浪来敌，大部向凉州、永昌前进之敌，同时以一部夺取甘州、肃州至安西一带地区，并可以一部在民勤活动，迷惑敌人，使敌疑我西路军有由民勤经定远营配合陕甘主力企图。"并提出具体部署及与新疆、远方建立联系的办法，还告：四军、三十一军前昨两日在甜水堡、山城堡将胡敌第一师一部击溃，敌军

---

[1] 萌城抗战，指红四方面军第四军、第三十一军于1936年11月17日在宁夏盐池县萌城地区设伏，击溃胡宗南部第一师第二旅，毙伤敌六百余人的一次作战。

伤亡六百余人。现我一、二、四方面军均集结洪德城、山城堡附近，准备消灭胡敌。

**11月21日** 毛泽东、朱德致电国民党绥远省政府主席兼第三十五军军长傅作义，祝贺其率部击退日本侵略军指使的"蒙古军"和"西北防共自卫军"三万余人向绥东、绥中的进攻。"足下英勇抗战，为中华民族争一口气，为中国军人争一口气，非特足以媲美十九路军，且令坐拥重兵，专以残杀本国同胞为其唯一事业者，羞愧至死！"红军"现所努力之停止内战抗日救国之行动，必能对于足下之抗日义举，遥为声援。"

△ 二十时，徐向前、陈昌浩致电林育英、张闻天、毛泽东、周恩来、朱德、张国焘，报告关于西路军近月来减员情况及对形势的分析：现有实力，各军子弹平均只三排到四排，机枪子弹甚少，炸弹无几；伤亡共两千八百，掉队约六百，干部伤亡大；棉衣缺少四分之一，皮衣收集甚少，天寒，早晚零下二三十度，扩红共不到五十人。此间房屋为堡寨、土围，不便出击与运动战；大路两翼平行路多，便敌迂回，敌以集团骑兵猛犯，白天只能守围寨，夜出击敌每散逃。"与马、毛全力决战不利"。

△ 二十一时，与林育英、周恩来、张国焘致电徐向前、陈昌浩："毛炳文部于十七日渡河完毕，现向大靖、古浪进。""三十军应占有利阵地，坚工集粮，如遇敌决战，需集中优势兵力达到有把握消灭敌人之目的。"并告：一、二、四方面军现集山城堡南洪德城线，准备明后日灭敌，士气甚旺。

**11月22日** 红军三个方面军配合向进入山城堡地区的国民党军发起进攻，消灭胡宗南部一个多旅，取得山城堡战役的胜利。胡敌被迫全线后撤，国民党军对陕甘宁根据地的进攻，实际被停止。

**11月23日** 与彭德怀、贺龙、任弼时等参加前敌总指挥部在山城堡举行的一、二、四方面军团以上干部庆祝胜利大会，并发表讲话说：三大红军西北大会师，到山城堡战斗结束了长征，给追击红军的胡宗南部队以决定性的打击。长征以我军胜利敌人失败而告终。我们要在陕北苏区站稳脚跟，迎接全国救亡运动的新高潮。

**11月24日** 朱德、张国焘、彭德怀、周恩来、贺龙、任弼时、关向应及一、二、四方面军军团以上干部致书中共中央、中央军委，表示："坚决实现军委的战略方针和每个战役的任务。三个方面军首先消灭拦阻我们抗日的蒋介石部队，开展西北抗日根据地，争取迅速增援绥远，直接对日作战，来领导全国人民并影响全国各地各党各派各军走向抗日统一战线，实现整个中华民族的独立和解放。""在党中央及军委的坚决领导之下，在三个方面军全体指战员胜利会师一致团结一致努力之下，我们一定能够取得最后的胜利。"

△ 二十三时，徐向前、陈昌浩致电林育英、朱德、张国焘、周恩来并转张闻天、毛泽东：马敌以骑兵四出活动，以成团密集队形猛攻堡寨，前仆后继，进退均速，我方胜利难缴获，败即无生还。每守一堡寨须一营以上兵力，枪弹少，难阻敌攻。今查九军现有一千八百支步枪，人数四千六百；五军人四千不足，枪弹更少；三十军人数近六千，步枪二千余，每枪弹有二三排。人弹有耗无补，无日不战，敌骑到处骚扰，"我们现无能集优势兵力，弹药太少，难在甘东地区灭敌，如何速示。"

**11月30日** 与张国焘、周恩来一起到达中共中央驻地保安（今志丹县），和毛泽东会面。

**11月** 致函曾一路"追剿"长征红军的国民党第二路军总指挥薛岳，说："暴日夺我东北，复占冀察，近又增兵平津，亡国惨祸已陷于全中国人民头上。当此紧急关头，凡我中华民族之一员，悉应共同联合，捐弃前嫌，团结一致，共赴国难。""不论过去理论主张若何不同，应舍弃成见，成一不分党派军队系统区别之大联合，召开国民救国大会，共组国防政府与抗日联军，共同出师北上，与日决战，此事关民族国家大计，不得不与先生云者。"

**12月1日** 毛泽东、朱德、张国焘、周恩来等十九位红军将领率中国人民红军致书蒋介石，批评他调集胡宗南等部共二百六十个团进攻红军和苏区，表明红军为自卫计，不得已而有山城堡之战。申明"自去年八月以来，共产党、苏维埃与红军曾屡次向先生要求停止内战，一致抗日。"再次呼吁蒋介石当机立断，化敌为友，共同抗日。"今日之事，抗日降日，二者择一。徘徊歧途，将国为之毁，身为之奴，失通国之人心，遭千秋之辱骂。""何去何从，愿先生熟察之"。

△ 毛泽东、周恩来、朱德、张国焘致电彭德怀、任弼时，通报同张学良东北军谈判情况。指出：张学良承认尽力使全线停战，但又谓无法长停，似蒋介石尚不愿取长期守势。"我军仍须一面整理，一面准备作战，再打一仗则大局定了。""一二月后绥远、西北、全国有起较大变化的可能。"

**12月2日** 陈昌浩、李卓然致电朱德、张国焘，汇报西路军政治工作及伤亡情况。西路军减员四千三百零三人，伤亡团以上干部十五人。

**12月4日** 蒋介石到西安，逼迫国民党"西北剿匪总司令部"副总司令并代总司令张学良和国民党军第十七路军总指挥杨虎城率部进攻陕北红军，否则将张、杨部队分别调往福建、安徽。

**12月5日** 与毛泽东、张闻天、周恩来等出席在保安举行的红军青年俱乐部成立典礼,并首先致词,指出:青年是革命的主力军,苏区的青年要做全国的模范,要努力军事训练,将来参加抗日战争时,拿起枪来就能干。

**12月6日** 出席在保安县红军大学举行的欢迎朱德总司令、张国焘总政委大会,在会上讲话,简要地讲了左路军、四方面军南下又北上的经过,并强调:一个好的共产党员应该拥护党中央的路线和维护群众的利益;为担负起当前的历史任务,大家要加紧学习。

△ 毛泽东、周恩来、朱德、张国焘致电徐向前、陈昌浩:"远方可于两个半月后,将货物送达安西。""你们第一步相机夺取甘州(今张掖)、第二步夺取肃州(今酒泉)","在甘州地区集中训练一二星期,休息体力,恢复力气。"并告:"我主力在保卫苏区、消灭胡(宗南)敌的任务下,暂不西进。"

**12月7日** 中央革命军事委员会主席团发出通电第一号,转达中华苏维埃中央政府关于扩大中央革命军事委员会组织的命令:以毛泽东、朱德、周恩来等二十三人为中央革命军事委员会委员;以毛泽东、朱德、周恩来、张国焘、彭德怀、任弼时、贺龙等七人组成中央革命军事委员会主席团,毛泽东为主席,周恩来、张国焘为副主席;以朱德为中国红军总司令,张国焘为总政治委员。任命刘伯承为总参谋长,叶剑英为副总参谋长;王稼祥为总政治部主任,杨尚昆为副主任。

**12月10日** 中革军委主席团毛泽东、朱德、周恩来、张国焘、彭德怀、任弼时、贺龙致电徐向前、陈昌浩和五军团军团长董振堂、政治委员黄超及五军团全体指战员,在纪念宁都暴动五周年之际"特对五军(团)全体英勇的指战员,致以无限的敬意,更望在董军团长领导之下继续宁暴伟大的精神,坚决配合一、二、四三个方面军主力,粉碎敌人新的进攻,为创河西抗日根据地而奋斗"。

**12月12日** 西安事变发生。

**12月13日** 出席中共中央政治局会议,讨论西安事变问题。会议肯定西安事变是革命的有积极意义的,是推动抗日的。决定采取不与南京对立的方针,不组织与南京对立的政权。在发言中说,在目前的形势下要争取各党各派到抗日方面来,应抓紧组织与动员工作,同时,还有一个要紧的问题,就是要准备打,应特别注意巩固抗日阵线的团结并多方加强这一力量。

**12月14日** 毛泽东、朱德、周恩来、张国焘及红军各方面负责人联名致电张学良、杨虎城,表示:"文日(即十二日)举义,元凶就逮,抗日救亡,举国同情,弟等率领全部红军与全苏区人民坚决赞助二将军领导之革命事业。"提出西安事变后的行动方针:(一)立即宣布组成西北抗日援绥联军,以张学良为总司令,东北军、十七路军和红军分别编为三个集团军,设立西北联军军事政治委员会,以张学良、杨虎城、朱德三人组成主席团,张为主席,杨、朱为副,统一军事政治领导,并极力争取阎锡山及全国其他爱国将领加入。(二)目前军事步骤:抗日援绥军三部主力应集中于以西安、平凉为中心之地区,发扬士气,巩固团结,与敌决战,各个击破之,只要打几个胜仗即可大大开展战局。(三)目前第一要务是巩固内部,战胜敌人。为此提出五项具体措施。

△ 中革军委主席团致电徐向前、陈昌浩,指示西路军:"目前应在现地区加紧休整,进行政治动员,一方面争取凉州之补充旅和二马到抗日方面来;一方面准备接通兰州和准备一部适时占领安西地区。"同时指出:"西路军是负责奠定抗日后方和接通远方之重大使命。"

**12月15日** 毛泽东、朱德、周恩来等十五位红军将领联名致电南京国民党国民政府诸先生,指出:西安事变"实蒋氏对外退让、对内用兵、对民压迫三大错误之结果。"张学良、杨虎城的八项主张"实为全国人民之所言,厉行不暇,何可厚非。""西安事变之发,南京当局亟宜引为反省之资,而绝不可负气横决,反而发动空前之内战,如近日电讯之所传者。"重申红军将领"谋国共之合作,化敌为友,共赴国仇"的态度,要求国民党国民政府接受张、杨主张,"停止正在发动之内战,罢免蒋氏,交付国人裁判,联合各党各派各界各军,组织统一战线政府。"

△ 周恩来为处理西安事变等问题从保安启程赴西安,当晚宿安塞,次日晚抵肤施(今延安),十七日从肤施飞抵西安。

△ 中革军委主席团致电徐向前、陈昌浩:"西路军应在现地区加紧休整,进行政治动员",一面争取二马到抗日方面来,一面准备接通兰州和准备一部适时占领安西地区。"总之,西路军是负责奠定抗日后方和接通远方之重大使命。"

**12月17日** 致函早年云南讲武堂学友、时任国民党西北剿总第一路军第一纵队第七师师长曾万钟、第十二师师长唐淮源,说:西安事变之爆发,张学良、杨虎城"伸大义于天下,其立场之正大,执行之英明,凡有血气者,莫不一致拥护。至通电八项主张,皆综合朝野意见,归纳而得之结论","各方果以国难为前提者,谅亦不持异议"。唯日寇正在多方离间,多方蛊惑,重新挑起内战,使吾国自相残杀,彼乃安坐而收渔人之利。望警惕日寇阴谋,共赴国难,组织抗日联军,"重与兄等友好如初,恢复大革命时代,在南昌聚首一堂,共商国是之欢欣鼓舞也。"并希望能派人来苏区商讨。

**12月18日** 中革军委主席团致电徐向前、陈昌浩,指出西路军的基本任务应"放在打通远方上面,限明年一月夺取甘、肃二州。"指示"试与诸马谈判"：永昌以西之马军准其安全东退，永昌以东之马军不向永昌以西进攻，红军可以不向永昌以东进攻。"除开远方，暂时没有任何力量可以直接援助你们。"

**12月19日** 出席中共中央政治局会议，研究西安事变以来的国内外局势。会议认为西安事变有两种前途，或爆发内战，或结束"剿共"内战。我们要把反内战的力量团结起来，使内战结束，变国内战争为抗日战争。在发言时强调，应注意发展我们的力量，才能有力地把前途扭转到全国抗日上去。要准备用打几个胜仗来停止内战，在战略上和战役上要很好地配合。会议通过《中共中央关于西安事变及我们的任务的指示》，向党内指出：（一）我们"主张南京与西安间在团结抗日的基础上，和平解决"；（二）推动南京走向进一步抗日；（三）给张学良、杨虎城以积极的实际的援助，使之彻底实现发动西安事变的抗日主张；（四）准备在"讨伐军"进攻时给以严重打击，这种防御战是为了促成全国性抗日统一战线的建立与全国性抗日战争的发动。会后，中华苏维埃中央政府及中共中央联名向南京与西安方面发出通电，重申和平解决西安事变的主张，并提出具体建议：双方军队暂以潼关为界，听候和平会议解决；由南京立即召集和平会议，各党各派各界各军包括共产党和苏维埃政府参加。团结全国，一致抗日。

**12月20日** 出席中共中央政治局会议，讨论红军进入友军地区的地方工作问题。在发言时说，要争取友军，影响他们，大的问题有组织地去说，一般地要发扬阶级友爱，对部队应加强教育，加强纪律性，无论什么东西都不要破坏。还要注意统一财政，打土豪不要打小的。

△ 周恩来于西安致电毛泽东、朱德、张国焘，告以：西安事变后，国民党中央军"有进攻天水、宝鸡一带、威胁西安

企图",东北军与西北军的因应部署,要"红军以主力抑留敌人,如敌人主力南下后,跟踪追击,相机歼灭",并说张学良、王以哲"希望河西四方面军能以一部击靖远,威胁胡敌,并协同河东各军侧击胡敌。我意徐、陈目前应立即出一部绕过凉州,逼近兰州与于(学忠)军打通,张答应于军援助子弹。"

**12月21日** 毛泽东、朱德、彭德怀致电国民党军第六十七军(东北军)军长王以哲转马鸿宾:"承王军长介绍贵师与敝方结成抗日友军,曷胜欢迎。从此化敌为友,谊同一家,为抗日而誓师,为救亡而奋斗,相亲相爱,互助互援,谨电申意。"

**12月23日** 出席中共中央政治局常委会议,讨论参加西北抗日联军及军事政治委员会问题。

抗日联军问题。次日,毛泽东、张闻天电告周恩来、秦邦宪:"对临时军政委员会名单,我们方面拟参加朱德、彭德怀、贺龙、叶剑英、徐向前五人。"

△ 徐向前、陈昌浩等致电毛泽东、朱德、张国焘:"即令我们在二十天内到兰,至多只能达到巩固兰州作用,策应主力行动其作用不大,且需很大代价,而基地放弃,再打通远方,时机又过。""我们建议西路军仍首先坚决按期执行打通远方任务,不过为牵制二马,可以设法在兰、丹线上多活动一时。"

**12月24日** 蒋介石被迫作出联共抗日的六项许诺,保证内战不再发生,并发撤兵手谕。第二天,张学良没有告知周恩来等,就亲自送蒋介石回南京。西安事变至此和平解决。

△ 中革军委主席团电示徐向前、陈昌浩,决定调西路军东返。提出"在整个战略方针上看来,西路军以东进为有利,只要二十天到三十天内到达静宁、隆德地区,便可与于学忠、王以哲之八个师配合作战,至少可以钳制胡(宗南)、毛(炳文)、曾、关,而利我主力在东边放手打仗。张学良极盼望你

们来，答应在兰州补充子弹、被服。""你们接电后两天内准备一切，意见电告，正式的命令明天或后天电达。"

**12月25日** 二十四时，周恩来致电毛泽东、朱德、张国焘："甲、四方面军主力既不便东下，仍以留原地并打通安西为妥。乙、于军西去和棉衣、鞋袜、弹药，候张回商后定告。丙、送野战军的鞋袜、子弹带正在购办中。"

**12月27日** 出席中共中央政治局会议，在讨论西安事变和平解决后的形势时说：我们逼蒋抗日策略的胜利，使西安事变能够获得顺利地解决。西安事变的和平解决，是向着好的方向转变，是转向联合抗日的革命前途。现在蒋介石向日本投降的条件还不具备，但如果马上同日本作战，他是会产生恐日病的。他这次看到了群众的力量，胆子会壮大一些。他要等三个月的时间也是需要的。我们应积极准备联合抗日，要把队伍整顿好，要大办学校，加紧培养和教育干部，也要大力开展白区工作。会议作出了《关于蒋介石释放后的指示》。

△ 中革军委主席团电示西路军领导人："西安事变和平解决，前途甚佳。西路军仍执行西进任务占领甘肃二州，一部占领安西。开始西进的时机及如何作战，由你们依据情况决定。"

# 1937年　五十一岁

**1月1日**　以中国人民抗日红军总司令名义对《红色中华》[1]报记者发表谈话：自前年八月以来，中国抗日红军在共产党苏维埃领导之下，无数次向南京政府及其军队提议停止内战一致抗日。西安事变发生，我们竭力呼吁停止内战，主张事变和平解决，曾先后发出两次通电。"红军之主张完全与全国人民一致，用全力谋国内各党派各军队之联合，共同向着中华民族最大敌人日本帝国主义进攻，而不愿自相残杀之内战再延一时一刻"。我们主张停止内战"全以大局为重，绝无任何乘机争取地盘之野心"。又说，西安事变和平解决后，如蒋介石能实现他在西安的诺言，则红军愿和他的军队共上抗日战场。现在红军对苏区邻近的各国民革命军不加任何攻击，确守互不侵犯原则，不论过去曾否与红军敌对之部队，一律以友军看待，静待联合抗日局面的形成。"至对西安事变之双方，吾人仍继续站在促进和平之立场，而愿何应钦[2]、刘峙[3]、

---

[1]《红色中华》，中华苏维埃共和国中央政府机关报，1931年12月11日创刊，1937年1月29日改名为《新中华报》。

[2] 何应钦，时任国民党政府军政部部长，西安事变后曾任"讨逆"军总司令，极力主张用武力讨伐张、杨。

[3] 刘峙，时任国民党政府豫皖绥靖公署主任，西安事变后曾任"讨逆"军东路集团军总司令。

胡宗南[1]诸君坚决执行蒋委员长撤兵之命令,不致中道反悔。盖中道反悔不特违全国之民意,且违蒋委员长力求国内和平之新政策及撤兵之命令。红军正以全力注视于此点。"

△ 中革军委主席团发出《关于红军停止向中央军及马鸿逵部进攻的指示》:西安事变和平解决,红军及地方部队停止进攻国民党中央军及马鸿逵等部,并将蒋介石已承认停止剿共、联合抗日、改组国民党和国民政府、开放人民自由等条件写信告诉他们。并设法派代表见他们首长表示友爱,请他们亦勿再有攻击行动。

**1月2日** 出席中共中央政治局会议,在讨论张学良在南京被扣留后的形势和对策时,发言说:"现在是抗日不抗日的问题。应发表宣言,号召全国反对内战。"要援助西安方面,"对张、杨的部队应派人去慰劳。"

△ 鉴于南京何应钦反对撤兵主张继续"讨伐"张学良、杨虎城的部队,中央军委主席团通令:"各兵团各驻原地集结待命,准备配合友军作战。"

**1月3日** 南京政府调集三四十个师的兵力向西安进逼。第二天,周恩来等在西安与杨虎城以及东北军、第十七路军的高级将领共同拟定三方面联合作战方案并报告中共中央。

**1月5日** 毛泽东、朱德、张国焘致电周恩来、博古:基本上同意与东北军、第十七路军三方面联合作战方案;第十五军团第一步到西安西南地区集结待命,准备或出东江口或出商县;野战军主力集中旬邑、淳化地区待命。

△ 毛泽东、张闻天致电周恩来、秦邦宪并告彭德怀、任弼时,指出:"目前只要三方面团结,真正地硬一下,并把红

---

[1] 胡宗南,时任国民党军第一军军长,西北"剿匪"军第二纵队司令官。

军的声威传出去,使中央军不敢猛进(猛进时消灭其一部),有可能释放张学良,完成西北半独立局面。你们速发拥蒋迎张通电,你们把朱老总谈话[1]在上海散播。彭、任速令十五军团出陕南。"

△ 中革军委电令西路军:"即在高台、临泽地区集结,暂勿西进。全军集结于两三点,大力训练,伺机消灭敌人。"

**1月7日** 中革军委主席团致电徐向前、陈昌浩:二马根本反对西安事变,希望同二马建立统一战线是不可靠的,远方物资只允送至安西,送至肃州是不可能的。第四、第三十一军已集中长安附近,也不可能策应你们。因此,目前你们只能依靠自己,团结奋斗,不要依赖任何外力。

**1月8日** 张闻天、毛泽东、朱德、张国焘致电周恩来、博古、彭德怀、任弼时:关于红军与联军[2]各军间关系同意周、博七日二十三时电意见,但须注意:(一)一般的避免在同一战场作战,红军担任单独的一个方面。(二)在不与联军的战略意图相违背下保持红军的单独指挥系统,此点有重要意义。(三)东北军、十七路军宜仍用国民党旗帜,红军仍用红旗,但番号统称抗日联军。(四)红军的实际人员、武器数目、电报密本等概守秘密,必须密告团以上干部遵守。红军的位置及行动计划联军军委会不应下达与他军,以防泄露。

△ 中央军委主席团致电西路军:"西路军应集结临(泽)、高(台)地带"、"各个击破敌人",完成创造根据地的

―――――――――
[1] 指1937年1月1日朱德以中国人民抗日红军总司令名义对《红色中华》报记者的谈话。
[2] 指西安事变发生后,中国共产党曾与张学良、杨虎城商定由东北军、西北军、红军组成西北抗日联军。

任务,"现勿分兵去安西"。

**1月10日** 随中共中央和中央军委机关由保安(今志丹县)动身迁往延安。十三日到达延安,住城西凤凰山麓。当晚出席延安抗日救国会举行的欢迎宴会。

**1月15日** 出席中共中央政治局会议,讨论中央机关迁到延安后工作问题。发言说,在城里住对工作对群众都是好的,不过经济问题要解决。谈及目前在延安使用哪种货币时,主张可以苏票、白票[1]混用。毛泽东在随后的发言中对这一主张表示赞同。

**1月16日** 中央军委主席团致电西路军,指出:"目前关键在西安,西安局面如果转向有利发展,将使二马难以积极对付西路军。""同意西路军在现地休整一时期,集中全力乘机向东打敌,争取尔后一部西进条件并大大向东扩展甘北根据地。"

**1月19日** 中革军委主席团指示位于商县同国民党中央军对峙的红十五军团:"你们此时的任务是威胁敌人,使之不敢进攻,而不是进攻敌人。此时整个局势仍是力争和平。"

**1月21日** "中国抗日红军大学"改为"中国人民抗日军事政治大学",是日出席抗大开学典礼。

**1月24日** 出席中共中央政治局常委会议,讨论当前时局和准备同国民党谈判问题,发言时主张只要于抗日有利,就应当谈判。并说,只要真的抗日了,我们是一定会发展的。

△ 十二时,张闻天、毛泽东、朱德、张国焘致电周恩来、博古:西路军进入高台、临泽地区,暂时不能西进,二马因未受严重打击,十分猖獗。该军要求我们把二马弄好,并要求四军、三十军西去援助。"一方面我们应尽一切可能援助之,

---

[1] 苏票,指苏维埃政府发行的纸币。白票,指国民党政府发行的纸币。

二马方面西安尚有办法可想否,可否要于学忠[1]对马步芳来一威胁,谓不停止进攻,红军主力即将攻击青海,如停止进攻则西路红军可以甘州为界,甘州以东不相侵犯。"

△ 二十时,毛泽东、朱德、张国焘致电周恩来、博古,告以:西路军急行军计时二月一日左右可到永登、土门地区。尔后拟经兰州铁桥开至陇西狄道、漳县地区休息,再与蒋商永久驻地;"如该军受挫折,影响西安甚大,速商于学忠酌派一部进至兰州以西永登附近策应"。

**1月25日** 为纪念"一二八"抗战六周年,《红色中华》报第三百二十四期发表朱德题词:"一致抗日。"

△ 中革军委主席团就西路军军事方针问题致电徐向前、陈昌浩,指示:"集结全军,切忌分散,用坚决的战斗来完成东进,在兰州附近渡河。"

**1月27日** 毛泽东、朱德、张国焘致电张闻天、周恩来、秦邦宪、王稼祥,彭德怀、任弼时,指出:无论从哪一方面说,主要的从政治方面说,均应对南京让步;应全力说服东北军左派撤兵;第十五军团亦准备撤退;和平解决后,东北军、十七路军和红军"三方面团结一致,亦不怕可能发生新的战争"。

**1月28日** 与毛泽东一起出席延安各界纪念"一二八"抗战大会,并在会上讲话。

△ 晚,会见于当天到达延安的美国女作家艾格尼丝·史沫特莱。史沫特莱表示要撰写朱德传记,请朱德把他的全部经历讲给她听。朱德请她到根据地各处走走后,再作决定。

---

[1] 于学忠,时任国民党甘肃省政府主席、国民党军东北军第五十一军军长。

史沫特莱在会见了红军的许多人物后,仍坚持她的请求。此后一段时间,朱德多次接受史沫特莱的采访,讲述自己的经历。

**1月29日** 撰文《你是一个老怪物——庆贺徐特立同志六十寿辰》,文中称赞徐特立[1]是一个老共产党员,又是一个教育家、一个百折不挠的老革命家。"你为得要看穿资本主义的西洋镜,曾跑到了最标本式的欧洲巴黎等地去勤工俭学,仍是不合你的脾胃。毕竟你是一个老怪物,一直跑到了共产主义的营垒来,做了一个无产阶级革命的老战士,你才算是死心塌地地做了下去。""我俩在同一战线中奋斗,在南昌暴动至东征中央苏区,至二万五千里的长征,以至今天,都在一路。我所见到的你的革命精神与行动,真是可钦佩的。""你是革命模范的人,你是革命前进的人。不管革命历史车轮转得好快,你总是推着他前进的。"

**1月30日** 毛泽东、朱德、张国焘回电周恩来、秦邦宪、张闻天、彭德怀、任弼时,答复周恩来等当日来电提出的红军主张和平和与东北军互相协同的问题:"(一)和平是我们基本方针,也是张、杨的基本方针。(二)但我们与张、杨是三位一体,进则同进,退则同退,我们不能独异失去张、杨。(三)向张、杨两部表示我们始终同他们一道,在他们不同意撤兵以前,我们不单独行动,协助他们争取更有利条件。(四)用以上态度,争取最后的和平。"

**2月2日** 东北军第六十七军军长王以哲被主张武力解决西安问题的青年军官枪杀,西安局势紧张。毛泽东、朱德、张国焘致电周恩来、秦邦宪并告彭德怀、任弼时:"(一)十分注意你们的安全,紧急时立即移至三原。(二)十五军团亦望周、

---

[1] 徐特立,时任中华苏维埃人民共和国中央政府教育部部长。

博令其注意。"

**2月4日** 毛泽东、朱德、张国焘致电杨虎城、于学忠转王以哲家属，对王以哲二日遇难表示哀悼；同时，还向东北军第六十七军副军长吴克仁及全军官兵发出唁电，高度评价了王以哲努力于抗日民族统一的行动。

**2月6日** 毛泽东、朱德、张国焘致电周恩来：马步芳、马步青杀害于学忠委派的代表，威胁甘肃后方。在目前甘肃省中央军尚未撤退之机，为巩固兰州计，为推广驻区计，为防二马和配合西路军计，于学忠最好能调一二师进驻永登、红城子一带，一部向古浪伸进。请即商于学忠，以快为好，因西路军甚需与之配合。

**2月7日** 出席在延安举行的抗日军人家属联欢会并在会上讲话，说："暴日对中国的侵略，是有加无已，中华民族到了最危险的关头，非全国精诚团结不能御侮救亡。现在全国和平统一即将实现，今天许多军人家属齐集一堂，已为全国各部队联合抗日之先声，我们这样铁的团结一定能驱逐日寇出中国。"会上还对记者说："我以为抗日战争发动的时候，军人家属的慰劳和组织是很重要的工作，其作用不但给前线的抗日战士以莫大的慰安，并且也有巩固后方的意义，今日这联欢会在延安举行了，并且预备推广，这是很好的，我希望这个工作能普遍到全国去。"

**2月9日** 出席中共中央政治局常委会议，会议讨论和通过《中共中央给国民党三中全会电》。

△ 毛泽东、张闻天致电周恩来，就与国民党谈判的主要内容指出：军事方面，同意提出编为十二个师四个军，林彪、贺龙、刘伯承、徐向前为军长，组成一路军，设正、副总司令，朱德为正、彭德怀为副。

**2月10日** 中共中央为实现国共两党重新合作,致电国民党五届三中全会:深望国民党三中全会,本着和平统一团结御侮的方针,将下列五项定为国策:"(一)停止一切内战,集中国力,一致对外;(二)保障言论、集会、结社之自由,释放一切政治犯;(三)召集各党各派各界各军的代表会议,集中全国人才,共同救国;(四)迅速完成对日抗战之一切准备工作;(五)改善人民的生活。"如国民党三中全会果能确定此国策,则中国共产党为表示团结御侮的诚意,愿作如下四项保证:"(一)在全国范围内停止推翻国民政府之武装暴动方针;(二)苏维埃政府改名为中华民国特区政府,红军改名为国民革命军,直接受南京中央政府与军事委员会之指导;(三)在特区政府区域内,实行普选的彻底民主制度;(四)停止没收地主土地之政策,坚决执行抗日民族统一战线之共同纲领。"

**2月20日** 红十五军团成立朱德青年队。该队全体队员致信朱德表示,要用极大的努力来学习朱总司令的五个特长,即:为国家、为阶级奋斗到底的革命精神;执行党的主张始终不懈的精神;吃苦耐劳、艰苦奋斗的精神;不断学习革命理论接近群众的精神;遵守纪律服从指挥的精神。

**2月21日** 毛泽东、张闻天、秦邦宪、朱德、张国焘致电周恩来并告彭德怀、任弼时,叶剑英,告以在四川、广西、广东、北京、上海、天津等地做统战工作的人员安排,指示"各方活动均以巩固和平促成抗战为目标"。并通报陕甘苏区已实行裁员减膳,党政军共裁两千多人,伙食费每人每月不超过三元。

△ 中共中央、中央军委致电徐向前、陈昌浩等,希望西路军全体指战员"坚持党和红军的光荣旗帜,奋斗到最后一个人",在"绝境中求胜利,全党和全体红军为你们的后盾"。

**2月27日** 中央军委主席团关于增援西路军问题致电彭德怀、任弼时并告刘伯承等：对西路军的增援军，由第四军、第三十一军、第二十八军、第三十二军及骑一团组成，以刘伯承为司令员，张浩为政委，左权为参谋长，刘晓为政治部主任。"即日开镇原待命，准备附工兵连为先遣队，抢占靖远渡口并督造船只外，主力两个军限三号准备完毕，四号开始行动"。

**2月28日** 出席中共中央政治局会议，总结西安事变中党与群众工作，听取秦邦宪做报告。在发言中对这次工作经验予以肯定，提出要改变过去在白区工作中某些"旧的形式"。

**3月2日** 与毛泽东、张闻天等出席中国人民抗日军政大学第二期开学典礼。在讲话中勉励学员努力学习军事，学习对付敌人的游击战术，学习政治，以担负抗日救国的伟大任务。开学后给学员讲授《中国革命近代史》。毛泽东为抗大第二队学员题词："要学习朱总司令：度量大如海，意志坚如钢。"

**3月5日** 毛泽东、朱德、张国焘致电徐向前、陈昌浩，嘱在强敌围攻中陷入困境的西路军"想尽一切办法，至少支持三十天，就有办法"。并告："顾祝同[1]或可答应派飞机送款子与你们，有何办法接收？"

**3月8日** 出席在延安举行的三八妇女节群众大会，并在会上讲话。

**3月12日** 出席中共中央政治局常委会议，讨论同国民党谈判问题。

△ 中革军委主席团在接到西路军本日给军委的告急电报后，复电徐向前、陈昌浩：你们现在已处于特殊情况之下，"必须立即采取特种方法达到保存一部之目的"。向你们提出下

---

[1] 顾祝同，时任国民党政府军事委员会委员长西安行营主任。

列两种方法请考虑决定一种：（一）率现存的三团人员向蒙古边境冲去；（二）率现存的三团人员打游击战争。以上方法不论采取哪一种，均须将伤病者安置民间，均须采取自主自动姿势，均须轻装，均须采取变化不测的战术。

**3月13日** 得悉驻绥远的国民党军傅作义部将在15日召开在绥远抗战中阵亡将士追悼大会的消息后，毛泽东、朱德发出《致绥远阵亡将士追悼大会唁电》，对傅作义部奋起抵抗日本关东军支持指挥下的伪蒙古军的进攻，在收复百灵庙、大庙等战斗中阵亡的将士表示哀悼。

**3月17日** 中共中央和中革军委致电于三月十四日成立的西路军工作委员会负责人李先念、李卓然：同意你们成立工委会，并分为三路游击。你们现应以主动的游击战争，独立争取自己的生存与发展。"顾祝同已电二马停战，但效果如何不得而知，因此，你们行动应完全放在独立自主的方针上面"。

**3月23日—31日** 出席中共中央政治局扩大会议（又称延安会议）。会议议程有两项：（一）西安事变和平解决及国民党三中全会后，国内抗日民族统一战线的形势和中国共产党的任务。（二）揭发和批判张国焘分裂党、分裂红军的严重错误。在二十四日发言说：抗日民族统一战线是对列宁主义的一种新发展。要联合资产阶级打倒帝国主义，把中日矛盾放在第一位。在新的形势下，我们的干部还很不够，要大力培养大批新干部，造就一批职业革命家。红军中党的工作很重要，干部思想要统一，抗日的准备工作更要加紧。在二十七日发言说：张国焘从鄂豫皖时期就犯原则错误。他不相信党，不相信群众。对中央派去的干部不信任。在肃反问题上也犯了很严重的错误，只凭估计就说谁是"改组派"，把革命同志当成反革命，错杀了不少人。党、红军、苏维埃都是有组织原则的，但他不要这些原则。他要个人指挥党。红一、红四方面军会合后,他仍坚持这一套,才发生与中央对立的错误。他对中央极不尊重,根本不顾中央威信。从阿坝会议到松岗卓木碉(脚木足)会议,他进行了不少反党反中央的活动。我一再指出:"不要与中央对立。"在甘孜与二方面军会合时,他又向二方面军宣传所谓"中央的错误",我告诫他不要宣传,他不信,而且发火,说我向他进攻。他在军事上不顾整个作战计划。后来他过不了黄河,才转而和红一方面军会合。他思想里没有马列主义,有的只是利己主义、个人主义,所以才发展到放弃党的领导,想自己另造一个党。三十一日,会议通过《中央政治局关于张国焘同志错误的决议》。

**3月27日** 毛泽东、张闻天、秦邦宪、朱德、张国焘致电周恩来并告彭德怀、任弼时:西路军情况万分紧张,他们东进西进都成不可能,有被消灭危险;为解救西路军对两马不但给十万(元),就是二十和更多些都可以。此事须以最快速度办妥,最好在二十天内。条件是两马不要阻拦西路军过黄河右岸,或让西路军西进至肃州以西,将来并不东犯。电报还指出:"须对两马喻和平大义,告以与我们讲和,对他将来有莫大利益。"

**4月3日** 在西路军西进失败后,毛泽东、朱德、张国焘等致电叶剑英,要他向顾祝同交涉西路军的善后问题,指出:向顾祝同说明,关于彼方对河西红军见危不救故意使其消灭一事,引起了红军中特别是四方面军中极大的愤慨,关于此事的政治责任,我方保留质问与追究之权。要顾迅电马步芳把现集凉州的西路军六千被俘人员全部调到平凉,转至红四方面军归队。徐向前、陈昌浩二同志及其他干部,如为马步芳所虏,应严令马不得加以任何残害行为。对西路军余部,请顾令马不得再行追击，让其转赴新疆。

**4月5日** 中华苏维埃中央政府主席毛泽东、人民抗日红军总司令朱德联名发表《祭黄帝陵文》。文中说："东等不才，剑屦俱奋，万里崎岖，为国效命。频年苦斗，备历险夷，匈奴未灭，何以家为。各党各界，团结坚固，不论军民，不分贫富。民族阵线，救国良方，四万万众，坚决抵抗。民主共和，改革内政，亿兆一心，战则必胜。还我山河，卫我国权，此物此志，永矢勿谖。"并派林伯渠为代表，到陕西省中部县（今黄陵县）参加祭黄帝陵的民族扫墓典礼，代表苏区全体军民表示对中华民族始祖的敬意和誓死抗日救国、团结一致的决心。

**4月7日** 出席中共中央政治局常委会议，讨论关于国民大会选举法与组织法的修改问题。会议听取周恩来关于这个问题的报告。会后，四月十一日中共中央发出《关于修改国民大会组织法与选举法的通知》。

△ 毛泽东、朱德致电彭德怀、任弼时：我们意见，罗炳辉、宋时轮、王宏坤、萧克、徐海东、聂荣臻、杨尚昆、关向应、甘泗淇、陈伯钧、卢冬生均来参加中央召开的五一会议。另请刘伯承亦来，由左权去代职。

△ 中央军委主席团电示西路军左支队："可以向新疆去，已由彼方设法接援"，要求汇报左支队"困难情形"及所在位置；告以中央为营救西路军已采取之措施与办法。

**4月10日** 出席中共中央政治局常委扩大会议，讨论青年工作问题。会议听取冯文彬就准备召开西北青年救国会代表大会作工作汇报。在会上发言说：我们要做抗日的模范，民族团结的模范，文化理论上的模范；要注意克服关门主义，要吸引外面的青年到苏区来；可以出版一种青年方面的杂志。

**4月11日** 中央军委主席团电彭德怀、任弼时：为减少后方粮食负担和便于今后部队改编与训练,将军委各局、政治部、供给部(学校、厂除外)的工作人员、战斗员共约二千二百人左右,均编入部队或分配到各部门工作,十二日起,分批向前方开拔。

**4月12日** 出席在延安中央大礼堂举行的西北青年救国会第一次代表大会开幕式,在会上讲话说:抗日战争必将是长期的,战线必将是很宽的,因此必须加强抗日战争预备军动员和组织工作,全国青年应首先团结一致,争取参加到抗日的武装组织中去。为了广泛地组织青年群众,首先应取得言论、集会、结社以至武装的自由,就是说,首先应争取民主制度的实现,否则一切是空的。十七日,在闭幕式上讲话,再次希望全国青年团结一致,走上抗日战线。

**4月18日** 毛泽东、朱德致电刘伯承、张浩并告彭德怀、任弼时:第三十二军东调交彭、任直接整理,步兵学校亦改受彭、任指挥。

**4月20日** 毛泽东、朱德致电刘伯承、张浩转告西路军工委:"远方对西路军进入新疆赴远方求学问题已经决定了。为此,西路军必须到达星星峡。他们在该地迎候你们,你们不应在敦煌久停,而应尽可能地只休息两三天,最迅速地取得粮食和骆驼,向星星峡进。"

△ 出席中共中央政治局会议,讨论《御侮救亡,复兴中国的民族统一纲领草案》和民族联盟问题。

**4月24日** 出席中共中央政治局会议,讨论为中共苏区代表会议准备的报告大纲。在会上发言说:在目前应提高全党党员的积极性,统一全党的思想。要达到全党思想一致,就必须加强理论教育,提高党员的理论水平,这样才能揭发和反对不良倾向,反对庸俗化。提高全党的积极性还要实现民主,把民主集中制的原则提高，反对包办代替。

**5月1日** 出席延安各界在东门外飞机场举行的五一国际劳动节纪念大会暨五一运动会，在会上检阅部队并发表讲话说：今年是全国人民进行对日抗战的准备的一年。我们是有组织有训练有武装的伟大力量，我们要做民族先锋来表示我们的力量。要加倍地努力，加紧自己的学习，以准备对日抗战。三日，出席运动会的闭幕式，致闭幕词并向各项目的优胜者颁奖。

△ 张闻天、毛泽东、朱德致电辗转到达镇原援西军总部的徐向前："庆祝你脱险归来，并相信你一定能够在中央领导下再接再厉地为革命奋斗到底。盼于病体痊愈后即来中央。"

△ 毛泽东、朱德致电任弼时、刘伯承、张浩并徐向前：西路军李先念等八百五十人已到达安西东边九十里处，因再无来电，现情况不明，陈云在星星峡迎接他们的电报无法转达。

△ 在中共中央机关刊物《解放》周刊第一卷第二期上发表《论西班牙战争》一文，对向德、意法西斯英勇抗战的西班牙政府和人民"表示最大的同情与敬佩"，并指出，"我们应该学习那里抗战的宝贵经验与教训。这学习，对于我们日后抗日战争有很大的益处"。还指出，应该从政治因素上去领略西班牙人民抗战的教训，"因为一切军事都服从于政治，中国红军过去十年的历史雄辩地说明了这真理，今天西班牙人民阵线军队的胜利，又再一次地说明了"："倘若人民没有民主权利，和上下一心的精诚团结，倘若政府不能在给予人民民主权利中得到人民的支持和合作，倘若这部队没有坚强的政治工作和革命政党的钢铁领导，倘若部队中没有上十万的共产党员做巩固部队和冲锋陷阵以身作则坚忍耐劳的模范，那么他们的胜利将是非常之不容易。"文章最后说，好些人以为西班牙内战会重现于中国，而中国已有了民族统一战线；任何人想发动中国的内

战来便利日寇的侵略,都是汉奸的行为。

**5月2日—14日** 出席中共中央在延安召开的中共苏区代表会议,被推为大会主席团成员。二日,在开幕式上发言,指出:抗日战争是持久的战争,要把广大青年在抗日救国的旗帜下组织起来,武装起来,把他们组织成为很大的预备军,抗战就能持久,就一定能取得胜利。红军要把自己的军事、政治经验尤其是以少数兵力战胜多数敌人的战略战术贡献给全国青年。五日,在会上作《红军在新阶段中的任务》的讲话,说:从一九三一年九一八事变后就开始了争取新阶段即抗日阶段的到来,直到西安事变和平解决才达到目的。现在最主要的敌人是日本帝国主义,我们的任务是联合全国力量打日本。在这新阶段,在民族革命战争时期,党中央要领导中国革命,这就特别加重红军中共产党员的责任,要特别加强党的领导工作。红军要加强军事教育,提高军事技术;要加强政治教育,反对军阀主义等不良倾向;做好友军工作和群众工作;要做抗日军的模范,起抗日先锋的作用;要做好优抚工作,对红军烈士家属、伤病员、残废军人、有功绩的军人,都要救济、慰劳、表扬或奖励他们。

**5月10日** 中革军委主席毛泽东、红军总司令朱德发出《军委关于征集红军历史材料的通知》,指出:今年八一是中国红军诞生十周年,为着纪念这个有特殊意义的红军诞辰,特决定成立红军历史征编委员会,负责编辑十年来全国红军的历史。号召全体红军指战员尽最大努力,写出个人见闻,并寻找各种纪念品、文献、文物等。不久,朱德在延安写《朱云卿同志传略》一文,称朱"诚中国有用人材,我党不可多得的军事干部","作战很有计划,也很勇敢","整持军纪,也是能手","红一军团成立时,他任为一军团参谋长。红一方面军成立时,他任方面军参谋长。在打破一九三〇年十二月三十日一次'围剿'时，他的计划、布置都很好。活捉张辉瓒，他是有功的一个。"

△ 在延安成立苏区体育运动委员会，聘请朱德为名誉会长。

**5月14日** 出席中共中央政治局常委会议，讨论苏区党代表会议闭幕的有关问题。

△ 毛泽东、张闻天、博古、朱德、张国焘致电周恩来，表示同意国民党派考察团来陕北，但不允许任何叛徒和蓄意破坏分子来。指出："考察目的应为增进团结，绝对不能有妨碍团结之表现。"

**5月16日** 出席中共中央政治局会议，听取刘少奇对准备在党的白区工作会议上的报告所作的说明：（一）关于过去白区工作的一般估计；（二）对北方工作的估计。在发言中指出：过去白区工作几乎全部破坏完了，但河北尚保存几千党员，对他们的工作应肯定。

**5月21日** 在延安会见美国女作家尼姆·韦尔斯，应她的请求，给她一份简单的自传和关于红军发展的报告。后来，韦尔斯将她这次在陕甘宁革命根据地的采访写成《续西行漫记》一书，其中第二部分第四节为《朱德的一生》。

**5月23日** 与毛泽东致电中共陕甘宁省委书记李富春、军事部长黎林，要求陕甘宁地方武装彻底肃清苏区内的土匪，并对他们的清匪计划、有关县区清匪的兵力布置提出意见。

**5月25日** 毛泽东、张闻天、博古致电周恩来，对与国民党谈判要点作出指示，其第二点是：红军设某路军总司令部，总司令朱德、副总司令彭德怀（但准备让步设总指挥部）；红军整编至少四个师，师长分别为林彪、贺龙、徐向前、刘伯承；为加强抗日政治教育，红军政治部制度照旧（但准备让步设政训处)。

**5月30日** 毛泽东、朱德致电彭德怀、任弼时、陈光、聂荣臻、徐向前、程子华、刘伯承、张浩:考察团今日来延安,请各兵团按照新规定人数由每个军准备两个团,以军为单位集中于招待地点附近准备于考察团到时参观,参观完毕即开返原防。另电告各军做好迎接考察团的准备工作,考察团到时招待与谈话要礼貌、周到、诚恳。

△ 出席在延安南门外大操场举行的纪念五卅与欢迎国民革命军第四军副军长涂思宗为团长的中央考察团的群众大会,在会上致词,对中央考察团的到来表示欢迎,并希望国共双方团结抗日,共同救国。

**6月1日—4日** 出席中共中央政治局会议,讨论党在白区工作的方针路线问题。三日在发言中讲到对党内两条路线斗争问题应如何对待,讲到党的列宁主义传统,讲到党在白区工作的公开问题,讲到争取群众问题,说:要争取工人的大多数。要照顾到工人的吃饭问题,以"要抗日,要吃饭"的口号把工人动员和组织起来,这是最重要的一环。对黄色工会不应把它赶跑,把它破坏,而应在它里面起作用。又说:现在的农民运动首先要从抗日的需要去发动,也要在农民中去组织游击队,使游击队有广泛的农民群众基础。哥老会、红枪会等都应打入进去。

**6月2日** 毛泽东、朱德致电彭德怀、任弼时:原军委警卫营今日由延安开往云阳。

△ 毛泽东、朱德致电陕甘宁军区:南京考察团几天内可到庆阳参观步校及陕甘宁部队,望在不妨碍清匪行动下整备三百余人的一个团,以供参观。

**6月9日** 在中共中央召开的白区工作会议上讲军事问

题，说：红军正在积极准备抗战，这方面还应在部队中继续动员。中央党校和中国人民抗日军事政治大学要加紧培训干部，也要准备培训一些会打游击战的干部。游击战争在抗日战争中会起很大的作用。国民党军队抗日，我们就联合他们一起去干；他们不抗日，我们也可以打游击战。充分利用地形和群众条件，有把握就打，没有把握就不打。在战争中最要紧的是要争取大多数群众，即使对日本兵也要去做争取工作。又说：从历史经验来看，我们对国民党军队工作有两个值得吸取的教训，一是在大革命时期只做上层工作，一是在大革命失败后只做下层工作，只做破坏工作。现在我们对上层和下层都要去做工作，不做破坏工作，而要争取大多数。在抗日战争中，会有一些人在战场上逃脱，也会有一些军队变质，但同时也会产生新的军队。我们要为产生新的军队准备力量，现在就开始准备。也要准备进行机械化战争的技术力量。

**6月12日** 中革军委会为总结国内革命战争的经验，提高红军的军事知识，迎接即将到来的民族革命战争，决定设立军事研究委员会，朱德、毛泽东、林彪、萧劲光、李德五人为委员，朱德为主任，萧劲光为秘书长。其重要任务在于研究对日抗战，目前军事教育，国内战争的经验教训各项问题。朱德六月三十日致电各兵团首长予以通告，要求组织各兵团军事研究委员会并与中央军事研究委员会发生密切联系。

**6月17日** 在法国巴黎出版的中国共产党机关报《救国时报》上发表《致西班牙人民书》，文中说：我们虽然处在遥远的远东，但每天都以跳动的心弦，阅读西班牙同志们与德意法西斯及叛军战斗的消息，你们的战争已经由国内战争走向反对国际法西斯的战争了，你们是世界劳动大众反对法西斯的先锋队。你们的伟大胜利更加强了我们争取民族解放的信念。

"从工农群众中生长出来的我们的红军在中共的领导之下,与国际帝国主义与国内反革命势力奋斗了十年,我们为了实现对日本帝国主义的抗战,我们经过了二万五千里长征从中国南方到北部来,我们提出了民族的统一战线的新政策,联合各党各派以及一切不愿当亡国奴的人们,实行对日抗战,在这个新政策之下中国终于结束了二十多年来的内战"。"我们坚决相信在共产党新政策领导之下,我们终会战胜一切困难,把日本帝国主义驱逐出中国而获得彻底的民族解放"。

**6月20日** 与毛泽东、张闻天、周恩来、秦邦宪等出席苏区文艺协会举行的高尔基逝世一周年纪念会,并在会上讲话。

**6月22日** 周恩来本月十八日回到延安向中共中央汇报同国民党谈判情况,参加中共中央书记处对谈判问题的讨论。是日电告蒋介石,中共中央认为如红军改编后三个师上边无指挥机关实无法进行改编,朱德不能离去。同日,周恩来又致电顾祝同、张冲等:朱德的去留影响极大,请向蒋进言,朱不离军队。

**6月23日** 会见美国学者托马斯·彼森,回答他提出的有关军事方面的问题。指出,对付日本人的进攻,第一道防线应该是北平、天津地区,内蒙古和沿海,这些战线也许会守不住,后一道防线将是黄河防线。北方的部队及其领导人根本不行,一旦打起来,这些部队就会接二连三地被消灭。这种情况表明,一切中国军队必须在统一的指挥下团结起来,必须制定共同的抗战部署。还指出:中国要打败日本,必须靠全国的工人和农民的力量。唯有中国共产党才能开展这场群众运动。因此,南京必须跟我们合作。这场战争必定是一场总体战。国民党如果以为只要用他的精锐正规军再加上西方帝国主义的援助就行了,那他是打错了算盘。那他是不明白,只有群众性的人民抗战才能打赢这场战争。这正是需要改革政治的理由；也正是必须给予人民民主权利最好的理由。

**6月24日** 毛泽东、朱德、周恩来致电张云逸[1]，指出：应坦白地向李宗仁、白崇禧[2]说明，"只有以抗日民主与蒋介石比进步才能生存发展，如以军阀政策与蒋介石比落后，则只有失败"。为扩大蒋介石、汪精卫在庐山函请各方谈话的范围，应设法推动广东、广西、香港三方政治人物应邀前往。

△ 毛泽东、朱德致电彭德怀、任弼时：中央决定调罗荣桓到一军团工作，将于五至八天内到前方。

△ 致信美国共产党总书记白劳德，说：为达到驱逐日本帝国主义强盗的目的，我们是决意要尽一切力量去团结中国的人民，为中国的自由与解放而奋斗。在这个斗争中，盼望你们给与很大的兄弟的援助。

**6月25日** 毛泽东、朱德等致电彭德怀、任弼时、杨尚昆，根据部队有人对统一战线方针认识不足的错误言论和行为，指示他们"通令全军加强统一战线的教育"。

△ 为推动抗日民族统一的形成，中共中央书记处提出国共两党谈判的新提案。主张：如蒋介石同意设立总的军事指挥部，红军即待其名义发表后改编，否则即于八月一日自行宣布改编。二十九日，中共中央决定：可以用政治机关名义指挥，但必须有等于指挥机关的组织和职能。万一争不到朱德为政治机关的主任，即自行改编。

△ 中央军委主席团致电彭德怀、任弼时，责成他们在七

---

[1] 张云逸，时任中革军委总司令部副总参谋长。
[2] 李宗仁、白崇禧，国民党桂系首领，1936年曾参与发动两广事变，反对蒋介石。

月十五日前拟出红军改编（主力编为三个正规师）方案，及改编后的各种制度、条例等，准备同周恩来"共商改编具体步骤，并拟于八一正式宣布"。

**6月27日** 毛泽东、朱德、周恩来致电彭德怀、任弼时、刘伯承、张浩、叶剑英：援西军移驻三原的说法，仅能作为向平凉、长武附近移驻的交换条件，而不能实际移驻该处。

**6月28日** 毛泽东、朱德致电叶剑英：请与东北军将领何柱国协商以电话告知顾祝同，我们将派郑位三等赴鄂豫皖、方方等赴闽西南联络，请国民党西安行营发护照并介绍附近最高长官接洽。

**6月29日** 出席中共中央政治局常委会议，议题为：（一）闽西南与鄂豫皖工作；（二）关于国共谈判问题。

△ 毛泽东、朱德、周恩来致电彭德怀、任弼时：耀州、洛川间路坏桥断一时不得修好，任弼时可不回延安，红军改编方案改在七月初由周恩来等抵西安后或到云阳镇或约彭、任到西安面谈为妥。

**6月30日** 毛泽东、朱德、周恩来致电彭德怀、任弼时、杨尚昆、叶剑英：为接待暑期中由西安办事处介绍来苏区参观的各地学生，"应由前总政治部办一临时招待处，由西安介绍这些坚决要进来的学生至云阳、淳化一带参观，指令专用人与之谈话并讨论各项问题，发给刊物文件阅看，如愿作短期训练者可给以一二星期训练。事毕如交通已通，可择其最好者来延安一游，余则直接出去。"

**7月1日** 与毛泽东、周恩来致电贺龙、关向应并彭德怀、任弼时、叶剑英：由西安到延安道路多处被水冲坏，近十日来汽车未通，现延安粮食万分困难。请即由第二方面军派部队修筑耀县到同官、同官到宜君路段。但须取得耀县友军高级长官之同意。

**7月2日** 与毛泽东致电驻陕北榆林地区的国民党军第八十六师师长高双成,指出:据报近来宁条梁、安边、定边等地一带之土匪时向苏区进扰,又由当地民团利用收编名义收编。查以上各处均属贵师防地,请通饬各县民团严加约束,对叛变土匪采取共同消灭办法。同日又电高双成:关于晋军与第八十六师最近的磨擦行动务请疏通制止,免妨和平大局。

**7月4日** 与毛泽东致电四日从延安到达西安的周恩来转彭德怀、任弼时:关于"八一"建军节每军调一个团到云阳检阅的意见须慎重,如不能取得行营同意,恐将引起外间误会,故仍以就地检阅为宜。

**7月6日** 与毛泽东致电中共三边特委军事部部长刘景范、陕甘宁省委军事部部长黎林转分区委,对陕甘宁苏区的剿匪问题作出指示:"剿匪的胜利是很好的,请更加努力。"剿匪的"基本方针应该是,积极以军事力量打击土匪威胁,同时进行政治上的争取、分化、改造、改编、瓦解的策略,最后达到消灭土匪的目的。"同日,另电令他们抽一个强的团于七月底准备接红三十军在安边的防务。

△ 与毛泽东、萧劲光〔1〕致电红三十军军长阎红彦、政委杜平:陕北边区自五月动员清匪以来,已取得很大成绩,完成了整个清匪计划百分之八十以上。三十军仍应在原地整训,帮助地方工作,继续肃清散匪。八月一日准备改编。已令陕甘宁派一个团于七月底接替你们在安边的防务。

**7月7日** 与毛泽东向各兵团首长和地方机关发布肃清苏区土匪之训令。训令指出:五六两月有计划清匪的结果,收到

---

〔1〕 萧劲光,时任红军后方司令部参谋长。

了显著的成绩。今后清匪任务仍然严重,这是因为:(一)尚存之股匪有待于继续肃清,务绝根株。(二)过去清匪虽有成绩,但收缴者占少数,被打散者占多数,计人枪各千余之众依然藏匿民间未被收缴,必须依靠一切地方工作深入发动群众的积极性才能彻底肃清匪患。特此通令各部队、机关,凡与清匪有关者一律依此方针,彻底完成任务,不达目的不止。

△ 与毛泽东致电彭德怀、任弼时:(一)部队编制[1]计划基本同意。(二)红三十军现已完成清匪任务,约七月底前可到庆阳候命改编。红二十七军现正在临镇、宜川一带加紧清匪,该军须于七月二十五日以后方能开往庄里改编。第七十四师待周恩来回后即调庄里改编。

---

[1] 部队编制,指拟议红军改编后的部队编制。